Günter Bruno Fuchs
Werke in drei Bänden
Herausgegeben von Wilfried Ihrig
Band 1

Günter Bruno Fuchs

Romane und Erzählungen

Carl Hanser Verlag

ISBN 3-446-15807-3
Alle Rechte vorbehalten
© 1990 Carl Hanser Verlag München Wien
Gesetzt aus der Walbaum-Antiqua bei
Reinhard Amann Fotosatz, Leutkirch
Druck und Bindung bei Kösel, Kempten
Printed in Germany

Inhalt

Krümelnehmer
7

Bericht eines Bremer Stadtmusikanten
97

Der Bahnwärter Sandomir
223

Erzählungen
333

Erzählungen aus dem Nachlaß
593

Nachwort
619

Anmerkungen
629

Inhaltsverzeichnis
637

Krümelnehmer

oder 34 Kapitel aus dem Leben des Tierstimmen-Imitators Ewald K.

für Vauo Stomps

1

Es war auf einmal sehr hoffnungslos, durch die Vororte zu radeln und Kikeriki zu machen. Entweder erschienen kopfschüttelnde Laubengärtner und deuteten nachdrücklich auf das Abendrot, vor dem auch ein Tierstimmen-Imitator zu schweigen habe – vornehmlich einer, der sich auf Hähne spezialisiert – oder es kam mit dem Außenposten der Polizei zu langwierigen Debatten über die Frage, wer von uns beiden besser geeignet sei, als Vogelscheuche so bald wie möglich ins Kraut zu schießen.

Damals setzte ich mich auf eine einfache, vom hiesigen Wander- und Vogelverein gestiftete Holzbank. Mein Fahrrad lag mir zu Füßen, den Schläuchen war die Luft ausgegangen, die Räder drehten sich still auf meine letzte Darbietung zu: ich hob den Kopf, krähte schön ins Abendrot und entließ mich selber von meiner bisherigen Tätigkeit mit einem *Ade!* an den Hahn der Bremer Stadtmusikanten.

So weit, dachte ich mir, hat dich also dein Quieken und Trillern gebracht, daß du nun wie der leibhaftige Mißmut dein Fahrrad kreuz und quer durch die Laubenkolonie schiebst und keinen Finger breit abweichst von dem schmalen, frisch gejäteten Stiefmütterchenweg: ein knurrendes Exemplar jener streng verwalteten Haustiere, deren Wau-Wau früher deine amtlichen Kontrollgänge beherrschte, bis mit dem ersten gelungenen Antwortgebell die Erleichterung kam und der Berufswechsel vollzogen war.

Das Geklapper von Gießkannen verstummte genau im richtigen Augenblick, als ein gebeugter Mittsechziger vor der Abendkulisse beide Fäuste in den Rücken stemmte und sich aufrichtete. Er stand, nach Luft schnappend, zwischen den Beeten seiner Parzelle, süßlich duftende Lilien um sich herum. Er blickte abwesend gradaus. Es war ihm nicht anzumerken, was er da in Augenschein nahm: vielleicht die Bierreklame an seinem Gartenzaun – einen breitbeinig saufenden Bären – oder überhaupt nur den Zaun als Netz um sein lebenslängliches Anbringen von Selbstschüssen –, jedenfalls stand er ein paar Minuten lang mitten in seiner traurigen Andacht und wandte sich plötzlich der Gartentür zu. Kaum hatte er mich hier entdeckt, sagte er, auf mein Fahrrad zeigend:

Sie haben einen Platten.

Ja, sagte ich.

Sie haben, ergänzte er mürrisch, vorne und *hinten* einen Platten. Brauchen Sie etwa eine Luftpumpe?

Ich wußte nicht, was ich erwidern sollte. Er sah mich unschlüssig an.

Eigentlich, sagte er und betrachtete mich großäugig durch die Stacheldrahtverzierung der Gartentür, eigentlich gehört zu einem Fahrrad auch eine Luftpumpe... wie das Amen in der Kirche.

Ja, sagte ich wieder.

Oder...?

Nein... Sie haben recht.

Oder... ist sie Ihnen gestohlen worden?

Ich weiß nicht...

Nanu, rief er, das wissen Sie nicht? Überlegen Sie mal, was Sie da aussprechen!

Bitte, sagte ich, wie meinen Sie das?

Na merken Sie denn nicht, daß Ihre Einstellung den Dieben auf die Sprünge hilft? Mit Ihrem Leichtsinn, das verrate ich Ihnen ganz ehrlich, kommen Sie mir wie'n ausgewachsener Hehler vor! Sie wissen doch, daß sich der Hehler nie aus der Affäre ziehen kann. Hm?

Er schwieg jetzt sehr nachdrücklich und glotzte in meine Verlegenheit. Ich wußte, seine Belehrungen hatten mich überrumpelt, seine gewichtige Miene besorgte den Rest.

Wahrscheinlich, sagte er nun, sind Sie beleidigt, weil ich Sie in Ihrem eigenen Interesse auf gewisse Dinge aufmerksam mache, die allzuoft übersehen werden! Mir macht das nichts aus, wenn Sie beleidigt sind, mein Herr.

Und schon begann er mit der Aufzählung beispielhafter Vorfälle, die ihm erheblichen Schaden zugefügt hätten. Nicht zuletzt heute früh, als er feststellen mußte, daß die Dachpappe seiner Laube infolge einer aufgeschobenen Reparatur undicht wurde und Regenwasser auf seinen Kopf patschen ließ, womit er, wie er meinte, kurz beweisen wollte, er habe schon Pferde kotzen sehen und gewisse Leute verfügten nur über zwei linke Hände, die sie stets vorzeigen, um sich vor redlicher Arbeit zu drücken.

Wie wärs, sagte ich verärgert, wenn Sie mir jetzt versicherten, in Frankreich einen Mann getroffen zu haben, der in seiner Hosentasche mit einer Hand Zigaretten drehen konnte...

Sie werden lachen, in der Gefangenschaft...

Nein, unterbrach ich ihn, ich werde nicht lachen, schenken Sie mir lieber eine Blume oder ein Blümlein.

Na also, kicherte er, jetzt höre ich ja, was mit Ihnen los ist! Als ob man in Ihrem Alter noch Blümlein sagt!

Er schüttelte sich, breitete die Arme aus und schnappte wieder nach Luft. Sein Gelächter enthielt nicht den geringsten Spott. Es klang übermütig und ausgelassen, es gehörte einem ganz und gar fröhlichen Menschen.

2

Am nächsten Morgen blieb ich länger als sonst in der Badestube. Meine Wirtin, Frau Martha Kieselbratsche, hatte einen Merkzettel neben das Klosett geheftet: *Der Aufhänger an Ihrem Waschlappen wird rasch brüchig. Nähen Sie daher lieber einen kleinen, nichtrostenden Ring an.*

Ziemlich bekümmert nestelte ich an dem Aufhänger

meines Waschlappens herum und las noch zwei- dreimal die mir zugedachten Sätze, ohne hinter ihren Sinn zu gelangen. Ich fürchtete, auf der Stelle verrückt zu werden, denn plötzlich empfand ich für den Aufhänger ein seltsames Mitleid.

Die Vorstellung aber, Frau Martha Kieselbratsche werde ihre Sorgfalt mehr und mehr steigern, um ihren Untermieter von Kopf bis Fuß einzuspinnen in kriminelle Nützlichkeit, gab mir bald einen Ruck: ich zog an der Wasserspülung und ließ den Merkzettel davonrauschen.

Im Flur traf ich meine Wirtin.

Sie brauchen Zerstreuung, sagte sie, ich mache mir Sorgen. Gehn Sie doch mal in die neue Turnhalle. Sie treffen da sicher einige ältere Herren auf der Kegelbahn.

Ich mache mir nichts aus Kegeln, sagte ich.

Wie, Sie kegeln nicht gern?

Ich kegle überhaupt nicht.

Aber... was tun Sie denn zum Wochenende?

Ich übe seit Monaten den Liebesruf der Zwerghufeisennase.

Haha, lachte sie und drohte mit dem Finger, Sie erfinden immer neue Tierchen!

Die Zwerghufeisennase, liebe Frau Kieselbratsche, ist eine sehr seltene Fledermausart. Rhinolophus hipposideros. Sie hat ihren Namen von merkwürdigen Hautbildungen in der Nasengegend, die wahrscheinlich im Dienste des Tastsinns stehen. Man findet die Zwerghufeisennase in Kalksteinhöhlen und alten Bergwerken, während des Sommers in wenig betretenen Kellern und unbewohnten Häusern. Sie erwacht ungemein leicht, so daß man sie auch am hellen Tage, wenn sie ruhig zu schlafen scheint, nicht leicht fangen kann, weil sie bei Annäherung eines Menschen sofort munter wird und wegfliegt. Sie gilt als kleiner Vampir.

Vampir, scherzte meine Wirtin, das ist ja drollig, das haben Sie wohl im Kino gesehn?

Ich gehe selten ins Kino...
Und welche Filme bevorzugen Sie?
Die grausamen, sagte ich leichthin, um das Verhör zu beenden.
Die grau –? Aber Herr Krümelnehmer!
Doch doch! Meine Vorliebe für abscheuliche Filme mag Sie verwundern, aber so bin ich eben. Ich freue mich immer, wenn jemand aus dem Sattel geschossen wird, ich hüpfe dann auf meinem Sitz herum und kann nicht genug bekommen.
Nanu, sagte sie betroffen, das ist doch mehr etwas für Kinder...
Nein, antwortete ich und ließ nicht locker, Sie haben da Vorurteile! Sie sollten sich sowas mal ansehen. Zum Beispiel jenen unvergeßlichen Film, der eine Frau zeigt, die in einen Turm gesperrt wird, weil sie den großen Halunken nicht heiraten will. Dem großen Halunken ist das schnuppe, er läßt sie aushungern und gelegentlich peitschen. Zwischendrein fragt er sie, ob sie anderen Sinnes geworden sei, und da sie es mitnichten ist, springt sie aus dem Turmfenster direkt hinein in die Arme eines abtrünnigen Vasallen, der sich als Beschützer aufspielt und dem großen Halunken Rache schwört. Beide küssen sich und reiten von dannen. Sie werden verfolgt, der Frauenbeschützer verteilt eiserne Ohrfeigen, und die Häscher nehmen Reißaus! So entkommt das Paar in die Freiheit, wo das Strümpfestopfen beginnt... Aber soweit geht der Film nicht, er schließt mit dem Fortritt der Glücklichen. Darf ich Sie zu einer solchen Vorstellung einladen?
Mein Gott! rief Frau Kieselbratsche und streckte die Hände zum Flurfenster hin, überall muß man seine Augen haben! Mein schöner, schöner Spion!
Sie meinte den Spiegel, der außen am Flurfenster angebracht war. Ein Sperling wetzte seinen Schnabel an der Eisenfassung. Er lüftete ab und zu den Schwanz.
Dieses Tier, sagte ich, gehört zur Familie der gemeinen

Spatzen. Auch dieses Exemplar hat einen kleinen flinken Kopf.

Meine Wirtin hielt nichts von ornithologischen Kenntnissen, sie lief gestikulierend zum Fenster, schob den Riegel hoch und verscheuchte den Spatzen mit einem einzigen: Zzz-iischsch!

Alles verschmutzt, sagte sie weinerlich, denken Sie nur, denken Sie nur!

Während ich zuschaute, wie sie mit ihrem Schürzenzipfel auf den Spiegel losging – ihr rechter Ellbogen stieß dabei heftig vor und zurück –, sagte ich:

Frau Kieselbratsche, ich denke, Sie sollten sich Zeit lassen.

Himmel! rief sie, und gleich nochmal, nur lauter und etwas abgewandelt: Ach du mein Himmel!

Da hörte ich den scharfen splitternden Knall vom Hof her.

In tausend Stücke, seufzte sie, er hat zu locker gesessen... in tausend Stücke!

Nehmen Sie's nicht so genau, sagte ich.

In meinem Zimmer warf ich das Kopfkissen an die Wand, schloß die Augen und balancierte über die Teppichkante. Dann suchte ich lange nach einer farbigen Glasmurmel, die mir hier abhanden gekommen war.

Gegen Mittag verabschiedete sich ein verstörter Mensch von seinem Bett, von der Kommode und dem kranken, furnierleidenden Schrank.

Was werden Sie jetzt tun? fragte meine Wirtin.

Ich schwieg und ersparte ihr die erste gründliche Ohnmacht ihres Lebens. Ich trieb mich in der Stadt herum.

3

Mein Fahrrad war in die Jahre gekommen. Manchmal traf ich den Laubengärtner, er sagte: Ihr gleicht euch beide wie ein Ei dem andern.

Das Gestell hinter dem Sattel war für einen Gepäckträger zu klapprig. Mein aufgeschnürter Koffer schlingerte, sein geringes Eigengewicht lockerte schon nach kurzen Strecken jedesmal die Verschraubung an der Radnabe. In meiner Werkzeugtasche befand sich ein ausgeleierter Sechskantschlüssel. Er ruhte in dem ledernen Gehäuse und kam nie mehr ans Tageslicht.

Um mein Fahrrad zu schonen, das mir in der großzügigsten Reparaturwerkstatt einen Beleidigungsprozeß eingebracht hätte und selbst unter Brüdern weniger Kredit bekam als der berühmte Pfifferling, band ich zwei Stricke um den Koffer und trug ihn wie einen Rucksack spazieren.

Was zu erwarten war, trat ein. Die Leute tippten sich an die Stirn und gaben mir zu verstehen, wie unsinnig ein Fahrradbesitzer wirkt, der *läuft* und seinen Koffer schleppt.

Mittlerweile gefiel mir die Sache. Je öfter ich der versessenen Logik begegnete, um so mehr geriet ich in Verwandtschaft mit dem greisen Vater, der seinen Sohn auf dem Esel reiten läßt, anstatt mit dem Sohn zu tauschen.

Sitzt der Vater obenauf, wird der Sohn bedauert. Reiten beide auf dem Esel, wird der Esel bedauert. Tragen Vater und Sohn den Esel huckepack, werden beide zu Narren gestempelt. Dabei bleibt es auch, als Vater und Sohn neben dem Esel herlaufen und keiner mehr wagt, auf dem Tier Platz zu nehmen.

4

Na, Sie sehn ja ganz schön runtergekommen aus, sagte der Laubengärtner. Er hatte die Ärmel hochgekrempelt und stellte Tonzwerge auf den Rasen.

Zwei von ihnen lagen lächelnd im Gras, während drei ihrer Genossen eifrig bemüht waren, irgend etwas in flachen Schubkarren irgendwohin zu befördern. Der sechste Zwerg hielt eine Axt erhoben und drohte zuzuschlagen.

Spaß muß sein, sagte der Laubengärtner, dann klappt die Arbeit besser. Doch unter uns: die Zwerge sind ein Spiegelbild des Lebens, die Liegenden tun nichts und werden verfaulen.

Er sprach nicht weiter, sein Gesicht wurde streng.

Die Liegenden, sagte ich, werden verfaulen. Und was geschieht mit den andren?

Geben Sie sich selbst die Antwort! Auf alle Fälle: sie leisten vernünftige Arbeit!

Ja, drei geben vor, eine Schubkarre zu schieben, und rühren sich keinen Zentimeter vom Fleck. Der Zwerg mit der Axt macht ein Draufgängergesicht und...

Wir sind keine Zwerge! schrie er mich an, begreifen Sie das: wir sind keine Zwerge! Und nun weg von hier, ich hab noch zu tun!

Er entließ mich in den Nachmittag.

Unterwegs zu meiner Absteige, die ledigen Männern für zwei Mark pro Nacht im Nebengelaß einer Vorstadtbudike eingeräumt wurde, entzifferte ich eine Reihe auffälliger Losungen und Sprüche aus dem Lehrbuch für angewandte Wirklichkeiten: *Pflicht macht fröhlich! – Hammer oder Amboß? – Die Kunst der freien Rede! – Vorteile fordern Opfer! – Nie mehr müde sein! – Gehirnexerzieren! – Feuer frei!*

Nachts sah ich mich auf einer Laterne sitzen. Ich ließ die Beine über die Querstange baumeln und wartete, bis unten jemand vorbeikam. Dann sagte ich von oben herab: Gute Nacht! – sehr zur Verwunderung der nächtlichen Passanten.

Mein Hochmut kam mich teuer zu stehen. Der Kerl, der nach meinen Füßen griff, war mein ehemaliger Abteilungsleiter Patenbrink. Ich rutschte am Laternenpfahl aufs Trottoir zurück und rannte entsetzt die Straße hinunter, mein Abteilungsleiter hinter mir her. Seine Haare sprangen hoch wie Gasflämmchen, er warf ein Protokollbuch nach mir, höhnisch krähend flog das Buch über uns hin.

Wir kamen federleicht in die Stadt, begleitet von den Takten einer hechelnden Polka, glitten vorüber an einer Denkmalsfigur, die den rechten steinernen Arm an die Stirn hob, den Zeigefinger gekrümmt – da geschah es, daß mein geliebtes Fahrrad in den Händen des Vorgesetzten aufgelöst wurde: die Speichen zwei Brillengläser, Pedale ein Nasenbügel, die Lenkstange, Umlaufkette und Zahnräder verschwanden vor meinen Augen, er prüfte mich durch eine stechende Brille und rief gesträubten Haars:

Krümelnehmer, Sie sind doch bitte so freundlich und gehen ein für allemal nach Haus!

War es nun der unheimliche Satz oder das fliegende Protokollbuch, ich bekam einen Schlag an den Hinterkopf, taumelte gegen eine Hauswand, das Buch stürzte jämmerlich schreiend aufs Pflaster, wütender Regenschauer traf seine leblosen Blätter.

5

Der Mann von der Berufsberatung konnte sich damals nicht lassen vor lauter Witzelei über den Namen des achtzehnjährigen Schulabgängers Ewald Krümelnehmer. Er führte mich zum hölzernen Zentimetermaß, die querstehende Meßlatte war verklemmt, sie ließ sich weder hoch noch runter bewegen.

Der Mann wurde unwirsch, er sagte:

Na, wie groß sind Sie denn?

Einsfünfundsechzig, wenn ich nicht irre. Ohne Hut zehn oder zwölf Zentimeter weniger. Kommt auf den Hut an.

Danach hat Sie niemand gefragt, gab er zurück und paddelte mit ausholenden Armbewegungen hinter seinen Schreibtisch, was interessieren uns schon die Hüte! – Haben Sie eine bestimmte Vorstellung von Ihrem künftigen Leben? Was wollen Sie werden? Kommen Sie mir bloß nicht mit ausgefallnen Sachen. Es gibt genügend Kapitäne und Dompteure, soviel Schiffe und Manegen kann niemand auftreiben!

Meine Lehrer, sagte ich, halten mich für'n kaufmännisches Genie.

Moment! Es heißt: ...halten mich *für ein* kaufmännisches Genie. Hm, wie stehen Sie zur Post?

Zu welcher Post?

Zur Post als Körperschaft natürlich! Was fragen Sie denn? Aber nein, das geht nicht, ich seh Sie am Schalter sitzen und Briefmarken verkaufen... die Leute lachen sich krank, wenn sie das Schild mit Ihrem Namen lesen! – Weiter! Sagen wir: mittlere Beamtenlaufbahn. Hier liegt ein Angebot der Wasserwerke vor. Guter Platz, gute Bezahlung! – Können Sie mir folgen, wenn ich Sie frage, wodurch beispielsweise die freiwillige Feuerwehr kleinerer Ortschaften einem unverhofften Wassermangel begegnen sollte?

Durch rechtzeitiges Speichern von Wassermengen...

Reingefallen! Sie müssen die Vorstufen Ihrer Antwort überspringen! Selbstverständlich sollte die freiwillige Feuerwehr kleinerer Ortschaften – und nun geben Sie acht! – einem unverhofften Wassermangel durch die *ständige Verhütung von Bränden* begegnen. Verstehen Sie das? Ihre Antwort lag zu offen auf der Hand, Ihre Hand muß sich blitzschnell öffnen, die Antwort muß dem Fragenden ins Gesicht springen...

Wie ein Heupferdchen!

Gut, sehr gut!

Wie'n Frosch!

Wie *ein* Frosch! – Frosch ist falsch, Frosch ist zu kalt, zu feucht, Heupferdchen hört sich sommerlich an...

Ich bestehe auf Frosch – als künftiger Beamter der Wasserwerke!

Gratuliere, rief er, Sie haben kapiert, wohin der Hase läuft!

Er überreichte mir das Schriftstück, mit dem ich mich drei Tage später vorstellen sollte. Beim Verabschieden konnte ich nicht umhin, die erteilte Lektion offen auf der Hand wegzutragen.

Der Hase, sagte ich flüsternd, läuft zur Berufsberatung und erhält den Rat: Laß dich nicht totschießen!

Diese Bemerkung erlaubte mir einen Blick in den geöffneten Mund meines Lehrers, dessen ehrfürchtiges Schweigen ohne weiteres bereit war, mich einzustufen in die höhere und höchste Beamtenlaufbahn.

6

Wie vereinbart, stand ich am Morgen des dritten Tags im Büro meines Vorgesetzten. Ich ging auf einen Mann zu, der ungefähr vierzig Jahre alt war. Er schob seine Brille von der Nase ins Haupthaar, er schnellte hinter dem Schreibtisch hoch und begrüßte mich leutselig.

Guten Tag, Sie sind also Herr Krümelnehmer! Ja, ich weiß von Ihnen. Mein Name ist Karl August Patenbrink. Sie werden als Kontrollassistent bei uns beginnen.

Die Brille saß wie ein Hütchen auf seinem Haar. Er bemühte sich um gute Aussprache. Seine nächsten Sätze ließen mich aufhorchen.

Sehen sie, alle Fäden laufen durch meine Hände, natürlich nur – haha! – soweit sie diese Abteilung der Wasserwerke betreffen. Ich habe den Grundsatz: die Leistung entscheidet. Meine Mitarbeiter sollen sich wohlfühlen. Ich liebe es nicht, wenn meine Mitarbeiter immerfort in derselben Gehaltsstufe bleiben. Unsere fortschrittliche Arbeitsmethode führt auch die Mitarbeiter zu Wohlstand! Diese Prinzipien gelten nun auch für Sie, lieber Kollege! Schon als junger Mensch kommen Sie in den Genuß von Brot und Heimat, ich hoffe sehr, Sie wissen das zu schätzen! Ich möchte Sie jetzt Ihrer Kollegin vorstellen. Darf ich bitten...!

Die Tür zum Nebenzimmer war schon geöffnet, ich sah den etwas kantigen Rücken einer jungen Frau. Patenbrink trat von hinten an sie heran, er räusperte sich gekünstelt, sie reagierte sofort, ordnete ihren Bubikopf und drehte sich um.

Isegrei, sagte sie.

Ihre Stimme war das Organ einer leise summenden Arbeitsbiene, ihre Hand berührte nur meine Fingerspitzen. Ich machte eine knappe Verbeugung und suchte nach einem passenden Wort. Vorstufen müssen übersprungen werden, was bedeutet schon das simple Hersagen deines Namens, du mußt beide erreichen: dieses spitznasige Fräulein Isegrei und deinen Vorgesetzten.

Ich werde, sagte ich, meiner Kollegin und den Wasserwerken jederzeit dienen.

Fräulein Isegrei errötete.

Hm-tja! machte Patenbrink. Dann rief er: Herr Krümelnehmer, ich zeige Ihnen Ihr Zimmer!

Nebenan türmte sich eine Quadratur gestapelter Aktenkästen. In der Nähe des Fensters stand ein verbrauchter Schreibtisch.

Sie finden die Protokollbücher, die Sie zunächst zu bearbeiten haben, im linken unteren Fach! Ich nehme an, Sie beherrschen Algebra!

Mit Freuden, sagte ich übermütig und warf meinen Hut in ein leeres Regal.

Patenbrink zischte.

Besser wäre es, Sie beherrschten sie mit kühlem Kopf!

Er zog seine Brille auf die Nase. Die Pupillen wurden größer. Er gab mir die Hand.

Wir beginnen pünktlich, Herr Krümelnehmer! Kommen Sie zu Fuß oder per Straßenbahn?
Per Fahrrad.
Wie dem auch sei! Meinetwegen zu Fuß. Der tägliche Spaziergang zur Arbeitsstätte macht elastisch! Wenden Sie sich bitte an Ihre Kollegin, wenn Ihnen irgend etwas nicht eingängig sein sollte. Fräulein Isegrei wird Sie aufklären.
Sein Blick war unergründlich.
Ich bückte mich zum Schreibtisch und suchte nach dem Protokollbuch. Als ich darin blätterte, war ich allein im Zimmer. Ich tauchte den Dienstfederhalter ins Tintenfaß. Brot und Heimat! Das Leben des Kontrollassistenten Ewald Krümelnehmer hatte begonnen.

7

Der Kindermond sieht übernächtig aus. Meine Pennbrüder grunzen und schnarchen. Ich stehe auf, niemand hört mich. Unsere Bude stinkt anheimelnd wie eine Dunggrube. Draußen erschreckt mich die frische Luft.
In der Mondhelle kommt ein Pferd auf mich zu. Es bleibt vor mir stehen und sieht mich lange an.
Schlafen.
Früher hab ich mit meinem Freund Manfred mitten in der Stadt Pferdewagen angehalten. Die Kutscher ließen uns stundenlang mitfahren. Wir hatten Schnaps und Windmühlen bei uns. Wir sprangen ab und hielten eine Schulklasse an, die von einer Lehrerin ins Museum geführt wurde. Wir setzten unsere Windmühlen aus. Die Lehrerin sagte: Wenn Sie so weitermachen, ist die Zeit rum und alles war umsonst.
Signalglocken läuten. Ich gehe über die Schottersteine zum Bahnhofsgebäude. Der schnauzbärtige Vorsteher kurbelt die Schranke runter.
Wird der Zug halten? frage ich ihn.
Nein, sagt er, solche Züge fahren durch.

Ein Metallgesicht taucht auf, das sehr große Augen hat. Die Lokomotive jagt vorbei und zieht den silbernen Schlauch der Personenwagen hinter sich her. Ich stehe noch betäubt, als der Zug etliche Kilometer entfernt in der glasklaren Luft über den Gleisen schwebt. Nach einer längeren Pause, die mir wohltut, sage ich:

Solche Züge fahren durch.

Der Schnauzbärtige reibt sich die Hände: Es wird welche geben, die den Wind übertreffen!

Seine Mütze hat Geburtstag. Sie wandelt mit ihrem Träger über den Bahnsteig. Er dreht die Schranke hoch. Signalglocken. Der Vorsteher beginnt zu schreiten. Selbst ein Kanonenspuk könnte ihn nicht verletzen: er nimmt die Mütze vom Kopf und hält sie sich vor die Brust.

Mit dem rechten Zeigefinger schnippt er einen Staubrest von seiner Uniform. Ich sitze in Staubgestalt auf seiner Uniform und werde weggeschnippt.

Der Bahnsteig läuft rot an. Die Schienen glühen wie im Eisenwerk. Der Beamte läuft vor der aufgehenden Sonne an der Bahnsteigkante entlang. Er setzt die Füße gespreizt auf die Quadersteine.

Im Warteraum finde ich eine Bank unter einer viel zu großen Uhr. Ich strecke mich hin, schiebe den rechten Arm unter den Kopf und sehe den Beamten hinter dem Schalterglas stehen. Er hat große Augen, er ruft mir was zu.

Allmählich wird seine Stimme leiser. Jetzt habe ich sie vergessen.

8

Paß auf, sagt der fliegende Parfümverkäufer, du mußt dich janz einfach unter die Leute mischen un' nich so'n blödes Jesicht machen wie jetzt. Ich brauch'ne würdige Figur, die sich für meine Pullen intressiert, sonst kooft det Zeuch keena! Jede Halbestunde kommste wieda un' jehst uff den Kwatsch ein, den dein Brotjeba erzählt.

Der Wandergewerbeschein meines Brotgebers war auf den Namen Paul Klotzbeff ausgestellt. Klotzbeff gefiel ihm nicht.

Hört sich an wie'n jemeina Rülpser, sagt er, wer die Weiber inne Tasche jreifen will, muß Jlaseehandschuhe tragen.

Paul Klotzbeff nennt sich Paul de Paul. Er kampiert seit gut sechs Monaten in der Budike und zählt zu den alten Windhunden, die nach jeder Ausgabe des Neuheitenkatalogs schnappen. Diesmal war ihm das Angebot einer Seifenfabrik in die Fänge geraten, die über den streunenden ambulanten Handel ihren Segen in Form buckliger Parfümfläschchen ausbreitet und mit den Titeln *Rosenkavalier*, *Jelängerjelieber* und *Fliederhochzeit* bis zu tausend Mark monatlich in die Taschen aller Paul de Pauls zu leiten verspricht.

Deine Hose is abjewetzt, sagt er und wirft mir eine von seinen zu. Na mach schon, steich rinn in die Jondel! Ach so, schämsta wohl, na jut, dreh ma um – weeß ja, jibt ooch 'ne Scham unta Männern ...!

Paul de Paul lacht ausgiebig und schiebt sich den verschwitzten Homburger ins Genick. Mit dieser Kopfbedeckung erinnert er an einen erfolgreichen Grundstücksmakler, der irgendwann seiner Gastritis ein Schnippchen spielte und den heilsamen Trödel ins Herz schloß.

Biste fertig?

Ja, kannst dich umdrehn.

Anjejossen, mein Lieber! – Nu wirste dir noch'ne serriöse Maske zulejen, wiet'n ältren Herrn zukommt. Da möcht ick sagen: Weitjereister Forscher! So, uff die Masche fang wa heute probeweise mal an.

9

Sperlinge sitzen im Gerüst eines halbfertigen Hochhauses und schaukeln in der Richtkrone. Andere schwirren über die Stadt und wollen die Lerchen beschämen. Paul de Paul stellt die Parfümkartons ab. Er haut mir auf die Schulter.

Lustijer Tach, sagt er und klatscht in die Hände.

Der Wochenmarkt ist überfüllt. Paul de Paul gibt dem Platzmeister fünf Mark extra und bekommt einen günstigen Stand am Eingang zugewiesen. Ich halte mich abseits. Von weitem beobachte ich meinen neuen Chef, seine kasperhaften Armbewegungen und gezierten Mundstellungen. Beim Näherkommen höre ich, daß er den Jargon unterdrückt.

Meine Dame, ruft er schmeichelnd, *so* ist es natürlich nicht! Vergessen Sie bitte nie, ich bin nur *Ihretwegen* unterwegs, ich will nur *Ihnen* das Beste widmen – die Düfte der Suleika, die Wohlgerüche ihrer Kammern…

Die Leute winken ab. Paul de Paul ändert seine Taktik.

Seht mal an! schreit er ins Publikum, gehört sich sowas? Einfach abwinken und weglaufen? Sittenlose Zeit, meine Herrschaften! Hier wird nicht mit Klosettpapier gehandelt, hier wird überhaupt nicht gehandelt! – Was Sie hier bekommen, sind *Geschenke!* – Laßt euch doch von den Ladengeschäften das Fell über die Ohren ziehn, dann könnt ihr mit euren Holzköpfen bimmeln und darüber nachdenken, wie kulant meine Firma kalkuliert hat, um euch den elenden Mief abzujagen… jawohl!

Seine Pöbelei geht unter in beifälligem Gelächter. Man hört ihm zu und erhofft die Fortsetzung. Paul de Paul gibt sich von der pädagogischen Seite.

Ahnt man denn überhaupt, beginnt er wohlgesetzt, welche Strapazen vorausgehen, eh nur ein einziger Flakon mit Blütenessenz gefüllt werden kann? Da frage ich: Was wissen wir davon? So gut wie nichts! Wir müssen bekennen: Hier versagt unsere Allgemeinbildung!

Er pausiert und steigt auf eine Holzkiste. Es wird still in seiner Nähe. Ergriffene Gesichter. Sein Auftritt ist gekommen. Er betont die Endkonsonanten.

Und wie, Damen und Herren, wie sieht es nun in Wirklichkeit aus? – Die Karawane zieht durch die Wüste, eine Reihe schreitender Kamele, beritten von vermummten Männern, denen die Sonne augenblicklich das Gesicht zermartert, sobald sie nur die Nase zeigen. Das ist die Wüste! die unbarmherzige Zone brütender Hitze! Der Ozean aus Sand, dessen gefährliche Strudel den Reisenden auf Schritt und Tritt bedrohen! – der Ozean, der einen unendlichen Wall aus Sand vor die Stadt der Blüten trägt, die sich nur den tollkühnsten Männern bereitwillig öffnet. – Hier schöpfen sie aus der Zisterne den Traum der Damen, hier wird der ewig weibliche Fächer der Wohlgerüche gefügt – und von hier beginnen sie ihren Weg zurück durch die Wüste, selbstlose Ritter ohne Oase, Reiter mit sandigen Lippen! – die letzten Kavaliere und Troubadours, deren Namen verwehen wie die Fußspuren ihrer Kamele...!

Kamel! ruft ein älterer Herr und blickt beifallheischend in die Runde. Sein Ausruf wird niedergezischt.

Paul de Paul starrt mich an, wirft die Arme hoch, springt von der Holzkiste runter und schreit:

Simson! – Simson!

Die Zuhörer bilden eine Gasse. Paul de Paul begrüßt mich als seinen alten Bekannten. Er umarmt mich und flüstert mir schnell ins Ohr: Los, mach mit!

Simson, guter Freund, jauchzt er, wieder mal in Europa?

Jaja, sage ich, auf Einladung der akademischen Gesellschaft...

Donnerwetter! Gehts wieder auf große Fahrt?

Es geht, rufe ich, es geht in den afrikanischen Süden! Ich muß feststellen, ob die Schabrackenhyäne ein Familientier oder ein Einzelgänger ist. Die Angelegenheit ist ziemlich umstritten...

Wie du siehst, sagt er zwinkernd, auch ich bin meiner Sache treu geblieben!

Du Beneidenswerter, sage ich, essen wir nachher zusammen? Ich erwarte dich im Ratskeller.

Ja, ich komme! – Und nun, Damen und Herren, mein langjähriger Freund, Professor Simson, mit dem ich in jungen Jahren zur See gefahren bin, mein Freund wird Ihnen bezeugen, welche Ware hier zu erwerben ist!

Ich kann bezeugen, sage ich unbeirrt, daß mein Freund schon immer das seltene Talent besaß, Kostbares vom Schnöden zu trennen. Ich bin sicher, er bietet Ihnen ein Bukett ausgewählter Extrakte...

Paul de Paul ist glücklich. Mit einem getränkten Wattebausch benetzt er die Stirn einer alten Frau.

Hier, Muttchen, du bekommst 'ne Gratispackung! – Ja, das macht uns wieder jung, das kostet nicht viel, das ist ein Präsent des Herrn an die Dame seiner Sehnsucht, das gehört in die Handtasche jeder gepflegten Frau, – alle Welt liebt meinen Rosenkavalier, meinen Jelängerjelieber, meine Fliederhochzeit...!

Ich verlasse die Ansammlung. Paul de Paul schickt einen Jungen hier mir her.

Für Sie, sagt der Junge.

Ein Briefumschlag mit dem ersten Vorschuß.

Nach einer halben Stunde ziehe ich mit meiner Expedition nach Mittelasien, um dort die Eigenschaften des Wildesels zu studieren, der – wie jeder Zoologe weiß – einen Schwanz von zweihundert Zentimetern Länge aufzuweisen hat.

10

Die Budike liegt in der Dämmerung begraben. Ich spendiere die ersten Schnäpse für meine heißhungrigen Saufmägen unter dem Dach der windigen Absteige. Paul de

Paul zieht fröhliche Grimassen. Ich bin sein erstes großes Pferd, mit dem er, wie er versprach, bald herabreiten wird von der abgetakelten Vorstadtkneipe hinein in die Federbetten einer Hotelpension für ehrenwerte Händler. Dort, mein Herr Professor h.c., läßt sichs bequemer pennen, leichter aufstehen und genußvoller frühstücken als in diesem Kabuff, wo die Lampe immer dunkler wird, weil die ollen Zoten an ihr kleben bleiben.

Prost! Wie war das mit deiner Tante aus dem Wasserwerk?

Also gut, ich erzähl euch was von der ulkigen Liebesnacht mit Fräulein Isegrei.

(Ich weiß schon, man wird mich hier auspfeifen.)

Eines Morgens war ich zu spät zum Dienst gekommen. Herr Patenbrink empfing mich in seinem Büro: Da sind Sie ja! Sie liegen also nicht im Krankenhaus oder in einer Leichenhalle!

Nein, sagte ich, guten Morgen, ich habe mich verspätet, ich bitte um Entschuldigung...

Jaja, wie ein Schüler, rief er juchzend, wie ein Kind, das seine Eltern um Verzeihung bittet, wie ein bescheidener Mensch, der gute Arbeit vollbringt und trotzdem nicht hochnäsig wird! O ja, guten Morgen, lieber Herr Krümelnehmer, ich gratuliere! Die Berechnungen des letzten Quartals sind vorbildlich. Ihre Schrift ist gestochen. Wollen wir diesmal nicht kleinlich sein, wollen wir die lustigen Zeichnungen runterschlucken, die Sie in den Randspalten angebracht haben, wollen wir nur darum bitten, solche Männlein und Tiergesichter aufzuheben für ein launiges Wochenende... im Protokollbuch sind sie fehl am Platze! – genauso wie ein Zuspätkommen von... fünfundvierzig Minuten, das der Behörde... selbstverständlich ins Auge sticht... ganz abgesehen von Ihrer zeichnerischen Begabung! Setzen Sie sich, einmal ist keinmal! – Fräulein Isegrei wird Ihnen Kaffee kochen...

Danke, ich hab vorhin schon Tee...

Und wenn schon! Wer etwas leistet, soll doppelt belohnt werden! Doch, nicht wahr, wir sind auf der Hut, wir wissen, das Laster saust herbei mit Siebenmeilenstiefeln...!

Nehmen Sie den Kaffee stark oder mild? fragte mich Fräulein Isegrei.

Stark, sagte ich laut. Patenbrinks Äußerungen hatten mich erzürnt. Er spielte mit dem Löscher und tänzelte hin und her zwischen Fenster und Schreibtisch. Plötzlich sagte er:

Ach, wenn wir doch alle so lustig wären wie unser Zeichner Ewald Krümelnehmer, wenn wir doch alle so freimütig umgehen könnten mit dem Behördeninventar... und singen müßten wir wie die Wanderburschen:

Wie muß der Mai uns hoch erfreun,
der Mai, der uns das Ränzel schnürt! –
eiwiederei
eia...

Ich hörte den Kessel pfeifen. Fräulein Isegrei brachte den Kaffee.

Zucker? fragte sie.

Nein, danke.

Er ist nicht fürs Süße...! jodelte Patenbrink.

Da wurde an seine Tür geklopft, knöchern und müd.

Herein, rief er, herein, wenn's der Frühling ist!

Ein Mann trat ins Zimmer, der aus seinen Händen ein Jo-Jo fallen ließ. Die bunte Scheibe hüpfte über den Fußboden, stieg leicht und schnell am Faden empor, fiel und stieg wieder, und der Mann sagte:

Sehen Sie, da ist er oben, da ist er unten – immer wird er gezogen, immer läßt man ihn fallen...

Patenbrink stand bleich neben dem Schreibtisch. Fräulein Isegrei runzelte die Stirn.

Wer zum Teufel, schrie Patenbrink fassungslos, *wer* ist oben und unten?

Jeder weicht aus, sagte der Mann, ich weiche Ihrer Frage aus, ich gehe sofort, ich möchte nur ein Jo-Jo verkaufen...

Sind Sie arbeitslos? fragte Patenbrink scharf.

Nein, ich verkaufe Jo-Jo-Spiele. Sie funktionieren lautlos.

Halten Sie jedesmal diesen Vortrag von wegen Oben und Unten?

Fast immer...

Und wann nicht?

Wenn ich müde bin vom Treppensteigen.

Aha! – Den Erlös vertrinken Sie wohl...?

Vielleicht trinke ich gar nicht, vielleicht nur wenig...

Hm, sollte man feststellen können! – Wer hat sie überhaupt hier reingelassen?

Die Haustür war offen...

Das *Portal* war offen! Was hat der Pförtner gesagt?

Er hat ein Spiel gekauft...

Ich kaufe keins. Verlassen Sie sofort das Amtsgebäude! Und Sie, Herr Krümelnehmer, Sie behalten gefälligst Ihr Geld und kümmern sich um Ihre Arbeit!

Er drängte den Händler in den Flur. Fräulein Isegrei fragte mich:

Haben Sie Kinder?

Nein, sagte ich, es sollte ein Geschenk für Sie sein.

Sie hob die Schulter und kicherte. Ich lief die Flurtreppen hinunter bis zum Ausgang. Patenbrink stand vor der Loge des schwerhörigen Pförtners Depelmann.

Was ist denn passiert... Herr Vorsteher? fragte Depelmann und legte die rechte Hand ans Ohr.

Was passiert ist? Es gehört doch wohl zu den Pflichten eines Pförtners...

Nicht so schnell, Herr Vorsteher!

Ich sage, es... gehört doch wohl... zu den Pflichten eines Pförtners...

Ja natürlich... Herr Vorsteher...

Patenbrink schnaufte: Sagen Sie, Depelmann, geht Ihre Schwerhörigkeit schon so weit, daß Sie die behördlichen Anweisungen mißachten? Ich wollte sagen, es gehört doch wohl zu den Pflichten eines Pförtners, dunkle Gestalten abzuwimmeln! Menschenskinder, schauen Sie mich nicht so begriffsstutzig an, werden Sie endlich mal 'n bißchen mobil! Kennen Sie den Mann, der Ihnen das Jo-Jo verkauft hat?

Mobilmachung...? sagte Depelmann.

Ja und ja! – Und nein! Verständigen Sie mich künftig, wenn wieder solche Leute Hokuspokus verkaufen wollen. Guten Morgen, Depelmann!

Der Pförtner behielt die Hand am Ohr. Als ich ins Amtszimmer kam, saß Patenbrink über seine Papiere gebeugt und schrieb. Fräulein Isegrei sagte:

So'n dummer Zwischenfall, Herr Krümelnehmer – nun ist der Kaffee kalt geworden...

Ich setzte mich an meinen Arbeitstisch. In die erste beste Null, die mir im Protokollbuch begegnete, zeichnete ich mein mißmutiges Gesicht. Das war der Auftakt für den kommenden Abend.

Kurz vor Dienstschluß wollte Fräulein Isegrei Briefe frankieren. Sie stieß dabei an die Portokasse, der stählerne Kasten fiel zu Boden, das Kleingeld rollte unter Tische und Stühle.

Wir sammelten gemeinsam. Ich machte lange Finger und versuchte mit einem Lineal an die Geldstücke heranzukommen, die, hinter Regalen versteckt, meine Geduld herausforderten. Fräulein Isegrei dankte mir lächelnd.

Hoffentlich, sagte sie, kann ich Ihnen auch mal behilflich sein.

Ja, sagte ich dreist, die Gelegenheit ist günstig, helfen Sie mir und kommen Sie mit zum Schwanenteich.

Sie willigte ein. Etwas später saßen wir auf einer Bank im großen Stadtpark, unweit einer marmornen Figur, die mit einem Faun zu kämpfen hatte. Ich wußte nicht, wovon ich sprechen sollte, und begnügte mich mit leisen, gespielt nachdenklichen Bemerkungen.

Die Schwäne! Die Schwerelosigkeit dieser Vögel...!

Sind es denn Vögel...? fragte sie.
Schwimmvögel. Ein Sternbild trägt ihren Namen.
Richtig... ja...!
Nun war ich wieder an der Reihe.
Fräulein Isegrei... es wird dunkel. Die Milchstraße hat schöne Ufer. Wollen wir hinfahren?
Wer fährt uns? sagte sie leise auflachend.
Ich hoffe, der Abend. Wir müssen uns umfassen...
Aber...
...sonst gehen wir unter!
Herr Krümelnehmer!
Ich heiße Ewald. Sagen Sie Ewald!
Aus den Augenwinkeln erkannte ich ihre spitze Nase. Das Sprechen fiel mir schwer. Die Schwäne ruderten in das hölzerne Haus, das mitten im Teich verankert war.
Die Schwäne übernachten, sagte ich.
Man sieht nur noch... weiße Punkte, sagte sie.
Ja, nur noch weiße Punkte, Fräulein Isegrei.
Was haben Sie denn, Herr Krümelnehmer? Sie schauen mich so an?
Fatales Mondlicht verfing sich in Fräulein Isegreis Augenwimpern. Ich glaubte, es sei an der Zeit, die Kollegin zu küssen. Da ritt mich der Anblick ihrer Augen und brachte eine Liebeserklärung zustande, die sich nicht mehr zurücknehmen ließ.
Ihre Augen, sagte ich schnell, erinnern an stille friedliche Kuhaugen. Und... in den Muttermalen, Fräulein Isegrei, wie sie hier auf Ihren Händen erscheinen, sehe ich den Großen Wagen... hier den Orion... hier den Polarstern...
Ich wollte sie küssen, aber sie stach mit ihrer Nase nach mir und spießte meine Anwandlung auf. Sie erhob sich gekränkt.
Wer hat hier Kuhaugen, Kollege Krümelnehmer, und was reden Sie da vom Polarstern? Mein Gott, was kann *ich* denn dafür, daß ich so geboren bin? Ihnen gefallen meine

Muttermale nicht... oh, Sie sollten sich nicht über Ihre Mitmenschen lustig machen, nein, das ist ein sehr verwildertes Benehmen, das ist kein schöner Zug von Ihnen, das dürfen Sie nicht tun...!

Aber Fräulein Isegrei... Ihre Augen... bitte... ich wollte doch nicht sagen...

Lassen Sie mich, rühren Sie mich nicht an!

Bitte bleiben Sie hier...!

Ich schreie, wenn Sie mich nicht loslassen! Nein, begleiten Sie mich nicht! Gute Nacht!

Ich sehe sie durch den Park laufen, sie winkt einer Taxe, – und wenn ihr alten Sauftiere einen darauf trinken wollt, daß sie eingestiegen und weggefahren ist, dann setzt ihr den Punkt hinter diese Geschichte, die von Fräulein Isegrei im Verlauf meiner vierundzwanzigjährigen Dienstzeit nie zu den Akten gelegt wurde.

11

Traumhochzeit? Mag sein, wir schlafen. Vom höchsten Schornstein fällt eine Zeile Rauch herab. Sie legt sich vor die Füße des seltsamen Brautpaars: *Seid willkommen, der Wind geht als Trauzeuge neben euch her!*

Von fern erkenne ich den Mann im Hochzeitskleid. Er hat sich vorbereitet auf den festlichen Tag. Ein frisch gebadeter Käfer. Trägt er nun doch den Anzug der Schornsteinfeger? Man weiß ja, der private Maskenverleih gerät allmählich ins Hintertreffen, er bedient seine Kundschaft mit Staub und Pappmaschee und greift auf letzte Bestände zurück, – aber solche Zylinderhüte wie diesen, solche verbeulten Kaliber wagt er nicht anzubieten. Schon gar nicht so'n hölzernes Hochzeitskostüm, das der Dame prall zu Gesicht steht.

Myrten? Weshalb denn jedesmal diese immergrünen Myrten?

Der Bräutigam läßt auf seine alten Tage nichts kommen. Er spürt, irgendwo lauert der Sekretär eines Vereins der Naturfreunde, der Kerl ernennt ihn womöglich zum Ehrenmitglied, – nein nein, bloß nichts anmerken lassen, wenn er jetzt die Blume vom Geröllhaufen pflückt, vom lumpigen Rest einer Mauer aus rotem Klinker.

Hier stand mal'n Springbrunnen, sagt er zu seiner Braut, die genug zu tun hat mit den festgezurrten Bändern ihres Leibchens und ihn weitersprechen läßt: Wirste wohl die Blume nich so anglotzen, 'ne Blume gehört sich nu mal, wer latscht denn ohne Blume zum Standesamt?

Er pfeift ihr was vor. Na bitte, gefiederte Sänger in Haus, Hof und Garten. Alter Stieglitz. Pinkpinktigelitt. Mit einem ausgedehnten *Ai-iii* warnen sich die geselligen Tierchen. Er legt seinen Arm um ihre Schulter, den Arm des Herrn Hagestolz, der die schwerfälligen plumpen Schritte seiner Braut in Richtung Behördenviertel lenkt, wo das Mauerwerk schon früher auf Halbmast stand und alle naslang ein verziertes Holztor aufzuweisen hatte, von den Vorstehern *Portal* genannt und stets geöffnet wie ein gähnendes Maul.

Der Mann tippt an seinen Zylinderhut. Stets verschlossen war nur das Holztor im roten Klinker. Futsch, Geröllhaufen, Zappenduster. Wer weiß, was das für'n Springbrunnen war, der dahinter versteckt lag.

Im Amtsgebäude vernimmt er getuschelte Fragen und Antworten. Seine Braut stört sich nicht am Kohlsuppengeruch, der auf die beiden einströmt. Wer hier wartet, hat Blumensträuße mitgebracht. Der Mann geht in den Waschraum. Er blickt in den abgeblätterten Spiegel. Aus seiner Jackentasche zieht er ein sorgfältig geplättetes Tuch und legt es sich um den Hals.

Draußen stößt er mit dem Beamten Gurkennase zusammen. Der Beamte hüstelt, geht frech um die Braut herum, betatscht sie und lacht aufdringlich.

Grober Klotz, sagt der Mann zu seiner Braut und zeigt

auf Gurkennase, seit Wochen verschleppt er unser Aufgebot, heute wird er was erleben!

Die einzelnen Paare werden ins Zimmer des Standesbeamten gerufen. Der Mann vertröstet seine Braut. Der muffige Dunst eines Heizkörpers macht ihn schläfrig.

Komm mit, sagt er, hier pennste ein, wir gehn erst mal frühstücken.

Die Wirtsleute sind nicht gerade einverstanden mit der äußeren Erscheinung ihrer Gäste. Die Dame kommt ihnen bekannt vor. Immerhin, das Paar setzt sich an den besten Platz des Hauses, an einen weiß gedeckten Fenstertisch. Da liegt die Speisekarte. Der Mann zeigt ein situiertes Gesicht.

Kartoffelsuppe, sagt er, kommt nich in Frage. Heut nich! – Fischfilet? Gabel links Gabel rechts gefällt mir nich! – Sagen wir: Festessen!

Bitte, fragt der Ober, was wünschen die Herrschaften zu speisen?

Den kleinen Kachelofen, sagt der Mann, das Ding aus der Ecke da hinten!

Warm oder kalt? fragt der Ober.

Alberne Frage! *Warm* natürlich!

Der Ober verbeugt sich, geht in die Ecke des Restaurants und legt Scheite ins Ofenloch. Ab und zu prüft er das Feuer und nickt hinüber zum Fenstertisch. Sein Kollege serviert das Besteck: Zange, Schraubenzieher, kleines Stemmeisen mit gehärteter Schneide und mittelgroßen Hammer.

Nach knapp fünfzehn Minuten wird das Gericht aufgetragen. Die Tischbeine haben ihre schwere Stunde.

Danke, sagt der Mann und nimmt den Ofen auseinander.

Er verzehrt ihn nach Art und Sitte eines genüßlichen Herrn. Seine Braut sitzt wortlos daneben, sie ist rundum angefüllt und auf solche Mahlzeiten nicht eingestellt. Sie überläßt es den Wirtsleuten, Appetit und Geschick ihres Bräutigams zu bestaunen. Im Grunde ist es ihr unangenehm, wie er nun an den schwer verdaulichen Schrauben des Untergestells herumnagt und sich die Finger beleckt. Plötzlich schaut er sie verwundert an, als hätte sie ihn gefragt:

Du Ferkel, wo hast du sowas gelernt?

Seiner Miene ist abzulesen: er hat keinen Schulranzen um. Und hätte er jetzt einen Schulranzen um, dann würds eben wieder sechs Jährchen lang Backpfeifen regnen, nicht zu vergessen die elende Tracht Prügel, als er versucht hatte, über das Holztor zu klettern und vom plätschernden Geräusch des Springbrunnens angeregt wurde, im hohen Bogen aufs Pflaster zu pinkeln.

Wir haben, sagt der Ober devot, leider kein zweites Stück dieser Qualität im Hause. Wünschen Sie Kompott?

Nein, sagt der Mann, das genügt.

Von Bezahlung kann keine Rede sein. Der Mann verläßt mit seiner Braut das Restaurant. Er wirkt wie ein Minister, der sich erlaubt hat, beim Staatsbankett Kartoffelsuppe zu essen. Er tätschelt die Wangen seiner Braut.

Mein rundes Glück, flüstert er, gleich sind wir verheiratet, du fehlst mir jetzt...

Sie begegnen dem Zug der Hochzeitspaare, die vorhin im Zimmer des Standesbeamten verschwunden waren. Ihre Blumensträuße sind größer geworden, man sieht Papierschlangen im Haar der frisch getrauten Frauen, Blüten aus Krepp und Stanniol. Die Verwandten setzen zu Kobolzsprüngen an, Kinder hüpfen auf einem Bein, Gelächter kippt vornüber, fängt sich und ringt nach Luft, jeder hascht nach jedem, der Himmel wird abgerichtet, er jagt der Morgensonne hinterher.

Die lärmende Gesellschaft hat im Behördenbau ganze Arbeit geleistet. Vorhin gab es noch Bänke im Flur, an den Wänden hier und da einen Abreißkalender, die schmale Konsole über der Tür zum Standesbeamten bot Platz genug für das angedeutete Liebesspiel zweier Putten aus Stuck, die querrenden Holzdielen verleugnen sich unter den

Schritten des letzten Brautpaars, – he, was zögern wir denn, so haben wir nicht gewettet, wo bleibt Gurkennases Vertraulichkeit, was soll dieses Licht in den ausgestorbenen Gängen, das sich auf Fliegenpulver und Mottenkugeln beruft?

Na, meine Lieben, sagt der Standesbeamte, Sie sind ja richtig abwesend. Beinah hätten Sie einem alten Hasen auf die Füße getreten. Was ich zu sagen habe, kann hier im Flur gesagt werden.

Er kommt deutlicher auf sie zu, er gibt seiner Erscheinung den nötigen Nachdruck, er zitiert einige Sätze aus der Verordnung, die – zugegeben – für den Laien unverständlich wären wie ein Buch mit sieben Siegeln, aber er habe während der Dienstzeit vorrangig die gestellte Aufgabe zu erledigen und dienstfremde Gespräche aufzusparen bis zum Feierabend. Damit sei bereits alles gesagt, – dem Aufgebot könne leider nicht entsprochen werden.

Sagen Sie mal, wendet er sich an den Mann im Hochzeitskleid, sind Sie etwa erstaunt über diesen Beschluß?

Er fragt nicht weiter. Der Mann nimmt den Zylinderhut vom Kopf, grau in grauer Anblick, er beteuert, im Postamt seine Dienstzeit ebenso ausfüllen zu müssen, täglich von 8 bis 12 von 14 bis 17 Uhr, und dies am Schalter 7, der bekanntlich pausenlos belagert wird, weil nämlich immer nur drei Schalter geöffnet sind, Schalter 1, 2 und 7, das alte Übel, an dem man gehässig wird und jene zwei drei Minuten herbeisehnt, wenn das Schild mit der Aufschrift *Vorübergehend geschlossen* auf die Theke gestellt werden darf als Abwehr gegen die Leier *Zwei Marken a Zehn, eine a Fünf, zwei a Zwanzig*, von den perforierten Bogen trennt man 10 mal 10 Präsidenten oder den Erfinder der Dampfmaschine herunter, nachts fährt der Präsident mit der ersten Eisenbahn von Nürnberg nach Schalter 7, morgens schwimmt ein klebriger Eilbotenzettel im Kaffee, verkürzt das Frühstück und behauptet fidelen Singsangs, er sei die Christel von der Post, – und damit habe *auch er* alles gesagt, damit wäre seine Brautwahl gerechtfertigt und nun sollte dem Aufgebot endlich entsprochen werden.

Ja... sagt der Standesbeamte langsam, jaja, jetzt erkenne ich Sie wieder. Richtig, *der* also sind Sie! Mein Guter, ich hab wirklich viel Verständnis, aber was Sie da als Braut bei sich haben, ist nun mal von oben bis unten ein volles Bierfaß, – und sehen Sie, selbst wenn der Staat diesen Bund fürs Leben mit Konfetti besiegeln würde, selbst dann müßte ich passen, ich bin verschworner Weintrinker und lehne solche Verbindungen ab. Das ist hart, aber ehrlich!

Man weiß nicht, ob der Mann seinen Zylinderhut wieder aufsetzt, ob er ihn wegwirft, vergißt oder sorgsam verwahrt. Die Blume seiner Braut wird er nicht vergessen, er hat sie sich einverleibt. Er gönnt auch anderen, in wilder Ehe mit ihr zu leben.

12

Paul de Paul hat vorgestern eine Vertretung für Heilkräuter übernommen. Er hat den weitgereisten Professor Krümelnehmer freigegeben für andere Vorträge. Heilkräuter brauchten keine Bestätigung, die Gutachten kämen massenweise von selber.

Er schenkte mir einen Rückenkratzer und riet mir, häufig davon Gebrauch zu machen. Mein altes Fahrrad überließ ich dem Wirt der Budike, er wollte die Räder aufs Dach binden und seiner Frau die Ankunft der Störche erleichtern. So gab es für mich zwei Abschiede an einem Tag.

Meine neue Glanzrolle verdanke ich dem Deutschlehrer Suderow. Sein damaliger Blick in meine Zukunft hatte sinngemäß folgenden Wortlaut: Entweder du sprengst eines Tages eine Fabrik in die Luft, oder man wird dein Talent bewundern, Gedichte gut aufzusagen!

Die Sache mit der Fabrik war bei Suderow zurückzuführen auf meinen zeitweiligen Posten als Klassensprecher, der im Namen kichernder Mitschüler verlauten ließ, in Wilhelm Raabes Schwarzer Galeere stoße man zwar auf abscheuliche Strafen, nirgendwo aber auf den täglichen Gang zur Penne.

Suderows Ohrfeigen waren gezielt, genau wie der zweite Teil seiner Prophezeiung: seit achtundvierzig Stunden ernährt mich das Aufsagen von Gedichten in Mietshäusern.

Für zwanzig Pfennig erwachen die linden Lüfte aus Uhlands Frühlingsglaube, sie säuseln und weben und verkünden ins Ohr der Hausfrauen und Rentner, die Welt werde schöner mit jedem Tag, und verweisen dabei auf ferne stille Täler. Gelingt es mir nicht, die geliebten Verse richtig zu betonen und sollte selbst *Nun armes Herze sei nicht bang* verfliegen vor Küchendunst oder schlechten Prothesen, so hilft mir manchmal ein Duett zwischen der Amsel *Turdus merula* und der Lerche *Alaudidae*, ohne mich auf diese beiden Gattungen festlegen zu wollen.

Ich ziehe den Rückenkratzer aus der Tasche. Elfenbeinerne Hand. Kratze mich hingebungsvoll und nehme einen Kuhschluck aus der Kornflasche. Unter den Fenstern fällt das Gardinenmuster über mich her. Das ist die Straße der Kellerwohnungen. Im Keller steht der Tisch mit der Funzel. Der Tisch hat ein verstaubtes Trauerkleid an. Die Mutter zerschneidet den Brotlaib, das Kind hat Brotkrümelaugen.

Mutta, sagt das Kind, wenn kommt Pappa? Der will mir'n Omnibus mitbring'n.

Der bringt dir'ne Maulschelle mit!

Omnibus...!

Maulschelle!

Nee... Omnibus...

Mein Gott, sei stille, nimm det olle Uhrjehäuse, mach dir'n Omnibus aus die Uhr.

Jut, sagt das Kind, ick fahre einholn mit die Uhr. Brot, Eier, Speck. Wenn de willst, bring ick dir'n neuen Rock. Meene Mutta tanzt'ne Polka wie'n Ziejenbock...

Ick sare dir: Maulschelle! Wer singt sowat?

Das Kind grabscht von der Brotrinde was runter.

Hallo, rufe ich und klopfe an die Fensterscheibe, ich singe sowas, der Junge hat mir wahrscheinlich zugehört.

Die Frau schickt das Kind in die Stubenecke und schlurft zum Fenster.

Wat is los, sagt sie mißtrauisch, wat wolln se?

Bin nur vorbeigekommen, sage ich.

Na und?

Würde ganz gern mit dem Jungen Omnibus fahren...

Au ja, ruft der Junge und springt aus der Ecke hervor, kommste mit, Onkel? Absausen, wegflitzen!

Nee, sagt die Mutter, jeht nich, der Junge muß sein' Vater holn. Sitzt anne Ecke inne Kneipe.

Jut, Mutta, ick fahre mit die Uhr inne Kneipe. Wumm, um de Ecke rumm!

Mach det de wegkommst! Sare Pappan, mir is schlecht, hab Milch uffjesetzt...

Der Junge kommt die Kellertreppe hoch.

Wegflitzen! ruft er, Pappa holn. Absausen!

In der Eckkneipe haben sich alle hingesetzt für zehn Schnäpse und drei Ewigkeiten. Sie sitzen da und sagen nichts. Sie schauen zur Tür. Wenn sie sich öffnet, kommt der Abend herein und bringt die Nacht als bewährten Stammgast mit.

Wat soll ick denn uffstehn, sagt der Vater, setzt euch doch ooch!

Pappa, sagt der Junge, ick soll dir saren, det de nach Hause komm sollst. Mutta hat Milch uffjesetzt.

Milch, sagt der Vater.

Ihr is schlecht, hat se jesacht...

Na siehste, is ihr wieda schlecht. Wen hasten da mitjebracht?

n Onkel, sagt der Junge.

Nehm se'n Bierchen? fragt mich der Vater.

Nicht abgeneigt...

Oba, zwee Bier!
Pappa, sagt der Junge, Mutta hat jesacht...
Kwatsch nich! Wat willste mit det olle Uhrjehäuse...?
Mit spielen.
Wat is denn mit Muttan? Hat se wieda Zucka jebraten un Bonbons jemacht, is ihr schlecht jeworn...
Keen Zucka jebraten, sagt der Junge.
Na ja, komm schon! Nur schnell mal Prost!
Prost!
Pappa, nu mach doch!
Ja, nu quäl mir doch nich! Jeh schon vor, sare ihr, ick trink mit dem Herrn nur noch'n Bierchen. – Prost! Ihr Wohl!
Prost! – Mein Wohl: die Häuser hüpfen wie gealterte Turner kurzatmig auf der Stelle. Die Bäume ducken sich vor meinem Getorkel. Schwarz rattert ein Pferdewagen die Straße hinunter.

Mein Freund Manfred sitzt hinter dem Kutschbock auf der Ladefläche. Seine Windmühle ist feuerrot. Ich will hinterher, ich gröle und stolpere vorbei an der polizeilichen Ausnüchterung, vorbei durch den Park an der Gnade einer gebührenpflichtigen Verwarnung, die mir weismachen will, am nächsten Morgen seien auch die verdrießlichsten Sensationen in den Taschen der Zeitungsverkäufer dahingewelkt, und Krümelnehmer darf ausruhen von seinem besoffnen Gesang, von der kindischen Frage *Wieviel Fischlein spielen in der hellen Wasserflut?*

13

Der Parkwächter sagte: Sie haben geschnarcht wie'n Roß und wirres Zeug geredet. Manchmal haben Sie gefaucht wie'n Äffchen, da mußte ich lachen. Die ersten Besucher waren ziemlich ungehalten, daß hier'n Mann schläft, aber – was sagen Sie! – ich hab Sie in Schutz genommen. Wolln Sie jetzt bitte den Park verlassen, ich meine, Sie können natürlich auch bleiben, nur sollten Sie sich mal den Mund ausspüln, Sie stinken ja gegen den Wind nach Fusel, ich meine, ich hab ja gar nichts dagegen, daß Sie sich die Hucke vollsaufen, na ich meine, wenn Sie noch einen erübrigen können, wir sind ja nicht mehr die Jüngsten, was geht das auch hier die Besucher an, wenn man mal einen hebt, die solln erst mal'n ganzen Tag mit'nem Spazierstock Papier aufpieken und die Krähen verscheuchen... stehen Sie bitte auf, ich hab Ärger...

Er wußte mit der Kornflasche umzugehn. Ich lief noch unter schmalen feindseligen Erkern umher, ich wurde aufgenommen ins Altersheim bekehrter Raubritter, das Haus war über und über bedeckt mit heraldischen Zeichen, die Hauptstraße der Ortschaft war auf den Namen eines berühmten Raufbolds getauft.

Nicht der beste Tropfen, sagte der Parkwächter und schob die Flasche in seinen Mantel, dürfen Sie nicht zuviel runterschlucken, wer weiß, ob Ihnen die Brühe bekommt. Was grinsen Sie denn?

Ich möchte einen Reiher für Sie falten, sagte ich.

Reiher? Wolln se aufs Kotzen anspielen?

Nein, sagte ich, ich hatte vorhin einen häßlichen Traum, der ist jetzt weg.

Im Papierkorb neben der Bank lag eine Zeitung. Ich breitete sie vor den Füßen des Parkwächters aus und bat ihn um Geduld.

Mein Großvater, sagte er, konnte jeden Traum auslegen, egal ob so oder so, ich meine, der hatte Köpfchen, egal obs seine eigenen Träume waren oder von andren, mein Großvater war vom Wasser und 'ne Respektsperson, was der alles wußte, weiß heute niemand mehr...

Ich sah schon, es wurde kein Reiher. Ich war zufrieden, daß mir ein Sperling glückte. Auf meinen Schupps hin flog er etwas wacklig an der Mütze des Parkwächters vorbei. Nach einer unerwarteten Linkskurve stürzte er in die Jasminsträucher.

Wie schön er geflogen ist, sagte ich.
Ja, sagte der Parkwächter, das stimmt.
Er prüfte noch einmal die Qualität des Fusels und ließ den Korken an der Flasche singen. Sie verschwand wieder in seiner Manteltasche.
Ich meine, sagte er, wenn Sie mal hintern Baum gehen wolln, ich hab nichts gesehn.
Er lief zum Ausgang. Als ich ihn auf der Hälfte des Wegs einholte, begann er laut zu schimpfen und drohte einer Schar Krähen hinterher. Sie ruderten über uns hin: Morgensonne im Rücken, die Flügel gefächert.

14

Jetzt wohne ich bei meinem Freund in der Dachdeckersiedlung. Wir lernten uns kennen, als ich den Umbau eines Sarggeschäftes verfolgte, das einem Krankenhaus genau vis-à-vis lag. Tagsüber zeigten die Schaufenster große Werbefotos reicher Bestattungen, man konnte ohne Umschweife einer Auswahl gediegener Särge ansichtig werden, teils aufgeklappt und innen gepolstert wie Schmuckkästchen, teils an den Wänden aufgestellt und nach Größen geordnet. Bei Dunkelwerden war alles erhellt, ein stummes Fest der Myrten und Buchsbäume, mitternachts das einzige Geschäft mit leuchtenden Buchstaben in der leergefegten Finsternis der Krankenhausstraße.
Insgeheim bewunderte ich auch hier das Amt für öffentliche Ordnung.
Vor diesem Geschäft, als es umgebaut wurde, als die Auswahl nur noch per Katalog möglich war – gefällige Tische, auf dem Tisch eine Urne, im Schaufenster ein Telefon oder umgekehrt und nichts mehr von Gruft und weg mit Kisten und Kasten! und keine Orgel in Watte – hier traf ich meinen Freund Otto Baginski, der mich in seine Wohnung mitnahm.

Er wollte mir, wie er sagte, reinen Wein einschenken über die wahren Hintergründe für den Umbau des Geschäftes: der Einzelhändler wäre bankrott und nun den Lockungen der Bestattungsfirma Grinsmetall erlegen, ein wehleidiger Angestellter hinter den Fenstern seiner Lebensarbeit, der den weggeräumten Särgen nachtrauert und auf den Kahlschlag mit Nesselfieber reagiert. Vor einigen Tagen soll er verwarnt worden sein. Er hatte die verhaßte Urne als Aschbecher benutzt und die Direktion wissen lassen, demnächst werde er sich bei einer Geisterbahn als Gespenst verdingen.

Baginski füllte zwei Wassergläser mit Schnaps, nannte mich rundheraus einen alten Verrückten und lud mich ein, bei ihm wohnen zu bleiben.

15

Er kennt meine Geschichte, er bewirtet mich mit Hochachtung. In gewissen Abständen muß ich ihm von der Herkunft meines Namens erzählen.

Otto, sage ich dann, meine steinalten Urgroßväter saßen am Tisch mit meinen steinalten Vorfahren beim Nachtessen, stumm saßen sie und mampften ihr Brot, ganz alt waren sie mit Essen beschäftigt, Brrr, machte das Pferd im Stall, freßt nicht so alt euer Gähnen herunter!

Wie erschraken da meine steinigen Nasen und aufgerissenen Eulenaugen. Den Urgroßvätern fiel das Brot aus der Hand, bröckliges Brot, verstehst du, *Kurr-ma-knurrz!* schnaubten meine steinalten Urahnen, das ging auf ihre Söhne und hieß soviel wie: Nehmt gefälligst die Krümel vom Boden! – Und die alten steinernen Eulen wußten nicht, daß sie den Namen für ihre Nachfolger geprägt hatten.

Wenn Baginski vom Dienst nach Hause kommt – er arbeitet als Karteiverwalter in einem Lehrerseminar – sieht er mich am Fenster der Parterrewohnung sitzen. Ich lege beide Hände an die Schläfen, die Innenseiten sind ihm zugekehrt. Ich mache ein Käuzchen nach, rufe *Uuuh-huu-huuu!* und empfange ihn mit blinzelnden Augen. So versuche ich, ihm für seine Gastfreundschaft zu danken – trotz wiederholter Auflehnung der Nachbarn gegen das kindische Gehabe eines verwahrlosten Kerls.

Während ich das Abendbrot zubereite, geht mein Freund still feixend um mich herum. Etwas später sitzt er mir gegenüber. Für ein Weilchen haben wir uns nichts zu sagen. Das dauert solange, bis wir die Mäuler aufsperren, uns anrülpsen und die Teller zusammenstellen. Dann beginne ich meinen Bericht, der ihn unterhält und aufmuntert.

Er liebt es, von schönen unvernünftigen Dingen zu hören, die mich tagsüber beschäftigen. Dabei regt mich sein spitzes meckerndes Lachen oft zu Übertreibungen an.

Demonstriere ich zum Beispiel die Unart eines renitenten Lamas, so genügt es mir nicht, ihm vorzuführen, wie ich zwei Stunden lang mit rausgestreckter Zunge aus der Tiefe des Zimmers auf seinen Ovalspiegel zugegangen bin, nein, ich unterstütze meine Vorführung jedesmal mit symbolistischem Beiwerk, etwa so: der Spiegel sei ein böser niederträchtiger Arzt, der mich unentwegt aufgefordert habe, ihm die Zunge zu zeigen.

Nach dem Essen liest mein Freund aus einem Lexikon vor. Das geschieht jeden Abend. In dieser Woche nehmen wir das S-C-H durch, von Schabernack bis Schwurgericht. Ich weiß nicht, wie ich ihm heute beikommen soll, er langweilt mich mit trübsinnigen Erörterungen über den Schlaganfall, verändert den Text im Lexikon, weist den Herausgebern Pfuscherei nach und mustert mich großäugig, wenn ich ihn bitte, endlich zum nächsten Abschnitt überzugehen, der von Schlammfliegen und ihren mottenähnlichen Larven handelt.

In solchen Augenblicken fürchte ich, ihn gekränkt zu haben.

Er verstummt, neigt den Kopf und gibt mir Gelegenheit, seinen Mittelscheitel zu betrachten. Diese Art Scheitel führt mich einen graugetünchten Kanzleiflur entlang, hinter den Türen links und rechts der lautlose Streit zwischen Löschpapier und diensthabendem Staub, uneinig seit je, wer hier die Tintenschrift trocknet. Schwarze Ärmelschoner sehen dich an, für meinen Freund der Trauerflor bis zum Pensionsalter.

Er kann nicht dafür, aber der Anblick seines Scheitels jagt mir das Blut in den Kopf. Ich suche nach einem Zigarrenrest und lasse meiner lächerlichen Erregung freien Lauf. Unbeherrscht paffend, setze ich durchs Zimmer.

16

In der Märzwoche vor meiner Entlassung überprüfte ich das Protokoll des Winterquartals. Ich gehörte schon lange zu den wenigen Weisen, die in den Büros mit schweigsamer Umsicht neue Arbeitsmethoden entwickeln und gleichzeitig aus der hergebrachten Richtschnur die Schlinge legen, die sich festzieht wie die Taille der arabischen Acht.

Das abgeschlossene Buch stand im Regal. Ich freute mich des sonnigen Vormittags und öffnete das Fenster. Von fern näherten sich blecherne Klänge, Paukenschläge und lachende Stimmen. Eine Schaustellergruppe, die am Schwanenteich vorbeizog und nun auf unser Gebäude zukam. Silberne Aufschriften und rote Markisen.

Trotz des fröhlichen Lärms vernahm ich hinter mir das unwillige Räuspern, mit dem sich mein Vorgesetzter anzumelden pflegte. Patenbrinks Fähigkeit, jede Tür lautlos zu öffnen, war das Ergebnis jahrzehntelanger Sehnsucht nach Pokal und Trophäe – gewiegte Ganoven hätten ihm für seine Leistung einen goldenen Revolver überreicht.

Ich machte mir am Schreibtisch zu schaffen.

Das Protokollbuch des Winterquartals, sagte Patenbrink, wird am Freitag revidiert.
Ich habe es abgeschlossen und eingeordnet, sagte ich.
Gut gut, Kollege! Raten Sie mal, was ich Ihnen da mitbringe...
Er schmunzelte und zog schwarze Tücher aus seiner Kitteltasche.
Ärmelschoner, neue Ärmelschoner. Bitte... nehmen Sie! Na, nicht so bescheiden! Halten Sie mal die Ärmel fest! Ja, so ist's richtig! Und... jetzt... der eine! und... so... der zweite! Fein, wie Sie das immer wieder kleidet!
Danke, sagte ich.
Vom Fenster her traf mich ein schneller Flugschatten aufgescheuchter Vögel. Ich wurde unruhig und fand mich einer Szene ausgesetzt, in der ich abwechselnd die Kleidung eines Tagelöhners und den Gehrock eines Beamten trug. Patenbrink blätterte in den umherliegenden Schriftstücken. Er lachte breit und trat ans Fenster.
Hübsches Plätzchen, sagte er, gute Aussicht. Direkte Nachbarschaft mit der Promenade. Ja ja, Herr Kollege, stehen Sie eigentlich oft hier?
Wie war das? *Ihre Antwort muß dem Fragenden ins Gesicht springen?* – Ewald Krümelnehmer, Kontrollassistent der Wasserwerke, halt an, Mühlrad, bleib ein bißchen stehn!
Ist Ihnen nicht gut? fragte Patenbrink, mußten Sie am Fenster ausruhen, weil Ihnen nicht gut ist? Ja, so reden Sie doch! Schließlich fragt man sich, was soll man einem Besucher sagen, der Sie hier im Dienstzimmer am Fenster vorfindet... haben wir nicht eine Mittagspause... oh, was soll man wohl sagen, Kollege...
Man sollte sagen: Sperlinge sind in den Straßen.
Herr Krümelnehmer, rief Patenbrink gereizt, was geschieht da draußen?
Ich vermute, man wird einen Jahrmarkt eröffnen. Man wirbt dafür und veranstaltet einen Umzug.

Erheitert Sie das? Nur Zigeuner machen solchen Krach!
Zigeuner, sagte ich, sind berüchtigte Spätaufsteher – sie fressen kleine Kinder und machen solchen Krach.
Ja, sagen Sie mal...! Was ist denn mit Ihnen? Ich verstehe nichts mehr!
Leicht zu verstehen, Herr Patenbrink, ich bin der Kollege Krümelnehmer, der völlig durchgedrehte Mann im Wetterhäuschen, meine Frau sollte draußen sein, heut ist ein schöner Tag, dafür bin ich draußen, das kommt mir nicht zu...
Hören Sie auf! schrie Patenbrink.
Eine klirrende Melodie wogte heran, ein orgelähnliches Instrument tönte in den Gesang einer Männerstimme *Was haben wir getrunken, daß wir so nüchtern sind.*
Maskierte Pferdewagen rollten durch die Straße, begleitet von zahlreichen Leuten, die neugierig zu einem buntgekleideten Mann aufblickten, der einen Orgelkasten bediente und soeben das Lied von der beklagenswerten Nüchternheit zu Ende sang. Der Festzug stockte, der Buntgekleidete stellte einen Pappkarton auf den Orgelkasten. Mit ausholender Gebärde erklärte er:
Sie lernen, werte Einwohner, in dieser Stunde erstmalig die Katze Flora kennen, das herrliche Muttertier meines Zoos! – die Katze Flora – einzig und allein – die Katze Flora widerlegt endgültig den volkstümlichen Ausspruch: Die Katze läßt das Mausen nicht! – Hier zeige ich Ihnen den Wellensittich Matthäus, er fliegt aus seinem Bauer direkt auf Floras Kopf und wird niemals befürchten müssen, daß ihm die schöne Flora nachstellt! – Die Sensation meiner Manege lautet: Flora – einmalig und wunderbar! – frißt den Vogel *nicht*! – Kommen Sie heute abend zur Eröffnungsvorstellung, wo wir noch größere Weltereignisse für Sie bereithalten! Drei Tage am Schwanenteich – heute, morgen, übermorgen!
Er ließ den Wellensittich auf dem Kopf der Katze sitzen, die ihre Pfoten an den Leib schmiegte. Der Buntgekleidete

drehte jetzt eine riesige Kurbel, der Orgelkasten gab die ratternde Melodie frei, bebender Engel über dem Pfeifendreieck, Gewieher und Hufestampfen, der Festzug rollte weiter in die nächste Straße.

Patenbrink drehte sich um. Sein Hinterkopf berührte den Fensterriegel. Er hob den rechten Arm, die Hand in Abwehr aufgerichtet.

Dieser Kerl, sagte er und schluckte, dieser Kerl... hat dem Büro die Luft entzogen! Ahnen Sie... weshalb ich vorhin... in Ihr Zimmer gekommen bin? Krümelnehmer... ahnen Sie etwas?

Nein... Patenbrink...

Er ließ den Arm sinken. In seinen Brillengläsern blitzte die Sonne.

Wie Sie meinen, sagte er verächtlich, Sie müssen's ja wissen! Ich bin vorhin gekommen... um Ihnen eine sehr ernste Rüge zu erteilen... eine Rüge, die Sie sich selber eingehandelt haben... durch Ihr unmögliches Benehmen im Außendienst! Mir sind Beschwerden zu Ohren gekommen, wonach Sie auf den Grundstücken mehrerer Hundehalter... fürchterlich laut gekläfft haben sollen! Wer gibt Ihnen das Recht, sich so aufzuführen? Wie können Sie überhaupt als erwachsener Mensch so herumkläffen? Der Tierschutzverein droht mit Privatklage, das Ansehen der Wasserwerke... wird von Ihnen glatt versaubeutelt! – kurzum: ich bin vorhin in Ihr Zimmer gekommen und wollte Sie ermahnen, die Kläfferei aufzugeben, wollte mich vergewissern... ob Sie sich freuen, wenn ich Ihnen die schönen neuen Ärmelschoner mitbringe! – da finde ich Sie am Fenster, finde Sie am Fenster...

Bestimmt freuen Sie sich, sagte ich, wenn ich jetzt nach Hause gehe, einen Eimer Wasser hole und hierher in unsere Dienststelle bringe – falls mal Not am Mann sein sollte! Vorher muß ich mich allerdings der Ärmelschoner entledigen.

Patenbrinks Augen wurden unerträglich starr.

Gehn Sie! Ein für allemal! Gehn Sie!

Der Wortwechsel blieb auch meiner Kollegin Isegrei in Erinnerung, sie hatte vom Nebenzimmer alles mitangehört. Von seiner Auswirkung auf der Stelle betroffen wurde allein die krachende Bürotür: Staub paffte aus den Ritzen der Füllung – Patenbrinks Gegenstück zu seiner lautlosen Kunst.

17

Baginski hat sich unter die Sammler begeben. Er hortet Müll, Kartoffelschalen und Asche. Er trägt mir auf, ihm dabei behilflich zu sein und nichts umkommen zu lassen. Sobald der Abfalleimer gestrichen voll ist, entleert er ihn auf geheimnisvolle Weise. Ich sehe ihn nie in den Hof hinuntergehen und den Müllkasten öffnen.

Meinen Vorsatz, ihm nicht mit Neugier nachzustellen, habe ich inzwischen aufgegeben. Es berührt mich seltsam, daß wir manchmal auf der Schwelle unserer Wohnungstür einen beachtlichen Haufen Unrat wiederfinden, meist mit denselben Zutaten.

Da Baginski den vorgefundenen Müll jedesmal per Schaufel und Handbesen gleichmütig in den Abfalleimer befördert und kurz danach samt Eimer im Treppenhaus verschwindet, bin ich nun der Sache nachgegangen und ertappe meinen Freund im dritten Stockwerk, wie er den Inhalt des Abfalleimers vor die Wohnungstür der Familie Rock schüttet. Es bleibt ihm nichts anderes übrig, er muß sich erklären.

Baginski liegt mit Herrn Willibald Rock in ungewöhnlicher Fehde. Herr Rock, vielleicht um die Fünfzig, ist als regierender Bademeister wöchentlich einmal in der Gemeinschaft für Sport und Körperschulung anzutreffen. Diesen Zusammenkünften hätte Baginski – außer seiner ganz per-

sönlichen Abneigung gegen allzuviel frisch gewaschene Gesichter – nichts vorzuwerfen, wenn Herr Willibald Rock nicht an jedem darauffolgenden Morgen beim Kämmen oder Rasieren zum Fenster hinausschmettern würde: *Steige hoch du roter Adler, hoch über Sumpf und Sand...!*
Anfängliche Versuche, Herrn Rock davon zu überzeugen, es handle sich hier um eine Stadt und nicht um eine Gegend, wie sie vermutlich einem roten Adler zugute käme, waren leider mißlungen, weil Herr Rock in Baginski sofort einen Nichtschwimmer zu erkennen glaubte, und zwar einen sehr typischen, der in härteren Zeiten Hals über Kopf zugrunde ginge.

Da hab ich denn, sagt Baginski, an meine Großmutter gedacht.

Seine Großmutter pflegte ihren Streit mit den Nachbarn ohne lautes Gekeife auszutragen. Sie sammelte Müll in Schüsseln und Eimern und warf ihn vor die Türen ihrer Gegner. Die Gegner ihrerseits sammelten ebenso und beantworteten den Wurf mit Gegenwürfen. Als Schulkind war er des öfteren über solche Müllhaufen gestiegen: die Großmutter war immer ruhig geblieben, er hatte sie kein einziges Mal schimpfen hören.

Ein wenig schäme ich mich vor dir, sagt Baginski, aber was soll ich machen. Ich glaube, ich hab den längeren Atem.

Herr Willibald Rock hat ihn auf jeden Fall. Er ist der geübte Sportsmann und überdies ein Beobachter mit Schnüffelgewalt. Daß Herr Rock wegen der ersten, von Baginski veranstalteten Müllkanonade keine weiteren Schritte eingeleitet und das merkwürdige Duell angenommen hat, kann nur mit seiner Geringschätzung für Baginskis Angriff zusammenhängen. Das scheint eher zu stimmen als die Vermutung, Herr Rock sei das Enkelkind einer streitbaren Großmutter, die sich ähnlicher Mittel bediente.

Das Duell wird in nächster Zeit beendet sein. Baginski und Herr Rock sammeln nicht mehr. Der Gestank des immer wieder benutzten, von beiden Seiten ausgetauschten Geschosses fordert Waffenstillstand, wenn auch Herr Rock sich nach wie vor in die Brust wirft für den Aufstieg des roten Adlers über Sumpf und Sand.

18

Die Müllkastendeckel haben rostige Scharniere. Baginski hebt den Deckel langsam an und schickt quietschende Signale zu Herrn Willibald Rock hinauf.
Der Gesang des Bademeisters lüftet den Lorbeerkranz.
Baginski bereitet sich vor auf die zweite Runde. Diesmal bin ich direkt beteiligt. Er empfiehlt mir, Eselsohren in meinen Jackenkragen zu drücken, ja, er wünscht es sogar. Meine frühere Gewohnheit, korrekt gekleidet ins Büro zu gehen, soll nirgendwo durchbrechen. Die Arbeit eines Tierstimmen-Imitators müßte frei sein von solchen Äußerlichkeiten, denn wie könnte ich, sagt Baginski, mit angezogener Krawatte das Gespräch zweier Meerkatzen wiedergeben, ohne in plumpes Nachäffen zu geraten. Der Beruf eines Tierstimmen-Imitators ließe sich jederzeit verkleinern, sofern er nur auf die bloße Identität mit Tierstimmen abzielt, die Meerkatze *im ganzen* müßte mir vorschweben, und für solche mimischen Übungen gäbe es ja einen Spiegel, der sich bei etwaiger Beschmutzung, sagen wir: durch einen Chamäleon-Kursus, ohne weiteres säubern läßt.
Zunächst bin ich beauftragt, mein Talent nicht so sehr auf gemütliche Affenarten oder Reptilien zu konzentrieren, sondern in der Hauptsache auf das Studium der Raubvögel. Unter Berücksichtigung der von Baginski erhofften Wirkung überspringe ich alle Bussarde, Habichte und Falken und ziehe den Steinadler und Bartgeier in die engere Wahl. Gilt der eine als furchtloser König der Lüfte, lebt der andere als eine Art Narzissus dahin und hält nicht viel von

Abwehr und Vergeltung. Diese Charakterisierungen verschweige ich meinem Freund.

Trotzdem muß ich Farbe bekennen. Mein Achtstundentag vor dem Spiegel setzt sich aus Lektionen zusammen, die – wenn man so will – von Baginski abgehört werden. Sind wir mit dem Abendessen fertig, möchte er wissen, wen er vor sich hat. Nicht zuletzt wegen meines Alters fällt meine Wahl auf den Bartgeier.

Auch erleichtert mir dessen Habitus die optische Verwandlung. Das ganze Gesicht dieses Vogels hat etwas Maskenhaftes an sich. Ich muß nur hinzufügen, was noch nicht ausreichend vorhanden ist.

19

Nachmittags sammle ich Taubenfedern für mein großes Adlerkostüm, das Herrn Rocks Morgengesänge irritieren soll. Noch weiß ich nicht, ob ich den geplanten Auftritt mit Lob bestehen werde. Vor allem ist mir bange vor dem ersten Flugversuch. Ich tröste mich damit und behalte mir vor, daß ein sitzender Bartgeier majestätisch genug wirkt, um Ehrfurcht einzuflößen. Sicher erscheine ich eines Morgens mit Schnabelmaske und Federkleid im zweiten Treppenhaus an dem geöffneten Fenster, das Herrn Rocks Wohnung gegenüberliegt.

Indessen, das Federkleid bereitet mir neue Sorgen. Ein Sammler von Taubenfedern gilt augenblicklich als Feind der propagierten Taubenvernichtung. Was hier plagt, ist der Kampf gegen die vermeintliche Plage. Ich muß mich nach einem neuen Tabakhändler umsehen, der bisherige stieß den rechten nikotinbraunen Zeigefinger in die Luft und rief:

Überall, Herr Krümelnehmer, überall wo man hinspuckt, sitzt eine Taube...!

Der Mann beäugte meine Hinterlassenschaft, als müßte

sich dort auf dem Fußboden neben der kleinen feuchten Stelle – jedermann sein eigner Zauberer! – Gefieder regen und lieblich gurren.

Es kommt selten vor, daß jemand stehenbleibt, wenn ich mich nach den Federn bücke. Dafür sammle ich eine Reihe neuer Namen, ich heiße Ewald Ach-du-meine-Güte, Ewald Der-hats-nötig, Ewald Hat-der-Mensch-Töne. Mitleidige Blicke überwiegen, staunende sind häufiger als freche.

Allmählich tut mir das Kreuz weh. Nur gut, daß hier keine Bartgeier leben.

20

Kann ich mal bei Ihnen austreten, fragt der zehnjährige Lothar Rock, meine Eltern sind nämlich nich da.

Komm rein, sage ich und verstecke die Taubenfedern hinter dem Rücken. Während der Junge sich in der Badestube aufhält, räume ich alle Utensilien weg, die auf ein Adlerkostüm hindeuten könnten. Plötzlich mißfällt mir dieses Versteckspiel, ich lasse Drähte, Schnüre und Federn offen auf dem Tisch liegen, hänge meinen Mantel in den Schrank und warte auf den Jungen.

Wo sind denn deine Eltern? frage ich ihn.

Pappa hat Mutti zum Gemeinschaftsabend mitgenommen. Sonst bleibt meine Tante bei mir für die Schularbeiten. Sie haben ja lauter Federn...

Jaja, fürn neues Kopfkissen.

Sone großen Federn?

Große Federn sind haltbarer! – Setz dich mal. Was habt ihr denn heute aufbekommen?

Naturkunde und Rechnen...

Was denn in Naturkunde?

Aufsatz übern Heilkraut. Scheiße!

Na hör mal!

Ach, langweilig...
Hm. Ein bestimmtes Heilkraut?
Egal. Nur so schreiben, was'n Heilkraut is...
Gut, pack mal dein Heft aus.
Der Junge nimmt das Heft an einer Ecke zwischen Daumen und Zeigefinger und läßt es auf den Tisch schliddern.
Pfefferminztee? fragte er.
Augenblickchen, ich hab was für dich!
In meinen Briefpapieren finde ich einen gedruckten Handzettel, den mir Paul de Paul vor Antritt seiner neuen Reise zugesteckt hatte. Die eigentümliche, von Paul Klotzbeff verfaßte Pflanzenheilkunde als Ergänzung seiner Marktvorträge. Ich lasse einige Sätze aus, die anderen diktiere ich langsam:
Schon früher... Komma... als man... noch an Hexen... glaubte... Hexen in der Mitte mit x... und den Ärzten... mißtrau... isch... aus dem Wege... ging... Komma... schon damals... gab es... kluge... Leute... Komma... die in Wald und Feld... bestimmte Blätter... Blüten und Früchte... sammelten...
Die klugen Leute laufen nun in Kutten und fünffachen Schürzen übers Schreibheft, entdecken Leberblümchen und zerreiben Faulbaumrinde, tragen Kamille und Löwenzahn in ihre Behausung – heute selbstverständlich Laboratorium genannt – hier wird die Mischung ausgewogen – Laboratorium schreibt sich, wie mans spricht! – der Aufguß abgeschmeckt, die altbewährten Rezepte sagen zum Beispiel auch heute: Sollte jemand von Husten geplagt werden, so hilft am besten Fencheltee mit Honig, natürlich heiß getrunken und nicht nur einmal am Tag... Moment, es klingelt!
Baginski kommt vom Dienst zurück. Ich zeige aufs Nebenzimmer und erzähle ihm von meiner neuen Beschäftigung als Privatlehrer, der erste Schüler namens Lothar Rock, Sohn des Willibald Rock, hätte soeben einen Aufsatz über Heilkräuter beendet.

Otto, sage ich, du siehst aus wie ein altes Mufflon. Was ärgert dich denn?

Ach, naja...! Wie solls denn jetzt weitergehn mit dem Kerl? Du kannst doch nicht mit seinem Jungen Schularbeiten machen... und ihm nachher eins auswischen!

Wir kommen nicht zurande, Baginski bleibt knurrig. Er begrüßt den Jungen abschätzend, geht in die Küche und macht sich das Mittagessen warm. Alter Zausel! Ich bin zum ersten Mal richtig wütend auf Baginski. Dieses brummige Hantieren in der Küche! Jetzt kommt er rein zu uns und stochert in der Gemüsesuppe herum.

Na, sage ich boshaft, dann werden wir gleich mitessen, sonst bleibt nichts übrig! Herr Baginski hat nämlich ganz großen Appetit...

Und schon gehts los: rein in die Küche, zurück ins Zimmer, einen Löffel für Pappi, einen für Mutti, einen fürs Kräutersammeln und Bruchrechnen, das wir nicht betreiben wollen mit gerunzelter Stirn siehe Baginski, denn zwei Adlergesänge geteilt durch grimmige Laune ergeben unter der ganzen Linie nichts als Unmut, der sich gründlich in die Abendstunden frißt und sogar um halbelf – da kommen Lothar Rocks Eltern über den Hof – zusehends aufmuckt, weil ich nichts dagegen habe, daß Lothar Rock alle Taubenfedern einsteckt und mein Jo-Jo mitnimmt, das mir damals der Pförtner Depelmann schenkte. Herr Willibald Rock stottert ein bißchen, hier hat er seinen Jungen nicht vermutet.

Ja, bitteschön, gute Nacht...!

Gut Nacht!

Ich bin allein mit Baginski.

Hör mal zu, warum soll sich der Junge nicht eine Indianerhaube aus den Federn machen, hm?

Geh schlafen, sagt Baginski.

Zum Fliegen, sage ich, wärs sowieso nicht gekommen. Der Adler ist nur im Fliegen schön und kraftvoll anzusehn, im Laufen dagegen so unbehilflich und ungeschickt, daß er zum Lachen reizt. Stell dir vor, was passiert wäre, wenn

Herr Rock mich gesehen hätte, wie ich als Adler über den Hof gehe, um plötzlich am Fenster des Treppenhauses aufzutauchen. Stell dir das vor und mach wenigstens nochmal den Mund auf! Sag mir, was ich morgen kochen soll, du eingerollter Igel!

21

Der Pförtner Depelmann hatte mich am Jackenärmel gepackt und in seine Loge gezogen. Auf dem kleinen Schreibtisch lagen meine Entlassungspapiere.

Lieber Herr Krümelnehmer, sagte Depelmann und blickte scheu zum Logenfenster hinüber, verstehen Sie bitte, mir ist das alles sehr peinlich.

Darf ich mich setzen? fragte ich.

Er legte die Hand ans Ohr: Wie bitte...?

Ich darf mich wohl setzen, Herr Depelmann...

Aber bitte, in der Aufregung vergaß ich...

Danke. Sprechen Sie nur.

Ach, wie soll ichs sagen! Herr Patenbrink hat mich beauftragt, Ihnen auszurichten... daß Sie... fristlos gekündigt sind... daß Sie nicht mehr auf die Wasserwerke rechnen können...

Er sah mich bekümmert an und schneuzte sich. Er wollte mir die Papiere überreichen, ich nahm sie vom Schreibtisch, ohne sie einzusehen. Ich wurde müde. Der Pförtner sprach weiter.

Ich habe die schlechteste Rolle in dieser Sache, Herr Krümelnehmer... hoffentlich haben Sie nicht den Eindruck, ich selber...

Nein, ich weiß... lassen Sie nur!

Es gibt da noch eine Kleinigkeit zu erledigen... eine Formalität, eine Nebensache, Herr Krümelnehmer, ebenfalls im Auftrag von Herrn Patenbrink... oh, Sie schlafen ja! Schlafen Sie?

Sagen Sie nur, was ich tun soll...!

Bitte, es handelt sich um das Protokollbuch. Sie möchten Ihren Namen unter die letzte Eintragung setzen... ich sagte ja, eine dumme Formalität, bitte, hier ist das Buch, nehmen Sie den Blaustift...!

Quartal Frühjahr römisch Eins. Sommer römisch Zwei. Der Blaustift zuckte über die Register, er machte jeder Neun einen Fischkopf, zeichnete in jede Acht ein winziges Augenpaar, eine Nase und wasserspeienden Mund, verpaßte jeder Fünf einen geschulterten Dreizack und setzte neben meine Unterschrift ein Selbstporträt mit aufgeschraubter Taucherglocke.

Oh... was haben Sie gemacht! sagte der Pförtner, gibts denn sowas, das ist ja...

Gefällt's Ihnen?

...das ist ja ein Bilderbuch, Herr Krümelnehmer! So werde ich das Buch weitergeben... ja ich tus ganz bestimmt, ich hab nichts gesehn...

Gut, ich schreibe an den Rand, daß Sie nichts davon gesehen haben. Hier ist meine Unterschrift, die Formalität wäre damit erledigt.

Der Pförtner stieß ein unterdrücktes Gekicher aus, hüpfte in der Loge hin und her, des öfteren blieb er vor mir stehen, prustete und hielt sich die Hand vor den Mund. Dann verschloß er das Buch im Schreibtisch.

Bitte, sagte er und griff in seine Tasche, nehmen Sie zum Abschied das Jo-Jo, Sie wissen ja... eine Erinnerung...

Ich knöpfte meine Taschenuhr von der Weste.

Nein, rief er, das darf nicht sein!

Doch doch, sagte ich, ein Tausch – nichts weiter.

Er horchte an der Uhr. Als ich zur Tür ging, sagte er: Hören Sie, Herr Krümelnehmer, ich höre... die Unruhe so laut...!

22

Am Eingang zum Park, der an unsere Siedlung grenzt, traf ich Frau Martha Kieselbratsche. Sie erkannte mich sofort wieder und war ganz aus dem Häuschen vor neugieriger Besorgnis.

Ja wie gehts denn, Herr Krümelnehmer?

Ich arbeite, sagte ich, in aller Stille an einer großen Abhandlung über die Zwerghufeisennase. Ich übte lange Zeit den Liebesruf dieser eigentümlichen Fledermaus. Nun bin ich unter die ernsthaften Forscher gegangen, mein Leben gehört der Wissenschaft.

Ich sags ja, rief Frau Kieselbratsche, wie sich alles so ändert! Aber dabei sehen Sie recht gut aus – nein, tatsächlich! Ich bin hier grad auf Wohnungssuche für meinen Sohn. Raten Sie mal, wer jetzt in Ihrem Zimmer wohnt!

Ein Untermieter...?

Nein nein, seufzte sie, meine Enkelkinder sind bei mir! In Ihrem Zimmer! – Ach, Herr Krümelnehmer, mein Sohn macht mir Kummer, er trinkt und trinkt und verträgt sich so gar nicht mit meiner Schwiegertochter. Da muß dann die Großmutter einspringen und alles grade biegen. Passen Sie auf, ich zeig Ihnen mal die Fotos von meinen Enkelkindern... Hier!

Reizende kleine... o ja!

Na hören Sie, so klein sind sie ja auch wieder nicht!

Gewiß, Frau Kieselbratsche, ich wollte auch nicht gesagt haben, daß sie noch so klein sind, wie ich eben mit den Fingern andeute...

Ich seh schon, Sie lachen, Herr Krümelnehmer! Bei Ihnen geht bestimmt alles glatt. Ich bin untröstlich! Stellen Sie sich das mal vor, wir waren neulich im Zoo, wir hofften auf einen schönen Tag, mein Sohn blieb in der Gaststätte sitzen und schaute den Perlhühnern zu, die da frei herumlaufen...

Ihr Sohn ist Hühnerliebhaber?

Nein doch! Er wäre auch unter Löwen sitzen geblieben! Dieser Mensch nimmt doch alles in Kauf, wenn er nur trinken kann! Er blieb sitzen – und als wir ins Affenhaus gehen wollten, sagte er... wissen Sie, was er da sagte, mir können die Affen, sagte er, den werten Buckel herunterrutschen! und dabei mögen doch die Kinder die Affen so gern, die zeigen doch immer ihren Podex... so etepetete, Herr Krümelnehmer! Aber bitte, das bleibt unter uns, nicht wahr?

Gern, liebe Frau Kieselbratsche...

Und Sie... trinken Sie auch?

Manchmal schon.

Hm, Sie sind ja auch älter und haben was erreicht! Herr Krümelnehmer, ich muß gehn, besuchen Sie uns doch mal! Sie werden staunen, bei mir ist jetzt alles renoviert! Man muß immer auf dem Sprung sein, die Kleinen sind ja unvernünftig und machen viel kaputt! Schöne Tage noch, Herr Krümelnehmer...!

23

Sie lief hinüber zur Feldherrnchaussee. In ihrer Eile wäre sie fast mit dem Dreirad eines Amputierten zusammengestoßen, der vom Park her an ihr vorbeirollte. Ihre hastigen Schritte entfernten sich in derselben Richtung, aus der nun das Dreirad auf mich zukam.

Die Fäuste des Mannes hielten die Griffe des Fahrgestänges umspannt, er streckte und winkelte die Arme, er fuhr beinahe lautlos, sein Gesicht unter dem Mützenschild war dem verhängten Himmel kaum gewogen.

Die beiden Kartenspieler im Park, zu denen ich mich dann auf die Bank setzte, beschweren sich über den Mann im Dreirad, stumpfe Gummikappen ihrer Krückstöcke in den Sand gebohrt: der da bleibt niemals länger als nur zwei Stunden, sie könnten ja sehen, wie sie auskämen ohne den dritten Mann, der verduftet einfach und läßt sie im Stich.

Spielen wir'ne Runde, sagte ich.

Es wurden fünf Pfennig gesetzt, ich verlor die Runde und forderte Revanche. Das war den beiden Männern angenehm, sie steckten sich Zigaretten an, ließen mich von ihren Zigaretten mitrauchen und beklagten sich nun um so mehr über den Mann im Dreirad, der, genaugenommen, schuld gewesen sei an der Geschichte mit dem Polizisten.

Was ich jetzt zu hören bekam, sollte mich warnen, auf gar keinen Fall vorzeitig aufzubrechen. Da hätten sie wieder mal ohne ihn tatenlos rumgesessen, futtersuchende Sperlinge zwischen den Füßen. Der müde Nachmittag machte sich in ihrer Galle bemerkbar, sie wurden zänkisch miteinander, warfen sich gegenseitig den Angsthasen vor und entschlossen sich dann zu einer Partie Siebzehn und Vier. Es ging, weil sie kein Geld hatten, um Hut, Jacke, Stock und eine alte Fotografie, die einen der beiden Männer in der Faschingsmaske eines Seeräubers zeigte. Während sie nach ungefähr zehn Partien drauf und dran waren, sich die ausgesetzten Pfänder zu entreißen, tauchte ein Polizist vor ihnen auf, dem sie zu verstehen gaben, sie bloß nicht zu belästigen, denn sie führten nichts Böses im Schilde.

Nun ja, wurde ihnen erwidert, sie sollten ehrlich zugeben, ob sie etwa ein verbotenes Blatt spielten, was ja für betagte Leute wenig von Nutzen wäre, da solche Spiele im allgemeinen hohe Summen forderten, die sie vermutlich doch nicht aufbringen könnten. Jaja, sagten sie, sie hätten keinerlei Absicht, wie eine Räuberbande zu wirken, *ihr* Kartenspiel sei der Schwarze Peter, man werde schließlich irgendeiner Lieblingsbeschäftigung nachgehen dürfen.

Der Polizist gab sich zufrieden, verschwand für einen Augenblick und überzeugte sich etwas später, daß Siebzehn und Vier noch keinen Schwarzen Peter macht, darüber konnten selbst die schwarzen Striche nicht hinwegtäuschen, die sich die beiden Männer vorsichtshalber auf die Stirn gezeichnet hatten. Sie mußten mit ihm zur Wache und tobten auch dort noch gegen seine Beschuldigung an, indem sie wütend auf den Reviervorsteher zugingen und sofort eine Partie Schwarzer Peter eröffnen wollten. Als man ihre Personalien notiert und ihnen, bei Wiederholung, die entsprechende Strafe in Aussicht gestellt hatte, wandten sie sich grimmig an den Polizisten, er dürfe getrost noch aufdringlicher ihre schwarzen Striche betrachten, sie würden von nun an sowieso mit geschwärzter Stirn herumlaufen, um sichtbar zu machen, daß hier noch allerhand zu bereinigen sei.

Ihr schütteres Gelächter steckte mich an. Wir saßen zu dritt im Park und lachten uns heiser wie alte Truthähne. Aus meinen Taschen kramte ich fünf oder sechs Mark, die wir in der nächsten Stampe bis zum Dunkelwerden einlösten.

Der Schnaps gab den Kartenspielern das Bewußtsein zurück, daß sie in einem Altersheim wohnten und nun – verflucht nochmal! – in die Federn müßten. Mit ihren Krückstöcken drohten sie dem Heimleiter, boxten mir in die Seite, beugten sich vor und machten Psst! zueinander, unterbrochen von kurzen Ausrufen, die den abendlichen Kontrollgängen des Heimleiters galten.

Der kommt auf Zehenspitzen! Nu sag mal, was kommt der auf Zehenspitzen...?!

Ja was kommt der auf Zehenspitzen!

Was sagst du?

Ich sage, was kommt der auf Zehenspitzen...

Du weißt nich?

Na was denn, sag doch, was kommt der denn...!

Das Aas?

Ja... haha... das Aaaaas!

Psst!

Psst! Ich krieg ihn noch am Schlawittchen!

Ja, hau ihm eine, wenn der nochmal auf Zehenspitzen kommt!

Der Ganeff...!

Der soll bloß nochmal...

Komm jetzt!
Das Aas!
Komm!
Mensch, der wird sich noch wundern, der kackt in die Hosen!
Los, komm!
Sie faßten sich unter, sie hatten mich vergessen und wankten zum Ausgang. Ich zahlte die letzte Lage.
Knallköppe, sagte der Wirt. Oder... Verzeihung... sind Sie befreundet?
Ja, sagte ich, ja.
Ach nee, grinste er, is ja ulkich! Na denn sagen Sie mal Ihrem andren Freund nichts davon, mit dem Sie hier manchmal spazieren gehn... der könnts vielleicht übelnehmen... was? Macht sonst Spektakel... was?
Miau, sagte ich, Sie sind ein feiner Mann.
Der Wirt stützte sich auf die Theke.
Raus, sagte er ganz leise, raus!

24

Die Fingerspitzen an der Hand meines Rückenkratzers sind nicht mehr kräftig genug, ihren Dienst zu verrichten. Was mich juckt, kann leichthin Floh oder Wanze genannt werden, auch Laus oder Mücke, man hält bei solchen Namen schnelle Abhilfe bereit, früher wars Petroleum, heute machts der Puder aus Übersee.
Wanzen, Flöhe und sonstige Sauger haben nichts zu tun mit der Erkältung, die mir vor einigen Tagen über den Rükken kroch, ja die Erkältung selber ist Nebensache.
Gegen Baginskis ausdrücklichen Wunsch, meine Arbeit vor dem Spiegel so weit zu vervollkommnen, daß ich zu gegebener Zeit den Artistennamen *Krümelnehmer, der größte Zoologische Garten* ins Rampenlicht setzen könnte, gegen diesen wohlgemeinten Hinweis auf eine Altersversorgung

ließ ich mich von einem Werbeinstitut verpflichten, fünf Stunden täglich als wandelnde Litfaßsäule umherzuspazieren. Die Einnahmen wollte ich unserer Haushaltskasse beisteuern.

Ich mußte einen Probelauf über den Flur des Instituts machen und mich ab und zu langsam drehen, als stünde ich auf einer rotierenden Scheibe. Durch den Sehschlitz der Pappsäule betrachtete ich die Werbefachleute, wie sie mit gesenkten und erhobenen Nasen an mich herantraten und Plakate auf der Säule verteilten. Ich wollte ihnen schon ein paar unbemerkte Fratzen schneiden, da sah ich, daß ihre Gesichter einander ähnlich waren im Glanz eines bestimmten Einreibemittels und jeder der Männer das Kleidungsstück des anderen darstellte.

Schließlich wurde auf meinem Bauch, wenn man so sagen darf, eine lächelnde Dame befestigt, die einen Kanarienvogel ins Bauer setzt. Darunter stand zu lesen: *Am schönsten singt er in Eisenkerns Vogelheim!* Sowas, dachte ich mir, könnte abgewandelt in den Konkurrenzkampf bestimmter Gefängnisse eingreifen, der jeweilige Direktor hängt ein Schild übers Tor: *Hier, im modernen Menschenheim, sitzt sichs am schönsten!*

Ich ließ nun das Lied eines Wintergoldhähnchens aus der Pappsäule steigen, den typisch sirrenden Gesang mit dem abwärts gerichteten Schlußton.

Die Herren drehten sich nach allen Seiten, einige gestikulierten, streckten die Arme aus, zeigten auf eine bestimmte Stelle am Flurgesims, wo sie den Eindringling erblickt haben wollten, es wurde gepfiffen, scharf in die Hände geklatscht und: Verflixt nochmal, wo kann er denn sein! gerufen, ich schwieg und näherte mich meinem aufgeregten Publikum, fragte, ob ich nun gehen könne, man gab mir eilige Auskunft, welches Stadtviertel ich aufzusuchen hätte und entließ mich samt Litfaßsäule.

Ich lief eine breite Promenade entlang. Das hölzerne Schultergestell, an dem die Papphülle befestigt war, hatte durchgescheuerte Polster. Ich wollte meinen Schal um die Tragleiste wickeln, blieb stehen, suchte, auch aus diesem Grunde, nach einer Bedürfnisanstalt und erzielte mit Halbwendungen und gelegentlich ausholenden Schritten eine gewisse Aufmerksamkeit, die ich bald verwünschte.

Denn kaum hatte ich in der Rotunde die abgetane Hülle wieder über meinen Kopf gestülpt, empfängt mich draußen ein ruckweise anschwellendes Stimmengewirr, ich erkenne Polizisten, die von einem Mannschaftswagen springen, fünf, sechs oder zehn rennen stiefelknallend auf mich zu, einer von ihnen ruft: Wer sind Sie denn, was machen Sie hier?! – ich will ihm antworten: Ich bin eine Litfaßsäule, ich gehe spazieren – da kuckt er schon in meinen Sehschlitz und schreit: Gehn se weg von hier, die Straße wird abgesperrt! Menschenskinder, Sie können doch nich in diesem Aufzug aus der Pißbude kommen, hier fährt gleich der Minister vorbei!

Ich beeile mich also, das Panorama vorüberhuschender Tschakos, Koppel und Schulterstücke loszuwerden und gerate in eine Seitenstraße, die so gut wie menschenleer ist.

Plötzlich stand ich meinem Doppelgänger gegenüber. Als ich meine Hülle wie zum Gruß hin und her bewegte, sah ich, daß ich vor dem mannshohen Spiegel eines Glaserladens angekommen war. Ich freute mich über meine Füße, die unter der Pappsäule hervorlugten, hob den rechten Fuß etwas an, er verschwand sofort und kam gleich wieder zum Vorschein. Dasselbe Schauspiel bot mir mein linker Fuß.

Ich duckte mich jetzt in die Säule und ließ beide Füße auf einmal verschwinden. Dann sprang ich in die Höhe, hüpfte und hüpfte und dachte währenddessen an weiter gar nichts, ich lachte nur und hechelte im Rhythmus meiner Sprünge, bis mir die Puste ausging.

Benommen von der ungewohnten Anstrengung, torkelte ich in der Seitenstraße umher. Eine torkelnde Litfaßsäule, sagte ich mir, hat wenig Überzeugungskraft, du wirst dich ein bißchen ausruhen.

Welche Straßen ich dann weitergelaufen bin, weiß ich nicht, ich merke nur, in meinen Ohrmuscheln braust das Stimmengewirr von vorhin, mir wird übel, ich sinke in der Säule zusammen.

25

Der Feuerwehrmann trug einen riesigen Helm mit Nakkenschutz. Er verließ den weiß gekachelten Raum des Krankenhauses, als der Arzt zu mir sagte:

Soso, da sind wir ja wieder! Diese Nacht bleiben Sie hier.

Jetzt, zwei Tage später, schiebt mich Baginski im Sessel ans Fenster. Ich huste und schlürfe heißen Fencheltee mit Honig – wie schon vermerkt im Aufsatz von Lothar Rock –, ich blicke den Dampfwolken hinterher, die aus meiner Teetasse steigen und sage vergnatzt:

Na denn... na denn...!

Baginski will mich ablenken, er liest aus dem Lexikon vor und kommt unter U auf Universum. Er nennt mich einen Planeten oder Wandelstern, und da ich an seiner Anspielung vorbeihöre, macht er mit Hilfe des nachfolgenden Abschnitts eine Unke aus mir, einen trommelfellosen Lurch mit festgewachsener Zunge.

Weißt du, sagt Baginski, ich werde mir zwei Tage Urlaub nehmen. Wir kaufen 'ne Pulle Schnaps, wir halten uns an ihr fest – mal sehn, wo die uns hinführt. Bist du einverstanden?

Wenn du dir zwei Tage Urlaub nimmst, sage ich, kaufen wir 'ne Pulle Schnaps und für jeden 'ne Windmühle. Wir halten uns am Schnaps und an der Windmühle fest und warten auf einen Pferdewagen. Kommt einer, dann winken wir ihm und lassen uns mitnehmen. Mal sehn, wo der uns hinbringt. Einverstanden?

26

Unter Herausbilden seiner bemerkenswert schroffen Kinnpartie beißt der vaterländische Trommler die Zähne und was weiß ich aufeinander, stößt sich ab von der Bordschwelle und beschreitet den Fahrdamm in ganzer Breite. Noch hat er das Marschlied hinter den Lippen, den Steinstaub, der Augen und Fenster erblinden läßt. Was braucht er sich auszuweisen, seine Wohltaten sind hinlänglich bekannt, er arbeitet für unser Vergnügen, sein Ziel ist die himmelhohe Schießbude.

So stiftet Herr Willibald Rock uns wieder seinen frischen Morgengesang. Er hat den bisherigen Portier abgelöst, der neue Besen kehrt siegessicher vor unserer Wohnungstür. Er macht seine Rechnung mit dem Hausbesitzer, nicht mit Baginski.

Der schaut auf die Uhr, dann in den dreiviertel vollen Mülleimer, er gibt mir zu verstehen: Soviel Zeit ist noch! und: Diese Ladung genügt! und: Nu aber los im Namen meiner lieben Großmutter!

Ich kippe einen schönen Korn, meine Kehle mag solchen Auftakt gut leiden, meine Stimme stellt einen ganzen Adlerhorst zur Verfügung, diesmal verzichten wir darauf, die Gattung näher zu bestimmen, es gibt zwei akustische Merkmale: ein gedehntes spitzes Pfeifen und das beherzte Kampfgeschrei. Beides wird allen Raubvögeln zugesprochen, kann aber leicht auf Menschen übertragen werden, insbesondere auf einen erfahrenen Tierstimmen-Imitator, der solche reizlosen Übungen ablehnen müßte, läge nicht ein besonderer Grund für ihre Anwendung vor.

Während in der zweiten Strophe, die Herr Willibald Rock soeben erschallen läßt, Bürger und Bauern vom märkischen Geschlecht stets zur Heimat in alter Treue festhalten, sind Baginski und ich bereits oben angelangt, Herr Rock fällt in den Kehrreim ein: *Steige hoch du roter Adler...!* da wird bei ihm ziemlich robust geklingelt, der Gesang bricht ab, der Sänger reißt die Tür auf und empfängt mit Baginskis Worten: Hier haben Sie endlich Ihren roten Adler und 'ne hübsche Fuhre Sumpf und Sand! mein heisres markerschütterndes Gebrüll, das ihn ebenso erschreckt wie mich und sein wild gewordenes Mienenspiel ungleich stärker beeinflußt als der Anblick des Müllhaufens vor seiner Tür.

Nun möchten wir nicht begriffstutzig sein, sonst müßten wir gleich umkehren und uns von Herrn Rock irgend etwas Interessantes zeigen lassen. Das Grundthema seines geschmetterten Lockrufs: Na warten Sie! warten Sie nur! Ich werds Ihnen zeigen! läßt sich zwar, wie wir hören, geschickt abwandeln, ändert aber nichts an unserem Entschluß, die eigene Wohnung aufzusuchen.

Nach dem Frühstück begleite ich Baginski zur Straßenbahnhaltestelle. Unterwegs lobt er meinen Auftritt. Federkleid und Schnabelmaske – da gibt er mir recht – hätten die Wirkung kaum steigern können. Das wäre nun kein Freibrief für mich, ich sollte trotzdem die jeweilige Tiergestalt beachten und meine tägliche Arbeit entsprechend ernst nehmen. In letzter Zeit hätte ich etwas gebummelt und mehr die Rolle eines erwachsenen Faultiers gespielt.

Gut, sage ich, wie du willst.

Wir verabschieden uns. Ich bleibe zurück auf allen vieren und kläffe hinter der Straßenbahn her.

27

Regen. Es regnet. Die Erde wird naß. Dächer werden naß. Bäume werden naß. Hüte und Köpfe. Jacken, Hosen und Mäntel. Die Steine des Kopfsteinpflasters und die geteerten Fugen. Müllkästen, die im Regen schaukeln. Wer, zum großen Wiedehopf, soll aufzählen, was sonst noch alles naß wird! Der Postbote, der mir den eingeschriebenen Brief des Hausbesitzers übergab.

Schornsteine sperren die Mäuler breit und gurgeln laut mit Regenwasser. Man könnte so'n original trauriges Gedicht in Blumenerde pflanzen, vor die Haustür stellen und langsam größer werden lassen. Wenn ich meine Hand zum Fenster raushalte, weiß ich, daß mir aus den Wolken der ganze Parkteich zwischen den Fingern zerrinnt. Die Frösche haben sich überboten *Brekeke brekeke – koax tuuu! – brekeke brekeke – quarr, brekeke, koax koax tuuu!* Die ganze Gesellschaft ist auf Grund gegangen, das schöne Narrenhaus hat einen pitschnassen Abend zurückgelassen, der mich müde macht, der mich wegschwemmt in das erträumte Dorf Posemuckel Firlefanz: hier gießt Ewald K. einen Hektoliter Regenbier in seinen Bauch. Er will singen, er trifft einen alten Hund, der ihm ähnlich sieht, der ans Ufer springt und Wassertropfen abschüttelt. Ewald K. singt nicht, er hört das Gebimmel der Feuerglocke von Posemuckel Firlefanz, ihm wird schwarz vor Augen. Er saust über die Rinnsteinbäche heimwärts in die Stadt, in Baginskis Wohnung, sieh mal an, das Dorf ist weggespült und treibt als Wrack zum Parterrefenster hin. Soll ich den Regen hereinbitten, Platz zu nehmen unter Tisch und Stuhl?

Fehlte mir noch! Ich würde das Kündigungsschreiben wie ein gutgelauntes Papierschiffchen übers Wasser fahren lassen. Baginski weiß noch nichts von unsrem Glück. Er schickt mir eine Postkarte mit der Fotografie kuschliger Tannenbäume, sie machen sich an ein schüchternes Backsteinhaus heran, in dem die zweiwöchige Tagung des Lehrerseminars stattfindet. Der Archivar Otto Baginski schreibt seinem verregneten Freund: *Mittags erinnert mich der Waldspaziergang an Deine wichtige Arbeit. Ich höre den fleißigen Specht und die zänkische Krähe. Beide Vögel kommen aus Deiner Werkstatt. Es grüßt Dich...*

Was werden sie dort reden? Vierzehn Tage lang geht der grauhaarige Rektor durch die Bankreihen, in seinen Händen das geöffnete Buch. Jaja, die Finger möchten sich am verbotenen Rohrstock von der Gicht erholen, das war Methode Nummer Eins und bekömmlich für den alternden Lehrer! Vierzehn Tage lang schuppst er sein besseres Wissen durch die Bankreihen, trägt das Buch an seinen Schülern vorbei, zeigt auf die Fensterfront, dreht sich nicht um, murmelt düster, drückt einen Winkel von siebzig Grad in die rechte Augenbraue und gibt die Entdeckung seiner sanften Methode preis:

Meine Herren! In *jeder* Unterrichtsstunde muß strengstens darauf geachtet werden, daß Sie sich beim Herumzeigen einer bestimmten Buchseite oder eines bestimmten Bildes *stets* mit dem Rücken zur *fensterlosen* Wand des Klassenzimmers befinden, damit das *volle* Licht vom Fenster her auf die Buchseite trifft und jedem Schüler die beste Betrachtung ermöglicht. Das gilt freilich *nur* für den Unterricht *am Tage*, abends muß Ihre Haltung der jeweiligen Lampenbeleuchtung angepaßt sein...!

Otto Baginski sammelt das Für und Wider. Er legt Karteikarten an und hält ein Register bereit, aus dem ersichtlich ist, in welchen Schulen die Methode des Rektors Aufsehen erregt oder vom Lehrerkollegium bereits praktiziert wird. Soviel steht fest: der Fortschritt muß errungen werden, die fensterlose Wand im Rücken ist der neue Weg nach vorn! Der Rektor beschließt die Tagung mit einer zusammenfassenden Ansprache, deren letzter Satz, rational wie irrational, dem künftigen Pädagogen als tägliche Losung dient: Vergessen wir nicht, meine Herren, *wir alle* sind angewiesen auf das Oberlicht!

Das Schlußwort läßt noch auf sich warten. Gut für Baginski. Soll er nur unter Tannenbäumen spazierengehn. Wir müssen hier raus. Vielleicht klagen wir auch. Oho, die Sache kommt vor den Kadi! Herr Willibald Rock wird einen trainierten Anwalt haben, einen Hürdenspringer in ernster Robe – Baginski und ich werden einen Anwalt haben, der nichts unternehmen kann gegen unseren ausgeschütteten Mülleimer. Jetzt greift der Hausbesitzer ein und macht kurzen Prozeß. Wir fliegen.

Der Regen pladdert aufs Fensterbrett. Ich bin für diesen Abend nicht zu sprechen. Also, Krümelnehmer, leg dich hin und schlaf schön!

Oder soll ich fleißig sein und mir einen Vortrag anhören in der Volkshochschule? Was interessiert mich denn? Schon die Frage ist interessant. Möchte ich die fünfte Wurzel aus einer Zahl ziehen, eine Rede halten, den magnetischen Blick besitzen und über Körperkräfte verfügen, um die mich ein Löwe beneidet? Oder soll ich über die Kündigung hinweg in die Zukunft schauen, Strategie erlernen, eine hellköpfige Vertreter-Kanone aus mir machen und die große Misere niederfeuern, daß kein Jammer auf dem andren bleibt?

Das erleuchtete Zifferblatt der Rathausuhr zwinkert mir zu. Ich werde der Volkshochschule meinen Besuch abstatten. Irgendwas Lehrreiches finde ich schon. Her mit Hut und Mantel, laß Regen Regen sein!

28

Selbst das rumorende Gewitter konnte nichts daran ändern: der Abend im Volksbildungshaus hatte mich aufgefrischt.

Ich war zunächst in den Kreis der Blockflötenspieler geraten. Man trug sich dort mit dem Gedanken, die Planstelle eines Landesblockflötenwarts einzurichten und suchte nach der geeigneten Person, die dem Kunstamt vorstellig gemacht werden sollte.

Da ich aus meiner Wißbegier gleich in den ersten besten Raum der Volkshochschule gestürmt war, saß ich nun unter heftig diskutierenden Blockflötenfreunden, hörte gespannt auf ihr Wort und Widerwort und nahm großen Anteil an der freien beherzten Aussprache. Allen gemeinsam war das Bedürfnis, der Hausmusik einen echten Dienst zu erweisen. Auch einer jungen Dame, deren Äußeres mich an geröstete Weißbrotschnitten erinnerte. Sie fand immer neue Formulierungen für ihre selbstlose Bereitschaft, sich der Sache anzunehmen und die Planstelle ins Leben zu rufen. Mit der Begründung, junges Blut diene hier am rechten Fleck, wurde sie in den Stand emsiger Pflichterfüllung erhoben, was ebenso einmütigen Zuspruch fand wie die anschließende Pause.

Ich wäre unauffällig entwichen, hätte ich nicht beim Aufstehen eine weitverzweigte Pfütze auf dem Fußboden hinterlassen. Mein Regenmantel hatte sich der Wassertropfen entledigt, die bestürzten Gesichter zweier Blockflötenspieler versperrten mir den Weg zum Ausgang.

Bitte, sagte ich zu einem der beiden, der die Nase rümpfte, bitte wann kommen Sie wieder zusammen, ich möchte gerne bei Ihnen mitmachen...

Wir kommen, sagte der verblüffte Herr, jeden Samstag zusammen. Allerdings, wir gehören zum Kreis der Fortgeschrittenen...

Sehen Sie, sagte ich schnell, das paßt sehr gut, ich möchte endlich in Gemeinschaft musizieren.

Gewiß, gewiß! Nur so... nur so steigert man die eigene Leistung. Am nächsten Samstag üben wir eine Suite von...

Der Name des Komponisten mag mir entfallen sein. Die Herren waren von meiner Redlichkeit überzeugt, die Pfütze bot keinerlei Anstoß. Ich wünschte ihnen weiterhin gute Eintracht und begab mich sofort in den großen Hörsaal, wo der Leiter der Volkshochschule, ein Ingenieur a.D., in zuchtvollen Sätzen über die Errichtung und Erhaltung öffentlicher Denkmäler sprach.

Wehe uns allen, die wir den Einsatz solcher Männer verkennen! Was wußte ich vorher von den drei entscheidenden Punkten, die in diesem Zusammenhang peinlich genau erfüllt werden müssen! Da heißt es 1. über die Verdienste aller großen (toten) Söhne unserer Stadt Auskunft geben und sich orientieren über den damaligen Umfang des Fiskus, mit dessen Hilfe die großen Söhne unserer Stadt zu ihren

Denkmälern kamen, 2. beweiskräftige Unterlagen sammeln über die Verdienste aller großen (lebenden) Söhne unserer Stadt und finanzielle Voraussetzungen schaffen, mit deren Hilfe die großen Söhne unserer Stadt zu ihren Denkmälern kommen werden, und 3. als Vorstufe dazu ein Gremium einberufen, das an alle verdienstvollen Söhne unserer Stadt den Titel *Großer Sohn* verleiht, woraus unangenehme Folgen erwachsen können, wenn eines Tages die Anzahl der errichteten Denkmäler von der Anzahl der ausgezeichneten Söhne abweicht und so weiter und so vieles mehr an fixen und unberechenbaren Größen.

Wie denkt ihr euch das, sagte ich draußen zu den Gewitterwolken, ihr habt gut Toben und Wetterleuchten, ihr schlurft am Himmel entlang, werft Blitze in die nächtliche Gegend und wenns euch Spaß macht, rollt ihr in einer einzigen Sekunde die Lebensarbeit trefflicher Männer wie wertlose Fahrscheine zusammen! Und nur, weil ihr euch niemals rechtfertigen müßt!

Ich schwieg und führte mich selber um die Pfützen herum. Nach wenigen hundert Metern verkniff ich mir diese Höflichkeit, spielte den Draufgänger und ergötzte mich an dem Quieetsch-Quaatsch meiner durchnäßten Strümpfe. Der Platzregen tat, was er konnte. Mein Heimweg stand im Zeichen der flüchtenden Robbe.

29

Als ich angelangt war, schwimmt vom Nebenhof das Licht der verwaschnen Laterne über die Müllkästen: ich sehe den Umriß eines hingekauerten Menschen, der langsam den Arm hebt. Sein verzerrter Schatten fällt auf die beleuchtete Regenwand und sackt zusammen. Mit einer Stimme, die mich entsetzt, rufe ich wie von einer grauenhaften Ohrfeige getroffen:

Halloooh, wer ist denn da? Ist da jemand? Wer ist denn da?

Ich gehe auf die Müllkästen zu, ein Blitz fährt in den Ableiter eines nahen Schornsteins, das Geräusch streift mich mit eiskalter Zugluft, beim Aufhellen erkenne ich die Augen eines Mannes. Er hantiert an einem schwarzen Viereck herum, an einem Leierkasten auf Rädern, der Donner prallt in den Hof, schluckt abgerissene blecherne Töne, der Mann trägt keinen Hut, das Wasser strömt über sein erschöpftes Gesicht.

Was ist los, sage ich, weinen Sie? Sie holen sich ja den Tod, stehn Sie doch auf!

Geht nicht! sagt der Mann, bin gestürzt. Verzeihn se, hab Sie wahrscheinlich erschreckt...

Moment, sage ich, halten Sie sich gut fest, ich stütze Sie! So, versuchen Sie mal...!

Er stemmt das linke Bein gegen den Müllkasten und stützt sich krampfhaft auf meinen Arm, er will mit dem rechten Fuß auftreten, seine Jacke ist glitschig und vollgesogen wie ein Schwamm.

Mal sehn, sagt er, mal sehn.

Er setzt beide Füße auf, es gelingt für einen kurzen Schritt.

Danke, sagt er, so gehts schon, tut gemein weh, hoffentlich ist der Leierkasten nich kaputt.

Das Gewitter steht genau über dem Hof. Der Mann schüttelt sich, greift nach der Kurbel des Leierkastens und dreht wenige Takte eines vergessenen Walzers in die polternde Nacht.

Bin nämlich..., stottert er, bin nämlich auf den Leierkasten gefalln, dachte schon, er is hinüber... fein, daß ihm nichts passiert is! Danke, komm schon weiter...

Was denn, sage ich, Sie bleiben natürlich hier, Sie müssen sich umziehn, ich wohne hier Parterre...!

Nee, sagt er und schaut verängstigt zu den Fenstern der Parterrewohnung auf, nee nee, lassen se man, hab se genug belästigt...

Humpelnd schiebt er den Leierkasten an mir vorbei. Er

stolpert und macht eine hilflose Armbewegung, ich kann ihn gerade noch halten.

Sie bleiben hier! schreie ich, Sie krepiern doch!

Verzeihn se auch, sagt er müde, liebenswürdich, wenn se 'ne Tasse Tee hätten...

Der Regen stach uns nadeldünn ins Gesicht. Wir verstauten den Leierkasten hinter der Eingangstür und klopften vor der Wohnung die Kleider aus. Der Mann zog mit zittrigen Fingern einen Scheitel in sein triefendes Haar. Zwischen unseren Füßen entstand eine Wasserlache auf staubigen Holzdielen – über uns, an der ersten Geländerwindung, erschien der vorgebeugte Oberkörper des Herrn Willibald Rock.

Höchste Zeit, daß Sie verschwinden, rief Herr Rock, Sie verschmutzen hier alles, machen Sie gefälligst das Podest sauber!

Bitte, Herr Rock, sagte ich entsetzt, haben wir Sie gestört?

Widerliche Zustände! Sie kommen so spät, blöken übern Hof und bringen einen Menschen mit ins Haus, der hier nichts verloren hat! Ich seh mir das nicht mehr länger an!

Herr Rock tat, wie er gesagt: er wandte sich ab von den beiden aufgeweichten Gespenstern und verschwand fluchend im Treppenhaus.

Wer warn das? fragte der Leierkastenmann.

Der Portier, ein freundlicher Herr...

Gotteswilln, ich hau ab, der holt die Polente!

Hat sich was!

Wir zogen uns um, tranken Tee und Schnaps und vertilgten eine gehörige Portion Butterstullen. Ich schätzte den Leierkastenmann auf Ende Fünfzig, er hatte sich mit dem Namen Meierhaus vorgestellt. Er trank heißen Tee, lag seitwärts auf Baginskis Sofa, stülpte die flauschigen Lippen übereinander, sagte, sein Gebiß sei schadhaft und beklagte den Umstand, irgendwo ein Heft mit eigenen Notizen verloren zu haben, sonst könnte er mir jetzt daraus

vorlesen, zum Beispiel diesen Vers, den er auswendig wußte:
Ein Herz vom Arbeitslosen spricht:
Warum arbeitet man nicht?
Der Arbeitslose kann das nicht verstehn,
er fragt: Wann soll ich da noch stempeln gehn?
Außerdem hatte er noch einen Sinnspruch parat, er überließ ihn mir als Fragment, er gähnte, stellte die Teetasse ab und schlief ein.

Kaum wird sein röchelnder Atem etwas lauter, schreckt er hoch, das Gesicht ist aufgedunsen, er legt die Finger an die Schläfen.

Was man so träumt, sagt er verwundert, da war eben'ne ganz lange Straße... ne Landstraße wien zugefrorner Fluß, ich geh langsam... geh langsam, da kommt von weit vorne so'n Kullerball auf mich zu, hopst... und hopst mir in die Hand... dreht sich verrückt schnell, da zieh ich die Hand weg, da hopst er hinter mir weiter... da ruft jemand ganz deutlich... Bern-har-diner..!

Schlafen Sie nur, sage ich, schlafen Sie nur. Oder noch'n Schnaps?

Hm, Wacholder. Wie spät is denn?

Gleich Zwei...

Soll ich gehn? Ihre Sachen sind prima, det nasse Zeuch hätt uns erledicht. Olles Sauwetter! Hab ich schon gesagt, Sie hams schön hier! Nee, sagen se ehrlich, soll ich gehn?

Er streckt das rechte Bein aus und spreizt den Fuß.

Nich mehr so schlimm, sagt er apathisch, wird schon wieder. Wolln se sich nich'n bißchen hinlegen?

Danke, geh gleich nach nebenan.

Naja, morgen is Sonntach, könn se ausschlafen, ham se 'ne schöne Arbeit?

Manchmal ja. Soll ich Ihnen was vorführen?

Wie denn? lacht er.

Nun, ich könnte in kurzen Zügen den Tageslauf eines Löwen nachahmen. Das geht jetzt natürlich nicht wegen der unvermeidlichen Brüllerei. Abgesehen davon bin ich auch zu müde, um als König der Tiere aufzutreten. Deshalb ein kleiner Waldspaziergang! Eine Art Potpourri der häufigsten Vogelstimmen! Sie erraten den Namen des betreffenden Vogels. Passen Sie auf! Dack-dack dack-dack dack-dack, tix-tix tix-tix tix-tix tix-tix, gigigi gigigi gigigi...

Sagen se mal, das is... das is ja doch sehr merkwürdich!
Tix-tix! Gigigi gigigi! Na, was war das?
Äh... 'n Specht?
Nein. Eine ganz einfache Amsel, die zuerst *Dack-dack* vorsichtig umherschaut, dann *Tix-tix tix-tix* ihren Platz behaupten will und schließlich *Gigigi gigigi* munter davonfliegt. Gefällts Ihnen?
Mensch, daß Sie mir ausgerechnet übern Weg kommen müssen!
Aufpassen, Herr Meierhaus, jetzt wirds schwierig! Wie heißt wohl der Vogel, dessen Motive so rasch und pausenlos wechseln, daß folgendes Lied zustande kommt:
Schmidt, Schmidt, Schmidt, Schmidt, Schmidt,
hatte sieben Töchter, hatte sieben Töchter,
Töchter sieben, Töchter sieben, Töchter sieben,
beinah heiratsreif, beinah heiratsreif,
Schmidt, Schmidt, Schmidt, Schmidt, Schmidt!
Der Leierkastenmann setzt sich auf die Sofakante, lacht und prustet und gießt die Schnapsgläser voll.
Das ist der Gelbspötter, Herr Meierhaus, ein begabter Weltreisender zwischen Polarkreis und Sahara!
Jungejunge, sind Sie 'ne Marke!
Er stößt an mit mir, aber nur unter der Bedingung, daß ich ihm das Lied und den Namen des Vogels aufschreibe. Nach drei Doppelstöckigen fordert er eine Zugabe, die ich bereitwillig ans Seeufer verlege und mit einer Schar Enten ausstatte, indem ich als aufgeputzter Erpel, mühevoll neben meiner Familie herwatschelnd, in Baginskis Zimmer ein Winterquartier ausmache und angesichts des Sessels

ein frohlockendes *Wack-Wack* hinter den geglückten Ausflug setze.

Wie ist das eigentlich mit *Ihrer* Arbeit? frage ich ihn, fahren Sie oft so spät umher? So spät dürfen Sie doch gar nicht spielen. Ich meine, die Polizei...

Polizei...

Was haben Sie denn?

Ach, nur so...!

Er schaut mich wehleidig an. Seine Lider rutschen über die Pupillen.

Möchte mal was sagen! Sie ham noch gar nich gefragt, wieso ich gestürzt bin...

Entschuldigen Sie, das ist sehr unaufmerksam!

Is ja nicht wahr, lacht er gezwungen, Sie und unaufmerksam! Darf ich noch'n Schnaps...?

Aber bitte!

Er prostet mir zu. Dann beginnt er langsam: Gut... ich will ehrlich sein... wollte vorhin... bei Ihnen einbrechen...

Sie träumen ja, sage ich hellhörig, Sie träumen ja schon wieder!

Nee doch! Sie warn viel zu nett zu mir... will mal ehrlich sein... bin aufs Fensterbrett gestiegen, müssen se wissen... bin abgestürzt... konnte mich zuerst gar nich rühren...

Mann Gottes! Und das sagen Sie mir so ins Gesicht?

Nu, bei mir war wieder mal Schluß... basta!... bin zufällich hier in'n Hof gekommen... Parterre war kein Licht... war auch niemand zu hörn... na, sag ich mir, vielleicht sind die Leute verreist... Gewitter und Donner kommt dir zupaß... steig also auf'n Leierkasten... von da aufs Fensterbrett... will die Scheibe eindrücken... Sack und Seifenschmiere... batsch! fall auf'n Kasten... verstauch mirn Fuß... kann nich aufstehn... weiter wissen se ja... habs Ihnen sagen müssen... wenn se wolln, könn se mich anzeigen... Ihr gutes Recht...

Er stützte das Gesicht in die Hände, sein weißer verregneter Scheitel war mir zugekehrt. Im Halbschlaf legte er sich der Länge nach aufs Sofa, stundenlang ging sein stokkendes Atemholen im Zimmer umher. Ich fürchtete einzuschlafen und hielt mich an Schnaps und Zigaretten.

Der Schnaps machte mich benommen. Die Dächer wuchsen ins erste abgekühlte Licht des Sonntags. Der Regen hatte nachgelassen. Ich ging zur Tür. Wind jaulte durch den Flur, als pfiffe ein sterbenskranker Portier auf dem Hausschlüssel.

30

Morgen kommt der Schornsteinfeger. Das rote Pappschild hing pendelnd über der Toreinfahrt, schlug wild hin und her und rüttelte an der Schnur, die um einen Nagel geknotet war. Der Durchzug stieß die lädierte Pappe flach gegen das Mauerwerk, ließ sie hochwirbeln und ankämpfen gegen die schwarze verwischte Aufschrift, ich las nur noch *o... der... stein,* nichts mehr von Schornsteinfeger – morgen oder übermorgen kommt der schöne rote Adler, wir wollen keine Wetten abschließen, wann er seine Flügel anlegt und herabstürzt unter dem Himmel der Hausordnung, du weißt: so oder so, seine Arbeit ist gründlich, sie übertrifft jeden Ritter vom Besenglück.

Ich wollte mich in den menschenleeren Straßen ausnüchtern. Da ich noch ziemlich betrunken war, blieb ich manchmal lange vor einem Schaufenster stehen und betrachtete irgendwelche Dinge, die mir sonderbar erschienen. In der Auslage einer orthopädischen Werkstatt entdeckte ich einen Hornhauthobel namens *Credo.* Ich drückte mir die Nase platt an der Fensterscheibe und studierte die Glaubensbekenntnisse etlicher Käufer, ihre nachgedruckten Dankschreiben. So interessierte mich auch das Plakat einer *Feuer- und Sterbekasse auf Gegenseitigkeit,* was mich merkwürdig herumrätseln ließ, bis mir der Name des Hornhauthobels einfiel oder eins jener Dankschreiben, die hier gänzlich fehlten. Seltsame Gegenstände wie Handbürsten, Kleiderbügel, Fliegenpilze als Sparbüchsen, Briefbeschwerer, Taschenuhren und Radiogeräte beschäftigten mich genauso nachhaltig wie die Verlautbarung an einer Tankstelle: *Hier werden Reifen ausgewuchtet!*

Am meisten gaben mir die Häuser zu denken. Sie standen nebeneinander eingekeilt, jede Fensterfront schaute der andren ins runtergelassne Visier. Der steinerne Drill des Feiertags hatte die Straßenzüge antreten lassen. Vom Rinnstein bis zum Dachfirst lauschte alles auf ein plötzlich losbrechendes Kommando.

Der Widerhall meiner Schritte geriet auf einmal in den harten, näherkommenden Marschrhythmus benagelter Stiefel. Das scharfe, regelmäßige Echo wurde lauter, ich wußte nicht, was mich in dieser Morgenstunde äffen wollte, fahrig umherblickend suchte ich nach irgendeinem Anlaß für den zweifelhaften Lärm und prallte gleich bei der nächsten Straßenecke mit einem Polizisten zusammen, der sich einigermaßen überrascht von mir freimachte.

Holla, rief er, wohin denn so früh?

Ja, sagte ich nervös, entschuldigen Sie... ich möchte eine Anzeige machen...

Er runzelte vergnügt die Stirn und wich meiner Alkoholfahne aus.

Na, deswegen... Pff! haben Sie aber getankt!... deswegen brauchen Sie sich ja nich entschuldigen...

Nein, sagte ich, ich hab Sie doch angerempelt.

Seine Miene schwankte zwischen Lächeln und Detektivblick. In seiner gespielten Aufmerksamkeit lag gutmütiger Spott. Er grinste über beide Backen, schob die Unterlippe vor und hörte meiner Geschichte zu, die von einem Leierkastenmann handelte, der sich selber als Einbrecher entlarvt.

Sachen gibts, rief der Polizist feixend, Sie helfen dem

Kerl in die Wohnung, geben ihm was anzuziehn, was zu essen, was zu trinken...

Ist das eigentlich so spaßig? unterbrach ich ihn.

Guter Mann! Zwei drei Gläschen haben Sie bestimmt darauf getrunken... wie?

Zwei drei Gläschen!

Ää? Und dann wird der Kerl weich und sagt, daß er bei Ihnen einbrechen wollte?

Er fing brüllend an zu lachen, er schüttelte sich unter dem Gelächter.

Kommt einfach in'n Hof... folgt Ihnen in die Wohnung und legt'n Geständnis ab! Komischer Kauz sind Sie, hahuii! Nu denken Sie, die Polizei kann man veräppeln, damit Sie mir zu Hause sagen können: Stimmt ja nich, is gar keiner da! Prima Witz... erzähl ich nachher meinem Reviervorsteher! So, nu gehn Sie mal schön nach Haus, sind ja voll wie'ne Haubitze! Wo wohnen Sie denn?

Gleich hier, sagte ich ärgerlich und zeigte auf das Eckhaus.

Fabelhaft! Wünsche angenehme Ruh! Ergebenster Diener, mein Herr!

Er war in bester Laune. Bevor er lachend um die Ecke bog, erwähnte er nochmal die volle Haubitze, nahm stramme Haltung an, legte zwei Finger ans Mützenschild und salutierte. Ich wollte ihn loswerden und sprang unter einen Torbogen, wobei ich versehentlich mit dem Rücken an das Knopfbrett einer Sprechanlage stieß. Ich bemerkte es erst, als eine hohltönende weibliche Stimme fragte:

Hallo, wer ist da uuunten?

Oh... niemand... niemand! Verzeihn Sie!

Aber wer spricht denn daaa? Was wünschen Sie bitte?

Nein... nichts, gnädige Frau, ich handle... mit Seifenpulver...

Die gnädige Frau schläft noch, ich bin das Mädchen! Sonntags verkaufen Sie Seifenpulver...?

Ja bitte... nein...!

Der Apparat knackte. Ich verließ den Torbogen. Auf Umwegen kam ich zurück in Baginskis Wohnung. Der Leierkastenmann war nicht mehr da. Er hatte einen Zettel hinterlassen: *Danke Ihnen für Hemd und Hose. Hab meine alten Sachen mitgenommen. Sonst nichts. Seien Sie mir nicht böse. – Meierhaus.*

Ein übler Schluckauf begann mich zu plagen. Ich trank zwei Glas Wasser, stellte mich vor den großen Spiegel, nahm den Rückenkratzer und holte mit der elfenbeinernen Hand weit gegen mich aus.

Ergebenster Diener, mein Herr!

31

Nun lag das schöne Geschenk auf dem Tisch, links und rechts stand je ein Töpfchen Schnittlauch – und siehe da: mit seinen großen leuchtenden Augen trat das dreiundfünfzigjährige Geburtstagskind an den Tisch heran, klatschte fröhlich in die Hände und sprach, dankbar zu mir aufschauend:

Das ist aber ganz ganz lieb von dir, wie du mich da überraschst! Sag, woher wußtest du denn, daß ich schon immer so ein nettes Kündigungsschreiben haben wollte? Ach, das ist viel zuviel für mich allein, das teilen wir uns, nicht wahr?

Aber gern, wenn ich dir damit eine Freude mache! Weißt du, ich bin heilfroh, daß mir diese Überraschung gelungen ist! Erst sollte es nur ein Begrüßungsgeschenk sein, dann sagte ich mir: Hat er nicht Geburtstag, wird er nicht dreiundfünfzig?

Ich habs dir versprochen, rief Baginski, wir werden uns einen genehmigen. Ich hab zwei Tage Urlaub, wir suchen uns nachher einen Pferdewagen und trinken auf den Hausbesitzer. Weiß er denn schon, daß der Onkel Einbrecher hier war?

Wir könnten Herrn Willibald Rock fragen...

Ach, weshalb so neugierig sein! Prost, Ewald Krümelnehmer!

Prost, Otto Baginski! Du wolltest von der Tagung weitererzählen!

Eine Fabel, mein lieber Ewald Krümelnehmer! Lassen Sie mich, hat der altbewährte Schulhase gesagt, lassen Sie mich diese Tagung mit einer Fabel beschließen, deren Aussage besonders auf die jüngeren Kollegen abzielt, auf den pädagogischen Nachwuchs, speziell auf jene eilfertigen Hitzköpfe unter uns, die ihren Mentoren in der Praxis nicht nachstehen wollen und vorzeitig eigene Methoden entwerfen – auf alle Geister also, denen ein gewisses Maß an aufrührerischer Tätigkeit innewohnt, das Gefahr läuft, die Begriffe zu verwechseln, und plötzlich zuwiderhandelt gegen die Schulgesetze und ihren Beschützer, den Staat! So ist diese Fabel ein Lehrstück von der Macht einer verdienten Respektsperson, wie sie in unseren Reihen alsbald auftauchen möge! – Hörst du mir zu?

Ich mußte eben an meinen Klassenlehrer Suderow denken. Auf dein Wohl, Otto! Du wirst heute dreiundfünfzig...

Na gut, ich hör schon auf! Nimm den Schnaps, wir gehn spazieren...

Erzähl erst zu Ende! Begriffe verwechseln... und zuwiderhandeln...

Prost, jetzt kommt die Fabel! – Im Schloß eines strengen Monarchen lebte irgendwann der berühmte Schulmeister Briedensam. Er hatte seit Jahren den Posten eines Hauslehrers inne, er wußte von den Nöten seines Herrn. Eines Tages saß Briedensam in der Bibliothek und korrigierte die Aufgaben seines Zöglings, als von draußen etliche Steinchen durch die Fenster schlugen und in der Residenz große Verwirrung stifteten. Ein Blick durch die zerstörten Scheiben machte auch unseren Hauslehrer stutzig, er sah zusammengerottetes Volk, das offenbar gegen den Monarchen revoltieren wollte, denn hin und wieder gab man da Ausrufe von sich, die den Abtritt des Landesherrn forderten. Briedensam erkannte unter den Revoltierenden nicht wenige seiner ehemaligen Schüler, er eilte ins Gemach des bedrohten Mannes und riet ihm, Geduld zu bewahren, er, Briedensam, werde die Sache schon einrenken.

Kurzum, der berühmte Pädagoge begab sich auf den Balkon hinaus, stellte sich dicht ans Geländer und ließ die aufgebrachte Menge durch ein Handzeichen verstummen. Dann, nach einer guten halben Minute, schüttelte er, wie einst, den bedeutenden Kopf, hob ein wenig den Zeigefinger, sagte leicht mißgestimmt: Na na na, wollt ihr wohl mal artig sein! und verschwand augenblicklich im Balkonzimmer, von wo er, gemeinsam mit dem Monarchen, auf den Abzug der gerügten Volksmenge hinuntersah, die sein wirkungsvolles Wort noch lange im Herzen bewahrte. Schluß! – Bald wirds dunkel, wir gehn jetzt...

Ich steckte zwei Flaschen Doppelwacholder in unsere Mäntel. Baginski sprach ein paar unverständliche Sätze, die mir auf einmal recht bekannt vorkamen, er sagte: Bei einem Wirte wundermild, da war ich jüngst zu Gaste, ein goldner Apfel war sein Schild an einem langen Aste...

Wir setzten uns auf eine Bank, nuckelten an den Wacholderflaschen und betrachteten eine scherbenbestückte Fabrikmauer. Die Bierflaschensplitter brannten rot im Licht der untergehenden Sonne.

Meinst du, hier kommt ein Pferdewagen vorbei? fragte Baginski.

Gehn wir, sagte ich und spürte den Triesel im Kopf, gehn wir langsam... übern Fahrdamm, ich glaube... der Weg übern Fahrdamm... dauert ein Jahr...

An jeder Kreuzung standen Polizisten, um den Verkehr zu regeln. Heute taten sie's nicht, heute waren sie renitent und eitel, sie streckten zwar die Arme aus und täuschten Verkehrsregelei vor, in Wirklichkeit zeigten sie nur ihre weißen Handschuhe und ließen die nagelneuen Uniformen bewundern. Die Autofahrer und Fußgänger reagierten trotzdem wie gewohnt auf jedes Armzeichen der Polizisten, es war ihnen unmöglich, für das leise schadenfrohe Gekicher der Uniformierten eine plausible Erklärung zu finden.

Wir torkelten die Große Vaterländische Chaussee entlang, nahmen am Triumphplatz wieder einen gehörigen Schluck, lachten plötzlich über das Wort *Obelisk* und sahen aus allen Querstraßen Pferdewagen auf uns zukommen, freundlich rumpelnde Gespanne.

Zum Aussuchen! lachte Baginski, zum Aussuchen! Halt doch mal einen an... na los doch!

Pferdewagen! rief ich, g... guten Abend! Bleibt... mal stehn, bleibt doch mal stehn...!

Jetzt lenkten sie weg von der Chaussee, wurden klein wie fernes Spielzeug und rollten – zum Aussuchen! – hinein in die Wacholderflaschen, die wir hastig zukorkten und erst wieder öffneten, als wir gegen Morgen auf dem Podest eines Schuhputzers erwachten und uns gegenseitig vorführten, wie laut jemand zu niesen vermag, der unter freiem, regnerischem Himmel übernachtet.

Die Schnapsreste wärmten uns für den Nachhauseweg, das schön dosierte Frühstück versöhnte uns mit dem grauhaarigen Horizont. Die Morgenstunde nach der Geburtstagsfeier deutete schon auf meine künftige Arbeit hin. Zunächst wollte ich eine Detektei beauftragen, klipp und klar herauszufinden, ob man hier nochmal einen Pferdewagen zu Gesicht bekäme, und später galt es Straßenwanderungen anzuzetteln, Treppenarbeit zu leisten für zwanzig Pfennig pro Vortrag – als treuer Schüler des Klassenlehrers Suderow.

Du willst also ab morgen arbeiten? fragte mich Baginski.

Ja, Gedichte aufsagen! Unsere Haushaltskasse braucht krisenfeste Rücklagen.

Oder, sagte Baginski, du machst deiner zweiten Begabung alle Ehre, du sprengst'ne Fabrik in die Luft, für'n Anfang vielleicht 'ne ganz kleine. Denk dran, was du deinem Klassenlehrer schuldig bist!

Ich war ihm einen alten Traum schuldig. Da war der August Kopisch, der schrieb die Heinzelmännchen von Köln, schickte sie auf die Grundschule, ließ sie graben, traben und schaben und Wache halten vor seinen kullernden Strophen, die ich im Klassenzimmer auswendig wegrutschen lassen sollte wie die Heinzelmännchen über das Pfund hingeschütteter Erbsen der hämischen Kölner Hausfrau.

Das gefiel dem deutschsprechenden Pferd Hansgeorg Suderow, das wieherte laut vor der Tafel: Krümelnehmer, sagte es, was sagt uns dieses Gedicht? Nun ja, du machst dich klitzeklein, die Faulheit, sagte das Pferd, die Faulheit rechnet mit der Nase nicht, die sie sich selber dreht! Papier, Krümelnehmer, bemaltes Papier ist verdächtig, ich sehe, du hast Papier bemalt, nun aber flott, sprich einen Satz mit einer reuevollen Satzaussage!

Hü-hott! rief ich durch die Klasse, der Satzgegenstand heißt Krümelnehmer und wackelt mit dem Kopf!

Da stand mein fletschendes Pferd und galoppierte mich in den Schulhof hinunter, wo ich Gelegenheit hatte, ihm ein gutes Lebwohl zuzurufen und seinen Sätzen zum Abschied herzlich die Kommas zu schütteln.

32

Geh und beginne deine Arbeit. Ich bin seit einer Woche unterwegs. Ich steige hinauf ins fünfte Stockwerk. Die Nacht ist voller Föhn und fliegender Wolken. Ich will mich hinstrecken zwischen Gerümpel und Spinnweben des Trockenbodens. Krimskram mein Engel, der mich behütet.

An der letzten Wohnungstür hängt ein Schild mit der Aufschrift:

ALFONS ÄRMCHEN
Perückenmacher und Antiquar
Mitglied der Städtischen Bühnengesellschaft
Besuche bitte während der Abendstunden

Hier, sage ich mir, wirst du deine Tageskasse auffrischen. Dieser Mann ist vom Fach und muß dich anhören.

Der Klingelgriff steckt in einem Löwenmaul. Ich ziehe den Griff bis zum Anschlag heraus und höre hinter der Tür eine Blechglocke läuten. Holpernde Schritte über den Flur, eine Sicherheitskette wird ausgehängt, im Türrahmen erscheint ein ältlicher Mann, er trägt einen Schlafrock, eine langhaarige Perücke, das Gesicht ist auffällig weiß gepudert.

Was wünschen Sie, sagt der Mann schnarrend, ich halte Hochzeit!

August... Graf von Platen, beginne ich zu deklamieren.

Wie?

Nächtlich am Busento lispeln bei Cosenza...

Er macht eine unwillige Handbewegung. Seine Perücke verrutscht. Er korrigiert ihren Sitz. Er hat eine rotgeschminkte Warze am Kinn.

Das *ä* von Nächtlich, sagt er im Befehlston, sollten Sie auch als *ä* aussprechen, nicht als *e*! Immerhin, gutes Material! Treten Sie ein! Wer hat Sie empfohlen?

Er führt mich über den Flur in ein mittelgroßes Zimmer. Dort steht ein schmalfüßiger Tisch. Filetdecke und Tafelfreuden! Neben einer Suppenterrine leuchtet eine kleine rote Kerze.

Setzen Sie sich. Von wem kommen Sie also?

Ich zögere, dann fällt mir Paul de Pauls bürgerlicher Name ein.

Von Herrn Klotzbeff...

Nie gehört, sagt er lachend, haben Sie schon mal gespielt?

Oh ja!

Schön schön, aber Sie werden doch in Ihrem Alter nicht mehr auf Sprechübungen erpicht sein!

Ich erkläre ihm alles, sage ihm meinen Namen und will zur Tür.

Deshalb, ruft er, sind Sie auch so unrasiert und duften, hm tja, riechen so merkwürdig, wenn's gestattet ist! Hand aufs Herz, Sie stammen aus einer Gegend, wo man die Fische singen hört. Oder so ähnlich. Muß aufhören, mein Bester! Kommen Sie, leisten Sie mir Gesellschaft!

Er nötigt mich, am Tisch Platz zu nehmen. Aus einer Anrichte serviert er ein zweites Gedeck, einen tiefen Suppenteller, eine Ovalplatte und ein Besteck.

Suppe? fragt er.

Gern...

Eine Kelle, zwei Kellen...?

Zwei bitte...

Eins. Zwei.

Und Sie? frage ich.

Danke, ich nehme schon. Guten Appetit!

Er breitet den Schlafrock aus und läßt sich nieder.

Schmeckts? fragt er.

Oh, es schmeckt...!

Das freut mich. Sie dürfen mir danken. – Ich diene mit meiner Arbeit ausschließlich der Tradition. Ich heiße Alfons Ärmchen, Verkleinerung von Arm. Waren Sie Soldat?

Nein... wehrunwürdig.

Hm, vielleicht kennen Sie das Denkmal des Fürsten H. Ich habe seine Renovierung angeregt. Ist die Suppe heiß, dann pusten Sie getrost. Haha! – Schauen Sie mal nach links, die Wäschekommode stammt aus der berühmten Sammlung meines seligen Oheims. Die Karyatiden sind eine Meisterleistung der Schnitzkunst. Beachten Sie bitte, wie deutlich das Profil den Zustand der Karyatide veranschaulicht!

Ja, sage ich.

Erhabne Fron, sagt er versonnen, – folgen Sie mir eigentlich?

Ich schweige. Ich folge den Nudeln im Suppenteller.

Hunger, sagt er, ist eigene Schuld. In schwierigen Zeiten bin ich belehrt worden. Heute besitze ich achtundvierzig Bienenkörbe. Honig erster Sorte. Achtundvierzig Bienenkörbe. Könnten Sie sich auch leisten. Nichts geht über ein Frühstück mit Honigbrötchen. Wenn man reinbeißt, krachen sie und versprechen einen fröhlichen Tag. – Darf ich den Braten vorlegen?

Bitte...

Ihnen gegenüber steht ein Vertiko. Fleiß kann jede Wohnung ausstatten, aber was sagen Sie zu jener Porzellanfigur, die das Vertiko schmückt? Ein Hermes mit vorgestreckter Amphora. Alt-Meißen! Soll ich noch mehr sagen? Blaue Schwerter! Schön, nicht wahr? Rasieren sollten Sie sich zumindest, wenn Sie schon... mein Gott, was war das...?

Das war, sage ich, der Warnruf einer Trauerseeschwalbe. *Kjärrr!*

Nicht doch, nicht doch! Sie können einen ja richtig erschrecken! Ich kann Tiere in der Wohnung nicht leiden! Früher gabs hier in allen Häusern Wanzen über Wanzen. Bitte, da ist mein Bett, es hat neue Matratzen und gestärkte Laken. Ich kann ihm voll vertrauen! An diesem Ort, mein Herr, wird jeder Kammerjäger brotlos! – Nein, das war ja ein gräßlicher Schrei! Sagen Sie bitte nochmal, *wie* heißt das Tier...?

Trauerseeschwalbe...

Komisch! Mir ist heiß und kalt geworden. Essen Sie nur!

Jedesmal, wenn er sich über den Teller beugt, trifft der Schatten seiner Rümpfnase auf den geöffneten Mund. Er fixiert mich und sagt mit geheimnisvollem Unterton:

Nachher... nachher werden Sie was Großartiges zu sehen bekommen.

Jetzt entsteht eine längere Pause zugunsten der klappernden Bestecks.

Betrachten Sie mich, sagt er später, was fällt Ihnen auf?

Sie tragen eine Perücke und einen Schlafrock. Ihr Gesicht ist gepudert...

Aber hören Sie mal, lieber Freund! – Sie gebrauchen das Wort Perücke wenig ehrfurchtsvoll! Dieses Stück ist ein kostbares Überbleibsel aus der Zeit des Sonnenkönigs. Freuen Sie sich mit mir, ich habs wiedergefunden! Und was den Schlafrock betrifft, so handelt es sich um den Umhang des königlichen Kammerdieners! – Ist das nun eine Hochzeit oder nicht?

Es ist eine, sage ich.

Beide Wertstücke, ruft er, fand ich in einer verschwiegenen Truhe, die mir die schönsten Sachen vorenthalten wollte – freilich, freilich kraft meiner Vergeßlichkeit! – So, ich bin fertig, es hat fabelhaft geschmeckt.

Er beleckt Daumen und Zeigefinger und löscht die Kerzenflamme.

Die Möhren und der Braten, sage ich, waren großartig!

Und die Kartoffeln? Na...?

Ebenfalls.

Hört man gern! Alles gute Hausmannskost! Rauchen Sie?

Ja, gedrehte Zigaretten. Wollen Sie mitrauchen? In meinem Tabak schlummert die Sonne des Libanon. Beim Rauchen hört man Kamele und Esel lachen.

Kamele und Esel lachen nicht! – Gehn wir ins Nebenzimmer! Nehmen Sie eine holländische Tonpfeife oder ein Stück aus Toulouse?

Händereibend dirigiert er mich ins Nebenzimmer.

Toulouse, sagt er, hier ist so ein Exemplar! Elfenbeinschnitzereien mit Meerschaumeinsatz. Und nehmen Sie Krüll aus der Perlmutterdose! Bitte nicht erschrecken, sie singt – will sagen, sie hat ein Glockenspiel im Boden, diebischer Spaß. Na bedienen Sie sich und hörn Sie sichs an!

Pling
wir reiten pling
den Morgen an
der Wind der pling
in unsren Haaren

Erinnerungen, sagt er und seufzt leise.

Um das Brandloch der Pfeife ergehen sich nackte Pärchen. Ich halte ein brennendes Zündholz auf den Tabak. Aus winzigen Löchern, versteckt zwischen Brüsten und Lippen der Damen, quillt feinster Rauch hervor. Ärmchen steht dicht neben mir.

Hinter dem Vorhang, flüstert er, gibt es ein Monument zu sehen, ein historisches Schaubild sondergleichen! Die großangelegte Darstellung der Katzenburger Schlacht...!

Er greift hinter sich und wirft den Vorhang zur Seite. Der Vorhang teilt das Zimmer in zwei Räume. Auf einem langen Tisch fallen die Fronten ineinander, en miniature.

Mein Lieber, Sie staunen nicht wenig! Die Sache hat mich einiges gekostet. Treten Sie näher! – Auf dieser Seite stehen die Dragoner unter Befehl des Generals Graf Wiesentod...

Wiesentod?

Ja, er hat einen berühmten Namen, das muß ihm der Neid lassen! Wissen Sie auch, daß die Wiesentods durch sechs Generationen ausschließlich Generalstäbler hervorgebracht haben?

Nein, wirklich nicht, nein...

Es hat ein wenig gedauert, bis ich die Zinnfiguren in der nötigen Ausstattung erhalten konnte. Wer für solche Dinge kleine Münze anlegen will, ist auf dem Holzweg! – Ihr Gesicht müßten Sie sehn, bitte hören Sie auf, wer soll dabei ernst bleiben! Also: dem Grafen gegenüber – hier! – lauert Marschall Osetti! Die Bataillone sind im Morgenlicht angetreten, sie erhalten das Signal und gehn drauflos mit aufgepflanzten Bajonetten! Die Reiter stürmen Attacke, vor den Feldherrnhügeln stehen die Geschütze in Feuerstellung! Ich mußte die kleinen Kanonen extra gießen lassen...

Er holt eine Flachtrommel unter dem Tisch hervor und beginnt mit dünnen Hölzern auf das Fell einzuschlagen:

So ungefähr muß es damals zugegangen sein, man hat Trommeln mitgeführt und die Hauptleute haben geschrien: Drauf, Kerle, drauf, gebt es ihnen...!

Ärmchen trommelt. Seine Augen treten vor. Die Perücke rutscht hin und her. Zuckende Brauen. Das Gebaren einer gesteuerten Puppe, die militärische Szenen entfesselt, um den Treppensteiger für traditionelle Kampfspiele zu gewinnen. Ich puste ein Rauchwölkchen über das Schaubild, die Trommel schlägt Beifall:

Bravo, Haubitzen! Feuer, Feuer...!

Leg die Meerschaumpfeife zurück in die Schatulle, geh durchs Nebenzimmer, öffne die Tür zum Treppenhaus, wechselndes Mondlicht hinter farbigen Fenstergläsern. Bravo, Haubitzen – Feuer, Feuer! Über mir trommelt der Perückenmann. Ich lehne mich ans Geländer. Die Nacht ist verschrieben an Schornsteine, Dächer und Fassaden der Stadt. Eine flüchtende Schar, die nicht ertappt werden will. Nur wenn du hinschaust, stehen sie reglos und täuschen Müdigkeit vor. Sobald du dich abkehrst, laufen sie wieder in Windeseile von dannen.

33

Katzengelächter vor der Haustür. Wie sie feixen und sich die Bärte putzen. Wie sie die aufgeschnappten Kinderlieder zum besten geben! Komm, Karlineke, komm! Fünf haben sich eingefunden. Drei machen sich lustig über zwei.

Mein Repertoire wird reichhaltiger.

Mein Schlaf ist mir abhanden gekommen. Oder trage ich ihn nachher ins Leihhaus? Ich nehme den Erlös entgegen, ich bin berechtigt, der Stadt hinterrücks unter den Rock zu greifen. Ich verabschiede mich von der gebeugten weißhaarigen Frau, die auf der Suche ist nach einem würdigen Platz für das Pfandstück.

Und sie ruft mir nach, ich möchte doch recht bald wiederkommen, denn genau solche Wertsachen habe sie dringend nötig.

34

Der siebzehnte Kuckuck ist mein Rechtsanwalt. Ohne ihn bin ich ratlos. Ich hoffe, er gibt mir ein Zeichen. Wie soll sich jemand verhalten, der vor Baginskis Haustür ein Dromedar erblickt? Nachts im Nachtnebel. Was will dieses Tier? Gehört es hierher oder hat es sich verlaufen? Da, es hebt den Kopf! Trauriger Hausierer im Nebel nach Mitternacht viel zu weit weg von zu Hause. Frißt es die abgefallenen Baumblätter? Aber ja, es frißt doch!

Was denn, schon Herbst?

Im nebligen Schattenspiel der querrenden Kandelaber entpuppt sich das hinstürzende Dromedar als eiserner Fußabtreter. Neben der Haustür – hab ich das früher nie gesehn? – steht ein Fußabtreter in Form eines winzigen Dakkels. Die Kontur des Hundekörpers mit dem abgenutzten Rücken – also, Sie stellen den Fuß in die Rückenmulde und kratzen den groben Dreck von Ihren Schuhsohlen! – die Kontur aus Eisenblech ist höckrig wie bei einem Dromedar, jeder Nebelfetzen hat eine Laterne im Hinterhalt, aus dem die seitlich angeleuchteten Pfeilervorsprünge, Sandhaufen oder Fußabtreter sekundenlang vor dir auftauchen in Gestalt riesiger Türme, Kröten und Dromedare, – adieu, verdammte Hexen, wer beeilt sich da noch, das Lob des guten wanderlustigen Müllers zu singen?

Baginski empfängt mich mit der gepfiffenen Melodie: *Pflaum Pflaum, zuckersüße Pflaum, frischjepflückt vom*

Baum. Er steht zwischen Kartons und kleineren Kisten, in der linken Hand einen Bogen Packpapier.

Sag mal, ruft Baginski und tippt an den Bauch eines Stehaufmanns, der inmitten wüster Gerätschaften ein leises Klimpern von sich gibt, sag mal, würdest du sowas mitnehmen? Wir könnten ihn natürlich auch in der leeren Wohnung zurücklassen – quasi als Komfort für den neuen Mieter. Manche Leute zahlen Überpreise für den kleinsten Einbauschrank und zehn Meter Gardinenstoff! Ich meine, irgendwas müssen wir ja zurücklassen, sonst muß ich das Tauschangebot ändern...

Hm, knurre ich, was machst du da eigentlich...?

Ich packe. Erst klein, dann groß. Bald dies, bald das. Heute sind die Staubfänger dran, in vierzehn Tagen die Stühle, die Betten, das Vertiko und der schöne Ohrensessel, in den du ruhig reinfallen kannst! Du hast essigsaure Mundwinkel, mein Lieber! Setz dich hin und hör mir zu! Die Annonce lautet: *Zwei berufstätige Herren, kinderlos, tauschen neuwertige Zweizimmer-Hofwohnung ohne Fahrstuhl (Parknähe garantiert, Grünblick), Küche, Innentoilette nicht gekachelt, gegen Zweizimmerwohnung, Küche, Innentoilette unter Umständen gekachelt, Stadtteil beliebig, Übernahmekosten für Kleinkomfort erbeten.* Man hat mir gesagt, ein bißchen Komfort muß angeboten werden. Ich weiß nicht, wollen wir den Stehaufmann wirklich... oder... oder was meinst du dazu?

Otto, sage ich, laß mich ein bißchen pennen...!

Ich sehe Herrn Ärmchens Porzellanfigur: der Hermes macht einen ausholenden Sprung, die Amphora in seinen Händen hat züngelnde Flämmchen, er nähert sich meinem Gesicht, versetzt mir Nasenstüber und segelt über mich hin, die müden Augen des Leierkastenmanns unter der Porzellanstirn. Du Oktobermaus, sagt er mir ins Ohr, du Oktobermaus – da schlägt der Herbst auf die Türklinke und tritt ins Zimmer, die Figur steht festgehalten im Raum, fällt senkrecht herab, bricht ein Bein und liegt ausgestreckt auf dem Fußboden.

Am nächsten Tag erwache ich neben zugeschnürten Kartons. Baginski ist arbeiten gegangen. Die Kartons vermehren sich von Abend zu Abend. Während wir packen, lerne ich Baginskis Lied von den zuckersüßen Pflaumen auswendig. Wir pfeifen an gegen die leeren Winkel, die sich allmählich zurückziehen aus unserer Nähe und manchmal kalt und verwundert auf den bullernden Ofen starren, wo wir nach der Packerei in die letzten Buchstaben des Lexikons vertieft sind.

Heute abend ersparen wir uns die Erläuterungen über das *Zweite Gesicht* und verweilen etwas länger bei den Rubriken *Zwerchfell* und *Zwischeneiszeit*.

Lach mal, sagt Baginski.

Haha!

Ach was! Lauter!

Hahahaha!

Er grinst mich an: Noch lauter!

Haha-haha-hahahahahaha... was willst du denn?

Spürst du was in der Bauchgegend? Das ist das Zwerchfell!

Wußte ich schon! Bitte die Zwischeneiszeit!

Also, sagt Baginski, das ist die Periode, die zwischen den Zeiten der allgemeinen Vereisung liegt. Geh mal ans Fenster und kuck nach, obs kalt wird.

Er schließt das Lexikon, zieht den Wecker auf und legt sich ins Bett. Ich sage ihm, was ich vom Fenster aus sehe. Ich sehe, da kommt der Mond übers Dach, das ist der Herr Willibald Rock, ein großer lebender Sohn unserer Stadt, der geht so stille durch die Abendwolken hin. Er verspeist eine Kraftbrühe mit Einlage, gibt seiner Hoffnung Ausdruck, übt äußerste Sparsamkeit, meidet den Rausch, trinkt Leitungswasser, wenn ihn dürstet, liebt an seinem Weib den schlichten Haarknoten, fackelt nicht lange und summt die Alten Kameraden nach Hausfrauen-Art.

Lach mal, sagt Baginski.

Ich poltre wütend in den Keller, ahme einen schwarzen

Butzemann nach und schleppe zwei Eimer voll Briketts nach oben. Das Heizen gehört jetzt mit zu meinen Aufgaben. Ich werde noch drei Kohlen in nasses Zeitungspapier wickeln und auf die Glut legen. Wenn Baginski morgen früh aufsteht, will er sich nicht im kalten Zimmer ankleiden.

So, ich bleibe noch ein bißchen sitzen und schaue auf den vollgepackten Tisch. Ich bin froh, daß sich eine Fliege einfindet. Sie kann sehr schön fliegen, das freut mich. Den Tisch hätte ich sowieso nicht länger betrachtet. Wenn ich ihm keins von seinen vier Beinen verstecke, was ohne Krach nicht abgeht, bleibt er nach wie vor eigensinnig auf seinen vier Beinen stehn und fragt mich: Was bist du nun? Bist du ein Tischbesitzer, ein Stuhlbesitzer, ein Sitzer, der Maulaffen feilhält? fragt der Tisch oder raunzt der Tisch oder tut beides nicht, es ist halb zwölf, die Fliege singt von einer bevorstehenden Landung, hoffentlich läßt sie sich nieder auf der Tischkante, vielleicht erzähl ich ihr noch eine schöne Geschichte: *Es war einmal eine garstige Stille in der langen öden Straße...* nein, daraus wird nichts, Baginski greift zum Lichtschalter, ich gehe nach nebenan, pfeife den leisen Nachtruf einer Waldohreule.

Bericht eines
Bremer Stadtmusikanten

Roman

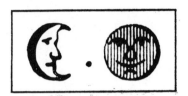

meiner Tochter Anja

Vorrede nach Feierabend

Bestimmt ist unser Buch für jeden Leser, der dem Verhalten des Menschen offenen Sinn und Interesse entgegenbringt. Der Kenner findet darin allerlei behandelt, was zu verzeichnen war aufgrund neuerer Vorfälle in meiner engen und engeren Heimat. Die Darstellungen sind allgemeinverständlich ausgeführt, umständliche Fachausdrücke und beschwerende Formen der Systematik sind weggelassen, damit der Leser beiderlei Geschlechts das Buch in die Hand nehmen möge zur Unterhaltung seiner vielfachen Sinne, die ihn deutlich unterscheiden von einer rotbauchigen Unke, einer Kartäuserkatze, einem veredelten Landschwan.

Die geschilderten Personen sind fast immer echte Typen. Sie stehen für eine ganze Familie, stehen, sitzen, gehen, handeln ein und aus, sprechen, schimpfen, flüstern, hegen und pflegen also für einzelne oder in größerer Anzahl auftretende Zeitgenossen.

Wir sehen auch hier, das Betragen bestimmter Personen stellt gewissermaßen ihre höchste Übertreibung dar: morgens erfreut ihr sanftes Wort den von der Hitze ermatteten Fußgänger, abends decken sie ihren gedeckten Tisch mit einer Decke zu, wenn andere Geschöpfe in der Nähe sind.

In einer älteren Beschreibung wird den Menschen nicht nur Geselligkeit, Gastfreundschaft, Habgier, Neid und Mißgunst bescheinigt, sie gelten auch als zudringliche Lebewesen, die sich nicht im geringsten scheuen vor mitmenschlichen Niederlassungen, vielmehr frech ins Innere der Dörfer und Städte eindringen und dort alles wegnehmen, was sie gerade finden. Auch wurde beobachtet, daß sie über manchen Einwohner herfallen, ihn tage- und nächtelang verfolgen und sein Eigentum plündern. Wird ihnen bekannt, eins ihrer Opfer habe in einem Versteck Zuflucht genommen, so umringen sie dieses Versteck von allen Seiten, der Anführer gibt ein Zeichen und läßt seine Leute auf das Opfer los.

Natürlich stellt dieses Verhalten ihre besten Leistungen in den Schatten. In einigen Gegenden wurden sie regelrecht zur Landplage.

Dabei zeigt sich ihre Raublust bereits im ersten, scheinbar nebensächlichen Augenblick. Zwar lacht man über einen Menschen, der ständig bemüht ist, seine Hände zu verstecken (seis in der Westentasche, unter der Jacke, in den Ärmeln oder auf dem Rücken) – lacht ebenso über denjenigen, der sich Bedeutung verschaffen will und mit flacher Hand auf Tischplatten donnert, findet genauso lächerlich das Gebaren eines Sprechers, der auf die Zartheit seiner Formulierungen hinweisen möchte, indem er die Spitze des Zeigefingers an die Spitze des Daumens setzt, beide Finger beugt und auf diese Art einen Ring bildet (während die übrigen Finger steif vor sich hinragen) – lacht bereitwillig und oft grundlos über krähende, zischelnde, stammelnde, lispelnde, dumpfe, singende, hohle, durch die Nase kommende, murmelnde Stimmen, bemerkt aber niemals das aufdringliche Verhalten solcher Personen, die ihre Arbeitsweise darauf abstellen, Verbände ins Leben zu rufen, Trupps, Scharen und Gefolgschaften anzuführen, die zu Heeren anwachsen und die Erde überwuchern können. (Wäre die Erde ausschließlich mit Bäumen bewachsen, sähe man sozusagen jeden Baum von ihnen besetzt.)

Erste Anzeichen für ihren Auftritt werden getrost übergangen. Das geschieht nicht zuletzt wegen der stark voneinander abweichenden Merkmale.

Stemmt nämlich der eine Versammlungsredner beide Arme in die Seiten und gibt sich die Positur eines Essigkrugs, läßt schon der zweite Redner beide Arme herabhängen, als hingen Gewichte an seinen Händen, während der dritte bei jedem Wort flinke Hände ins Gefecht wirft, die Luft um sich herum in Stücke haut, so daß seine Zuhörer befürchten müssen, Stöße, Beulen und Zahnlücken zu bekommen.

(Ich hörte von einer Versammlung, wo ein solcher Fechter auftrat. Der Mann sprach von einer berühmten Schlacht, an der er teilgenommen hatte. In seiner Nähe stand eine gläserne Vitrine, dicht vor ihm, in der ersten Bankreihe, saß eine Mutter mit ihrem Kind. Der Redner begann, geriet in Eifer, schrie: Das hätten Sie mal sehen sollen!, schrie und breitete schreiend: Das hätten Sie mal sehen sollen! seine Arme so weit auseinander, daß er mit der linken Faust das Vitrinenglas zertrümmerte, mit der rechten das Kind vom Schoß der Mutter auf den Fußboden stieß: Scherben klirrten, das Kind weinte, der Redner blieb unbeirrt, ja er versuchte das Schlachtgetümmel noch stärker wiederzugeben, schlug nun die Fäuste aneinander, verletzte seinen Nebenmann unter der Nase und fiel ins Blutvergießen. Um Himmels willen, rief ihm jemand zu, hören Sie auf, hören Sie auf, Sie malen ja die ganze Schlacht nach der Natur!)

Nicht immer endet so die Karriere eines Redners. Wir wissen, der lautlosere, mit Gewandtheit, Mut und List begabte Raubvogel bedient sich klügerer Mittel.

Doch allen gemeinsam ist die Redewendung, sie stünden mit beiden Beinen fest auf dem Boden der Tatsachen. Eine Abhandlung darüber findet der Leser im vorliegenden Buch. Außerdem etliche Beispiele für die Herkunft verwandter Äußerungen. Ferner eine Auswahl meiner Erlebnisse als Straßenbauarbeiter, Liebhaber einer Schloßdame und Statist an vielen Plätzen. Dazu noch ein Wort.

Wer, wie ich, plötzlich auf Reisen geht und die eigentümlichsten Landschaftsbilder an seinem Auge vorüberziehen läßt, wird manchmal die Frage stellen: Wie mag dieser Ort, diese Bahnhofsruine, diese Wartehalle ohne Wartende, diese ausgestorbene Stadt wohl heißen? Wie groß mag dieser Ort wohl sein, wie groß der größte und wie klein der kleinste Mensch in diesem Ort als größte Sehenswürdigkeit? (Denn weder den einen noch den andern bekommt man hier zu Gesicht.)

In solchen Fragen liegt nur das Bestreben, während der Reise etwas zu erlernen, was fürs ganze Leben von Nutzen sein kann. Überhaupt, angesichts einer Fülle von Dingen stellte ich jedesmal die beharrliche Doppelfrage: Was ist denn das, was ich da sehe, was ist denn das? – und erhielt fesselnde Antworten, kurze und längere.

Selbstverständlich konnte ich nur erstrangige Stationen und Zwiegespräche in dieses Buch aufnehmen. Berge, Flüsse, Täler, Wolken und Himmelsfarben dürfen überall dort, wo ich sie unerwähnt lasse, beliebig in die jeweilige Szene eingefügt werden.

In mehreren Fällen war es mir wichtig, im Verlauf der Beschreibung bis in kleinste Einzelheiten vorzudringen. (Man wird mir beipflichten, daß der reisende Straßenbauarbeiter zum Beispiel von der Einsamkeit eines erkrankten Straßenschilds nachhaltig beeindruckt ist und folglich seine Beschreibung in jeder Hinsicht maßstabgerecht ausführen muß.)

Abschließend danke ich meinen Kollegen vom Asphalt-Teer- und Straßenbau. Ohne sie wäre meine Reisetätigkeit nicht zustande gekommen. An dieser Stelle sei auch des Poliers gedacht, unter dessen Aufsicht mancher Wegweiser richtig erst in eine Richtung weist.

(Arbeiter, so sagte einmal der Polier, gehören in die Arbeiterversicherung. Sie und ihre Familien sind dann versichert gegen Erwerbsunfähigkeit, Invalidität, Alter und unvorhergesehene Katastrophen.)

Werde uns freundlichen Vögeln und übergeschnappten Bordsteinen also die Fähigkeit zuteil, eine brauchbare Straße zu legen und uns rechtzeitig zu versichern, was da unvorhergesehen eine Straße legt.

Alexander Kraschewski
(Nach Rückgabe des Besens im Geräteschuppen)

Erster Teil

Erstes Kapitel
Mit dem Besen über die sehr lange Straße

Sage mir sofort, sagte der Polier, woran denkst du, wenn du son Gesicht machst wie jetzt. Denkst du vielleicht, du könntest dich hier um die Arbeit drücken? Oder denkst du sogar, ein anderer soll deine Arbeit für dich erledigen, hm? Wenn du nicht sprechen willst, wenn du nicht antworten willst, mein Lieber, dann weißt du doch, daß du verschwinden kannst. Denn ich rede ja nicht meinetwegen, ich rede nur deinetwegen. Also sage mir sofort, woran du jetzt denkst.

Ich denke, sagte ich, an die schöne Zeit zurück, als ich noch auf Schornsteinfegerbrettern herumlief, Steine trug, Holzpantinen an den Füßen, nicht abstürzte von den schmalen Schornsteinfegerbrettern, Steine trug, ach das sagte ich schon, aber sagte ich auch, daß es jedesmal zwölf, bedenke das, zwölf Ziegelsteine waren, die ich gestapelt in meinen Pfoten trug, Arme straff nach unten gestreckt, zielsicher setzte ich Fuß vor Fuß, die gestapelten Steine reichten mir unters Kinn, trotzdem hatte ich kein übles Lied auf den Lippen, du verstehst, ich pfiff mir eins, denn es war eine schöne Zeit, mein Lieber.

Alexander, sagte der Polier, ich muß dir mal was sagen: Du hast einen ziemlich deftigen Ton am Leibe! Den hast du. Was redest du von Klamotten, die du in deinen *Pfoten* trugst. Meinste damit deine Hände?

Frag doch nicht, sagte ich, wir alle sind Bauarbeiter und haben seit Jahrhunderten mit Polieren zu tun.

Aha, rief er böse, du willst sagen, die Poliere hätten die Pfoten erfunden!

Nein, sagte ich, du bist ein guter Polier, du hast dieses Wort leider nicht erfunden. Leider, denn es gefällt mir sogar. Ich denke dabei an kleine Katzen. Es gibt aber auch andere Tiere mit Pfoten. Merkwürdig, eigentlich gibt es kaum ein Tier ohne Pfoten. Oder weißt du eins?

Fische, sagte der Polier.

Er griff mit der rechten Hand in den Kieshaufen und ließ die Kieselsteine durch die gespreizten Finger in seine linke Hand fallen. Dann sah er mich mit großen Augen an und sagte:

Sei mal ehrlich, du bist nachtragend, nich? Du willst doch mit deinem Gerede von den Pfoten auf was Bestimmtes raus, mein Lieber. Na entschuldige, ich werde nicht noch mal *mein Lieber* sagen, ich hab vorhin genau gehört, wie du *mein Lieber* zurückgesagt hast, schon gut.

Jetzt warf er mir die Kieselsteine unwillig vor die Füße. Er blickte auf die Armbanduhr, die Frühstückspause war gleich vorbei.

Also, sagte er nachdenklich, ich stelle dir jetzt zwei Fragen. Erstens: Wie gefällt dir unsere Arbeit beim Asphalt-Teer- und Straßenbau?

Gut gefällt sie mir, sagte ich.

Und warum?

Mit einem Wort: weil es Spaß macht, die Straße zu fegen, sie sauberzufegen, den alten, brüchigen Asphalt von Schmutz zu säubern, bevor der Mann mit der Teerspritze kommt, bevor der Mann mit der Teerspritze vor dem dampfenden Teerwagen herläuft und der heiße, flüssige Teer aus dem Teerkessel durch die lange Zubringerstange, die der Mann in beiden Pfoten hält, bis nach vorn in die Düse dringt, aus der, wie aus einer Pfotenbrause, der heiße Teer mit starkem Druck auf den gesäuberten, brüchigen und stellenweise sehr schadhaften Asphalt gesprüht wird, daß es dampft wie in einer, na sagen wir ruhig: wie in einer Hexenküche, denn alle sind von Dampf umgeben, es macht Spaß, mitten im Dampf zu arbeiten, ab und zu taucht eins der Gesichter auf, das man schon kennt seit Wochen und gestern, aber plötzlich sieht man den Kopf des Poliers auftauchen mitten im Dampf, am Kopf sind ihm zwei gleichgroße Ohren gewachsen, er sagt ein Wort, er sagt: Meine Lieben, wir alle sind lauter alte Esel, seit Jahrhunderten schon sind wir lauter alte Esel, heute beschäftigt mit großen, bedeutenden Ohren beim Asphalt- Teer- und Straßenbau, gestern mit Eselsohren beschäftigt in der Dachdeckerei beim Wiederaufbau bombengeschädigter Dächer und Schornsteinköpfe, auf Schornsteinfegerbrettern Ih-ah rufend in Holzpantinen, Steine tragend, immer zwölf Stück auf einmal, Arme straff nach unten gestreckt, Ohren in den großen Nachkriegshimmel, in die schöne Zeit, und auf den Lippen kein übles Lied wie heute beim Auffüllen des Splittwagens, der von zwei alten Eseln langsam auf das teerbesprühte Straßenband gelenkt wird, daß der Splitt aus der Schütte rutschen kann und den grauen, steinernen Teppich hinbreitet, den Läufer aus zerstoßenen Steinen, die neue, bedeutende Straßendecke.

Gut, sagte der Polier, das hast du gut gesagt.

Zweite Frage: Wirste jetzt die Straße fegen?

Ih-ah.

Er schaute auf die Armbanduhr, bückte sich nach einem Stück Eisen und schlug mit dem Eisen dreimal gegen ein größeres Stück Eisen, das an einem Holzgalgen hing: Ende der Frühstückspause.

Alexander, sagte er, wenn du jetzt vor uns herläufst und die Straße fegst, dann überleg mal den Schluß. Sag mir gefälligst, was son alter Esel tun soll. Und jetzt verschwinde!

Im Geräteschuppen fand ich einen Borstenbesen mit breitem Schaft. Wenn man die Reichweite eines solchen Besens richtig nutzt, lassen sich auf einen einzigen Zug anderthalb Quadratmeter Fläche säubern. Außerdem, man kommt rasch von der Stelle. Das kratzende Geräusch, das Schurren harter Borsten über Asphalt, kann aufregen oder beruhigen, ganz nach Laune dessen, der diese Arbeit verrichtet. Und natürlich spielt auch die Tageszeit eine Rolle.

Es war vormittags, als ich mit dem Besen über die sehr lange Straße mich immer weiter entfernte von meinem Polier, von meinen Arbeitskollegen, ihren schönen Gesichtern im Dampf, der sie einhüllte seit Wochen und gestern, mich aber freigab, die Straße zu säubern, den brüchigen Asphalt sauberzufegen mit diesem Prachtexemplar von Besen, an dessen Hand ich nach einigen Abzweigungen die Straße verlor, auf der meine Kollegen weiterarbeiteten, fern zum Feierabend hin.

Zweites Kapitel
Rückkehr zu den Kollegen
aus Furcht vor der ersten Ortschaft

Bären und Wölfe gab es dort schon lange nicht mehr. Aber auch andere Altertümlichkeiten waren nirgendwo zu erblicken. Keine Pappel als Einzelgänger, keine Krähe. Ein großer, berauschender Anblick war das nicht.

Soll man, so fragte ich meinen Besen, schnurstracks in die Ortschaft hineingehen oder erst auf eine Anhöhe klettern und von der Anhöhe herab in die Ortschaft hineinblicken?

Steig auf die nächste Anhöhe, sagte mein Besen, ich bin es.

Gut, ich stieg auf den Besenschaft und hatte sofort ein neues Bild vor Augen. War das nun stiller, sonntäglicher Frieden, der die Häuser einhüllte? War es schwermütige Öde, lautloses Geweine der letzten Pfeilervorsprünge, die sich ihrer gestrigen Bestimmung schämten? Riesen hatten hier gearbeitet, hatten mit gewaltigen scharfkörnigen Schmirgelpapieren jedes Haus rundum, jede Fassade abgeschliffen, poliert.

Polier! Das Wort fiel mir ein, sauste direkt unters Herz, machte mich ängstlich. Ich fürchtete, die Häuser (ohne Warnung an den Betrachter) könnten sich stolz in die Lüfte erheben oder traurig einsinken ins Erdreich.

Ich stieg runter vom Besenschaft, wußte nun, es war früher Abend desselben Tags, an dem wir gemeinsam, mein Besen und ich, weggegangen waren von zu Hause, von der Arbeitsstelle, von meinen Kollegen, vom Polier – ich kehrte um, lief die Straße zurück, alle zehn zwanzig Meter fegte ich laut lachend den alten, stellenweise sehr brüchigen Asphalt, freute mich, zweifellos ein wenig überkandidelt, auf den morgendlichen Arbeitsbeginn beim Asphalt- Teer- und Straßenbau.

Hier ist eine kurze Beschreibung vonnöten.

Eine Beschreibung, unter welchen Umständen, nein, unter welchen Ausblicken ich den Wohnwagen des Poliers wiedersah. (Der Polier, solange ich in seiner Baugruppe arbeitete, schlief nur im Wohnwagen. Eine andere Häuslichkeit hatte er nie erwähnt.)

Ich suchte jetzt nach einem Namen für dieses kulissenhafte Bild, das am Ende der Straße auf mich wartete, eingerahmt von verschiedenen Vorder- und Hintergründen. (Per Auswahl stehen zur Verfügung: bis in den Horizont reichende Wälder links und rechts der Baustelle, ein alter, ausgefahrener Landweg gleich hinter den Splitthaufen, ein Teich mit aufgebrachten Fröschen, wenn die Pioniere einer benachbarten Kaserne antreten müssen und ihr Vorgesetzter kommandiert: Wir schlagen jetzt die Richtung Froschteich ein!)

Im Geviert roter Sicherheitslaternen, die das letzte, neu gelegte Stück Straßendecke begrenzten, stand der Wohnwagen dicht neben dem Geräteschuppen wie angelehnt an ihn.

Die Fenster, beide von innen verhängt, waren matt erleuchtet, d. h. die parallelen, senkrechten Lichtstreifen beider Fenster-Rechtecke melierten hinter den Glasscheiben. Der Name war bald gefunden, es war ein glückliches Bild. Nein, Trübsinn lag über diesem Bilde nicht.

Siehst du, sagte ich zu meinem Besen, siehst du. Wenn auch nicht auf Zehenspitzen, so aber doch angemessen leise (und nicht wie ein Trampeltier, das schreiend in den Wohnwagen hineinpoltert: Da bin ich, Polier! Da bin ich, Kollegen!) trat ich, die Eselsohren weit geöffnet, behutsam an die hintere Wand des Wohnwagens heran.

Hörst du, fragte mich der Besen.

Ich hörte Albrechts Stimme.

(Albrecht war der Mann mit der Teerspritze, der vor dem dampfenden Teerwagen herläuft. Er beherrschte wie keiner von uns die Handhabung der Zubringerstange, den gleichmäßigen Auftrag des Teers. Albrecht vertrat manchmal den Polier. Wahrscheinlich hatte er Baustellenwache heut nacht.) Albrecht sagte gerade:

... und ob der wirklich so heißt wien Wasserpollacke...?

(Sie lachten. Ich erkannte die Stimme des Poliers. Bumm. Das Lachen schlug richtig hohl an die Wohnwagenwand.)

Albrecht sagte: Wenn der seine Schippe abgibt! Dreckig. Und sagst du was, hebt er die Schippe hoch, du rennst weg! Soll bloß nich wiederkomm. Hält alles auf.

Morgen, sagte der Polier, wär ihm der Chef gekomm. Nutzt ja nichts, hält wirklich auf, erzählt dauernd was. Was der redet...

Na, hast ihn doch zum Fegen bestimmt. Mal gesehn, wie?

Na, wie?

Nur im Bogen, halb außer Schulter, kein fester Strich – so. Macht sein Kreuz nich krumm, geht doch immer so wie heute nachmittag, immer grade. Wär ihm morgen der Chef?

Hab ihn ja gehn lassen. Der Alte hätt ihn gefeuert. Na, geh mal die Lampen nachsehn...!

Weißt du, der hat mir erzählt, bei uns macht ihm das Spaß.

Hat er mir auch erzählt. Ihm glaub ich das. Aber soll ihm einer das glauben? Geh mal jetzt...!

Hat er den breiten Besen bei sich? Na, ich geh mal...
(Der Leser wird verstehen, daß ich mich zusammenkau-

erte und unter den Wohnwagen kroch. In dieser Haltung suchte ich meine Taschen ab. Meine Lohntüte aus Pergamentpapier – eine strapazierfähige Lohntüte, wie sie nur an Bauarbeiter ausgegeben wurde – ließ sich bereitwillig absuchen nach Geld und Lohnstreifen. Fünf Zwanziger, Dreimarksechzig und das zerknautschte Quittungsband meiner letzten Akkordgänge lagen gemeinsam mit einem *Merkblatt für Straßenbauarbeiter* in der strapazierfähigen, aus Pergamentpapier hergestellten Lohntüte, einer Spezialanfertigung für Bauarbeiter, die, laut Merkblatt, infolge der ständigen Ausweitung der Städte und sonstigen Zentren mit ihrem wachsenden Bedarf an Straßen und Bauwerken einer beträchtlichen Aufbesserung ihrer bisherigen Erwerbsmöglichkeiten...)

Es war ohnehin schwierig, in dieser Haltung unter dem Wohnwagen zu kauern, geschweige denn, das Merkblatt noch einmal Punkt für Punkt durchzulesen.

Es gab, das hatte ich behalten, an irgendeiner Stelle den Hinweis auf geschützte Pflanzen, der vor allem an den Straßenbauarbeiter gerichtet war und ihn ermahnen sollte, das Abpflücken von geschützten Pflanzen zu unterlassen, selbst dann, wenn seines Erachtens das pflanzenbewachsene Erdreich schon morgen einer neuen Straße weichen sollte. Die nähere Begründung war mir entfallen. Ich hätte sie gern (und ganz besonders jetzt) in Erinnerung gerufen oder nachgelesen. Leider war das Licht der roten Sicherheitslaternen viel zu schwach, zum anderen wurde über mir die Wohnwagentür geöffnet: Albrecht begann seinen Kontrollgang zu den Laternen.

Als er weit genug entfernt war, sprang ich hinter den Geräteschuppen.

Dort, im zugezogenen Abenddämmer, kotzte ich still, artig und einsam den Kummer eines entlassenen, nutzlosen Straßenbauarbeiters und Wasserpollacken gutgezielt auf den runden, an einigen Stellen noch pflanzenbestandenen Erdball.

Nach dieser Arbeit sprach ich zu meinem Besen in einem einzigen Satz:
Komm mit, mein Lieber, wir sind entlassen, verstehen wir uns ein Weilchen auf die Nachtmusik, aufs Geschichtenerzählen, da kann ich ein Stadtmusikant sein, geliebten Teergeruch allerorten in der Nase haben und fröhlich werden bis in die Spitzen meiner langen Ohren hinein.

Drittes Kapitel
*Traktat über das Gehen
ohne und mit Besen sowie Teilstücke
verschiedener Biographien*

Die Gleichförmigkeit des Gehens besteht in der Gleichheit der Schritte. Man sieht oft Gehende, die jetzt einen kurzen, jetzt einen langen Schritt, bald einen auswärts, bald einen nach einwärts machen, jetzt geschwind, und eh man sichs versieht, wieder langsam gehen. All diese Mängel hat der Gang des richtig gehenden Menschen nicht.

Seine Schritte bleiben sich immer gleich. Den Kopf trägt er grade, doch gibt sich diese Gradheit, dieses Aufrechthalten des Kopfes, nie zu steif, nie unbiegsam, nie hochmütig, nie schüchtern, nie anmaßend. Unmöglich ist das Hinüberwerfen des Kopfes, der Kopf bleibt beweglich, er bewegt sich mit Anstand. Neigt sich, wenn es sein muß (und wie es sein muß), niemals zuwenig, niemals zu tief, hängt nicht nach vorwärts, nicht nach einer Seite hin. Hat er sich bewegt, geneigt, so nimmt er augenblicklich wieder seine gewohnte angenehme grade Haltung an.

Und wer beim Gehen einen Besen oder einen Stock mit sich führt, sei der Bestimmung des Besens oder des Stocks eingedenk, er trage ihn (oder den andern) nicht wie ein Gewehr auf der Schulter oder wie einen Mast auf dem Rücken, er trage ihn (oder den andern) unter dem Arm, fege dort, wo Anlaß zum Fegen geboten wird, benutze dort den

Stock, wo der Stock von Nutzen ist, habe während des Fegens oder Nichtfegens, während des Stocktragens oder Stockbenutzens, kein übles Lied auf den Lippen, sondern pfeife sich eins, denn er sei eingedenk seines gelösten Gehens, *er* zum Beispiel, dem morgen der Chef gekommen wäre, *ihm*, der (laut Albrecht) sein Kreuz nicht krumm macht beim Fegen, jetzt aber frei verfügen kann über die schöne Zeit, da nur *er* zu entscheiden hat, was er in seinen Pfoten trägt, Steine, Besen oder Stock, und welchen Namen er trägt und ob er wirklich so heißt?

Meine Mutter hieß Frieda Karoline Hahn. Sie hat mich erzogen für Luftsprünge und Zauberkunststücke. Ihr ganzes Leben lang hat sie ostpreußisch gesprochen, auch damals, als der polnische Landarbeiter Jano Kraschewski ihr Stielaugen machte – und gleich hinterher den dicken Alexander Kraschewski, mich nämlich, die gefräßige Turteltaube.

Der Onkel Simon hat mir erzählt, sie haben geheiratet wie Akrobaten und Feuerschlucker. Jano Kraschewski, mein Vater, er hat ihr Girlanden geflochten aus Stroh und Wachsblumen und hat in die Hände geklatscht und laut gepfiffen auf Zeige- und Mittelfinger, weil er doch seine Braut, meine Mutter, wirklich sehr lieb hatte, und jetzt ganz besonders: wie sie da am Hochzeitstag auf ihn zukommt, seine Girlanden um die Schulter gelegt und zwei, drei Blumen im Haar, ich glaubs dem Onkel, ihr Gesicht muß schön gewesen sein, denn sie war fröhlich und wippte hin und her und sprach immerzu den Vornamen meines Vaters.

In der Kirche (das war so ein Stückchen Kapelle aus Feldsteinen und hölzernen Dachpfannen, ringsrum Kreuze und Buchsbäume, die ja ziemlich ernst dastehen, wenn hungrige Krähen über die Grabhügel hüpfen und von da auf die Kreuze) – in so einer Kirche also, hat mir der Onkel gesagt, ging meine Mutter Arm in Arm mit Jano Kraschewski vorbei an den Bankreihen, vorbei an grinsenden Hochzeitsgästen, die sich gegenseitig eins mit dem Ellbogen versetzten und *Psst!* machten, als der Pfarrer die beiden einsegnete mit seiner langen Ansprache, und mich dazu einsegnete, denn meine Mutter, sie hatte mich mitgenommen in die Kirche, was der Pfarrer nicht wußte und niemand im Dorf, nur meine stillschweigenden Eltern, die das Abendmahl nahmen.

Und jetzt (vielleicht hat der Onkel gelogen) soll der Jano Kraschewski beim Nippen vom Abendmahlswein laut geschmatzt und deutlich *Aaah* gesagt haben, daß alle, die in der Kirche waren, nicht wußten, warum sie sowas überhören sollten und so ein hübsches Weilchen gemeinsam vor sich hinlachten. Schön. Eines Tages...

Schön? Eines Tages, ich war damals schon eingeschult, nahm mich mein Vater huckepack und trug mich durchs Dorf, ohne ein Wort zu reden. Die Dorfkinder liefen erst johlend hinter uns her, auf einmal blieben sie stehn, und plötzlich haben alle Reißaus genommen vor dem betrübten Gesicht meines Vaters. Zwei Tage später verließen wir das Dorf. Wahrscheinlich Geldsorgen. Wir sind umgezogen ins Ruhrgebiet. Der Onkel Simon war mitgekommen, in der Eisenbahn spielte er andauernd Mundharmonika. Und meine Eltern?

Sie schüttelten sich vor Lachen, wenn ich von der Schule mit einem Zettel nach Hause kam: sie, Vater und Mutter, wären schuld daran, daß ich mit meinen knapp sieben Jahren noch immer die Tiernamen vertausche. Wirklich, das war meinem Vater gelungen: von klein auf hatte er mir eingeprägt, daß die großen gescheckten Vierbeiner auf der Weide allesamt Sperlinge heißen. Dank seiner Laune sah ich Kühe durch die Luft fliegen. Die da oben, hat mein Vater gerufen, die geben die Milch, paß auf, gleich werden sie zwitschern!

So oder anders: Sehr weit von hier,

in einem verwahrlosten Schrebergartenhaus, wohnte einst mein Vater, der alte Hexenmeister Jano Kraschewski. Das Schrebergartenhaus war umgeben von seltenen Schrebergartenpflanzen, wie sie sonst auf der ganzen Welt nicht zu finden sind: kniehohes Gras, Farne und reichlich Unkraut zwischen bemoosten Steinen. Eines Tages nun, als einige Herren des Schrebergartenvereins bei meinem Vater, dem Hexenmeister Jano Kraschewski, wütend vorstellig wurden, er solle den Schrebergartengedanken, der sie alle, sie selber und alle Nachbarn bewege, nicht länger mehr strapazieren und kniehohes Gras, Farne und reichlich Unkraut zwischen bemoosten Steinen endgültig abschaffen zugunsten billig zu erwerbender, durch den Schrebergartenverein besonders preisgünstig zu bestellender Blumenarrangements – an diesem Tag nun rief mein Vater mich in den verwahrlosten Schrebergarten, Alexander, sagte er lächelnd, jetzt paß schön auf!, und er besann sich seines erlernten Berufs als Hexenmeister, erklärte den Herren des Schrebergartenvereins, das kleine Wörtchen *abschaffen* sei ihm in die alte, eigenwillige Hexenmeisterkehle geraten, weshalb er sie nun alle, jeden Herrn einzeln, in Blumen verwandeln werde, in Blumen, wie sie sonst auf der ganzen Welt nicht mehr zu finden sind. Und damit berührte er, ich seh es noch immer, die vorstellig gewordenen Herren mit einem aus der (linken oder rechten?) Jackentasche gezogenen Stöckchen und verwandelte sie in Blumen – in welche, ist mir entfallen, ich weiß aber, die Nachbarn lobten ihn sehr, hatte sein verwahrloster Schrebergarten doch endlich mehr aufzuweisen als kniehohes Gras, Farne und reichlich Unkraut zwischen bemoosten Steinen. Seht,

es ist dunkel geworden, die Dämmerstunde ist mittendrin schwarz, die lächelnde Großmutter rückt ihren Stuhl lächelnd in unsere Mitte. Alexander, sagt die lächelnde Großmutter und bewegt sich nicht in der schwarzen Dämmerstundenmitte, sagt:

Deine Mutter Alexander meine Tochter du verstehst doch deine Mutter griff damals nach der Milchkanne griff nach deiner Hand ging runter mit dir auf die Straße bis zum Milchladen hin griff an den Türgriff der unbeschädigten Milchladentür die stündlich zehnzwanzigdreißigmal aufgerissen wurde Frauen wollten Milch einkaufen und des Milchhändlers Gesicht erschien jedesmal wütend über den Knäckebrot-Kartons wo der Milchhändler oft genug seine Melodie gesungen hatte von Milch und Weißkäse von seiner Dezimalwaage die noch jedes Milchprodukt wägen konnte Weißkäse ja Butter ja Fahnengesänge nicht Befehle nein Kommandos nie jetzt da vernimmt er sie wieder diese Frauenstimmen er sagt ihnen Milch ist nicht da keine geliefert worden Sie können nach Hause gehn ich habe nichts Nach Hause was heißt das schreit eine Frau dein Haus steht ja und der Milchhändler zerdrückt etwas zwischen den Lippen Das Scheißvolk duzt mich was rufen sie da Wo ist die Milch für Annemarie und Hans für Alexander und Rös'chen Haut ab schreit der Milchhändler haut ab hautabhautabhautab ich hab nicht hab nicht ichnichtichnicht auf eure Häuser gezielt geschossen Milch ist alle jetzt schlagen die Milchkannen aneinander das geschieht absichtlich und aus Wut gegen den Milchhändler geschieht aber auch unabsichtlich denn der Fußboden des Milchladens der gekachelte Fußboden hat Flügel bekommen laut reckt sich laut aufwärts und in des Milchhändlers Augen ist nur Milchweißes zu sehen dann hört jeder die Detonation die Milchkannen klappern alle hinter den Ladentisch verstecken sich klappernd alle hinter der Milchladentheke die Deckel rollen auf dem gekachelten Fußboden weinerlich klappernd zwischen den aufgeschreckten Füßen hin und her Alexander verstehst du mich da hast du dich plötzlich gebückt weil der Milchhändler schrie Jetzt gehn die Zeitzünder los macht daß ihr wegkommt da hast du dich nach dem Milchkannendeckel gebückt hast ihn aufgehoben hast die Milchkanne aufgehoben nach der Hand deiner Mutter gegriffen du weißt nach der Hand meiner Tochter und beide seid ihr zusammen zurück auf die Straße gelaufen stimmt das ihr seid doch gerannt Alexander seid ihr gerannt Alexander weil es im Märchen mal heißt etwas Besseres als den Tod findest du überall das war auch sehr richtig da seid ihr gerannt Alexander stimmt das,

fragt die lächelnde Großmutter, rückt ihren Stuhl aus der Dämmerstunde heraus in die Mitte hinein, wo es jetzt dunkel geworden ist, schwarz, seht

dort die Stadt –?

(War das nun stiller, sonntäglicher Frieden? Geduld, das wird sich zeigen.) Es war, sagen wir zunächst, später Abend desselben Tags, an dem wir gemeinsam, mein Besen und ich, zum zweitenmal weggegangen waren von zu Hause, von der Arbeitsstelle, von meinen Kollegen, vom Polier.

Also, sprach der Besen, woher stammst du?

Von dort, sagte ich, wo Disteln und dornige Sträucher ihren Esel ernähren. Wo er sich an den Menschen gewöhnen soll. Wo ihn als Kind bei Gefahr die Mutter verteidigt. Von dort.

(Der Besen wars zufrieden. Wir gingen weiter.)

Viertes Kapitel
Ein Abenteuer in Raxingen

Wir gingen weiter, aber es dauerte nicht lange, da kam mir die Stadt reichlich bekannt vor. Jeder, der diesen Ort gesehen hat, weiß um seinen Reiz, um seinen genügsamen Charakter. Denn natürlich hatte auch *Raxingen* (der Ortsname wird uns seine Vettern nicht vorenthalten) jene Bauwerke und Straßenzüge anzubieten, jene Häuserfluchten und Kreuzungsplätze von so wundervoller Durchsichtigkeit und Klarheit, wie sie eben abwechslungsreicher, durchsichtiger und klarer nicht sein können.

Mühelos fliegt der Blick des Menschen durch jedes Haus hindurch, mühelos vorbei an jeder Straßenflucht hinüber ins Abwesende, in die durchsichtige Klarheit, um in der Ferne durchsichtig, klar und abwesend auf- und niederzuschweben und mühelos zu genießen, was hier für den Menschen hinterlassen wurde an betonierter Wohltat.

(Keine Frage, ein lebendiges Pferd, käme es auf seinen paar Beinen heil durch die Stadt, ließe sich kaum dazu bewegen, in diesen – wie es vermutlich sagen würde – traurigen Stall zurückzukehren. Mit andern Worten: viele Besucher zeitgenössischer Architekturklassen werden in behaglicher Eile auf einen würdigen Ehrgeiz vorbereitet, der sie später unempfindlich macht gegen den etwaigen Zweifel, ob z. B. der Entwurf einer Wohnsiedlung nicht bessere Verwendung fände beim Bau eines gewaltigen Denkmals zu Lob und Förderung der Gemütsleiden. Im nächsten Kapitel, anläßlich einer Beschreibung bei Mondlicht, komme ich auf diese Fragen zurück.)

Der kugelrunde Mond war übrigens Zeuge unserer Ankunft in Raxingen.

Ich war sehr müde, hatte noch nichts gegessen, nichts getrunken, hatte mich (bis auf den kurzen Zwischenfall hinterm Geräteschuppen, als Albrecht die Sicherheitslaternen überprüfen ging) keineswegs angemessen erleichtert, suchte also in meiner Not (wie schon abertausend Wanderer vor mir) sehnsüchtig nach einer Herberge, nach einer Menschenseele – oder wie man heutzutage sagt: nach einem preiswerten Hotel mit freundlichem Personal.

Die Menschenseele traf ich unverhofft in der Hauptstraße von Raxingen.

Sie stand vor einem Eckhaus, dessen Fensterfront zur Hauptstraße hin, dessen fensterlose Seite zur Nebenstraße hin eine Ecke bildeten. Sie, die Menschenseele (ich schätzte die Nachtstunde auf halb eins), gehörte einem Mann, der im Schein einer erhängten Lichtquelle (den Namen Laterne sollte man nicht mißbrauchen, ich verweise aufs nächste Kapitel!) hingebeugt war an einen (im Mauerwerk verankerten) Kasten, auf den er jetzt, da ich näherkam (er trug einen blauen Kittel, die Ärmel hochgekrempelt, er hatte mich noch nicht bemerkt), mehrmals mit beiden Fäusten einschlug und dabei ärgerlich (wie zwischen den Zähnen) verlauten ließ: Mistapparat! Scheiße! Hund, verfluchter! Arschautomat, du alter Saftsack! Ach, du gemeiner Riesenarsch!

(Der Besen unter meinem Arm zuckte. Ich hielt ihn fest. Auch er war hungrig und hätte sich am liebsten fegend über die Flüche des Mannes hergemacht.)

Während des Schimpfens und Einschlagens auf den Kasten drehte der Mann sich plötzlich um zu mir. Ich sah, es handelte sich um einen Menschen meines Jahrgangs, um einen, wie es heißt, runden Vierziger. Sein Gesicht war leicht vergrämt, hatte nervöse, unstete Züge, die aber nicht abstoßend wirkten. Er nickte verlegen, räusperte sich und gab (als hätte ich ihn nach allen Einzelheiten gefragt) folgende Erklärung ab:

Sollten Sie mich für einen Einbrecher halten, so darf ich Sie für einen Straßenfeger halten. Da Sie aber kein Straßenfeger sind, auch wenn Sie einen Besen unterm Arm tragen, so bin ich auch kein Einbrecher, selbst wenn ich gewalttätig auf diesen Mistapparat losgehe. Denn niemand, mein Herr, wird sich aus freien Stücken, geschweige aus Raublust an so einen Arschautomaten heranmachen, wenn es mit diesem verfluchten Hund, wie Sie ihn hier vor sich sehen, nicht eine besondere Bewandtnis hätte.

(Er unterließ die Schlagerei, holte aus seinem Kittel einen Schraubenzieher und setzte ihn seitwärts in Hebelwirkung an den Kastenrand an. Ein paarmal ruckte er vor und zurück, dann öffnete sich sperrig das rostige Außenblech des Automaten.)

Bitte, sagte er erleichtert, jetzt will er wieder! Und jedesmal muß ich ihm erst einen Arsch an den Kopf schmeißen, bevor er sich öffnen läßt. Als ob das nicht anders ginge! Was soll ein Mensch wie Sie von mir denken, weshalb ich hier mitten in der Nacht vor diesem Automaten stehe, an ihm herumarbeite und ihn außerdem wie einen Menschen beschimpfe. Das hört sich beinah so an, als hätte ich nur mit solchen Mistapparaten zu tun! Na, es dauert nicht lange, dann hab ich genug. Hab ich aber genug, was soll ich dann machen?

(Er kam einen Schritt auf mich zu, sah mir ins Gesicht.)

Tja, sagte er, was soll ich dann machen, wenn ich genug hab? Die Sache ist so einfach nicht, mein Herr! Vor drei Monaten besaß ich noch einen eigenen Kiosk, da mußte ich keine Scheißautomaten reparieren, wie sie jetzt überall herumhängen. Ich hab der Verkaufsgesellschaft, als sie die Kioske aufgekauft hat, schon damals gesagt: Ihr Affen, ihr könnt mit euren beschißnen Läden doch niemals die Kioske ersetzen! Verstehn Sie das? Die Kioske, die nämlich auch *dann* geöffnet haben, wenn die Läden der Verkaufsgesellschaft geschlossen sind. Die Kioske, zu denen die Kinder kommen und ihre Gummibärchen kaufen. Also auch an Sonntagen konnten die Kinder ihre Gummibärchen kaufen und waren nicht angewiesen auf diese elenden Geschäfte der Verkaufsgesellschaft, die sonntags natürlich nicht offen sind. Ich bin Vater einer dreijährigen Tochter, die, wie jedes andere Kind, natürlich auch sonntags mal ein Gummibärchen essen will – warum auch nicht! Und deshalb habe ich jetzt, nachdem ich meinen Kiosk an die dämliche Verkaufsgesellschaft verkauft habe, den Posten eines Automaten-Monteurs übernommen, der darauf zu achten hat, daß alle Raxinger Automaten in Ordnung sind. Dieser hier – übrigens auch einer mit Gummibärchen – macht mir andauernd Ärger, macht mir einen verfluchten Scheißärger und bringt mich so gewaltig hoch, daß ich am liebsten meine Sachen packen würde und abhauen möchte. Aber morgen, mein Herr, morgen beginnen hier in Raxingen die Wahlwochen, morgen ist Sonnabend und übermorgen Sonntag, da müssen die Drecksautomaten in Ordnung sein, ich meine, ich machs ja ganz gern, denn was sollen die Kinder darunter leiden, daß diese belämmerte Verkaufsgesellschaft ihnen neuerdings die Möglichkeit genommen hat, sonntags an den Kiosken Gummibärchen zu kaufen.

(Er schwieg. Für wenige Minuten vertiefte er sich schweigend in seine Arbeit. Er schloß den Apparat von außen zu, drückte oben und unten prüfend gegen das Außenblech. Dann nahm er ein Geldstück, ließ es durch den Schlitz in den Zahlkasten rollen, zog unten den Wählstab heraus – der Automat gab ein surrendes Geräusch von sich – und entnahm dem Kundenfach einen Beutel mit Gummibärchen.)

Nehmen Sie, sagte er, die Sorte ist gut. Sieht drollig aus, wie die Gummibärchen da in der Tüte liegen, nicht wahr?

Danke, sagte ich, nahm ein Gummibärchen und schob es wie einen Priem in den Mund. Es schmeckte so gut, daß ich den Mann fragen konnte: Gibt es hier in der Nähe ein Hotel?

Hotel, sagte er, Hotel...

Oder eine Pension? fragte ich zaghaft.

Guter Mann, sagte er, ich glaube, Sie waren lange nicht mehr in Raxingen.

Noch nie, sagte ich.

Noch nie? sagte er, das gibt es nicht. Das gibt es genauso nicht, wie Sie kein Straßenfeger sind und ich kein Einbrecher bin.

Ich bin Straßenbauarbeiter, sagte ich.

Er schwieg. Dann fragte er spöttisch: Und entlassen auch?

Ja, sagte ich.

Na, sagte er, dann will ich Ihnen mal was zeigen – hier in der Nacht. Und anschließend kommen Sie mit zu mir!

(Wir gingen durch das nächtliche Raxingen also einer Sehenswürdigkeit entgegen. Unterwegs sah mein Besen überall die Kraftausdrücke des Mannes herumliegen, der mich jetzt untergehakt hatte.)

Fünftes Kapitel
Beschreibung des Müllkastens
mit anschließender
Erquickung des Wanderers

Damit war das Abenteuer in Raxingen beendet, besser: *innerhalb* Raxingens war das Abenteuer beendet, denn was sich nun anschloß an unseren Spaziergang durch das nächtliche Raxingen, spielte sich *außerhalb* Raxingens ab, quasi im Raxinger Vorort, der nach Aussagen des Automaten-Monteurs (wir hatten uns vorgestellt, er hieß Robert Wolfgang) durchaus zum eigentlichen Raxingen zählte, an das sich schon bald (ob Vorort oder nicht, ob Stadterweiterung oder nicht), spätestens bei der großen Raxinger Ausfallstraße, die Stadt Waxingen anschloß, die ihrerseits gegenüber Raxingen ein Vorrecht als größere, gewichtigere Stadt geltend macht, ohne anzuerkennen, daß gleich in unmittelbarer Nähe von Waxingen (ob Vorort oder nicht, ob Stadterweiterung oder nicht), auf jeden Fall aber im Auslauf der großen Waxinger Ausfallstraße bereits die Stadt Daxingen beginnt, die auf ihren Stadtschildern, das ist allgemein bekannt, solche Städte wie Waxingen und Raxingen lediglich als eingemeindete Vororte von Daxingen bzw. als Daxinger Vorortgemeinden bezeichnet.

Eine bunte Welt, sagte Robert Wolfgang.

Er blieb stehen, sah mich zornig an. Dann kicherte er wie ein guter Kasperlekönig und sagte lachend: Mein Herr, in dieser bunten Welt beginnen ab morgen die Wahlwochen!

Wir bogen jetzt in eine schnurgerade Siedlungsstraße ein.

Und damit Sie wissen, sagte Robert Wolfgang, worauf es den Wahlrednern ankommt, zeige ich Ihnen hier einen Gegenstand, der in dieser Straße, in der ich übrigens wohne, in dieser kilometerlangen Straße seinesgleichen sucht. In der Tat, lieber Herr Kraschewski, dieser Gegenstand ist in dieser Straße zwar nur ein einziges Mal vorhanden, aber *daß* er vorhanden ist und daß er so vorbildlich vorhanden ist, nämlich als ein einsames Monument seiner selbst, das eben macht ihn so wertvoll und beachtenswert. So, ich überlasse Sie jetzt Ihrer Betrachtung, wir sehen uns später.

(Kaum hatte er sich verabschiedet, da fiel mir das Wort meines Lehrers ein, der als Dozent für Darstellende Geometrie an der Baugewerkschule einen Abendkurs leitete: Bitte betrachten Sie ein bestimmtes Bauwerk zuerst in der Nacht, möglichst bei Mondlicht, dann erst bei Tag und in greller Sonne. Alles, was Sie bei Nacht an dem Bauwerk bemängeln, wird sich bei Tag weitgehend verflüchtigen. Dagegen wird alles, was sich bei Tag, bei greller Sonne sogar, als fehlerhaft gibt, bei Mondlicht als ein unverzeihlicher Irrtum, ja als ein Verrat an der Baukunst erweisen.)

Mondlicht war da. Drei- bis vierstöckige Irrtümer waren vorhanden. Von links und rechts sausten diverse Linien der Darstellenden Geometrie nach links und rechts an mir vorbei in den Verrat hinein. Der Gegenstand, auf den mich Robert Wolfgang hingewiesen hatte, stand (?) auf dem kilometerlangen Trottoir bündig mit der Bordsteinkante in drei Schritt Abstand von der Häuserflucht zur Fahrbahn hin.

Wäre ich nicht näher auf ihn zugegangen, so hätte ich ihn aus einer Entfernung von zwei Schritt Abstand betrachtet, da ich aber ziemlich dicht (und zwar auf einen Schritt Abstand) an den Gegenstand heranging, sah ich ihn jetzt aus nächster Nähe wie folgt:

Gelb und hüfthoch. Vierwandig und jede Wand gleichbreit, gleichhoch. Jede Wand (beginnt man von links) im rechten Winkel nach links bis zur anderen (Blech)wand. Jede gleichbreite, gleichhohe (Blech)wand (wo sie im rechten Winkel auf die andere Wand trifft) genietet an einen rechtwinkligen Eisenstab. Vier Eisenstäbe eingerammt in die Fugen des Trottoirs. Die Eisenstäbe oben am Ende miteinander verbunden durch Bandeisen außen entlang an den Oberkanten der vier (Blech)wände. Trapezförmiger (blecherner) Aufsatz von jeder Wandseite aus, verjüngt sich von vier Seiten zur Mitte hin. Eindrückbare (Blech)klappen, trapezförmig, die auf Druck nachgeben, bei Loslassen ihre Ausgangsposition einnehmen (Federdruckwirkung). Beschriftung auf jeder (Blech)klappe: *Haltet die Straßen sauber! Verlaßt sie so, wie ihr sie vorzufinden wünscht!*

Die erste Aufforderung verstand ich, die zweite nicht.

Ich versuchte es mit einer stillen Litanei. (Müllkasten. Papierkorb. Monument. Einsamer Prediger in schnurgerader Siedlungsstraße. Ein einziges Mal nur vorhanden in kilometerlanger Straßenflucht. Bündig mit der Bordsteinkante. Leer. Nicht benutzt. Beschienen von Mondlicht. Beschienen von erhängter Lichtquelle, einst Laterne geheißen. Leer. Kein Stückchen Mist in dir drin. Sauber. Du rufst: Haltet die Straßen sauber! Besen, wo bist du! Verlaßt sie so, wie ihr sie vorzufinden wünscht! Schnurgerade Straße, wünschte ich dich so vorzufinden? Teil eines Vororts oder kilometerlanger Weg in die andere Ortschaft, wünschte ich dich so vorzufinden? Stadterweiterung oder eingemeindeter unverzeihlicher Irrtum, wünschte ich dich so vorzufinden? Besen, wo bist du! Sammle für den Müllkasten. Für den Papierkorb am Ende der Ausfallstraße. Monument. Leer. Nicht benutzt. Beschienen von Mondlicht.)

Während mein Besen vierundzwanzig verfluchte Hunde, drei Arschautomaten und neunzehn alte Saftsäcke aus Robert Wolfgangs nächtlicher Automaten-Prüfpraxis vom Trottoir aufhob und zärtlich in den blechernen Kasten fallen ließ (melodisches Fallgeräusch: Bamm-bimm-bomm! Bimm-bemm!), hörte ich eine Stimme hinter mir wiederholt meinen Namen rufen.

Ich drehte mich um, es war Robert Wolfgang, der vom Fenster eines (bei Nacht leicht zu bemängelnden) Bauwerks mich winkend einlud, sein Gast zu sein.

Wir aßen, wir tranken. Ich erleichterte mich. Wir aßen, wir soffen. Ich schlief. (Mein Besen in einer schönen Kammer.) Ich war erleichtert, hatte eine Menschenseele gefunden.

Sechstes Kapitel
Die Geschichte von der Bestechung
nachts einem Freunde erzählt

Der Straßenbauarbeiter ließ die Spitzhacke fallen. Er hatte beim Graben und Schaufeln eine Blindschleiche totgeschlagen. Er hörte den Polier rufen:

Was ist los mit Ihnen, Mann?

Ich habe eine Blindschleiche totgeschlagen, sagte der Straßenbauarbeiter, ich traf genau ihren Kopf. Die Blindschleichen haben hier im lockeren Steinboden ihren Unterschlupf. Ich werde vorsichtiger arbeiten.

Vorsichtiger, sagte der Polier.

Ja, sagte der Straßenbauarbeiter und hob die Spitzhacke auf.

Also langsamer, sagte der Polier.

Nein, sagte der Straßenbauarbeiter, ich werde das Tempo einhalten und trotzdem vorsichtiger arbeiten.

Am besten, sagte der Polier, Sie packen jetzt Ihre Sachen. Lohn und Papiere stellt Ihnen morgen die Bauleitung zu!

Der Straßenbauarbeiter verließ den Arbeitsplatz. Unten, am Ausgang der Straße, traf er seinen Ersatzmann. Er bot ihm Zigaretten an und versuchte es mit einer Bestechung, indem er auf ihn einredete:

Nimm die Schachtel Zigaretten. Die Blindschleichen – ich zeig dir nachher die Stelle! – haben da ihren Unterschlupf. Versprichst du mir, vorsichtig zu graben? Versprichst du mir das?

SIEBTES KAPITEL
Morgendliches Zwiegespräch
zu Waxingen
zwischen Wahlvertreter und Wanderer

Wo der Himmel weit, sehr weit über die Erde gespannt ist, wo aus Wiesenflächen und Äckern kräftige Bäume, Baumgruppen und Büsche in edler Unordnung aufwärts zum Lichte streben, wo Mühlen, ferne und nahe Gehöfte, schiefe Zäune, schlafende Pumpen, kühne an den Horizont gezeichnete Berge mit dunklen Wäldern zu einem gewaltigen (nur noch in einen ebenbürtigen Rahmen zu fassenden) Gemälde vereint sind, dorthin überall, überall dorthin führte meine Wanderung nicht. (Selbst der kleinste Fasan erhob sich polternd nicht und glucksend nicht und nie vor meinen Füßen, und auf die vielen Gesichter in der Natur mußte ich leider verzichten. Nicht wahr, früher hatte jeder Baum sein Gesicht!)

Aber auch heute morgen, heute früh im Frühlicht, hatte jeder Baum sein Gesicht.

An jeden Baumstamm gebunden stand ein hölzernes, zweibeiniges, rechteckiges (mehr hohes als breites) Gestell, jedes beklebt mit einem Wahlplakat, vier verschiedene Gesichter, unterschiedlich fotografiert, schauten abwechselnd hintereinander oder voreinander, an Baumstämme gebunden, die Straße herauf oder herab (ganz wie der Wanderer will), mal zwei dieselben Gesichter hintereinander, mal vier dieselben hintereinander, wieder mal drei dieselben Gesichter vor- und hintereinander geklebt auf zweibeinige, hölzerne Gestelle und gebunden, festgebunden an Baumstämme die ganze baumbestandene Straße von Raxingen nach Waxingen entlang.

Hier sah ich einen Waxinger arbeiten. Er trug eine Armbinde mit der Aufschrift *Wahlvertreter*. (Weiße Schrift auf schwarzem Grund.) Wir kamen ins Gespräch miteinander.

WAHLVERTRETER *(während er einem Plakatgestell mittels*

Säge die Holzbeine kürzt): Oh. Oh! *(sieht mich, hört auf zu sägen)* Sind Sie der Kolonnenführer?
Ich *(mit dem Besen unter dem Arm)*: Nein. Ihre Bügelsäge ist unmöglich. Die Zähne müssen geschränkt werden. Sagen Sie das mal Ihrem Kolonnenführer. Sie rackern sich ja ab mit diesem rostigen Ding!
Wahlvertreter *(lacht)*: Und Sie wolln mir vormachen, daß Sie nicht der Kolonnenführer sind! Guten Morgen, Kollege! *(hält mir die Säge hin)* Nimm mal die Säge und mach dem Gestell die Beine kürzer. Ungefähr zwanzig Zentimeter sind alle zu lang. Hab schon gestern gesägt. Bin aber Wahlvertreter und keiner von der Arbeitskolonne. Wo bleiben die bloß? *(hält mir die Säge hin)* Na, mach schon!
Ich *(ohne Säge)*: Und was machst du?
Wahlvertreter *(mit der Säge in der Hand)*: Ich spreche zu den Leuten, die hier vorbeikommen.
Ich: Was sind das für Leute?
Wahlvertreter: Welche, die was wissen wollen.
Ich: Und was wollen welche wissen?
Wahlvertreter *(hält mir unruhig die Säge hin)*: Du sollst jetzt mal'n bißchen Beine absägen und die andern Männer von der Arbeitskolonne richtig einteilen! Damit wir bis Feierabend fertig sind mit der Aufstellerei. Wo hast du eigentlich deine Leute, hm?
Ich *(ohne Säge)*: Willst du mir nicht sagen, was du zu den Leuten sagst, wenn die was wissen wollen? Oder verstehe ich falsch? Bist du nicht extra dafür da, wie du sagst, zu den Leuten zu sprechen, wenn die was wissen wollen? Was sagst du denn den Leuten, wenn die hier vorbeikommen und was fragen, hm?
Wahlvertreter *(mustert mich von unten bis oben, scheint erst jetzt den Besen zu entdecken, spricht scharf)*: Wer hat hier eigentlich was zu fragen? *(wirft die Säge hinter sich, sie prellt mit dem Sägeblatt an einen Baumstamm)* Jawohl, wer hat hier eigentlich was zu fragen! Bin ich der Wahlvertreter oder bin ich ein Mann von der Arbeitskolonne? Bin

ich zum Aufklären der Leute da oder bin ich zum Absägen der Holzbeine da? Ich möchte mal was fragen: Welcher Idiot hat eigentlich diesen idiotischen Auftrag erteilt, den Gestellen solche langen Beine zu machen? Das solltest du doch wissen! Seit gestern steh ich hier und säge immerzu zwanzig Zentimeter pro Bein ab, gestern waren noch zwei von der Arbeitskolonne da, heute früh bin ich allein! Nee, so geht das nicht, kümmre dich um deine Arbeit, hol gefälligst deine Leute und mach die Beine kürzer! *(Er korrigiert den Sitz seiner Armbinde)* So geht das ja nicht!

Ich: Ich weiß wirklich nicht, wo sich die Leute von der Arbeitskolonne aufhalten.

Wahlvertreter: Menschenskinder, das ist doch keine Organisation!

Ich: Warum müssen die Beine eigentlich kürzer gemacht werden?

Wahlvertreter *(verblüfft)*: Warum? Du sagst – warum?

Ich: Ja, ich verstehe das nicht...

Wahlvertreter: Du willst dich um das Absägen drücken mit dieser hinterlistigen Frage?

Ich: Den Bäumen ist doch egal, ob die Wahlplakate ein bißchen höher sind oder nicht. Und den abgebildeten Kandidaten sicher auch.

Wahlvertreter *(entgeistert)*: Ja, glaubst du denn, ich hätte seit gestern umsonst Beine abgesägt? Glaubst du denn sowas? Sag mal, glaubst du das wirklich?

Ich: Kann doch passieren.

Wahlvertreter *(als wollte er mich verhauen)*: Oh, du Idiot, du Idiot von einem Kolonnenführer! – damit dus weißt: die Polizei hat das angeordnet! Die Polizei hat die Beine der Wahlplakate nachgemessen, hat angeordnet, daß die Beine ab sofort um zwanzig Zentimeter gekürzt werden müssen!

Ich *(stelle den Besen an den nächsten Baum, bücke mich nach der Säge, richte mich auf)*: Hat die Polizei auch gesagt, weshalb die Beine gekürzt werden sollen?

WAHLVERTRETER: Die Polizei hats dem Senat übermittelt. Der Senat hats an uns übermittelt, an die Wahlvertreter. Laß mich in Ruhe mit deiner Fragerei, ich hab genug Wut! – Was soll aus diesen schönen abgesägten Holzbeinen werden? *(spuckt aus, trocknet sich den Mund)* Vorhin rufe ich beim Senat an, frage dort den Wirtschaftsbeamten, ob ich mirn paar abgesägte Holzbeine mit nach Hause nehmen kann. Was wollen Sie denn damit? fragt mich der Wirtschaftsbeamte, ich sage ihm: Ofenanmachen! Ah, sagt der Wirtschaftsbeamte, Sie wohnen im Altbau! Jaja, sage ich, darf ich mir also ein paar abgesägte Holzbeine, eigenhändig abgesägte Holzbeine mit nach Hause nehmen zum Ofenanmachen? Moment, sagt der Wirtschaftsbeamte, läßt mich in der Zelle stehen und sagt nach einer ganzen Weile: Nein, das dürfen Sie nicht, das muß erst entschieden werden, was mit den abgesägten Holzbeinen geschieht und wohin sie gebracht werden, denn aufgrund einer Anordnung der Polizei wurden ja die Holzbeine gekürzt, wie ich hörte, und als die Gestelle für die Wahlplakate hergestellt wurden, lag die polizeiliche Anordnung noch nicht vor, deshalb muß erst entschieden werden, wohin die abgesägten Holzbeine gebracht werden, das Holz ist Senatseigentum, die Gestelle sind eine Stiftung des Senats, am besten, Sie bündeln die abgesägten Holzbeine immer zu zehn Stück in ein Bündel und legen die Bündel abholbereit neben die Straße Richtung Waxingen! – Das hat der Wirtschaftsbeamte gesagt. Und du willst, wie ich sehe, weiter Holzbeine absägen?

ICH: Ih-ah.

WAHLVERTRETER: Was soll das? Du bist doch kein Esel! *(schnauft)* Warum rufe ich auch an beim Senat! Was frage ich auch diesen Wirtschaftsbeamten um Erlaubnis, statt einfach ein paar abgesägte Holzbeine in den Rucksack zu stecken und mit nach Hause zu nehmen! *(betrübt)* Jeder Bauarbeiter darf das Abfallholz mit nach Hause nehmen! Schließlich hab ich seit gestern die Arbeit eines Arbeiters gemacht, jetzt soll ich die abgesägten Holzbeine auch noch abzählen und immer zu zehn Stück bündeln...

Ich: Sei nicht so traurig, ich helf dir ja.

Wahlvertreter *(reißt mir die Säge aus der Hand)*: Kommt überhaupt nicht in Frage! Du bist hier der Kolonnenführer und bist nicht zum Absägen der Holzbeine hergekommen! Du hast das nicht nötig! Ich habs auch nicht nötig, die Holzbeine abzuzählen und zu bündeln. Ich bin Wahlvertreter, zum Donnerwetter! Die ganze Wahlvorbereitung kann mir den Puckel runterrutschen! *(fährt sich über die Stirn, schreit mich an)* Leg die Säge weg!

Ich *(lege die Säge flach aufs Trottoir, nehme den Besen wieder unter den Arm)*.

Wahlvertreter: Wenn ich sowas schon höre: Bündeln Sie mal die Holzbeine! Weißt du, was das heißt? Das heißt: Geh mal in ein Papiergeschäft, kauf mal im Papiergeschäft mindestens fünfzig Knäul Schnur, leg das Geld für die fünfzig Knäul Schnur ruhig mal aus, schreib einen Antrag an die Wirtschaftsabteilung und weise ganz genau nach, daß du alle fünfzig Knäul Schnur richtig verwendet hast und nicht etwa ein oder zwei Knäul oder ein paar Meter restlicher Schnur mit nach Hause genommen hast! – Was willst du eigentlich mit dem Besen?

Ich: Ich hab ihn bei mir.

Wahlvertreter: Sollst du hier die Sägespäne auffegen? *(tippt mit dem Zeigefinger an die Stirn)* Würde ich nicht machen! Du bist der Kolonnenführer und kein Straßenfeger! Ich bin Wahlvertreter und kein Abzähler und Bündler von abgesägten Holzbeinen. Aber ich bin ja nur aus Dußligkeit Wahlvertreter, weil meine Frau eine alte Hexe ist.

Ich: Eine richtige Waxinger Hexe?

Wahlvertreter *(belustigt)*: Ganz Waxingen ist voller Hexen! Früher haben sie wenigstens noch richtige Hexenarbeit geleistet. Früher stellten sie die Häuser nachts auf den Kopf und ließen sie mit dem Dachfirst nach unten als Schiffe übers Land fahren! Jetzt sind sie sogar zum Hexen zu faul...!

Ich: Deine Frau hat einen Wahlvertreter aus dir gemacht?

Wahlvertreter *(plötzlich müde, spricht leise)*: Hör mal gut zu! Ich hab mich zur Verfügung gestellt, weil ich *(er artikuliert jedes Wort)* so oft wie möglich außer Haus sein möchte wegen dieser Gattin, die mit dem Staubsauger die verbliebene Kraft aus meinen Knochen saugt und sicher bei der bevorstehenden Wahl den saubersten Kandidaten wählen wird! *(Er streift die Armbinde von seinem Jackenärmel ab)* So, jetzt nehm ich mirn paar Holzbeine mit nach Hause und mach zu Hause ein schönes Feuerchen an!

Ich: Weißt du, ich begleite dich.

Wahlvertreter: Hab keine Angst, ich will nur die Armbinde verbrennen. *(Er lacht, bückt sich, nimmt eins, zwei, drei, vier abgesägte Holzbeine – jetzt zwei auf einmal – sieben, acht, neun unter den Arm, grüßt mich, geht bis zur nächsten Ecke, biegt in eine linke Querstraße ein, ich seh ihn nicht mehr.)*

Die ganze baumbestandene Straße von Raxingen nach Waxingen entlang auf zweibeinige, gekürzte Holzgestelle geklebt und festgebunden hintereinander, mal drei dieselben Gesichter hintereinander, mal zwei hintereinander an Baumstämme gebunden und unterschiedlich fotografiert, sah ich die Gesichter der Kandidaten die Straße herauf und herab mit weit geöffneten Augen mir entgegen- und hinterherschauen den ganzen Tag über bis zum Abend, den ich (gemeinsam mit meinem Besen) noch zubringen sollte in dieser Stadt.

Achtes Kapitel
Glückliches Waxingen

Bei Anbruch der Dämmerung trafen wir auf das glückliche Waxingen. Auf den Platz, den ich das glückliche Waxingen nannte.

Denn natürlich hatte auch Waxingen überall dort, wo mein Besen und ich seit Stunden herumspaziert waren, jene Bauwerke und Straßenzüge anzubieten, jene Häuserfluchten und Kreuzungsplätze von so wundervoller Durchsichtigkeit und Klarheit, wie sie eben durchsichtiger in Raxingen und klarer in Waxingen nicht sein konnten: abwesend fliegt auch hier der Blick des Menschen mühelos durch jedes Haus, durch jedes Stockwerk mühelos hindurch, abwesend auf- und niederschwebend vor der einstigen Sehenswürdigkeit neuer Stadtausfälle, Ausfallstraßen, Vorortfälle, Ausfallstraßen, Stadtausfälle, Ausfallstraßen, man weiß ja: bei Mondlicht kaum zu betrachten, ein lebendiges Pferd wieherte scheu.

Doch auf das glückliche Waxingen (in Gestalt zweier Stühle, beide auffallend klein, der grüne kleiner als der weiße) trafen wir bei Anbruch der Dämmerung.

Dieser Platz, den ich das glückliche Waxingen nannte, war kein verkehrsreicher Platz oder Knotenpunkt, kein Rondell für bewegte Stunden, kein Park mit Obelisk und lautloser Fasanerie, kein Sammel- oder Abmarschplatz, kein Laubengang um einen See, kein Tennis- oder Fußballplatz, weder Stadion noch Tribüne, kein Platz für Platzanweiser, kein Schießplatz, kurz: erst recht kein Platz für Platzmusik.

Statt dessen, zwanzig Schritte im Quadrat, ein Stückchen Gegend von inniger Einsamkeit. Das Quadrat aus umgebuddelter Erde, das Erdreich ein verbliebener Rest vor der fensterlosen Fassade eines spitzgieblign Wohnblocks. Ein Platz in Waxingen. In derselben Straße, in der heute vormittag der Wahlvertreter verschwunden war.

Ja, sagte mein Besen, eine Insel.

Angelehnt an den unteren, teerbestrichenen Putzstreifen der Fassade, standen zurückgelassen zwei Kinderstühle. Einer grün, die Farbe stellenweise abgeblättert, verblichen, die Lehne bauchig aus doppelten Querleisten, der Sitz ein Sperrholzbrett, angenagelt auf diesen weitgereisten Stuhl: Lokomotive, Schiff, Kamel, Flugzeug, Dampfer, der andere eher ein Thron, hoch, unbeweglich, schmal, ganz weiß, zerkratzt, die Lehne gebogen aus einem einzigen Stück Rohr, der Sitz geflochten es war einmal, die Verspannung aus der Mitte aufgerissen, einer hat sich, immerzu, draufgestellt, getrampelt, getreten, so ein Ding aus der Welt hält lange was aus, wie lange denn schon, jetzt in der Dämmerung haben beide mal Zeit, wollen überlegen in Ruhe, angelehnt ans Haus, die umgebuddelte Erde vor ihren Füßen zeigt ja wohl deutlich, daß Pause ist.

Sagen Sie mal, schrie hinter mir eine Stimme, ich habe Sie beobachtet! Wollen Sie hier etwa Ihr Geschäft verrichten? Das ist ja eine bodenlose Unverschämtheit!

Nein, sagte ich schnell, es ist keine bodenlose Unverschämtheit, denn ich verrichte gar keine Geschäfte. Ich befinde mich auf Reisen in Begleitung meines Besens.

Sagte es, drehte mich um und blickte einem gealterten Mann ins Gesicht, der ein Fahrrad an der Lenkstange festhielt, eine Schirmmütze trug (das Mützenschild lackiert, über dem Mützenschild ein hellblechernes W, was auf Waxingen hindeuten konnte), ein Mann in der schwarzen Uniform der Wachgesellschaft, viele Schlüssel am Schlüsselbund, eine Verteiler-Uhr am ledernen Schulterband, jeder Uniformierte der Wachgesellschaft sieht aus, als müßte er die Rolle eines Uniformierten der Wachgesellschaft spielen, und dieser nun, der mich sofort mißverstand und gemütlich zu toben begann, machte sogar, während er kopfschüttelnd an mir herabsah, den Eindruck eines Darstellers, der sich von Herzen freut, wie gut ihm der Zorn gelingt und daß sein Dank an den Vermittler nicht ausbleiben kann.

Zunächst aber schimpfte er: Unterlassen Sie diese schmutzige Bemerkung vonwegen Besen! Das ist keine ordentliche Bezeichnung für diesen Körperteil, mit dem Sie sich hier ausmachen wollten. Nur Schlendriane, Taschendiebe und Louis benutzen solche Ausdrücke!

Erklär es ihm doch, flüsterte mein Besen.
Ich posierte nun in der Haltung eines Straßenfegers, gestützt auf den Besenstiel und sagte zu dem Uniformierten:
Was macht die Arbeit, Kamerad?
Er bekam große Augen, sein Mund wollte schon loslegen mit Gepolter...
Pff-f! machte er ganz verdattert, tippte an den Mützenrand, klingelte aus Verlegenheit ein paarmal mit der Fahrradklingel, dann beugte er sich ein wenig über die Lenkstange, lachte erst kichernd und grell mit Hihi!, straffte den Oberkörper, legte den Kopf zurück und brüllte ein schallendes Gelächter aus seinem gealterten, schwarz uniformierten, mit Schlüsseln behangenen Körper unfaßbar laut über den kleinen Platz, den ich das glückliche Waxingen nannte. Er beruhigte sich nur widerstrebend, zeigte des öfteren stumm lachend auf meinen Besen, tippte wieder an den Mützenrand, schüttelte den Kopf, und jedesmal, das war fröhlich anzuhören, schepperten die vielen Schlüssel an seinem Schlüsselbund.
Es kam zu einer Zeremonie gegenseitigen Bekanntmachens.
Er nahm die Mütze ab, graues, quergekämmtes, strähniges Haar, er gab mir die linke Hand, mit der rechten hielt er das Fahrrad, er nickte, kam mir maskiert und verkleidet vor, ich wußte nicht, hatte ich ihn irgendwann schon getroffen, er lächelte belustigt über unsere gegenseitigen Aufmerksamkeiten, fand meinen Namen eindrucksvoll, aha, östliche Herkunft, lachte, sprach meinen Namen mit slawischem Akzent, meinte zwischendurch, einige Kraschewskis kennengelernt zu haben, meckerte wie ein Zicklein oder ahmte bewußt das Gemecker eines Zickleins nach, nannte seinen Namen, Richard Rinkefeil, Schulmeister bis vor drei Jahren, Wachmann bei der Wachgesellschaft mehr aus alter Gewohnheit, Unterricht zu erteilen an ungewohnter Stelle, nein, eigentlich seiner Sammlung wegen, sein abendlicher Kontrollgang ginge über drei

Stunden nicht hinaus, er sammle etwas, womit und wodurch die Rinkefeil'sche Sammlung eines Tages allerlei Aufsehen erregen werde, bitte, keine Einzelheiten, und ich, ich also entlassener Straßenbauarbeiter, Raxingen und Waxingen kennengelernt, das Mondgelände, die große Planung, die angebundenen Großfotos der Kandidaten, ich also weg von zu Hause, von der Kolonne, von meinen Kollegen im Dampf, wie hatte ich gesagt: im Dampf, der sie einhüllte jeden Tag, fern zum Feierabend hin, ich, haha, ich hätte ihm da vorhin einen Schreck eingejagt, hätte da so eigenartig dagestanden an diesem versteckten Platz, einem der letzten hier in Waxingen, will man nicht glauben.

So ist das, sagte er, und Sie wollten gar nicht pinkeln!

Aber hören Sie, rief ich, was ist das für ein Wort!

Ein lustiges, sagte er, man sieht, worums geht.

Eins aus der Rinkefeil'schen Sammlung?

Möglich, sagte er, möglich, daß das Wort Pinkeln eines Tages Aufsehen erregen wird! Da müssen wir geduldig sein. Ich mochte es schon früher! Und wie gern hätte ich meinen Schülern morgens zugerufen: So, nun sollt ihr vor Glück über diesen schönen Sommertag alle ganz dankbar sein und von den allerhöchsten Erhebungen unseres Vaterlandes in die liebe freie Welt pinkeln!

Er nahm mich beim Ellbogen, stellte sein Fahrrad an die fensterlose Fassade des spitzgieblichen Wohnblocks und setzte sich, sehr in Gedanken, auf den grünen Kinderstuhl. Er lud mich ein, auf dem schmalen, weißen, zerkratzten Thron nebenan Platz zu nehmen. Ich setzte mich, hörte ihm zu. Herr Kraschewski, sagte er und lachte ärgerlich, diese Wahlwochen hier in Raxingen, Waxingen und Daxingen erinnern mich an eine alte Geschichte. Beinah hätte ich einen Platz im Erziehungsministerium bekommen. Ich hätte nur an richtiger Stelle und vor einflußreichen Leuten meine alte Wunschvorstellung preisgeben müssen. Die Vorstellung nämlich: ich sehe ein paar Jungs über den Schulhof hinaus auf die Straße rennen, ihre Schulmappen wegwerfen, sich an den Straßenrand stellen, sich zurückbeugen und lachend um die Wette pinkeln. Und während sie am Straßenrand stehen und lachen und pinkeln, wird ihnen zugerufen: Das ist ja eine bodenlose Unverschämtheit, hier euer Geschäft zu verrichten! Aber die Jungs bleiben stehen, hören nicht auf, lachen, werden allmählich älter, lachen und pinkeln vom Bordstein um die Wette, und plötzlich wird ihnen zugerufen: Sauerei, verfluchte! Abmarschmarsch! Aber die Jungs bleiben stehen, hören nicht auf, lachen, werden allmählich älter und älter und pinkeln vom Bordstein um die Wette und sagen zum Schluß: Euch haben wir eine lange Nase gedreht! Wir sind die einzigen Meister, die vom Himmel gefallen sind. Denn *wir*, liebe Herrschaften, *wir* haben unser Geschäft verrichtet! Fein, sagte ich, Sie sind der Schulrat! Jetzt aber muß ich wirklich mal...

Bitte nicht hier, sagte er kichernd, hier ist ein Kinderspielplatz, gehen Sie rum ums Haus und noch mal ums Haus, irgendwo steht ein Baum.

Mit einem Plakat oder Kandidatenfoto? fragte ich.

Wählen Sie selbst, sagte er.

Als ich zurückkam, war ich allein mit meinem Besen. Die Geschichte hätte sich wiederholen können.

Sagen Sie mal, schrie hinter mir eine Stimme, ich glaube, wir kennen uns doch!

Nein, sagte ich schnell, ich befinde mich auf Reisen in Begleitung meines Besens.

Sagte es, drehte mich um und blickte dem Wahlvertreter ins Gesicht. Er trug ein großes Bündel abgesägter Holzbeine auf der Schulter. Er grinste, war glücklich, mich wiederzusehen, zum Mitwisser zu haben. Ein Mann im Mond.

Geklaut? fragte ich.

Alles! sagte er.

Dann winkte er: Sie kommen jetzt mit und hören sich meine Wahlrede an! Niemand stört uns.

Neuntes Kapitel
Wahlrede des Wahlvertreters
probehalber gesprochen
in einen geöffneten Kleiderschrank

Gut, ein Diener der Öffentlichkeit. Das sage ich gern. Und was sage ich außerdem gern? Sage ich etwa: Gut, meinetwegen? Nein, das soll man nicht sagen. Deshalb sage ich gern: Also gut, ein Diener der Öffentlichkeit.

Sich aber deswegen ranschmeißen an die Öffentlichkeit, das kann meine Sache nicht sein. Und liebäugeln mit ihr, das überlasse ich solchen Rednern, die mit Wurfsendungen arbeiten, ein Viertelpfund Bohnenkaffee an jeden Kaffeetrinker pro Nase verteilen, an jeden Nicht-Kaffeetrinker ein Eßbesteck: Löffel, Gabel, Messer, Zuckerzange.

Zur Person: weder bin ich geboren im Gebiet der Masurischen Seen oder dort aufgewachsen an der Brust meiner Amme, noch habe ich nach dem letzten Krieg hier in Waxingen eine neue Heimat gefunden oder in Waxingen mein Schicksal gemeistert.

Glauben Sie mir, ich bin eine Waxinger Garantie für sachkundige Darlegung meiner Vergangenheit, das heißt: ich war anerkannt wehrunwürdig über etliche Jahre, habe später den Krieg mitgemacht von Anfang an bis zum Ende, und zwar – da werden Sie staunen! – vorwiegend in meiner Heimatstadt Waxingen als ein Entschärfer und Wegräumer von runtergeworfenen Fliegerbomben, von nicht explodierten, naja, man wird sagen: ausländischen Erzeugnissen.

Das war nicht einfach. War aber damals einfacher im selben Maße, wie es mir heutzutage schwerer fiele als damals. Ich hatte damals noch keinen Bauch, konnte mich ziemlich rasch bücken und nach dem Rechten sehen. Meine Hände, die heute manchmal flattern – ich rauche zuviel, manche Leute nennen es: unmäßig! –, waren damals zwei fest zupackende Werkzeuge. Ha, da fällt mir ein, ich vermochte sogar wenn auch nicht stets, so doch hin und wieder, mit dem Zeigefinger und dem Daumen meiner rechten Hand – dieser Hand hier! – einen fest angezogenen, sechseckigen Zündflansch ohne jedes Werkzeug abzuschrauben, abzulösen, abzuheben von der Rundung, hinter der sich das eigentlich Gefahrvolle befindet.

Ich mache hier mal einen Sprung, ein andermal, kann sein in der Volkshochschule, erkläre ich gern die Arbeit eines autodidaktischen Feuerwerkers – ja, ich galt damals schon als unbedingt zielbewußt, unbedingt kräftig, und natürlich auch unbedingt als ein Mensch, der seine Erfahrungen in den Dienst am Menschen stellt. Im Dienst an den Menschen stellt.

Diese Redewendung bringt mich durcheinander, ich sage es einmal ganz offen. Auch meine Zuhörer sollen es hören. Das hört sich jedesmal nach Wegstellen an, in die Ecke stellen. Aber ich will nicht nörgeln. Ich weiß auch nicht, wer mir diesen Satz zum erstenmal vorgelesen hat, aber, na gut, sage ich mir: ich muß mich vielen Menschen verständlich machen, und ich will es ja auch, das soll niemand anzweifeln, deshalb verstehen Sie mich, wenn ich sage: Meine Erfahrungen stellte ich schon damals in den Dienst am Menschen, und heute, nach so vielen Jahren gemeinsamer Erfahrung, leuchtet es mir auch ein... aber heutzutage...

Ach, vergessen wir einmal diese Redewendung, kommen wir endlich los von ihr! Ich erzähle ein wenig aus meinem Leben, von meinen Angewohnheiten, damit Sie mich besser kennenlernen.

Vielleicht betrachten wir erst mal meinen Kopf! Er ist verhältnismäßig rund, eine mehr oder weniger ins Längliche spielende Kugel, die unten spitz ausläuft. An dieser Stelle könnte ein kleines Bärtchen wachsen, wenn meine Frau es zulassen wollte. So aber muß ich mich auch an dieser Stelle, wie jeder andere Mensch, rasieren, um in der näheren und weiteren Nachbarschaft nicht Zigeuner genannt zu werden.

Zigeuner sind meine Lieblingsverwandten.

Das ist ein neues, von mir geprägtes Wort und ist nicht unbedingt so auszudeuten, als ginge es mir dabei besonders um die Zigeuner, die ich, um das Wort in Umlauf zu bringen, meine Lieblingsverwandten nenne.

Wir waren beim Kopf!

Wir können den Kopf, auch meinen, mit einem Globus vergleichen. Die Linie, welche zwischen den Augen – ich zeige es mal! – durch die Mitte der Lippen und des Kinnes gezogen werden kann, ist sozusagen der Meridian auf diesem in die Länge gezogenen Globus des Kopfes.

Dagegen sind die Linien, welche durch die Augen und durch den Mund gezogen werden können, von anderer Bedeutung: sie sind quasi die Breitenkreise auf dem Globus des Kopfes.

Wird der Kopf zurückgelehnt – so etwa! –, so werden die Unterseite des Kinnes und der Unterlippe, der untere Rand der Oberlippe, die Nasenlöcher und die obere Wölbung der Augenhöhle sichtbar. Ist der Kopf nach vorn gebogen – wie jetzt! –, so ragt die Nase über den Mund hervor. Diese Kopfbetrachtungen habe ich absichtlich ermöglicht.

Sie alle sollen ja wissen, wie der Mensch aussieht, der Ihnen etwas erzählen möchte. Außerdem wählte ich den Vergleich, nämlich den Kopf mit einem Globus zu vergleichen, nicht ohne Hintersinn.

Hat doch jeder Menschenkopf viele Ländereien, viele Ortschaften, viele Kammern, viele Säle seiner ganz speziellen Ansichten und Auffassungen in sich und an sich – wie *ich* zum Beispiel sie hatte, als ich seinerzeit meine Aufforderung zur Musterung erhielt, d.h. zu jener Voruntersuchung, bei der festgestellt wird, ob man später gesund genug ist, sich totschlagen, totschießen zu lassen.

Mein Kopf, ein jugendlicher Kopf damals – das Haar hatte lichteren Glanz, war biegsam, gefiel mir selber –, hatte einen Sinnspruch aufgefangen, der sich trällern und nach Bedarf auch als Trostpflaster anwenden ließ, ein einfaches Stück ganz gewiß und heute nicht mehr verständlich: VotzeNilleEierkuchenjedermußseinGlückversuchen! löste damals bei meinen Musterungsärzten, als ich das Liedchen – man kann es auch singen! – vor mich hinsprach, ungemein laute Salven schärfster Ablehnung aus, krasse Drohung wechselte über in hämisches Schweigen, die Herren rückten aneinander, so viele Köpfe und Gesichter auf einen jugendlichen Kopf gerichtet: Was hat dieser Menschensohn da für ein unsagbar verletzendes Gedicht gesprochen! Und in solchem Unflat befindet sich sogar das Wort Glück?! Liebe Zuhörer, ich hatte, das ist einfach, meine Musterungsärzte so sehr verletzt, daß ihnen nichts anderes übrigblieb, als mich zu bewahren vor künftigen, eigenen Verletzungen an Leib und an Seele: sie erklärten mich für wehrunwürdig.

Wie gesagt, das blieb ich, und seit dieser Zeit bin ich ein Verehrer wirksamer Poesie, aber man soll nicht gleich nach direkter Wirkung fragen, das zeigt ja mein Beispiel.

Eins konnte ich – um noch mal das erwähnte Erlebnis zu streifen –, eins konnte ich schon als ganz junger Mensch feststellen: Dieser Augenblick, da halbinteressierte Augenpaare deinen nackten Körper abwandern, Pulsfühler, Stethoskope, Gelenkhämmer auf rasche Kommandos reagieren und antworten, ein gellender Witz deinen guten Kameraden, mit dem du hierherkamst und der bisher an deiner Seite ging, fortreißt – dieser Augenblick – ich will ja nichts miesmachen! – kommt doch schon in *Onkel Toms Hütte* vor, in dem Buch, das vielleicht der eine oder andere gelesen hat, wo die schwarzen Menschen, die Neger, auf dem Markt stehen und begrabscht werden, befühlt und betastet werden und Kniebeugen machen und rund um den Sklavenplatz rennen müssen, um anschließend, würdig oder unwürdig, Abschied zu nehmen von ihren Kameraden, oder – bis zur nächsten Musterung – weiter auszuharren bei ihnen.

Ein weitverbreitetes Buch. Vor Jahrzehnten erschienen. Lesen Sie mal drin!

Na, ich verlaufe mich manchmal! Doch Umwege sind Begleiter des Fortschritts. Um den gehts natürlich! Ein großes Thema! Man kann sich da streiten!

Die einen sagen: Wir brauchen eine Zeit, da hat jedermann die Pflicht und das Recht, ausgiebig zu arbeiten!

Die andern sagen: Wir brauchen eine Zeit, da hat jedermann die Pflicht und das Recht, ausgiebig zu faulenzen.

Andere wieder sagen: Wir brauchen eine Zeit, da hat jedermann das Recht, ausgiebig zu arbeiten und ausgiebig zu faulenzen.

Ein schweres Los, sich hier durchzufinden!

Denke ich an mich, so hatte ich in meinem Leben manchmal die Pflicht, ausgiebig zu faulenzen, doch in dem Wort *ausgiebig* ist irgendwo der Fleiß versteckt.

Mein Kopf ist von seinem Recht überzeugt wie von seiner Pflicht, Ihnen noch ein paar nähere Angaben zu machen. Denn meine Redezeit ist begrenzt, das soll sie auch sein, der andere Wahlredner hat ja auch das Recht, sich über kommende Zeiten zu äußern, mal sehn, was *der* sagt!

Blumen, liebe Zuhörer, sind mir nicht zuwider. Stiefmütterchen, so komisch es klingt, ersetzen mir einen Varieté-Besuch. Diese feixenden Gesichter etlicher Stiefmütterchenblüten, wenn der Wind sie hin und her bewegt, lachen ihrerseits über mich, der sie betrachtet.

So kommt es, daß ich an manchen Tagen, wenn Wind geht, das Fenster öffne und – für viele Nachbarn, ja sogar für meine Frau unverständlich – in herzliches Lachen ausbreche, weil diese merkwürdigen Blumen jedesmal mit großer Aufmerksamkeit zu mir hinblicken, als sollte ich ihnen einen Kopfstand auf drei Stühlen vormachen. Abgesehen davon, daß ich nicht mehr so gelenkig bin, habe ich auch die Pflicht, mit beiden Beinen auf dem Boden der Tatsachen zu stehen. Wer mit einem Bein auf dem Boden der Tatsachen steht, ist ein Storch.

Störche sind deshalb nicht minder gern gesehn. Unsere Frauen verlangen Gott sei Dank nicht mehr nach Wagenrädern, die von starken Armen aufs Dach getragen und dort festgebunden werden! Frauen sind einsichtiger geworden, die berufstätige Frau steht ebenfalls mit beiden Beinen in Tatsachen. Wir Männer haben da das Recht, ihnen, einmal im Monat wenigstens, ihre oft schwere und neuerdings unpopuläre Arbeit des Suppekochens abzunehmen.

Viele Pflichten liegen da vor uns noch!

Doch gestützt auf eine breite Mehrheit, wird die Verbrüderung (wie sie der Dichter H. von Fallersleben von den Schäfchen zu sagen weiß) in unserem Haushaltsland nicht ausbleiben. Fallersleben, indem er die Wolken mit Schäfchen vergleicht, sagt etwas sehr Stabiles, sehr Gesichertes für jeden Dienst in der Öffentlichkeit: Sie (die Schäfchen) tun sich nichts zuleide, / hat eins das andre gern, / und Schwestern sind und Brüder / da droben Stern an Stern.

Nun wollen wir nicht in Wolkenkuckucksheime hineinträumen, sondern das Lied hübsch auf die Erde runterholen, wo wir ja leben müssen!

Im großen und ganzen dürfen Sie, liebe Zuhörer, mir tatsächlich glauben, daß ich nichts Unangenehmes für Sie im Schilde führe.

Ein Mensch, der Blumen liebt, ist nicht der schlechteste. Bitte nehmen Sie das nicht als Eigenlob.

Einen Hund habe ich nicht.

Doch ich habe ein Schriftstück unterzeichnet, in dem versichert wird, daß der Besteller eines optimalen Vergrößerungsglases seine Umgebung drei Tage lang kostenlos betrachten darf.

ZEHNTES KAPITEL
Ein Brief
des ehemaligen Schulmeisters und jetzigen
Wachmannes R. Rinkefeil

Lieber Herr Kraschewski, diesen Überfall, ich hoffe sehr, werden Sie einem alten Sammler nicht verübeln. Ich hoffe es für Sie und für mich, hoffe es auch für den Platz, den Sie, meines Wissens, das glückliche Waxingen nennen.

In meiner seltsamen Eigenschaft, abends als Wachmann die Waxinger Ordnung aufrecht zu erhalten, was selbstverständlich zum Schnüffeln erzieht, wurde mir gestern abend rechtzeitig zuteil, daß Sie im Verlauf der kommenden Nacht in der Wohnung unseres verehrten Bezirks-Wahlvertreters nächtigen werden. (Ich darf vermuten, die Angelegenheit hat sich gelohnt, denn selten lernt man einen Menschen kennen, der seine Erfahrungen in den Dienst am Menschen stellt.)

Bevor ich zur Sache komme, nur dies: der Bote, der vorhin diesen Brief überbrachte, war natürlich der Schreiber dieses Briefes in eigener Person, nur ein wenig verändert im Aussehen, auch von der Stimme her. Sie sehen, ich radle zwar pflichtgemäß mit meinen musizierenden Schlüsseln jeden Abend drei gute Stunden durch das todmüde Waxingen, bin aber, wie ich schon andeuten konnte, gern auf der Suche nach bestimmten Objekten, Vorgängen, Augenblicken, ganz wie man will, ganz im Sinne meiner Sammlung. Mithin: Veränderungen der eigenen Gestalt, des eignen Gebarens interessieren mich sehr.

Ich weiß, lieber Herr Kraschewski, noch heute werden Sie Ihre Wanderung (Sie sagten: Reise) fortsetzen in Richtung Daxingen. Das ist um so lobenswerter, als Sie dort den Ausgang dieser Wahlwochen erleben. (Hier ein Hinweis: ein Mensch namens Rautenbach, Inhaber eines Konzertrestaurants zu Daxingen, macht neuerdings von sich reden. Dieser Rautenbach wird in Kürze zu hören sein bei Wahlveranstaltungen in Daxingen, Waxingen, Raxingen. Damit aber ge-

nug! Ich möchte Sie nicht beeinflussen, Sie sind nicht allein, Sie reisen in Begleitung Ihres Besens und erlauben mir, daß ich an dieser Stelle noch einmal ungezwungen lache – im Rückblick auf gestern abend!)

Nun endlich (auch im Rückblick auf gestern abend) möchte ich eine Bitte äußern, besser gesagt: Sie beauftragen mit der Ausgestaltung des kleinen Platzes, den Sie das glückliche Waxingen nennen.

(Sie werden fragen: Was meint er damit?)

Das Stück umgebuddelter Erde, der grüne und der weiße Kinderstuhl (auf denen sich allemal rund um die Welt reiten läßt) haben m. E. einen festlichen Schmuck vollauf verdient. (Sie pflichten mir bei?) Und die Ausgestaltung, wie sie mir vorschwebt, sei gleichzeitig ein Beitrag zu den Wahlwochen – ich bin zuversichtlich, man wird da nichts mißverstehen.

Ich denke mir die Sache nun so: Sie besorgen bitte (in jedem Papiergeschäft erhältlich) 5 weiße Pappen, Ölstifte und etwas Schnur. Dann, so gut Sie können, malen Sie auf die erste Pappe eine Kuh, auf die zweite ein Schaf, auf die dritte einen Löwen, auf die vierte ein Känguruh, auf die fünfte einen Elefanten.

(Die Bemalung und Beschriftung darf im Charakter den z. Zt. aushängenden Wahlplakaten angenähert sein.)

Nach Fertigstellung der 5 (notfalls sehr stilisierten) Tierbilder, bitte ich höflichst, die einzelnen Bilder wie folgt zu beschriften (große Buchstaben!):

1. Das ist die Kuh. Sie ist die Mutter der Butter und die Frau des Ochsen.

2. Das ist das Schaf. Es ist gutmütig, es gibt den Menschen die Wolle. Wenn es Räder hat, wird es zu Weihnachten verschenkt.

(Hier eine Ergänzung: das Schaf muß auf einem rechteckigen Brettchen stehen. Vier Räder am Brettchen. Spielzeug!)

3. Das ist der Löwe. Er ist stark und gelb. Junge Löwen sind auch stark und gelb. Sie sind aber so klein, dass man sie in der Wüste (selbst durch Aussieben des Wü-

stensands) nicht finden kann. Sie fallen durch die Maschen des Siebs.

(Für Größere!)

4. Das ist das Känguruh. Es arbeitet in Australien. Es springt für 60 Pfennige von Sydney bis Melbourne und nimmt Personen mit, aber kein Gepäck.

(Ich gab früher auch Geographie!)

5. Das ist der Elefant. Es gibt schwarze und weisse Elefanten. Will man graue haben, muss man sie mischen.

Diese beschrifteten Malereien, lieber Herr Kraschewski, versehen Sie jeweils mit einer Schnurschlaufe und hängen (oder binden) die schönen (!) Stücke rund um den kleinen Platz, damit auch die Kinder eine Möglichkeit haben, zu wählen.

Überdies darf ich Sie bitten, dem Platz einen Namen zu geben.

Den Namen (wie geschaffen zur Abrundung dieser Festlichkeit) fand ich beim Durchzählen einer ausgesetzten Kartei.

Es handelt sich um einen Jugendschriftsteller des achtzehnten Jahrhunderts. Der Mann lebte von 1759 bis 1793 (kein hohes Alter!), schrieb morgenländische Miniaturen für heranwachsende Leser – und hörte, merkwürdig genug, auf den Namen August Jakob Liebeskind.

Soweit ich Sie kenne, lieber Herr Kraschewski, sind Sie mir nicht gram, wenn ich diesen (ohnehin recht lang gewordenen) Brief beende.

Im voraus danke ich Ihnen 1.) für Malerei, 2.) für Beschriftung, 3.) für Ausschmückung, 4.) für Platzbenennung.

(Nicht zuletzt für die gestrige Beförderung zum Schulrat!)
Sie gern wiederfindend, Ihr

Richard Rinkefeil

NB.: Das Daxinger Ledigenheim nicht übersehen! Dem Heimleiter Ludwig eine Empfehlung!

Ich tat, wie mir geheißen. (Und daß Herr Rinkefeil mich zum Tiermaler ernannt hatte, danke ich ihm noch heute!)

In einer Seifenhandlung kaufte ich nach getaner Arbeit fünf Besenstiele (die Inhaberin wollte mir einen vierrädrigen Mop verkaufen), befestigte an ihnen die beschrifteten Tierbilder und steckte sie rundum ins umgebuddelte Erdreich des kleinen Platzes.

Ich stand da und freute mich über den Anblick. Nach einer Weile (ich hörte Kinderstimmen) erfüllte ich Herrn Rinkefeils abschließende Bitte. An die Fassadenwand, über den grünen und weißen Stuhl, heftete ich ein Stück rechteckiger Pappe, versehen mit der Aufschrift:

August-Jakob-Liebeskind-Platz
Jugendschriftsteller
1759 - 1793

(Mein Besen wars zufrieden. Wir gingen weiter.)

Zweiter Teil

Elftes Kapitel
Von den Frechheiten bestimmter Bürger

Soll einer mal sagen, die Stadtverwaltung von Daxingen hätte kein Herz für die Alten! Letzten Mai, so erzählt Heimleiter Ludwig, wurden im Park neue Bänke aufgestellt, bequeme Dinger mit schön gestrichener Rückenlehne, alle aus Holz, man kann sich anschmiegen.

Und alle haben links und rechts Papierkörbe aus Drahtgeflecht, damits den Leutchen nicht schwerfällt, Ordnung zu halten. (Gewiß, diese Einrichtung kommt auch den Trinkern zugute: sie stellen ihre leergesoffnen Flaschen in den Papierkorb und gelten als wohlerzogen.)

Aber trösten wir uns, da sind noch Rabatten für Gerechte und Ungerechte. Gelbrot gesprenkelte Blumen, alle gepflanzt um ein großes Rasenstück, wo in der Mitte der Ententeich liegt. Der Teich hat klares Wasser den Sommer hindurch, bis ihn die Stürme mit Herbstlaub bedecken.

(Also auch dafür hat man gesorgt.)

Trotzdem, nichts geht über Selbsthilfe! Jeder Bürger sollte sich morgens vor den Spiegel stellen und laut rufen: Na, mein Freund, was geht dir im Kopf herum? Ärgere dich nicht über deinen Nachbarn, der auf der Weinflasche tutet. Denk an die alten Bürger deiner Stadt, denk an sie und such dir einen Alten aus, er muß ja nicht immer nach deinem Geschmack sein!

Der letzte Satz spielt auf gewisse Herrschaften an, die in jeder Lebenslage den bequemeren Weg wählen. Solche Leute gefallen mir nicht. Viele Daxinger machen überhaupt aus der ganzen Sache einen Witz.

Ich denke dabei an zwei betagte Herren, die neuerdings in den Anlagen sitzen und ihre Altersgenossen mit vollen

Weinflaschen heranwinken. Keine Frage, sie haben jedesmal Glück. Mag der Angelockte auch schlecht bei Stimme, schlecht bei Gebiß, schlecht bei Fuß sein – zum Schlucken reichts immer!

Was Wunder, daß man hie und da trinkende Greise erblickt, die sich in Volltrunkenheit wie Vögel benehmen und durch lautes Piep-Piiiep-Gerufe die nächtliche Ruhe stören.

Nicht selten wird dann bei uns geklingelt.

Unser Heimleiter, Herr Ludwig, ist ein gewissenhafter Mann. Selbst nach Mitternacht verläßt er sein Bett. Zugunsten eines torkelnden Menschen tritt er sogar ans Harmonium.

Lieber Bruder, sagt er dann, ich spiele dir jetzt ein stilles Lied auf dem Harmonium vor. Mit diesem Lied möchte ich dir sagen, wie schön es auf Erden sein kann. Sei bitte so freundlich und laß mich spielen.

Na spiel doch, oller Dussel! rief unlängst ein beinah Siebzigjähriger, wie kannst du mir denn duzen?

So ein Mensch bekommt es fertig, in Gegenwart des Heimleiters Fratzen zu schneiden, sich die Finger zu belekken und in eine Bankecke zu flegeln. Aus halbgeschlossenen Augen (am liebsten möchte er gleich einschlafen, hält sich aber wach, um noch allerlei Frechheiten auszuspinnen) blinzelt er, leise vor sich hinrülpsend, den Helfer des Heimleiters an, mich nämlich, der vor Zorn über solche Grobiane von Tag zu Tag trauriger wird.

Das Harmoniumspiel des Heimleiters, sein demütiger Vortrag, der stete ruhige Tritt seiner Füße auf die Balgbretter, die rhythmischen Kopfbewegungen und vor allem sein engelreiner Blick, wenn er beim Abschluß des Liedes, vornübergebeugt, die Finger auf den Tasten ruhen läßt und sie abhebt vom letzten Ton – ich muß sagen, dieses sanfte Verhalten bringt mich in rote Wut, denn schließlich bin *ich* es, der mit ansehen muß, was hinter seinem Rücken geschieht.

Damit nicht genug. Hat Herr Ludwig das Harmonium abgeschlossen und schaut nun erwartungsvoll auf denjenigen, dem das Spiel galt, so erhebt sich dieser, fuchtelt mit den Armen, zieht ein angebrauchtes Fläschlein aus der Tasche und hält es (bodenlose Unverschämtheit!) dem Heimleiter unter die Nase.

Trink, sagt der Kerl, ohne sich für das Lied zu bedanken, trink und gib mir ein Bett!

Gut, sagt der Heimleiter, diesen einen Schluck! Hinterhältig fragt mich der Kerl: Na – und du? Der Heimleiter reicht ihm die Flasche, sie wird natürlich bis zum letzten Tropfen geleert, der Inhalt gelobt und an uns weiterempfohlen. Und während der torkelnde Kerl ans verschlossene Harmonium tritt, um es unanständig zu betatschen, bittet mich Herr Ludwig, den johlenden Greis ins oberste Stockwerk zu geleiten.

Lieber Kraschewski, sagt Herr Ludwig, neben Ihrer Stube ist doch eine Kammer frei. Ich danke Ihnen, lieber Kraschewski!

Was hilft alle Empörung, ich muß Rücksicht nehmen auf die schlafenden Hausbewohner. Mit Verwünschungen und Püffen bugsiere ich den groben Klotz zwei Etagen höher, wo er sich sofort auf die Matratze wirft und mich angrinst.

Hast du noch einen Wunsch? frage ich ihn.

Jaaah, sagt er gähnend, ich möchte dir in den Hintern treten.

Ich vertröste ihn auf morgen, sage zu ihm: Schlaf gut, mein Herzchen – und träum von allerliebsten Teufeln!

Schon bin ich draußen im Flur, denn jetzt randaliert er ein Weilchen, wirft seine Schuhe gegen die Tür und verlangt danach, mich umzubringen.

(Dieses Beispiel ist typisch für die Vorfälle während der letzten vierzehn Tage. Seit ich im Ledigenheim den Posten eines Helfers übernommen habe. Ich bin kein Prophet, möchte aber behaupten, daß unser Ledigenheim sich demnächst in einen Aufenthaltsraum für Trinker verwandeln wird, man darf sagen: in eine Kneipe.) Hätte ich Herrn Ludwig nicht liebgewonnen, wäre ich schon (gemeinsam mit meinem Besen) längst zurückgekehrt zum Asphalt-Teer- und Straßenbau. Aber es gibt noch einen zweiten Grund, der mich in Daxingen festhält: eine Daxinger Bürgerin.

Zwölftes Kapitel
Erster Versuch
die Gunst der Bürgerin zu erlangen

Schön ist die Promenade, häßlich das langgestreckte Gebäude daneben. Unter riesigen Erlen (gewaltig trotz ihrer lichten Kronen) traf ich die Bürgerin zum erstenmal. Es war vorvorgestern. Es war die Stunde, die Minute, die meiner polizeilichen Anmeldung folgte. Die Anmeldung fand statt im langgestreckten Gebäude, das mit rechthaberischen Trakten so nah an die Promenade drängt, als sollte froher Wandel unmittelbar bestraft werden.

Meine Unterhaltung mit dem Wachhabenden (einem Hühnerkopf eigenartigster Nervosität, er bellte seltsam und grimassierte beim Durchlesen des Anmeldeformulars) war leidlich zufriedenstellend. Ich befand mich in Obdach und Brot und gehörte folglich ins Daxinger Einwohner-Register.

Noch betrachte ich einen Augenblick lang das Polizeigebäude, wiege den Kopf hin und her, sage mir stillvergnügt: Ungemein reich an Sehenswürdigkeiten ist diese Welt!, als mein Blick, beim Hinwenden zur Promenade, auf eine jugendliche Dame trifft, die ihrerseits einen prüfenden Blick aus recht lebendigen Puppenaugen geradewegs auf mich gerichtet hält.

Was tun? Wie kommt das?
Was machst du? Geh ihr doch entgegen. Sag was!
Zieh den Hut.

Du hast keinen. Siehst du!

Sie schaut, sie hat Augen einer kritisch dreinblickenden, keineswegs dummen Sofapuppe. (Das Sofa stilecht, Empire vielleicht?) Geh doch! Jetzt merkst du, daß dir mal eine Liebreiche begegnet, die man nicht sofort ballern oder pfeffern möchte. Aber was will sie denn?

Wie kommt sie mit diesem Gesicht (die Allerjüngste ist sie keineswegs), mit dieser modischen Schleife im Haar, am Haar rechts neben der Schläfe, mit solchen Schritten (meine Güte, sie geht über den Fahrdamm direkt auf mich zu!), mit diesen Kleinkinderschritten überhaupt in diese vermaledeite Daxinger, Waxinger, Raxinger Welt?

Noch vier, drei Schritt, dann steht sie vor dir. Natürlich: eine großgewordene Seidenstickerei.

Jetzt, da, nun: eine Frau, der man statt eines Stuhls ein Cembalo anbietet!

Tschuldigung!

Auch das noch! Du hast sie angerempelt, sie ist vorbeigegangen (gegangen?) an dir.

Wohin denn? Wo ist sie?

Sie ist weg.

Sie hat die Tür, die große Mitteltür des Polizeigebäudes, hinter sich ins elende Schloß fallen lassen.

Tschuldigung, hast du gesagt. Nicht: Bitte entschuldigen Sie!

Nicht: Guten Tag, dieser Tag ist nicht dazu angetan, eine Dame anzurempeln!

Nicht: Bitte, Verehrteste, wie gefällt Ihnen die Promenade da drüben?

Nicht: Ach bitte, gehen Sie doch nicht in dieses garstige Polizeigebäude, gehen Sie drumherum, ich begleite Sie.

Dann war sie neben mir, plötzlich. (Also doch eine Frau aus dem Ovalrahmen, dem goldnen!)

Sie blinzelt.

Ein Mund, jaja, schön. Nase ein wenig streng. Leichter(!) Nasen-Buckel, nein, leichte Erhebung, etwas herrisch? Sie pudert ihr Gesicht, ich meine: das Gesicht war gepudert, duftet, sie hat ihre perfekte Altertümlichkeit durch langjähriges Sitzen in der Geheimschatulle eines glücklichen Königs erlangt.

Sie ist knapp über Dreißig. Sie ist braunäugig. Ihre Augen, trotz des Puppenblicks, denken von mir wesentlich besser als der übrige Kopf. Sie blinzelt, sagt freundlich:

Interessiert Sie dieses Gebäude?

Ja, sage ich. (Sie lacht. Das beschenkte Mädchen? Ihr Haar, wohl braun oder rotbraun, schüttelt ihr seitlich ins Gesicht. Sie lacht so sehr, daß ich sagen möchte: Dußliges Weib! aber, sofort, übergangslos, wird sie ernst-beklommen, schaut streng, fragt wieder irgendwas.)

Ich beantworte ihre Frage: Nein, das Polizeigebäude werde ich nicht malen. (Sie hatte gefragt: Malen Sie? Und dann: Auch dieses Gebäude?)

Ich log weiter: Ja, ich wollte eigentlich die Promenade malen.

Hm, machte sie, diese vielen Bäume verwirren doch.

Ich bin auch Tiermaler, sagte ich.

Schön! rief sie. (Sie nahm einen Spiegel aus ihrer Handtasche, schaute hinein und steckte ihn zurück in die Handtasche. Sie strich mit den Fingerspitzen über ihre Handtasche.)

Können Sie auch, sagte sie leise, eine Mühle malen, eine ganz alte Mühle?

Ah, rief ich (und wußte nicht, was ich sagen sollte). Dann sagte ich: Ah, Sie wohnen dort?

Ein Müller, sagte sie, hat dort gelebt.

Ich nickte mit dem Kopf. Ich wollte ihr ein Geschenk machen, hatte aber nichts bei mir, was annähernd nach einem Geschenk aussah. (Ein Rätsel fiel mir ein, über dessen Auflösung man überrascht oder belustigt sein kann.)

Bitte, sagte ich, darf ich einen Scherz äußern, ein Rätsel?

Ein Rätsel? fragte sie argwöhnisch.

Ja, ein leichtes...

Möchten Sie wissen, wo die Mühle steht?

O ja, auch, sehr gern, bitte. Nur Sie mißverstehen, ich wollte *Ihnen* ein Rätsel aufgeben, verstehen Sie: wie ein Geschenk...

Sie lachte: Gut, ich höre. Und wenns nicht allzu schwer ist...!

Nein, sagte ich, das Rätsel ist ganz leicht. Es lautet: Wie lautet wohl der morgendliche Weckruf, den eines Stehaufmannes Ehefrau ins Schlafzimmer ihres Gatten ruft?

(Sie knabberte an ihrer Unterlippe, zuckte mit den Schultern. Sie kam aus klösterlicher Zurückgezogenheit, aus einem stupiden Puff oder hatte sich extra für diesen Tag malen lassen, damit ich das liebe Gesicht künftig in einem Medaillon bei mir tragen sollte. Ich mußte sie wecken und ihr die Auflösung meines dämlichen Rätsels vortragen.)

Des Stehaufmannes Ehefrau, sagte ich wütend, ruft natürlich ins Schlafzimmer ihres Gatten: Steh auf, Stehaufmann!

(So, es war heraus! Wieder knabberte sie an der Unterlippe. Sie blickte, wie man sagt, zu Boden. Recht dunkle Sekunden. Auf einmal gab sie sich einen Ruck, öffnete ihre Handtasche, entnahm ihr einen winzigen Fotoapparat, einen Stab wie ein langer Mittelfinger, ließ das Ding, auf mich gerichtet, klicken, steckte den Apparat in ihre Handtasche und seufzte lächelnd.)

Was soll ich weitererzählen, meine Arbeit im Ledigenheim muß mir zunächst wichtiger sein!

DREIZEHNTES KAPITEL
Alltägliches

Nur noch wenige Bürger dieser Stadt sind von Herzen treu ihren Weinflaschen und dem Inhalt ihrer Weinflaschen. Treu ihrer geliebten Arbeit, im Bette zu liegen von früh bis spät, sei's auf der linken oder rechten Seite, auf dem Rücken oder Bauch.

Diese letzten Vertreter einer Dynastie unbescholtener Faulpelze sind in jüngster Zeit ehrlich zu begeistern für historische Umzüge durch die Daxinger Straßen. (Neulich haben zwei ihrer Zunft in eigenartigen Kostümen die Aufmerksamkeit einer nachts heimkehrenden Empfangsdame erregt.) Manche sind auch in kleinen Gruppen unterwegs zu Daxinger Arbeitsplätzen und halten Ausschau nach einer günstigen Gelegenheit.

Niederschriften wie diese werden von Herrn Ludwig sehr gelobt.

Spät, nach Feierabend (den es für einen Helfer des Heimleiters kaum gibt), verfasse ich sie aus Spaß an der Sache, Herrn Ludwig zu erheitern. Die Umkehrungen treffen den Ton, der z. Zt. die Wahlwochen bestimmt. Offen wird zugegeben, wo Reform vonnöten ist. Der allgemeine Überhang ins Ordentliche steht auch in Daxingen auf jedem Programm an erster Stelle.

Genau besehen, gibt es in Daxingen nur zwei gegensätzliche Lager: eine kleinere Anzahl traditionsbewußter Bürger (die es nicht stört, wenn sie – in Anspielung auf den Ortsnamen – als ehemalige Dachse, plumpe Sohlengänger und Selbsthersteller von Wohnhöhlen angesprochen werden) und jene stattliche Anzahl ebenso traditionsbewußter Bürger, die mehr als zeitgenössische Dachse mit dem mürrischen Gesicht Meister Grimbarts rechtwinklig durch den modernen Wohnungsbau wie durchs eigene Leben huschen.

Ein verschworener Anhänger des Grimbartwesens ist

Herr Franz Kegerle, der Hausverwalter des Ledigenheims. Zwei morgendliche Unterhaltungen mit ihm (ich will an seinem Parterrefenster vorbei, er ruft: Grüß Gott – Augenblick mal!) habe ich auswendig gelernt, hier die erste:

Herr Kraschewski, ruft er, Herr Kraschewski!

Guten Morgen, Herr Kegerle. Sie sind so früh auf den Beinen? Was ist passiert?

Das Kellerfenster stand offen, sagt er, die ganze Nacht.

Er schaut mich an, will mir sagen: Du Hund, du hast das Kellerfenster geöffnet, damit ich in meiner Parterrewohnung den Luftzug bemerke und runtergehn muß in den Keller, um das Kellerfenster zu schließen.

Außerdem, sagt er nun gereizt, was heißt das: So früh auf den Beinen? Ein Hausverwalter, das merken Sie sich – Sie sind ja noch neu bei uns! –, schläft immer auf Abruf.

Ja, sage ich, ich merke mir das, auf bald also...!

Nein, bleiben Sie mal! Das Kellerfenster stand offen...

Nun steht es nicht mehr offen, sage ich, dank Ihrer Wachsamkeit!

Das Kellerfenster stand die ganze Nacht über offen, Herr Kraschewski! Das Kellerfenster ist nicht nur zu schließen, weil sich bei starkem Wind ein unangenehmer Luftzug im Ledigenheim ausbreitet, sondern vor allem wegen der Einstiegsgefahr, verstehen Sie mich!

Das verstehe ich. Im übrigen sollte es Ihnen gleichgültig sein, ob jemand durch die Haustür oder durchs Kellerfenster ins Ledigenheim gelangt. Wichtig allein ist die Gesinnung des Menschen, der sich in diesen Mauern aufhält, glaube ich. (Dies Unterhaltung Nr. 1)

Und dies die zweite:

Es ist völlig unbegreiflich, Herr Kraschewski, was aus diesen Kindern werden soll! Jedesmal, wenn ich vor das Haus trete, wenn ich die Stiegen fege oder sonstwas, kommt dieser Junge, dieser da mit dem zweiten Vater, stellt sich vor mich hin und sagt zu mir: Du Sabelmutz. Bist du ein Sabelmutz? Herr Kraschewski, sagen Sie mir, bin ich ein Sabelmutz?

Was ist denn ein Sabelmutz?

Ein... Schimpfwort.

Sabelmutz? Das hat der Junge erfunden. Vielleicht antworten Sie ihm beim nächsten Mal: Ja, ich bin ein Sabelmutz.

Wie bitte, sagt Herr Kegerle, wie bitte? Das verlangen Sie von mir? Damit der Bengel nachher überall verbreiten kann: Der Hausverwalter Kegerle ist ein Sabelmutz?!

Na, vielleicht sind Sie sogar... ein Sabelmutz. Wer weiß! Oder, mag sein, wir beide, Sie und ich, sind Sabelmutze. Oder die ganze Menschheit besteht nur aus Sabelmutzen. Alle Leute aus Daxingen sind Sabelmutze, die bald ihre Sabelmutze wählen werden. Ich werde jetzt mal den Sabelmutz Ludwig aufsuchen, den Heimleiter, den das Problem sehr beschäftigen wird.

Herr Kraschewski, das lasse ich mir nicht bieten!

Was?

Daß Sie sich beim Heimleiter beschweren wollen!

Über wen?

Über mich! Ich weiß zu genau, daß Sie ihn einwickeln, daß er Ihnen aus der Hand frißt. Schon am ersten Tag, als Sie mit Ihrem dreckigen Besen hier ins Ledigenheim gekommen sind und übernachten wollten, hat er Sie auf sein Zimmer mitgenommen! Herr Kraschewski, warten Sie ab, warten Sie ab – Sie werden eines Tages Mund und Nase aufsperren! Denken Sie an mich! (Herr Kegerle war ein begabter Hellseher. Ich hatte später noch ausreichend Grund, an ihn zu denken, an dieses geöffnete Kellerfenster, durch das ein richtiger Sabelmutz nie einsteigen wird.)

Vierzehntes Kapitel
Tadel
Verlockung und Angebot

Herr Ludwig, Sie machen mir Vorwürfe wegen der Sache mit den Bauarbeitern? Sie haben recht, ich hätte mir die Arbeiten ansehen sollen – und gut! Aber diese Wühlerei direkt vor dem Ledigenheim – Sie sagten mir ja, wie oft Sie bei der Stadtverwaltung wegen dieser Verschönerungsanlage vorsprechen mußten! – hat eben den alten Bauarbeiter in mir angestachelt.

Gewisse Handgriffe gefielen mir nicht. Der Polier ist ein Feind seiner Kolonne.

Ich kannte einen andern! Ihr Polier dagegen täuscht nötiges Fachwissen vor, indem er lostobt: Was, Sie wissen nicht, wies gemacht wird? Außerdem, diese maulfaule Antreiberei: Loslos! Mischung her! machte mich aufsässig gegen die ganze Kolonne, gegen die Arbeitsweise, gegen den unterdrückten Fluch, gegen das gierige Lohntütengefresse, das uns kaputtmacht. Ich hab die Wut bekommen und die Kerle samt Polier eingewickelt. Wenn das aber so schlimm ist, wenn ich Ihnen Ärger und Peinlichkeiten ins Haus gebracht habe, dann muß ich eben weggehn, es macht keinen Spaß.

Herr Ludwig steht am Fenster seines Zimmers. Er schaut nach draußen auf die Bauarbeiten. Er sagt leise, ohne sich umzudrehen:

Lieber Kraschewski, ich bin besorgt. Es macht keinen Spaß, das ist das Stichwort. Sie haben mir von Ihrem Vater erzählt – ob es stimmt, sei dahingestellt –, daß Ihr Vater Ihnen die Kühe auf der Weide als Sperlinge vorführte. Was will ich damit sagen?

Er drehte sich weg vom Fenster, kam auf mich zu, ging wieder zurück zum Fenster, kam bis zur Mitte des Zimmers, sah mich an.

Den Tag, lieber Kraschewski, werde ich nie vergessen,

als der Hausverwalter an meine Tür klopfte, morgens, ziemlich früh, aufgeregt klopfte er und sagte: Herr Ludwig, Herr Ludwig, da unten steht ein Kerl mit einem breiten Besen in der Hand, er sagt, er möchte Sie sprechen, er käme hierher nach Daxingen, um sauberzumachen! – Lassen Sie ihn rein, lieber Kegerle, sagte ich – und Sie erschienen, machten eine artige Verbeugung, ganz altmodisch sozusagen, stotterten ein bißchen beim Aussprechen des Namens Richard Rinkefeil, hielten den Straßenbesen im Arm wie einen Begleiter, der ein Kind sein möchte, um von Ihnen getragen zu werden – nein, winken Sie nicht ab! –, ich sah, spätestens auf den dritten Blick, was mit Ihnen los war, daß Sie sich innerlich vor Gelächter schüttelten, nicht unbedingt über mich, wir wollen das nicht ergründen, hm, ich möchte etwas sagen, ich schätze Ihre Hilfsbereitschaft, Sie haben mitgeholfen, wenn irgendwas zu reparieren war, Sie sind anhanglos, verstehen Sie doch, ich möchte Sie nicht missen – selbst auf die Gefahr hin, daß Sie mit Ihren Gedankengängen, mit Ihren Geschichten... nun eben, die Angelegenheit mit den Bauarbeitern, natürlich, Sie schmunzeln...

Herr Ludwig, ich habe in der Frühstückspause...

Er hebt abwehrend die Hand: Bedenken Sie, lieber Kraschewski, heutzutage ist alles anders. Die Leute vom Bau, verzeihen Sie! – sind bei ihrer Wühlerei, wie Sies nennen, eben doch allzu bereit, die Arbeit liegenzulassen. Kraschewski, Sie haben in der Frühstückspause mit einer Anekdote begonnen, dann haben Sie weitererzählt. Trotz der Aufforderung des Poliers, den Platz zu verlassen! Dann haben Sie den Polier ins Gespräch verwickelt: Sie hätten nur noch etwas hinzuzufügen. Und haben den Arbeitern zugerufen, Sie hätten dem Polier soeben gesagt, daß Sie nur noch etwas hinzuzufügen hätten. Damit begann ja das Unheil!

Herr Ludwig, es gibt Anekdoten, die sich fortsetzen...

Kraschewski, ich bitte Sie! – Man hat mir alles haargenau geschildert. Es war ein ganzer Tag Arbeitsausfall. Wie ein Streik! Bis zum Feierabend! Gewiß, der Polier und seine Leute sind guter Dinge, ich hoffe, das wird sich auswirken. Aber was sagt die Baufirma? Was die Stadtverwaltung, die das Geld bewilligt für den Verschönerungsbau? Man hat nach Ihnen gefragt. Solche Anfragen sind voller Auskunft. Und wer ist nun der Schuldige? Sie, der Polier, die Arbeiter?

(Wenn schon jemand, dann die Anekdote! will ich erwidern, behalts aber für mich.)

Der Heimleiter steht wieder am Fenster und schaut hinunter auf den Bauplatz. Stirnrunzelnd geht er am Fenster auf und ab. Ein winziger Mann mit vollem, weißem Haar. Er wollte Musiklehrer werden, bevor er Heimleiter wurde. Seine nervösen Schritte zeigen mir deutlich, wie klein dieses Zimmer ist. Er muß sich fortwährend drehen.

(Ich möchte am liebsten dem traurigen Mobiliar Anekdoten erzählen, aber zwischen diesen vier Wänden gelingt mir nichts. Schon gar nicht, wenn ich allein bin. Die Anekdote, mit der ich die ganze Kolonne und ihren Polier hingehalten habe bis Feierabend, handelt von einem Menschen namens Bergammer.)

Herr Ludwig, sage ich, bitte setzen Sie sich, ich erzähle Ihnen die Anekdote: Einmal war ich unterwegs mit einer Wanderbühne, wir spielten das *Nachtlager zu Granada*, ich vertrat manchmal den Inspizienten und konnte aus nächster Nähe das Verhalten der einzelnen Schauspieler beobachten. Gleich anfangs war mir ein zaghafter Sänger aufgefallen, der jeden Abend in der Heiratsszene ein-und-dieselbe kurze Partie sang: Und für die Mitgift wird dann morgen – der treue Otto sorgen! – Nur diesen einen Satz, diesen einen Satz jeden Abend, mehr nicht!

Der Mann hieß Bergammer. Er bat sich aus, seinen Namen nicht in zwei Wörter zu zerlegen, nicht in Berg-ammer, was ja an einen Vogel erinnert, sondern so auszusprechen, zusammengezogen: Bergammer.

Gerade das war falsch. Seine Kollegen machten erst recht eine Berg-ammer aus ihm.

Irgendwann nahm er mich mit in seine Pension. Kaum waren wir im Pensionsflur angelangt, riß er alle Zimmertüren auf und sang mit Donnerstimme: Kommt raus, ihr feigen Hunde! Ihr feigen Hunde, kommt raus! Er riß auch die Schranktüren auf, später sogar die Schubladen der Nachttische. Den Text hatte er selber erfunden...

Kraschewski, sagt der Heimleiter erregt, die Fortsetzung dieser Geschichte... die haben sie dann vor den Bauarbeitern bis Feierabend ausgedehnt?

Ja, Herr Ludwig, weil ihnen die Geschichte nur komisch vorkam. Ich brauchte Zeit für die Abwandlungen. Feierabend wars soweit. Sie brüllten zwar vor Gelächter, hatten aber verstanden, als ich ihnen sagte, daß Bergammer dabei angetroffen wurde, wie er in eine aufgerissene Streichholzschachtel hineinschmetterte: Kommt raus, ihr feigen Hunde, ihr feigen Hunde, kommt raus!

Tja, sagt Herr Ludwig, Sie brauchten Zeit für die Abwandlungen, tjaja.

Er hüstelt, steht auf und nimmt mich wie einen Schüler bei der Hand.

Kraschewski, Sie wohnen in einem Haus, das Ihnen... Behaglichkeit bietet. Mein Gott, Sie haben hier viele Möglichkeiten. Demnächst, sobald die ersten Umbauten abgeschlossen sind, wird links neben dem Eingang ein Springbrunnen angelegt. Direkt unter Ihrem Fenster! Vielleicht erlauben es die Mittel, ihn nachts zu beleuchten. Kraschewski, bleiben Sie bei uns wohnen, denken Sie an den Winter!

Er schweigt. Er steht mir gegenüber mit geöffneten Händen.

Und was passiert? Ich muß auf einmal unbändig lachen. Der Gedanke an den Springbrunnen macht mich unerlaubt fröhlich.

Ich seh mich in der Stube sitzen, vorn am Fenster tanzt

der Wasserstrahl auf und nieder, abends wird er rot, gelb, grün angeleuchtet – und Kraschewski, Straßenbauarbeiter vom Asphalt-Teer- und Straßenbau (geliebten Teergeruch in der Nase), sitzt als einziger Zuschauer tief im Zimmer und schaut dem Springbrunnen zu.

Herr Ludwig ist gekränkt. Ich bitte ihn um Verzeihung. (Er geht zur Tür, dreht sich um.)

Gut, sagt er schüchtern, gut. Ist denn... ein Springbrunnen so lächerlich? Sagen Sies doch. Sie dürfen mir alles sagen, Kraschewski. Es fällt mir schwer, aber seis drum: ...Ich möchte Sie... zu... meinem Nachfolger machen. Guten Tag!

Fünfzehntes Kapitel
*Traum während der Wahlwochen
mit einer Aufforderung
zur Nachfolgerschaft an anderer Stelle*

Ich betrete das Lokal zur Mittagszeit. Ich lese die Plakate *Neue Bewirtschaftung*. Sie hängen an den Fensterscheiben, diagonal angebracht mit runden Klebepflastern: rechteckige, ziegelrote Papierfahnen, der Aufdruck ist schwarz. Das Lokal ist zur Mittagszeit nicht besucht, ich bin der einzige Gast. Ich will nur ein Täßchen Kaffee trinken und gleich wieder gehn.

Da entdecke ich die Verbotstafel.

Sie hängt über der Theke, ist nicht zu übersehen, ihre Beschriftung hat folgenden Wortlaut:

In diesem Lokal ist das Besteigen der Tische und Stühle, das Spucken auf den Fussboden sowie das Tanzen und Singen strengstens untersagt.

Der Wirt bringt den bestellten Kaffee.

Ich trinke. Ich setze die Tasse auf die Untertasse zurück, klopfe mit Fingerspitzen aufs Thekenblech. Merkwürdig, denke ich mir, bei einer *so genauen* Verbotsbestimmung mit *so* präziser Auswahl – dürfte in diesem Lokal allerhand gestattet sein!

Die Wirtsleute stehen, freundlich lächelnd, hinter der Theke.

Vorsichtshalber bitte ich sie um Auskunft. Ich deute auf die Verbotstafel und lege den Kopf schief. Und der Wirt, wie im Spiegel, legt auch den Kopf schief. Er deutet auf die Verbotstafel, als will er sagen: Lieber Freund, du bist doch kein Analphabet!

Ich bestelle ein neues Täßchen Kaffee.

Sagen Sie bitte, frage ich, wer hat Ihnen dieses Ding ins Lokal gehängt?

(Stolz nennt der Wirt den Namen eines Schriftenmalers, dessen Arbeit sie beide, er und seine Frau, aufrichtig schätzten. Und jedesmal freuen sie sich, wenn einer ihrer neuen Gäste sich mit der Tafel einverstanden zeigt.)

Der Wirt gießt mir einen Cognac ein.

Na, zum Wohl... Herr...

...Kraschewski.

Wir stellen uns gegenseitig vor. Die Wirtsleute, gutgeratene Fünfziger, heißen Fritz und Klara. Aus Frau Klaras Schürzentasche hängen die Zipfel eines Staubtuchs heraus. (Ich halte die Hand vor den Mund. Nicht lachen!)

Die Inneneinrichtung des Lokals ist sehr modisch gehalten. Tische mit Kunststoffplatten, Stühle auf dünnen Stäben. Ich bin noch immer der einzige Gast.

Der Wirt kommt auf die Verbotstafel zu sprechen, er wirkt bekümmert. Mit der rechten Hand streicht er nervös über die Knopfleiste seiner weißen, gestärkten Jacke. Er spricht. Ich höre ihm zu. Er sagt:

Wenn ein Mensch, einer wie ich, wenn jemand so lange wie ich in früheren Jahren, in seinen besten Jahren, so lange wie ich, tätig war bei der Behörde, in der Kommunalpolitik sich hätte entwickeln können in früheren Jahren, die immerhin zu den besten Jahren seines Lebens zählen, wenn also ein Mensch dieser Art etliche Jahre lang tätig war bei der Behörde, dann will er Zeit seines Lebens den i-Punkt auf eine runde Sache setzen, ich meine damit: sich steigern, korrekt steigern, korrekt gelangen an den richtigen Platz, der ihm zuträglich ist, wo er etwas vollbringen kann, was andern zuträglich ist, eine runde Sache, trinken Sie bitte, noch bin ich der Wirt dieses Lokals, das ich von einem Verwandten erbte und sofort nach Erbschaftsantritt renovieren ließ, der alte Plunder hätte uns erstickt...

(Der Wirt trinkt einen Cognac. Frau Klara lächelt mir zu, stellt ein neu gefülltes Täßchen Kaffee vorn aufs Thekenblech. Frau Klara hebt die rechte Hand, sie will sagen: Fritz trinkt nur diesen einen Cognac, dann wird er weitersprechen!)

Fritz, der Wirt, stützt sich auf die Theke mit beiden Armen, drückt sich ab von der Thekenkante, steht mit dem Rücken an der Hinterfront des Büfetts, nimmt beide Hände vor seinen Bauch, faltet sie nicht, stößt nur mit den gespreizten Fingern beider Hände seine beiden Hände gegeneinander-voneinander ab, voneinander-gegeneinander, hebt plötzlich, reißt plötzlich, wuchtet plötzlich den rechten Arm hoch und runter mit einem Blech-und-Gläserknall aufs Thekenblech, schreit etwas von einer runden Sache, die er *mir* abverlange in dieser Zeit, da es darum ginge, die richtigen Männer an den richtigen Platz zu beordern, und *ich* solle mich sofort bereit erklären, ihm behilflich zu sein.

Ich? sage ich.

Ja, sagt Fritz, der Wirt.

Er sagt es und schreit nicht mehr. Er hat seine Fassung wieder zurück.

Wir wollen unsere Ruhe, sagt er, deshalb auch die Verbotstafel. Sie ist sehr schön, nur leider zu klein. Man kann den Gästen nicht plausibel machen, was sie unterlassen sollen und was nicht. Wir sind sparsam, eine größere hätte mehr Geld gekostet. Wir müssen uns mit eventuellen Übergriffen abfinden, das heißt, wir kommen auf für den Schaden, der daraus entstehen sollte.

(Er faltet die Hände.)

Am liebsten ginge ich wieder ins Büro, sagt er, das ist nicht nur die sicherste Existenz, das ist auch der richtige Platz für einen Menschen, der etwas vollbringen will, was andern zuträglich sein soll. Trinken Sie bitte! *Sie* zum Beispiel sind ein Mensch, dem ich zutraue, uns behilflich zu sein.

Die Wirtin nickt.

Fritz, sagt sie, sollte stellvertretender Bezirksbürgermeister einer sehr großen Stadt werden – da kam die Erbschaft!

Herr Kraschewski, sagt der Wirt, ohne mich zu rühmen: ich hatte Erfolg in der Kommunalpolitik!

Hatte er, ruft Frau Klara, hatte er auch! Fritz hat Überstunden gemacht, er hat sich raufgearbeitet. Das Lokal bringt ihn ganz durcheinander. Es liegt ihm nicht!

(So geht das. Der Wirt spart nicht mit dem Cognac. Seine Frau bringt mir einen Teller Gulaschsuppe. Das Geld für den Kaffee weisen sie zurück. Ich will mich verabschieden, aber der Wirt greift über die Theke und hält mich am Jakkenärmel fest.)

Haben wir uns verstanden? sagt er bettelnd.

Ich drücke ihm die Hand und verlasse das Lokal.

Draußen holt er mich ein, er hat eine eingewickelte Flasche unter dem Arm.

Nehmen Sie bitte, sagt er hastig, das regt an! Ich setze auf Sie! Seien Sie uns bitte behilflich! Kommen Sie mit, wir haben lange genug gewartet! Machen Sie uns nicht mißvergnügt, das darf nicht sein. Wenn wir uns nicht beeilen, schnappt mir ein anderer, ein unfähiger Mensch, meinen Posten in der Kommunalverwaltung weg! Bitte!

Wir betreten das Lokal, ich bin der einzige Gast, ich entdecke die Verbotstafel, sie hängt über der Theke, ist nicht zu übersehen, ihre Beschriftung hat folgenden Wortlaut:

IN DIESEM LOKAL IST DAS BESTEIGEN DER TISCHE UND

Stühle, das Spucken auf den Fussboden sowie das Tanzen und Singen strengstens untersagt.
Ich klopfe mit Fingerspitzen aufs Thekenblech. Ich bin auf der Spur. Ich finde die Lösung. Ich sage: Bei einer so genau formulierten Verbotsbestimmung dürfte in diesem Lokal allerhand gestattet sein.

Bevor ich mit meiner Arbeit beginne, wird das Lokal abgeschlossen. Fritz, der Wirt, hängt ein kleines Schild mit der Aufschrift *Heute Ruhetag* ins Türfenster.

Die Wirtsleute zwinkern einander zu. Sie folgen meinen Anweisungen und wirken sehr erleichtert.

Er beginnt, sagt der Wirt, er hilft uns.

Ohne die Jacke auszuziehen oder die Hemdsärmel hochzukrempeln, gehe ich sofort auf die Fensterfront des Lokals zu, raffe die Vorhang-Schals zusammen, springe in die Höhe und reiße die Vorhang-Schals samt Gardinen und Leisten aus dem Deckenputz. Die kurze, gut durchdachte Arbeit findet Beifall.

Ich klopfe den Mörtelstaub von meiner Kleidung und verlese den Tafeltext. Ich habe weder Tisch noch Stuhl bestiegen, nicht auf den Fußboden gespuckt, nicht getanzt oder gesungen.

Fritz, der Wirt, schaut freudig verblüfft zu mir herüber. Er legt den Zeigefinger an die Nase. Hab ich etwas Unerlaubtes getan? frage ich.

Nein... nein, stottert er.

Fritz, ruft seine Frau, siehst du nicht, wie er sich unsretwegen beschmutzt? Herr Kraschewski, Sie haben ja lauter Kalk im Haar! Hoffentlich gehn die Flecken aus Ihrem Anzug raus. Warten Sie, ich such mal das Fleckenmittel!

Sie verschwindet im Nebenzimmer. Fritz bereitet die nächste Tasse Kaffee.

Mit der rechten Hand streicht er nervös über die Knopfleiste seiner weißen, gestärkten Jacke. Er sagt:

Damit habe ich nicht gerechnet. Sie können ja rasant loslegen! Sie werden noch ein bißchen rackern müssen, sonst zieht sich die Angelegenheit zu lange hin! Übrigens: meine Frau und ich, wir wollen Sie nicht nur mit Kaffee, Cognac und Gulaschsuppe bewirten – na, Sie werden schon sehn! Klara und ich, wir sind eben sehr erstaunt, wie Sie unser Problem lösen. Alle Achtung, Herr Kraschewski!

(Ich habe noch ein schönes Stück Arbeit vor mir. Ich plane: Während der nächsten Stunde gehst du an die groben Sachen ran, später ist noch Zeit für den Kleinkram.)

Frau Klara kommt zurück, sie säubert mir die Jacke und nötigt mich, Platz zu nehmen.

Ein gegrilltes Kalbsmedaillon wird mir vorgesetzt. Dazu Champignons in zerlassener Butter. Die Wirtsleute freuen sich über meinen Appetit. Alles schmeckt.

Da erhalte ich von hinten einen Schlag auf die Schulter, Fritz, der Wirt, tritt an den Tisch.

Kraschewski, sagt er fröhlich, Sie werden gestatten, daß ich Sie so nenne. Ich hab etwas nachzuholen...!

Ja, sagt Frau Klara, mein Mann... mein Mann möchte Ihnen jetzt danken!

Jawoll! Ich möchte Ihnen danken und *im voraus* danken. Was sollen Sie mit Cognac, Kaffee, Gulaschsuppe und Mittagessen, wenn man nicht *Dankeschön, Herr Kraschewski!* sagt. Ich hab nur die eine Bitte: Nehmen Sie diesen Dank an!

Gern, Fritz! sage ich.

Also, dann bleibt es dabei! Ich hab Ihnen gedankt, jetzt äußern Sie Ihre Wünsche. Unser Keller steht zu Ihrer Verfügung. Uns störts nicht, wenn Sie abends zu uns kommen und sich einen antütern. Jeden Abend, solange wir noch hier sind! Aber das liegt ja an Ihnen, haha.

(Nach dem Essen verrichte ich allerlei Kleinarbeit. Um der Versuchung zu entgehen, auf einen Tisch oder Stuhl zu steigen, entferne ich Stuhl- und Tischbeine und reiche sie den Wirtsleuten, in handlichen Bündeln, über die Theke. Manchmal werde ich unsicher. Ich zögere sogar, die Arbeit fortzusetzen. Die Tischplatten liegen auf dem Fußboden, daneben die Stuhlsitze. Ich staple alles übereinander und spüre schon, wie anstrengend diese Beschäftigung ist. Die Wirtsleute verfolgen aufmerksam jeden Handgriff. Frau Klara empfiehlt eine Pause.)

Daß Sie so fleißig sind! sagt sie leise.

Fritz und Klara stehen unter der Verbotstafel.

Frau Klara hebt die rechte Hand. Sie sagt:

Ich möchte Sie nicht bevormunden, aber es ist doch möglich, daß Sie beim Arbeiten mal in die Hände spucken! Bitte, tun Sie es! Nur bitte nicht auf den Fußboden! Auf unserer Tafel sind mehrere Dinge angegeben, die in diesem Lokal nicht zulässig sind. Ganz im Gegensatz zu meinem Mann, der sich über das Spuckverbot lustig macht und das Tanzen verabscheut, habe ich kaum etwas einzuwenden, wenn hier jemand ein Tänzchen wagt...

Quatsch, ruft der Wirt, Tanzen ist organisierte Faulenzerei! Kraschewski, machen Sie gründlich weiter! Die Pause ist um!

Er reicht mir einen Hammer. Er sieht mich herausfordernd an und kommandiert:

Los, fangen Sie an! Hauen Sie den Laden kaputt! Na los doch! Wenn wir uns nicht beeilen, schnappt mir ein hergelaufener Sachbearbeiter den Posten weg. Worauf warten Sie denn?

Fritz gehört in die Kommunalpolitik! ruft Frau Klara.

Sei still, Klara!

Fritz, da draußen sind Leute vor der Tür. Gäste vielleicht?

Ruhe! schreit der Wirt. Heute ist Ruhetag!

Ich schlage mit dem Hammer knallend aufs Thekenblech.

Die Gläser hopsen richtig in die Höhe, manche zerklirren am Fußboden.

Ich werfe die Jacke ab, krempele die Hemdsärmel hoch, stemme mich gegen einen riesigen Büfett-Schrank, in dem verschieden große Gläser untergebracht sind. Natürlich, ich muß sehr zupacken, das Büfett will nicht gleich, dann gerät der ganze Kasten ins Wanken, fürchterliches Glasgeschepper, noch ein Ruck bis zum Übergewicht: das Büfett kracht der Länge nach ins Lokal.

Ich schnappe nach Luft. Frau Klara lächelt.

Ich werfe meine Jacke übern Arm, will zur Tür.

Kraschewski, sagt der Wirt lauernd, Sie wollen an die frische Luft? Gefällt Ihnen die Arbeit nicht mehr? Gelinde gesagt, Sie werfen mir Knüppel in den Weg!

Und nun wird er ausfallend, poltert böse: Befreien Sie mich von diesem verdammten Lokal! Von dieser idiotischen Erbschaft! Demolieren Sie den Laden! Ich brauch meine Sicherheit! Was nützt schon eine Verbotstafel, Sie zeigens mir ja! – Kraschewski, mein letztes Angebot: Übernehmen *Sie* den Schuppen, werden *Sie* mein Nachfolger! Ich werde Ihnen das nie vergessen! Ich werde Sie das fühlen lassen in meiner Eigenschaft als stellvertretender Bezirksbürgermeister einer sehr großen Stadt! Worauf warten Sie denn?

Sechzehntes Kapitel
Erfahrungen des Heimleiters

Herr Ludwig deutet Träume anhand seines Traumbuchs. In vier Kategorien unterscheidet er voneinander: den Angsttraum, den Schreckraum, den Lusttraum, den Wahrtraum. Diese vier sind abhängig von der jeweiligen Ruhelage des Schlafenden. Das Liegen auf der linken Seite erzeugt den Angsttraum, die Bauchlage den Schreckraum, die wechselnde den Lusttraum, das Liegen auf der rechten Seite und die ruhige Rückenlage erzeugen den Wahrtraum.

(Ältere Bewohner des Ledigenheims berichten von Herrn Ludwigs Zorn, der früher, meist morgens, über

Herrn Ludwigs ehemalige Haushälterin losbrach, sobald Herr Ludwig, gleich nach Wachwerden, vergeblich sein Bett absuchte und das Traumbuch nicht fand.

Tantchen, rief er wütend, wo ist das Traumbuch? Das Traumbuch ist weg! Du hast es weggenommen!

Herrjeh! jammerte Tantchen.

Ja, wo ist es?

Es liegt doch immer in Ihrem Bett.

Ah, immer in meinem Bett! Nun liegt es nicht mehr in meinem Bett...

Dann vielleicht unter dem Bett!

Oder auf dem Schrank, oder unter dem Schrank! Oder in der Kommode zwischen der Wäsche, oder in deinem Mülleimer! Wo ist es?

Jedenfalls nicht in meinem Mülleimer! Sie sollten sich bedecken, Herr Ludwig, man liegt nicht im Nachthemd vor seiner Haushälterin!

Gut, du kannst gehn. Geh schon, ich will mich ankleiden! Aber, Tantchen, das sage ich dir: Hast du das Traumbuch weggenommen, dann hast du vielen Freunden unseres Hauses die morgendliche Beratung geraubt! Denn *wer* sagt ihnen schon, daß eine Chimäre am Türschloß nicht auf *kommendes* Unheil zurückzuführen ist, sondern auf *weichendes*? Sagst *du* ihnen das oder *ich*? Und erklärst *du* ihnen denn, daß eine Erkältung droht, wenn sie im Traum einen Kaffeewärmer vom Tisch abheben und plötzlich bemerken, sie halten die Pelzmütze eines Grönländers in der Hand, hm?)

Wahrträume, sagt Herr Ludwig, sind Träume, die oft in Erfüllung gehen. Auf lange Zeit im voraus kündigt der Wahrtraum ganz bestimmte Ereignisse an. Ich möchte wetten, Sie schliefen auf dem Rücken, waren entspannt und träumten diesen Traum vom Wirt Fritz und seiner Frau Klara. Ein Wahrtraum. Aber was soll er ankündigen?

Vielleicht, sage ich, lag ich auf der linken Seite und schuf damit die Voraussetzung für einen typischen Angsttraum?

Niemals, sagt Herr Ludwig, niemals! Diese flehentliche Bitte an Sie, das Lokal zu zertrümmern, zeugt von Ihrer besonderen Aktivität. Im Traum werden Sie aufgefordert, Unmögliches zu leisten – nein, Unmögliches zu bewältigen zugunsten einer angenehmeren Situation. Sie lachen! Vergessen Sie nicht: als Sie auf Herrn Rinkefeils Empfehlung zu uns kamen, sagten Sie von sich und Ihrem Besen, sie beide seien nach Daxingen gekommen, um schlechthin sauberzumachen. Ich weiß, Sie wollten den Hausverwalter Kegerle ins Bockshorn jagen, weil er so abweisend dastand. Nein, lieber Kraschewski, ein Angsttraum ist etwas ganz anderes. (Herr Ludwig macht eine Pause. Er schmunzelt.) Versuchen Sie mal, sagt er, das Gesicht eines alten Mannes zu verwandeln in das eines jungen. Kraft Ihrer Phantasie! Das Gesicht Ihres Heimleiters in das eines jugendlichen Mannes, der widerwillig ein Lehrerseminar besucht. Dieser jugendliche Mann verliebt sich auf seinem täglichen Weg ins Institut jedesmal neu in eine junge Friseuse, die er, durch die Fensterscheibe des Friseurgeschäftes, im Vorbeigehen grüßt, oder manchmal, für kurze Augenblicke, bei der Arbeit beobachtet.

Sie ahnen, ich wollte stets in ihrer Nähe sein und Friseur werden. Ich wurde Volksschullehrer. Ich zog in eine andere Stadt.

Vierzehn Jahre später bin ich beim Militär und werde vor versammelter Mannschaft runtergemacht: mein Koppel hänge zu schlapp an meiner Montur, diese liederliche Einstellung zur Uniform werde man mir im Ernstfalle schon austreiben. Kurz danach dieser Traum:

Ich stehe neben dem jungen Mädchen im Frisiersalon. Ich habe mein Ziel erreicht, bin Friseur von Beruf. Das Mädchen sitzt traurig auf dem Kundenstuhl und hört mich sagen: Was soll ich dir jetzt noch vorführen? Du kennst das Schattenspiel an der besonnten Wand, siebenundachtzigmal hab ich einen Hahn nachgemacht, neunmal einen Königshahn, vierzigmal hat der Hahn die Flügel bewegt –

ach, was komme ich dir mit Zahlen! Wie oft hab ich den Seifenschaum modelliert, der unter den Händen eines begabten Friseurs allerlei Formen annimmt, Pferde im Galopp, Drachen in Kampfstellung, jaja, du schaust mich an, du erwartest, daß ich kleine Wolken aus Seifenschaum an den Himmel blase, du belächelst meinen dürren Leib, diese herunterhängenden Lappen, das sollen Arme sein und sind nichts als Windfahnen, wer hat mir die Mauseaugen in den Kopf gedrückt, wer die wenigen Härchen auf meine Brust gesät, ein karges Wäldchen, das deinen Fingern den Spaziergang verleidet, auf meinen Säbelbeinen stehe ich im Laden, verrenke mir den Hals nach Kundschaft, es wird nicht lange mehr dauern und meine Beine sind vom Stehen so krumm, daß eine gemästete Sau mühelos unter mir wegrennt, schau mich nicht an!

Nun aber, lieber Kraschewski, stehe ich mit dem Mädchen draußen vor dem Friseurgeschäft, am Straßenrand warten dienstbereite Kutschen. Ich grüße die Frisierstube, verriegelt auf Nimmerwiedersehn. Es regnet.

Da entgleitet mir die Hand des Mädchens. Es sitzt, hoch oben, auf dem Regenbogen, wie soll ich da hinauf! Vielleicht gelingt es mit Hilfe meines schönsten Frisierkamms, ich lehne das treue Utensil wie eine Leiter an den Regenbogen, klettre hinauf, nehme zwei, drei Zinken auf einmal, keuche, lache, das Mädchen winkt mir zu, jetzt bricht unter meinen Füßen der Kamm mittendurch, der Regenbogen erlischt, ich stürze kopfüber in einen Wald weicher Borsten, mein Handwerkszeug, der große gelbhaarige Rasierpinsel, hat mich aufgefangen! – Warten Sie ab, Kraschewksi, gleich wird es anders!

Brr! ruft jemand, sind Sie der Friseur?

Ich bin der Friseur, sage ich und sehe einen Mann im Kundenstuhl sitzen, den ich sofort *Kunde Amtsrat* tituliere. Kunde Amtsrat ist der mächtigste Mann weit und breit. Kunde Amtsrat kommt jeden dritten Tag in meinen Salon und läßt sich verschönern.

Während Kunde Amtsrat verschönert wird, prüft er seine nähere Umgebung, fordert Auskunft über seine nähere Umgebung. Kunde Amtsrat prüft das Mienenspiel seines Friseurs. Heute, nach meinem Sturz in den großen Rasierpinsel, wirkt mein Mienenspiel heiter, gelöst.

Rasieren, Friseur! sagt Kunde Amtsrat.

Ich setze die Schneide an, Kunde Amtsrat schließt die Augen. Ungewollt verübt die Schneide ein Attentat auf Pikkel Nr. 23 an der Wange des Kunden Amtsrat. Der Pickel wehrt sich pulsend gegen die Einfuhr geschlagenen Seifenschaums, ich greife zum Höllenstein.

Da haben wir es, sagt Kunde Amtsrat, da haben wir den Beweis Ihrer Arbeitsleistung! Mit dem Höllenstein! Kommen Sie morgen zur Dienststelle. Lob der Dienststelle!

Lob, Kunde Amtsrat, sage ich leise, ich werde kommen und die Rüge abholen.

Wieviel Rügen, sagt Kunde Amtsrat unter dem Seifenschaum, wieviel Rügen liegen bereits vor wegen verschiedener Delikte? Sind es nicht elf?

Elf, Kunde Amtsrat.

Dann ist morgen die zwölfte fällig. Sie wissen, zwölf ziehen den Großen Tadel nach sich. Lob der Dienststelle!

Lob! Und wird mein Salon geschlossen?

Wer spricht von Schließen! Verwaltet wird das Geschäft – zu Ihren Gunsten, Friseur!

O Gott! sage ich.

Kunde Amtsrat zieht den Kopf ein.

Hören Sie, sagt Kunde Amtsrat, was beabsichtigen Sie, wenn Sie *O Gott* sagen? Ist ein Papierchen vorhanden, das zu irrationalen Ausrufen berechtigt?

Ich beantrage es morgen, Kunde Amtsrat!

Sie feixen, Friseur?

Kunde Amtsrat, ich feixe nicht.

Man ist vergnügt, man hat Anlaß, vergnügt zu sein? Und dies nach zwölf Rügen? Angesichts des Großen Tadels? Der Anlaß, wenn ich bitten darf!

Ein Witz, Kunde Amtsrat – ich hörte ihn gestern.
Ist er genehmigt? Wer hat ihn erzählt?
Ich weiß nicht. Das Volk.
Das Volk? Melden Sie sich morgen bei der Lachkartei, Zimmer 22, bei Gruppenbruder Joll. Lob der Lachkartei!
Lob! sage ich.

Kunde Amtsrat blickt durchs Fenster meines Salons zum Himmel. Er sieht ein Flugzeug unter der Gräue entlangziehen, an seinem Leitwerk ein Gerüst, auf dem mehrere Malermeister stehen. Sie haben um ihre Bäuche je einen Farbtopf hängen, sie streichen den grauen Himmel mit blauer und weißer Farbe an. Kunde Amtsrat befiehlt:

Was wird geboten, Friseur? Schildern Sie korrekt!

Ein Pilot, Kunde Amtsrat, ein Gruppenbruder arbeitet für uns. Mit ihm arbeiten eins, zwei, drei, vier Malermeister. Alle sind tollkühn genug, in gewisser Höhe mit Hilfe des Flugzeugs – trotz Absturzmöglichkeiten! – für unsere gute Sache zu werben. Lob der Sache!

Lob, Friseur! Was aber meinen Sie, wenn Sie *unsere gute Sache* sagen und folglich die makellosen Erfolge unserer Dienststelle mit dem Ausdruck *Sache* abtun? Wenden Sie sich sofort an die Dienststelle, Friseur!

Kunde Amtsrat greift sich ans glattrasierte Kinn. Er zahlt.

Ich helfe ihm in den Dienstrock. An der Tür hebt Kunde Amtsrat das rechte Bein. Der landesübliche Gruß.

Auch ich hebe das rechte Bein, verriegle den Salon, laufe eilig zur Lachkartei, bitte den Gruppenbruder Joll um einen Anrechtsschein. Das Papier, das mir überreicht wird, gilt für ein einmaliges Lachen.

Ich stelle mich unter das Fenster der Lachkartei, zieh das Papier aus der Tasche, öffne den Mund und lache schrecklich, einmal.

Nicht wahr, lieber Kraschewski, Sie wissen nun, es gibt vier Kategorien: den Angsttraum, den Schrecktraum, den Lusttraum, den Wahrtraum. Diese vier sind abhängig von der jeweiligen Ruhelage des Schlafenden. Sollten Sie z. B. einen Flintenträger träumen, der gierig in die eigene Flinte beißt, so sage ich Ihnen: Sie begegnen einer bestimmten Person, der solche Völlerei zum Verhängnis wird.

In welche Kategorie gehört dieser Traum?

Siebzehntes Kapitel
Eines Abends im Ledigenheim

Eines Abends. Ich gehe vor die Tür, betrachte die Werkzeuge der Bauarbeiter, die Hacken, Schaufeln, Preßlufthämmer, Meißel, Schlägel, Kieskarren und Wassereimer. Die Werkzeuge liegen unter einer durchsichtigen Regenplane, an den Rändern der Regenplane sind in kurzen Abständen metallne Ösen angebracht, ein Seil ist durch die Ösen gezurrt, das den Werkzeughaufen vor Regen und Diebstahl schützen soll.

Ich bleibe noch ein Weilchen stehen. Die Einschalungen für gewisse Verschönerungsbauten sind aufgeführt. Die Einschalungen, sage ich mir, sind zur Zeit noch das Beste, es kommt eine Zeit, da hat jedermann das Recht, die Einschalungen zu übertrumpfen mit einem Verschönerungsbau und betonierter Wohltat, mit baumbestandenen Straßen von Daxingen nach Raxingen, und alle Bäume haben hintereinander je ein Kandidatengesicht: geklebt auf zweibeinige, abgesägte, auf Polizeianordnung abgesägte Holzgestelle.

(Solche Gedanken vor der Tür abends.)

Solche Gedanken sind dazu angetan, den Besen zu nehmen und wegzulaufen, zurückzulaufen. Den Polier anzutreffen mitten im Dampf, seine beiden gleichgroßen Eselsohren auftauchen zu sehen mitten im Dampf und hineinzurufen: Da bin ich, Polier! Da bin ich, Kollegen! Ich bin vor euch hergelaufen mit meinem breiten Besen, in beiden Pfoten trug ich den Besen durch Raxingen, Waxingen, Daxingen – die Städte heißen hier so! –, und der Polier soll Antwort bekommen auf seine Frage. Und ich werde ihm sagen – setzt euch! –, ich werde euch sagen, was so ein alter Esel tun soll, denn, naklar, ich bin euch vorausgelaufen, nachdem der Polier gesagt hatte: Alexander, wenn du jetzt vor uns herläufst und die Straße fegst, dann überleg mal den Schluß. Sag mir gefälligst, was son alter Esel tun soll. Und jetzt verschwinde! –

Das Weilchen ist um. Ich steige runter in den Keller.

Unten treffe ich Herrn Kegerle, den Hausverwalter. Er ist sehr überrascht. Er ist mehr verlegen als überrascht. Trotzdem fragt er:

Was machen Sie hier?

Ich suche nach einem Sabelmutz. Sie wissen doch, diese eigenartigen Wesen, die durch Kellerfenster steigen. Ganz einfach, ich wollte nachsehen, ob alle Kellerfenster geschlossen sind. Das gehört zwar nicht in mein Ressort...

Herr Kegerle lächelt.

Er sagt lächelnd: Sie sind doch ein blankes Kind. Ein blankes Kind an der Hand unseres Heimleiters. Glauben Sie denn nicht, daß dieses Ledigenheim bald abgewirtschaftet hat? Die Männer hier im Haus, bis auf die Alten, sind doch allesamt zu keiner Tat, zu keiner Sonderleistung zu bewegen. Die Alten haben noch den alten Mumm, aber die Alten sind zu alt. Zu alt!

Wofür?

Für eine starke Willensleistung, Herr Kraschewski.

Vielleicht liegt ihnen nichts an starken Willensleistungen.

Genau, Herr Kraschewski. Dafür lieben sie die Späße des Heimleiters, sein Harmoniumspiel, sein freundliches Mittrinken...

Was wollen Sie eigentlich, lieber Herr Kegerle? Soll ich eine starke Willensleistung vollbringen und Ihnen sagen, daß Sie ein unverbesserlicher Sabelmutz sind?

Lassen Sie diesen Ausdruck! Man ärgert mich genug damit!

Gut. Was haben Sie gegen den Heimleiter?

Er gafft die Sonne an. Er gafft die Sonne an, als könnte sie sich plötzlich weigern aufzugehen, wenn Herr Ludwig sie nicht mehr angafft.

Was würden Sie ihm empfehlen?

Die Nase in den Wetterwind! Gewappnet sein durch Abhärtung. Eine Lösung endlich!

Was ist das?

Strenge. Strenge. Zucht. Zusammennehmen. Die lungernden Kerls wegbringen von der Weinsauferei. Der Heimleiter erzieht Turteltauben!

Wissen Sie, Herr Kegerle, was ich jetzt möchte?

Natürlich! Mir den Hintern zeigen!

Nein, ich möchte jetzt einen Turmkuchen aufessen.

Turmkuchen? Was heißt das?

Ich freue mich sehr, daß ich mir einen Turmkuchen leisten kann. Er ist leider noch nicht da, sonst könnte ich ihn ja vorzeigen. Ich habe ihn gestern bestellt und alle Zutaten abgegeben. Sie wissen ja, wie es einem Menschen geht, der sich um eine anständige Kuchensorte bemüht. Man hat da immer seinen Ärger. Aber mir ist gelungen, eine Heidelbeersorte zu bekommen, die sich für die Herstellung eines Turmkuchens geradezu anbietet. Im übrigen, ich werde meine Tante – ja, sie wohnt seit Jahren in Daxingen! – zum Kuchenessen einladen, weil meine Tante die Vorzüge eines Turmkuchens kennt und deshalb gerne Turmkuchen ißt. Heidelbeerfüllung ist das Leibgericht meiner Tante. Wir werden schmausen.

Sagen Sie mal, sagt Herr Kegerle, wollen Sie das wirklich tun?

Gewiß! Es macht nämlich immer wieder Spaß, die Cremespitze so abzubeißen, daß die umliegenden Zierfrüchte nicht runterfallen. Ich habe da meinen Trick, aber den verrate ich nicht. Was sagen Sie nun?

Herr Kraschewski, ich habe für solche Genüßlichkeiten nichts übrig. Es gibt andere Dinge, die einen Mann beschäftigen.

Lieber Herr Kegerle, das war die indirekte Schilderung eines Lusttraums, der mich heimsuchte. Gestern nacht.

Pfuideibel! sagt Herr Kegerle.

Es ekelt ihn richtig. Er bückt sich unter ein altes Ablageregal.

Wird Ihnen schlecht? frage ich.

Beinah, sagt er, richtet sich auf und hält ein Paket in Händen. Er stellt es auf eine Kiste und reißt das Einschlagpapier ein. In dem Paket befinden sich zwei Stöße bedruckter Papiere. Vermutlich Traktatblätter. Oder Hausordnungen. Oder Fahrpläne.

Herr Kegerle reicht mir eins der bedruckten Papiere.

Lesen Sie das! sagt er kurz.

Danke, sage ich, die Kellerfenster sind geschlossen, ich geh jetzt.

Es ist besser, sagt Herr Kegerle, Sie lesen das Blatt hier unten durch. Es soll erst kurz vor der Wahl verteilt werden. Würde mich freuen, wenn Sie sich dafür erwärmen könnten! Guten Abend, Herr Kraschewski.

Er geht. Ich sehe ihm nach. Eines Abends im Keller des Ledigenheims. Ich öffne das Kellerfenster, lasse frische Luft in den Keller und lese.

Achtzehntes Kapitel
Rautenbach
ein Mann der Stunde
(An alle Daxinger Haushalte)

Bis zur Stunde ist Rautenbach der Einsame. Alte, junge, stete und täglich neu hinzukommende Freunde sind in Vielzahl vorhanden, garantieren aber noch nicht die wirksame Weitergabe, die wirksame Verwirklichung seiner Gedanken, seiner Pläne. Jeder, der dies liest, wird fragen: Was denkt Rautenbach? Was plant Rautenbach? Wir antworten!

Rautenbach ist Tatsachenmensch. Ein Mann, der sich an nichts hält als an Tatsachen. Tatsachen bestimmen sein Denken, sein Handeln, seine Pläne. Tatsachen, sagt Rautenbach, zählen in der Gegenwart, Tatsachen, sagt er, zählen auch in der Zukunft. Alles andere gehört nicht hierher, nicht in unsere Gegenwart, nicht in unsere Zukunft.

Sein einsamer Standpunkt findet allmählich verständnisvollen Zuspruch.

Noch nie hat ein Mann so gründlich erklärt, das Übel an der Wurzel packen zu wollen. Und daß solche Wurzeln allerorten auf einen Mann wie Rautenbach warten, sieht der Dümmste ein.

Deshalb finden sich, gerade jetzt vor der Wahl, die Einsichtigen unter uns, die Hellhörigen unter uns, alte und junge Daxinger, Gebildete und einfache Menschen, Kranke und Berufstätige aller Schichten, Männer auf den Landstraßen als Überlandfahrer, Kapitäne auf hoher See, Ärzte und nicht zuletzt unsere Hausfrauen immer mehr zu einer festgefügten Anhängerschaft der Rautenbachschen Gedanken und Forderungen hie und anderswo zusammen.

Wie kam es dazu?

Jedes Daxinger Kind weiß: Der Name Rautenbach hat einen guten, geschätzten, ja geselligen Klang! Das schöne, im Mittelpunkt Daxingens gelegene Konzert-Restaurant, Stätte gepflegter Tradition, ist sein Eigentum!

Nicht zu zählen die Brautpaare, die in Rautenbachs Festsälen den ersten Tanz des Lebens tanzten! Nicht zu zählen die Zusammenkünfte aller Art – von wöchentlichen Vorträgen über unterschiedliche Wissensgebiete bis hin zu Feierstunden auf Allgemeinebene.

Rautenbach – wir nennen ihn so, damit sein Name sich einprägt wie eine Losung! – Rautenbach, als Tatsachendenker, hat reiche Erfahrung in der Beobachtung seiner Umwelt, seiner Mitmenschen sammeln dürfen infolge seiner jahrelangen, zu aller Zufriedenheit gelösten Führung des Konzert-Restaurants. Ein Haus seiner Art durch Fährnisse der Zeit aufrecht erhalten zu können, das hat Rautenbach uns allen bewiesen. Er liebt seinen Beruf. Seine Familie steht hinter ihm. Die Richtung stimmt!

Das ist sein Wort, sofern es um *ihn* und seine Familie geht. Sie stimmt nicht, sagt Rautenbach, sofern es um Dinge geht, die jetzt in diesen Tagen vor der Wahl entscheidend mitsprechen und gesunde Verhältnisse wie kaum zu einer Zeit erforderlich machen.

. Auch hier ist Rautenbach kein Träumer, kein Schwärmer!

Stunden der Gefahr, sagt Rautenbach, dürfen nicht unbedacht bleiben. Er, ein Mann der Geselligkeit, kennt das Leben! Kennt vor allem die Bedrohung, die wirtschaftliche, die Katastrophe, den unverhofften Überfall. Von welcher Seite er kommen mag – wichtig und lebenswichtig ist Wappnung! Wer Feuerlöscher ins Haus bringt, ist kein Brandstifter!

Wer sich einstellt auf die Stunde der Gefahr, wird in gefahrvoller Stunde nicht unbedacht, nicht willkürlich, nicht nach Kriegsrecht handeln! Rautenbachs liebstes Wort ist: Besonnenheit! Das heißt aber nicht: Die Feuerwehr soll aufgestellt werden, wenn der Brand bereits wütet. Nein, sie muß aufgestellt werden, damit der Brand, beginnt er zu wüten, sofort im Keime erstickt werden kann.

Das leuchtet ein. Jedem!

Rautenbach nennt das: Vertrauen in die Zukunft!

Seine näheren Gedanken und Pläne wird Rautenbach demnächst in den Räumen des Konzert-Restaurants seinen Freunden, Anhängern und seinen – so hoffen wir! – künftigen Wählern anläßlich einer Großveranstaltung vortragen.

Doch eins vorweg: Es gibt auch in Daxingen, Waxingen und Raxingen gewisse Kreise, die sich der gemeinsamen Abwehrfront entgegenstellen. Eine Minderheit zunächst, wie auch Rautenbach eine Minderheit vertritt! Allerdings ist Rautenbachs Minderheit ein Zeugnis der Bescheidenheit, kein frecher Blick ist da zu finden, kein unbedachter Schrei! Störenfriede mögen der Veranstaltung fernbleiben, eine Abfuhr ist ihnen von seiten klar denkender Menschen unbedingt sicher!

Rautenbach, als selbständiger Unternehmer, handelt auch in seiner Freizeit selbständig und zielbewußt.

Mit Sachkunde hält er sich am liebsten außerhalb Daxingens auf, dort in Wiesengründen des Forstes.

Dort, bei Vogellaut und fern der Tagespflicht, kann Rautenbach die Gedanken sammeln, die ihm tagsüber, inmitten seiner Angestellten des Konzert-Restaurants, nicht zu Diensten sein können.

Rautenbach hat sich selber den (bis zur Stunde!) Großen Einsamen genannt. Wer ihn draußen, außerhalb Daxingens, durch die Holzungen gehen sieht, wird erkennen: Rautenbach hält sich mit beiden Beinen fest auf der Erde, auf dem Boden der Tatsachen, die ihn tragen, stützen, die ihm Energie schenken, einen Blick verleihen!

Mit Freizeitwanderungen, mit disziplinierten Übungen und dem Bekenntnis zu straffer Bereitschaft des einzelnen dient er am besten der wirksamen Weitergabe seiner Gedanken, der wirksamen Verwirklichung seiner Pläne: Einsichtige zu finden, zu sammeln, Einsichtige mit dem Mut zur Gegenwart.

Ein Mann, der sich an nichts hält als an Tatsachen!

Tatsachen zählen auch in Daxingen. Wie überall in der Welt. Daxingen ist ein Teil dieser Welt, Rautenbach ein Mann der Stunde.

Neunzehntes Kapitel
Zweiter Versuch
die Gunst der Bürgerin zu erlangen

(Du triffst dich mit einer Dame, beachte: Komplimente mit dem Hut in der Hand fordern eine mäßige Armbewegung, wobei sich der Arm nicht zu weit vom Körper entfernt. Geschieht dies, so ist das Kompliment verfehlt, es erregt Lachen. Merke dir auch: Es ist unartig, den Schmeichler zu spielen. Die redliche Frau erwartet Gesetztheit. Es ist unanständig, nur zu schmachten und zu seufzen. Auch andere Übertreibungen sollten vermieden werden. Manche Männer, besonders frisch verliebte, hüpfen und springen. Das erinnert an Vögel. Spott bleibt nicht aus.

Wer sein Glück in der Welt machen will, der muß der Welt gefallen. Muß das an sich haben, was nach allgemeiner Meinung als schön, als liebenswert gilt. Hier den Sonderling spielen wollen, ist Torheit. Man lebe einfach und mäßig. Lasterhaftigkeit, Liederlichkeit, Leidenschaften, Neid und Zorn machen gelb und fahl, rauben dem Auge Glanz und Kraft, vertilgen Gesundheit und Jugend von Lippe und Wange, nehmen dem Körper Gewandtheit, Raschheit und Lust zur Tätigkeit, schwächen die Lebenskräfte, bewirken ein frühes Alter.

Wen erkennt man sofort am zitternden, schleichenden Gange, an der dürren Hand, an dem beständigen Mißmut, an der schwachen, heiseren Stimme, an den matten Blicken? Den Lasterhaften! Wer sieht in der verzerrten Lippe, in den kleinen, schielenden Augen, im hämischen Lachen des Mundes, in der blassen Gesichtsfarbe nicht: den Neid! Welch gräßliche Züge hinterläßt der Zorn, wie verwirrt er das Gesicht, wie verkrampft er Lippen, Stirn und Auge!

Deshalb: der Ton im Umgang mit Frauen muß herzlich, freundlich, gefällig und bescheiden sein. Man sagt zu einer Dame nicht: Es ist finster in der Stube, belieben Sie nicht anzustoßen, hinzufallen! – Man sagt nicht: Greifen Sie zu, es verdirbt sonst alles, man muß es wegwerfen! – Halte dich jederzeit an diese Regeln, die gute Aufnahme wird nicht ausbleiben, mein Freund.)

Angetan mit diesem Leitfaden aus der spärlichen Bibliothek des Ledigenheims, erwarte ich die Bürgerin unweit der alten Mühle.

Die alte Mühle ist eine Windmühle.

Sie hat ihre vier Flügel von sich gestreckt, sie ist in gutem Zustand. Mahlen wird sie wohl nicht mehr, das verlangt auch niemand von ihr.

Der schöne Hut, die grüngestrichene Abschlußkappe oben auf dem Mühlenhaus, leuchtet wohltuend unter der Sonne. Ich kann verstehen, daß die Bürgerin gern ein gemaltes Bild von dieser Mühle haben möchte. Ich wills versuchen.

Ich werde sogar, wenn mir die Mühle gelingt, einen ehemaligen Bewohner der Mühle mit aufs Bild malen: den Müller. Und ganz heimlich, vielleicht aus einem Fenster der Mühle, soll der Bursche des Müllers, der Müllersbursche, sein Gesicht, seinen Kopf rausstrecken: lächelnd und mit meinen Eselsohren am Kopf. Eine schwierige Aufgabe natürlich. Außerdem fragt sich: Wird die Bürgerin mit diesen Beigaben einverstanden sein?

Dieser Tag hat viele Vögel.

Die Vögel sprechen verschiedene Dialekte. Goldammern fliegen überall herum. Mauersegler setzen sich in die Sparren der Windmühlenflügel. Mein Bild für die Bürgerin muß sich auf bestimmte Dinge beschränken. Goldammern und Mauersegler dürfen *tatsächlich* nicht abgebildet werden, müssen aber, wie in einem Suchbild, jederzeit aufflattern können.

Ein Sonnentag mit keiner einzigen Wolke am Himmel.

Volles Getreide steht rings um die Windmühle. Gänzlich stille Kornfelder. Die Halme sind beinah mannshoch.

Grillen sind zu hören. Hundert? Auf jedem Quadratmeter sitzen hundert? Das sind Brüder! Sitzen und geigen.

Wer hat das nur zum erstenmal gesagt? Nichts zu machen, bis in die Ewigkeit: Grille und Geige.

Wo bleibt die Bürgerin?

Zwar weiß ich den Namen der Bürgerin noch immer nicht, aber wir sind verabredet. Ich sagte ihr: Sie finden mich dann bereits bei der Arbeit, ich male, das heißt, ich stelle mich darauf ein, zu malen. Sie blickte prüfend zu mir herauf (ja, sie ist etwas kleiner als ich) und war schon verschwunden. In der Promenade. Vergessen wir mal das Polizeigebäude daneben, obschon die Bürgerin auch diesmal, so schien es, gerade das unangenehme Gebäude verlassen hatte, als ich sie traf und um dieses erste Rendezvous bat.

Mein Malkasten gefällt mir.

Wenn ich ihn öffne (der Heimleiter hat ihn für mich aufgestöbert in irgendeiner Ablage), schauen mich die bunten Schildchen der Farbtuben aufmunternd an. Jedesmal, beim Hochheben des Deckels, kommt mir der Gedanke: du öffnest die Tür zu einem Kinderzimmer voller Kinder. Eben spielten sie noch, jetzt öffnet jemand die Tür, alle Kinder blicken dich an, ertappt beim Öffnen ihrer Malkästen.

(Soll ich mich jetzt zur Bürgerin hindrehen nach rechts? Oder so tun, als ginge ich sofort an die Arbeit?)

Sie sagt: Mein Haar ist zerzaust! Sie malen schon? (Ihrer Handtasche entnimmt sie einen Spiegel, schaut hinein, nimmt einen Kamm aus ihrer Handtasche, blickt mich lachend an, schüttelt ihr Haar, kämmt, zupft, lacht, wird ernst, schaut auf den Malkasten, steckt schnell Kamm und Spiegel zurück in die Handtasche, schließt sie und streicht mit den Fingerspitzen über eine Handtaschenseite.)

Ich male noch nicht, sage ich.

(Ich betrachte ihr Gesicht: Frau aus dem Ovalbild? Ich frage mich: Warum konnte sie nicht erraten, was des Stehaufmannes Ehefrau morgens ins Schlafzimmer ihres Gatten ruft? Ich muß ihren Namen wissen! Damit ich sagen kann: Aber bitte (hier folgt der Name), wie soll ich Ihnen erklären, daß ich solche Rätsel doch nur einem Menschen aufgebe, den ich liebe!)

Ich heiße Kraschewski, sage ich, ein Name, der ein bißchen poltert. Alexander mein Vorname. Seit einiger Zeit beim Straßenbau beschäftigt, während der letzten Wochen als Helfer des Heimleiters im Ledigenheim. Wie gefällt Ihnen das Pferd da drüben?

Ein Pferd? sagt sie.

Ja, das da am Kornfeld. Am Rand...!

Wo? Wo denn? Wo? Ich sehe kein Pferd? Wo am Rand...?

Aber das vierbeinige! Sehen Sie nicht? Am Rand...!

Wo? Ein Pferd? ruft sie ängstlich. (Puppenblick!)

Ein kleines! Und grau! Am Kornfeld, am Rand...!

Eine Mau..., schreit sie, eine Maus!

Sie umschlingt mich zitternd mit beiden Armen. Mit beiden. Ihr Haar ist braun? Sie weint. Ich sage zu ihr: Aber aber! Das also ist eine Maus! Kein Pferd, ach, da hat mein Vater mich als Kind an der Nase rumgeführt, man wird sowas sein Leben lang nicht los. Eine Maus! Nicht weinen. Ich male das Bild von der Mühle auf jeden Fall ohne Maus. Auch ohne Pferd, wenn Sie das an eine Maus erinnert. Nur nicht weinen. Nein?

Langsam hebt sie den Kopf.

Das Ovalbild ist unter verlaufener Schminke vergangen. Über ihre Wangen, wie auf Moritatenbildern, stehen zwei getrocknete, dunkelgraue Bäche.

(Die Handtasche folgt. Die Bürgerin dreht sich weg von mir, ihr Ellbogen, der rechte: arbeitet, ruckt, hält inne, arbeitet. Mechanisches Werk, das abläuft und anheimelt. Die Bürgerin ist, wie man so sagt, recht eigenwillig.)

Der Ellbogen hat seine Arbeit getan, sie dreht sich um. Alles, was nach Moritatenbild aussah, ist verschwunden. (Sie ist froh?)

Verzeihn Sie, sagt sie leise, schon der Anblick einer Maus ist entsetzlich! Und Sie waren so nett, mich abzulenken mit

Ihrem Pferd. Das war sehr aufmerksam. Und wenn Sie... das Bild malen, bitte malen Sie *nur* die Mühle, die Mühle ohne Kornfeld, ohne Kornfeldrand, denn Kornfeld und Kornfeldrand erinnern mich zwangsweise an die Maus. Verzeihn Sie bitte, auch das *Wort* Maus ist entsetzlich. Ich muß gehn, es war meine Mittagspause...

Auf Wiedersehn, sage ich betrübt.

(Betrübt, verdattert. Was hat sie gesagt: Auch das *Wort* Maus ist entsetzlich! Reg dich nicht auf, der Ton im Umgang mit Frauen muß herzlich, freundlich, gefällig und bescheiden sein. Man sagt zu einer Dame nicht: Aber werden Sie doch nicht hysterisch, das ist doch nur eine Maus! – Man sagt nicht: Na, dann malen Sie ihre Mühle mal selber! Ohne Kornfeld, ohne Kornfeldrand!)

Sie ist gegangen.

Ich setze mich auf einen Baumstumpf.

ZWANZIGSTES KAPITEL
*Zwei Begegnungen
draußen bei der Mühle*

Ja, ich sitze gut, der Baumstumpf ersetzt mir einen Stuhl in dieser Landschaft mit keiner einzigen Wolke. Mit Goldammern und Mauerseglern. Ahnte ich doch: Mein Bild für die Bürgerin (jetzt ist sie weg, ihren Namen weiß ich noch immer nicht!) muß sich auf bestimmte Dinge beschränken.

Auf die Mühle mit den Flügeln also. Und ohne den Müller wahrscheinlich. Nachher male ich ihm einen Mausekopf, was dann! Auch mein Konterfei in Gestalt eines Müllerburschen muß wegfallen. Das erschreckt sie womöglich!

Nein, ich stehe auf vom Baumstumpf. Ich gehe rüber zum Rand des Kornfelds, an den (was das Bild betrifft) nicht vorhandenen Rand des nicht vorhandenen Kornfelds (was das Bild betrifft). Ich schaue hinüber zur Mühle, mein

Blick spaziert über mannshohe Halme, ich entwerfe das Bild, das ich malen will, ich halte das Kornfeld mit der linken Hand fest, mit der rechten greife ich mir die Mühle, hole sie mehr in den Vordergrund, schiebe sie wieder zurück, rücke das Kornfeld wieder an den alten Platz, so daß aufgeschreckte Vögel wieder zur Ruhe kommen und die Grillen weitergeigen können.

Das Kornfeld, sage ich, das Kornfeld. Was geschieht da? Ja, was geschieht denn da?

Ein Hut. Ein schwarzer Hut, eine Melone. Ein Hut kommt auf mich zu in schlingernder Linie auf den Spitzen der Halme. Geradewegs aus Mühlenrichtung kommt eine schwarze Melone auf mich zu. Sie beschreibt eine schlingernde Linie, sie kommt auf mich zu auf den Spitzen der Getreidehalme. (Ein Sonnentag mit keiner einzigen Wolke am Himmel. Ich bin hier allein.) Was geschieht?

Der Hut nähert sich aus Mühlenrichtung in schlingernder Linie. (Grillen. Ich weiß, sie besitzen gute Instrumente. Jetzt weiß ich das.)

Der schwarze Hut, die rundliche Melone, kommt geradewegs trotz schlingernder Linie (die Linie, die der Hut beim Näherkommen beschreibt, ist eng, deutet einen Pfad an auf den Spitzen der Getreidehalme) mit einem Menschen – ja doch! – mit einem Menschen kommt der schwarze Hut aus dem Kornfeld heraus, der Hut wird abgenommen, der Mensch ist ein Mann, mannshoch wie die Halme des Kornfelds, halbwegs korpulent, ein wenig betreten, scheu, er hält den schwarzen Hut in der Hand, eine mäßige Armbewegung, wobei der Arm sich nicht zu weit vom Körper entfernt, ein Mann mit winzigen Augen, Mauseaugen – nur das nicht! –, ein Mann in schwarzer Jacke, grauer Hose, mausgrau, o ja, das stimmt, in mausgrauer Hose, in kleinen, polierten, schwarzen Schuhen mit mausgrauen Schnürsenkeln, ein Mann meines Jahrgangs, unstete, nicht abstoßende Gesichtszüge.

Merkwürdig, daß mich die Goldammern mit großen,

flinken Augen vom Windmühlenflügel herab so aufmerksam beäugen. (Herr Liebeskind? Der Jugendschriftsteller August Jakob Liebeskind?)

Der Mann hat ein gutes Betragen, er wirkt nicht kleinlaut, ernste Freundlichkeit ziert seinen Auftritt am Rande des Kornfelds, durch das er den Weg hierher gefunden hat zu mir, der nicht imstande ist, die knappe, respektvolle Verbeugung des Mannes angemessen zu erwidern.

Ich suche, sagt der Mann, den Müller. Er ist in der Mühle nicht zu finden. Wohnt der Müller nicht mehr in der Mühle?

Ich weiß nicht, sage ich.

Haben Sie nachgeschaut? fragt der Mann.

Nein, sage ich.

Überhaupt noch nicht? fragt der Mann.

Nein, noch nicht.

Sie werden also, fragt der Mann, nachschauen?

Ja, ich werde nachschauen.

Danke, sagt der Mann, vielleicht haben Sie Glück! Haben Sie aber Glück und Sie finden den Müller, dann sagen Sie's mir beim nächsten Mal, bitte. Diesmal wäre ich beinah umsonst auf die Suche gegangen. Jetzt nicht mehr umsonst, Sie helfen mir ja beim Suchen.

Ja, sage ich, ich werde nachschauen.

Das einzige, sagt der Mann, was ich in der Mühle fand, sind Mäuse. Auf bald, ich danke Ihnen.

Der Mann geht am Rande des Kornfelds entlang, sein schwarzer Hut, die Melone, sitzt auf dem Kopf, er entfernt sich sehr langsam, und je mehr die Dinge sich entfernen, desto kleiner erscheinen sie uns. Solche Wahrnehmungen spare ich auf für die Arbeit an meinem Bild und kehre zurück zum Baumstumpf.

Ich sitze auf dem Baumstumpf, der mir einen Stuhl ersetzt in dieser Landschaft mit keiner einzigen Wolke. Mit den verschiedenen Dialekten der Vögel. Mit Mauerseglern. Mit stiller Nachmittagssonne. Mit Lärm.

Mit Lärm?

Mit dumpfen Tritten?

Mit dem Lärm dumpfer Tritte?

Mit dem dumpfen Lärm kurzer, auf der Stelle tretender Tritte? Mit einem Befehl! Mit der Stimme eines Menschen in nächster Nähe hier! Ich stehe auf vom Baumstumpf.

Ein paar Schritte. Was ist das? Auf einem kleinen Wiesenstück, eingefriedet von wilden Hecken, steht ein (anderer) Mann – die linke Hand am Jackenbund, die rechte gestikulierend von sich gestreckt. Dieser andere Mann (der nicht weiß, daß sich soeben ein Märchen zugetragen hat drüben am Kornfeld) dieser Mann sieht mich nicht, ich beobachte ihn durch das Dickicht der wilden Hecke.

(Er ist grün uniformiert. Er trägt ein Koppel um den Jakkenbund. An den Waden: lederne Schafthüllen mit Ösenverschluß. Die linke Hand am Jackenbund, zieht er aus der rechten Jackentasche ein Stück Papier, liest ab vom Blatt, spricht, unterschiedlich laut:

Ich, Rautenbach, habe euch ins Freie verholfen! Nach und nach habt ihr den Ball aufgenommen, den ich hinrollte in schwieriger Zeit. Euer gutes Glück, daß ihr springen lerntet, Haschen, Holen und Zurückbringen! Nun könnt ihr nicht mehr auskommen ohne mein Lob, meinen Tadel. Auf dieser Grundlage baue ich weiter an euch! Seid also gelehrig, macht Fortschritte, löst Aufgaben mit mir, jagt diesen und jenen, bringt ihn zur Strecke in aller Namen, beeilt euch! Jeder von euch hat ein Recht auf Behandlung. Gewaltmaßregeln treffen niemals den Willigen, den Könner im Springen und Haschen, – Maßregeln treffen nur den, der, irregeleitet, kurzsichtig und einseitig apportiert gegen den Ausbau unserer Ordnung, der ich, mit Nachdruck, ernst und ohne zu ermüden, die bleibenden Insignien zurückerobern werde, wolle es kosten meine Nachtruhe, meine Mühe, meine Bereitschaft, meinen Verzicht, meine Vorübung, meine Kraft!) Der Mann hat seine Ansprache beendet, er steckt das Papier zurück in die Jackentasche. Jetzt, mit wortlosen Gesten, wiederholt er die Ansprache.

Er öffnet weit den Mund, sagt und spricht und ruft aber nichts. Er hebt die Augenbrauen, wiegt den Kopf, tut so, als spräche er wie ein Redner zu unsichtbaren Zuhörern, ereifert sich stumm, zeigt auf mich, zeigt auf andere, zeigt und zeigt in jede Richtung, bricht ab, läßt den Arm fallen, hebt ihn, schüttelt den rechten Zeigefinger, droht, bricht wieder ab, läßt den Arm fallen, läßt ihn dicht an den Körper gepreßt, hebt das Kinn, schaut mit erhobenem Kinn drohend in jede Richtung, bleibt einen Augenblick wie erstarrt stehen, entspannt sich, lockert die Glieder, lacht auf, sehr anregend klingt dieses Auflachen nicht, der Mann strafft sich, sagt (leise): Stillgstanden, läßt die linke Hand am Jackenbund, beginnt zu laufen, nein, er marschiert, kurze Tritte auf der Stelle, sagt (leise): Abtlung Masch, marschiert mit dumpfen Tritten, mit dem Lärm dumpfer Tritte auf Wiesenboden zweimal quer über das eingefriedete Wiesenstück, marschiert durch eine breitere Heckenöffnung, ich will nicht, daß er mich entdeckt, da entdeckt er mich schon.

Nanu, sagt er scharf, Sie beobachten mich?

Ganz zufällig. Ich kam hier vorbei.

Suchen Sie was? Spionieren Sie rum? Wirken ziemlich ertappt!

Ich habe vorhin ...

Sie haben vorhin. Was haben Sie?

Vorhin drüben am Kornfeld ...

Am Kornfeld – aha!

Ja, ein Märchen hat sich zugetragen am Kornfeld. Lieben Sie Märchen?

Natürlich liebe ich – Märsche!

Märchen, sage ich.

Märsche, sagt er.

Er strafft sich, sagt leise: StillgstandenAbtlungMasch! hebt das Kinn, schaut mich an, sagt leise: Spionieren Sie nicht, gehnse, ich warne Sie, Sie stören ein wenig!

Die linke Hand am Jackenbund, beginnt er auf Wiesenboden quer über das eingefriedete Wiesenstück in kurzen Tritten eine Spur zu hinterlassen in jede Richtung.

Dritter Teil

Einundzwanzigstes Kapitel
Ein Wort an die Kollegen
vom Asphalt- Teer- und Straßenbau

Schattenspiele (in Begleitung einer Menschenstimme, verteilt auf mehrere Figuren) waren bisher als Beitrag zu Daxinger Wahlveranstaltungen unbekannt. Herr Ludwig hatte auf ein gemeinsames Chorlied aller Bewohner des Ledigenheims gehofft, hatte zunächst Erfolg bei einigen Hausbewohnern, verwarf aber nach der zweiten Probe die dritte und alle folgenden, denn die älteren, stets angeduselten Teilnehmer zerlachten jede ernste Partie und fügten dem Text unangemessene Worte bei.

Mißmutig verfolgte Herr Ludwig meine Vorbereitungen.

Wir saßen in der alten Kartonage des Ledigenheims, einer Räumlichkeit, in der noch vor Jahren gearbeitet wurde an längst überholten Niet- und Falzmaschinen. In Ölpapier verpackt und an ihren Trägerteilen rundum verschnürt wie Rosenstöcke vor dem Winter, standen die alten Apparate abholbereit auf schweren Holzkufen.

Der betonierte Fußboden lag voller Pappreste. Ich zeichnete drei Figuren auf gleichgroße Pappstücke (die dick genug sein mußten, ihre Form beizubehalten für einen scharfen Schatten): drei Männer in Stiefeln, der Helm des ersten sehr auffällig mit einem Nackenschutz, der des zweiten dem Helm des ersten nicht unähnlich, der Helm des dritten dagegen ein dürftiger Helm, ein Napf. An den Leibern, mit Gelenkknöpfen versehen, Paßzeichen für Arme und Beine. Die ausgeschnittenen Teile, zusammengesetzt und vom Spieler gehandhabt, posierten deutlich Rangunterschiede.

Kurz vor der Wahl, sagte Herr Ludwig, sind alle Leute

verrückt geworden. Und frech! Ganz abgesehen von der Pleite mit dem Chor! Anfang der Woche kommt ein Vertreter für Krückstöcke ins Heim, hält einen Vortrag, die Wahl sei Anlaß für einen günstigen Rabatt, den er mir einräumen könne bei Abnahme von fünfzig Krückstöcken aufwärts. – Kraschewski, raten Sie mal, was ich gemacht habe! Ich hab ihn kurzerhand rausgeschmissen. Mein Gott, hat der Kerl einen Schreck bekommen! Den Probestock in der Hand, sprang der arme Gauner die Treppe runter, zwei, drei Stufen auf einmal. – Hm, wie ich sehe, fabrizieren Sie da lauter Soldaten aus Pappe...

Einer davon ist Soldat, sagte ich.

Und die andern?

Sind die Vorgesetzten des Soldaten.

Herr Ludwig schwieg. Dann sagte er zaghaft: Haben Sie etwas Bestimmtes vor, lieber Kraschewski?

Ja, sagte ich, ich möchte ein paar Sehenswürdigkeiten zeigen.

Wem denn? fragte er ungeduldig.

Den Teilnehmern an der großen Wahlveranstaltung in Herrn Rautenbachs Konzert-Restaurant. Übermorgen am Wahlsonntag. Und als Beitrag des Daxinger Ledigenheims, weil... weil die Sache mit dem Chor eben nicht möglich ist.

Ja, sagte Herr Ludwig, jaja. Ein paar Sehenswürdigkeiten zeigen. Jaja. Sie wollen... nein, Sie möchten...

Er berührte mich am Jackenärmel: Kraschewski, rundheraus gefragt: Was ist Ihr Beruf? Sind Sie Straßenbauarbeiter?

Übermorgen bin ich Schattenspieler.

Und gestern, sagte Herr Ludwig, gestern waren Sie Plakatmaler? Stimmt das?

Woher wissen Sie?

Herr Kegerle hat Sie durchs Kellerfenster beobachtet. Er ist nicht unbedingt Ihr Freund.

Er ist ein Sabelmutz!

Wie bitte? rief Herr Ludwig erstaunt, kommt das von Ihnen? Haben *Sie* das erfunden? Beinah jeden Tag beschwert sich Herr Kegerle über diesen Ausdruck...

Ein Kind hat diesen Ausdruck erfunden.

Ein Kind? sagte Herr Ludwig.

Ja, ein Junge. Soviel ich weiß, hat der Junge sich nur erkundigt bei Herrn Kegerle, ob Herr Kegerle ein Sabelmutz sei.

Kraschewski, sagte der Heimleiter, Sie können nicht anders, Sie wollen mich an der Nase rumführen. Das geht nicht. Das sollten Sie nicht tun. Bald ist der Springbrunnen fertig, rechts unter Ihrem Fenster. Möchten Sie, daß er abends in verschiedenen Farben angeleuchtet wird?

(Ich konnte nicht antworten.) Seine furchtsame, unverstellte Frage paßte so selbstverständlich zu ihm, daß ich nicht antworten konnte. Er stand auf, zuckte betrübt die Schultern, blieb noch ein wenig vor mir stehen, dann verließ er die Kartonage, diesen Abstellraum für dämmrige Gespräche und altes Inventar. Hier, in einem Nischenregal, hatte ich ein Verzeichnis unbetitelter Satzungen entdeckt.

Eine davon übertrug ich in Blockschrift auf zwei Plakatpappen, beidesmal denselben Text. Die Pappen zum Tragen auf Bauch und Rücken, in der Hüfte links und rechts zusammengehalten mit Bindfaden. Auf beiden Schrifttafeln der Text:

WER DU AUCH SEIST – OB DU EIN MANN BIST, DER EINE SCHAFHERDE FÜHRT; OB DU BARFUSS DURCH DIE WÜSTE WANDERST, UM DEN ARMEN UND REICHEN DAS HEIL ZU VERKÜNDEN; OB DU UNS DEN GRUSS BENACHBARTER ODER FERNER STÄDTE ENTRICHTEST; OB DU FÜR EINEN TAG, FÜR EIN JAHR ODER DEIN LEBEN LANG BEI UNS VERWEILEN WILLST – WER DU AUCH SEIST, DU BIST UNS WILLKOMMEN. – WISSE: DIES IST EINE STADT; SIE HEISST: KLEINKIND UNTER DEN STÄDTEN DER WELT. VOR UNSEREN TOREN FINDEST DU KEINEN POSTEN; DEINE REISEPAPIERE ZEIGE UNS NICHT; WIR BITTEN DICH, WAFFEN DER BOSHEIT ABZULEGEN, NETZE DER LIST ZU VERgraben. Betritt eine Stadt; sei eingedenk, wir heissen dich ohne Argwohn willkommen.

Den infamsten Dieb (eingestiegen durchs Kellerfenster des Ledigenheims) hätte Herr Kegerle besser ertragen als diesen Anblick am frühen Nachmittag: Sandwichmann Kraschewski geht an ihm vorbei zum Ausgang, zum Mittelportal. (Und was tat Kegerle?)

Herr Kegerle gab ein merkwürdiges Lachgeschrei von sich. Das zuerst. Dann Pause. Er las wohl den Text. Währenddessen hilfloses Geschnicker.

Halt! rief er, bleiben Sie stehn!

Ich blieb stehn, er holte mich ein, starrte auf die vordere Schrifttafel, las denselben Text ein zweites Mal, war unfähig, seine Verblüffung auszuspielen in Haß. Er öffnete den Mund, sah mich an, sprach nichts.

Hören Sie, sagte ich, Sie lachten soeben wie ein Pinguin. Woher diese Fähigkeit?

Woher? fragte er, ließ den Mund offen, sah mich an.

Oder war es das Lachen einer Meerkatze, Herr Kegerle? Auf meinen Wanderungen traf ich Pinguine und Meerkatzen. Die einen sind gutmütig, die andern auch. Sie lachten also wie ein gutmütiges Tier.

Und das..., stotterte er, wurde rot, wütend, schrie: Und das... das sagen... *Sie* mir! Das sagen Sie *mir*? (Er holte tief Luft, ein bestimmter Gedanke schien ihn anzuregen.) Sie sagen *mir* das? Sie? Hab ich Ihnen nicht den Rautenbachschen Aufruf gegeben? Ich hab Sie eingeweiht in seinen Wortlaut, bevor der Aufruf in Daxingen verteilt wurde! Und Sie vergleichen mich mit einem Pinguin?

Nein, sagte ich, Ihr *Lachen* erinnerte an das Lachen eines Pinguins. Das ist eine Tatsache, Herr Kegerle.

Soso, sagte er mürrisch, Pinguine lachen also. Ich glaube Ihnen das nicht, Herr Kraschewski.

Eine Tatsache. Tatsachen zählen! Nicht glauben, Sie sollen mir das nicht glauben, Herr Kegerle. Halten Sie sich an Tatsachen.

Er schwieg, las wieder den Text der Schrifttafel, die ich vorn auf dem Bauch trug.

Schafherde, sagte er kopfschüttelnd, Schafherde. Wisse, dies ist... eine... Stadt. Welche Stadt, Herr Kraschewski?

Eine, Herr Kegerle.

Vor unseren... Toren, las er weiter, findest... du keinen Posten.

Sagen Sie mal – keinen? Keinen einzigen?

Nein, keinen einzigen.

Wo ist denn das zum Teufel! Was wollen Sie mit diesem Programm? Wer hat das aufgestellt? Wer läuft denn heute noch barfuß? Wer latscht denn heute noch mit Schafherden durch die Gegend? Haben Sie nicht den Aufruf gelesen? Wissen Sie denn nicht, was Rautenbach denkt? Mensch, übermorgen ist Wahlsonntag! Sind Sie ein Träumer? Ein Mann von Gestern?

Nein, sagte ich leise, neinnein. Ich bin der Helfer des Heimleiters Ludwig. Ich bin ein Sabelmutz und mache gleich einen Spaziergang durch Daxingen, einen sehr ausgedehnten Spaziergang bis in die Umgebung von Daxingen. Vielleicht treffe ich dort draußen Herrn Rautenbach beim Exerzieren...

Das geht Sie nichts an! Sie haben mich schon wieder gekränkt mit diesem verfluchten Sabelmutz!

Lieber Herr Kegerle, haben Sie nicht den Aufruf gelesen? Wissen Sie nicht, was Rautenbach denkt? Übermorgen ist Wahlsonntag! Sind Sie von Gestern? Lassen Sie sich irritieren, wenn ein Kind zu Ihnen sagt: Du bist ein Sabelmutz! Ein Kind! Kann ein Kind Sie irritieren? Tatsächlich? Was ist denn ein Kind? Mensch, Kegerle – ich erwarte, daß Sie ein Mann sind!

Jawoll! (Er wollte salutieren.)

Na also, sagte ich, endlich! Endlich begriffen! Endlich?

Jawoll, Herr Kraschewski!

Ich kann auf Sie rechnen, Kegerle?

Jawoll!

Gut, bis später! Danke Ihnen, Kegerle.

(Jeder hat schon bemerkt, daß ein Kirchturm unter Umständen kleiner erscheint als ein Baum, obwohl ein Baum nur selten so hoch ist wie ein Kirchturm. Dies ist der Fall, wenn der Baum nahe, der Turm weit absteht.

Durch ein offenes Fenster können wir eine ganze Landschaft mit Mühlen, Häusern und Bäumen sehen, dennoch ist die Fensteröffnung viel kleiner als ein Haus, ein Baum oder eine Mühle. Auch durch offenstehende Türen sind oft zwei oder drei Giebel der gegenüberliegenden Häuser sichtbar, wenn diese weit genug von uns entfernt sind.

Zwischen zwei Pappeln bewundern wir ein prachtvolles Schloß mit Umgebung, dennoch ist ein Schloß entschieden größer als der Abstand zwischen einem Baumpärchen.

Durch die Gitter eines Balkons kann man ein Meer voller Wellen sehen. Aus dem Fenster eines Eisenbahnwagens erblickt man eine ganze Gegend. Solche Wahrnehmungen ergeben sich aus dem Grundsatz: Je größer die Entfernung der Dinge, desto kleiner erscheinen sie uns.

Meine Beobachtungen, aufgespart für die Herstellung des Mühlenbilds – hier, im Flur des Ledigenheims, galten sie nicht! Denn je größer die Entfernung wurde zwischen Herrn Kegerle und mir, je weiter und schneller ich mich entfernte von ihm, zum Ausgang lief, zum Mittelportal, die Plakate auf Rücken und Bauch, desto unheimlicher wirkte Herrn Kegerles kerzengrade Haltung, desto betonter klang sein *Jawoll* in mir nach, zwang mich, noch beim Laufen ums Haus, die Plakate abzubinden und in der Kartonage zu verstecken.

Ein Weilchen saß ich bei meinen Schattenfiguren, bewegte da einen Fuß, da einen Arm, ließ sie probehalber ein paar Schritte machen, gestikulieren, kommandieren und sich bewegen im Sinne meiner bevorstehenden Aufführung anläßlich der Wahlveranstaltung in Rautenbachs Konzert-Restaurant.)

Freitagnachmittag.

Meine Arbeit im Ledigenheim begann meist gegen Abend, wenn die rückkehrenden Hausbewohner mich traktierten mit Wünschen und Beschwerden.

(Herr Ludwig spielte Harmonium. Er wußte nicht, daß ich hier in der Kartonage alles mit anhören konnte, was er einübte und oft wiederholen mußte, um das ganze Stück vortragen zu können, fehlerlos, griffsicher vor allem, denn der kleinste Fehler wurde von seinen Zuhörern, von freundlichen, aber auch listigen alten Männern, mit gnadenloser Feixerei bedacht.

Nicht etwa, weil sie empfindliche Musiker waren! Sie betrachteten nur, Hände im Schoß oder Finger am Kork der Schnapsflasche, das Gesicht ihres Heimleiters: jeder Fehler war da abzulesen.

Bei Herrn Ludwigs Harmoniumspiel, dem gleichmäßigen Tritt auf die Balgbretter, sah ich jedesmal alte Männer über die Korridore des Ledigenheims schlurfen, Männer, die aus irgendeiner Ecke des Hauses auftauchen und in einer andern vergehen.

Das Harmoniumspiel brachte mich neuerdings in den Zustand eines fahrigen Menschen, der leblose Dinge betastet, sie hochhebt, dreht, schüttelt und wieder zurückstellt. Heute nachmittag, unten in der Kartonage, griff ich nach einem Tintenfaß, wußte nicht, daß es ein Tintenfaß war, goß mir die Tinte über die Schuhe, und als ich die Schuhe säubern wollte mit meinem Taschentuch, machte ich vorher einen Knoten ins Taschentuch, säuberte dann meine Schuhe – und verfluchte das Harmoniumspiel. Und diesen Nachmittag.)

An diesem Nachmittag wollte ich ein Versprechen einlösen.

Der Mann mit der Melone, der von der Mühle her durchs Kornfeld auf mich zugekommen war, hatte mich gebeten, nach dem Müller zu suchen. Ich verließ Daxingen in Richtung der alten Mühle.

Auf dem Wege dorthin, die baumbestandenen Haupt- und Querstraßen entlang, hatte jeder Baum sein Gesicht. An jeden dritten Baumstamm gebunden stand ein hölzernes, zweibeiniges Gestell: das überlebensgroße Porträt des Kandidaten Rautenbach, vor- und hintereinander an Baumstämme gebunden.

Rautenbach sah mich kommen, blickte mir hinterher, sah mich kommen. Ich bog in eine Querstraße ein, das Gesicht des Rautenbach sah mich kommen. Die Gesichter der anderen Kandidaten wirkten verschämt, sie entschuldigten sich, einen Platz eingenommen zu haben, der im Grunde nur Rautenbach gebührt.

Unter Rautenbachs Fotografie stand abwechselnd zu lesen: *Wer Feuerlöscher ins Haus bringt, ist kein Brandstifter!*
Daxingen ist ein Teil dieser Welt!
Besonnenheit! Wer Feuerlöscher ins Haus bringt, ist kein Brandstifter!
Daxingen ist ein Teil dieser Welt!

Rautenbachs Porträt zeigte einen Kopf in Halbprofil, das linke Auge kleiner als das vordere und teilweise hinter der Nase versteckt. Vom rechten Auge aus, das den Spaziergänger mehr schmunzelnd als streng in jede Richtung hin verfolgte, ging artige Glaubwürdigkeit auf den Betrachter über: die Miene des Praktikers nahm den Vorübergehenden bei der Hand, der Blick aus zahllosen Retuschen blieb beständig, äußerte leis, die Feuerlöscher im Haus gelangten ja nie mittels Brandstifter ins Haus.

Ich hatte nun einen Teil dieser Welt hinter mir. Die alte Mühle außerhalb Daxingens sah heute mißmutig herab auf einen Teil dieser Welt, vielleicht vieler Menschen wegen, die, wie ich bald vernahm, hier einer Übung zusprachen.

Das kräftige Wort Bereitschaftspolizei schien allgemein den Ton anzugeben.

Ein paar Feldlager am Waldrand, Zelte mit Kochstellen vor Zelteingängen, ein Bereitschaftsleib hingelagert neben den andern, Helme (geschmückt mit Geäst kleiner Sträucher) auf Köpfen oder (bei kurzhalsigen Personen) auf Schultern.

Ein großer Mensch (sehr uniformiert, doch ohne Helm, ohne Geäst) übt in dieser Minute eine Dressurnummer eigner Sache: er geht, schreitet hin und her vor den Hingelagerten, in Pause Hingelagerten, ruft, wie in Not, ziemlich laut, auch gellend, in verschiedene Richtungen und trägt währenddessen einen Stock umher (Drechslerarbeit?), trägt den Stock, beide Hände auf dem Rücken, in paralleler Haltung mit der Körperlinie hinten auf dem Rücken, so daß eine Figur entsteht, die an den Pfahl gebunden ist. Die Haltung ein Überbleibsel aus Zeiten der Marktschreierei. Mit beiden Beinen fest auf dem Boden eines Teils dieser Erde.

Ein Tag mit keiner einzigen Wolke am Himmel. Und nun (jetzt den Müller zu suchen, war müßig) erhoben sich, angestachelt durch Ruf und Pfiff, die Hingelagerten von ihren Plätzen, traten mit den Füßen auf, sammelten sich, scheppernde Gewehre aller Art zurechtrückend, an Ledergurten über Schultern gehängt und straff ans Schulterblatt gespannt, sammelten sich, eigenartig anzuschaun: nicht selten gesichtslos (wegen der vom Helm ins Gesicht hängenden Äste), ruckartig auf den Boden trampelnd, zu Reihen nebeneinander und hintereinander, jeweils in Reihen zu fünfen nebeneinander, fünf nebeneinander, und hinter diese fünf stellten sich, Knie hebend und auf der Stelle mit den Füßen trampelnd, weitere fünf, und hinter zehn Stehende stellten sich neue fünf, hinter die sich andere fünf stellten, zufriednen Gesichts (soweit ichs entdecken konnte), sich aufstellen zu dürfen nach einem Kegelsystem. Doch sie fielen nicht um.

Einer schrie. Sie zuckten zusammen.

Gemeinsamer Schlag ihrer Stiefel. Das stand. Einer schrie (der mit dem Stock?), sie traten linksbeinig auf, traten einen Schritt vor, rechtes Bein folgte, links trat das Bein, rechts das Bein, linksrechts die Beine linksrechts, die linken Arme gleichmäßig angewinkelt und gestreckt, nein, um die Handgelenke ihrer linken Arme war die dünne Schnur gebunden (eine Übung wars), die Schnur, die ihre Handgelenke aneinanderband, Spielraum dazwischen, gut, aber wenn der erste zog, zog hinter ihm der nächste am Handgelenk des nächsten hinter sich, linke Arme also gleichmäßig angewinkelt und gestreckt, Handgelenke an der Schnur, nur jetzt mal, ausnahmsweise, man übte ja nur, man fängt erst an.

Einer schrie. Sie sangen.

Sie sangen vom Nutzen, einen Wachposten nicht vorzeitig abzulösen, da ein Wachposten seine Zeit brauche, in fremder Landschaft das Verdächtige vom Harmlosen zu unterscheiden. Es gab einen Kehrreim, der mit der Abendsonne einen Gruß tauschte.

Ich sah ihnen nach.

Noch sah ich über Gebüschen den Putz ihrer Helme.

Dann sah ich die Bürgerin neben mir auftauchen.

Gekleidet in dunkelgraues Tuch. Eine Windbluse, eine bauschige Hose bis zu den Knöcheln. Es war gegen Freitagabend, als sie sagte:

Sie wollten also doch das Mühlenbild malen? Schade, unsere Übung kam dazwischen. Ich freue mich trotzdem. Ich weiß, Sie wollten mir eine Freude machen. Sie sind so still! Was ist denn? Passen Sie auf, ich muß noch etwas auswerten – bitte, begleiten Sie mich! Vielleicht kann ich Ihnen etwas zeigen, was Sie erfreut! Bitte, ich freue mich doch, daß Sie das Bild malen wollten! Ich meine, diese Übungen sind ja nicht immer hier draußen. Sie verstehn mich? (Ich verstand mich. Ich wollte sie hinwerfen jetzt, sie vernaschen, ihr die Beine wegziehn vom Boden eines Teils dieser Erde, das nicht vorhandene Medaillon abreißen vom Hals, von *der* Stelle genau, wo jetzt, wie ich sah, eine Trillerpfeife hing, und wollte sie jagen mit der wütenden Aufzählung: Eine Maus, zwei Mäuse, drei Mäuse, jetzt die vierte, fünfte, sechste, siebte, achte Maus, neunte, zehnte, elfteelfteelfteelfteelfteelfte – Mühlenmaus in dunkler Mühle!) So ein Kompliment ist verfehlt, es erregt Lachen. Man sagt zu einer Dame nicht: Gleich wirds dunkel hier draußen, belieben Sie nicht hinzufallen!

Man sagt nicht: Greifen Sie mal Ihre Trillerpfeife und pfeifen Sie schön, das verdirbt dann alles!

Man sagt nicht: Was haben Sie, bittesehr, mit diesen trampelnden Fünferreihen zu tun?

Deshalb: Der Ton im Umgang mit Frauen (in Windblusen, Trillerpfeifen am Hals) muß gefällig und bescheiden sein. Der gemeinsame Heimweg glättet die Stirn.

Wiederhole diesen Satz und öffne dich ihm: Der gemeinsame Heimweg glättet die Stirn. Die Bürgerin geht neben dir her, spricht besonnen von Herrn Rautenbachs Wahlveranstaltung. Während des gemeinsamen Heimwegs zurück nach Daxingen spricht die Bürgerin von einem Mann namens Rautenbach, der sich an nichts hält als an Tatsachen. Der Heimweg glättet die Stirn der Bürgerin.

Wiederhole diesen Satz, öffne dich ihm: Noch nie hat ein Mann so gründlich erklärt, das Übel an der Wurzel packen zu wollen. Glauben Sie mir, er liebt seinen Beruf. Sein Wort ist: Die Richtung stimmt! Er meint damit: Wer sich einstellt auf die Stunde der Gefahr, wird in gefahrvoller Stunde nicht unbedacht, nicht willkürlich, nicht nach Kriegsrecht handeln! Das leuchtet ein. Jedem! Auch Ihnen? Sie runzeln ein wenig die Stirn? Ich freue mich, Sie da draußen getroffen zu haben. Draußen bei der Mühle. Man kann schon sagen: bei unserer Mühle. Die Sie malen wollten. Für mich. Na, ich spreche zuviel, Sie schweigen. Finden Sie nicht, so ein gemeinsamer Heimweg tut wohl. Vor allem jetzt: nach der Übung. Sie verstehen: Eine Feuerwehr kann nicht aufgestellt werden, wenn der Brand bereits wütet. Das ist eine Tatsache.

Das ist das Schaf, sagte ich.

Wie meinen Sie das? fragte die Bürgerin.

Es ist gutmütig, es gibt den Menschen die Wolle. Wenn es Räder hat, wird es zu Weihnachten verschenkt.

Ein Rätsel? fragte die Bürgerin. Soll ich wieder ein Rätsel lösen?

Bitte, sagte ich.

Also... hm... das Schaf...

Ein Schaf! rief ich. Ein Schaf ist eine Tatsache!

Hm, machte die Bürgerin. (Jetzt knabberte sie wieder an der Unterlippe. Eine Handtasche war nicht vorhanden, sie griff verlegen an die Trillerpfeife.)

Bitte, sagte ich, pfeifen Sie mal. Ganz leise. Nur für mich. Nur ein einziges Mal für mich. Jetzt. Heute abend. Hier in der Nähe schöner Promenadenbäume. Wo ich Sie zum erstenmal traf. Bitte, nur ein kleiner, kurzer Pfiff!

Sie bekam plötzlich Puppenaugen zurück. Sie sagte: Liegt Ihnen soviel daran?

Aber ja! Aber ja doch!

Neiiin, lachte sie, neinnein! Erst das Rätsel! Wie war der Anfang?

Das Schaf ist gutmütig...

Ja.

Es gibt den Menschen die Wolle, und wenn es Räder hat...

Räder? Räder? Sagen Sie mal...

Ich sage ja: Und wenn es Räder hat, wird es zu Weihnachten verschenkt.

Bitte... erklären Sie mir das!

Das Schaf, sagte ich, muß auf einem rechteckigen Brettchen stehn. Das ist die Voraussetzung für...

Wofür?

Für die Anbringung von Rädern. Sie verstehn? Räder können nicht angebracht werden, wenn das rechteckige Brettchen fehlt. Eine Tatsache, die einleuchtet. Vier Räder am rechteckigen Brettchen sind die Voraussetzung. Fehlt das Brettchen, sind die Räder herrenlos. Leuchtet ein. Jedem! So, nun stellen wir das Schaf auf das Brettchen, auf das rechteckige, mit vier Rädern versehene Brettchen und können es zu Weihnachten verschenken. Ich sehe schon, die Sache ist schwierig. Jetzt nach der Übung...

Sie haben recht, sagte sie erstaunt.

Bittebitte, sagte ich, das passiert jedem, der eine Übung hinter sich hat.

Ja, sagte sie aufatmend.

Dann lächelte sie. Dann neigte sie den Kopf. Dann hob sie die Trillerpfeife an die Lippen. Dann lächelte sie verschmitzt. Dann setzte sie die Trillerpfeife ab. Dann sagte sie: Soll ich jetzt?

Ich schloß die Augen und nickte zustimmend.

Sie pfiff. Pfiff aber laut, kurz, kommandierend. Setzte die Trillerpfeife ab und strahlte. Schwieg. Strahlte.

Dann sagte sie: Wie wars?

Tatsächlich, sagte ich, Sie können es. Das zählt. Das zählt auch in Zukunft. Tatsächlich.

Es regt an, sagte sie.

Ja, sagte ich, es macht stolz.

Es hilft weiter, wenn man nicht weiter weiß!

Ja, sagte ich, man sollte jeden Tag mit einem Pfiff aus Ihrer Trillerpfeife beginnen. Dann hat der Tag einen Zweck, ein Ziel. Sonst, ohne diesen Pfiff aus Ihrer Pfeife, ist der Tag nur ein sinnloses Unterfangen. Leute, die das nicht einsehen, wissen nicht, was sie wollen. Man sagt: sie leben planlos. Sie zögern. Wankelmut ist das Gegenstück zu Ihrem Pfiff. Ihre Richtung stimmt. Bitte nicht so verschämt sein, Sie haben ganz andere Möglichkeiten...

Und Sie, sagte sie, Sie sagen mir lauter schöne Dinge!

Weil Sie ein befähigter Mensch sind!

Kommen Sie mit, sagte sie entschlossen, wir haben nicht viel Zeit, ich muß noch etwas auswerten, aber kommen Sie mit, ich möchte Ihnen eine Freude machen!

Sie kniff ein Auge zu, tippte an meinen linken Ellbogen und führte mich hinüber zum großen, langgestreckten Polizeigebäude. Wir betraten also gemeinsam dasselbe Gebäude, das ich aufgesucht hatte, um mich eintragen zu lassen ins Daxinger Einwohner-Register.

Heute, in Begleitung der Bürgerin, gefiel mir die Inneneinrichtung des Hauses schon besser.

Vor allem der Flur im Erdgeschoß. Seine Möblierung war abgestimmt auf den Empfang fremder Personen, die sich hier zunächst in Besucher und dann in Freunde des Hauses verwandeln sollten.

Wenn ich von Möblierung spreche, so meine ich nicht: Möbel wie z. B. Schränke, Schreibtische, Kommoden, Ankleidespiegel, Toilettentische, Bettstellen usf., auch hingen von der Decke keine Kronleuchter oder vielarmige Lampen herab, an den Wänden, das ist selbstverständlich, hingen keine Spiegel, standen keine Bücherregale herum, keine Ottomanen, Diwane, Sofas, Kanapees, keine Standuhren – nein, das Ebenmaß wurde bestimmt durch Ordnungsliebe, die sich niedergeschlagen hatte in zwei gleichhohe, gleichlange, aus Holz gearbeitete, den ganzen Flur entlang beide Wände ausfüllende Stellagen: keineswegs verspielt, sondern praktisch angelegt, trotzdem geschmackvoll und gut zu handhaben, wie eben Gewehrständer-Wände aussehen müssen, wenn viele Gewehre vorhanden sind, jedes Gewehr seinen Platz braucht.

Eins, ein einziges Gewehr, stand ganz allein in der langen, leeren Flucht. Es unterstrich die Stille. Ich atmete leis.

Die Bürgerin flüsterte: Sieht es nicht aus, als hätte das eine Gewehr auf Sie gewartet?

Ja, flüsterte ich.

Und? hauchte sie.

Ach, sagte ich.

Wieso ach? flüsterte sie und sah mich erwartungsvoll an.

Ach, flüsterte ich, bitte sagen Sie doch dem Gewehr, es möchte noch ein bißchen warten. Trösten Sie es, sagen Sie ihm: So ist das Leben!

Die Bürgerin sah mich ein Weilchen lang nicht mehr erwartungsvoll an. Als das Weilchen verstrichen war, sagte sie mittellaut:

Wie in einer Kirche! Finden Sie nicht auch? Es ist so still wie in einer Kirche. Jedesmal, wenn ich ins Archiv muß, bevor die Bereitschaft von der Übung zurück ist, jedesmal habe ich den Eindruck in diesem Flur: Wie in einer Kirche.

Wie in welcher? flüsterte ich.

Sie brauchen nicht mehr zu flüstern, sagte die Bürgerin, wir gehn jetzt ins Archiv, dort zeige ich Ihnen etwas, was Ihnen Freude machen soll. Aber wir haben nicht viel Zeit.

Gut, sagte ich, wann kommt die Bereitschaft zurück?

Heute ist Nachtübung, sagte sie und kicherte.

Dann haben wir doch Zeit, sagte ich.

Neinneiiin, rief sie, ich muß noch etwas auswerten, das verlangt seine Zeit!

(Es war einmal eine Bürgerin, sie wohnte in Daxingen. Daxingen liegt unweit von Waxingen und Raxingen. Alle drei Städte sind miteinander verwandt und haben ihre verwandten Namen dieser Verwandtschaft wegen.

Und doch: trotz Namensähnlichkeit, trotz örtlicher Nähe – eines Tages trug sich in Daxingen etwas Einmaliges zu, etwas Sonderbares, oder soll man sagen: etwas so Eigenartiges, so Seltsames zu, wodurch Daxingen sich zum erstenmal abhob von den Gepflogenheiten der Orte Waxingen und Raxingen.

Denn es war eine Daxinger Bürgerin, die sich abhob. Sich abhob durch sonderbare, seltsame, eigenartige, also namensverwandte Eigenschaften.

Sie liebte, das weiß man ungenau, eine alte Mühle außerhalb von Daxingen. Diese Mühle stand leer, der Müller war nirgendwo zu sehn.

Mäuse wohnten in der Mühle, das gehört zu ihren Gewohnheiten. Rings um die Mühle, im Spätsommer, konnte man ein Getreidefeld betrachten voll mannshoher Halme, die im Wind, fragte man sie nach dem Müller, sich hin und her bewegten, was heißen sollte: Wüßten wir gern, wir wissen es nicht –)

Spätabends hatte ich mit Herrn Ludwig gesprochen, hatte ihm Andeutungen gemacht über meine Begegnung mit der Bürgerin, hatte ihn gebeten, mir den restlichen Lohn auszuzahlen, hatte mich in mein Zimmer gesetzt und den Anfang einer Geschichte aufgeschrieben. An den Anfang setzte ich den bekannten Märchenanfang.

Damit wollte ich erreichen, den Freitagabend vor der Wahl, besonders die kurze Viertelstunde aufzuheben, die ich mit der Bürgerin im Archiv des Polizeigebäudes zugebracht hatte.

Die Geschichte kam nicht weit über den Anfang hinaus, weil plötzlich, zu ungewohnter Stunde, Herr Ludwig auf dem Harmonium zu spielen begann.

Das Ergebnis war: ich öffnete den Kleiderschrank, hob den Straßenbesen heraus, mein Handwerkszeug, meinen Begleiter (der mich, zurückgelehnt, stumm prüfte, beim Herausheben aber den breiten Schaft seiner Borsten fröhlich anstreichen ließ), klinkte, draußen im Flur, die Tür ins Schloß und wollte, ungesehen, das Ledigenheim und Daxingen verlassen.

Ich kehrte um.

Herr Ludwig hatte das Harmoniumspiel abgebrochen.

Er kam die Treppe herauf, sah mich im Flur stehen, den Straßenbesen unter dem Arm.

Also doch, sagte er, fast die gleiche Stunde! War auch spät, als Sie neulich hierhergekommen sind. Bitte laufen Sie nicht so schnell davon, man ist nicht mehr der Jüngste. Ein Schnäpschen vielleicht?

(Ich bat Herrn Ludwig in mein Zimmer.)

Er reichte mir eine Taschenflasche Kornschnaps, halb gefüllt.

Trinken Sie aus, Kraschewski!

Er setzte sich auf die Bettkante und sagte: Wissen Sie, ich trinke neuerdings bei Anbruch der Dämmerung. Da hab ich die beste Stimmung. Ich schreibe Briefe an alle möglichen Leute. Sogar auf Annoncen – auf Heiratsannoncen, und zwar im Stil eines Jünglings. Die Antworten lese ich Ihnen mal vor. Amüsante Sachen! Ja, sowas erzähle ich Ihnen. Sowas. Statt Sie aufzuheitern! Schon eigenartig, die Angelegenheit mit der... wie nannte sie sich?

Bitte, Herr Ludwig, ich kann das nicht wiederholen.

Kraschewski, sagte Herr Ludwig, trinken Sie die kleine Flasche aus. Ich bin Ihr Vorgesetzter!

Zum Wohl, Herr Ludwig!

Na also.

Er stand auf, lief im Zimmer kopfschüttelnd langsam auf und ab, blieb stehn, sagte:

Kraschewski, flunkern Sie nicht? Die Frau betreut im Polizeigebäude ein Archiv voll alter Koppelschlösser? Unmöglich!

Ja, Koppelschlösser. Polizeikoppelschlösser. Militärkoppelschlösser. Alte und neue. Abgegriffne und gut erhaltene. Unter Glas. Alle Koppelschlösser liegen in Vitrinen unter Glas.

Und was tut die eigenartige Dame mit diesen... Sachen?

Sie putzt sie, registriert sie, legt Karteikarten an.

Ah, rief Herr Ludwig, und mit dieser Sammlung, mit dem Anblick dieser Sammlung wollte Sie Ihnen, wie Sie sagten, eine Freude machen...

Ja. Sie öffnete die Vitrinen mit einem Sonderschlüssel, nahm ihre Lieblingsstücke behutsam zwischen Daumen und Zeigefinger und reichte sie mir wie etwas Zerbrechliches. Ich mußte die Hand ganz flach halten, dann legte sie das ausgewählte Stück vorsichtig auf meine Hand... wie ein eingeschlafenes Insekt. Und während sie mit einem Staubtuch über das geliebte Stück ihrer Sammlung strich, nannte sie Einzelheiten: Koppelschloß eines Grenadiers der Adlergarde, Koppelschloß eines Musketiers der Kreuzschwadron, Koppelschloß eines stadtbekannten Schutzmanns, versilbertes Koppelschloß eines Polizeimajors, der alljährlich einmal das Galakoppel an seine Paradeuniform anlegte, und so weiter. Sorgsam nahm sie jedes Schloß aus meiner Hand, legte es zurück in die Vitrine auf wattierte, eingebuchtete, stoffbespannte Schrägen. Anschließend, sozusagen als Krönung, zeigte sie mir verschiedene Koppelschlösser, die sie eigenhändig bemalt hatte. Mit Ornamenten und figürlichen Motiven.

Wie? sagte Herr Ludwig, wie bitte? Ich verstehe nichts!

Ja, sagte ich, sie bemalt alte Koppelschlösser. Solche, die ihr gut gefallen. Ganz farbig. Und sehr schön. Es gibt zwei Möglichkeiten: die alten Embleme verschwinden entweder unter ihrer Malerei oder werden besonders hervorgehoben und ausgeschmückt. Eine Miniatur war besonders schön! Jetzt weiß ich, diese Frau ist der einzige Mensch in Daxingen, der die Mühle malen könnte. So nämlich, daß der Müller mit aufs Bild kommt, ohne sichtbar zu sein.

Herr Ludwig setzte sich auf die Bettkante.

Nach einer Pause sagte er: Merke schon, lieber Kraschewski, merke schon, was mit Ihnen los ist! – Hm, ein Archiv! Seltenheit. Wird mal berühmt. Berühmte Daxinger Sammlung! Polizeikoppelschlösser, Militärkoppelschlösser, Polizeikoppelschlösser, Militärkoppelschlösser, Polizeikoppelschlösser, Militärkoppelschlösser, Polizeikoppelschlösser, Militärkoppelschlösser, wie sich das anhört...!

(Ja, es ist Sonntag. Fahnen und Tücher flattern lustig von den Dächern vieler Gebäude. Auch das Ledigenheim ist geschmückt, Herr Kegerle hats getan. Vier Buchsbäume in hölzernen Töpfen, je zwei links und rechts neben dem Mittelportal: Herr Kegerle hat eine Beerdigung Zweiter Klasse auf die Straße gestellt als festlichen Blickfang.

Hat ein Blick sich verfangen in die Buchsbäume, so wird ihm Überraschung zuteil. Er fühlt den Blick des Kandidaten Rautenbach auf sich ruhen, dessen Fotografie im Fenster der Hausverwalterswohnung aufgestellt ist, zur Straße hin.

Die Straße ist voller Menschen. Sie befinden sich auf der

Wanderung durch Daxingen. Viele haben ein Ziel: die Wahlveranstaltung im Daxinger Konzertrestaurant. Der Tag, kaum begonnen, ist bereits unvergeßlich. Das spürt jeder. Jeder!

Ein Mann geht über die Straße. Unter dem linken Arm trägt er einen breitschaftigen Straßenbesen, unter dem rechten ein zusammengeschnürtes, längliches Bündel.

In Schaufenstern erblicken wir die Bildnisse der Kandidaten. Überall dort, wo ein kleiner Feuerlöscher im Schaufenster zu erblicken ist, steht das Bildnis des hoffnungsvollen Kandidaten.

In Kirchtürmen läuten Glocken zum Festgottesdienst. In öffentlichen Werkhäusern, auch in Amtsstuben, wird nicht gearbeitet.

Kinder laufen über Schulhöfe ihren Lehrern entgegen, die ihre Klassen für einen Umzug präparieren. Ein Pfeiferkorps übt. Eine große Pauke mit Schellen wird einem Knaben auf den Rücken geschnallt. Ein Lehrer, der den ganzen Tag Posaune blasen will, sucht verzweifelt nach einem Ersatzmundstück. Er findet es, wie gut!

Im Konzertrestaurant sind Frauen und Männer beisammen. Manche tragen Stühle von einem Platz an einen andern, setzen sich.

Hier, von hier aus, können sie besser sehen und hören.

Vor Beginn der Veranstaltung wird ein Kleingerät vorgeführt. Nur Interessierte nehmen an der Vorführung teil. Das Kleingerät kann nützlich sein, leidige Handgriffe abnehmen. Sparsam ist seine Umdrehungszahl. Die Messer kennen wir vom Fleischwolf, diese hier sind später verwendbar.

Ein Mann betritt das Konzertrestaurant. Unter dem linken Arm trägt er einen Straßenbesen, unter dem rechten Arm ein langes Bündel. Er macht einen merkwürdigen Eindruck.

Endlich aber – das hat auch gedauert! – öffnen sich vorn die Bühnenvorhänge zu unvergeßnen Melodien.

Bunt folgen die Polkas, Märsche, unvergeßne, die Walzer, die Walzer, die Polkas, unvergeßne. Vollzählig ist die Bereitschaftskapelle angetreten auf der Bühne des Festsaals, junge Leute darunter, viel neue Instrumente.
Amsellieder zunächst.
Dann eine Stadthymne aus Daxingen. Dann ein größerer Marsch für Reiter. Nun einer für Wachablösungen. Dann eine Polka, unvergeßne. Nun ein getragenes Lied, man steht auf von den Stühlen.
Eine Frau mit schönen Puppenaugen hat eine Schleife im Haar. Sie blickt prüfend.
Sie steht auf von ihrem Stuhl.
Noch stehen alle.
Die Kapelle oben spielt die dritte Strophe. Alle singen. Zwei, drei ältere Männer summen, verdrehen ein bißchen die Augen, angetrunken. Das sind welche aus dem Ledigenheim! Aber kaum fällt irgendeinem was auf, so viele sinds nicht.
Ein neues Amsellied jetzt. Der erste Redner!
Hinter einem Katheder, hinter einem Pult. Er stützt seine Arme nicht auf. Aufrecht steht er. Ab und zu nur ein Handzeichen, um anzudeuten, was er meint. Wichtig sind Dämme, Wege, Pflanzungen, städtische Anlagen, Arbeiten aller Art.
Ja, da hat er recht.
Die Kapelle bereitet Applaus. Er hat seine Sache vorgetragen. Bunt folgen die Walzer, die Polkas, eine darunter, die nur die Ältesten kennen. Eine Kaffeetafel kündigt Herrn Rautenbach an. Kellner bringen gebacknen Streuselkuchen, ein wenig trocken oben. Bienenstich dagegen sehr angenehm. Man steht auf von den Stühlen, nimmt ein Täßchen da vorn, wo alle hingehn. Was lachen diese zwei, drei alten Männer so laut!
Unverständlich.
Beim Kaffee nun der zweite Redner. Gewiß, Dämme, Wege, Pflanzungen, städtische Anlagen, Arbeiten aller Art,

doch lebendige Keime, gesenkt in den Boden, in uns, gesunde Gedanken: ebenso wichtig!

Ja. Dieser Redner war klein an Gestalt, hinter dem Pult kaum zu erkennen. Eigentlich müßten verschieden große Katheder zur Verfügung stehn. Das wäre nur gerecht.

Wird sich durchsetzen!

Frauen und Männer sind beisammen.

Nicht jeder Tag ist ein Wahlsonntag. Alles geht in Ruhe, schön verbeugt sich der Dirigent vorn mit dem Rücken zur Bereitschaftskapelle.

Da spricht ein größerer Mensch, hager ein wenig. Aber das täuscht manchmal. Tritt man dem Menschen in Wirklichkeit, nicht von hier aus, gegenüber, so erkennt man doch mehr. Vieles weicht voneinander ab. Theorien sind oft im Spiel.

Draußen vorbei an den Fenstern des Konzertrestaurants in Fünferreihen, weißbemützt, weiße Handschuhe, gut geputzte Koppel, geputzte Koppelschlösser: frischer Gesang einer Bereitschaft.

Ein Amsellied.

Das überrascht! Männer der Bereitschaft wählen ein Amsellied, das überrascht. Und beruhigt, zeugt von Besonnenheit, ist zu begrüßen.

Was ist Daxingen? Was ist es?

Diese Frage will Rautenbach jetzt beantworten, er wird so genannt. Eine Losung, sagt man. Er hat viel Applaus, bevor er beginnt.

Auch er stützt sich nicht aufs Katheder. Sein Oberkörper, man kennt ihn seit Jahren, ist gern anzuschaun. Der Anzug des Mannes ist angetan für Festgenossen. Rautenbachs glattgestrichnes Haar glänzt grau, nicht silbern. Den Silberglanz verursacht ein Bühnenlicht.

Kaffeetassen sind nicht zum Klappern da, wenn Rautenbach sprechen will!

So könnte einer kommandieren, der da mit Armbinde um sich schaut. Auch der andere, der dritte auch, ein vierter noch, fünfter. Es sind wohl fünf, die um sich schaun, Armbinden weisen sie aus.

Rautenbachs Hände halten hie ein Wort, lassen es dort fallen. Wenn er von der Wurzel spricht, vom Übel, vom Zupacken, sollte man seine Hände nicht übersehn.

Was ist Daxingen?

Ist es gleichermaßen auch Waxingen, Raxingen?

Ja und nein. Also: Daxingen.

Was ist der Zauber, der in diesem Namen ruht? Was sagt er dir, wenn er dein Ohr trifft in der Fremde? Was sagt er dir, was?

Leute, die sich niemals sahen, Leute, deren Herzen nichts miteinander wollten innerhalb Daxingens – draußen, sind sie draußen, so fliegen sie sich in die Arme, sobald sie einander erkennen als Daxinger.

Ist Daxingen der Sand unter unseren Füßen?

Der Wind verweht ihn.

Ist Daxingen das Weizenfeld, von dem wir ernten? Felder gibt es überall. Das Daxinger Weizenfeld ist nur ein einziges unter so vielen.

Ist Daxingen der kleine Fluß, der durch Daxingen fließt? Er geht ins Meer. Die kleine Welle, in der ein Daxinger badet, spült morgen an fremde Küsten.

Und die Lüfte über uns? Die Wolken segeln, Sterne blicken auch herab auf Waxingen, Raxingen, Sterne sind überall.

Ist Daxingen nur ein Phantom? Nein, nein.

Erklären läßt sich, was Sand ist unter Füßen, was Wind ist, der ihn verweht, was ein Weizenfeld ist, von dem wir wissen, es ist nicht das einzige Weizenfeld.

Erklären läßt sich, was ein Fluß vermag, wie seine Bahn geht, daß er ins Meer mündet, daß Daxingens kleine Welle heute den Daxinger kühlt, morgen an fremde Küsten spült. Und erklären läßt sich, daß Wolken fliegen, Sterne blicken. Erklären läßt sich aber nicht der Zauber, der in Daxingens Namen ruht!

Er weckt etwas. Und wir antworten.
Antworten wir?
Heute?
Wissen wir nicht, wie er bewahrt bleiben muß?
Viele Männer, eine Aufgabe.
Vorsorgen. Kontrolle. Wenn es brennt, brennt das Weizenfeld. Daxingen ist ein Teil dieser Welt. Kein Phantom. Wer es nicht glaubt, sieht ungesund. Jeder will gesund sein, fühlt sich wohl ohne Schäden. Sagen wir nicht in geselliger Stunde: Auf gute Gesundheit? Alles Gute? Das sagen wir doch.

Sauberes Wasser, saubre Luft, Umwelt.

Hier, ich zeige ihn, *ein Staubsauber!* Frauen müssen aufmerken, wo ihre Bemühung stark wird. Sie sind Tierärzte, die Ungeziefer erkennen auch im dichtesten Fell. Keine Stimme solchen Rednern, die von Daxingen sprechen wie von Wolken. Schön hierbleiben! Wer Feuerlöscher ins Haus bringt, ist kein Brandstifter. Daxingens Zauber, den wählt! Meine Wähler! Er weckt etwas! Läßt vorsorgen!

(Tusch! Alle Dirigenten der Bereitschaftskapelle kennen den Redner. Frühere Engagements im Konzertrestaurant.)

Ja, Tusch. Es wird unten im Festsaal (der Tag ist ein Tag) rhythmisch gerufen. Viele, viele, viele, viele Darbietungen nun. Die Walzer, Polkas, unvergeßne, die Märsche, jetzt, nach Rautenbachs Rede, ein größeres Stück für Reiter, nicht unpassend, soll zeigen, es gibt entschloßnes Handeln.

Auch Schulen und Lehrer bieten dar. Das Pfeiferkorps. Zwei Hunde gehen auf Hinterpfoten. In Ruhe. Geht alles.

Auf einmal Gesumm, lustiger Wortwechsel!

Rautenbach hat einen Einfall, jetzt ist die Wahl: Fünfzig Staubsauger, fünfhundert Lose und mehr, jedes zehnte Los ein Gewinn beinah. Die ersten Gewinner, das ist so eingerichtet, haben Steckdosen hier zur Verfügung. Langes Tuch, wie Teppich, wird abgesaugt, Aschbecher werden umgeschüttet, die Geräte sind etwas wert.

Frauen, die schon absaugten, lassen andere probieren, erklären die Schaltung, können berichten.

Vorn auf der Bühne rückt die Bereitschaftskapelle auf die rechte Bühnenseite. Von dort ein Amsellied. Leute des Ledigenheims bereiten eine Darbietung vor. Der, der vorhin den Straßenbesen unterm Arm trug, baut ein Gestänge auf. Er schaut nicht in den Saal, wo die langen Tücher saubrer werden.

Alle Lose sind gezogen, alle Gewinne ausgegeben. Mit Gewinn zwischen den Beinen sitzt manche Frau. Hat Glück gehabt. Zwischen Frau und Mann ein Gewinn. Oder er liegt über den Knien beider, die sich jetzt hingesetzt haben.

Mal sehn. Angesagt wird ein Schattenspiel. Na, die vom Ledigenheim!

Ein Glockenzeichen.

Die Festbeleuchtung wird gedämpft, um zwei Drittel. Vorn ein weißes, doppelgroßes Bettlaken wohl. Im Hintergrund der Bühne ein Licht, das Laken ist gleichmäßig hell.

Vorbei an der Bereitschaftskapelle kommt der Mann, der den Straßenbesen vorhin unterm Arm trug. Kein Hilfsarbeiter?

Zweites Glockenzeichen.

Er tritt seitlich neben das Schattengerüst, spricht, läßt ein, zwei, drei ausgeschnittne Figuren auftreten, abtreten, stellt sie vor mit Namen: Dies Rottenführer Kalltus, dies der Präsident des Rottenführers, dies ein Soldat.

Schön gemacht. Muß man zugeben! Ja.

Jetzt wird etwas erklärt.

Das Betragen bestimmter Personen, ruft der Besenmann in den Saal, hat so viel Bestechendes, daß sie schon seit altersgrauer Zeit wie Denkmäler betrachtet und nie gestürzt werden. Dies Spiel in drei Akten – ich erkläre den Auftritt der Figuren, spreche ihre Stimmen – ist ein Tatsachenspiel in aller Kürze, zeigt einen Teil dieser Welt, ich beginne, seht:

Der ins Kittchen führende Weg begann bei dem Standbild des Rottenführers von Womba, sei er Kalltus genannt. Das Bild zeigte ihn muskelstark an der Spitze gedrillter Untertanen. Sein scharf angewinkeltes Armgestänge hatte nichts gemein mit der Pose eines Rummelringers, der in Schaubuden den Athleten mimt. Muß dieser durch Augenrollen und Vorzeigen kugelrunder Bizeps sein Brot verdienen, ließ jener stündlich verbreiten, gepanzerte Blicke und Leiber seien das Brot.

Links und rechts neben dem Standbild die bleiernen Feldzeichen des Rottenführers! Das Visier unter den Sternen, die Lanze auf der Weltkugel.

Beide rühmten ihn als Revolverchef.

Er nannte sie den Platz der Bewährung und schickte widerspenstige Bürger so lange mit Lappen und Wichse über sie hin, bis der metallische Glanz die Aufsässigen unterwarf und blendete. Wem es hier gelang, sich hervorzutun, durfte teilnehmen an der Ertüchtigung auf der Kampfbahn, wo die Endschlacht gegen das Lachen ausgetragen wurde.

Für den Eifrigsten gab es eine letzte Station: die Leibgarde des Rottenführers. Diese Männer waren privilegiert, dreimal täglich die Böllergeschütze abzufeuern. Ihre Eidesformel lautete: Hier ist das Schießen frei!

Jeden Morgen, den die Freundlichkeit werden ließ, stand Kalltus am Fenster seiner Befehlsbaracke, richtete ein Fernrohr auf die Nachbarstadt Agan.

Kalltus erblickte das Stadttor, zu beiden Seiten flimmernde Giebel. Nirgendwo blitzt eine Mündung, vergeblich sucht er nach aufmarschierenden Soldaten. Die Stadt will den Angreifer täuschen.

Jetzt ruft der Rottenführer: Schluß mit Agan!

Oder er ruft: Feiner Braten!

Jetzt zertrümmert er die hölzernen Dächer einer Miniaturstadt, die auf der Fensterkonsole steht. Seine Faustschläge sind wohlgezielt, er begleitet sie mit Lästerre-

den: Pack sie bei der Wurzel, zieh ihr das Fell ab, salze sie ein!
Plötzlich nimmt er die Faust zurück, er flucht.
Er hat sich einen Splitter in den Handballen gerissen.
Von wehleidiger Raserei befallen, greift er zum Megaphon:
Der Präsident soll kommen, die Pinzette mitbringen!
Der Präsident tritt herein, grober Keil von Womba, Brandschatzmeister, Verwalter von Feuerlöschern.
Rottenführer, sagt er überrascht, Sie halten mir die Hand hin?
Zieh den Splitter raus! Dalli!
Der Präsident setzt die Pinzette an, zögert: So gehts nicht. Der Splitter hat sich tief eingebohrt, ich muß mit einer Nadel nachhelfen!
Beeil dich, nimm deine Ordensschnalle!
Oh, sagt der Präsident, wann greift diese Hand nach Agan, wann gibt sie das Zeichen zum Angriff?
Wannwann, sagt Kalltus, sobald ich weiß, wie stark der Gegner ist! Meine Kundschafter sind Memmen, jeder läßt sich von der Verschwiegenheit dieser Stadt einschüchtern.
Au –!
Hat es weh getan, Rottenführer?
Verbitte mir solche Fragen!
Kalltus geht wütend zum Fenster.
Draußen hatten sich die Männer seiner Leibgardenbereitschaft vor den Böllern zum Abmarsch formiert. Sie bewegten die Arme und Beine im Rhythmus einer Kommandostimme. Ruckweises Schurren auf Kopfsteinpflaster. Sie empfingen die unabänderliche Tageslosung:
Wummm!
Die Leibgarde schrie die Tageslosung zurück. Kalltus grüßte mit beiden angewinkelten Armen.
Meine Leute haben den Feldzug verdient! Oder? Sie haben ihn verdient, Rottenführer!
Aber?

Verlaß ist nur auf Ihre Leibgarde, Rottenführer. Wir wissen nicht, wer uns gegenübersteht.

Also gut, Präsident, wir brauchen bessere Kundschafter! Mach dich gefälligst selber auf den Weg nach Agan! Sammle Einzelheiten, geh unters Volk, such die Schlupfwinkel seiner Truppen. Beobachte, wie die Männer ihre Waffen tragen, hör zu, was sie sprechen. Unsere besten Redner folgen dann mit geheimen Aufträgen. Genügt dir die Große Verdienstschärpe von Womba?

Rottenführer!

Gut, verschwinde!

Der Präsident verschwindet, er sagt begeistert: Wie wird mich die Große Verdienstschärpe kleiden? Mein Rottenführer überreicht mir die Urkunde, die Ledermappe, das Siegel in Saffian gestickt, ich schlage die Sporen, die Hacken aneinander, die Hauptleute geben Befehl, die Rohre der Böllergeschütze zu reinigen, die erste Salve feuert den Lästerschrei hinüber in die Nachbarstadt Agan, die zweite ehrt den zurückgekehrten Kundschafter! Ich stehe neben Kalltus auf der Tribüne, sein Wohlwollen bahnt mir den Weg zu den höchsten Ämtern. Wir setzen überall die besten Redner ein, die Weinsauferei wird nachlassen, lungernde Kerle finden Gefallen an unserer Leibgarde, an unseren Wachablösungen, Flaggenappellen...

Der Präsident ist verschwunden. Kalltus betritt eine Tribüne, unweit der Befehlsbaracke. Von hier inspiziert er den Ausbildungsplatz. Ein Soldat wird ihm vorgeführt, der während der Schießübungen kichernde Laute von sich gegeben hat.

Wer bist du, fragt Kalltus, antworte richtig!

Stein aus der Zinne von Womba, Rottenführer!

Du kennst, fragt Kalltus, den fünften Artikel der Dienstvorschrift?

Das Volk muß sich vor illegalen Gauklern schützen!

Und wer hat dich zum Kichern angestachelt?

Eine Maus! Als ich in Deckung lag, sprang sie mir vors Gesicht und bürstete sich den Schnurrbart, Rottenführer!

Den... was?!

Schnurrbart, Rottenführer!

Du sprichst von Ungeziefer und gebrauchst das Wort Schnurrbart?

Rottenführer, sie hat... sie hat so fein mit den Händen gebürstet!

Mit den Händen? Hat eine Maus Hände?

Kalltus fühlt sich angerempelt.

Hatte er nicht alles darauf angelegt, seine Männer auf Kimme und Korn zu drillen. Ihre Sprache dem Trommelschritt anzugleichen? Jetzt hat er wieder den unerträglichen Typ vor sich, den geheimen Provokateur und schrulligen Hundsfott. Freundchen, ich kenne dich, du bist der Attentäter ohne Pistole. Ich bin ein Nichts, solange von einer Maus noch gesagt wird, sie bürste sich den Schnurrbart. Wo haben die Kerle das her? Dieser da trägt zwar den Helm, auf den er vereidigt wurde, aber seine Stirn bietet Widerstand.

Während der Rottenführer die Parade abnimmt, verkündet er mit laut aufgedrehter Stimme, der beste Kundschafter des Landes weile zur Stunde in der Nachbarstadt Agan, um endlich herauszufinden, ob diese Stadt, von der jedermann wisse, daß sie einen Überfall auf Womba vorbereite, schon in wenigen Tagen oder erst nach wochenlanger Belagerung zu nehmen sei.

Und vor Rührung über so viele Augenpaare, die an ihm vorbeidefilieren, nennt er seine Soldaten die letzte Hoffnung des Erdkreises.

Der erste Akt ist beendet, kleine Pause!

Da entsteht eine große Pause.

Unbeabsichtigt, das hofft man!

Dann macht sich bemerkbar: Raunen, Getuschel. Schimpft einer?

Nu wirds aber. Ruhe!

Nein. Nu wirds aber ungemütlich hier. Das da, das hat.
Was haben die denn vorgeführt, die vom Ledigenheim?
Die waren es doch nicht! Die nicht! Die!
Die doch!
Nein. Nein. Das hat doch was zu bedeuten!
Nu wirds aber ungemütlich. Lassen wir das nicht ran.
Ein Tag heute.
Die Gewinne. Das hat der Kerl da.
Das Licht wird heller, um zwei Drittel.
Rautenbach tritt vor das Schattengerüst. Er bittet um Ruhe. Unten im Festsaal öffnen sich Türen, eine Bereitschaft in weißen Mützen kommt herein. Die Männer wirken überlegen. Rautenbach erklärt: Hier hat einer, ein Ortsfremder, das hat Rautenbach soeben erfahren, die Veranstaltung mißbraucht, hat Ahgitatzion betrieben. Bleiben wir, sagt er, mit klarem Blick für Übergriffe. Im Namen aller wird jetzt auf weitere Darbietungen verwandter Herkunft verzichtet, man hat Gründe, der Applaus ist die beste Quittung.

Ah, unsere Veranstaltung hat dieser gemeint! Deshalb der Besen.

Es wird aufgestanden von den Stühlen.

Jede Frau, die einen Gewinn hat, mag den Besenmann nicht.

Es kommt im Festsaal zu zwei Lagern. Die einen rufen: Her mit ihm! die andern: Hingehn soll er nach dort, wo er hergekommen ist!

Wo ist er? Dort.
Ja, dort! Der mit dem Straßenbesen!
Da ist er.
Da ist er. Wo ist er denn? Wo ist denn dieser, der extra einen Besen mitbrachte, um Staubsauger zu beleidigen. Und Rautenbach! Ruhe doch!

Nun geben viele durch lebhaftes Geschrei zu erkennen, daß sie den Besenmann *haben* möchten. Nur wenige sagen was vom Hingehn nach dort, wo er hergekommen ist. Nur zwei, drei alte Männer sind betrunken, winken ab, wenn man sie auffordert, mitzusuchen.

Jemand hat ihn gesehn.

Er stand bei einer Frau. Sie hatte schöne Puppenaugen, eine Schleife im Haar. Sie soll gesagt haben:

Ich bin ehrenamtliche Polizeihelferin, dabei bleibt es. Meinen Namen sage ich nicht. Ich hätte Ihnen die schlimmen Reden verziehn, aber daß Sie wieder eine Maus erwähnen mußten, nein, gehn Sie. Am besten sofort! Sie wissen, ich habe Sie fotografiert, bleiben Sie nicht in Daxingen, gehn Sie!

Ein Streit am Rande der Wahlveranstaltung?

Nein, viel mehr! Der Gesuchte wars ja, dem das gesagt wurde.

Wie ist er hereingekommen?

Hat die Bereitschaft nichts bemerkt? Sein Haar?

Lang? Rasiert im Gesicht? Was?

Der Besen eine Herausforderung.

Fragen. Die Frau mit den schönen Puppenaugen wird gefragt. Sie lehnt ab, kennt den Menschen nicht.

Nie gesehn? Niemals? Ja, hier, heute.

Motorengeräusche. So aufheulend? Flackerlicht?

Einer sagt: Das hatte was zu bedeuten, das Vorgeführte das!

Einer sagt: Der Schattenspieler ist ab nach Waxingen!

Einer sagt: Her mit ihm!

Einer sagt: Ich sagte doch eben, er ist ab nach Waxingen!

Einer sagt: Knallt ihm denn keiner eins?

Wie? fragt einer, was?

Vorn Latz.

Hatte er denn, fragt einer, Befugnis?

Einer sagt: Einer ausm Ledigenheim. Kommt!

Nun ein getragenes Lied, man steht auf von den Stühlen.

Manche fragen nach der Abendzeitung. Da muß man lesen, wer das war.

Oder schaun wir nach, wie die Wahl ausgegangen ist.

Noch zu früh. Morgen.

Das Auto mit der Autobereitschaft fährt langsam rund ums Konzertrestaurant. Jeder soll sehn, es fährt ihm nach. Die Männer unter der Regenplane des Autoverdecks. Nicht zu sehn, wie sie aussehn. Vorn der Fahrer unter dem Flakkerlicht kaum zu erkennen beim Vorbeifahren Richtung Waxingen, Raxingen. Welche sagen, da wird er langlaufen.)

Und nun, Kollegen, da

bin ich! Da bin ich, Polier! Der Straßenbesen ruht aus im Geräteschuppen, ich gönne ihm das, die Rückreise hat ihn erschreckt.

Da fällt mir ein, unterwegs

hatte ich einen Traum voller Gelächter. Träumend erlebte ich meine Rückkehr hierher, den Augenblick meiner Rückkehr zu euch, zurück ins Geviert roter Sicherheitslaternen, die ich vor Augen hatte im Traum wie fernes Licht aus Waldhäusern, das verlaufenen Kindern zugute kommt oder Unheil bringt.

Ich sah euch

warten am Rand der neu gelegten Straßendecke, der Polier kam mir entgegen, wollte sofort wissen von mir, was augenblicklich zu tun sei und was auf der Stelle solche alten Esel wie er, wie ich, ja wir alle, was wir gemeinsam, jetzt, in dieser Minute unternehmen sollten, denn ich, Alexander Kraschewski, ich hatte ja Reißaus genommen mit dem schönen Borstenbesen, hatte nicht, wie geheißen, die Straße freigefegt von Schmutz, den alten, stellenweise sehr brüchigen Asphalt nicht freigefegt, so daß der Mann mit der Teerspritze (Albrecht heißt er, er hat Wasserpollacke gesagt, das hat dich entlassen) seine Arbeit unterbrechen mußte und nicht herlaufen konnte vor dem dampfenden Teerwagen, aus dem der heiße flüssige Teer durch die lange Zubringerstange bis nach vorn in die Düse dringt und den heißen Teer mit starkem Druck auf den gesäuberten, brüchigen und stellenweise sehr schadhaften Asphalt sprühen läßt, daß es dampft wie in einer Hexenküche, alle sind von

Dampf umgeben, es macht Spaß zu arbeiten mitten im Dampf, ab und zu taucht eins der Gesichter auf, das man schon kennt seit Wochen und gestern, aber da fehlt einer plötzlich, einer hat Reißaus genommen, hat den Borstenbesen mit breitem Schaft, das Prachtexemplar mitgenommen über die sehr lange Straße, über die er nun jetzt, sieh einmal an, zurückgekehrt ist zu seinen Kollegen, die noch immer beschäftigt sind mit großen bedeutenden Ohren beim Asphalt-Teer- und Straßenbau, den Splittwagen langsam hinlenken auf das teerbesprühte Straßenband, daß der Splitt aus der Schütte rutschen kann und den grauen, steinernen Teppich hinbreitet, den Läufer aus zerstoßenen Steinen, die neue bedeutende Straßendecke, die nach Monaten wieder austreibt und aufreißt und wieder von vorn, wieder im Kreis, ganz im Auftrage der Straßenverwaltung, die ihrerseits ganz im Auftrage handelt, ausgebessert und neu gelegt werden muß – ich also, Kraschewski, ich sollte jetzt antworten, das Maul aufmachen, mal was sagen: wie die Aussichten sind, sagen wir mal, in den nächsten drei Ortschaften nur, und ich sagte im Traum: Wer sein Glück in der Welt machen will, der muß der Welt gefallen. Muß das an sich haben, was nach allgemeiner Meinung als schön, als liebenswert gilt. Hier den Sonderling spielen wollen, ist Torheit, ist ungefähr das, wovon ausreichend gesprochen wird, wovon des Stadtmusikanten Nachtmusik voller Aussichten ist, wovon in den nächsten drei Ortschaften den Räubern der Mund nicht heiß wird. Geht also nach Haus oder verjagt sie. Das ist gut! rief der Polier, Arbeiter gehören in die Arbeiterversicherung, sie und ihre Familien sind dann versichert gegen Erwerbsunfähigkeit, Invalidität, Alter und unvorhergesehene Katastrophen! Kommt alle mit, alle Esel und ein Hahn! Ich der Hahn, ich krähe, prophezeie gut Wetter, schrei aus Leibeskräften: Beßres als den Tod noch überall! Die Arbeit bleibt liegen! rief der Polier. Die Arbeit niederlegen! krähte der Hahn. Da schwoll ihm der Kamm, er hob den Kopf, konnte krähen auf einmal, unwirsch krähte er in die Arbeitskolonne hinein: Wer, außer Kraschewski, der uns anführen soll, wer also verjagt mit mir die Arschlöcher aus dem Räuberhaus? (Der Polier hatte etwas Mühe, das im Traum so sonderbare Wort zu krähen, man verstand aber, was da gemeint war.) Also, krähte er drohend (das heißt, er drohte, lustig anzuschaun, ungewohnt mit der Spore seines rechten Hahnenfußes) kräh, denkt da einer vielleicht, er könnte sich hier ums Verjagen drücken? Oder ist da einer unter euch, einer vielleicht, der von sich behaupten will, ein anderer könnte ihm die Arbeit des Verjagens abnehmen? Oder meint da einer vielleicht, er braucht hier nicht zu sprechen, nicht zu antworten, wenn ich was frage, kräh? Meint das einer allen Ernstes? Dann weiß einer doch, daß einer verschwinden kann, denn ich krähe ja nicht meinetwegen, ich krähe euretwegen! Schon wieder regte sich der Kamm, doch siehe siehe siehe siehe – endlich, fern zum alten Feierabend hin, folgten ihm die Kollegen der Arbeitskolonne, folgten wir ihm, stießen einander eselhaft mit den Beinen, folgten, und Witze erzählten wir uns und wurden lustig bis in die Spitzen unserer langen Ohren hinein, folgten dem Hahn willig bis hin zum Räuberhaus, einer stellte sich auf den andern, ein jeder mit je seinen Beinen tatsächlich fest auf den Rücken des andern, der Polier, unser Hahn, obendrauf, schrie aus Leibeskräften: Arbeiter gehören in die Arbeiterversicherung! Raus mit euch aus dem Räuberhaus! Verduftet, ihr Giftblüten ihr, ab durch die Mitte, na wirds bald, ich bin der Hahn, ich zähle bis drei, das gefällt euch wohl nicht! RausRausRausRaus, höchsteZeithöchsteZeithöchsteZeithöchsteZeit! Und los jetzt, Arbeiterkolonne, los jetzt durchs Fenster hinein, krach, da kommen wir: Das große Gespenst! der entsetzliche Schrei, die Räuber – paßt auf! – die Räuber verschwinden, haun ab, wo sind sie? Habt ihr gesehn, wo sie hin sind? Wo sind sie? Habt ihr nicht aufgepaßt, ihr ewigen Esel?! Ich bin der Polier, ich saß zu weit oben, ich konnte schlecht verfolgen von hier, wohin sie abgeschwenkt sind – na, immerhin, die Sache war gut, also gut: Legt euch hin, jeder findet ein Bett! – Und schön lag es sich da im leergestürmten Räuberhaus, schön wars, wir sprachen und lagen lang auf der Haut, lachten über den Polier, der oben als Hahn auf dem Türsturz hockte, hinausschaute, er war unruhig, ein bißchen unruhig war unser Polier, trippelte hin und her auf dem Türsturz der rasch verjagten Räuber wegen, da ärgerte ihn, daß ihm schon wieder (trotz gutgemeinter Wachsamkeit) der verflixte Kamm ins Gehege kam, so daß die ganze Bande von einer Arbeitskolonne, unmäßig lachend, in ansteckendes Gelächter fiel, wir brüllten, lachten, erhoben uns von den Betten, warfen uns zurück – und plötzlich: durch unser Gebrüll, unter dem Druck unsres Gelächters hob sich das Dach über uns ab, plötzlich flog das ganze Räuberhausdach über uns auf und davon. Kalt wurde uns, die Mäuler sperrten wir zu. Draußen war die dunkle Nacht, die paar Sterne und kein Mond. Der Polier aber krähte hinauf: Arbeiter gehören in die Arbeiterversicherung, sie und ihre Familien sind dann versichert gegen Erwerbsunfähigkeit, Invalidität, Alter und unvorhergesehene Katastrophen! Fort mit der Katastrophe! Her mit dem Mond! – Und weil der Polier nur krähen und nicht lachen konnte, befahl er jetzt seiner Arbeitskolonne, augenblicklich froh zu sein über die soeben geäußerte Forderung. (Kann sein, wir waren glücklich. Kann sein, wir hatten gelernt, die brauchbare Straße zu legen, rechtzeitig uns zu versichern, was da unvorhergesehen eine Straße legt.) Und so geschah denn, wie der Polier uns geheißen: auf dem Rücken liegend im Räuberhaus, kein Dach überm Kopf, das war den Räubern wohl hinterhergeflogen, lachten wir gemeinsam nach draußen ins Weltall und fröhlich ins Dunkle.

Der Bahnwärter Sandomir

*Seine Abenteuer
an der offenen oder geschlossenen
Bahnschranke*

*

*Lesebuchroman
mit Kapitelzeichnungen des Autors*

für Anja

*Mittlerweise fahren schon
ein paar mehr Leute mit der Eisenbahn;
es kann sich alles entwickeln.*

       *Jena'er Neues
       Nachrichten-Comptoir (1848)*

Ein Haus ist weggelaufen

Größere Landschaften gab es, doch in der Landschaft Sandomir gab es eine Bahnschranke.

Der Mann, der sie bediente, hieß Sandomir. Er war nicht unbekannt.

Er war bekannt bei vielen Leuten in der Landschaft Sandomir. Er hieß genauso wie die Landschaft, in der er wohnte, denn die Landschaft hieß Sandomir, und der Bahnwärter hieß Sandomir, das hatte sich herumgesprochen.

Frau Sandomir kannte ihn, das war Sandomirs Frau.

Ein Junge kannte ihn, Sandchen, das war Sandomirs Kind.

Zwei Lokomotivführer kannten ihn, Willy und Jacob: beide lenkten die Lokomotive, die von weitem herandampfte heut früh.

»Es ist früh«, sagte Sandomir zu seiner Frau, »bitte sag mir sofort, was du haben möchtest heut früh.«

»Einen Gutenmorgenkuß«, sagte Frau Sandomir.

»Gut«, sagte Sandomir, »achte genau auf die Betonung.

Ich frage dich: Möchtest du einen *Gutenmorgenkuß* oder möchtest du einen *guten* Morgenkuß? Überleg mal, das ist deine Arbeit heut früh.«

Sandomir ging zum Fenster des Bahnwärterhauses. Er sah etwas kommen.

»Ein kleiner Eisenbahnzug«, sagte Sandomir, »kommt langsam näher mit einer dampfenden Lokomotive.«

Dann sagte Sandomir nichts.

»Der kleine Eisenbahnzug«, sagte er dann, »ist weit entfernt. Ich sehe, der Zug ist klein. Ist er klein, weil er noch weit entfernt ist? Wird er langsam größer, je näher er kommt? Oder bleibt er klein? Bleibt er aber klein beim Näherkommen, dann täuschen mich meine Augen heut früh! Egal, ob klein oder groß – ich muß die Bahnschranke runterlassen, früh genug muß sie unten sein.«

Sandomir drehte sich um zu seiner Frau, er sagte:

»Ich muß arbeiten. Ein kleiner Eisenbahnzug kommt langsam näher mit einer dampfenden Lokomotive. Vielleicht wird der Zug größer, je näher er kommt. Kommt er aber ganz nah bis zur Bahnschranke und ist noch immer klein geblieben, dann möchte ich auch, liebe Frau, richtig angezogen sein.«

»Was willst du denn anziehn?« sagte Frau Sandomir.

»Nehmen wir an«, sagte Sandomir, »der Zug nähert sich langsam der Bahnschranke, bleibt klein und wird nicht größer.«

»Dann«, sagte Frau Sandomir, »erlebst du eine Überraschung!«

»Richtig«, sagte Sandomir, »ein Zug, der beim Näherkommen klein bleibt, das wäre eine Überraschung für einen alten Bahnwärter. Aber sowas kann vorkommen in dieser Landschaft!«

»Du bist«, sagte Frau Sandomir, »kein alter Bahnwärter, du bist zweiundfünfzig Jahre alt. Also, was möchtest du anhaben, wenn der Zug an der Bahnschranke ankommt und klein geblieben ist?«

»Gib mir«, sagte Sandomir, »die Bahnwärtermütze, die kleine, die Bahnwärterjacke, die kleine, die Abfahrtskelle, die kleine – und die Hose, die mir zu klein ist.«

Frau Sandomir reichte ihm die gewünschten Sachen.

Sie sagte: »Hier ist die Bahnwärtermütze. Du mußt sie mitten auf den Kopf setzen, sonst fällt sie runter. Hier ist die Bahnwärterjacke. Ich weiß jetzt schon, deine Unterarme werden aus den Ärmeln rauskucken. Hier ist die Abfahrtskelle. Und hier die Hose, die dir zu klein ist. Hoffentlich paßt sie einigermaßen!«

»Danke«, sagte Sandomir, »ich gebe dir jetzt einen *guten* Morgenkuß. Bist du einverstanden?«

»Ja«, sagte Frau Sandomir, »her mit dem Kuß!«

Sandomir tat es, er gab seiner Frau den Kuß.

»Ab morgen«, sagte er, »werde ich an meiner Erfindung weiterarbeiten. Der Holzkasten, aus dem das Männlein rausspringt, öffnet sich noch zu sperrig.«

Sandomir ging wieder zum Fenster des Bahnwärterhauses.

»Ist die Erfindung denn so wichtig?« sagte Frau Sandomir.

»Wie meinst du das?« sagte Sandomir erstaunt.

»Ich meine«, sagte Frau Sandomir, »gibt es nicht wichtigere Dinge als einen Holzkasten, aus dem ein Männlein rausspringt?«

»Hm«, machte Sandomir. Er schwieg nachdenklich. Dann sagte er zu seiner Frau: »Sag mal, wie meinst du das? Soll ich dir erzählen, was unser Kind von mir denkt? Es schreibt in sein Schulheft: Mein Vater ist erwachsen, trotzdem kann mein Vater mit den Füßen lachen, daß alle Leute in der Landschaft Sandomir vor Freude krähen. Bittesehr!«

»Was heißt bittesehr?« sagte Frau Sandomir.

»Bittesehr heißt: Du bist meine Frau, nun denke darüber nach, ob ich mit den Füßen lachen kann oder nicht!«

Sandomir stand wieder am Fenster des Bahnwärterhauses. Er betrachtete die Gleisanlage, auf der jetzt die Lokomotive herandampfte und einen Eisenbahnzug hinter sich her zog.

»Ja«, sagte Sandomir, »ich sehe, der Zug ist klein. Vielleicht bleibt er das auch beim Näherkommen. Dann wirds eine Überraschung. Am besten, ich zieh mich jetzt um!«

Die Bahnwärtermütze setzte er mitten auf den Kopf. Er drückte sie fest mitten auf den Kopf, sie könnte sonst runterfallen. Er versuchte nun beide Arme in die Ärmel der Bahnwärterjacke zu stecken, das ging nicht so leicht. Aus den Ärmeln kuckten die Unterarme heraus.

Sandomir nahm die Abfahrtskelle in die rechte Hand. Sie war doch sehr klein, diese Abfahrtskelle. Sandomir nahm die Abfahrtskelle in die linke Hand, auch in der linken Hand blieb sie so klein wie in der rechten, da war nichts zu machen. Sandomir legte die Abfahrtskelle wieder fort, er brauchte jetzt beide Hände zum Anziehn der Hose. Sie paßte noch einigermaßen.

Er griff jetzt zur Abfahrtskelle. Er nahm sie in die rechte Hand, denn die rechte Hand eines Bahnwärters ist die richtige Hand zum Festhalten einer Abfahrtskelle.

Die linke Hand brauchte er zum Festhalten der Hose. Die Hose rutschte ein bißchen, sie war ziemlich klein. Sie paßte zwar einigermaßen, aber sie rutschte.

Sandomir griff mit der linken Hand an den Hosenbund, Die Hose rutschte jetzt an der linken Seite nicht mehr, rutschte aber an der rechten Seite, deren Hosenbund er nicht festhalten konnte, weil er in der rechten Hand die Abfahrtskelle hielt.

»Schön«, sagte Sandomir beim Betreten des Bahnsteigs, »ich werde mir einen Gürtel kaufen für solche Fälle. Richtig verlieren kann ich die Hose ja nicht, denn *eine* Hand zum Festhalten habe ich frei. Schwierig wäre die Sache allerdings, müßte ich zwei Abfahrtskellen festhalten, in jeder Hand eine. Gut, dann dürfte ich mit einer *so* kleinen Hose eben nicht auf den Bahnsteig.«

Sandomir blickte in Richtung des langsam herandampfenden Eisenbahnzugs.
Der Zug war noch ein wenig entfernt.
Trotzdem konnte Sandomir deutlich erkennen, daß der Zug inzwischen größer geworden war.
»Er ist«, sagte Sandomir, »größer geworden. Er wird bald hier sein, ich muß die Bahnschranke runterlassen.«
Das machte neue Umstände.
Eine Hand brauchte Sandomir zum Runterkurbeln der Bahnschranke, eine Hand zum Festhalten der Abfahrtskelle, eine Hand zum Festhalten einer Hosenseite, zusammen drei Hände.
Sandomir sagte: »Auf die dritte muß ich verzichten, ich bekomme sie nicht.«
Er stand ratlos vor der Schrankenkurbel.
»Sofort«, sagte er, »muß mir etwas Gutes einfallen! Ah, ich werde die Abfahrtskelle auf den Bahnsteig legen, mit der linken Hand die Hose festhalten, mit der rechten Hand die Bahnschranke runterkurbeln. Man sieht, ich bin ein Erfinder. Ich habe eine dritte Hand erfunden!«
Die Abfahrtskelle legte er auf den Bahnsteig, mit der linken Hand hiel er den Hosenbund fest, mit der rechten kurbelte er die Bahnschranke runter.
Langsam senkten sich die rotweiß gestrichenen Rohre in die Gabelhalter, wo die Rohrenden auf gefederte Bolzen treffen, ein paarmal kurz hochschnellen und gleich danach ruhig liegen bleiben: waagrecht wie eine Bahnschranke ausruht nach stundenlangem Aufrechtstehen und In-die-Luft-Kucken, waagrecht, mit je einem Rohrende im Gabelhalter.
Sandomir legte die Klinkensperre ins Zahnrad der Schrankenkurbel, dann bückte er sich nach der Abfahrtskelle.
Er nahm sie in die rechte Hand.
Während des Bückens fiel ihm die Bahnwärtermütze vom Kopf, während des Bückens platzte die Mittelnaht, die hintere Mittelnaht der Bahnwärterjacke.

Da war die Lokomotive schon mit allen Rädern dicht in seiner Nähe. Sie bremste. Zwischen den Rädern war Dampf und Gezisch.

Sandomir richtete sich langsam auf.

Er hob den Kopf, er wußte: der Eisenbahnzug hatte sich beim Näherkommen stark vergrößert. Sandomir sah es mit beiden Augen.

Er sah die beiden Gesichter seiner Freunde aus dem Führerhaus der Lokomotive rauskucken: die von Kohlenstaub geschwärzten Gesichter seiner beiden Freunde Willy und Jacob.

»Ein großer Zug«, sagte Sandomir leise, »unerwartet groß! Was mache ich jetzt? Ich habe mich falsch angezogen!«

»Tag, Sandomir!« rief der Lokomotivführer Willy, und der Lokomotivführer Jacob rief:

»Tag, Sandomir!«

Beide waren erstaunt über Sandomir, das konnte man erkennen trotz ihrer rußbedeckten Nasen und Backen.

Einer der beiden Lokomotivführer begann zu kichern. Es war Jacob. Dieser Jacob kicherte zunächst mit hoher Stimme, dann lachte er freundlich, lachte laut und wurde augenblicklich vom Lokomotivführer Willy unterstützt, das heißt, der Lokomotivführer Willy half dem Lokomotivführer Jacob beim Lachen, einer lachte gleichlaut wie der andere, Willy und Jacob lachten über Sandomir, doch sie wollten ihn nicht ärgern damit.

Sandomir sagte geringschätzig: »Haha, ihr beiden Lokomotivführer!«

Er hielt die Abfahrtskelle in der rechten Hand, mit der linken Hand hielt er den Hosenbund an der linken Seite fest. Seine Bahnwärtermütze, die ihm beim Bücken vom Kopf gefallen war, lag auf dem Bahnsteig. Sandomir dachte: Da liegt meine Bahnwärtermütze. Wenn ich mich jetzt nach der Mütze bücke, dann bemerken diese beiden Teufel, daß meine Bahnwärterjacke, die mir zu klein ist, hinten einen Riß hat.

So stand er betrübt auf dem Bahnsteig.

»Dieser große Zug!« flüsterte er.

Willy und Jacob stiegen runter von der Lokomotive und begrüßten Sandomir. Jacob hob Sandomirs Bahnwärtermütze auf, pustete über den lackierten Schirm, klopfte, Knie angehoben, aus dem roten Stoffteil eine runde Wolke Staub heraus und setzte, augenzwinkernd, die Bahnwärtermütze auf Sandomirs Kopf.

»Zu klein«, sagte Jacob.

»Du hast kleine Sachen angezogen«, sagte Willy.

»Ja«, sagte Sandomir, »seit wann steuert ihr so große Lokomotiven? Das ist anmaßend und zeugt von Größenwahn! Ich glaubte vorhin, ein kleiner Eisenbahnzug käme bei der Bahnschranke an, da wollte ich ihn begrüßen ohne große Sachen! Möchte nur wissen, weshalb solche Biester gebaut werden! Meine Frau würde sagen: Gibt es nicht wichtigere Dinge als rollende Elefanten herzustellen? Zum Fürchten, meine Lieben! Ihr stellt die ganze Welt auf den Kopf! Auch die Landschaft Sandomir!«

»Naja«, sagte Jacob. Er blickte verschämt auf Willy.

»Hem-tja!« machte Willy.

Beide Lokomotivführer schauten sich gegenseitig an aus geschwärzten Gesichtern.

»Was habt ihr?« sagte Sandomir.

Jacob sagte: »Wir haben...«

Weil er nicht weitersprach, sagte Willy: »Wir haben, wie du siehst, nur *drei* Eisenbahnwagen an der Lokomotive dran. Zwei Wagen sind voll Gerät für eine Werkstatt. Der dritte Wagen...«

Willy zögerte. Dann sagte er: »Der dritte Wagen...«

»Na los!« sagte Sandomir, »was ist mit dem dritten Wagen?«

»Der dritte Wagen«, sagte Willy, »ist ein Plattformwagen. Auf der Plattform...«

»Ich sehe«, sagte Sandomir, »auf der Plattform steht ein Haus.«

»Ja, ein Haus«, sagte Jacob.

»Ein kleines Haus«, sagte Willy.

»Ein zweistöckiges«, sagte Jacob.

»Und deshalb«, sagte Sandomir, »deshalb... die große Lokomotive, hm?«

»Vielleicht«, sagte Willy zu Sandomir, »freut sich das Haus, wenn du mal hingehst und ihm guten Tag sagst in deinen kleinen Sachen. Das Haus ist auf der Flucht.«

»Flucht«, sagte Sandomir, »Flucht?«

Willy sagte: »Das Haus ist auf der Flucht vor Leuten, die in dem Haus gewohnt hatten. Das Haus muß flüchten, weil die Leute, die in ihm wohnten, Spitzbuben sind. So sagt das Haus: Spitzbuben.«

»Spitzbuben«, sagte Sandomir, »das ist ein Wort zum Lachen. Ich habe allerlei Wörter erfunden, ich kann das beurteilen. Ein Wort zum Lachen! Ich geh mal hin zum kleinen Haus.«

»Du willst«, sagte Sandomir zum kleinen Haus, »flüchten?«

»Ja«, sagte das Haus, »es geht nicht anders. Ich kann diese Spitzbuben nicht leiden, die den ganzen Tag wie Spitzbuben leben. Ich bin fortgelaufen, hab mich versteckt und will jetzt wegfahren. Aber die Leute, die in mir wohnten, sind hinter mir her. Das weiß ich. Sie suchen mich. Wenn sie hier vorbeikommen, dann sage ihnen: Ihr seid Spitzbuben, ihr habt das Haus sehr schlecht behandelt. Sagst du das? Oder so ähnlich?«

»Ja«, sagte Sandomir, »sei mal nicht traurig. Soll ich dir die Fenster putzen?«

»Danke«, sagte das Haus.

Sandomir nahm die Bahnwärtermütze vom Kopf, verbeugte sich und sagte: »Ich bin der Bahnwärter Sandomir. Außerdem der Erfinder des Wortes Cyge.«

»Was ist das?« sagte das Haus.

»Cyge«, sagte Sandomir, »wird geschrieben mit Ceh, Ypsilon, Geh, Eh. Cyge, das Geheimwort für Ziege. Du verstehst?«

»Ja«, sagte das Haus lachend, »ja.«

»Paß auf«, sagte Sandomir, »meine Frau würde sagen: Gibt es nicht wichtigere Dinge in der Welt als ausgerechnet ein Haus in die Flucht zu schlagen? Da fällt mir ein, ich habe zuhause einen alten Teppichklopfer. Er ist alt und brüchig. Naja, er ist alt, er muß mit einer Schnur wieder kräftig gemacht werden, muß mit Schnur umwickelt werden und sich allmählich erholen und kräftiger fühlen, das schaffe ich schon. Diesen Teppichklopfer zeige ich den Leuten, wenn sie hier vorbeikommen und nach dir suchen. Keine Frage, ich könnte sie verhauen.«

Das Haus lachte mit beiden Stockwerken. Jetzt war es ein frohes Haus.

Sandomir hob die Abfahrtskelle.

Willy und Jacob stiegen zurück in den Führerstand der Lokomotive, sie winkten. Sandomir drückte die Bahnwärtermütze fest auf den Kopf.

Der Zug rollte langsam vorbei an der Bahnschranke, lief, kleiner werdend, tiefer hinein in die Landschaft Sandomir, pafftte, kleiner werdend, Rauchwolken zum Wohl auf ein gutes Gleis, lief, hatte es eilig.

Ein dienstfreier Tag

Nun war es Vormittag. Die Kinder malten Gesichter und fünfbeinige Hinterteile auf die Löschblätter. Nun war es Vormittag. Die Lehrerin wiederholte zum fünften Mal: »Mit euch nimmt es kein gutes Ende, ihr seid alle sehr faul, ihr solltet euch ein Beispiel nehmen an den fleißigen Ameisen!«

Der Wind spielte auf dem Schulhof mit Butterbrotpapier. Der Wind fegte das Papier vor Sandomirs Füße.

Drinnen im Schulgebäude saß die Schläfrigkeit gleich hinter der Eingangstür und wedelte ein so abgestandenes Gähnen über Sandomir hin, daß er am liebsten sofort umgekehrt wäre. Von allen Decken hingen riesige trockne Schwämme und dicke Balken Kreide herab. Sandomir erschrak. Die Türen der Lehrmittelschränke öffneten sich, die ausgestopften Eulen, Habichte und Paradiesvögel blinzelten müd nach einer großen Uhr, schüttelten den Staub aus ihrem Gefieder, wetzten ihre Schnäbel an der Erscheinung des Fremdlings und kehrten zurück in ihre Reglosigkeit.

»Alles Gute!« sagte Sandomir.

Er nahm seinen Kompaß, ließ die Nadel ausschwingen und fand den Weg hinauf ins dritte Stockwerk zum Zimmer des Rektors. Den Flur entlang hingen in Abständen kleine Mäntel und Mützen an Kleiderhaken. Sandomir hängte seine Bahnwärtermütze an einen Kleiderhaken gleich neben der Tür einer Jungen- und Mädchenklasse, die im Kopfrechnen geprüft wurde.

Sandomir bückte sich ans Schlüsselloch, er sah, die Mädchen standen kerzengrad zwischen den Bankreihen, er hörte den Singsang der Lehrerin:

> *Na die U*
> *Na die weiß auch nich*
> *Na die Nu*
> *A die weiß auch nich*
> *Na die Mu*
> *Ha die weiß auch nich*
> *Na die Lu*
> *Ja die weiß auch nich*

Sandomir öffnete die Tür, er steckte den Kopf ins Klassenzimmer und sagte, zur Lehrerin gewandt, mit leiser Stimme: »Das Meerschweinchen lebt vom Salat. Trotzdem ist es bescheiden und spricht über seine Brüder niemals schlecht.«

Die Kinder gickerten, die Lehrerin sagte ärgerlich: »Wie bitte? Was wollen Sie? Was sagten Sie? Haben Sie was abzugeben? Dann legen Sie's hier aufs Katheder! So, und wir machen jetzt weiter!« Sandomir schloß die Tür. Er atmete ganz tief. Das strafende Augenpaar der Lehrerin machte ihm zu schaffen.

»Hildegard«, rief die Lehrerin, »errechne also, wieviel Kilometer hat ein Radfahrer zurückgelegt, wenn er von Wimmershausen nach... Wimmers... nach Wimmer... wie?«

Sandomir wartete die Antwort nicht ab. Er nahm seine

Bahnwärtermütze vom Kleiderhaken und behielt sie in der linken Hand, während er, drei Türen weiter, ohne anzuklopfen das Zimmer des Rektors betrat. Der Rektor lief im Zimmer auf und ab. Durch seine Brille fiel ein kurzer Blick auf Sandomir. Der Rektor sprach:

»Du bist noch lange nicht fertig mit dem Lernen! Die Schule legt nur den Grund.«

»Sie duzen mich?« sagte Sandomir.

Der Rektor lief auf und ab.

»An einen Wendepunkt des Lebens«, sagte der Rektor, »hat dich der heutige Tag gestellt. Deshalb ist dein Herz nicht unbewegt. Das ist uns verständlich. Es gibt Stunden, in denen das Herz aufjubelt, es gibt andere Stunden, da will es verzagen. Das ist des buntbewegten... des bunt... ja, des buntbewegten Lebens Lauf!«

»Ja«, sagte Sandomir.

»Ja«, sagte der Rektor, lief zum Fenster, drehte um, lief wieder zurück zum Fenster, »ja und gewiß! Wir wünschen dir alles Glück, alles an glücklicher Zukunft. Wenn sich die Zügel jetzt etwas lockern, so laß sie deshalb nicht schleifen. Bedenke stets: Eine schwere, aber auch schöne Zeit liegt hinter dir. Die Zeit der Schule, der ersten Jugend.«

»Sie sprechen«, sagte Sandomir, »zu einem Bahnwärter, der zweiundfünfzig Jahre alt ist.«

»Setz dich!« sagte der Rektor. Er beugte sich über seinen Schreibtisch und sprach gegen die gekälkte Wand:

»Du hast dir einen schönen, edlen Beruf gewählt...«

»Oh ja«, sagte Sandomir.

»Du willst«, rief der Rektor, »der Menschheit dienen! Ernste Arbeit, mein Freund, wird notwendig sein, einen tüchtigen Diener aus dir zu machen. Darum Glück! Darum Mut und keine törichten Einwände! Nichts ist mehr zu beklagen, als gelänge es einer verkehrten Weltanschauung, dir den Weg zu verstellen. Der heutige Tag ist ein Wendepunkt in deinem Leben...«

»Das sagten Sie schon«, sagte Sandomir.

»Setz dich«, sagte der Rektor und lief wieder auf und ab durch das Zimmer, »nicht mit Gedanken auseinander, nicht mit Personen auseinander, die durch Ränkespiele ungünstig auf deine Entwicklung einwirken könnten...«

»Halt!« sagte Sandomir, »halt! Bleiben Sie bitte stehn, Herr Rektor! Was sind Ränkespiele? Nichtwahr, ein Wort zum Lachen! Ein Wort wie Spitzbuben!«

Der Rektor winkte ab.

»Nein«, sagte Sandomir, »antworten Sie bitte! Ich bin hergekommen, um Sie zu fragen: Was sind Spitzbuben?«

»Was, was, was, was!« schrie der Rektor, »was wollen Sie überhaupt! Setzen Sie sich! Was wollen Sie? Unterbrechen Sie mich nicht! Sprechen Sie! Sprechen Sie ruhig, lauthalsiges Sprechen hat zu unterbleiben! Diese Regel ist für alles Sprechen von großer Wichtigkeit. Vor allem gilt sie für ein Gespräch zwischen zwei Personen, denn die häufigste Art des Sprechens begegnet uns im Gespräch, wo die Rede zwischen zwei oder mehreren Personen wechselt. Also, zum Teufel, was wollen Sie? Wenn Sie mir nicht antworten, darf ich Ihnen sagen, daß Ihre Antwort klar und deutlich zu sein hat. Ich lege Wert auf reine i-ö-ü-ä-Laute, die Endsilben dürfen nicht abgehackt oder verschluckt werden! Haben Sie Trauriges vorzubringen, so dürfen Sie nicht lächeln wie beim Erzählen eines Witzes. Haben Sie Erfreuliches vorzubringen, so dürfen Sie nicht...«

»Ich habe«, unterbrach ihn Sandomir, »Erfreuliches vorzubringen.«

»Dann, also dann dürfen Sie nicht mit einer Trauermiene auftreten, sondern dürfen sich angemessener Heiterkeit bedienen, das heißt, ein Schmunzeln ist noch am besten!«

»Gewiß«, sagte Sandomir, »komme ich denn mit einer Trauermiene?«

»Nein«, sagte der Rektor, »das behaupte ich nicht, ich erkläre ja nur, *wie* der Auftritt beschaffen sein muß. Setzen Sie sich. Was wollen Sie? Unterbrechen Sie mich nicht schon wieder! Das ist unhöflich! Was haben Sie vorzutragen? Erfreuliches?«

»Erfreuliches«, sagte Sandomir.

»Sie grinsen«, sagte der Rektor, »Sie grinsen! Und sie rauben mir die Zeit! Ich arbeite. Ich arbeite an meiner Rede, die ich in einer Woche vor unseren Schulabgängern zu halten habe. Mitten in der Arbeit werde ich gestört. Wissen Sie, was das ist: eine Rede? Eine Rede ist so etwas, wovon der Redner erfüllt sein muß. Und ein Redner braucht Zuhörer – oder nicht? Ein Redner kann sich eine lässige Körperhaltung nicht leisten, kann sich, wenn Sie gestatten, eine Kleidung nicht leisten, was Sie da auf Ihrem Körper tragen – stimmt das? Ein Körper darf sich nicht wiegen und biegen, sondern festen Oberkörpers soll er die Rede abfolgen lassen – oder nicht? Bestenfalls darf eine Hand des Redners, zum Beispiel die linke, leicht die Kante des Tisches oder Katheders berühren, während die andere Hand gefällige Bewegungen ausführen darf. Oder nicht? Oder was? Reden Sie!«

»Ja«, sagte Sandomir, »ja, Herr Rektor.«

»Reden Sie!« rief der Rektor, »ich bitte um reine i-ö-ü-ä-Laute!«

»Räään-ke-spiele«, sagte Sandomir, »was sind Rääänkespiele?«

»Ungezogenheiten!« rief der Rektor.

»Und Spitzbuben?« sagte Sandomir, »was sind Spitzbuben?«

»Ränkespieler übelster Sorte!« rief der Rektor.

»Wieviel Sorten«, sagte Sandomir, »gibt es davon?«

Der Rektor lief auf und ab. Ungeduldig strich er an Sandomir vorbei, beschnüffelte ihn. Er nahm die Bahnwärtermütze aus Sandomirs Hand, drehte sie um, roch an ihr, betrachtete sie innen und außen. »Sind Sie«, fragte der Rektor, »Inhaber dieser Mütze?«

»Meine Mütze«, sagte Sandomir.

»Reden Sie!« sagte der Rektor.

»Was möchten Sie hören?« sagte Sandomir.

»Erfreuliches!« sagte der Rektor, »und was Sie außerdem vortragen könnten: Weshalb sind Sie hergekommen in Begleitung einer so schäbigen Mütze?«

Sandomir riß dem Rektor die Mütze aus der Hand.

»Her damit«, sagte Sandomir, »meine Mütze beleidigen!«

»Umgekehrt«, rief der Rektor, »umgekehrt ist die Sache: Sie beleidigen mich *und* dieses Schulgebäude durch die Gegenwart dieser Mütze! Was möchten Sie hören?«

»Erfreuliches«, sagte Sandomir.

»Soll ich meine Rede wiederholen?« sagte der Rektor.

»Gern«, sagte Sandomir, »doch vorher bitte eine Auskunft! Ich erwarte demnächst zwei oder mehrere Spitzbuben und muß mich für ein geflüchtetes Haus gegen solche Gäste einsetzen, das bedeutet, ich sollte erfahren, ob das Wort Spitzbube schwer genug wiegt, das Schlimmste zu erwarten. Mit anderen Worten, Herr Rektor...«

Sandomir erzählte dem Rektor von seinem Erlebnis mit dem geflüchteten Haus. Der Rektor sagte unwillig:

»Das ist doch nicht *meine* Angelegenheit! Gehen Sie ins Gerichtsgebäude, lassen Sie sich *dort* beraten, ich bin ein Mann ernster Forschung, keine Auskunftei! Kommt dieser Kerl mit einer unmöglichen Mütze, unterbricht meine Rede! Wer gibt Ihnen sowas ein? Hm?«

»Mein Sohn«, sagte Sandomir, »besucht diese Schule.«

»Aha!« rief der Rektor, »aha! Werde mir den Knaben kommen lassen, werde ihn mal fragen, wies bei ihm zu Hause zugeht. Kommt mit einer unmöglichen Mütze ins Schulgebäude, unterbricht meine Arbeit...! Ein Kerl! Jawohl, kucken Sie nicht so! Ein kurzer, bündiger Satz ist leichter verständlich als ein mehrfach zusammengesetzter Satz. Bleibt man wirklich mal in einer Rede stecken, sagen wir: durch die Anwesenheit eines Menschen mit unmöglicher Mütze! – so werde man niemals ängstlich, fange die Rede niemals von vorn an, sondern gehe mit ein paar Wendungen wie etwa: Viel gäbe es noch zu sagen, aber die innere Bewegung überwältigt mich! – flott über den Augenblick hinweg und... und... was fällt Ihnen ein, Sie gehn einfach zur Tür, ich spreche mit Ihnen...! Die gewöhnliche Art... des Sprechens... hallooh!... ist das Gespräch... wo die Rede... Ungezogener Kerl!... hat die Tür zugerammt!... zwischen zwei oder mehreren Personen... hallooh!... ich spreche mit Ihnen!... in gleichmäßiger Verteilung wechselt. Aha! Arrrhah! Arrrharrr! Gut, das klingt! Wo ist der Kerl? Wie heißt er? Wie denn? Hallooh?«

Der Rektor öffnete die Tür, trat hinaus in den Flur und schrie in den leeren Flur: »Wie heißen... Sieeeh?! Wiiieeh heiiißen... Siiieeeeh?!«

Auf dem Schulhof spielte der Wind mit dem Butterbrotpapier.

Der Wind bauschte Sandomirs Haar.

Sandomir warf seine Mütze in die Luft, fing sie auf, pfiff, sprang wie ein Schulabgänger federleicht über alle Bosheiten, die an jeder Straßenecke haufenweis herumlagen.

So geriet er ins Gerichtsgebäude.

»Ihr Wunsch?« sagte der Pförtner.

»Mein Wunsch«, sagte Sandomir, »ist leicht zu erfüllen. Vorausgesetzt, es gibt hier einen Menschen, der Bescheid weiß über das Wort Spitzbube.«

»Nanu«, sagte der Pförtner.

»Ja«, sagte Sandomir, »ich habe meine Gründe.«

Der Pförtner betrachtete Sandomir von oben bis unten. Er schnalzte amüsiert mit der Zunge, schnalzte und lächelte sanft.

»Verzeihen Sie«, sagte der Pförtner, »ich habe was im Zahn. Ich muß jedesmal lachen, wenn ich was im Zahn habe. Ich kann mich ausschütten vor Lachen, wenn ich was im Zahn habe.«

»Und warum?« sagte Sandomir.

»Warum?« sagte der Pförtner prustend, »Sie fragen auch noch: Warum?«

»Ich bin neugierig«, sagte Sandomir.

»Andermal«, sagte der Pförtner, »Auskünfte in allen...
ha... Rechtsfragen erteilt Zimmer Elf... ach, muß ich lachen!«

»Dankeschön«, sagte Sandomir.

Er suchte und fand das Zimmer Elf, klopfte zweimal an die Tür, drückte auf die Klinke, öffnete, trat ein. Ein Mann, vielleicht zweiundfünfzig Jahre alt wie Sandomir, saß inmitten hoher Kanzleiregale an einem vollgepackten Tisch. Er nahm von einem Aktenstapel eine Akte herunter, sprach währenddessen, ohne aufzublicken, zu Sandomir:

»Schließen Sie die Tür, treten Sie näher!«

Sandomir tat beides.

»Die Tür«, sagte der Mann, »ist nicht richtig geschlossen. Drücken Sie die Türklinke nochmal fester ins Schloß, daß der Schnapper ins Schloß schnappen kann.«

Sandomir tat es.

»So ungefähr ist es richtig«, sagte der Mann, »und wenn Sie das nächste Mal hier sind, bedarf es nicht meiner Belehrung. Übung macht auch den Meister auf dem Gebiete des Türenschließens. Das ist überall so. Auch in der Landschaft Sandomir. In der Landschaft Sandomir gibt es einen Bahnwärter namens Sandomir, Sie sind es, womit kann ich dienen?«

»Ah, Sie kennen mich«, sagte Sandomir.

»Ich habe«, sagte der Mann, »nur flüchtig aufgeschaut und sofort Ihre Mütze gesehn. An dieser Mütze habe ich Sie erkannt. Und *Sie* werden mich künftig daran erkennen, daß ich, wie überall auf der Welt, zwischen Akten und Kanzleiregalen sitze und fortwährend rote, blaue, grüne Striche, Haken und Kreise auf Aktendeckel und Schriftstücke zeichne. Und während ich mit Ihnen spreche, unterstreiche ich einen bestimmten Satz, hake einen bestimmten Abschnitt in zwei Klammern ein, lese lautlos im neuesten Merkblatt, undsoweiter. Wir haben uns verstanden, Bahnwärter Sandomir?«

»Ja«, sagte Sandomir, »wie heißen Sie?«

»Nennen Sie mich: Auskunftgeber.«

»Und mit Vornamen?« sagte Sandomir.

»Im Gerichtsgebäude arbeitet nur mein Nachname, besser: mein Nutzname. Draußen, unweit Ihrer Bahnschranke, heiße ich Carlos. Ein Geheimnis, das ich Ihnen anvertraue. Ein zweites Geheimnis: Ich kenne beinah jeden Menschen, der in der Landschaft Sandomir wohnt. Ich bin also: Carlos, der Auskunftgeber! Welche Auskunft darf ich geben?«

Sandomir lächelte.

Carlos blickte auf von seinen Papieren. Er lächelte zurück. Dann sagte er:

»Schwierige Fragen, das wissen Sie, beantworte ich nicht in diesen Räumen. Deshalb: Bitte fragen Sie etwas, worauf ich antworten kann.«

»Kennen Sie«, sagte Sandomir, »meinen Freund, Herrn Abendtschrey?«

»Ich kenne ihn«, sagte Carlos, »er gibt bessere Auskünfte als ich. Grüßen Sie ihn!«

»Ich werde ihn grüßen«, sagte Sandomir.

»Noch eine Frage?« sagte Carlos.

Sandomir nickte. Er hielt die rechte Hand mit der Bahnwärtermütze wie eine Scheuklappe rechts an die Stirn, sagte flüsternd:

»Wissen Sie auch von meiner Erfindung?«

»Psst –!« machte Carlos.

Er geleitete Sandomir bis zur Tür. Dort sagte er: »Das Patentamt wird Ihre Erfindung bekanntmachen in feierlicher Form. Geben Sie Nachricht?«

»In Kürze«, sagte Sandomir.

Sie verabschiedeten sich. Sandomir ging nach Haus, lobte den dienstfreien Tag.

Ein Wort wird gesucht

Sandomirs bester Freund unter den Tieren war ein Grasfrosch. Er hieß: Herr Abendtschrey*.

Wenn Sandomir einen Berater brauchte, ließ er Sandchen, seinen Sohn, in den Wald gehen: Dort, in der Nähe des Bahnwärterhauses, lebte Herr Abendtschrey am Waldboden und schlief in einer geräumigen Zweizimmerwohnung aus Wurzeln. Diese Wohnung war angenehm, sie besaß aber keine Klingel. Deshalb *rief* Sandomirs Sohn jedesmal nach Herrn Abendtschrey, und der Grasfrosch, auch kurz vor dem Schlafengehen, kam jedesmal bereitwillig aus seiner Wohnung hervor und spazierte, an Sandchens Seite, hüpfend zum Bahnwärterhaus. Manchmal, wenn Herr Abendtschrey müde war, ließ er sich tragen.

---

* Verfasser dankt Herrn Schriftsteller Georg Rollenhagen, in dessen Tierepos »Froschmeuseler« (Der Frösch und Mäuse Wunderbahre Hoffhaltunge / erstmalig erschienen 1595) die Maushelden *Leckemülle, Bröseldiep, Schinkenklauper,* die Froschhelden *Ruehrendreck, Pauspeck, Schluckmuecker* und *Abendtschrey* heißen.

Heute hatte Sandomir zu seinem Sohn gesagt:

»Geh Herrn Abendtschrey rufen, ich muß ihn allerlei fragen. Sag ihm, da ist eine Sache passiert, die was mit Spitzbuben zu tun hat. Weißt du, was ein Spitzbube ist?«

»Ein... Spitzbube?« sagte Sandchen.

»Siehst du«, sagte Sandomir, »du weißt es auch nicht. Überhaupt, was lernst du in dieser Schule, die du besuchst? Ich sprach gestern mit dem Rektor. Wie gefällt dir der Rektor?«

»Ich muß ihn mal ansehn, gleich morgen!«

»Gut«, sagte Sandomir, »darüber sprechen wir noch! Zunächst ruf Herrn Abendtschrey!«

Sandomir eilte zur Bahnschranke, kurbelte sie herunter, ließ zwei entgegengesetzt fahrende Züge passieren, grüßte die Lokomotivführer, drehte die Schranke wieder hoch und lief schnell zurück ins Bahnwärterhaus, um den Grasfrosch zu empfangen.

Herr Abendtschrey hatte ein Buch mitgebracht. Er blätterte in dem Buch und schwieg. Er saß auf Sandomirs Tisch, nippte an einer Schale Wiesenwein, der den Grasfröschen gut bekommt und nur dann betrunken macht, wenn ein Grasfrosch, nach Art wilder Trinker, mehrere Schalen hintereinander austrinkt. Das aber tat Herr Abendtschrey nicht. Heute sowieso nicht, denn er war hierhergekommen, seinen Freund Sandomir zu beraten. Er blätterte im mitgebrachten Buch. Eine Brille hatte er aufgesetzt, sie stand ihm gut.

»Finden Sie das Wort Spitzbube nicht?« sagte Sandomir.

Herr Abendtschrey gab keine Antwort.

Er nahm einen Schluck Wiesenwein und blätterte weiter.

Einmal nur kuckte er über den Brillenrand auf Sandomir und schüttelte den Kopf.

»Ah«, machte Sandomir und sagte: »Sie finden es nicht. Das ist schade.«

»Wer sagt Ihnen denn«, sagte Herr Abendtschrey, »daß ich das Wort nicht finde, quak?«

»Sie schüttelten doch«, sagte Sandomir, »soeben den Kopf.«

»Nein«, sagte Herr Abendtschrey, »ich schüttelte nur den Kopf, weil Sie ungeduldig sind. Sollte Ihnen die Zeit zu lang werden, so laufen Sie ums Bahnwärterhaus!«

»Entschuldigen Sie«, sagte Sandomir, »verstehen Sie bitte: Ich bin ungeduldig, weil die Spitzbuben bald hier sein könnten. Da muß ich wissen, was ich ihnen sagen soll.«

Herr Abendtschrey sagte: »Von welchen Leuten sprechen Sie eigentlich?«

»Von Leuten«, sagte Sandomir, »die ein Haus schlecht behandelt haben.«

Er kratzte sich am Kopf. Er wußte nicht, wie er Herrn Abendtschrey die ganze Sache erklären sollte.

»Vor ein paar Tagen«, sagte Sandomir, »kam ein kleiner Zug mit einer kleinen Lokomotive herangedampft. Ich stand am Fenster des Bahnwärterhauses und sah deutlich: Dieser Zug kommt näher mit einer dampfenden Lokomotive und sieht sehr klein aus. Weil der Zug von weitem so klein aussah, zog ich nur kleine Sachen an. Die Bahnwärtermütze war zu klein, sie fiel vom Kopf. Die Jacke war zu klein, sie platzte an der Rückennaht. Das geschah, als ich mich bückte, um meine Abfahrtskelle aufzuheben vom Bahnsteig.«

»Sie hatten«, sagte Herr Abendtschrey, »Ihre Abfahrtskelle verloren?«

»Nein«, sagte Sandomir, »ich mußte sie auf den Bahnsteig legen, da meine Hose zu klein war. Ich mußte meine Hose mit einer Hand festhalten...«

»Weshalb«, sagte Herr Abendtschrey, »nur mit einer? Was taten Sie mit der anderen?«

»Mit der anderen Hand kurbelte ich die Bahnschranke runter. Und mit derselben wollte ich nun die Abfahrtskelle aufheben, da platzte, als ich mich bückte, die Rückennaht.«

»Wie groß war die Abfahrtskelle?« sagte Herr Abendtschrey.

»Klein«, sagte Sandomir.

»Hätten Sie nicht«, sagte Herr Abendtschrey, »die kleine Abfahrtskelle in Ihre Jackentasche stecken können? Immerhin hätten Sie sich das Bücken nach der Abfahrtskelle erspart. Und die Folgen des Bückens. Bitte, ich möchte noch etwas Wiesenwein.«

»Gern«, sagte Sandomir.

Herr Abendtschrey trank, rückte an der Brille und rief:

»Ihr Sohn hat mir erzählt von der Sache! Das weiß ich doch alles. Sie standen auf dem Bahnsteig in Ihren kleinen Sachen, der Zug kam näher und wurde größer beim Näherkommen. Sie wurden, als der Zug heran war, ausgelacht von den beiden Lokomotivführern Willy und Jacob. Dann zeigte man Ihnen das kleine, zweistöckige Haus und erzählte Ihnen, es sei auf der Flucht vor den Leuten, die bisher in dem Haus gewohnt hatten. Und das Haus sagte, womöglich kämen diese Leute hinterher, um das Haus zu suchen. Das Haus fühlte sich schlecht behandelt... und... aha...«

»Was ist denn?« sagte Sandomir.

»Aha«, sagte Herr Abendtschrey, »jetzt verstehe ich: Das Haus also sagte von den Leuten, die in ihm gewohnt hatten, es seien Spitzbuben. Weshalb komme ich erst *jetzt* darauf? Das bißchen Wiesenwein...?«

»Bißchen?« sagte Sandomir, »Wiesenwein ist ein Produkt aus wilden Brombeeren.«

»Ich weiß das«, sagte Herr Abendtschrey und blickte streng.

Er blätterte in dem Buch herum.

»Und das Haus«, sagte er, »das Haus ist dann mit dem Eisenbahnzug weggefahren, um möglichst weit entfernt zu sein, wenn die Leute es wieder zurückholen wollen, die nach Angabe des Hauses Spitzbuben heißen.«

»Richtig«, sagte Sandomir.

Dann sagte er nichts. Er betrachtete Herrn Abendtschrey, wie er im Buch herumblätterte, ab und zu einen Schluck Wiesenwein zu sich nahm und manche Stellen im Buch, die nach Sandomirs Meinung nichts zu tun hatten mit der Spitzbuben-Sache, sorgfältig las und mit Randnotizen versah.

»Heute«, sagte Sandomir, »ist ein seltsamer Tag. Sie finden es nicht, das Wort...«

»Ungeduld«, sagte Herr Abendtschrey, »ist Sache bestimmter Bahnwärter, niemals Sache der Frösche. Unser Volk hat etwas mitzuteilen seit Jahrtausenden schon. Unsereins spricht und ruft und gibt Konzerte. Früh, abends, nachts und wieder früh – trotz verständnisloser Zuhörer! Und das, was wir mitteilen, wäre leicht zu verstehn, nur wirds immer falsch verstanden. Die richtigen Übersetzer fehlen sowieso. Vielleicht sind die Ohren auch mangelhaft ausgebildet. Es gibt viele Probleme, trotzdem bleiben wir geduldig, wir Frösche.«

Sandomir schwieg.

Herr Abendtschrey trank einen tiefen andachtsvollen Schluck. Die Schale war leer, Sandomir füllte sie neu.

Nach einem Weilchen sagte Sandomir:

»Als der Eisenbahnzug wegfuhr, wollte ich meinen alten Teppichklopfer ausbessern. Ich wollte ihn an den brüchigen Stellen mit Schnur umwickeln und kräftig machen.«

»Gewiß«, sagte Herr Abendtschrey, »das hilft einem Teppichklopfer. Doch warum geben Sie ihm nichts zu essen?«

»Zu essen!« sagte Sandomir erstaunt.

»Eine kräftige Mahlzeit«, sagte Herr Abendtschrey, »dürfte ihm gut tun.«

Der geduldige Grasfrosch schob langsam die Brille auf die Stirn, er sagte:

»Sie packen den alten Teppichklopfer schön warm in einen Teppich oder Schal. Dann bekommt er eine Portion goldgelbes Öl. Und zwar an *den* Stellen, wo er brüchig ist, damit er sich sattessen kann und zu Kräften kommt. So lassen Sie ihn ein paar Tage liegen, wie gesagt: schön eingepackt. Später, wenn er sich erholt hat, können Sie die brüchigen Stellen mit Schnur umwickeln, das unterstützt selbstverständlich. Ein altes Rezept übrigens! Mein Großfrosch, das heißt: Mein Großvater hat es erfunden. Er war Teppichquaker bei einem indischen Kaufmann, der gern mit Teppichen handelte. Der Kaufmann hatte schon berufshalber mit Teppichklopfern zu tun. So konnte mein Großvater ihm behilflich sein, wenn ein Teppichklopfer alt wurde oder zu kränkeln begann. Und ebenso hilft das alte Rezept meines Großvaters jetzt Ihrem Teppichklopfer auf die Beine. Wozu brauchen Sie ihn?«

»Ja«, sagte Sandomir, »es ist noch ungewiß, aber vielleicht brauche ich ihn, um die Spitzbuben zu verhauen. Wir werden ja sehn!«

Sandomir erhob sich.

Herr Abendtschrey rückte die Brille von der Stirn zurück auf die Nase. Er vertiefte sich in sein Buch, während Sandomir im Nebenzimmer, gemeinsam mit Frau Sandomir, den Teppichklopfer in einen Schal wickelte. Die Behandlung begann also, wie Herr Abendtschrey empfohlen hatte: der Teppichklopfer wurde eingepackt, lag warm, trank an jeder brüchigen Stelle tropfenweise goldgelbes Öl.

Sandomir sagte: »Ruh dich aus, mein Lieber – große Dinge sind in Vorbereitung!«

Dann ging Sandomir nach nebenan.

»Ich bin«, sagte Herr Abendtschrey, »auf bestem Wege! Morgen erreiche ich das Wort Spitzbube. Heute abend, in meiner Wohnung, werde ich noch Näheres vorbereiten. Ich hoffe, Sie freuen sich, daß das Ziel greifbar wird!«

Herr Abendtschrey trank den Rest Wiesenwein.

»Oh ja«, sagte Sandomir kleinlaut, »ich freue mich! Darf ich Sie jetzt nach Hause bringen?«

»Gern«, sagte Herr Abendtschrey.

Er nahm das Buch und sprang in Sandomirs Hand.

»Sandchen!« rief Sandomir seinen Sohn herbei, »wir geee-hen! Möchtest du mitkommen?«

»Komme schon«, rief Sandchen, »da bin ich! Darf ich Herrn Abendtschrey tragen?«

Herr Abendtschrey ließ sich von Sandchen tragen. Unterwegs schlief Herr Abendtschrey in Sandchens Hand fest ein. Das Buch – wie klein war es nun! – blätterte auf und blieb liegen zwischen Sandchens Zeige- und Mittelfinger.

»Er hat«, sagte Sandomir flüsternd, »zuviel Wiesenwein getrunken. Leg ihn vorsichtig ins Bett, wenn wir seine Wohnung gefunden haben. Das Buch leg neben seinen Kopf, damit er's gleich bei sich hat.«

Sandomir und sein Sohn fanden neben einer Erle die Wohnung des Herrn Abendtschrey. Sandchen brachte den Grasfrosch zu Bett. Das Buch, bei Abschnitt »Sp-Th« mit einem Lesezeichen versehen, legte er, wie Sandomir gesagt hatte, neben Herrn Abendtschreys müden Kopf.

»Ich habe ihn vorsichtig hingelegt«, sagte Sandchen.

»Gut, laß ihn schlafen. Morgen ist ein wichtiger Tag!«

Sandomirs Sohn machte ein paar aufgeregte Sprünge. Auch am Beginn der Straße, die zum Bahnwärterhaus hinführte.

Die Straße herauf kam ein Mann.

Er hatte ein finsteres Gesicht, er blieb stehen und sagte zu Sandchen: »Weißt du auch, mein Junge, daß du ein Hopskäse bist!«

Sandchen erschrak, sah aber, daß das finstere Gesicht des Mannes eher traurig als finster war.

Der Mann wandte sich an Sandomir.

»Mein Herr«, sagte der Mann, »bitte verzeihn Sie die grobe Anrede! Wenn ich sowas wie diesen lustigen Jungen sehe, dann wird mir ganz elend zumut. Es ist ein Jammer, sage ich Ihnen!«

»Ja... ja...«, stotterte Sandomir, »ja, kennen wir uns nicht?«

»Vielleicht vom Rummel. Ich bin Preisboxer. Suche seit Wochen Arbeit.«

Er schob die Jackenärmel hoch, winkelte die Arme an und ließ die Augen rollen.

»Das ist«, sagte er, »meine Haltung! Gefällt sie Ihnen?«

»Sehr«, sagte Sandomir.

Der Mann nahm die Arme herab, zog die Jacke aus, stand, den Oberkörper bekleidet mit einem Turnhemd, muskelspielend da.

»Gute Arbeit?« fragte er.

Sandomir nickte.

Sandchen griff dem Bahnwärter an die Oberarme.

»Laß das!« sagte Sandomir, »dein Vater ist kein Preisboxer!«

»Seien Sie froh«, sagte der Mann.

Er zog seine Jacke über.

»Beinah«, sagte er, »hätte ich Arbeit bekommen. Ich traf zwei Kerle, die hier in der Gegend rumstreichen und kräftige Männer suchen. Weiß nicht, was ich von sowas halten soll. Bin zehn Jahre Preisboxer, habe ungefähr dreitausendzweihundertsiebzehn Leute aus dem Anzug gestoßen, aber keinen verletzt, keinen verletzt, das ist es! Das ist unser Geheimnis. Die beiden Kerle, die hier in der Gegend rumstreichen, wollten wissen, ob ich zuschlagen kann. Zuschlagen? was ist das? fragte ich mehrmals, was verstehn Sie darunter? fragte ich mehrmals, he, was wolln Sie anstellen? fragte ich mehrmals. – Denken Sie, die hätten geantwortet?! Schon gut, guter Mann, sagten die nur, schon gut. – Wie gesagt, beinah hätte ich Arbeit bekommen, nu ist wieder nichts. Hab Hunger und muß heute noch – natürlich gegen Geld! – in meinem Beruf arbeiten und irgendeinen Menschen aus dem Anzug stoßen.«

»Wenn es nicht zu teuer ist«, sagte Sandomir, »stehe ich Ihnen zur Verfügung.«

»Ach«, rief der Preisboxer, »das ist lieb von Ihnen. Sagen wir, Sie zahlen vier Mark.«

Sandomir zählte sein Geld nach und willigte ein.

Sein Sohn stellte sich an den Straßenrand. Er wurde auf einmal sehr still, sprang nicht mehr umher. Er steckte den Finger in den Mund. Sandomir lächelte ihm zu.

Der Preisboxer versetzte Sandomir einen mittleren Schlag.

Sandomir taumelte, der Boxer fing ihn auf.

Er hielt ihn wie ein verunglücktes Kind. Sandomir kam bald wieder zu sich, der Boxer gab ihn frei.

»Das war«, sagte der Preisboxer, »ein sogenannter Fliegenrüssel, ein sanfter Schlag mit geringer Betäubung. Wir verwenden ihn unter Berufskollegen, um uns zu necken.«

»Ich kannte ihn nicht«, sagte Sandomir.

Er war noch etwas benommen.

»Wollen Sie nicht«, sagte Sandomir, »bei uns essen?«

Er gab dem Boxer das Geld und blickte ihn ermunternd an.

»Danke«, sagte der Boxer, »ich begleite Sie noch ein Stückchen. Dann weiß ich, wo Sie wohnen und kann irgendwann bei Ihnen essen. Abgemacht?«

»Jederzeit«, sagte Sandomir, »sind Sie willkommen. Trotzdem, es wird bald dunkel, in diesen Wäldern leben eigenartige Tiere...«

»Soooh...?« sagte der Boxer.

»Vögel mit Bärenköpfen, Hunde mit begabter Stimme. Sie bellen nicht, sie sprechen: Ich belle nicht, ich bin ein Hund, der dir sagt: Ich belle nicht...«

»Er beißt also«, sagte der Boxer.

»Ja«, sagte Sandomir, »das tut er. Hoffentlich haben Sie jetzt Angst, ich wollte Ihnen Angst machen.«

Der Preisboxer gab Sandomir und Sandchen je eine schwere, breite Hand. Der Bahnwärter und sein Sohn gingen neben ihm her. Sie sprachen nicht.

Dann, einige hundert Schritt später, begann der Preisboxer leise zu singen.

Ein Haus wird gesucht

Sandomir schlief. Er träumte. Er sah sich auf einer Schaukel sitzen. Hier gab es Zurufe freundlicher Menschen. Die Schaukel trug ihn vor und zurück durch einen grünen Raum, vor und zurück über ein wiesenähnliches Feld.

Von sehr weit kam eine Gestalt auf ihn zu, ein Mann, den Sandomir vertraut ansprach. Der Mann hieß Carlos, er sagte: »Ich bin der Auskunftgeber. Meine Auskunft: Draußen läutet ein Haus.«

Carlos wiederholte diesen Satz und ging den Weg zurück, den er gekommen war.

Sandomir vernahm plötzlich die Stimme seiner Frau. Seine Frau war nicht zu erblicken, sie rief: »Gibt es nicht wichtigere Dinge in der Welt...«

Sandomir fiel herab von der Schaukel, er fiel hintüber durch den grünen Raum, fiel jahrelang – und erwachte.

Er lag auf seinem Sofa. Neben dem Sofa stand der Tisch. Auf dem Tisch saß Herr Abendtschrey. Er prostete Sandomir zu.

Sandomir blinzelte.

»Sind Sie's wirklich?« sagte er.

»Wachen Sie auf«, sagte Herr Abendtschrey, »wir sind am Ziel! Das Wort...«

»Wie«, sagte Sandomir und sprang auf die Beine, »Sie haben das Wort gefunden? Wie lange sitzen Sie schon hier?«

»Seit einer Stunde. Ich hätte Sie gleich geweckt. Ihre Frau sagte, es gäbe wichtigere Dinge in der Welt als tagelang nach einem Wort suchen. Außerdem wollte sie mir keinen Wiesenwein bringen.«

Sandomir sagte: »Da steht ja eine Flasche!«

»Ihre Frau«, sagte Herr Abendtschrey, »hat mir die Flasche erst gebracht, als ich ihr von meinem Großfrosch erzählte...«

»Jaja«, sagte Sandomir, »er war Teppichquaker bei einem indischen Kaufmann...«

»Weshalb sagen Sie so unwillig ›Jaja‹? Haben Sie schlecht geträumt?«

»Nein, der Traum war angenehm, das heißt, ich traf einen guten Bekannten im Traum. Dieser Bekannte ist sehr zuvorkommend. Wenn ich meine Erfindung beendet habe, werde ich ihn bitten, meine Erfindung ans Patentamt weiterzuleiten. Ich soll Sie übrigens grüßen!«

»Wer ist Ihr Bekannter?« sagte Herr Abendtschrey.

»Mein Bekannter kennt Sie«, sagte Sandomir, »seinen Namen darf ich nicht nennen. Aber ich werde Sie miteinander bekanntmachen, sobald ich meine Erfindung einreiche.«

»Was erfinden Sie denn?« sagte Herr Abendtschrey.

»Bitte«, sagte Sandomir, »fragen Sie nicht. Ich muß in aller Stille arbeiten. Wenn ich am Ziel bin, bekommen Sie ein Zeichen zur ersten Vorführung.«

Herr Abendtschrey griff zum Glas: »Ich trinke dieses Glas Wiesenwein auf gutes Gelingen!«

Er trank langsam das Glas leer.

»Sie sind vergnügt«, sagte Sandomir.

»Ja«, sagte Herr Abendtschrey, »ich öffne jetzt das Buch. Sie sehen, ich zeige mit dem Flossenfinger meiner rechten Beinpfote auf eine bestimmte Stelle im Buch!«

Sandomir war glücklich. Herr Abendtschrey hatte gefunden, was gesucht wurde. Nun war man ein Stückchen weiter!

In diesem Augenblick rief von draußen eine Stimme nach Sandomir. Es war Sandomirs Sohn, der unten vor dem Bahnwärterhaus stand und nach Sandomir rief.

»Vater«, rief Sandchen, »Vater, mach das Fenster auf! Mach das Fenster auf!«

»Was will er bloß?« sagte Sandomir.

»Ihr Sohn«, sagte Herr Abendtschrey, »bittet Sie das Fenster zu öffnen!«

»Eigenartig«, sagte Sandomir, »weshalb kommt er nicht rauf?«

»Kann sein«, sagte Herr Abendtschrey, »er will Ihnen was zuwerfen, einen Ball oder was andres. Man wird ja sehn.«

»Mein Sohn«, sagte Sandomir, »wollte noch nie einen Ball vom Bahnsteig aus zu mir ins Fenster werfen!«

»Das mag stimmen«, sagte Herr Abendtschrey, »aber wenn Ihr Sohn an solchen Ballspielen bisher keinen Gefallen fand, so ist doch möglich, daß er ab heute damit beginnen möchte. Öffnen Sie das Fenster, er ruft schon wieder!«

»Gut«, sagte Sandomir kopfschüttelnd.

Er öffnete das Fenster und kuckte runter auf den Bahnsteig. Sofort zog er den Kopf zurück. Hastig sprach er zu Herrn Abendtschrey:

»Unten stehn zwei Männer! Fremde Männer...!«

»Und Ihr Sohn?«

»Mein Sohn«, sagte Sandomir aufgeregt, »mein Sohn steht neben den fremden Männern.«

»Hausierer vielleicht?«

»Hausierer«, sagte Sandomir, »Hausierer. Was für ein Wort! Ich ahne etwas...!«

»Ahnen Sie nicht«, sagte Herr Abendtschrey, »hören Sie lieber zu, was Ihr Sohn ruft. Er ruft doch!«

»Vater«, rief von unten Sandomirs Sohn, »Vater, hier sind zwei Männer, die ein Haus suchen. Vater, sie suchen ein geflüchtetes Haus. Zweistöckig. Hörst du, ein zweistöckiges Haus, das mit der Eisenbahn weggefahren sein soll. Ob du was gesehn hast! Sie fragen, ob du ein flüchtendes Haus gesehn hast!«

Sandomir drehte sich um zu Herrn Abendtschrey. Er hatte große, erschreckte Augen.

»Das sind sie – die Spitzbuben!«

»Fein«, sagte Herr Abendtschrey, »sollen raufkommen!«

Sandomir rief hinunter: »Bitte – kommen Sie rauf, meine Herren. Mein Sohn führt Sie rauf! Ja, unten ist der Eingang!«

Zwei Männer, die sich gegenseitig kaum wohlgesonnen waren, betraten das Zimmer. Sandomirs Sohn folgte ihnen.

Die Männer setzten sich auf zwei Stühle, saßen nebeneinander und stießen sich mit den Ellbogen. Man sah, sie hatten einen Streit auszutragen. Sandomirs Sohn hockte hinter ihnen auf dem Sofa.

»Wir suchen«, sagte der eine Mann, »ein zweistöckiges Haus. Es ist weggerannt. Dieser da neben mir, dieser Mensch wohnte *oben* in dem Haus, ich *unten*. Haben Sie ein Haus gesehn, das hier vorbeikam? Es soll, so hörten wir, mit der Eisenbahn geflüchtet sein. Was ist das für'n alter Frosch auf Ihrem Tisch da? Bäääh!«

»Das ist Herr Abendtschrey«, sagte Sandomir, »er wird Sie gleich etwas fragen in Ihrer Angelegenheit. Übrigens, Herr Abendtschrey ist kein alter Frosch, sondern ein Mann in besten Jahren. Er verdient nicht, mit Bäääh angesprochen zu werden! Ein gebildeter Mensch tut das nicht!«

»*Ich* habe nicht Bäääh gesagt«, sagte der andere Mann, der in dem Haus oben gewohnt hatte, »mein Nebenmann – dieser Klotz hier! – hat Bäääh gesagt!«

»Halten Sie uns nicht auf!« rief der eine Mann, der in

dem geflüchteten Haus unten gewohnt und soeben Bäääh gesagt hatte.

»Tun wir nicht«, sagte Herr Abendtschrey, »ich lese nur etwas vor und frage Sie etwas.«

»Wie denn«, sagte der eine Mann, »ein Frosch will uns was vorlesen! Was kann ein Frosch schon vorlesen! Wo sind wir denn? Was soll das?«

»Ja«, sagte Sandomir, »Sie sind in der Landschaft Sandomir. Sie sitzen in der Wohnung des Bahnwärters Sandomir. Stoßen Sie sich doch nicht mit den Ellbogen! Das ist ja schrecklich!«

»Ich kann diesen Klotz nicht leiden!« rief der andere Mann.

»Ich möchte diesen Mistkäfer nicht sehn!« rief der eine Mann.

»Was«, sagte Sandomir, »Mistkäfer? Sie sagen nicht nur Bäääh zu Herrn Abendtschrey, Sie nennen Ihren Nachbarn auch Mistkäfer? Gibt es nicht wichtigere Dinge in der Welt...!«

»Nein, nein«, sagte der Mann, der soeben Mistkäfer gesagt hatte, »nein, nein, nein! Ich will diese Kröte von einem Menschen überall Mistkäfer nennen! Das ist sehr wichtig für mich!«

»Sie sind«, sagte der andere Mann, der in dem geflüchteten Haus oben gewohnt hatte, »eine Vollbartmeerkatze!«

»Ich?« rief der eine Mann, der in dem Haus unten gewohnt und seinen Nachbarn soeben Mistkäfer und Kröte genannt hatte, »ich eine Vollbartmeerkatze? Eine Affenart? Ich? Das ist zuviel!«

»Das ist viel zu wenig!« rief der andere Mann, »Sie sind – ich sage die Wahrheit! – ein gestreifter Mausvogel!«

»Ich?« rief der eine Mann, »ich?«

»Aber ja«, rief der andere Mann, »mit Ihnen spreche ich doch, Sie Rattenkänguruh!«

»Aha«, rief der eine Mann, »Sie sprechen mit mir, sie maskierter Sack! – Sie sind ein Schmutzgeier!«

»Und Sie ein Zimtbär!« rief der andere Mann.

»Schluß!« rief Sandomir, »Schluß! Schweigen Sie bitte! Herr Abendtschrey liest Ihnen was vor...«

»Vorlesen«, sagte der eine Mann, der in dem Haus unten gewohnt hatte, »was kann ein Frosch schon vorlesen!«

»Etwas über Spitzbuben«, sagte Herr Abendtschrey, »in meinem Buch, das hier auf dem Tisch liegt, ist ein Sprichwort zu lesen. Das Sprichwort lautet: Es regnet Spitzbuben. Man kann auch sagen: Es regnet Schwindler. Es regnet Lügner. Es regnet Leute, die ein Haus in die Flucht schlagen. Es regnet zwei Männer, die sich gegenseitig eins mit dem Ellbogen versetzen. Es regnet zwei Männer, die sich nacheinander Klotz, Mistkäfer, Kröte, Vollbartmeerkatze, gestreifter Mausvogel, Rattenkänguruh, maskierter Sack, Schmutzgeier und Zimtbär nennen. Es regnet zwei Männer, die sich sagen lassen sollten, daß ein Frosch imstande ist, ihnen was vorzulesen. Frösche sollte man anhören, meine Herren! Unser Volk hat etwas mitzuteilen seit Jahrtausenden schon! So, das genügt. Ich mache hier eine Pause, damit Sie über meinen Vortrag nachdenken können. Ich trinke einen Schluck Wiesenwein. Zum Wohl, meine Herren!«

»Und wir?« riefen beide Männer, »was trinken wir?«

Herr Abendtschrey gab Sandomirs Sohn einen Wink.

Sandchen brachte zwei Gläser. Er stellte sie auf den Tisch und füllte sie mit Wiesenwein. Herr Abendtschrey hob das Glas. Die beiden Männer schauten ratlos auf Herrn Abendtschrey. Sie griffen zögernd nach den Gläsern, nippten vorsichtig, setzten die Gläser ab, und der eine Mann, der in dem geflüchteten Haus unten gewohnt und zu Herrn Abendtschrey gesagt hatte: Was kann ein Frosch schon vorlesen! sagte jetzt zu Herrn Abendtschrey:

»Zum Wohl, Frosch!«

Der andere Mann sagte etwas ähnliches, er sagte: »Also, Frosch, zum Wohl denn!«

Sie tranken.

Sandomir verließ den Raum. Draußen schlug die Signalglocke an. Ein Zug wurde gemeldet. Sandomir kurbelte die Bahnschranke herunter.

»Dieser Herr Abendtschrey«, sagte Sandomir, »dieser Grasfrosch! Er trinkt mit den Männern Wiesenwein! Muß ihn mal fragen, was ich davon halten soll!«

Der Zug rollte pfeifend vorbei, Sandomir vergaß zu winken. Als er die Bahnschranke hochgedreht hatte, ging er, wütend über seinen Freund, zurück ins Bahnwärterhaus.

»Nun«, sagte Sandomir, »nun?«

»Nun«, sagte Herr Abendtschrey, »machen wir weiter!«

»Au ja«, rief Sandomirs Sohn, »ich habe die Türen abgeschlossen. Kann keiner raus!«

»Was heißt das?« rief der andere Mann, »was heißt das: die Türen abgeschlossen? Werden wir eingesperrt? Wir sind zwei Männer, die nicht eingesperrt werden dürfen!«

»Sie sind doch derjenige«, sagte Herr Abendtschrey, »der von seinem Nachbarn sagt, er sei ein Zimtbär!«

»Eben deshalb«, rief der andere Mann, »möchte ich nicht eingesperrt werden. Ich bin dann mit diesem Zimtbären zusammen eingesperrt, das behagt mir nicht! Und er, das Rattenkänguruh, der Zimtbär, wird bestimmt dagegen sein, zusammen mit mir, dem maskierten Sack und Schmutzgeier, eingesperrt zu werden. Stimmt das, Sie gestreifter Mausvogel?«

Der eine Mann sagte sofort: »Es stimmt, Sie Mistkäfer!«

»Ruhe«, sagte Herr Abendtschrey.

»Geh«, sagte Sandomir zu seinem Sohn, »geh und mach die Türen auf! Die Herren sollen sich wohlfühlen. Trotzdem will ich verraten, daß nebenan – meine Frau pflegt ihn! – ein alter Teppichklopfer liegt und allmählich zu Kräften kommt. Dieser Teppichklopfer ist seiner Bestimmung nach zum Ausklopfen von Teppichen da. Darf ich den Herren ein Rätsel aufgeben! Wozu kann ein Teppichklopfer ferner verwendet werden?«

»Zum Ausklopfen von Mänteln!« rief der eine Mann, der zu Herrn Abendtschrey vorhin Bäääh gesagt hatte.

»Zum Ausklopfen von Schlafdecken, Matratzen, Bettvorlegern!« rief der andere Mann, von dem einen Mann maskierter Sack genannt.

Sandomir sagte: »Beide Antworten sind richtig, treffen aber nicht des Rätsels Lösung!«

Der andere Mann sagte: »Zum Ausklopfen von Gardinen, Tischdecken, Pullovern, Krawatten, Hüten, Hemden, Schals, Pantoffeln, Hosen und Jacken.«

»Gut«, sagte Sandomir, »Hosen und Jacken. Sehr gut. Und was, meine Herren, was befindet sich in Hosen und Jacken? Was bitte?«

Der eine Mann sagte: »Schlüssel!«

»Nein«, sagte Sandomir.

Der andere Mann sagte zu dem einen Mann:

»Wie, *Sie* haben die Schlüssel? *Sie* also! Ich suche die Schlüssel seit Tagen – und *Sie* haben die Schlüssel? Her damit! Wenn das Haus zurückkommt, will ich in meine Wohnung. Los, her mit den Schlüsseln!«

Der andere Mann stand auf von seinem Stuhl und ging drohend auf den einen Mann zu, der dem anderen Mann eine Grimasse schnitt.

»Sieh einmal«, sagte der andere Mann, »er schneidet mir eine Grimasse! Er hat die Schlüssel und schneidet mir eine Grimasse!«

Der andere Mann griff mit beiden Händen an den Oberkörper des einen Mannes. Er schüttelte und schüttelte und schüttelte ihn so sehr, daß die Schlüssel in des einen Mannes Tasche klapperten.

»Lassen Sie mich los, Sie Unkraut!« rief der geschüttelte Mann.

»Ich lasse Sie nicht los!« rief der Mann namens Unkraut.

»Ich hole«, rief Sandomir, »den Teppichklopfer! Ich werde Ihnen anhand des Teppichklopfers die richtige Auflösung des Rätsels vorführen!«

»Bleiben Sie hier«, sagte Herr Abendtschrey zu Sandomir, »die Herren erraten ja, was der Teppichklopfer klopfen kann. Oder nicht, meine Herren?«

Der eine Mann schnitt jetzt Herrn Abendtschrey eine Grimasse, während er vom anderen Mann geschüttelt wurde.

»Quuu-haaack! Quuaaaaaak!« rief Herr Abendtschrey laut.

Beide Männer erschraken sehr.

»Was war das?« riefen sie.

»*Ich* war das«, sagte Herr Abendtschrey, »setzen Sie sich. Wir müssen jetzt herausfinden, ob *Sie* es sind, von denen gesagt werden kann: Es regnet Spitzbuben. Seien Sie geduldig, bleiben Sie sitzen und warten Sie ab. Wenn Sie aber weglaufen wollen, dann muß ich mich in eine haushohe – verstehn Sie! – in eine haushohe Kröte verwandeln. Ich bin dann sehr groß, habe lange Hinterbeine und hüpfe ziemlich schnell. Hole also jeden ein, den ich einholen will. Und während ich schnell hüpfe, schreie ich ganz eintönig laut mit meinen gewaltigen Schallblasen!«

»Huuuh!« riefen beide Männer, »nicht verwandeln!«

»Schön«, sagte Herr Abendtschrey und funkelte sie an aus großen Augen.

»Soll ich«, sagte Sandomir, »den Teppichklopfer holen? Dann verhaue ich die Herren, wenn sie weglaufen wollen!«

Beide Männer riefen: »Huuuh! Nicht verhaun! Wir warten ja, bis der Frosch uns gesagt hat, wer wir sind.«

»Bitte«, sagte Herr Abendtschrey, »rufen Sie nicht andauernd *Huuuh*, das versetzt mir jedesmal einen Schreck. Ich bitte um Ruhe! Auch der Teppichklopfer braucht Ruhe. Er soll ja was leisten, falls nötig.«

Herr Abendtschrey vertiefte sich in sein Buch.

Es wurde still im Bahnwärterhaus. Einer kicherte. Wer?

Eine Verhandlung

»Sie wissen«, sagte Herr Abendtschrey zu Sandomir, »ein Grasfrosch trinkt ab und zu eine Schale Wiesenwein. Wenn ich meine Brille aufsetze und die Schale betrachte, die hier auf dem Tisch steht, entdecke ich leider: Die Schale ist leer. Darf ich fragen: Stimmt das? Oder liegt es an meiner Brille? Es gibt Brillen, die uns an der Nase rumführen. Also, lieber Sandomir, wie verhält sich die Sache?«

»Die Schale«, sagte Sandomir, »die auf dem Tisch steht, ist leer. Ich habe sie zweimal gefüllt, Sie haben sie zweimal ausgetrunken. Ihre Brille ist eine verläßliche Brille, sie führt ihren Besitzer nicht an der Nase rum. Möchten Sie andeuten, daß Ihnen eine volle Schale lieber ist als eine leere?«

»Das möchte ich«, sagte Herr Abendtschrey.

»Sandchen!« rief Sandomir nach seinem Sohn, »bitte geh in den Keller und bring Herrn Abendtschrey eine neue Flasche!«

»O ja«, sagte Sandchen.

»Es freut mich«, sagte Herr Abendtschrey zu Sandomir, »wie fröhlich Ihr Sohn diesen Auftrag übernimmt. Sein Gesicht stimmt mich froh. Ihr Gesicht dagegen ist griesgrämig. Haben Sie irgendwelche Sorgen? Ich bin Ihr Ratgeber in schwierigen Fällen. Erleichtern Sie sich, ich höre.«

Sandomir sagte: »Lieber Freund, seit vielen Jahren schätze ich Ihre Hilfsbereitschaft. Sie kommen bei Tag und Nacht. In der ganzen Landschaft Sandomir gibt es kaum ein Lebewesen, das so hilfsbereit ist wie Sie. Wir sind alte Freunde. Alte Freunde dürfen mal ehrlich toben. Natürlich, ein bestimmter Anlaß ist wichtig. Heute gibt es einen Anlaß. Ich tobe wie folgt: Lieber Herr Abendtschrey, in der ganzen Landschaft Sandomir gibt es keinen Grasfrosch, der so gewaltigen Appetit hat auf Wiesenwein wie Sie! Das ist doch – zum Teufel! – erstaunlich!«

»Das liegt«, sagte Herr Abendtschrey, »an meinem Großvater. Er bevorzugte früher die schärfsten Getränke.«

»Wie scharf?« sagte Sandomir.

»Schärfer als Wiesenwein«, sagte Herr Abendtschrey, »viel schärfer. Es gibt für diese Getränke einen Sammelbegriff. Ich vermeide ihn hier, denn mein Großvater und dieser Sammelbegriff wurden gern miteinander verkuppelt von nahen Verwandten, fernen Freunden und allerlei Ohrenbläsern. Eines Tages sagte mein Großvater: ›Der bekannte Sammelbegriff für scharfe Getränke entfällt! Ich trinke ab sofort Halsöl*!‹ Und mein Großfrosch lachte laut, wenn der alte Sammelbegriff in Zusammenhang mit seinem Namen genannt wurde. Was hatte *er* mit diesem überlebten Begriff zu tun! Wußten seine Waldgenossen denn, was er *jetzt* trank? Doch er wollte sie nicht enttäuschen. Es machte ihnen ja Mühe, hergebrachte Bilder zu vergessen. Deshalb feixte er insgeheim, wenn sie von ihm sagten: Er ist voll. Er hat einen Schuß. Er hat einen Hieb.

---

* Verfasser dankt Herrn Verleger K. Wagenbach (Berlin/ü. Zossen) für frdl. Auffindung obigen Synonyms.

Er ist begeistert. Er hat einen heiligen Schein. Er hat genug. Er ist dabeigewesen. Er ist weg. Er sieht die Bäume doppelt. Er sieht zwei Eulen und sieht vier. Er ist himmeldick. Er hat trübe Augen. Er wackelt. Er hat seine Ladung. Er war an einem guten Ort. Er ist gedeckt. Er sieht zwei Sonnen. Er hat seinen Teil. Er kann nicht mehr über den Bart spucken. Er schwebt. Er ist so versorgt, daß er's mit den Fingern im Hals fühlen kann. Er ist besäbelt. Er ist im Unterholz. Er hat runde Füße.«

»Ja«, sagte Sandomir, »nun verstehe ich...«

»Seine schönste Zeit«, sagte Herr Abendtschrey, »erlebte er bei einem indischen Kaufmann. Die Kunden kamen von weither, um berühmte Teppiche zu besichtigen. Die Kunden hatten eine richtige Reise hinter sich und wurden bald müde nach der Ankunft. Da war es die Aufgabe meines Großvaters, sie zu erfreuen mit vielerlei Künsten. Er trug eigene Verse vor. Zum Beispiel: *Hier hast du / einen Regentropfen / ein bißchen Ozean / für deinen Durst.* Oder: *Das schöne Kind / aus Königswusterhausen / rollt seine Abziehbilder ein / und hüpft davon auf einem Bein / und schlägt mit seinen Flausen / Alarm im Kegelclub von Königswusterhausen!* Oder: *Hurrah / der Wind / geht ohne Fahrkarte / durch die Bahnhofssperre!* Oder: *Gestern sah ich / einen hohen Offizier / auf einen Baum steigen – / da wußte ich: die Militärs bemühen sich um gute Aussicht.*

Dann sprang mein Großvater, einen kleinen silbernen Turban auf dem Kopf, kreuz und quer über den Besuchsteppich. Er sprang über den schön gemusterten Teppich von Farbe zu Farbe, von Blau nach Blau, von Rot nach Rot, übersprang mal Blau, übersprang mal Rot, sprang langsam, sagte nichts, sprang schneller, sagte nichts, sprang noch schneller, sagte noch immer nichts, blieb plötzlich sitzen in der Mitte des Teppichs und sprach in wohlklingenden Worten einen Willkommensgruß, der jeden Kunden entzückte. Sie können sich denken, mein Großvater wurde gelobt, bewirtet. Zwischen roten und blauen Teppichmustern hüpfte mein fröhlicher Großvater hin und her zu einer angenehmen Musik.«

»Ja«, sagte Sandomir, »ich verstehe Sie. Nicht jeder Grasfrosch hat einen solchen Großvater!«

»Sie dürfen mir glauben«, sagte Herr Abendtschrey, »mein Großvater lebt noch. Er schickt manchmal eine Fotografie. Auf der letzten Fotografie sieht man ihn sitzen auf einem grünseidenen Sofa. Links neben dem Sofa steht ein kleiner Tisch. Auf dem Tisch steht eine Karaffe. In der Karaffe befindet sich ein gutes Getränk. Mein Großvater hält ein Glas in der rechten Flossenhand. Ein Bart ist ihm gewachsen. Er lächelt unter dem silbernen Turban hervor. Der indische Teppichhändler ist also ein Mann, der genau weiß, wie man einen Grasfrosch behandelt nach langen Arbeitsjahren.«

»Das stimmt«, sagte Sandomir.

Sein Sohn brachte die neue Flasche Wiesenwein.

Herr Abendtschrey setzte die Brille auf, rückte sie nah an die Augen, wollte nach der Flasche greifen, um zu lesen was auf dem Etikett stand, blickte an der Flasche vorbei ins Zimmer des Bahnwärters, erschrak, blies vor Schreck beide Backen auf, atmete vor Überraschung laut aus und ein, sagte:

»Lieber Sandomir, was seh ich denn da mit Hilfe meiner Brille?«

»Sehen Sie«, sagte Sandomir, »*mich* mit Hilfe Ihrer Brille?«

»Ja«, sagte Herr Abendtschrey, »ich sehe Sie und Ihren Sohn Sandchen. Ich sehe aber auch zwei Herren, die hier im Zimmer sitzen. Sie sitzen auf Stühlen, jeder auf einem Stuhl. Sind das etwa die beiden Männer, die ein geflüchtetes Haus suchen? Sind das etwa die beiden ehemaligen Bewohner des Hauses, vor denen das zweistöckige Haus weggelaufen ist? Einer dieser beiden Männer wohnte oben im Haus, der andere unten. Beide haben das Haus – so wurde mir berichtet! – ziemlich schlecht behandelt und deshalb in die Flucht geschlagen. Ich weiß, wir wollten herausfinden, ob diese beiden Männer Spitzbuben sind.«

»*Ich* jedenfalls«, sagte der eine Mann, »bin kein Spitzbube!«

»Wissen Sie denn«, sagte Herr Abendtschrey, »was dieses Wort bedeutet? Ich habe in meinem Buch geblättert, aufmerksam gelesen und ein paar Erklärungen gefunden.«

»Wie bitte«, sagte der andere Mann zu Herrn Abendtschrey, »Sie wollen uns hier den Ausdruck Spitzbube erklären? *Sie* ausgerechnet! Lassen Sie uns endlich gehn!«

»Jawoll«, sagte der eine Mann, »wir gehn jetzt! Will uns hier festhalten, – ein Waldfrosch und Weinsäufer!«

»Grasfrosch«, sagte Herr Abendtschrey, »Sie sprechen mit einem Grasfrosch, meine Herren!«

Der hüpfte nah an den Tischrand heran. Er blies seine Schallblasen auf. Er gab einen traurigen, hohen Quakton von sich.

Er drohte mit dem Flossenfinger seiner rechten Beinpfote.

Er trank, sehr erregt, vom Wiesenwein.

Dann sagte er langsam:

»Meine Herren, wenn sie schon ein Haus in die Flucht schlagen, so daß es per Eisenbahn vor Ihnen ausreißt und sich bei meinem Freund Sandomir über Sie beschwert und Sie Spitzbuben nennt, dann seien Sie wenigstens so freundlich und lassen Sie mich in meiner Gestalt als Grasfrosch verweilen...«

»Na bitte«, rief der eine Mann, »was haben *wir* damit zu tun! Ihre komische Gestalt will keiner verändern!«

Der eine Mann lachte laut und freute sich über Herrn Abendtschreys erstauntes Gesicht.

»Ich glaube Ihnen gern«, sagte Herr Abendtschrey, »daß Sie meine Gestalt nicht verändern wollen. *Ich* aber werde es leider tun müssen! Denn Sie ärgern mich mit Ihren unfreundlichen Bemerkungen! Ich werde mich nun, wie bereits angekündigt, in eine haushohe Kröte verwandeln. Daß man immer erst drohen muß!«

»Nein«, rief der andere Mann und hob abwehrend die Arme, »nein, nicht verwandeln! Nur weil dieses Rattenkänguruh von einem Menschen unfreundliche Bemerkungen macht! Was erwarten Sie auch von einem gestreiften Mausvogel, von einem Zimtbären! Dieser Mensch ist unverbesserlich, er hat das Haus verjagt. Außerdem hat er meine Wohnungsschlüssel in der Tasche. Her damit! Wird's bald!«

Der andere Mann griff zornig nach der Jacke seines Nachbarn.

»Na warte«, rief der eine Mann, »du wirst dich noch wundern!«

»Wie?« rief der andere Mann, »*du* sagst du zu mir! Du sagst *du* zu mir! Ich mich wundern? Du sagst *du*?«

»Ich bin Offizier«, sagte der eine Mann, »ich befehle. Jetzt noch nicht, ein bißchen später. Du hast zu gehorchen. Es gibt keine Widerrede. Ich sage dir: Klettre sofort auf den Baum! und du kletterst auf den Baum. Ich sage zu dir: Grabe ein Loch und versteck dich! und du gräbst ein Loch und versteckst dich. Ich bin Offizier, du mein Soldat. Das erwartet dich! Und wenn du nochmal Rattenkänguruh zu mir sagst, dann lasse ich dich später stundenlang im Kreis herumrennen, bis du müde wirst wie noch nie!«

»Sagen Sie mal«, sagte Sandomir, »sitzen Sie eigentlich gut auf Ihrem Stuhl?«

»Ich sitze gut«, sagte der eine Mann.

»Soso«, sagte Sandomir, »wenn Sie gut sitzen – eine Kleinigkeit übrigens, die Stühle auszutauschen! – wenn Sie wirklich gut sitzen, dann werden Sie als künftiger Offizier nicht vom Stuhl kippen bei einer Frage bestimmter Art. Ich frage Sie nämlich: Wollen Sie uns ein wenig verscheißern, mein Herr? Oder verdutzen, verbläuen, versengen, verwirren, verpflaumen, verhunzen, verkaufen, verbösern, verrammeln, verdonnern, verwalten, versenken, verpfänden, verzopfen, verknacken, verblasen, verdumpfen, verrotzen, vermodern, verdeichseln, verzinsen, verkäsen, versteigern, verschrotten, vereiern, verdackeln, verwamsen?«

»Heee!« rief der künftige Offizier, »habe den Eindruck, Sie hegen irgendwelche Zweifel!«

»Aber ja«, sagte Sandomir, »glauben Sie denn, irgendein Mensch wird Ihre Kommandos befolgen: Sofort auf den Baum? Grabe ein Loch? Renne stundenlang im Kreis herum? – Nein, das schaffen Sie nicht, daraus wird nichts!«

»Spitzbuben«, sagte Herr Abendtschrey, »sind, wie ich feststellen konnte, geschickte Brüder. Treffender gesagt: geschickte Betrüger. Das Wort Betrüger klingt rauh und überheblich. Deshalb sage ich nicht Betrüger, sondern Brüder. Das kann ausgetauscht werden in diesem Zusammenhang. Denn selbstverständlich sind Spitzbuben geschickte Betrüger und Brüder in einer Person.«

Herr Abendtschrey sprach zu den Männern.

»Sind Sie«, sagte er, »damit einverstanden, wenn ich zu Ihnen sage: Sie sind geschickte Brüder?«

»Was fällt Ihnen ein«, rief der eine Mann und künftige Offizier, der in dem geflüchteten Haus unten gewohnt hatte, »wir sind überhaupt keine Brüder, erst recht keine Betrüger! Ich bin nur zornig auf diesen Kerl, der neben mir sitzt, das ist alles. Er hat große Begabung für Taschendieberei. Er schielt nach meiner Jackentasche und will die Hausschlüssel stehlen. Aber ich gebe sie ihm nicht, das Haus wird von *mir* verwaltet, nicht von Spitzbuben!«

»Also«, sagte Herr Abendtschrey, »dieser Mann da, der neben Ihnen sitzt, ist ein geschickter Bruder. Oder ist er ein Falschspieler, ein Taschendieb? Wie wollen Sie ihn nennen?«

»Halt!« rief der andere Mann, der in dem Haus oben gewohnt hatte, »ich ein Falschspieler? Ich spiele überhaupt nicht, ich spiele nie!«

»Das ist falsch«, sagte Herr Abendtschrey, »das bringt Sie nur auf dumme Gedanken. Mein Großvater hat gesagt: Spiele richtig, dann wird aus dir nie ein Falschspieler.«

»Soll ich«, sagte Sandomirs Sohn, »noch eine Flasche Wiesenwein raufholen?«
»Nein«, sagte Sandomir, »wir haben noch! Geh spielen, damit du nicht auf dumme Gedanken kommst!«
»Ich spiele ›Spitzbube‹«, sagte Sandomirs Sohn.
»*Was* tust du?« sagte Sandomir verwundert.
»Ich spiele Spitzbube und Spitzkopf!«
»Was ist das: Spitzkopf?« sagte Sandomir.
Er blickte ratlos auf Herrn Abendtschreys geöffnetes Buch.
»Das ist«, sagte der Grasfrosch und blätterte in seinem Buch, »die alte Bezeichnung für einen Polizisten. Ja, das stimmt. Hier ist die Stelle, wo das Wort erklärt wird! Spitzkopf hießen früher die Polizisten. Und zwar wegen ihrer spitzen, militärischen Kopfbedeckung. Oben auf den Helmen war eine Lanzenspitze angebracht. Wenn zwei Polizisten aufeinander wütend waren, so konnten sie mit vorgebeugtem Oberkörper wie zwei Ziegenböcke aufeinander losgehen und sich mit ihren Helmspitzen gegenseitig pieken. Mein Großfrosch erzählte von einem Polizisten, der seine dienstfreien Stunden gern im Park verbrachte. Dieser Polizist trug auch während seiner Freistunden den Helm mit der Helmspitze spazieren. Auf Parkwegen, wo hie und da weggeworfenes Papier herumlag, geschah dann etwas Eigenartiges. Der Polizist, ein guter Turner, machte plötzlich einen Handstand – er hatte seinen Helm mit dem Kinnriemen fest an den Kopf geschnallt! –, machte also einen Handstand, lief auf beiden Händen die Parkwege entlang, hielt dort an, wo weggeworfenes Papier herumlag, veränderte den Handstand in einen Kopfstand und spießte mit der Helmspitze das Papier vom Parkweg auf. Dann stellte der Polizist sich auf die Füße, nahm das Papier von der Helmspitze runter, steckte es in einen Rucksack, den er eng an den Oberkörper geschnürt hatte, begab sich wieder in den Handstand, lief auf Händen bis zum nächsten, weggeworfenen Papier, ging über in den Kopfstand, spießte das

Papier auf seine Helmspitze, stellte sich auf die Füße, verstaute das Papier im Rucksack – und so jedesmal aufs neue und jedesmal so oft, bis der Park kein einziges Stück Papier mehr anzubieten hatte. Dieser Polizist wurde von seiner Heimatstadt zum Ehrenparkwächter ernannt. Sein Helm kann besichtigt werden im *Museum für Müllwesen*. Ein interessantes Museum. Ein Besuch lohnt sich.«

»Ja«, sagte Sandomir, »solche Polizisten werden seltener von Jahr zu Jahr.«

»Sie werden seltener«, sagte Herr Abendtschrey, »sie haben viel zu tun mit anderen Sachen.«

»Was ist los«, sagte der eine Mann, der Offizier werden wollte, »Sie sprechen von Polizisten? Soll das bedeuten, daß Sie uns der Polizei übergeben wollen?«

»Wir wollen uns hier«, sagte Herr Abendtschrey, »weder übergeben noch Sie an die Polizei übergeben. Sagen Sie mir, weshalb das Haus weggelaufen ist.«

»Wir haben uns«, sagte der eine Mann und zeigte auf den anderen Mann, »gegenseitig Wörter an den Kopf geworfen. Schimpfwörter. Ich warf mit den Ausdrücken: Gemeiner Pelz! Gauner! Kühlschrank! Fratze! Beißzange!«

»Und Sie«, sagte Herr Abendtschrey zum anderen Mann, »Sie haben auch geworfen?«

»Ja«, sagte der andere Mann, »wir bewarfen uns gegenseitig. Ich wählte die umgekehrte Reihenfolge, ich begann mit der Beißzange...«

»Schon gut«, sagte Herr Abendtschrey, »machen Sie im nächsten Winter eine Schneeballschlacht. Sie können jetzt gehn!«

Die beiden Männer verschwanden sofort.

»Ach«, sagte Sandomir zu Herrn Abendtschrey, »Sie haben den Teppichklopfer vergessen!«

»Abwarten«, sagte Herr Abendtschrey, »jeder Ratgeber hat eigene Gedanken. Übrigens: Ein Ausspruch meines Großvaters!«

Eine goldene Eisenbahn

Soeben war ein langer Eisenbahnzug vorbeigefahren an Sandomirs Bahnwärterhaus.

Die Bahnschranke lag noch in den Gabelhaltern.

Sandomir hielt ein rotes Taschentuch in der rechten Hand. Mit diesem Taschentuch winkte er allen Eisenbahnzügen hinterher, die bei seinem Bahnwärterhaus nicht anhielten, sondern vorbeifuhren mit paffenden Lokomotiven und Schienengeratter.

Sandomir steckte das rote Taschentuch in seine Jackentasche. Die Jacke war ihm nicht zu klein, sie paßte gut und besaß eine Seitentasche, in der ein Taschentuch bequem Platz finden konnte.

Von der Nachwinkerei tat Sandomir die rechte Hand weh.

Er schüttelte sie mehrmals.

Dann drehte er die Bahnschranke hoch, drehte am Kurbelgriff, und beim Drehen erklang eine Glocke.

Sie schlug hart an.

Das war wichtig, denn jeder Mensch, der hier in Schrankennähe auftauchte, sollte von weitem benachrichtigt werden: Paß auf, gleich geht die Schranke runter! – oder: Nun freu dich, jetzt geht die Schranke hoch, du kannst deinen Weg fortsetzen!

Sandomir stand neben der Bahnschranke. Er wartete. Er hoffte auf einen Spaziergänger.

Mit dem Spaziergänger wollte er sprechen über die wichtigeren Dinge in der Welt, das heißt, Sandomir wollte mit dem Spaziergänger deshalb über die wichtigeren Dinge sprechen, um wiederum mit seiner Frau über die wichtigeren Dinge besser sprechen zu können, da seine Frau ihn stets ermahnte, es gäbe wichtigere Dinge in der Welt als ausgerechnet das, was er genau in *dem* Augenblick tat, wenn seine Frau anspielte auf die wichtigeren Dinge in der Welt.

»Wichtig ist«, sagte Sandomir, »daß die Glocke anschlägt beim Hoch- und Runterdrehen der Bahnschranke. Ob es nun wichtig ist, daß ausgerechnet *ich* diese Bahnschranke bediene – wer weiß das! Mal hören, was der nächste Spaziergänger sagt. Spaziergänger. Sind die wichtig? Spazieren, ist das wichtig? Ist das wichtig, oder soll's unterbleiben? Unterbleibt es aber zugunsten wichtigerer Dinge, so wird die Frage wichtig: Was geschieht anstelle des Spaziergehens? Nun, wird man sagen, eben das, was wichtiger ist. Wichtig – in diesem Wort steckt ein Zwerg, ein Wicht.«

Sandomir wartete.

»Wo bleibt der Spaziergänger?« sagte Sandomir, »ich sehe keinen. Er könnte sich äußern zu diesen Fragen, er kommt nicht. Eine Viertelstunde warte ich noch. Meinetwegen könnte auch ein Fuhrwerk kommen, oben auf dem Kutschbock ein Kutscher. Der Kutscher könnte mit der Zunge schnalzen, seine Pferde anhalten und ein Weilchen mit mir sprechen über die wichtigeren Dinge. Hinten auf dem Fuhrwerk befindet sich vielleicht eine Ladung vollgefüllter Melonenkörbe. Ich bin Melonenfresser. Der Kutscher, während wir sprechen, schenkt mir eine Melone und meint es gut mit mir. Er weiß, ich fresse Melonen nicht nur nach Feierabend, nein, auch während der Dienstzeit laufe ich manchmal hin und her mit einem Stück Melone in der Hand. Vollsaufen an Melonensaft, das war oft mein herzlicher Wunsch.«

Sandomir schaute auf die Uhr.

»Die Viertelstunde«, sagte er, »ist um. Kein Spaziergänger. Kein Kutscher. Kein Fuhrwerk. Keine Melone. Kein Gespräch! Was machen die Leute bloß? Der Spaziergänger, auf den ich warte, spaziert einen anderen Weg entlang. Oder hat was Wichtigeres zu tun. Der Kutscher, auf den ich warte, hat den Wagen voller Gurkenkörbe und sagt sich: Sobald meine Körbe voller Melonen sind, halte ich an bei der Bahnschranke, der Bahnwärter bekommt ein Geschenk, eine Melone, wir sprechen ein wenig über die wichtigeren Dinge in der Welt, dann fahre ich weiter.«

Sandomir ging zurück zum Bahnwärterhaus. Am geöffneten Küchenfenster stand sein Sohn. Er rief irgend etwas und fuchtelte mit beiden Armen.

Sandomir lief schnell auf das Bahnwärterhaus zu.

»Was hast du?« fragte er seinen Sohn.

»Ich habe nichts«, sagte Sandchen.

»Du hast doch gerufen«, sagte Sandomir, »und mit beiden Armen gepaddelt! Weshalb?«

»Weil ich dich kommen sah«, sagte Sandchen.

»Wie«, sagte Sandomir, »weil du mich kommen sahst? – Ah, du hast dich gefreut?«

»Nein«, sagte Sandchen, »ich wollte…«

»Was«, sagte Sandomir, »du hast dich nicht gefreut? Das hört ein Vater nicht gern. Vor allem nicht, wenn er von seiner Arbeit nach Hause kommt. Überleg mal, seit heute früh hab ich die Schranke fünfmal runtergedreht und fünfmal raufgedreht. Ich habe, zähle ich das zusammen, zehnmal ausgiebig gewinkt, das bedeutet: Jedem der fünf Eisenbahnzüge, die hier vorbeikamen, winkte ich ausgiebig entgegen mit meinem roten Taschentuch, und mit demselben Taschentuch winkte ich jedem der fünf Eisenbahnzüge hinterher. Ganz zu schweigen von der Arbeit, das rote Taschentuch aus der Tasche zu ziehen und wieder reinzustecken. Gut wäre – sowas fällt einem plötzlich ein während der Arbeit! –, zwei Taschentücher zu besitzen: eins zum Entgegenwinken, eins zum Hinterherwinken. Mit dem einen, sagen wir mal: Mit einem *blauen* Taschentuch begrüße ich den Zug und wünsche ihm gutes Wetter. Mit dem anderen – vielleicht ein grünes! – verabschiede ich den Zug, und mein Winken sagt ihm deutlich: Gib die Hoffnung nicht auf, es wird schon werden! Das kann der Zug anwenden auf jede Lebenslage.«

Sandomir mußte niesen. Er nahm das rote Taschentuch und schnaubte sich die Nase.

»Was hast du?« sagte Sandomir zu seinem Sohn, »du kuckst so eigenartig. Bilde dir nicht ein, dein Vater ginge gedankenlos an die Arbeit. Weder geht er gedankenlos hin zu seiner Arbeit, noch kehrt er gedankenlos zurück nach Hause. Ich bin – mit anderen Worten! – nicht sehr erfreut darüber, daß du, frage ich dich: Ah, du hast dich gefreut? antwortest: Nein.«

»Nein«, sagte Sandomirs Sohn, »nein doch...«

Er wollte noch etwas sagen, kam aber nicht dazu, weil sein Vater bereits weitersprach:

»Ich habe vorhin die Schranke raufgedreht, habe eine Viertelstunde vergeblich auf einen Spaziergänger oder Kutscher gewartet, habe mich dann mit dem Gedanken angefreundet, ins Bahnwärterhaus zurückzukehren – da sehe ich, wie du am Küchenfenster stehst und mit beiden Armen fuchtelst. Ich höre auch, du rufst...«

»Weißt du«, sagte Sandchen schnell, »ich wollte dich etwas fragen. Und weil ich dich kommen sah, rief ich und machte so aufgeregte Armbewegungen.«

»Aha«, sagte Sandomir, »das war's. Nun schön.«

»Ja«, sagte Sandchen.

»Und was«, sagte Sandomir, »wolltest du mich fragen?«

»Ich wollte dich fragen, ob du einverstanden bist, wenn ich später in den Urwald gehe.«

»Was willst du dort?« sagte Sandomir.

»Mich mit Affen anfreunden«, sagte sein Sohn.

»Mit *welchen* Affen?« sagte Sandomir.

Er öffnete den Gerätekasten, der unten neben der Tür des Bahnwärterhauses stand. Er bückte sich tief in den Gerätekasten und suchte irgendwas. Aus dem Gerätekasten rief Sandomirs dumpfe Stimme: »Mit... *welchen*... Affen... anfreunden...?«

Sandomir richtete sich wieder auf, er schloß den Gerätekasten, er hatte das Gesuchte gefunden: einen kurzstieligen Hammer.

»Es gibt nämlich«, sagte Sandomir, während er den Hammer prüfte, indem er mit dem Hammerkopf eins-zwei-drei-vier-fünfmal behutsam auf seinen linken Handrücken klopfte, »sehr viele Affenarten. Du kannst dich da leicht verirren. Die kleinsten sind groß wie eine Ratte, die größten größer als dein Vater. Sie können Gesichter machen, daß du vor Schreck davonläufst oder nur noch unter Affen leben möchtest. Sie geben dir die Hand. Ich kann unmöglich alle aufzählen. Schon die Namen sind seltsam, die Tiere erst recht. Ich möchte dich am liebsten begleiten in den Urwald! Natürlich auch, um aufzupassen auf dich.«

»Wenn ich«, sagte Sandomirs Sohn, »mit den Affen angefreundet bin, kann mir nichts passieren. Kauf dir ein Affenkostüm und begleite mich! Vielleicht der beste Versuch, mit den Affen Freundschaft zu schließen.«

»Glaube nur nicht«, sagte Sandomir, »daß ein Affenkostüm schon einen Affen ersetzt. Dein Vater ist viel zu unbegabt, die Gewohnheiten eines Affen anzunehmen oder nachzuahmen. Ihre artistischen Sprünge sind für einen Bahnwärter unerreichbar. Ihre bedächtigen Schritte müßte ich jahrelang üben. Die erste Schwierigkeit entsteht, denkt man an die überlangen Arme. Ich müßte immerfort neben dir hergehen und mich bücken und mit meinen Bahnwärterarmen, die dann in einem Affenkostüm stecken, herumschlenkern. Aber da haben wir's schon! Herumschlenkern, das stimmt nicht! Ich finde kein Wort für dieses Bewegen der Affenarme. Ob Bartaffe, Gorilla, Orang-Utan, Schimpanse, Mandrill, Pavian, Gibbon, Meerkatze oder Hutaffe – jeder aufmerksame Affe würde unter seinen Stammesgenossen laut verkünden: Da kommt der Bahnwärter Sandomir aus der Landschaft Sandomir! Er hat sich ein Kostüm angezogen, das hinten mit einem Reißverschluß zugemacht werden kann. Bitte, Freunde, werft ihm nichts an den Kopf, er muß noch Bahnschranken rauf- und runterdrehn!«

»Was machst du«, sagte Sandomirs Sohn, »eigentlich mit dem kleinen Hammer? Du klopfst, während du von Affen sprichst, andauernd mit dem Hammer auf deine linke Hand. Weshalb?«

»Weil ich jetzt den Schatz suchen will«, sagte Sandomir.

»Welchen Schatz?« fragte Sandomirs Sohn. Man konnte heraushören, er war aufgeregt plötzlich.

»Es soll«, sagte Sandomir, »unter irgendeiner Eisenbahnschwelle hier in der Nähe – in der allernächsten Nähe oder in der Nähe, die ein paar hundert Meter entfernt ist von hier! – seit ungefähr dreihundert Jahren ein sehr umfangreicher Schatz verborgen liegen. Damals, als der Schatz verbuddelt wurde, gab es hier noch keine Eisenbahnschwellen, das ist sicher. Wo er nun liegt, unter *welcher* Eisenbahnschwelle, das weiß niemand. Man soll nach ihm klopfen. Wer richtig klopft, bekommt eine Antwort.«

»Eine Antwort?« sagte Sandomirs Sohn.

»Ja, man hört das Echo des eigenen Klopfens«, sagte Sandomir.

»Wie soll denn der Schatz aussehen?« fragte Sandchen.

»Du fragst«, sagte Sandomir, »nach seiner Gestalt. Das ist eine merkwürdige Sache. Es soll sich um ein altes Museum handeln, das von museumsfeindlichen Leuten in die Erde gebuddelt wurde. Der größte Schatz dieses Museums war eine goldene Eisenbahn. Das Modell einer Eisenbahn aus purem Gold. Die goldene Eisenbahn war das Werk eines Erfinders, der vor ungefähr dreihundert Jahren lebte und damals eine goldene Eisenbahn baute. Aus Liebe zu seiner Eisenbahn errichtete er ein Museum, wo er sie auf einem Postament zur Besichtigung freigab und allen Besuchern des Museums erklärte: Ich habe mich entschlossen, meine goldene Eisenbahn jedermann zugänglich zu machen. Hier ist sie! Sie hat die Größe eines Modells, ist acht Zentimeter hoch und achtzig Zentimeter lang. Sie stellt dar – in verkleinerter Form! – genau *jene* Eisenbahn, die man in dreihundert Jahren erfinden wird. Selbstverständlich ist dieses Museum mit meiner goldenen Eisenbahn dann längst verschwunden. Trotzdem bleibt meine Eisenbahn erhalten, denn sie ist aus Gold. Irgend jemand, der auf dem Gebiete der Eisenbahn sich in dreihundert Jahren beschäftigt, wird zufällig von meiner goldenen Eisenbahn hören und nach ihr suchen. Er, der Glückliche, kann sich schon jetzt von Herzen freuen auf diesen Schatz, den er in dreihundert Jahren heben wird!«

Sandomir schwieg.

Er bückte sich und klopfte mit dem Hammer auf eine Steinplatte des Bahnsteigs.

»Hier«, sagte er, »werde ich nicht suchen. Unter dem Bahnsteig liegt er ja nicht. Ich gehe jetzt zum Gleis und beginne mit der Klopfarbeit bei der ersten Schwelle, sagen wir: bei *der* Schwelle, auf die ich jetzt zugehe. Sag der Frau Sandomir, deiner Mutter und meiner Frau, sie möchte für den Fall, ich käme zurück mit der Nachricht: *Der Schatz ist gefunden!* nicht gleich aufschreien. Sag ihr das bitte.«

»Ja«, sagte Sandchen, »und viel Glück.«

»Danke«, sagte Sandomir.

»Geh aber nicht zu weit weg!« sagte Sandomirs Sohn.

»Nein«, sagte Sandomir, »das wäre widersinnig. Nicht

weiter als bis in die nächste Nähe oder in *die* Nähe, die ein paar hundert Meter von hier entfernt ist. Beide Nähen, die nächste und die entfernte, werde ich heute nicht schaffen. Denn jede Eisenbahnschwelle muß ich abklopfen und mit beiden Ohren lauschen, ob der Schatz mit einem Echo antwortet. Und jedesmal muß ich mich bücken. Du siehst, die Arbeit deines Vaters – auch die Schatzsuche! – ist mit Mühe verbunden. Deshalb hat dein Vater manchmal großen Appetit. Wenn ich nachher zurückkomme, mit oder ohne Glücksnachricht, werde ich hungrig sein. Was gibt's denn heute?«

»Bratwurst, Kartoffelbrei, Sauerkraut!«

»Sind«, sagte Sandomir, »die Bratwürste schon fertig?«

»Sie liegen in der Pfanne«, sagte Sandchen.

»Gut«, sagte Sandomir, »dann warte ich noch einen Augenblick. Ein Schatzsucher sollte essen, bevor er an die Arbeit geht.«

Sandomir wartete. Plötzlich rief sein Sohn:

»Was ist das, Vater? Hörst du nicht? Psst! Hör doch! Was klopft da? Hörst du?«

»Bitte sei still«, sagte Sandomir.

Er lauschte. Er ging auf Zehenspitzen zur Bahnsteigkante, blieb stehn an der Bahnsteigkante, lauschte, beugte sich vor, drehte sich um, lauschte in die andere Richtung, ging auf Zehenspitzen zurück zum Bahnwärterhaus.

»Du hast recht«, sagte er zu seinem Sohn, »es klopft. Das Klopfen kommt näher. Aus der nächsten Nähe kommt das Klopfen näher auf uns zu – und da ist es: Ein Vogel hüpft von Eisenbahnschwelle zu Eisenbahnschwelle, er klopft mit dem Schnabel jede Schwelle ab! Sucht er den Schatz?«

Sandomir sagte zu dem Vogel: »Halloo, wer sind Sie?«

»Ein Specht«, sagte der Vogel.

»Specht?« sagte Sandomir, »gehört es da nicht zu Ihrer Aufgabe, Bäume abzuklopfen?«

»Diese Eisenbahnschwellen«, sagte der Specht, »waren früher einmal Baumstämme. Niemand von uns Spechten hat irgendwann gelernt, sich nur auf stehende, in der Erde wurzelnde Baumstämme zu beschränken, wenn es darum geht, Baumstämme abzuklopfen nach Futter.«

»Und sie klopfen«, sagte Sandomir, »jetzt die Eisenbahnschwellen nach Futter ab. Oder..?«

»Nichts oder«, sagte der Specht.

Er zwinkerte Sandomir zu. Er hüpfte zur nächsten Eisenbahnschwelle, dann zur übernächsten, klopfte, drehte nochmal den Kopf herum zu Sandomir, zwinkerte von fern – mit goldenem Auge? – zurück zum Bahnsteig, wo Sandomir, den Hammer in der Hand, zu seinem Sohn verwundert sagte:

»War das ein Specht? Hast du gesehn, er hat mich ausgelacht. Ich geh den Schatz nicht suchen, ich geh nicht. Dieser Specht – ich traue ihm nicht. Er hat sonderbar gelächelt!«

»Du wolltest«, sagte Sandomirs Sohn, »den Schatz ausgerechnet heute suchen?«

»Ja, heute«, sagte Sandomir, »weil du vorhin sagtest, du möchtest später in den Urwald gehn. Später, das kann heute abend sein oder morgen früh. Ich wollte schnell den Schatz finden, um deine Reise auszustatten – verstehst du?«

»In vielen Jahren«, sagte Sandomirs Sohn, »werde ich zu den Affen reisen.«

Sandomir legte den Hammer zurück in die Gerätekiste. Diese Arbeit war getan.

Ein Versuch mit der Bahnschranke

»Guten Nachmittag«, sagte eines Nachmittags ein Mensch zu Sandomir, »sind Sie der Bahnwärter Sandomir?«

»Ich bin der Bahnwärter Sandomir«, sagte Sandomir, »bin zweiundfünfzig Jahre alt, habe eine Frau und ein Kind, bin außerdem Erfinder. Meine Erfindung ist das Wort Zebräh. Sie verstehn: Zebräh, das Geheimwort für Zebra. Außerdem gehen alle Zweitnamen bestimmter Frühjahrsvögel auf mich zurück. Zum Beispiel: Zamzel, Frossel, Mink und Star. Den Star muß ich noch bearbeiten. Guten Nachmittag! Was haben sie auf dem Herzen?«

»Ach«, sagte der Mensch, »ich komme mit einer Frage zu Ihnen.«

»Schön«, sagte Sandomir, »wo ist sie?«

»Ich habe sie bei mir«, sagte der Mensch, »bitte antworten Sie: Befindet sich die Bahnschranke, die Sie jeden Tag mehrmals bedienen, noch an ihrem alten Platz – oder ist sie verschwunden?«

Sandomir betrachtete den Menschen, der solche Fragen bei sich hatte. Der Mensch trug einen abgewetzten Schlapphut.

Der Kopf des Menschen trug einen kurzen grauen Bart. Das deutete darauf hin: Dieser Mensch war ein älterer Mann. Seine Augen und sein Mund unterstützten diesen Eindruck. Er sprach mit einer zaghaften, doch keineswegs ängstlichen Stimme.

»Sie betrachten mich«, sagte der Mann zu Sandomir.

»Ja«, sagte Sandomir, »das liegt an Ihnen. Ihre Frage ist ziemlich neu für mich. Sie geben doch zu, daß ein Bahnwärter, der jeden Tag mehrmals die Bahnschranke bedient, durchaus verwundert sein darf über einen Menschen, der ihm diese Frage stellt, die Sie mir stellten. Geben Sie das zu?«

»Zunächst«, sagte der Mann, »möchte ich darauf hinweisen: ich habe eine lange Wanderreise hinter mir. Die Landschaft, die genauso heißt wie Sie, ist zwar nicht so groß wie andere Landschaften, hat aber für einen arbeitslosen Wanderer reichliches Ausmaß. Ich bin deshalb heilfroh, bei Ihnen angelangt zu sein.«

Sandomir gab dem Mann ein Zeichen. Sie gingen gemeinsam in die Küche des Bahnwärterhauses. Dort sagte Sandomir zu seiner Frau:

»Liebe Frau, dieser Mann – er heißt... wie heißen Sie?«

»Ich höre«, sagte der Mann, »auf den Namen Murmeltier.«

Sandomir sagte: »Ah, dann pfeifen Sie wohl?«

»Nein«, sagte der Mann, »Sie mißverstehn: Ich führe nur den Namen Murmeltier, pfeifen konnte ich nie so richtig. Ein Fehler vielleicht. Es gibt Lebenslagen, die zum Pfeifen geeignet sind.«

»Stimmt«, sagte Sandomir. Dann sagte er zu seiner Frau:

»Bitte koch einen Tee und backe drei Kartoffelpuffer für Herrn Murmeltier. Er hat einen weiten Weg hinter sich.«

»Tee und Kartoffelpuffer«, sagte Frau Sandomir, »wird gemacht! Möchtest du auch Tee und Kartoffelpuffer?«

»Nicht schlecht«, sagte Sandomir, »ich leiste Herrn Murmeltier Gesellschaft. Setzen wir uns in die Stube oder bleiben wir in der Küche?«

»Bleibt in der Küche«, sagte Frau Sandomir, »ich kann euch die Kartoffelpuffer direkt von der Pfanne servieren.«

»Wenn du«, sagte Sandomir zu seiner Frau, »zwei Personen ansprichst, so achte bitte darauf, *welche* dieser beiden Personen von dir geduzt werden kann und welche gesiezt werden muß. Mich kannst du, ja sollst du duzen, Herrn Murmeltier dagegen, den du soeben erst kennenlernst, kannst du nicht einfach duzen, indem du gleichzeitig zu Herrn Murmeltier und zu mir sagst: Bleibt in der Küche, ich kann *euch* die Kartoffelpuffer direkt von der Pfanne servieren. Bitte vergiß das nicht, was ich dir vortrage in Form einer Bitte: nämlich demnächst, sollten wir wieder Besuch eines hungrigen Wanderers bekommen, ganz einfach den Wanderer und mich wie folgt einzuladen: Bleibe doch, Sandomir, mit Herrn Wanderer X. in der Küche, ich kann Herrn Wanderer X. und dir die Kartoffelpuffer direkt von der Pfanne servieren.«

»Gut«, sagte Frau Sandomir, »ich kann dir die Kartoffelpuffer auch direkt von der Pfanne auf den Kopf legen.«

»Dafür«, sagte Sandomir, »sind frische Kartoffelpuffer zu heiß!«

»Haha«, lachte Herr Murmeltier, »ha!«

»Nanu«, sagte Sandomir, »was lachen Sie?«

»Ich lache«, sagte Herr Murmeltier, »über Ihren Irrtum.«

»Über welchen Irrtum? Enthält die Ansprache an meine Frau irgendeinen Irrtum?«

»Nein«, sagte Herr Murmeltier, »neinnein. Ihre Frau ist Frau Sandomir und also die Frau des Bahnwärters Sandomir.«

»Richtig«, sagte Frau Sandomir.

Sie reichte ihrem Mann und Herrn Murmeltier je eine Schüssel, ein Reibeisen und eine zweite Schüssel mit rohen, geschälten Kartoffeln. »Bitte, Sandomir«, sagte Frau

Sandomir, »und bitte, Herr Wanderer Murmeltier, zur Herstellung von Kartoffelpuffern benötige ich eine volle Schüssel Kartoffelteig. Während du, Sandomir, und während Sie, Herr Wanderer Murmeltier, die Kartoffeln reiben, schneide ich Zwiebeln und stelle die Teller auf den Tisch.«

Frau Sandomir zerschnitt drei große Zwiebeln. Dann stellte sie die Teller an jeden Platz.

Sandomir und Herr Murmeltier rieben die Kartoffeln.

»Schön«, sagte Sandomir, »wo also liegt der Irrtum, über den Sie lachten?«

»Er liegt«, sagte Herr Murmeltier, »in Ihrer Vermutung, ich äße nur *drei* Kartoffelpuffer. Sie sagten doch zu Ihrer Frau: Bitte koch einen Tee und backe drei Kartoffelpuffer für Herrn Murmeltier! In dem Wörtchen *drei* liegt der Irrtum.«

»Wieviel Kartoffelpuffer«, sagte Sandomir erstaunt, »möchten Sie denn essen?«

»Sieben«, sagte Herr Murmeltier.

»Sieben!« rief Sandomir.

»Sieben?« sagte Frau Sandomir, »das ist eine Portion für einen Vielfraß! Da muß ich noch Kartoffeln schälen!«

»Ja«, sagte Sandomir, »eine Portion für einen Vielfraß. Da muß meine Frau noch Kartoffeln schälen! Und wir – Sie, Herr Murmeltier, und ich – wir müssen die Kartoffeln reiben und genügend Kartoffelteig herstellen, weil Sie Hunger haben wie ein Vielfraß.«

»Der arme Vielfraß«, sagte Herr Murmeltier, »wird überall Vielfraß genannt, weil niemand weiß, daß er gar nicht soviel frißt. Jedenfalls nicht mehr als andere Tiere seiner Verwandtschaft. Das Wort Vielfraß heißt eigentlich Feldfras, und Feldfras heißt eigentlich Felsenkatze. So sieht das aus. Und so sieht's aus, wenn ich sieben statt drei Kartoffelpuffer essen möchte. Eine andere Frage ist, ob mein Verhalten aufdringlich sein könnte. Ich finde aber, der rechtzeitige Appetit auf sieben Kartoffelpuffer erspart uns doppelte Arbeit. Nach dem Verspeisen von drei Kartoffelpuffern müßten wir neuen Kartoffelteig herstellen, um weitere vier backen zu können. Jetzt reiben wir hintereinander soviel Kartoffeln, daß jeder Hunger zu seinem Recht kommt. Mein Verhalten ist also nicht aufdringlich, sondern sinnvoll.«

Frau Sandomir und Sandomir schwiegen.

Frau Sandomir tat die zerschnittenen Zwiebeln in eine vollgefüllte Teigschüssel und begann zu backen.

»Ah, jetzt geht's los!« rief Herr Murmeltier.

Er nahm den Teller in beide Hände, hielt ihn zur Pfanne hin und wartete auf den ersten Kartoffelpuffer.

»Es ist nicht unhöflich«, sagte Herr Murmeltier, »ich habe eine lange Wanderreise hinter mir! Ich bin heilfroh, daß Sie so große Kartoffelpuffer backen können, Frau Sandomir! Ah, da liegt schon der erste auf meinem Teller! Dankeschön, Frau Sandomir!« Herr Murmeltier begann sofort zu essen.

»Sie werden demnach«, sagte Sandomir, »noch sechsmal zu meiner Frau sagen: dankeschön, Frau Sandomir! Oder gilt dieses eine Mal, dieser erste Dank für alle sieben Kartoffelpuffer?«

»Nein«, sagte Herr Murmeltier schmatzend, »ich sage selbstverständlich jedesmal dankeschön. Dieser Kartoffelpuffer, den ich jetzt esse, schmeckt vorzüglich. Ich hoffe, die nächsten sind von gleicher Güte. Das ist die Voraussetzung!«

»Was ist die Voraussetzung?« sagte Sandomir.

»Die Voraussetzung«, sagte Herr Murmeltier schmatzend, »die Voraussetzung für ein gutes Essen ist ganz einfach die, daß der erste Happen dem letzten Happen nichts wegnimmt – kurz: daß dieser erste Kartoffelpuffer den siebenten nicht übertrifft, sondern der siebente gleichgut ist wie der erste. Dann erst sollte der Gast die Mahlzeit loben und sein Lob ungeteilt äußern.«

»Schon richtig«, sagte Sandomir, »aber essen Sie doch, es wird ja kalt.«

Sandomir trank Tee und schaute über den Tassenrand auf Herrn Murmeltiers Teller.

Dieser Teller war bereits leer. Wann hatte Herr Murmeltier den Kartoffelpuffer aufgegessen? Wahrscheinlich in wenigen Augenblicken, als Sandomir sich Tee eingoß und zu trinken begann. Auch Herr Murmeltier griff jetzt zur Teetasse, trank sie in einem einzigen Schluck leer, setzte sie auf die Untertasse und wartete, Gesicht zur Pfanne hin, auf den nächsten Kartoffelpuffer.

»Sie müssen mir noch helfen«, sagte Sandomir, »oder soll ich die restlichen Kartoffeln allein reiben? Nachher fehlt uns ein Kartoffelpuffer, was dann?«

Herr Murmeltier war etwas verstimmt.

Er griff widerstrebend nach einer rohen Kartoffel, ließ sie sofort in die Schüssel zurückfallen und sagte:

»So einer sind Sie! Ein Gastgeber, der Gegenleistungen fordert!«

Sandomir nahm einen Eßlöffel, drückte ihn in den Kartoffelteig, schöpfte etwas ab von der wäßrigen Flüssigkeit und goß sie Herrn Murmeltier, der sich soeben zur Pfanne umgedreht hatte, in den Hemdkragen. Herr Murmeltier sprang auf vom Stuhl. Er schrie: »Pfuiii! Sie...! Pfuiii! Wie naß...! Sie...!«

»So schlimm«, sagte Sandomir, »wie Sie's hinstellen, ist das bißchen Kartoffelwasser auch nicht! Im Gegenteil, es stärkt den Hemdkragen. Setzen Sie sich, der nächste Kartoffelpuffer ist fertig!«

Herr Murmeltier setzte sich.

»Woher wußten Sie«, sagte Sandomir, »daß in der Landschaft Sandomir ein Bahnwärter lebt, der genauso heißt wie die Landschaft? Woher wußten Sie, daß dieser Bahnwärter einen Wanderer empfängt, und zusammen mit dem Wanderer noch eine seltsame Frage! Die Frage, ob die Bahnschranke verschwunden sei oder nicht.«

»Ich komme«, sagte Herr Murmeltier, »auf Empfehlung eines Frosches. Er heißt Abendtschrey.«

»Ein lieber Gast«, sagte Sandomir, »er trinkt hin und wieder eine Flasche zuviel. Ich habe Gäste, die entweder viel trinken oder viel essen. Das ehrt mich!«

»Hier ist der zweite – und gleich der dritte Kartoffelpuffer!« sagte Frau Sandomir.

Herr Murmeltier sagte: »Dankeschön, dankeschön!«

Er begann sofort zu essen und schmatzte fröhlich.

»Bevor Sie«, sagte Sandomir, »Ihre seltsame Frage wiederholen, darf ich Sie fragen: Wo haben Sie das Schmatzen gelernt? Überhaupt: Was haben Sie gelernt? Haben Sie Wandern gelernt?«

»Ich bin«, sagte Herr Murmeltier, »Zauberer. Meine Abschlußprüfung, nach fünfjährigem Studium, bestand ich mit einer guten Note, mit der Note Vierzehn. In der Abendhochschule des Berufsverbandes Freier Zauberer gibt es kaum einen Schüler, der diese Note erreicht. Die beste Note ist die Zwanzig. Sie ist unerreichbar und soll nur zeigen, daß auch der begabteste Schüler noch lange nicht am Ziel ist. Die Note Vierzehn – da mit Eins begonnen wird, was einen nicht darstellbaren Grad an Faulheit bezeichnet! – die Note Vierzehn ist also eine gute Note.«

»Bitte«, sagte Sandomir, »essen Sie doch, es wird ja kalt!«

Herr Murmeltier aß den zweiten und dritten Kartoffelpuffer, Sandomir den ersten. Frau Sandomir setzte sich zu den beiden Männern an den Tisch, auch sie aß den ersten Kartoffelpuffer.

Für ein Weilchen wurde geschwiegen. Jeder bemühte sich leiser zu schmatzen als der andere.

Frau Sandomir stand auf und buk neue Kartoffelpuffer. Sandomir aß nun den zweiten Kartoffelpuffer, Herr Murmeltier den vierten und fünften, Frau Sandomir, sich an den Tisch setzend, den zweiten. Sie zeigte die leere Schüssel herum und gab Herrn Murmeltier zu verstehn, er solle noch Kartoffeln reiben. Er blickte Frau Sandomir schief an, erfüllte aber ihren Wunsch.

»Fein«, sagte Sandomir, »es hat gut geschmeckt. Zwei Kartoffelpuffer sind die richtige Menge für einen Bahnwärter meiner Körpergröße. Zum Rauf- und Runterdrehn der Bahnschranke habe ich jetzt wieder Kraft. Für jeden Arm einen Kartoffelpuffer! Rumms! Ruuuhmmms! Die Zwiebeln erleichtern den Bauch! Verzeihung!«

Frau Sandomir nannte ihren Mann einen Furzkaiser. Sie brachte Herrn Murmeltier zwei neue Kartoffelpuffer. Er sagte:»Dankeschön, dankeschön, Frau Sandomir!« und aß seinen Teller so geschwind leer, als habe er die ersten fünf Kartoffelpuffer nicht gegessen.

»Das ist«, sagte Sandomir, »Zauberei!«

Herr Murmeltier sagte: »Sie erinnern an die Frage von vorhin. Darf ich diese Frage jetzt wiederholen? Sie lautet: Ihre Bahnschranke, befindet sie sich noch an ihrem alten Platz – oder ist sie verschwunden?«

»Hm«, machte Sandomir, »hm-hm.«

Er lief in der Küche unruhig auf und ab. Seine Frau lief in entgegengesetzter Richtung an ihm vorbei. So liefen sie hin und her und begegneten einander in der Küchenmitte. Plötzlich blieb Sandomir stehn und sagte zu Herrn Murmeltier:

»Ich muß ans Fenster gehn und rauskucken. Etwas Geduld bitte!«

Sandomir beugte sich hinaus und schaute nach rechts, wo die Bahnschranke war. Es dauerte ein paar Minuten – die Küchenuhr tickte lauter als sonst –: Sandomir schloß das Fenster, schüttelte den Kopf.

»Die Bahnschranke«, sagte er, »befindet sich an ihrem alten Platz. Sie ist nicht verschwunden.«

»Schade«, sagte Herr Murmeltier.

Sandomir kraulte sich nervös hinter dem rechten Ohr.

»Ja, schade«, sagte Herr Murmeltier, »daß mein zweiter Versuch nicht geglückt ist!«

»Bitte«, sagte Sandomir, »erklären Sie meiner Frau und mir, was das bedeuten soll.«

Herr Murmeltier trank eine zweite, dritte und vierte Tasse Tee, aß den sechsten und siebenten Kartoffelpuffer und sprach, ein wenig pustend und luftholend, wie folgt:

»Ich bin unterwegs. Und zwar zweimal. Einmal als Wanderer, einmal als Zauberer. Der Wanderer hat seine Arbeit, der Zauberer ist arbeitslos. Natürlich könnte ich irgendwelchen Kram herbei- oder wegzaubern und gierige Leute unterstützen, aber das ist nicht mein Fach. Ich bin freischaffender Zauberer, der mit seiner Arbeit der Zauber*kunst* dienen will. Das ist keine leichte Sache, macht aber Spaß, wenn die Arbeit gelingt. Als ich vorhin Ihre Bahnschranke sah, dachte ich: Murmeltier, du wirst jetzt beweisen, daß du die Note Vierzehn nicht umsonst bekommen hast, du wirst diese Bahnschranke kraft deiner Kunst wegrücken vom alten Platz und außerdem wirst du die ganze Bahnschranke, wenn du sie weggerückt hast, verschwinden lassen, das heißt: Wenn der Bahnwärter Sandomir hinschaut, soll er sie nicht erblicken.«

Sandomir ging ans Küchenfenster, öffnete es, beugte sich hinaus und schaute länger nach draußen als beim ersten Mal. Dann schloß er das Fenster und setzte sich an den Tisch.

»Tut mir leid«, sagte er, »die Bahnschranke ist nicht verschwunden. Was machen wir da? Wollen sie nochmal zaubern?«

»Nein«, sagte Herr Murmeltier, »ich bin zufrieden, daß der erste Versuch glückte!«

»Welcher erste Versuch?« sagte Sandomir.

»Der erste Versuch«, sagte Herr Murmeltier, »bestand darin, die Bahnschranke kraft meiner Kunst wegzurücken vom alten Platz. Dieser Versuch ist geglückt!«

»Aber nein«, sagte Sandomir, »Sie irren! Die Bahnschranke befindet sich am alten Platz!«

»Ich habe«, sagte Herr Murmeltier, »die Bahnschranke vorhin um fünf Zentimeter nach links gerückt. Also von hier aus, vom Küchenfenster aus gesehen, um fünf Zentimeter nach links!«

»Kommen Sie mit!« sagte Sandomir.

Beide Männer liefen nachdenklich über den Bahnsteig und machten halt vor der Bahnschranke.

»Sehen Sie«, sagte Herr Murmeltier, »sehen Sie: um fünf Zentimeter nach links gerückt.«

Sandomir schwieg.

Dann sagte er: »Ja, ich sehe. Ja, genau fünf Zentimeter! Nur... könnten Sie nicht bei Ihrem nächsten Versuch ein paar Meter dazulegen? Das macht sich bemerkbar! Aber fünf Zentimeter?«

An der Bahnschranke schlug die Signalglocke an.

»Augenblick bitte«, sagte Sandomir, »ein Zug wird gemeldet, ich muß die Bahnschranke runterlassen. Schön, daß sie noch am alten Platz steht!«

»Sie irren!« sagte Herr Murmeltier.

Er lüftete den abgewetzten Schlapphut und verließ den Bahnwärter, der dem heraneilenden Zug entgegenwinkte mit einer Neuerwerbung: einem blauen Taschentuch für Gutwetterzeichen.

Ein Aufruhr

Irgendwann im Spätsommer sagte Sandomir zu seiner Frau mit barscher Stimme: »Liebe Frau, noch ist der Winter nicht eingezogen!«

»Ich sehe«, sagte Frau Sandomir, »du bist wütend.«

»Auf der Straße«, sagte Sandomir, »liegt kein Schnee. Auch der Bahnsteig ist schneefrei. Die Felder, soweit ich kucken kann, sind keine weißen Felder. Auch sind die Bäume nicht mit Schnee bedeckt.«

»Gut«, sagte Frau Sandomir, »du willst Schnee erfinden.«

»Nein«, sagte Sandomir, »meine Erfindung ist eine andere. Das weißt du. Ich muß zuwege bringen, daß das Männlein mühelos aus dem Kasten springt, wenn man den kleinen Riegel zurückschiebt. Noch ist der Deckel zu ungelenk. Ich brauche die richtigen Scharniere. Außerdem soll das Männlein beim Rausspringen ein bestimmtes Wort rufen. Ich muß erst das Wort finden, dann die Vorrichtung einbauen, mit deren Hilfe das Wort überhaupt zu hören ist.«

»Nimm doch«, sagte Frau Sandomir, »das Wort Schnee.«

»Danke«, sagte Sandomir, »aber dieses Wort macht aus meiner Erfindung eine Erfindung für den Winter. Ein Männlein, das aus dem Kasten rausspringt und ›Schnee!‹ ruft, wird im Frühjahr oder Sommer wenig Liebhaber finden. Ich merke schon, du willst ablenken. Trotzdem sage ich dir: Noch ist der Winter nicht da! Kein Dach ist mit Schnee bedeckt. An den Traufen hängen keine Eiszapfen. Unsere Fenster sind an keiner Stelle mit Eisblumen geschmückt. Die Kinder bauen keine Schneemänner und tummeln sich nicht auf dem Eise, das nicht vorhanden ist. Auch sieht man kein einziges Kind einen verschneiten Hügel hinaufsteigen, um gleich danach auf seinem Schlitten runterzusausen ins Tal. Kein Mensch läuft schnell hin und her, weil ihm kalt ist. Die Vögel haben noch genügend zu fressen, das heißt, sie finden noch ausreichend Futter ohne unsere Hilfe.«

»Mit einem Wort«, sagte Frau Sandomir, »du willst mir ein Sommerkleid schenken.«

»Jaja«, sagte Sandomir, »ein Sommerkleid. Ist ein Sommerkleid nicht zu dünn?«

»Noch«, sagte Frau Sandomir, »ist der Winter nicht da. Das Sommerkleid kann ja für einen kühlen Sommer gearbeitet sein. Wird der Winter, den wir augenblicklich überall vermissen, nicht allzu kalt, so kann ich das Sommerkleid, das entsprechend gearbeitet ist, auch im Winter tragen.«

Sandomir winkte ab. Er sagte:

»Du sprichst vom Winter, den wir überall *vermissen*! Das ist falsch! *Ich* spreche vom Winter, den ich nirgendwo *bemerke*. Und damit habe ich recht. Siehst du irgendwo eine Schneedecke, unter der eine Blume schläft?«

»Wer sagt dir denn«, sagte Frau Sandomir, »daß die Blumen schlafen?«

»*Ich* sage das«, sagte Sandomir.

Er machte eine Faust und hob den Arm mit der Faust in Augenhöhe. Er betrachtete sich die Faust, schüttelte den

Kopf und machte aus der Faust wieder eine Hand. Er steckte die Hand schnell in die Hosentasche.

»Die Blumen«, sagte er, »schlafen unter der Schneedecke! Wo sollen sie sonst schlafen? Doch diese Frage geht bereits zu weit. Ich will nicht ermitteln, wo die Blumen sonst noch schlafen könnten, ich will keine Antwort auf diese Frage bekommen, denn ich habe bereits gesagt: Die Blumen schlafen unter der Schneedecke. Und wenn ich das sage, dann mache ich nur Gebrauch von meinem Recht! Ich bin berechtigt! Du bist auch berechtigt! Unser Kind ist sowieso berechtigt! Unser Kind wird uns schon zeigen, was eine Harke ist! Kuck nicht so seltsam, du kennst doch das Sprichwort! Oder nicht? Natürlich weiß jeder von uns beiden, was eine Harke ist! Aber Sandchen, unser Sohn, wird seinen Eltern mal vorführen, wo wir leben! Unser Kind hat keine herrischen Eltern! Das stimmt doch. Oder nicht? Wenn unser Kind herrische Eltern hat, dann liegt es nur daran, habe ich mir sagen lassen, daß einer der beiden Eltern dem andern noch nicht gesagt hat: Du bist ein herrischer Mensch! Verstehst du das?«

»Ich möchte wissen«, sagte Frau Sandomir, »wo die Blumen sonst noch schlafen könnten, wenn sie nicht unter der Schneedecke schlafen.«

»Sie schlafen«, sagte Sandomir, »ein für allemal unter der Schneedecke. Ich bestimme das. Ich bestimme das deshalb, weil unser Kind wissen soll, daß sein Vater keine Pflaume ist. Fragt mich unser Sohn: Vater, wo schlafen im Winter die Blumen? so sage ich prompt: unter der Schneedecke. Fragt mich unser Sohn: Vater, schlafen sie wirklich? so antworte ich sofort: sie schlafen. Keine Blume leidet an Schlaflosigkeit! – Du verstehst, wir leben in einer Zeit, die präzise Antworten fordert! Unser Sohn ist berechtigt, das heißt, er kann eine Pflaume als Vater ablehnen. Genauso kann ich ablehnen, daß er gerade *dann* Schularbeiten machen soll, wenn draußen der schöne Tag zum Spielen einlädt. Oder willst du behaupten, der Winter käme bereits zur

Tür herein? Wenn du das behauptest, dann nimmst du deinem Kind, das jetzt Schularbeiten macht, die Freude am gemeinsamen Spiel. Denn Sandchen und ich, wir werden jetzt spielen! Unten auf dem Bahnsteig!«

»Ein guter, schneefreier Platz!« sagte Frau Sandomir.

Sandomir räusperte sich.

»Aha«, sagte er streng, »du bist ironisch! Habe ich das verdient? Du weißt doch allerhand, du solltest dir mal überlegen, ob ich das verdient habe. Außerdem und keineswegs unwichtig: Betrachte dich mal im Spiegel! Schau mal hinein, prüf mal genau, ob du in deinem Gesicht herrische Züge erkennst. Wenn ich dich so hantieren sehe, drängt sich mir die Frage auf: Lebst du in Gemeinschaft mit einer herrischen Person?«

»Schön«, sagte Frau Sandomir, »ich setze mich. Dieses Hantieren macht sowieso keinen Spaß. Bring mir mal den kleinen Spiegel!«

»Wie bitte?« sagte Sandomir.

»Bring den kleinen Spiegel!« rief Frau Sandomir.

»Sag mal«, sagte Sandomir, »du bist ja herrisch! Du kommandierst ja wie ein Despotel! Was willst du mit dem Spiegel?«

»Mich betrachten«, sagte Frau Sandomir.

»Wozu betrachten?« sagte Sandomir, »ich habe dich auch so ganz gern. Wenn du nicht hantieren möchtest, dann beteilige dich an meiner Erfindung! Ich brauche das richtige Wort für mein Kastenmännlein. Oder spiel ein bißchen mit Sandchen und mir. Unten auf dem Bahnsteig.«

»Und wann«, sagte Frau Sandomir, »soll unser Kind Schularbeiten machen?«

»Unser Kind«, sagte Sandomir, »darf ab heute in der Nase bohren, wann es in der Nase bohren will. Unser Kind darf ab heute die Tür zuballern, wann es die Tür zuballern möchte. Unser Kind hat eine Mutter und einen Vater, aber die Mutter ist keine Nuß und der Vater keine Pflaume. Kurzum: unser Kind hat es nicht nötig!«

Sandomir schluckte.

Er zog schnell die Hand aus der Hosentasche und machte eine Faust aus der Hand. Er hielt die Faust in Augenhöhe. So lief er ein paarmal um den Tisch herum und funkelte seine Frau an.

Draußen, vom Bahnsteig her, rief eine Stimme nach Sandomir.

»Man ruft«, sagte Frau Sandomir.

Sandomir sagte selbstbewußt: »Ich habe keine Zeit! Ich zeige dir und allen andern die Faust. Das tue ich aus Überzeugung. Ich bin überzeugt, daß meine Handlung berechtigt ist. Geh bitte ans Fenster und schau nach, wer da ruft!«

Frau Sandomir tat es.

Sie drehte sich um zu ihrem Mann, der jetzt ein fünftes Mal mit erhobener Faust um den Tisch herumlief. Frau Sandomir sagte:

»Bitte noch drei Runden um den Tisch!«

Sandomir blieb stehen. Er blickte enttäuscht.

»Ich bin«, sagte er, »mit einer herrischen Person verheiratet. Diese Frau unterbricht mich fortwährend. Meine Erfindung ist ihr nicht wichtig, meine Überzeugung erst recht!«

Sandomir ließ den erhobenen Arm traurig herabsinken, er machte aus der Faust wieder eine Hand, er steckte sie diesmal nicht in die Hosentasche, sondern griff mit dieser Hand in die linke Innentasche seiner Jacke. Er zog ein gefaltetes Papier aus der Jacke.

»Bitte«, sagte er beleidigt und warf das Papier auf den Tisch, »das ist die Durchschrift meines Briefes an den Rektor der Schule, die ich im Auftrage unseres Kindes entschieden ablehne! Ich sage bewußt: entschieden. So, und nun lies das!«

Frau Sandomir setzte sich und las langsam:

»Mein sehr geehrter Herr Rektor, noch ist der Winter nicht ins Land gezogen. Nirgendwo sind weiße Felder zu erblicken. Straßen und Wege sind schneefrei. Die Bäume verhalten sich so, wie es ihre Aufgabe ist zu einer Jahreszeit, die den Schnee noch nicht benötigt. Kein Dach ist mit Schnee bedeckt, an den Dachtraufen hängt nicht der kleinste Eiszapfen. Kein Mensch, – jedenfalls *ich* sehe keinen! – der irgendwie in Art und Weise eines Frierenden umherläuft. Kein Fenster zeigt Eisblumen. Im Gegenteil, noch stehen manche Fenster offen, weil der Spätsommer angenehme Luft verschenkt und sich in vielen Häusern bequem Eintritt verschafft wie ein willkommener Gast. Auch sind unsere Kinder noch nicht ausgestattet mit Pudelmützen. Ihre Schlitten befinden sich noch an den Stellen, wo Schlitten den Sommer über abgestellt werden. Die Hügel, im Winter – nach Schneefall! – sehr bevorzugt, geben für unsere Kinder noch nichts her. Noch schläft keine Blume unter der Schneedecke. Die Gewässer sind für Schlittschuhläufer noch nicht brauchbar. Allerorten ist kein frisch erbauter Schneemann zu erblicken. Handschuhe werden verschmäht. Dicke Mäntel warten auf spätere Zeiten. Unsere Kinder öffnen zwar den Mund, strecken aber nicht die Zunge heraus, um Schneesterne auf der Zunge zergehen zu lassen. Das Barometer bestätigt meine Beobachtungen! Was sagt Ihnen das? Ich darf es Ihnen sagen: Das einzige Haus in der ganzen Umgebung, das fortwährend eingeschneit ist, dieses einzige Haus dürfte Ihnen nicht unbekannt sein. An den Dachtraufen des Hauses, das Sie recht gut kennen und tagtäglich wiedersehen, hängt Eiszapfen neben Eiszapfen. An den geschlossenen Fenstern des Hauses, das Ihnen zur zweiten Heimat geworden ist, sind Eisblumen keine Seltenheit. Gerät ein Mensch in die Nähe des Hauses, das Sie an vielen Tagesstunden bewohnen, so läuft er umher wie ein frierender Mensch, er klatscht in die Hände, pustet in die Fäuste, er trampelt mit den Füßen, springt und hüpft, reibt sich die Nase, die augenblicklich ihr normales Aussehen zurückgewinnt, sobald der Mensch die nähere Umgebung des Hauses verläßt, in dem Sie, geehrter Herr Rektor, schon manche Stunde Ihres Lebens zugebracht haben. Das Haus, von dem ich spreche, ist die *Schule*. Ich sage das deutlich, damit wir uns nicht mißverstehen. Denn wir leben in einer Zeit, die uns deutliche Fragen stellt. Was halten Sie davon? Sicher sind Sie gleicher Meinung. Ich jedenfalls fühle die Berechtigung. Am besten, Sie tun dasselbe. Dann brauchen wir uns nur noch über Einzelheiten einig zu werden.

Also: Ab heute bleibt mein Sohn, Sandchen Sandomir, in völliger Berechtigung, Ihrer Einbläser-Anstalt fern! Den nötigen Unterricht erhält er bei seinem Vater, dem Bahnwärter Sandomir, ferner bei seiner Mutter, die allen Ernstes keine herrischen Züge aufzuweisen hat und bisher keineswegs erinnert an eine miese Type. Der ungebräuchliche Ausdruck steht hier als Lob. Er soll die untadeligen Eigenschaften meiner Frau hervorheben und bekräftigen. Dies die Eltern des Kindes!

Der Entschluß, Ihren Eisblumenpalast mit kalter Schulter anzugehen, wurde in mir angeregt durch ein Diktat, das meinem Sohn Sandomir ins Heft diktiert wurde. Der Mann – oder die Frau –, besser: der Lehrer oder die Lehrerin, richtiger: der angebliche Lehrer oder die angebliche Lehrerin, einer von beiden also, einer hat im Naturkundefach folgendes Diktat abgelassen:

Überschrift *Bald ist der Winter da!* Das Diktat beginnt: ›Denken wir schon jetzt an den Winter? Wir sollten es tun. Wir leben in einer Gegend, die viele Bäume hat. Auch Gartenbäume, die bedroht werden von allerlei Zähnen. Die meisten Nager unter den Tieren haben kräftige Zähne. Mit ihren Zähnen wagen sie sich an jede Baumrinde heran. Das kräftige Gebiß der Nagetiere ist der Feind unserer Bäume. Vor allem im Winter, wenn es an anderen Speisen mangelt.

Wer ein Freund der Bäume ist, muß mit dem kräftigen Gebiß des Hasen rechnen. Der Hase nagt nicht nur aus Hunger an Baumrinden, er nagt zuweilen auch aus Naschhaftigkeit oder aus Übermut. Am liebsten wäre es dem Hasen, er könnte die zarte Rinde der dünnsten Zweige abnagen, doch ist der Hase kein Klettertier. Die dünnsten Zweige bleiben verschont, während die erreichbare Baumrinde um so mehr zu seiner Beute wird. Ein zuverlässiger Schutz ist vonnöten.

Das Zuverlässigste ist ein dichter Drahtzaun. Wo sich ein geschlossener Zaun nicht anbringen läßt, wird jeder Baumstamm einzeln mit einer Drahthose umgeben. Läßt sich die Drahthose nicht anbringen, so hilft Zeitungspapier. Zeitungspapier wird um den Baumstamm gebunden und hinterher mit stinkendem Öl bestrichen. Die Anwendung dieses Mittels muß wiederholt werden, sobald sich der Gestank verzogen hat. Fragt eure Eltern nach anderen Vorbereitungen auf den Winter.‹

Dies nun, sehr geehrter Herr Rektor, beantworte ich gern. Andere Vorbereitungen auf den Winter: eine Drahthose rund um jeden Diktierer von Drahthosendiktaten! Eine Drahthose rund um das Haus, das mit stinkendem Öl gegen Hasen vorgeht und die Erneuerung des Gestanks anempfiehlt. Pfui! Fassen Sie sich ein Herz, räumen Sie auf in Ihrer Gebirgsbaude! Treten Sie hin vor den Herrn Lehrer oder vor die Frau Lehrerin, vor den Kollegen männlichen oder weiblichen Geschlechts, wenn ich soweit gehen darf. Treten Sie hin und fordern Sie! Auch *Sie* sind sicher keine Maus, die ängstlich davonläuft beim Kampf um die wichtigeren Dinge. Beweisen Sie Mut! Sagen Sie unmißverständlich: Alle Drahthosen sind entlassen! Runter mit dem Schnee von unserem Dach! Weg mit den Eisblumen von unseren Fensterscheiben! Fenster auf! Runter mit den Eiszapfen von den Dachtraufen unserer Schule! Die Schüler laufen uns davon! Die Eltern unserer Schüler sind Pflaumen und kümmern sich nicht um unseren Schnee, um unsere Eisblumen, um unsere Eiszapfen! Aber der Aufruhr hat begonnen! Bahnwärter Sandomirs Sohn bleibt unserer Schule fern. Damit beginnt etwas, was gestern unmöglich war. Damit beginnt etwas, was Sie, meine Frauen und Herren Kollegen, verschuldet haben! Und ich bislang übersehen habe! Schluß damit!

Nach dieser Maßregelung, sehr geehrter Herr Rektor, rufen Sie Ihre verdutzten Kollegen ins Versammlungszimmer und lesen ihnen kommentarlos den folgenden Vers vor: *Die Schneezwerge und die Hasen.* Soweit die Überschrift. Dann: *Die Schneezwerge / liegen auf den Dächern / und anderswo. / Die Schneezwerge / haben keine Namen. / Die Schneezwerge / sind langnasig / und werden von den Hasen / Langnasen / genannt. / Die Schneezwerge / fragen: Wo sind wir? / Ihr seid / auf der Erde / sagen die Hasen.*

Ich schließe nun, sehr geehrter Herr Rektor. Ihr *Sandomir*, Bahnwärter und Vater des Kindes Sandchen (ab heute von der Schule abgemeldet). Um Antwort wird gebeten.«

Frau Sandomir faltete den Brief zusammen. Sie stand auf und sagte: »Wer hat das erfunden, das mit den Schneezwergen und mit den Hasen?«

»Ein gewisser Fuchs«, sagte Sandomir.

»Na gut«, sagte Frau Sandomir, »ich sehe, du bist wütend. Wie lange willst du wütend bleiben? Du hast einen neuen Beruf, du bist Bahnwärter und Lehrer in einer Person. Du kannst unmöglich mit diesem wütenden Gesicht an die Arbeit gehn. Jeder Lokomotivführer, der dieses wütende Gesicht erblickt, zieht die Notbremse. Du bringst alles durcheinander! Geh mal zum Spiegel, kuck dich mal an! Du bringst uns in schlimme Sachen rein. Hat der Rektor schon geantwortet auf deinen Brief?«

»Nein«, sagte Sandomir stolz, »der Brief liegt ihm sicher noch im Magen.«

»Geh runter auf den Bahnsteig«, sagte Frau Sandomir, »unten wartet der Rektor, er hat vorhin nach dir gerufen. Frag ihn gleich, ob er deinen Brief gefressen hat.«

Sandomir stieß einen mittellauten Schrei aus und verließ die Bahnwärterwohnung.

Ein Kampfplatz

Beschaulicher Ruhe möchten wir uns hingeben, wenn der Sommer seinen Höhepunkt erreicht hat? Manche unserer täglichen Beschäftigungen gestatten uns ein Ausruhen? Mehr und mehr macht sich bemerkbar, daß die Sonne nicht den höchsten Stand erreicht, daß die Tage kürzer, die Nächte länger werden? Da legt man tagsüber des öfteren eine Ruhepause ein? Da schläft man ein Weilchen? Da schnarcht man?

Da hat auch ein Rektor was zu schnarchen? Ein Rektor sitzt auf einer Bahnsteigbank, schläft und schnarcht? Ein Rektor hat den Kopf auf die Brust sinken lassen und schnarcht den Bahnwärter Sandomir an, der ratlos dasteht mit erhobener Faust?

»We we we dä dä dä hoid!«

Wer ruft da? Wer ruft das? Ein Vogel, unweit des Bahnsteigs, fragt betont: »We we we dä dä dä hoid? Wiziwiwizi-djilldjill-djilldjill-ziddel-psieee?«

Sandomir droht mit der Faust. Er ruft in die Ruhe hinein: »Ruuuheeé!«

Der Rektor erwacht.

Er öffnet die Augen. Er reibt sich die Augen. Er schreit auf vor Schreck. Er springt auf von der Bank. Er ordnet seine Kleider, die ihm während des Schlafs verrutscht waren. Er zupft an der Rektorenjacke, an anderen Kleidungsstücken zupft er nicht. Er streicht sein Haar zurecht, das ihm während des Schlafs ein wenig verrutscht war. Er macht die Augen ganz weit auf und öffnet den Mund. Er macht einen Schritt auf Sandomir zu und spricht mühelos:

»Mein Herr, ohne in Ihren Augen gleich vordringlich und unbescheiden zu wirken, möchte ich mir doch gestatten mich vorzustellen: Ich bin der Rektor!«

Sandomir nickt mit dem Kopf, er macht einen Schritt auf den Rektor zu, er fragt ihn herausfordernd:

»Wieviel wiegt der Mond? In welchen Kleidern geht die Sonne unter? In welcher Schule haben die Schüler Augen und sehen doch nichts? Nun? Nun? Die Antwort bitte!«

Der Rektor, der Sandomirs Faust betrachtet, sagt:

»Nach alledem, was ich soeben gehört habe, sind Sie ein Mann mit Charakter und Wissensdrang. Sie werden die Aufgaben selbst lösen, das vermute ich. Bange dagegen ist mir vor dieser Faust.«

»Aha!« ruft Sandomir.

»Weshalb«, sagt der Rektor, »weshalb diese erhobene Faust? In diese Faust gehört die Abfahrtskelle. Haben Sie Ihre Abfahrtskelle vergessen? Kommt ein Zug, den ich nicht sehe? Halten Sie vielleicht sogar die Abfahrtskelle in der erhobenen Faust? Die Antwort bitte!«

Sandomir schweigt.

Er steht vor dem Rektor und betrachtet aus den Augenwinkeln die eigene, erhobene Faust. Ruckartig verändert er seine Körperhaltung, er verschränkt beide Arme auf der Brust, er sagt:

»Der Mond wiegt ein Pfund, denn er besteht aus vier Vierteln. Die Sonne geht *in* Westen unter. In der Baumschule sehen die Schüler nichts und nichts in Ihrer Schule!

Der Kampf beginnt! Bitte verschränken Sie die Arme auf der Brust!«

Der Rektor tut es. Sandomir sagt:

»Ich nenne die Kampfregeln! Jeder Kämpfende hinkt. Entweder auf dem rechten oder linken Fuß...«

»Sehr richtig«, sagt der Rektor, »das ist eine alte Erfahrung. Wußte ich doch: Ein Mann wie Sie kennt sich aus in den Fragen des Lebens! Man spürt genau, Sie verachten den Rausch! Jede Eselei wird von Ihnen abgelehnt. Deshalb begrüße ich diesen Tag!«

»Still jetzt!« sagt Sandomir, »Sie haben meinen Brief erhalten?«

»Erhalten«, sagt der Rektor.

»Und gelesen?« sagt Sandomir.

»Auch das«, sagt der Rektor.

»Und verstanden?« sagt Sandomir.

»Jedes Wort«, sagt der Rektor, »jede Zeile, jede Frechheit, jede Anspielung, jede Belehrung, jede Behauptung, jede unverschämte Beleidigung zwischen den geschätzten Zeilen!«

»Gut«, sagt Sandomir, »wir sind uns einig! Jeder von uns beiden wählt sich einen Gegner. Die Arme werden auf der Brust verschränkt. Heben Sie bitte den rechten, ich hebe den linken Fuß an! Jeder steht jetzt auf einem Fuß. Zwei Störche. Einer versucht den anderen durch Anstoßen aus dem Gleichgewicht zu bringen. Der jeweilige Stoß zielt nur auf die Schulter des Gegners. Alle anderen Stöße sind verboten. Besonders solche gegen die Brust. Wer zuerst das Gleichgewicht verliert und den angehobenen Fuß auf die Erde setzt, hat verloren. Ein Wortwechsel zwischen den Kämpfenden kann geführt werden. Er muß eine sinnvolle Beziehung zum Kampf haben. Wenn Sie gestatten, ich führe den ersten Stoß!«

Sandomir hüpft gegen den Rektor an.

»Guten Tag, Herr Rektor!« ruft Sandomir.

Er verfehlt die Schulter des Rektors. Er hüpft hinkend

am Rektor vorbei. Der Rektor hüpft auf der Stelle, er sagt: »Schönen guten Tag, Herr Bahnwärter, wie geht's denn?«
»Könnte ich Ihnen sagen«, sagt Sandomir.
Er macht eine Halbwendung gegen den Rektor. Er hüpft gegen ihn vor.
»Sie sagen es nicht«, sagt der Rektor hüpfend, »weil Sie in Eile sind. Stimmt das?«
»So ist es«, sagt Sandomir, »leider.«
Sandomir trifft die Schulter des Rektors.
Der Rektor fängt den Stoß ab, er hüpft rückwärts. Rückwärts hüpfend, wird er von Sandomir verfolgt.
»Sie zielten soeben«, sagt der Rektor, »mit Erfolg! Ich gebe zu, Sie sind der geschicktere Kämpfer. Sie sind mir überlegen! Ihr Stoß gegen meine Schulter kam aus halbgebückter Haltung. Sozusagen mit einem kurzen Stoß von unten nach oben wollten Sie mich aus dem Gleichgewicht bringen! Alle Achtung!«
»Halt«, ruft Sandomir, »Sie hüpfen mir davon! Bleiben Sie hier. Greifen Sie mich gefälligst an!«
»Ich Sie angreifen«, sagt der Rektor und hüpft auf Sandomir zu, »einen Ehrenmann angreifen? Na schön, ich werde Sie angreifen mit einem gewaltigen Stoß. Dieser gewaltige Stoß ist nicht gewaltig, ich täusche ihn vor. Ich fordere Ihren Gegenstoß heraus. Ja, Ihre Körperhaltung ist richtig! Sie wollen eine Art Prellbock sein und meinen gewaltigen Stoß abfangen. Ich aber, ich hüpfe jetzt auf Sie zu, hüpfe, wie Sie sehen, rasch auf Sie zu, greife Sie scheinbar an mit einem gewaltigen Stoß gegen Ihre Schulter, greife Sie also an, bemerke während des Angriffs, daß Sie Ihr Körpergewicht verlagern, daß ich Sie zu einem gewaltigen Gegenstoß veranlasse, ich hüpfe jetzt frontal auf Sie zu, wende mich hüpfend, eh Sie's bemerken, gar nicht gegen Sie, sondern hüpfe seitwärts an Ihnen vorbei, so daß Sie das Gleichgewicht verlieren, weil sie meinen gewaltigen Stoß *nicht* erhalten haben! Ausgezeichnet, ich bin der Sieger! Ihr linker Fuß hat soeben den Erdboden berührt! Die Ent-

scheidung ist gefallen. Darf ich mich auf diese Bahnsteigbank setzen? Erlauben Sie das?«

»Bitte«, sagt Sandomir, »bittesehr!«

Er blickt böse den Rektor an, setzt sich dann neben ihn auf die Bahnsteigbank.

Beide kucken geradeaus. Beide strecken die Beine von sich.

»Kämpfe sind anstrengend«, sagt der Rektor.

Sandomir antwortet nicht.

Der Rektor zupft an seiner Rektorenjacke. Er ordnet das Haar.

»Ein schöner Nachmittag«, sagt der Rektor, »ein typischer Nachmittag im Spätsommer.«

»Ja, hm«, sagt Sandomir, »noch ist der Winter nicht da! Der Bahnsteig ist schneefrei.«

»Ein Bahnsteig«, sagt der Rektor, »sollte nicht zum Kampfplatz werden. Er hat andere Aufgaben.«

Sandomir antwortet nicht. Sandomir und der Rektor kucken geradeaus.

»Keine Schneefelder«, sagt der Rektor.

Sandomir sagt: »Keine Rabenversammlung im Schnee. Der Bahnsteig sollte vorhin zum Spielplatz werden. Mein Sohn und ich, wir wollten spielen. Da kam etwas dazwischen.«

»Nanu«, sagt der Rektor, »was war es?«

»Ein Kampf«, sagt Sandomir, »ich mußte kämpfen.«

»Hier auf dem Bahnsteig etwa?« sagt der Rektor.

»Ja, hier«, sagt Sandomir und kuckt geradeaus.

»Was war der Anlaß?« sagt der Rektor, »wissen Sie noch, was der Anlaß war? Der Kampf ist vorbei, aber wissen Sie noch den Anlaß für diesen Kampf? Eine schwierige Frage manchmal!«

Sandomir antwortet nicht.

»Irgendeiner«, sagt der Rektor, »hat Ihren Zorn erregt? Haben Sie denjenigen, der Ihren Zorn erregt hat, in Kenntnis gesetzt über Ihren Zorn?«

»Ja«, sagt Sandomir, »in Form eines Briefes. Ich ahne nicht, ob der Empfänger des Briefes den Wortlaut meines Briefes richtig verstanden hat.«

»Ohooh!« sagt der Rektor, »*so* ist das! Sie haben den Brief in einer Fremdsprache abgefaßt, die äußerst selten ist? Treffe ich den Kern der Sache?«

»Keineswegs«, sagt Sandomir, »der Brief war durchweg in leicht faßlicher Sprache gehalten. Die Frage ist nur, ob der Empfänger des Briefes nicht zu jenen Leute zählt, die alles überfliegen und überflattern. Das ist meine Sorge.«

»Diese Sorge«, sagt der Rektor, »ist verständlich. Darf ich fragen, an wen Sie Ihren Brief adressierten? Oder ist diese Frage ungehörig? Wenn ja, dann bitte Verzeihung.«

Sandomir sagt: »Sie brauchen sich wegen dieser Frage nicht zu entschuldigen. Mein Brief trägt die Adresse eines bestimmten Rektors.«

»Ah, jaja«, sagt der Rektor, »Ärger mit der Schule! Jaja. Rektor, Rektor, ein undankbarer Beruf! Seien Sie glücklich, Sie sind Bahnwärter und kein Lehrer. Sie sollten mal erleben, was ein Lehrer erlebt. Und erst ein Rektor! Wie gesagt, eine undankbare Tätigkeit. Immer Mißverständnisse, manchmal Drohbriefe, manchmal halbe Attentate auf die Person des Rektors, neuerdings sogar Aufforderungen an den Rektor: Stürzen Sie alles um, entlassen Sie gewisse Kollegen, undsoweiter!«

»Sie kennen sich aus«, sagt Sandomir, »aber auch nur vom Hörensagen. Das merke ich deutlich. Im übrigen bin ich neuerdings nicht nur Bahnwärter, ich bin auch Lehrer von Beruf.«

»Was«, sagt der Rektor, »was erzählen Sie da? Neuerdings Lehrer. Bahnwärter und Lehrer? Sie geben also Unterricht im Bahnwärterfach? Wie man eine Abfahrtskelle bedient? Und daß sie in eine erhobene Faust hineingehört? In die erhobene Faust des Bahnwärters. Sie bevorzugen also den praktischen Zweig, stimmt das? Und die Schüler? Schon viele zugegen?«

Sandomir antwortet nicht. Er kuckt geradeaus. Dorthin, wo keine Schneefelder sind. Dorthin kuckt auch der Rektor.

Er wiederholt seine Frage: »Ja, und die Schüler? Schon viele zugegen?«

»*Ein* Schüler«, sagt Sandomir wütend.

»Wie?« ruft der Rektor, »wo gibt's denn eine Schule mit einem einzigen Schüler! Ach, Sie machen Spaß! Hahahaha! *Ein* Schüler, ein einziger! Da haben Sie sich gedacht: Dem Kerl da, der da neben dir auf der Bahnsteigbank sitzt, dem Kerl binde ich einen Bären auf und erzähle ihm was von einem einzigen Schüler!«

»Ich binde Ihnen«, sagt Sandomir, »nicht den kleinsten Brillenbären auf. Ein lustiges Tier übrigens! Ich habe nur einen einzigen Schüler, und nun halten Sie sich daran!«

»Na gut«, sagt der Rektor, »wenn Sie so sehr schimpfen, dann wechseln wir das Thema!«

»Bitte!« sagt Sandomir.

»Seltsam nur«, sagt der Rektor, »daß an einer ganz bestimmten Schule, die ich hin und wieder aufsuche, neuerdings ein einziger Schüler dieser Schule fernbleibt, während an Ihrer Schule, wie Sie sagen, nur ein einziger Schüler Unterricht erhält. Das ist hochinteressant! Da gibt es vielleicht Zusammenhänge! Das sollte man betrachten! Finden Sie nicht auch? Eine kitzlige Sache, nichtwahr?«

»Was kitzelt Sie denn?« sagt Sandomir.

»Es gibt«, sagt der Rektor, »einige Motive in dieser Angelegenheit, die überaus verlockend sind!«

»Aha«, sagt Sandomir, »kitzlig und verlockend! Zwei eigenartige Wörter! Nein, kann ich leider nicht verwenden!«

Der Rektor kuckt plötzlich erstaunt auf seinen Nachbarn, er kuckt ihm ins Gesicht, denn dieser Nachbar und Bahnwärter wendet soeben das Gesicht dorthin, von wo aus das großäugige Gesicht des Rektors auf ihn hinblickt, erstaunt und plötzlich.

»Sie sagen«, sagt der Rektor langsam, »Sie sagen, Sie könnten... Sie könnten diese Wörter.:. nicht *verwenden?*

Wie darf ich das verstehn? Schreiben Sie ein Buch? Sammeln Sie Wörter in irgendeiner Form? Das interessiert mich! Sind wir etwa doch Kollegen? Sprechen Sie doch! Reden Sie doch! Ich beschwöre Sie! Wollen Sie mich absetzen? Wollen Sie meinen Posten ergattern? Wollen Sie... wollen Sie tatsächlich einen Umsturz heraufbeschwören?«

»Ich suche ein bestimmtes Wort«, sagt Sandomir, »das mir dabei behilflich ist...«

Der Rektor springt auf von der Bahnsteigbank.

»*Wobei* behilflich? *Wobei* bitte? Nun? Sagen Sie die Wahrheit!« Sandomir springt nicht auf von der Bahnsteigbank, er steht auf von der Bahnsteigbank.

»Tja«, sagt Sandomir, »Sie könnten mir eigentlich helfen! Wissen Sie nicht ein treffendes Wort?«

»Aaah!« ruft der Rektor, »Sie wählen das richtige Adjektiv! *Treffen* soll das Wort, das Sie suchen, *treffen*! Das ist Aufwiegelei! Sie sind ein Aufwiegler! Sie halten Ihren Sohn von unserer Schule fern, Sie mehrfacher Aufwiegler! Doch was sage ich! Ich sollte sagen: Lassen Sie die Finger, lassen Sie die Faust von der Sache! Wenn Sie Wörter suchen, dann suchen Sie sich welche aus! Nehmen Sie meinetwegen: Tisch, Tusche, Tasche, nasche, hasche, husch, Hut, Hof, Hose, Hobel, Hase, Uhu, Igel, Rabe, Rose, Rute – meinetwegen: Baum, Raum, kaum, Bauch, Rauch, Lauch, auch, laufen, Leib, Leiter, Ei, Eier, Eimer, Reiter, Rose...«

»Rose«, sagt Sandomir, »war schon dabei!«

»Egal«, ruft der Rektor, »völlig gleichgültig! Nehmen Sie: Bett, Latte, Ratte, Schiff, Scheffel, Puppen, Lappen, Pappe, Rappe, Rippe, Lippe, Schippe, Mond, Mund! Nehmen Sie: Mond! Oder: Mund! Oder: Rose! Rose ist immer noch besser! Nehmen Sie meinetwegen was Keckes, Galantes, Kitzliges – nehmen sie alle Wörter überhaupt – bis auf *eins*! Bis auf ein *einziges*! Bis auf ein ganz bestimmtes *einziges* Wort.«

Der Rektor läßt sich erschöpft auf die Bahnsteigbank fallen. Sandomir setzt sich neben ihn hin.

»Glauben Sie mir«, sagt der Rektor »von mir können Sie was lernen.«

Beide Lehrer sitzen auf der Bahnsteigbank. Sie tauschen Erfahrungen aus. Plötzlich läutet es in der Nähe. Beide Lehrer springen auf von der Bahnsteigbank. Der eine verläßt den Bahnsteig abschiedslos, der andere hält schon die Schrankenkurbel in der Faust.

Eine Belagerung

»Lieber Vater«, sagte Sandomirs Sohn, »seit drei Wochen bin ich dein Schüler. Ich habe viel gelernt. In meinem Oktavheft sind alle Sätze eingetragen, die ich auswendig lerne: Hitze hat sie, sagt sie, hätt' sie. Kühlung wollt' sie, sagt sie, möcht' sie. Unser alter Ofentopfdeckel tröpfelt. Derjenige, der denjenigen, der den Pfahl, auf welchem geschrieben stand, daß nichts ins Wasser geworfen werden soll, ins Wasser geworfen hat, anzeigt, erhält eine gute Belohnung. Kuh Klee fand, den sie aß. Kuh rannt' um, fiel auf ihr Ohr um. Der Schmetterling ist für die Englein das Pferd. Sagst du mir heute einen neuen Satz?«

»Eine ganze Geschichte«, sagte Sandomir, »sollst du kennenlernen. Hör bitte zu: Der Tag brach an. Die Sonne stieg am Himmel empor. Ein leichter Nebel schwebte über dem Tale. Die Gräser und die Blumen blitzten im Morgentau. Der Wald erwachte. Im Wald erwachte dein Vater. Dein Vater war ein Buntspecht. Er klopfte früh an die Bäume und fand Einlaß. Dein Vater saß oft in den Zweigen und wandte seinen Schnabel der lieben Sonne zu. Lerchen flatterten aus den Saatfeldern auf und begannen zu singen. Vom Dorf her krähten etliche Hähne. Tauben girrten. Rauchsäulen stiegen aus den Schornsteinen in die Höhe. Ach, sagte dein Vater, wenn ich mir das alles so ansehe, dann möchte ich am liebsten nach Dolgoruki wandern. Errate nun, warum wohl nach Dolgoruki?«

»Weil du«, sagte Sandomirs Sohn, »bei deiner Wanderschaft nach Dolgoruki über die Ortschaften Prillwitz und Zippelow kommst. In Prillwitz fällt niemals Schnee, in Zippelow steht ein Erholungsheim für müde Buntspechte. Du kannst also auf dem Wege nach Dolgoruki einen langen Sommer, reichlich Futter und Erholung finden. Außerdem hat Dolgoruki eine ganz große, ganz herrliche...«

»Psst!« sagte Sandomir, »sage es nicht. Behalt's für dich. Du und ich, wir beide wissen davon, was in Dolgoruki auf uns wartet. Wenn du ein bißchen größer bist, ziehst du dir eine Jacke an und kommst mit nach Dolgoruki.«

»Schön«, sagte Frau Sandomir, »schön, daß ihr irgendwann loswandern wollt. Während ihr unterwegs seid, werde ich die Bahnschranke bedienen. Ich werde jeden Tag aufpassen, daß nichts passiert. Ich werde genau hinhören, wenn die Signalglocke anschlägt. Ich gehe dann runter auf den Bahnsteig und drehe die Bahnschranke runter. Vielleicht winke ich auch den Zügen entgegen und hinterher, mal abwarten. Mein Mann und mein Sohn sind unterwegs nach Dolgoruki, ich bleibe allein zurück im Bahnwärterhaus und habe keine Angst vor Spitzbuben. Was sollten gewisse Spitzbuben auch wollen? Ich glaube, hier auf dem Bahnsteig und in der Nähe des Bahnwärterhauses werden sich gewisse Spitzbuben nicht niederlassen. Oder irre ich mich?«

»Liebe Frau«, sagte Sandomir, »noch ist unser Sohn nicht groß genug für eine Wanderung nach Dolgoruki. Noch bist du nicht allein. Noch lernt unser Sohn, noch bin ich sein Lehrer. Ein paar Bücher, die uns der Rektor geschenkt hat, machen viel Spaß. Es sind moderne, zeitnahe, weltoffene Lehrbücher in Form von Geschichten für die heranwachsende Jugend unserer Tage. Freizügig und kein einziges Blatt vor dem Mund. Unser Sohn und ich besitzen folgende Einzelbände: Fickchens Frohsinn. Fickchens Angst. Fickchen als Beduine. Fickchen und Benjamin. Fickchens Ehrenwort. Fickchens durchbettelte Nacht. Fickchens Eintänzer. Fickchen und Fedorowitsch. Fickchens Hängematte. Fickchen und Kajetan. Fickchen und Sachschenkowičz. Fickchens Türgriff. Fickchen als Robinson*. Aus diesem Buch lernen wir viele praktische Dinge. Bitte, hör uns zu! Ich frage jetzt unseren Sohn Sandchen: ›Was tat Robinson mit dem Feuer, auf dem er seine erste warme Mahlzeit bereitet hatte?‹«

»Er mußte«, sagte Sandchen, »immer wieder neues Holz anlegen.«

»Ja«, sagte Sandomir, »aber wenn er nun schlief und nachts kam ein plötzlicher Regenguß, wie da?«

»Weißt du«, sagte Sandchen zu seinem Vater, »ich hätte das Feuer in einer Höhle angemacht, wohin der Regen nicht kommen kann.«

»Nicht übel«, sagte Sandomir, »aber Robinsons Höhle war so klein, daß er sich kaum ausstrecken konnte. Außerdem besaß diese Höhle keinen Schornstein. Robinson hätte es also vor Rauch nicht aushalten können. Was würdest du ihm raten?«

»Ich weiß nicht«, sagte Sandchen, »warum muß dieser Robinson immer etwas finden, was ihm Not bereitet! Kaum denkt man, er ist glücklich, schon kommt ihm was in die Quere!«

»Siehst du«, sagte Sandomir, »so schwer ist es für einen einzelnen Menschen, seine Bedürfnisse zu bestreiten. Und

---

* Fickchens Abenteuer waren schon in der 2. Hälfte des 18. Jahrhunderts sehr beliebt; Gellert sagt von ihnen, er habe bei ihrer Lektüre geweint, bis »Gesicht, Schnupftuch, Buch und Schreibepult durchgeweint waren.«

so groß sind die Vorteile, die uns das gesellige Leben gewährt! Tausend Hände reichen nicht aus, um alles zu bereiten, was jeder von uns jeden Tag benötigt! Stimmt's?«

»Naja«, sagte Sandchen.

»Naja«, sagte Sandomir, »du sagst Naja. Wo hast du denn in der letzten Nacht geschlafen? In einem Bett?«

»Auf Matratzen«, sagte Sandchen.

»Die Matratzen«, sagte Sandomir, »sind mit Pferdehaar ausgestopft. Zwei Menschenhände haben das Pferdehaar abgeschnitten, zwei gewogen und verkauft, zwei eingepackt und versandt, zwei empfangen und ausgepackt, zwei wieder an die Sattler und Polsterer verkauft. Des Polsterers Hände haben die Haare, die verwickelt waren, auseinander gepflückt und die Matratze damit angefüllt. Der Überzug der Matratze ist von gestreifter Leinwand, und woher ist diese Leinwand gekommen?«

»Einer hat sie gewebt«, sagte Sandchen.

»Einer?« sagte Sandomir.

»Ein Leinenweber oder mehrere«, sagte Sandchen.

»Und was benötigten sie?« sagte Sandomir.

»Einen Webstuhl oder mehrere«, sagte Sandchen, »und Garn.«

»Gut«, sagte Sandomir, »einen Webstuhl und Garn. Aber wieviel Hände waren beschäftigt, bevor der Webstuhl fertig wurde! Man benötigt Holz und Kleister. Der Kleister wird aus Mehl gemacht. Wieviel muß erst geschehn, bevor das Mehl vorhanden ist! Wieviel hundert Hände müssen tätig sein, um alles das herzustellen, was zu einer Getreidemühle gehört, in der das Mehl aus dem Getreide rausgemahlen wird. Und das Garn, woher kommt das Garn?«

»Das wird gesponnen«, sagte Sandchen, »aus Flachs. Und der Flachs geht durch viele Hände, bevor er zu Garn gesponnen werden kann. Das haben wir erst neulich berechnet. Erst muß der Bauer den Leinsamen sichten, damit kein Unkraut dazwischen kommt. Dann muß der Acker gedüngt und gepflügt werden. Dann wird gesät, dann geeggt. Wenn der junge Flachs hervorwächst, wird das Unkraut ausgejätet. Ist der Flachs groß genug, so werden die Stengel ausgerissen und durch eine Raufe gezogen. Dann werden die Stengel ins Wasser gelegt. Und wenn sie lange genug im Wasser gelegen haben, so werden sie wieder rausgenommen. Und werden in die Sonne gelegt zum Trocknen. Und dann wird der Flachs auf der Breche gebrochen und später geklopft. Dann wird er gehechelt auf der Hechel. Dieser Flachs ist es, der an der Herstellung unserer Matratzen beteiligt ist. Und nun laß mich in Ruhe mit deinen Fragen, lieber Vater!«

»Na schön«, sagte Sandomir, »das genügt.« Sandomir wandte sich an seine Frau: »Du siehst, unser Unterricht ist abwechslungsreich.«

»Ich glaube«, sagte Frau Sandomir, »hier auf dem Bahnsteig und in der Nähe des Bahnwärterhauses haben sich zwei Herren niedergelassen, die dir nicht unbekannt sind. Geh mal ans Fenster!«

Sandomir tat es.

Sofort drehte er sich um zu seiner Frau.

»Was ist das?« sagte er, »zwei uniformierte Männer stehn unten vor dem Bahnwärterhaus. Einer hat silberne Schulterstücke, der andere graue. Was ist das?«

»Das ist«, sagte Frau Sandomir, »eine Belagerung.«

»Das ist«, sagte Sandomir, »ein Spuk.«

»Was willst du tun?« sagte Frau Sandomir.

»Laß mich nur machen«, sagte Sandomir. Bevor er den Bahnsteig betrat, pfiff er die Melodie des Liedes *Von Mehlsack nach Memphis bin ich geritten...!*

Sandomir erkannte in den beiden Uniformierten sofort jene beiden Männer, die in dem geflüchteten Haus oben und unten gewohnt hatten.

»Guten Tag, meine Herren«, sagte Sandomir, »guten Tag, gemeine Pelze, Gauner, Kühlschränke, Fratzen, Beißzangen! Recht guten Tag, Klötze, Mistkäfer, Kröten, Vollbartmeerkatzen, gestreifte Mausvögel, Rattenkänguruhs, maskierte Säcke, Schmutzgeier und Zimtbären! Guten Tag also! Sie hören, ich begrüße Sie mit Ihren alten Rufnamen. Nur weiß ich nicht, wer von Ihnen ist der maskierte Sack und wer das Rattenkänguruh?«

Der Mann mit den silbernen Schulterstücken, der in dem geflüchteten Haus unten gewohnt hatte, trat auf Sandomir zu und sagte:

»Die Zeit der alten Namen ist vorbei! Verstanden?«

»Nanu«, sagte Sandomir, »Sie sind ja eine Beißzange.«

»Ich bin«, sagte der Mann mit den silbernen Schulterstücken empört und stirnrunzelnd, »General. Verstanden? Keine Widerrede!«

»Ja«, sagte Sandomir, »wenn's keine Widerrede gibt, dann dürfen Sie mich auch nicht fragen, ob ich Sie verstanden hätte. Übrigens haben Sie mir als Vollbartmeerkatze besser gefallen. Mußten Sie unbedingt General werden? Gab's kein Zurück? War nichts Besseres da? Keine Auswahl? Keine interessante Beschäftigung?«

»Ein General«, sagte der Mann namens General, »ist beschäftigt und weckt Interesse. Verstanden?«

»Ich glaube«, sagte Sandomir, »Sie wecken mein Interesse. Sie beschäftigen mich. Verstanden?«

Der General trat einen Schritt zurück. Er runzelte die Stirn. Er war sehr beschäftigt mit dieser schwierigen Aufgabe. Er zog jetzt die Augenbrauen hoch, denn seine Augen sollten kühl, abschätzend und verächtlich dreinblicken. Er war fleißig und erreichte sein Ziel. Nun sah er zufriedenstellend böse aus. Er hielt die Arme auf dem Rücken verschränkt. Das Kinn hob er ein wenig an, die Schultern mit den silbernen Schulterstücken versah er mehrmals mit einem kräftigen Ruck, was allerdings hilflos wirkte und abträglich auf seinen strengen Gesichtsausdruck. Er räusperte sich.

Er sagte: »Bahnwärter Sandomir!«

Er schwieg. Er trat einen Schritt auf Sandomir zu. Er sagte: »Verstanden?«

Er schloß den Mund. Er preßte die Lippen so fest aufeinander, daß von seinem Mund nur noch ein dünner Querstrich übrigblieb.

Er trat einen Schritt zurück. Er rief plötzlich laut über den Bahnsteig:

»Soldat! Soldaaaat!«

»Generalll!« rief eine Stimme.

Es war die Stimme des Mannes, der in dem geflüchteten Haus oben gewohnt hatte. Er trug eine Uniformjacke mit grauen Schulterstücken. Er rannte auf den General zu, stellte sich vor ihn hin und sagte japsend:

»Da bin ich, Generalll!«

Der General warf Sandomir einen ehrfurchterregenden Blick vor die Füße, dann sagte er zu dem Soldaten:

»Es heißt nicht: Da bin ich, General! – es heißt: Zu Befehl, General! Verstanden? Was kuckst du so? Willst du mir eine Fratze schneiden?«

»Nein«, sagte der Mann namens Soldat, »ich will auf einen Baum klettern. Bitte, Generalll!«

»Sofort auf den Baum!« rief der General.

»Hier ist keiner«, sagte Sandomir.

»Sofort auf etwas anderes!« rief der General.

Sandomir sagte zum General: »Ich sehe, Sie haben erreicht, was Sie erreichen wollten. Sie haben es geschafft.«

»Ich schaffe noch mehr«, sagte der General. »Ich belagere Ihr Haus, später wird es besetzt, später sind Sie mein Soldat. Auch Ihr Sohn wird später freiwillig auf einen Baum klettern. Meine Befehle sind noch weit ab vom Schuß. Mein erster Soldat – dieser Mann, der in dem weggelaufenen Haus oben gewohnt hatte! – ist sehr glücklich und dankbar. Passen Sie auf! He, Soldat...!«

»Da bin ich schon, Generalll!«

»Heißt es nicht... heißt es nicht...? Na?«

»Zu Befehl, Generalll, da bin ich schon, General, kein Baum hier auf dem Bahnsteig, Generalll, auf was soll ich klettern?«

»Überhaupt nicht klettern! Was macht die Kanone?«
»Sie macht«, sagte der Soldat, »Schwierigkeiten.«
»Weshalb? Ich denke, die Kanone ist neuwertig?«
»Ja«, sagte der Soldat, »wir haben sie als neuwertige Kanone mitgenommen.«
»Mitgenommen?« rief der General, »mitgenommen? Heißt das etwa: gestohlen? Sofort auf den Baum! Ach, keiner da! Bahnwärter Sandomir, pflanzen Sie einen Baum zum Raufklettern!«
»Wollen Sie«, sagte Sandomir, »so lange bleiben? Bis der Baum groß ist? Ein bißchen lange.«
»Hören Sie«, sagte der General, »das bestimme *ich*. Die Belagerung ist meine Sache! Machen Sie mir meine Sache nicht streitig! Ich habe genug Sorgen. Jetzt höre ich, die Kanone macht Schwierigkeiten. Was sind das für Schwierigkeiten, Soldat?«
»Es sind«, sagte der Soldat, »die fehlenden Kanonenkugeln.«
»Verstehe nichts«, rief der General, »man hat uns doch zehn neuwertige Kanonenkugeln mitgegeben. Wo sind sie?«
»Sie sind da«, sagte der Soldat, »aber sie passen nicht. Das Kanonenrohr ist zu eng. Oder die Kanonenkugeln zu dick. Ich werde die Kanonenkugeln mit Schmirgelpapier bearbeiten. Das dauert ein Weilchen. Ich probiere in gewissen Abständen, ob die beschmirgelte Kanonenkugel ins Kanonenrohr paßt. Geduld, General!«
Der General fauchte leise wie eine Vollbartmeerkatze.
»Gut«, sagte er, »verschwinde und schmirgle!«
Sandomir sagte: »Machen Sie sich das Leben nicht so schwer! Ich habe einen Freund, der wird Ihre Kanone wieder in Gang bringen. Er holt sie für ein paar Tage in seine Werkstatt und bringt sie als nagelneue Kanone wieder zurück. Er wird das Rohr von innen bearbeiten, so daß die vorhandenen Kanonenkugeln reinpassen. Sie verstehn, er gibt dem Kanonenrohr einen größeren Durchmesser. Sa-

gen Sie also Ihrem Soldaten, er kann spazierengehn und braucht nicht zu schmirgeln.«

»Hm, aha«, sagte der General und blickte listig, »Sie wollen mich reinlegen. Sie wollen die Kanone reparieren lassen, damit ich dann mit dieser nagelneuen Kanone gegen Sie loslegen kann? Das soll ich Ihnen glauben, Bahnwärter?«

»General«, sagte Sandomir, »Sie belagern mich, ich belagere Sie. Wer von uns beiden zuerst angreift, wird sich zeigen.«

»Haben Sie auch«, sagte der General, »eine Kanone?«

»Ich arbeite noch«, sagte Sandomir, »an der Fertigstellung.«

»Wie«, sagte der General erstaunt, »Sie bauen eine Kanone? Machen Sie das in Heimarbeit? Oder haben Sie eine geheime Halle?«

»So ähnlich«, sagte Sandomir.

Der General lief nachdenklich auf und ab. Er lief um den Bahnwärter herum und räusperte sich. Dann blieb er vor ihm stehn und sagte:

»Sie haben bemerkt, zwischen meinem Soldaten und mir gibt es keinen Streit mehr. Mistkäfer und Schmutzgeier sind überwunden. Unser neues Ziel hat gewonnen. Ich möchte auch Ihnen zu einer Zukunft verhelfen. Wenn nicht anders, dann mit Hilfe meiner Kanone.«

»Ja«, sagte Sandomir, »ich möchte auch Ihnen verhelfen. Wenn nicht anders, dann mit Hilfe meiner Kanone.«

Sandomir zog ein rotes Taschentuch aus der Hosentasche, hielt es wie eine Fahne gegen den Wind, ging zurück zum Bahnwärterhaus und pfiff die Melodie des alten Liedes *Von Mehlsack nach Memphis bin ich geritten, es war ein Glück in der Welt...*

Ein Angriff

Größere Landschaften gab es, doch in der Landschaft Sandomir gab es einen Auskunftgeber. Er hieß Carlos. Er war ein Freund des Bahnwärters Sandomir. Tagsüber saß Carlos auf seinem Arbeitsstuhl im Gerichtsgebäude. Er saß zwischen Akten und Kanzleiregalen, er zeichnete jeden Tag blaue, rote, grüne Striche, Haken und Kreise auf Aktendeckel und Schriftstücke. Manchmal unterstrich er einen bestimmten Satz, manchmal hakte er einen bestimmten Absatz in zwei Klammern ein, manchmal las er im neuesten Merkblatt. Das tat er alle Tage. Abends aber, nach Feierabend, gab er allen Leuten eine Auskunft. Natürlich nur dann, wenn sie eine brauchten.

Fragte ihn jemand: »Was hilft gegen das Geschrei eines jungen Papageis?«, so antwortete er: »Ruhe. Die Ruhe hilft. Bleibe ruhig. Wenn du ruhig bleibst, wird der Papagei dich nachahmen und ruhig sein.« Fragte ihn jemand: »Wird der junge Papagei denn sprechen lernen?«, so gab Carlos die Auskunft: »Der junge Papagei wird sprechen lernen, wenn du mit ihm sprichst. Wenn du sprichst und lachst und ihm Geschichten erzählst. Er gibt Töne, Worte und Redensarten genauso wieder, wie er sie gehört und in sich aufgenommen hat. Man hört sofort, jetzt spricht die tiefe Stimme eines Mannes, jetzt die einer Frau, jetzt ein kleines Kind. Bald pfeift er einen Hund herbei, bald ruft er einen Hausbewohner und lacht ihn womöglich aus, wenn er auf sein Rufen angestürzt kommt. Werde aber nicht zornig gegen den Papagei, er tut immer nur das, was du ihm vorgemacht hast. Deine Freundlichkeit verlängert sein Leben.«

Heute früh traf der Auskunftgeber Carlos den Sohn des Bahnwärters Sandomir. Carlos lief zum Gerichtsgebäude. Sandchen, der Sohn des Bahnwärters, lief neben ihm her und sagte:

»Ich weiß, du mußt an deinen Arbeitsplatz und hast keine Zeit. Bitte gib mir trotzdem eine Auskunft. Mein Vater ist in Not. Er wird von zwei Männern bedroht, die eine Kanone bei sich haben. Was hilft gegen Kanonen?«

»Ruhe«, sagte Carlos, »die Ruhe hilft. Baue in Ruhe!«

»Was in Ruhe bauen?« fragte Sandomirs Sohn.

»Eine Kanone«, sagte Carlos.

»Das schaffe ich nicht«, sagte Sandchen, »das ist zu schwer für mich. Und mein Vater schafft das auch nicht!«

»Es gibt viele Kanonen«, sagte Carlos, »man muß sich eine aussuchen.«

»Sagst du mir eine?« fragte Sandomirs Sohn.

»Ja«, sagte Carlos, »ja. Du hältst die linke Hand wie eine offene Röhre vor die Lippen. Dann pustest du sehr stark durch die offene Röhre deiner linken Hand, wodurch ein hohltönendes Geräusch entsteht. Dann hältst du die rechte Hand vor die offene Röhre deiner linken Hand. Wenn du nun die Backen aufbläst und durch die linke Hand pustest, die Lippen spitzt und mit der rechten Hand die Röhre deiner linken Hand abwechselnd öffnest und verschließt, so kannst du einen Ton hervorbringen, der deine Zuhörer in die Flucht schlägt. Du besitzt also eine Kanone und hast sie immer bei dir. Grüß deinen Vater, ich hab's eilig!«

Carlos wollte schon im Gerichtsgebäude verschwinden, da blieb er plötzlich stehen, ging zurück zu Sandomirs Sohn und sagte:

»Dein Vater arbeitet an einer Erfindung. Das ist sein Geheimnis. Sag deinem Vater, er möchte seine Erfindung nicht vergessen. Er möchte an seiner Erfindung weiterarbeiten. Auch jetzt, während die beiden Männer ihn bedrohen. Sag ihm das bitte! Und sag ihm das Wort, das ich dir jetzt ins Ohr sage!«

Carlos beugte sich an Sandchens Ohr und sagte ihm das Wort, das für den Bahnwärter Sandomir bestimmt war.

»Hast du verstanden?« fragte Carlos.

»Ja«, sagte Sandchen, »ich werde es meinem Vater sagen.«

»Gut«, sagte Carlos, »ich muß mich beeilen. Auf Wiedersehn!«

»Danke«, sagte Sandchen, »auf Wiedersehn!«

Carlos verschwand im Gerichtsgebäude. Das breite, unhöfliche, mit einem frechen Kuppelturm verzierte Gerichtsgebäude hatte den Auskunftgeber rasch in sich aufgenommen. Nun blickte es auf den kleinen Jungen herab, der sofort seine linke Hand an den Mund hielt, die Backen aufblies und einen gewaltigen Furz gegen das Gebäude abschoß.

»Pfui!« rief eine Stimme, »das ist ungezogen! Wer bist du?«

»Ich bin Sandchen«, sagte Sandomirs Sohn, »und wer bist du?«

»Das soll dir egal sein«, sagte die Stimme, »ich bin derjenige, der dir sagt: Pfui, das ist ungezogen! So ein Geräusch ist ungezogen! Du bist kein Pferd!«

»Komm doch mal her!« rief Sandchen, »zeig dich mal! Zeig mal, wie du aussiehst! Du bist wohl unsichtbar, hm?«

»Ach«, sagte die Stimme, »ich sitze hier auf einer Bank. Dreh dich um! Siehst du mich?«

Sandchen drehte sich um.

»Nein«, sagte er, »ich sehe dich nicht.«

»Siehst du«, lachte die Stimme, »du siehst mich nicht. Das ist schön!«

»Nein«, sagte Sandchen, »das ist hinterlistig. Ich spreche nicht mehr mit dir!«

Sandchen blies wieder die Backen auf.

»Pfui!« rief die Stimme, »wer bist du bloß?!«

»Ich bin ein Pferd«, sagte Sandchen, »ich galoppiere jetzt zu meinem Vater. Mein Vater kann mit den Füßen lachen, daß alle Leute in der Landschaft Sandomir vor Freude krähen!«

Die Stimme schwieg. Sandchen drehte sich ein paarmal um nach allen Seiten, er rief: »Na, wo bist du? Was sagst du jetzt? Hast du auch einen Vater, der mit den Füßen lachen kann?«

»Ich habe«, sagte eine andere Stimme, »einen Vater, der auf seinen Sohn stolz sein kann. Der Sohn bin ich.«

Sandchen drehte sich ganz schnell um. Er sah einen älteren Mann auf einer Bank sitzen. Der Mann trug einen abgewetzten Schlapphut. Er winkte Sandchen heran und sagte:

»Mein Vater hat mich auf die Zauberschule geschickt. Ich war fleißig und bestand meine Abschlußprüfung mit der Note Vierzehn. In dieser Schule gab es kaum einen Schüler, der diese Note erreicht. Die beste Note ist die Zwanzig. Sie ist unerreichbar und soll nur zeigen, daß auch der begabteste Schüler noch lange nicht am Ziel ist. Wir kennen uns doch! Du bist der Sohn des Bahnwärters, ich bin der Wanderer Murmeltier. Das heißt, ich heiße nur so. Das heißt nicht, daß ich gut pfeifen könnte. Pfeifen konnte ich nie so richtig. Ich hab vorhin mit einer anderen Stimme zu dir gesprochen. Ich hatte mich unsichtbar gemacht. Aber das gefällt mir nicht lange! Unsichtbarmachen, das kann jeder. Ich möchte auch keine gierigen Leute unterstützen und irgendwelchen Kram herbei- oder wegzaubern. Das ist nicht mein Fach. Ich möchte der Zauberkunst dienen. Wie geht's deinem Vater?«

»Herr Murmeltier«, sagte Sandchen, »mein Vater ist noch immer mit meiner Mutter verheiratet. Meine Mutter backt gute Kartoffelpuffer. Wenn sie mitkommen und meinem Vater helfen, wird meine Mutter bestimmt Kartoffelpuffer backen.«

»Wieviel bekomme ich?« fragte Herr Murmeltier.

Sandchen wollte Herrn Murmeltier antworten, aber es gab wichtigere Dinge in der Welt. Es gab einen lauten Knall, die Luft zitterte, eine kleine schmutzige Rauchwolke erschien am Himmel, und der Knall rumpelte, leiser werdend, über die Landschaft Sandomir dahin.

»Was hast du?« sagte Herr Murmeltier zu Sandchen.

»Angst«, sagte Sandchen, »ich glaube, das war die Kanone.«

»Das war«, sagte Herr Murmeltier, »nicht die Kanone. Das waren die beiden Männer, die die Kanone mitgebracht haben.«

»Ach, Sie wissen«, sagte Sandchen.

»Komm«, sagte Herr Murmeltier, »ein kleines Kunststück! Halt dich fest an meinem Mantel. Wir machen einen kurzen Flug. Ich will die kleine Rauchwolke einfangen! Die brauchen wir noch!«

Sandchen hielt sich fest an Herrn Murmeltiers Mantel. Sie flogen augenblicklich hinauf zum Himmel und lachten dabei ziemlich laut über ihren ersten gemeinsamen Flug. Unter ihnen standen und lagen die Bäume und Wiesen, Häuser und Eisenbahnschienen, Zäune und zwischen den Zäunen die Straßen und Fußwege, viele davon zu betreten auf eigene Gefahr.

»Da ist sie!« rief Herr Murmeltier. Er griff schnell nach der Rauchwolke, steckte sie in seine Manteltasche und sagte zu Sandchen: »So, mein Junge, das reicht! Wir landen jetzt auf dem Bahnsteig vor dem Bahnwärterhaus deines Vaters! Paß auf, es geht abwärts!«

Sie fielen und sausten sofort nach unten. Sandchen schloß die Augen, Herr Murmeltier sagte: »Gleich sind wir da!«, es gab einen plötzlichen Ruck, Sandchen spürte den Ruck an seinen Füßen die Beine hinauf, er öffnete die Augen und blickte verwundert in das Gesicht des Preisboxers. Sandchen war in seinen Armen gelandet.

»Ich habe dich aufgefangen«, sagte der Preisboxer, »ich freue mich, daß ich dich auffangen konnte.«

Er begrüßte Herrn Murmeltier und zeigte ihm die Muskeln.

»Vielleicht«, sagte Herr Murmeltier, »dürfen wir Sie um eine Gefälligkeit bitten! Wo ist der Bahnwärter Sandomir?«

»Er arbeitet an seiner Erfindung«, sagte Frau Sandomir, die über den Bahnsteig kam und Herrn Murmeltier und den Preisboxer begrüßte, »er arbeitet an einem Holzkasten, aus dem ein Männlein rausspringen soll.«

»Also«, sagte Herr Murmeltier, »arbeitet er an der wichtigsten Sache in der Welt.«

Frau Sandomir flüsterte aufgeregt: »Wissen Sie denn nicht, daß hier eine Belagerung stattfindet? Die beiden Männer, die früher in einem Haus oben und unten gewohnt hatten, sind mit einer Kanone gekommen und belagern uns. Einer heißt General, der andere Soldat. Vorhin haben sie die Kanone abgeschossen, die Kanonenkugel flog über unser Dach in den Wald.«

»Wo sind die Herren?« fragte der Preisboxer. Er krempelte seine Jackenärmel auf.

»Am anderen Ende des Bahnsteigs«, sagte Frau Sandomir, »sie üben dort!«

Vom anderen Ende des Bahnsteigs flogen Stimmen herüber. Kurze Hexenstimmen. Oder Stimmen verschiedener Lautstärke. Oder verschiedene Stimmhöhen einer einzigen Stimme. Ja, es war immer dieselbe Stimme, die in verschiedenen Lautstärken, mal hoch, mal tief, immer dieselben kurzen Befehle: »Rauf! – Runter! – Rauf! – Runter!« eilig und voller Zorn von sich gab, ein Husten und Räuspern dazwischen, das an trauriges Hundegebell erinnerte.

Herr Murmeltier und der Preisboxer liefen zum Ende

des Bahnsteigs. Frau Sandomir und ihr Sohn gingen zurück ins Bahnwärterhaus.

»Sieh mal an«, sagte der Preisboxer, »jetzt bekomme ich Arbeit!«

Er reichte dem uniformierten Mann namens General die beiden schweren Boxerhände.

»Au!« sagte der Mann namens General, »verflucht! Guten Tag! Rauf auf den Baum!«

Der General schrie: »Rauf auf den Baum!«

»Nanu«, sagte Herr Murmeltier, »*wer* soll auf den Baum?«

»Dieser da«, sagte der General wütend, »dieser da, mein Soldat!« Der General zeigte auf einen uniformierten Menschen, der soeben auf einen Baum kletterte. Oben angekommen, ließ der Mensch, ein Mann, die Beine baumeln. Er saß auf einem starken Ast.

»Stillhalten!« rief der General, »die Beine stillhalten! Wenn der Feind die Beine sieht, ist alles vorbei! Runter vom Baum!«

Der uniformierte Mann kletterte am Baumstamm herab. Unten angekommen, rief er laut: »Unten angekommen, General!«

»Rauf«, antwortete der General, »rauf auf den Baum!«

Der Mann namens Soldat kletterte wieder rauf bis in den Wipfel, setzte sich auf einen starken Ast und zog die Beine an.

»Gut so?« rief er von oben, »gut so, General?«

»Gut so!« sagte der General.

»Ich bin«, rief der Mann namens Soldat, »ein Eichhörnchen!«

»Was?« rief der General verblüfft, »waaas?«

»General«, rief der Mann von oben, »ich bin ein Eichhörnchen.« Er lachte leise und rüttelte an den Zweigen.

»Runter!« schrie der General.

Der uniformierte Mann kletterte herunter vom Baum. Unten angekommen, rief er: »Gut so, General?«

»Gut so!« sagte der General, »bist du noch ein Eichhörnchen?«

»Oben«, sagte der Soldat, »oben bin ich ein Eichhörnchen, unten bin ich Soldat.«

»Gut so«, sagte der General, »möchtest du lieber ein Eichhörnchen oder lieber ein Soldat sein?«

»Ach«, sagte der Soldat, »Hauptsache ist, ich kann immer rauf- und runterklettern, General!«

»Rauf auf den Baum!« rief der General. Er schnalzte mit der Zunge. Er betrachtete Herrn Murmeltier und den Preisboxer.

»Tja«, sagte er, »da staunen Sie! Ich habe meinen Mann an die Leine gewöhnt. Ich führe ihn ins Freie, anfangs kurze Strecken, allmählich längere. Schon nach wenigen Tagen klettert er fleißig auf den Baum. Ebenso fleißig holt er jeden Stein herbei, den ich werfe. Er hascht danach, springt eifrig hinterher, nimmt den Stein auf und bringt ihn zu mir zurück. Das wiederhole ich des öfteren. Mal der Baum, mal der Stein. Heute ist Baumtag, heute mache ich meinen Soldaten zum Eichhörnchen. Ich sage ihm nicht: Ich mache dich zum Eichhörnchen! nein, ich lasse ihn so oft auf den Baum raufklettern, bis er von selbst sagt: Ich bin ein Eichhörnchen! Sie haben ja gehört, wie deutlich er von sich selbst sagt, er sei ein Eichhörnchen. Er verlangt danach. Unser Streit, den wir früher hatten, ist vergessen. Die Zukunft ist wichtig. Wir müssen unsere Zukunft mit einer Kanone verteidigen. Wir müssen uns darin üben, eine Kanone abzuschießen. Wir müssen. Wir sind deshalb der Ansicht, daß auch der Bahnwärter unsere Ansicht übernehmen sollte. Will er sie nicht übernehmen, so müssen wir ihm diese Ansicht, weil sie richtig ist, mit Hilfe unserer Kanone beibringen. So hat auch die Übung ihren Hintergrund, der mit der Zukunft zusammenhängt. Aus einem Soldaten, das ist mein Wahlspruch, mach zwei Eichhörnchen! Und mein Einmaleins für die Zukunft: Aus zehn Soldaten mach einen Wald voller Baumkletterer! Mit solchen

Wäldern kann die Zukunft beginnen. Ich rate Ihnen, sich meine Wahlsprüche anzueignen, eh es zu spät ist! Verstehn Sie mich?«

»Nein«, sagte Herr Murmeltier.

Er griff in seine Manteltasche und legte sich die kleine Rauchwolke auf die flache Hand. Er hielt die Rauchwolke dem General unter die Nase und sagte: »Sie haben was verloren, mein Herr.«

»Das ist«, sagte der General luftschnappend, »das ist eine Rauchwolke aus unserer Kanone! Woher haben sie die Rauchwolke?«

»Ich hab sie beim Spazierengehn getroffen. Sie war schmutzig und schämte sich ihrer Herkunft. Sie hat gesagt: Ich komme aus einem Kanonenrohr, bitte sag es nicht weiter!«

»Moment!« rief der General und trat einen Schritt zurück, »so spricht eine Rauchwolke aus unserer Kanone? Eine Rauchwolke, die aus einer Kanone kommt, schämt sich ihrer Herkunft? Geben Sie sofort die Wolke her!«

»Bitte«, sagte Herr Murmeltier.

Der General trat auf Herrn Murmeltier zu. Er griff nach der Rauchwolke und griff und schlug nach der Rauchwolke, die über Herrn Murmeltiers Hand langsam sich auflöste in winzige Rauchwölkchen, in helle, flockige, weiße Wolkenkinder.

»General, Generalll!« rief der uniformierte Mann, der oben im Baumwipfel saß, »es wird schönes Wetter, schönes Wetter! Ich sehe den ganzen Himmel voller Sonne. Kommen Sie rauf auf den Baum, General! Kommen Sie rauf!«

»Runter vom Baum!« schrie der General.

»Nein«, sagte der Preisboxer, »Ihr Soldat bittet *Sie* auf den Baum. Ich darf Ihnen behilflich sein?«

Der Preisboxer nahm den General in beide Arme, holte tief Luft und warf ihn samt Generalsgeschrei hinauf in den Baumwipfel. Dort angelangt, sagte der Soldat jubelnd: »Es wird schönes Wetter, General! Fein, daß Sie da sind! Schaun Sie doch – die Sonne!«

»Runter«, schrie der General, »runter... runter mit der Sonne! Na los, glotzen Sie nicht so, Soldat! Los, hol die Sonne runter!«

»Wie«, sagte der Soldat, »jetzt? Jetzt wird schönes Wetter, General. Jetzt die Sonne runter? Ein bißchen später, General. Erst das schöne Wetter! Ein bißchen später, General!«

»Runter!« schrie der General, »sofort runter vom Baum, Soldat!«

»Ein bißchen später, General«, sagte der Soldat.

»Runter!« sagte der General.

»Später«, sagte der Soldat, »in der Zukunft.«

Der General kletterte am Baumstamm herab. Unten angekommen, sagte er zu Herrn Murmeltier: »Das ist Zauberei. Mein Soldat hört nicht mehr auf mein Kommando. Was wird aus der Zukunft?«

»Ich sehe«, sagte der Preisboxer, »Sie haben Sorgen. Kann ich Ihnen behilflich sein. Was wollen Sie tun?«

»Ich werde«, sagte der General und machte ein hartes Gesicht gegen den Preisboxer, »ich werde die Kanone laden und den Soldaten vom Baum runterschießen.«

»Aber«, sagte Herr Murmeltier, »Sie können sich doch jetzt nicht beschießen, Sie haben doch gemeinsam für die Zukunft geübt?!«

»Mein Soldat«, sagte der General, »möchte schönes Wetter, ich fordere Zukunft. Mein Soldat wird runtergeholt vom Baum. Die Kanone wird von mir geladen, eigenhändig.«

»Gut so«, sagte der Preisboxer, »ich bin dabei!«

Der General, Herr Murmeltier und der Preisboxer liefen über den Bahnsteig zum anderen Ende des Bahnsteigs, wo die Kanone stand. Hier angekommen, sagte der General zum Preisboxer:

»Nehmen Sie die zweite Kanonenkugel, laden Sie das Rohr, ich lade die Zündung!«

»Bittesehr«, sagte der Preisboxer. Er bückte sich, hob die Kanonenkugel ans Rohr, hielt sie fest und sagte: »Die Kugel ist zu dick für das Rohr, aber ich schaffe es schon!«

Er drückte die Kanonenkugel in die Mündung, er schwitzte auf einmal und kicherte lustig, er sagte leise zu Herrn Murmeltier: »Endlich mal Arbeit! Nicht immer die billigen Auftritte im Boxerzelt! Nicht immer die Leute aus dem Anzug stoßen! Mal eine Kugel, die zu dick ist, in ein zu enges Kanonenrohr stoßen, bis das Rohr platzt, kaputt geht... aufreißt, in lauter Streifen... wie jetzt! Endlich, endlich... Arbeit!«

Der Preisboxer wischte mit dem Hemdzipfel über seine Stirn. Er klopfte dem General auf die Schulter: »Haltung, mein Herr! Stehen Sie nicht so belämmert da. Denken Sie an die Zukunft!«

Der General sagte böse: »Mein Herr, Sie haben die Kanone zerstört! Diese Kanone war neuwertig. Sie haben eine neuwertige Kanone zerstört! Wer kommt für den Schaden auf? Wo ist der Bahnwärter? Auf seinem Gelände wurde die Kanone zerstört! Wo ist er?«

»Er arbeitet an einer Erfindung«, sagte Herr Murmeltier, »stören Sie ihn bitte nicht!«

»Das ist meine Sache«, sagte der General.

Er lief sofort ins Bahnwärterhaus. Er blieb für ein Weilchen im Bahnwärterhaus, dann verließ er das Bahnwärterhaus in auffälliger Eile, wandte sich kurz an Herrn Murmeltier und den Preisboxer, sagte: »Alles hätte er tun dürfen, nur *das* nicht!« und rannte, beide Arme vorgestreckt, runter vom Bahnsteig und vorbei an der Bahnschranke fort auf einem Seitenweg in den Wald.

»Generaaahhhl!« rief der uniformierte Mann vom Baumwipfel hinter dem Flüchtenden her, »Generaaahhhl... raaahhhl! Lassen Sie mich... lassen Sie miiiich... niiiiich... t... alllleeeiiiin! Niiiicht... alll... lllein... eihn! Es wiiird... wiiird... schöööö...! Schöööö... neees Weeee... tter!«

Der Preisboxer lief schnell hinüber zum Baum, auf dem der uniformierte Mann saß. »Los!« rief der Preisboxer, »spring runter, ich fang dich auf!«

Der Mann sprang runter vom Baum, der Boxer fing ihn auf. Er führte ihn zum Bahnsteig. Dort standen Herr Murmeltier, der Bahnwärter, Frau Sandomir und Sandomirs Sohn. Frau Sandomir sagte zum Preisboxer: »Ah, Sie bringen noch einen Gast mit! Gut, wir sind also eins, zwei, drei, vier, fünf, sechs Personen. Es gibt Kartoffelpuffer. Bitte in die Küche!«

»Herrlich!« rief Herr Murmeltier.

»Halt!« sagte Sandomir, »bleiben Sie hier, ich muß mit Ihnen sprechen.«

»Ja«, sagte Herr Murmeltier und wollte in die Küche, »ja, nachher. Nach dem Essen!«

»Nein«, sagte Sandomir, »vor dem Essen. Meine Frau hebt genügend Kartoffelpuffer für Sie auf!«

Sandomir wartete einen Augenblick, dann sagte er: »Wir sind allein. Feierlich kann ich erklären, daß ich mit meiner Erfindung am Ziel bin. Ich habe sie vorhin zum erstenmal in Betrieb genommen. Der General ist sofort nach der Vorführung davongelaufen. Bitte kommen Sie mit in meine Werkstatt!«

Sandomir und Herr Murmeltier stiegen ins obere Stockwerk des Bahnwärterhauses. In der Bodenkammer stand ein kleinerer Tisch, auf dem ein sehr kleiner Holzkasten stand. Sandomir schwieg. Er hob die rechte Hand und legte den Zeigefinger auf die Lippen. Herr Murmeltier schwieg. Sandomir tippte mit dem anderen Zeigefinger an einen locker eingehängten Haken des Kastendeckels: Der Deckel sprang hoch und nach hinten. Aus dem Kasten heraus sprang ein Männlein, das beim Herausspringen deutlich ein bestimmtes Wort rief und gleich danach nur noch vergnügt war über jeden, der hier in Sandomirs Bodenkammer das bestimmte Wort mit angehört hatte.

»Ja«, sagte Herr Murmeltier, »woher haben Sie das Wort?«

»Mein Sohn hat es mitgebracht vom Auskunftgeber. Er ist mein Freund. Mehr kann ich nicht sagen. Das Wort hat den General verjagt*. Er wird es bald überall schlecht machen. Wir brauchen neue Wörter für meine Erfindung. Neue Wörter, die dasselbe bedeuten. Sie haben Hunger, gehn wir in die Küche!«

Nach dem Essen ging Sandomir zum Bahnsteig. Er sah etwas kommen. Er hörte die Signalglocke läuten.

»Ein kleiner Eisenbahnzug«, sagte Sandomir, »kommt langsam näher mit einer dampfenden Lokomotive. Der kleine Eisenbahnzug ist weit entfernt. Ich sehe, der Zug ist klein. Wird er langsam größer, je näher er kommt – oder bleibt er klein? Egal, ob klein oder groß, ich muß die Bahnschranke runterlassen, früh genug muß sie unten sein.«

Sandomir betrachtete die Gleisanlage, auf der die Lokomotive herandampfte und einen Eisenbahnzug hinter sich herzog.

»Ja«, sagte Sandomir, »der Zug ist klein. Vielleicht bleibt er das auch beim Näherkommen. Dann wird's eine Überraschung für einen alten Bahnwärter, der zweiundfünfzig Jahre alt ist.«

Sandomir drehte die Bahnschranke herunter. Er blickte in Richtung des langsam herandampfenden Eisenbahnzugs. Der Zug war noch ein wenig entfernt. Trotzdem konnte Sandomir erkennen, daß der Zug inzwischen größer geworden war. Sandomir legte die Klinkensperre ins Zahnrad der Schrankenkurbel.

Da war die Lokomotive schon mit allen Rädern dicht in seiner Nähe. Sie bremste. Dampf zwischen den Rädern. Sandomir wußte: Der Eisenbahnzug hatte sich beim Näherkommen stark vergrößert. Sandomir sah es mit beiden Augen. Er sah auch die Gesichter seiner beiden Freunde

---

* Hinweis auf einen Vorläufer dieser Erfindung: In einem estnischen Zaubermärchen des 19. Jahrhunderts (nacherzählt von Juhan Kunder) verhaut ein Ofenmännlein, aus einem Kasten springend, Spitzbuben.

aus dem Führerhaus der Lokomotive rauskucken: die geschwärzten Gesichter von Willy und Jacob.

»Tag Sandomir«, rief Jacob.

»Tag, Tag!« sagte Sandomir.

»Wir haben dir was mitgebracht«, sagte Willy, »ein kleines zweistöckiges Haus.«

Sandomir wurde verlegen vor Freude, er sagte: »Ihr habt das geflüchtete Haus mitgebracht. Auf dem Plattformwagen steht das Haus mit seinen Fenstern. Möchte es hierbleiben?«

Willy und Jacob luden gemeinsam mit Herrn Murmeltier und dem Preisboxer das Haus vom Plattformwagen neben das Bahnwärterhaus.

»Danke«, sagte Sandomir, »danke. Ich geh mal hin zum kleinen Haus.«

Das Haus sagte: »Schön. Es ist schön hier. Ich war genug auf der Flucht. Zieh mal wieder deine kleinen Sachen an. Die Bahnwärtermütze, die Jacke, die Hose, die dir zu klein sind. Und bring die Abfahrtskelle mit!«

Willy und Jacob stiegen zurück in den Führerstand der Lokomotive. Sie winkten.

Dann kurbelte Sandomir die Bahnschranke hoch.

Er blieb stehen neben der Bahnschranke.

Er blickte hinüber zum zurückgekehrten Haus. Es war später Nachmittag. Sandomir hörte ein leises Geräusch in seiner Nähe.

»Sie machen Pause?« fragte jemand.

Es war Herr Abendtschrey, der Grasfrosch und Berater Sandomirs. Er saß am Rand einer Grünfläche unweit der Bahnschranke. Er hatte die Brille auf der Nase.

»Nun«, sagte er, »brauchen Sie wieder mal Rat?«

»Ja«, sagte Sandomir, »ein Haus ist zurückgekehrt. Ich möchte das Haus fragen, ob es damit einverstanden wäre, wenn ich in seinen Räumen Unterricht erteile. Gemeinsam mit meinen Kollegen, die ich erst fragen muß, ob sie meine Kollegen werden wollen. Ich denke an den Preisboxer, an den Zauberer Murmeltier und an einen Soldaten, dem der General abhanden gekommen ist. Ich möchte eine Elementarschule eröffnen. Eine Schule für rechtzeitiges Auffinden von Wörtern zwecks Vertreibung unverhoffter Spitzbuben. Trotzdem möchte ich Bahnwärter bleiben. Was raten Sie mir, Herr Abendtschrey?«

»Ich rate Ihnen«, sagte Herr Abendtschrey, »mich zu fragen, ob ich Rektor dieser Schule werden möchte.«

Sandomir schwieg. Er gab Herrn Abendtschrey die Hand. Ein Kunststück von besonderer Güte, das sich sehen lassen kann.

Erzählungen

Das Abenteuer der Taube

Eine sonderbare Reisegeschichte

Ich bin eine graublaue Taube. Ich sitze augenblicklich im Turmloch einer Stadtkirche. Manchmal fliege ich hinauf zu den vergoldeten Turmkreuzen. Ich werde das gleich einmal tun. Ich breite also meine Flügel aus und rudere nach oben.

So – jetzt bin ich angekommen, und ich kann sagen, daß ich einen schönen Ausblick habe. Ich bewege ein bißchen meine Flügel, damit ich das Gleichgewicht halte. Natürlich kann ich hier oben nicht lange sitzen bleiben, denn der Wind ist sehr kräftig, und ich muß mich mit meinen Füßen ziemlich festhalten. So etwas strengt mich auf die Dauer an. Ich bin nur deshalb auf die äußerste Spitze des Kirchturms geflogen, weil ich mir heute noch einen Blick über die Stadt gönnen will, bevor es Nacht wird.

Ich habe zwei Augen, mit denen ich alles gut beobachten kann. Zwar sind sie nicht so scharf wie die Augen eines Adlers oder Mäusebussards, aber der Adler und der Mäusebussard fliegen ja ständig auf Jagd aus, während ich mit der Jägerei nichts zu tun habe. Überhaupt ist mein Leben einfach, und große Wünsche plagen mich nicht. Ich ernähre mich von Brotkrumen und kleinen Körnern. Es gehört zu meinen Festtagen, wenn eine alte Frau, die ich in dieser Stadt manchmal auf dem Marktplatz treffe, an mich und meine Brüder Linsen verteilt.

Mein einziger Wunsch ist der, nicht blind zu werden. Ich möchte, solange ich lebe, über die Stadt blicken können, weil das jeder Taube gefällt und zu ihren besonderen Vorzügen gegenüber den Menschen gehört. Sonntags kommen auf meinen Kirchturm auch einige Menschen, sie beugen sich meist über das Geländer und zeigen zur Stadt hinunter und sagen: »Sieh mal – da ist das Haus von Meiers! Schau mal – da geht Onkel Otto spazieren!« Und dabei machen sie allerlei Lärm, drängeln sich, weil jeder die beste Aussicht haben will, und in Wirklichkeit sehen sie doch nichts.

Jetzt wird es schon langsam dunkel, die Sonne hat sich längst verabschiedet, und der Wind pfeift um so stärker. Wenn die Kirchturmuhr schlägt, werde ich wieder in mein Turmloch fliegen. Bis dahin will ich versuchen, hier oben auf dem vergoldeten Kreuz sitzen zu bleiben. Übrigens ist das ein ganz wunderbares Kreuz, es flackert nämlich wie Feuer, wenn die Sonne weit hinter der Stadt in den Wäldern untertaucht. Keine Angst! – die Wälder brennen nicht ab. Ich habe das nur so gesagt, weil es von hier oben so aussieht, als rolle die Sonne in die fernen Wälder.

Es ist noch hell genug, daß ich meinem Freund »Gut Nacht« sagen kann. Ich habe einen Freund, der viel älter ist als ich. Ich glaube, er ist dreihundert Jahre alt. (Aber ich kann mich auch irren, denn ich verstehe mich nicht auf das Zählen, und wie lang wohl ein Jahr ist, weiß ich auch nicht.)

Mein Freund ist der runzlige Weidenbaum, der am Ufer eines Wiesenbachs steht. Seit ich ihn kenne, steht er schräg. Er erinnert mich immer an einen Menschen, der sich gegen ein wütendes Wetter lehnt und schräg gehen muß, damit er nicht umgeworfen wird. Mein Freund, der Weidenbaum, hat mir verraten, daß er sich vor Wind und Wetter nicht fürchtet, nur vor den Blitzen hat er große Angst. Die Gewitter spalten manchmal so einen alten Weidenbaum, und dann wäre es vorbei mit seinem Leben. Ich hoffe aber, daß der Blitz meinen Freund nicht töten wird. Ich habe schon oft um ihn gebangt – und auch um seine Brüder, wo sie auch stehen mögen – wenn das Gewitter seine scharfen Silbersensen schwingt.

Soeben habe ich meinem Freund »Gut Nacht« gesagt. Er schläft schon. Um ihn herum schlafen auch die Grashalme, und von den Blumen ist auch keine mehr wach. Ich glaube aber, daß die Gräser, Blumen und Baumblätter in dieser

Nacht keinen guten Schlaf haben werden, denn der Wind macht sich immer mehr bemerkbar. Ich muß mich beeilen, mit meinem Rundblick fertig zu werden, sonst tun mir nachher wieder die Füße weh vom angestrengten Festhalten.

Ich kann noch gut sehen, daß der Wald von seiner Arbeit ausruht. Jeder einzelne Baum hat sich den Tag lang um das Gedeihen seiner Blüten bemüht, denn es ist schon Frühling, und die Bäume müssen sich dranhalten. Mich erfreut das immer sehr, wenn die jungen Blätter das Frühjahr ausrufen – sie rufen nämlich mit goldgrünen Trompeten, die unter den neuen Blättern zu finden sind. Aber es ist möglich, daß nur wir Tauben von den goldgrünen Trompeten wissen. Die Wälder sind eigentlich große Arbeiter: im heißen Sommer müssen sie andauernd für Schatten sorgen, und im Herbst haben sie wieder zu trompeten, im Herbst verkünden sie, daß alles, was einmal jung war, auch alt wird. Ich habe mir vorgenommen, gut zu den Wäldern zu sein.

Da – jetzt flog eine Spatzenschar zum Wald. Jeder Sperling sucht sich seinen Vogelbaum, in dem er schlafen wird. In solchen Vogelbäumen hocken noch andere Vögel, und die Spatzen sind nur deshalb geduldet, weil sie abends nicht mehr so schreien wie am Tage. Sie recken ja tagsüber ihre Hälse und sind – ein ausgemachtes Volk der Diebe. (Aber nun hätte ich beinah noch mehr schlechte Worte für die Spatzen gebraucht, wenn mir nicht eingefallen wäre, daß sie ja im verschneiten Land verbleiben und nicht zum Süden fliegen. Und sie bringen sogar ihr kleines Geschilp, während es überall friert. Das ist schon eine große Tat. Ich werde mir vornehmen, kein häßliches Wort über die Spatzen zu sagen.)

Es ist nun schon so dunkel, daß ich kaum noch etwas sehen kann. Hinter der Stadt, ja ganz weit hinter der Stadt, springt jetzt ein Schatten ins Unterholz. Ach, es ist ein Hase, der sich dort vom Tage ausruhen wird. Solang es hell war, hatte er Furcht vor den Jägern – jetzt kommt die Nacht und streicht ihm die Angst aus dem Fell.

Also, schlaf gut, Hase – ich fliege jetzt in mein Turmloch, denn der Wind zerrt und zupft an mir, und mich friert schon ein wenig. Außerdem schlägt jetzt die Turmuhr.

Hoi, wie der Wind nun meine Flügel packt und mich hochwerfen will! Aber ich lege die Flügel an und lasse mich ein Stückchen fallen, nun breite ich sie schnell aus und bin schon in meinem Turmloch angekommen. Hier läßt sich gut sitzen und schlafen.

Die Menschen haben wohl überall in den Häusern Feuer angezündet, so grell flimmern die Fensterlichter zu mir herauf. Es ist hier oben so dunkel, daß ich nicht einen Menschen sehen kann. Doch ich werde noch schnell durch die Dächer blicken, was nämlich nur die Tauben können. Aber was ich da sehe, ist so verschieden, daß ich die ganze Nacht lang sprechen müßte. Mir tut aber schon der Schnabel weh von den paar Worten, die ich bisher gesprochen habe.

Die Kinder unten in den Häusern schlafen schon alle. Doch nein – es gibt da und dort kranke Kinder, die nicht schlafen können. Ich sehe auch kranke Erwachsene, die nicht schlafen. Und es bleiben sehr viele Menschen wach, die sich um die Kranken kümmern und sie pflegen. Ach, so friedlich ist die Nacht gar nicht, wie sie von hier oben aussieht. Ich habe mir vorgenommen, gut zu den Menschen zu sein.

Mein Freund, der Weidenbaum, schläft ganz fest. Und wie er schnarcht! Oder macht das der Wind? Der Wiesenbach allerdings strömt ruhelos um die ganze Erde. Dem geht es wie den Menschen, die jetzt wach sein müssen.

Guten Morgen! Ich habe gut geschlafen, obwohl sich der Wind über Nacht noch in einen Sturm verwandelte. Er pfiff an meinem Turmloch vorbei, daß ich mitten in der Nacht erschreckt aufwachte und glaubte, der Turm falle in sich zusammen. Unter mir murrten die Glocken im Kirchgestühl, manchmal erdröhnte ein kurzer Schlag.

Nun hat sich der Sturm vor der Sonne versteckt, und ich weiß nicht, wo er sich aufhält. Er sucht sich gewiß irgendeinen Unterschlupf, aus dem er dann plötzlich wieder hervorjagen kann.

Die Sonne macht nun meinen alten, runzligen Weidenbaum wieder wach, er reckt sich noch schräger als sonst über den Bach und winkt mir. Die Spatzen sind schon unterwegs, und die Menschen erst recht.

Ich setze mich jetzt an den Rand des Turmlochs. Ich schaue hinunter, ob irgendwo Futter liegt. Die alte Frau kommt nicht sehr oft mit ihren Linsen – ich muß mich schon nach Brotkrumen umsehen. Vielleicht versuche ich es heute einmal auf dem Schulplatz, wenn die Kinder Pause haben und ihre Brote essen.

Aber was ist denn das da unten?! Da humpelt ja ein ganz merkwürdiger Mann durch die Straßen. Er fürchtet sich ja! O ich sehe es ganz deutlich, daß er sich fürchtet! Verfolgt ihn denn jemand?

Ich recke den Hals vor – ich muß doch herausbekommen, was den humpelnden Mann so quält. Er macht ein Gesicht, als sei er schlecht gelaunt, aber so sieht es nur auf den ersten Blick aus. Nein, nein – er hat ein erschrecktes Gesicht und fürchtet sich. Es wird mir nichts übrigbleiben – ich muß die Flügel ausbreiten und hinunterfliegen. Ich kann von hier oben nicht alle Straßen überblicken. Der Mann hat es eilig, ich werde ihm nachfliegen!

Jetzt bin ich schon in seiner Nähe. Es sind viele Autos in den Straßen, so viele Omnibusse, und ich muß mich beim niedrigen Fliegen sehr vorsehen. Auch verwirren mich die gespannten Drähte der Straßenbahnlinien, sie sind wie Netze über die Fahrdämme gehängt.

Der humpelnde Mann bemerkt mich noch nicht. Er steht an der Kante eines Gehsteigs. Große und kleine Fahrzeuge poltern die Straße herauf und hinunter. Ich fliege jetzt ein paar Kreise. O je – ist das ein Lärm hier!

Was der humpelnde Mann nur haben mag? Jetzt glaube ich doch, daß ihn jemand verfolgt. Der humpelnde Mann wird doch kein Dieb sein? Oder ist er ein Dieb und wird jetzt von der Polizei verfolgt? Aber ich sehe keine Uniform. Doch ich habe gehört, daß es auch Polizisten ohne Uniform gibt. Die Menschen sind ja so seltsam, wie soll sich eine Taube da auskennen?

Der humpelnde Mann wartet noch immer am Gehsteig. Er will gewiß über den Fahrdamm. Nun ja, bei diesem Treiben kann niemand über den Damm. Ich werde mich inzwischen auf eine Laterne setzen und mir die Sache mehr aus der Nähe ansehen.

So, das wäre geschafft! Ich habe einen ungestörten Platz. Der humpelnde Mann ist nicht mehr jung. So alt wie mein Weidenbaum ist er allerdings auch nicht. Runzeln hat er aber schon im Gesicht. So ein alter Mann wird doch kein Dieb sein? Überhaupt gebe ich jetzt diesen Gedanken auf, denn nun hätten ihn die Polizisten schon längst fangen können, wenn sie hinter ihm her gewesen wären.

Der Mann trägt einen Hut, trotzdem sind seine grauen Haare zu erkennen, ein paar kleine Büschel. Der Hut sitzt unordentlich auf dem Kopf, aber der humpelnde Mann kümmert sich wohl nicht darum. Da – nun geht er mit den anderen Menschen über den Fahrdamm. Ich hebe die Flügel und lasse ihn nicht aus den Augen. Ich kann ihn doch unmöglich im dichten Gewühl der Straße ansprechen. Ich muß mich schon gedulden und abwarten, bis ich ihn allein sehe.

Er bemerkt mich noch immer nicht, dafür bemerke ich einen Futterkasten, der hier an einer Hauswand hängt. Ich habe tatsächlich großen Hunger und will schnell ein bißchen fressen. O ja, hier liegen sogar Körner! Aber ich habe keine Zeit, sonst finde ich den humpelnden Mann nicht mehr.

Es hat gut geschmeckt, aber ich habe aufhören müssen. Ich fliege schon wieder hinter dem Mann her. Ich werde hoffentlich den Futterkasten beim Rückflug wiederfinden, Körner fresse ich eben sehr gern.

Nun biegt der Mann in einen schmalen Weg ein, der zu beiden Seiten von Gärten umgeben ist. Der Mittelpunkt der Stadt liegt also schon hinter uns. Hier beginnen die Vorstadtgärten. Der Mann humpelt jetzt auf eine Sitzbank zu. Er setzt sich schwerfällig und hat es gar nicht mehr eilig. Er streckt sein krankes Bein von sich. Ja, er wird müde sein vom Laufen durch die Stadt. Aber wohin setze ich mich nun, ohne ihn auf mich aufmerksam zu machen? Oder soll ich ihn jetzt ansprechen und einfach fragen, weshalb er so ein Gesicht macht, daß man denken muß, er fürchte sich? Doch so einfach ist das nicht, jemanden anzusprechen und so etwas zu fragen! Es ist aber auch keine Art, einen Menschen zu verfolgen, wie ich es tue – eine Taube ist doch kein Polizist.

Ah, jetzt hebt der Mann den Kopf und entdeckt mich. Ich darf diesen guten Augenblick nicht verpassen, ich fliege also direkt auf die Bank zu. Ich versuche, meine Flügel zu beruhigen, um das letzte Stück des Fluges zu gleiten. Denn ich bin sehr aufgeregt. Wer weiß, was nun werden wird...?!

Da bin ich auf der Rückenlehne gelandet, aber der Mann ist entsetzt aufgesprungen. Mir ist der Gleitflug wohl doch nicht gelungen. Vielleicht habe ich zu sehr mit den Flügeln geflattert und den Mann erschreckt. Er steht jetzt ein paar Schritt von der Bank entfernt und sieht mich an. Was soll ich tun? Wie soll ich ihn anreden? Er hat ja ganz schreckhafte Augen, und ich bin sicher daran schuldig, sein Ausruhen gestört zu haben. Ach, wenn ich jetzt ein Sperling wäre, wüßte ich gleich ein richtiges Wort!

Unsinn – ich bin eben kein Sperling, sondern eine graublaue Taube und muß auch selbst das richtige Wort finden. Aber nun habe ich nachgedacht, und der Mann ist schon fort. Er ist zwischen den Gärten verschwunden.

Was tue ich nun? Fliege ich ihm nach oder fliege ich zum Futterkasten zurück, der so schöne Körner hat? Schließlich erschrecke ich abermals den Mann, wenn ich ihm nachfliege, was wäre damit erreicht? Aber er fürchtete sich doch schon vorher! Nun bin ich ja schon wieder so unentschlossen! Ich fliege ihm also nach!

Ich rudere aufwärts. Es ist wichtig, hoch zu fliegen, damit ich ihn finde. Es wird nicht leicht sein. Die Gärten haben überhängende Baumkronen, und an den Ästen sind die Knospen schon aufgesprungen, so daß auch die Wege vom jungen Grün verdeckt werden.

Ich bin nun ein schönes Stückchen über den Gärten. Zuerst will ich es mit weiten, ausholenden Kreisen versuchen.

Mag sein, daß der Mann deshalb die Vorstadtgärten aufsucht, weil er hungrig ist. Aber hier wächst ja noch nichts für einen Menschen, das sich essen ließe. Wohin kann er nur gegangen sein? Ich fliege jetzt etwas niedriger. Es sind hier so viele Wege, alle führen in verschiedene Richtungen. Ob der humpelnde Mann vielleicht vor dem Lärm der Stadt geflohen ist? Hier draußen ist es ruhig. Er könnte auch, wenn er sich Zeit ließe, schon einige Vögel hören. Sie singen zwar noch nicht so oft wie im Sommer, aber sie leiten den Sommer schon ein.

Unter mir sehe ich jetzt wucherndes Kraut. Es sind hohe Stauden, die in einem Garten stehen. Aber da regt sich doch etwas zwischen den Stauden! Das ist doch – das ist doch der humpelnde Mann! Was tut er denn hier, wo so viel Kraut wuchert?! Ich fliege höher. Er soll sich nicht durch meine niedrigen Flüge beobachtet fühlen. O ich habe ihn wiedergefunden! Ich freue mich darüber, ich sage das jetzt der Sonne, ich sage das jetzt dem funkelnden Tag.

Der Mann geht auf ein kleines Haus zu. Das Haus wirkt ziemlich einsam. Es sieht beinah zerfallen aus. Jetzt kann ich unterscheiden, daß der Garten zu dem Haus gehört. Ganz verlassen ist dieser Garten, man hat ihn schon lange nicht mehr gepflegt.

Der humpelnde Mann erreicht jetzt die Tür des Hauses. Ich kann nicht sagen, ob er auch jetzt noch ein furchtsames Gesicht hat, weil sein Gesicht nach vorn geneigt ist und der Hut die Stirn des Mannes verdeckt. Nun schließt er die Tür auf und geht in das Haus. Ich bin nicht mehr so aufgeregt wie vorhin, ich gleite jetzt ganz niedrig in Baumhöhe und ruhe mich auf einem Ast aus.

Das Haus hat fünf Fenster. Und weil ich als Taube durch die Häuser der Menschen sehen kann, erkenne ich drei kleine Räume hinter den Hauswänden. In den Zimmern sieht es gar nicht ordentlich aus. Ich muß an die ungeordneten Haarbüschel des humpelnden Mannes denken.

Es hat niemand auf ihn gewartet. Er sitzt jetzt in einem der drei Zimmer. Er sitzt wie leblos da. Ja, ich sehe es nun genau: niemand hat ihn erwartet. Ich entschließe mich jetzt, eines der fünf Fensterbretter anzufliegen.

Bis dahin haben wenige Flügelschläge genügt. Ich bin froh, dem Mann gefolgt zu sein. Es wird sich schon zeigen, was mit ihm ist. Der Garten ist nicht groß, einige Obstbäume gibt es hier und mehrere Blumenbeete. Der Garten sieht eigentlich schön aus in seiner Verlassenheit.

Jetzt schreckt mich ein Geräusch auf! Das Fenster, vor dem ich sitze, wird geöffnet! Ach, ich spüre den Schreck in den Federn. Dicht vor mir steht der Mann, und ich wage kaum aufzublicken. Aber was soll er von mir denken? Ich muß ihn ansehen!

Seit ich ihn kenne, betrachte ich nun sein Gesicht zum erstenmal. Mein Herz macht dabei kurze, schnelle Sprünge. Der Mann hat ein freundliches Gesicht! Er lächelt nicht. Er hat Runzeln unter den Augen und auf der Stirn, aber vor seinem Gesicht brauche ich nicht davonzufliegen. Was habe ich nur vorhin gesehen?! Ich wage noch nicht, ihn anzusprechen.

Er geht fort vom Fenster und macht sich in der Stube zu schaffen. In der Stube stehen zwei Stühle, ein Tisch, eine Truhe, auch ein Bett, und neben dem Bett, das aufgedeckt ist, steht ein kleiner Tisch. Dieser Tisch macht mich plötzlich neugierig, ich weiß noch nicht weshalb, ich spüre nur, daß der kleine Tisch besonders zu dem humpelnden Mann gehört. Jetzt kramt der Mann in der Truhe.

Da höre ich seine Stimme: »Flieg wieder fort. Ich habe nicht einmal das Bett gemacht. Flieg wieder fort, hier spielt es sich schlecht!« Er hat sehr leise gesprochen, und ich habe deshalb vom äußeren aufs innere Fensterbrett springen müssen, um ihn zu verstehen. Er schämt sich also wegen des aufgedeckten Bettes! Ich möchte ihn ein bißchen aufheitern. Wie soll das eine Taube bloß machen? Ob ich einen Tanz versuche? Das ist natürlich kein Tanz, wie ihn die Menschen kennen. Ich neige meinen Kopf, hebe ab und zu die Flügel und setze mit gespielter Eleganz meine Füße. Das könnte meine Schwester Pfauentaube viel besser. Nur gut, daß kein Sperling in der Nähe ist, er würde mich schallend auslachen.

Der Mann tritt nun ans Fenster, und ich springe zurück auf das äußere Fensterbrett. Er hält ein Stück Brot in seinen Händen. Nun bröckelt er es vor meine Füße. Er hat also meinen Tanz gesehen und als Bitte um Brot gedeutet. Ich nehme gern von den hingestreuten Krumen, denn ich bin hungrig und gurre so laut ich kann, um mich zu bedanken.

Da erschrecke ich ein zweites Mal! Der Mann streckt seine Hände nach mir aus. Diesmal sitzt mir der Schreck in den Schnabelspitzen, und das ist für uns Tauben das Zeichen, augenblicklich aufzuflattern! Überstürzt fliege ich davon und überquere den Obstgarten, und während meines niedrigen Fluges entdecke ich schon das enttäuschte Gesicht des Mannes. Sofort lasse ich mich in einer Baumkrone nieder. Wahrscheinlich wollte mich der Mann streicheln, wie es die Art der Menschen ist, wenn sie jemanden gern haben! Nun sitze ich hier im Garten und vertiefe mit meiner Flucht die Einsamkeit des Mannes. Das muß ich der Sonne sagen, was für ein ängstliches Geschöpf ich bin, und ich gurre laut: »O klägliches Hindernis des Mißtrauens, das auch den Gutwilligen schlägt wie ein listiger Habicht eine Schar Tauben! Ich habe das kleine Fünkchen Freude des humpelnden Mannes so richtig mißverstanden! Aber ich will es wiedergutmachen, und jede Feder soll mir dabei helfen! Jetzt erhebe ich mich aus dem Garten und fliege zurück zu ihm.«

Ich setze mich auf seine ausgestreckte Hand. Er trägt mich in die Stube und setzt mich auf den kleinen Tisch, der neben seinem Bett steht. Es ist der gleiche Tisch, der mich vorhin so neugierig gemacht hat. Auf der Tischplatte steht ein Blumentopf, und ich merke schon, daß auch diese Blume ganz besonders zu dem humpelnden Mann gehört. Sie ist, im Gegensatz zu seinem Garten, gut gepflegt – jedes Blatt sieht gesund aus, und die Blüten dieser Blume sind weit und breit das einzige, das umhegt ist.

Vor dem Blumentopf steht ein kleines Bild. Es ist die Abbildung eines jungen Mannes. Ich will mich mit einer Frage an den humpelnden Mann wenden, aber da sagt er schon: »Ich müßte dir eine lange Geschichte erzählen, doch du wirst mich verstehen, wenn ich dir nur wenig sage. Du ahnst bestimmt, daß der junge Mann mein Sohn ist. Ich hatte ihn schlecht behandelt. Er wollte nie im Garten arbeiten, sondern nur Karten spielen und Wein trinken. Ich sagte ihm, daß ich immer im Garten arbeiten würde, aber nun siehst du ja, daß es nicht stimmt. Ich habe meinen Sohn fortgeschickt, und bald danach habe ich nichts mehr im Garten getan. Es wird so sein, daß ich damals meinen Sohn nicht genug lieb hatte – damit allein hätte ich ihn vom dauernden Kartenspiel und Weintrinken abgebracht. Ich weiß nicht, ob es ihm gut geht. Ich schreibe manchmal, aber ich erhalte keine Antwort. Er ist ins Nachbarland gegangen. Ich fürchte mich ständig, seit ich allein bin.«

Das also ist das Rätsel des humpelnden Mannes! Nun sagt er mir noch, in welcher Stadt des Nachbarlandes sich der Sohn aufhält. Dann schweigt er. Was soll ich tun? Ob es mir möglich ist, seinen Sohn zu suchen? Ob ich die Reise schaffe? Ich rufe jetzt meine Geschwister um Hilfe an: »O alle Tauben der Welt, ihr seltenen Ringeltauben und meine Schwestern, deren Kehlen das Lachen der Menschen nachahmen – o ihr Felsentauben aller Länder, verschämte Turteltauben in euren Gehegen, o meine Freundinnen der Kirchtürme und Chorfenster, graue genügsame Geschwister der Wochenmärkte, stärkt meine Flügel mit eurer Fürbitte, daß ich nicht müde werde und daß der Flug gelinge und ich den Sohn finde!«

Und ich sage zu dem humpelnden Mann: »Gib mir das Bild deines Sohnes in den Schnabel, vielleicht kann ich dir helfen.« Über diese Worte ist er sehr verwundert, und er macht große Augen; aber dann reicht er mir das Bild, und ich nehme es ihm mit meinem Schnabel aus seinen Händen. Sofort flattere ich durch das geöffnete Fenster, fliege über den Garten und freue mich, daß die Sonne noch nicht sehr hoch steht – ich habe fast einen vollen Tag vor mir. Ich fliege hoch über die Stadt und winke meinem Freund, dem Weidenbaum. Ich muß vorsichtig sein und darf den Schnabel nicht öffnen, sonst verliere ich das Bild.

Es ist Abend geworden. Ich übernachte im Turmloch einer Kirche. Es war ein anstrengender Flug bis hierher, und nun bin ich schon im anderen Land. Morgen früh werde ich in die Stadt fliegen, die mir der humpelnde Mann nannte, und seinen Sohn suchen.

Als ich heute die Landesgrenze überflog, sah ich unter mir lauter eiserne Drähte und unfreundliche Gesichter, die einander ansahen. Ich flog über sie hinweg, mein Papierbild im Schnabel. Weil ich niedrig flog, wollten mich die bewaffneten Posten fangen, aber ich ahmte meine Schwester Lachtaube nach, und sie drohten hinter mir her.

Einmal wollte mir ein Regenschauer das Bild entreißen – ich mußte für diese Zeit den Flug unterbrechen und abwarten.

Jetzt hängt der Mond über mir und leuchtet jedes Land an. Dabei helfen ihm die Sterne.

O ich hätte verschlafen! Aber der Tag ist in das Turmloch gekrochen und hat mich geweckt. Ich bin immer noch müde, denn das gestrige Fliegen war ungewohnt für mich. Aber es ist höchste Zeit, daß ich aufbreche. Irgendwo werde ich etwas zu fressen finden – nur fort von hier, sonst schlafe ich ein vor Müdigkeit!

Was wird dieser Tag bringen? Werde ich den Sohn finden? Hoffentlich lebt er! Das wäre eine schwere Botschaft für mich, dem Alten mitzuteilen, sein Sohn sei nicht zu finden. Nur fliegen, nur fliegen!

Ob es diese Stadt dort ist, in der der Sohn wohnt? Ich erkundige mich am besten einmal. Dort unten geht ein kleiner Junge zur Schule. Ich frage ihn, und er sagt mir: »Du mußt noch zwei Städte weiter fliegen, die dritte Stadt ist es, die du suchst.« Beinah wäre mir bei meiner Frage das Papierbild verlorengegangen – es fiel zwar aus meinem Schnabel, aber ich hob es rechtzeitig auf, ehe es der Wind forttreiben konnte.

Nur gut, daß die Städte nicht zu weit voneinander entfernt sind. So erreiche ich bald die dritte Stadt. Aber wie soll ich in einer großen Stadt nach einem einzigen Menschen suchen? Ich werde dicht über der Stadt kreisen müssen, um jede Straße abzusuchen und durch jedes Dach zu sehen, was ja den Tauben möglich ist.

O wie weit bin ich jetzt entfernt von meinem Freund, dem Weidenbaum! Und der humpelnde Mann wird jetzt am Fenster stehen und auf mich warten.

Hier ist endlich die dritte Stadt! Viele Straßen und Häuser liegen unter mir! Sorgfältig fliege ich meine Kreise. Ein bißchen tun mir schon die Augen weh vom ständigen Hinuntersehen während des Fluges.

So viele Menschen sind in den Häusern, und es ist gar nicht leicht, die Gesichter zu prüfen. Es ist zwar Tag, aber manche schlafen, weil sie nachts unterwegs waren. Einige liegen beim Schlafen auf dem Bauch, und ich muß lange kreisen, bis sie sich irgendwann endlich umdrehen, damit ich sehen kann, ob es der Sohn ist, der da liegt und schläft.

Der halbe Tag ist vergangen. Ich bin ordentlich hungrig. Zwischen meinen Flügen habe ich manchmal etwas fressen können, aber ich habe mir nie richtig Zeit gelassen. Nun bin ich schon ziemlich lange über der Stadt. Mir ist schon taumelig zu Mute – ich weiß nicht, ob ich noch lange fliegen kann. Man muß schon gut gefressen haben, um solche Flüge zu bestehen.

Da sehe ich einen jüngeren Mann, der auf einem Holzschemel sitzt. Sein Rücken ist gebeugt. In seinen Händen hält er einen Schuh. Er flickt wohl diesen Schuh. Ich gleite zum Dach des Hauses hinunter, in dem er sitzt. Tatsächlich – der jüngere Mann ähnelt dem humpelnden Mann! Ich bin ganz aufgeregt vor Überraschung, daß es der gesuchte Sohn sein könnte! Und nun fliege ich auf das Fensterbrett und klopfe mit dem Schnabel an die Scheibe.

Der jüngere Mann sieht mich hier sitzen. Wir schauen uns ein Weilchen an. Ja, er ist es! Er springt auf einem Bein durch die Stube, weil er seinen zweiten Schuh noch nicht angezogen hat. Langsam öffnet er das Fenster. Wieder mache ich einen Tanz, und der junge Mann bemerkt jetzt, daß ich sein Bild bei mir habe. Er reißt es aus meinem Schnabel und ruft bestürzt: »Du kommst von meinem Vater?!«

O nun kann ich endlich sprechen, und ich antworte ihm: »Dein Vater hat seinen Garten nicht gepflegt. Er kann seinen Garten nicht pflegen, wenn du nicht zurückkommst.«

Der junge Mann geht in die Stube. Er setzt sich auf den Holzschemel, und nun sitzt er wortlos da und winkt mich in seine Stube. Ich springe vom inneren Fensterbrett auf einen Tisch und bleibe dort hocken.

»Sieh dir das an«, sagt nun der Sohn des humpelnden Mannes, »ich habe meinen Schuh flicken wollen, aber wenn ich an meinen Vater denke, den ich geplagt habe, hat es keinen Zweck, irgend etwas zu machen, denn es gelingt ja doch nicht.«

Und ich sage, wobei mein Schnabel vor Freude ganz schnell auf- und zuklappt: »Weißt du, euch beiden ist geholfen, wenn du zurückkommst. Dein Vater wird den Garten wieder pflegen, und du wirst deinen Schuh flicken können. Schreib eine Nachricht auf das Bild, daß du zurückkommen willst, und ich fliege zu deinem Vater und bringe ihm das Bild. Ich glaube, so wäre alles gut.«

Wieder sehen wir uns ein Weilchen an. Dann nimmt der Sohn das Bild und beschreibt es. Er bringt mir jetzt eine Handvoll Brotkrumen, und ich stürze mich darüber. O mein Hunger ist doch ziemlich groß, sonst täte ich so etwas nicht. Ich bitte um Entschuldigung.

Bald verabschiede ich mich, und hoch über der Stadt beginne ich meinen Rückflug.

Es ist wieder Abend geworden. Ich bin daheim und sitze im Turmloch der Kirche mit den vergoldeten Kreuzen. Der humpelnde Mann ist sehr glücklich über meine Nachricht gewesen. Vorhin habe ich ihn schon in seinem Garten arbeiten sehen. Ich bin darüber sehr froh. Es wird übrigens zu meinen Festtagen gehören, den humpelnden Mann zu besuchen, bis sein Sohn zurückgekehrt ist.

Mein Freund, der Weidenbaum, freut sich, daß ich wieder da bin. Es ist noch hell genug, daß ich ihm »Gut Nacht« sagen kann. Er sieht es noch, wie ich grüßend die Flügel ausbreite.

Ach, ich weiß gar nicht, wie lange ich fort war. Ich weiß nur, daß der Rückflug mühevoll war und daß ich jetzt müde bin und schlafen muß.

Gute Nacht, Weidenbaum. Gute Nacht, Sperlinge. Gute Nacht, ihr Hasen. Gute Nacht, humpelnder Mann.

Ich träume schon davon, daß morgen bei Sonnenaufgang die vergoldeten Kreuze leuchten.

Der Morgen

*Dem Bruderhaus Reutlingen
und Familie Carl Bach*

Das war die Novembernacht im Jahre 1863 in Reutlingen: Gustav Werner geht durch die Stadt. Seine Schritte sind eilig, sie klingen nach Flucht. Werner will die Häuser und Straßen vergessen. In den Häusern lauern Gesichter, die ihn großäugig ansehen. Und die Straßen haben etwas von gähnenden Mündern. Diese Nacht ist für Werner eine Wohnung kalter Augen. Die alten Fragen stellen sich ihm entgegen: Wozu noch länger kämpfen, deine Taten sind groß, sagt man, aber was sagt man sonst? Du hast Veruntreuungen begangen, die Gelder verwirtschaftet. Belächelter, verhinderter Samariter, kannst du nicht begreifen, daß die Gläubiger nur an ihr Geld denken? Ein Bettler bist du, der unverschämt genug ist, immer neue Arbeitsplätze zu fordern – und das alles wegen der Schwachsinnigen, die du liebst, damit ihnen Hilfe und ein menschliches Recht werde. Verschließe dein Herz, schlag zu, wenn bittende Augen dich ansehen.

Werner kann die Stimmen nicht mehr bannen. Er weiß in dieser Nacht: Meine Wache inmitten der großen Gleichgültigkeit ist vorbei. Er wurde hinterrücks erdolcht. Und Gott stand ihm nicht bei. Das treibt den Mann durch die Stadt, hinaus zu den einsamen Gegenden.

Ohne Stern und Mond ist die Nacht. Werner hebt den Kopf und macht die Augen schmal. Aber Stern und Mond dringen deshalb nicht durch den Novemberhimmel. Die Laternen haben bleiches Licht. Sie sind unnatürlich einsam im Nebel. In ihrer Reihenfolge stehen sie wie Markierungen eines Lebens. Werner kichert leise über die leuchtenden Wegposten. Beim Betrachten der letzten Laterne am Ende der Straße zittert sein Gesicht. Die letzte Laterne ist Beginn und Schluß, sie hat die Eigenschaft der Wächter, die zwischen Finsternis und Dämmerung wachen. Werner glaubt in ihrem Lichtkranz sein Gesicht zu erblicken. Er geht schneller. Jeder Schritt poltert wie der Sekundenschlag einer gewaltigen Uhr. Von den Häusern kommt klopfendes Echo. Jetzt steht er vor der letzten Laterne und starrt in das flackernde Licht. Er hält den Blick sehr lange auf das bläuliche Herz der Flamme gerichtet. Dann schreitet er langsam in die Dunkelheit.

An seinem Weg stehen keine Häuser mehr. Er kommt an Bäumen vorüber. Sie sehen geduckten, sterbenden Menschen ähnlich. Und voller Gerücht sind die Bäume. Sie hecheln dem Mann eine Nachricht ins Ohr: Es ist alles beendet. Er bleibt stehen und beugt den Kopf zur Seite. Kein besseres Wort ist zu hören, nur dies: Es ist alles beendet.

Werner lauscht in den Novembersturm, der im Wald den Tanz eines Satyrs beginnt. Er geht weiter und dreht sich um dabei. Die letzte Laterne ist kaum noch zu erkennen. Jetzt wird ihr Schein ungenau, Bäume und Sträucher verdecken ihn.

Das ist die Nacht, denkt der Mann, und so sollte sie sein: Nur das Spötteln nicht hören müssen. Hier am Rande der Stadt soll meine Verurteilung sein. Wenn Gott noch da ist, soll er mich richten. Aber wo ist er? Augenblicklich schläft die Welt des Judas, hier in der Einsamkeit muß ich Antwort bekommen: Was tat ich?

Werners Frage ist der Aufschrei eines Verzweifelten. Mit den Händen schreibt er eine hilflose Gebärde in die Dunkelheit. Seine Augen sind wund. Sie sehen manchmal zur Stadt hinunter. Und die Stadt würde lachen, wüßte sie von seiner Flucht. Es hieße: Da läuft der unfähige Mensch, der Besserwisser ist endlich müde geworden.

Werner kennt keine Tränen mehr. Er atmet heiser und hüstelt. Selbst aus diesen Lauten windet sich die widerliche Stimme in sein Herz: Es ist alles beendet. Beendet ist also der Weg mit den Brüdern? Das Wort ist rebellisch. Von

Brüdern zu sprechen, wird mit Gelächter belohnt. Werner drückt das Gesicht in den Mantel. Er schämt sich des Wortes. Die Welt liebt das Wort Fremdling, wer empfindet schon seinen grausamen Gehalt. Hier begann immer die Schuld. Dann wurden die Menschen trunken, der Stein wurde aufgehoben und geworfen, der Stein traf. Gott wird nicht begriffen, jede Rache hat ihn verraten. Werner versucht die Hände zu falten. Die Finger finden nicht zueinander. Die linke Hand ist der rechten zum Feind geworden. Krieg ist ausgebrochen in ihm. Und er wird auch in der Einsamkeit des Waldes keine Antwort erhalten.

Die Dunkelheit ist zu dicht. Werner stolpert über eine Wurzel. Die Hände greifen in nasses Erdreich. Einen Augenblick lang möchte er so liegenbleiben. Unter ihm leben die Maulwürfe, die sterben müssen, wenn sie das Licht erblicken. Würmer erleiden in schwarzen Kammern ein scheinbar sinnloses Dasein. Werner fühlt plötzlich eine heiße Verwandtschaft mit dem vergessenen Getier. Für die arme Kreatur hat er noch immer einen großen Kuß.

Jetzt bemerkt er, daß seine Finger verwundet sind. Er preßt sie gegen scharfkantiges Gestein und richtet sich auf. Dann tastet er nach Baumstämmen. Wie Freunde stützen sie ihn. So läuft er weiter. Er hat die Häuser und Straßen längst vergessen. Elfmal schlagen in der Stadt die Kirchenglocken. Jeder Schlag kommt dumpf an das Ohr des Schreitenden. Er befindet sich auf abschüssiger Straße. Als undeutlicher Steg liegt sie vor ihm. Werner weiß nicht, wohin diese Straße führt.

Wie oft die Glocken in dieser Nacht die Stunden anzeigten, beachtete Gustav Werner nicht. Über der schwäbischen Alb hat ein Stern in die Wolkendecke ein Loch gebrannt. Der Himmel, eine gewaltige Kathedrale, kehrte diesen silbernen Wasserspeier in die breite Finsternis.

Von der augenblicklichen Helle wird das Gesicht Werners grell beleuchtet. Die Falten um Augen und Mund erinnern an vernarbte Wunden einer Geißelung.

Werner geht zögernd zur Stadt hinab. Er irrte stundenlang durch Dickicht, und die ausgefahrenen Wege schritt er ohne Ziel entlang. Das ist das Ende. Seine Flucht war umsonst. Der Richter, den er erhofft hatte, begegnete ihm nicht. Gott sprach ihn nicht schuldig, Gott befreite ihn nicht. Werner sieht Gott nicht mehr.

Jeden Schritt mißt er ab. Er geizt mit jedem Stück Waldboden, bald wird das Steinpflaster erreicht sein, dann beginnt der Abschied von seinem Werk. Wenn der Morgen da ist, werden die Menschen über ihn richten.

Er ist bei den ersten Häusern der Stadt, wieder lärmt sein Schritt in die Stille.

Da sieht ihn nach einigen Minuten aus dem Eingang eines größeren Hauses das graue Gesicht eines Mannes an. Werner wird vom Blick des Menschen festgehalten. Er geht nicht vorüber.

Der Mann im Türeingang hustet. Es klingt wie eine Bitte um Entschuldigung. Und dann sagt der Unbekannte sehr leise: Grüß Sie Gott. Er verstummt sofort wieder. Werner grüßt erstaunt zurück. Sein Gegenüber sitzt auf einer Steinstufe. Aus dem Dunkel zwischen den Türpfosten fragt er jetzt: Ich habe Sie erschreckt?

Ja, erwidert Werner. Seine Augen sind kreisrund. Er ergänzt: Ich glaubte in dieser Nacht allein zu bleiben.

Der Unbekannte steht umständlich auf. Werner sieht, daß er eine Beinprothese trägt.

Kann ich helfen? Werner greift nach dem Arm des Krüppels. Er steht dicht vor ihm. Der Mann wehrt ab und stützt sich auf einen Stock. Er sagt: Ich wollte Ihren Heimweg nicht stören. Werner schüttelt den Kopf: Das ist keine Störung, außerdem ist das mit dem Heimweg nur halb – warten Sie hier auf jemand?

Der Krüppel lächelt. Das gehört zu mir, antwortet er, ständig auf jemanden zu warten. Ich bin für die Behörde der reisende Händler Andreas Schuh, aber ich reise nicht, ich humple von Ort zu Ort, Sie wissen schon. Ich verkaufe

Kerzen für die Adventszeit. Bald ist Advent. Die Kerzen müssen zu Weihnachten verkauft sein. Wenn ich ehrlich bin: das ist Bettelei.

Werner flüstert: Advent? Ach ja. Aber Sie haben ein Gegenstück vor sich – ich bettle auch. Ich bin kein reisender Händler, hm, vielleicht, wie man unter uns Menschen will: ein Hochstapler, Gustav Werner.

Als Werner seinen Namen nennt, hebt der Amputierte den Kopf: Sie sind der Mann aus Reutlingen, der vom Mutterhaus? Hochstapler? Haben Sie nicht die Papierfabrik?

Werner lacht den Mann wild an: Ja ja ja, mehr noch, lieber Herr Schuh, im Schwabenland stehen die Anstalten, Hunderte von Schwachsinnigen und Kranken wurden bis jetzt behütet, aber das war, hören Sie, das war, jetzt ist alles aus, alles. Wissen Sie von den Liebkosungen der Vögel, die den Galgen umfliegen? Kaum ist der Gerichtete tot, ach was, er mag noch atmen, dann kommen sie und zerhacken ihm den Leib, Stück für Stück – es ist gut, daß ich Sie traf, gut, daß ich noch einmal schreien kann, schreien in der Nacht, schreien... Die Arme des Amputierten stehen plötzlich wie eine beschützende Gebärde vor dem Gesicht des Verzweifelnden. Vor dieser seltsamen Vision unterbricht Werner seine jähe Rede.

Schon gut, sagt er leiser, der Rebell in mir geht schlafen, jetzt habe ich Sie erschreckt, nehmen Sie das als unbeabsichtigt, ich weiß nicht weiter.

Mit veränderter Stimme spricht der Krüppel auf Werner ein: Sieh da, der große Gustav Werner weiß nicht weiter, der Mann, zu dem die Irren Vater sagen, weiß nicht weiter, warum wissen Sie denn nicht weiter?

Werner horcht auf. Woher weiß dieser seltsame Händler so viel von ihm? Welche Ironie lag soeben in seinen Worten, aber klangen sie nicht auch nach Besorgnis? Sie singen einen Choral für mich, sagt Werner, aber ich halte mir die Ohren zu.

Der Amputierte spricht wie im Fieber: Halten Sie sich

lieber nicht die Ohren zu, ich weiß, woran es fehlt, man setzt Ihnen zu, Geldleute kommen und wollen die Schulden bezahlt sehen, na und? Jawohl, Herr Werner, ich sage na und, weil das immer so war. Wenn Sie siebzigmal ein Kerl waren, wenn Sie in siebzig Taten dem Guten zum Sieg verhalfen, dreißigmal waren Sie jedoch schwach, dreißigmal gelang nicht der Sieg, dann vergißt man das erste, und aus dem zweiten malt man das Bild Ihres Charakters. Deshalb Hochstapler. Aber ich sage Ihnen, es geht weiter, Ihr Werk geht weiter.

Werner erschaudert beim Zuhören. Er geht auf und ab. Er hört die Stimme des Amputierten: Werner, ohne das Oben geht alles bergab. Die Gläubiger sind beim Erhalt ihres Geldes still, aber wenn das Nein Oberhand hat im Herzen, dann wird man krank unter jeder Last.

Wenn Werner den Amputierten ansieht, findet er zwei glasige Augen auf sich gerichtet. Er sagt zu ihm: Und Sie sagen das alles zu mir, woher haben Sie die Kraft, Kerzen zu verkaufen; Sie humpeln von Haus zu Haus, man weist Sie ab, Sie versuchen es wieder, jeder Schritt bereitet Mühe, und Sie sprechen wie ein Apostel?

Weil es noch da ist, sagt der Händler.

Weil was noch da ist?

Das Licht, es ist nicht umzubringen.

Werner lächelt nach langer Zeit. Aber dieses Lächeln ist unfrei. Ein Stück Angst steckt darin.

Sehen Sie, Andreas, wenn Sie so vom Licht sprechen, ist das wie ein Märchen für Kinder. Ich kann das nicht bejahen.

Der Händler gestikuliert: Das Nein ist ein König geworden, zwei Könige sind also da, der eine wohnt dort hinten in der dunklen Gasse, wartet auf den Ahnungslosen, schwupp, heraus springt er aus einem Versteck und bringt sein Opfer mit dem spitzen Nein um. Und der andere ist auch in der Nacht, aber er kommt uns auf jeder Straße entgegen, er bleibt vor uns stehen, öffnet seine Hände zum

Gruß. In seinen Händen liegt das Ja. Seine Hände sind das Ja. Daraus wird der Morgen, die Nacht ist ungefährlich.

Der Händler bückt sich zu einem Bündel, das neben der Tür steht. Er holt eine Kerze hervor. Dann hält er ein Luntenfeuerzeug an die Kerze. Wie das leuchtet, spricht er stokkend, schauen Sie hinein in das Licht, so wenig Flamme in dieser Nacht, und doch werden die Schatten zerschnitten; da, Fetzen flattern umher, das Licht hat wie eine Faust zugeschlagen.

Schweigend blickt Werner die Flamme an. Seine Augen treten hervor, in den Pupillen glüht der Widerschein der Kerze. Der Händler beobachtet jede Regung Werners. Da flüstert Werner wie in großer Müdigkeit: Wenn ich die Flamme jetzt auspuste?

Aber der Krüppel gibt zurück: Dann ist es noch dunkler.

Werner fragt: Wen kümmert das?

Mich, sagt der Krüppel.

Wer sind Sie, stottert Werner, ein Taschenspieler?

Wie sie wollen, erwidert der Krüppel, aber Ihre Worte machen sich breit in dieser Straße, man erstickt daran, die Kerze erstickt, sie verlöscht schon.

Das ist es, Andreas, – was soll ich Ihnen antworten, Sie sind ein gläubiger Faun, Sie springen mit einem Bein auf dem Seil des Lebens umher, ein Vagant von oben. Aber hier in mir, hier sitzt noch das Nein dieses Königs, dessen Messer tief trifft. Andreas, ich verzweifle vor der Sorge, daß selbst Gott unter diesen Zweifeln begraben wird.

Der Händler stampft mit dem gesunden Bein auf den Boden. Gehen wir ein Stück miteinander, sagt er. Werner nickt und stützt den Krüppel. Der Nebel der letzten Nachtstunden klebt als graues Tuch an den Häusern.

Laufen die beiden Menschen an einer Laterne vorüber, benutzt der humpelnde Händler die kurze Gelegenheit, Gustav Werner genau zu betrachten. Werner bemerkt die Blicke des Händlers und fragt ihn: Sie finden in meinem Gesicht schlechte Züge? Und weil der Händler ihm widersprechen will, fügt er hinzu: Doch doch, ich weiß das selbst. Was sich im Innern ausbreitet, kommt auch auf diese Art zum Vorschein. Und ich fühle, daß ein gemeines, unbarmherziges Tier in mir Nahrung sucht – es hat schon so etwas wie einen Abgrund in mich gefressen.

Der Händler Andreas zwingt Werner zum Stehenbleiben. Er hebt den Krückstock: Was ist schon der Abgrund, Werner, was ist schon diese lächerliche Grube. Sie muß angefüllt werden mit Güte. Ich habe vorhin auch in diese Grube geblickt, ich bat die Bewohner des Hauses, vor dem Sie mich fanden, um Obdach. Ich sei ihnen unbekannt, hatten sie gesagt. Als ich antwortete, den Andreas Schuh kenne jedes Kind, schüttelten sie die Köpfe, schlossen die Türen mit der Bemerkung, sie hätten bereits Christbaumkerzen. Na und, Werner, jetzt sage ich wieder na und, soll ich die armen Leute verfluchen? Diese Leute sind so arm, daß man für sie beten muß. Aber sehen Sie, Werner, mein Gott, heben Sie doch mal den Kopf, es wird langsam hell, die Sterne...

Der Händler drängt sich nah an Gustav Werner. Er zittert vor Freude wie ein Kind, dem beschert wird. Werner folgt indessen der Weisung des Krüppels. Er sieht zu den Sternen hinauf. Da greift der Händler an seinen Mantelärmel.

Jetzt wird die Nacht ganz schwach, hüstelt er, ganz ohnmächtig wird sie. Ich werde meine Kerzen verkaufen, o ja, ich bin nicht umsonst über die Berge gehumpelt.

Die Hände des Amputierten krallen sich in Werners Mantel. Dann spürt Werner den Atem des Händlers, und im gleichen Augenblick stürzt der Krüppel nach vorn auf den Gehsteig. Werner kann den zusammenbrechenden Körper nicht halten.

Andreas, schreit er und kniet neben dem Mann, nimmt dessen Kopf in die Hände.

Andreas, hören Sie mich, Sie haben ja recht, es wird langsam hell, ja natürlich, es wird ganz langsam hell. Andreas, schweigen Sie nicht, schweigen Sie jetzt nicht, ich bin neben Ihnen!

Die Augen des Krüppels sind irr entstellt und ohne Leben. Der geöffnete Mund ist rund wie das Loch einer riesigen Flöte, der letzte Ton steckt noch in der dunklen Vertiefung. Werner richtet unter Mühsal den Leib des Händlers auf, daß er auf den Gehsteig zu sitzen kommt. Der Herzschlag des Zusammengebrochenen ist nicht ausgeblieben.

Und dieser Mann Gustav Werner, dem das Tragen eines schweren Gegenstandes sonst unmöglich gewesen wäre, spannt seinen Körper unter dem Gewicht des bewußtlosen Kranken, den er auf dem Rücken, bei jedem Schritt taumelnd wie ein Trinker, durch die Stadt trägt. Schweiß steht auf der Stirn Werners, das Rückgrat schmerzt. Er ahnt in diesen Minuten, wie der Todeskampf eines sterbenden Tieres sein muß, das seinen Verfolgern entfliehen will und dem jeder erneute Sprung äußerste Qual bedeutet. Und die Gestalt des Riesen Atlas, der die Welt tragen muß, taucht vor ihm auf, bizarr und voller Gestöhn. Aber er weiß, daß ihn dieses Bild versuchen will: er muß den Händler Andreas Schuh nicht tragen, er kann ihn in den Rinnstein legen, niemand wird das erfahren. Hier ist dem Menschen der Entscheid gegeben, Gott hat ihn bevollmächtigt. Und Werner läßt nicht nach. Er fühlt beim Tragen die Kraft wiederkehren, ohne die er sich verwaist fühlte. Mit ihm geht die Stimme: Trage, Gustav Werner, oder wirf ihn ab. Das letzte Wort ekelt ihn an. Sein langsamer Schritt klopft: Trage, Gustav Werner, trage, Gustav Werner, trage, trage, trage... trage... trage.

Dann steht er vor dem Reutlinger Mutterhaus. Die Männer, die den Bewußtlosen von den Schultern Werners in ein Bett bringen, wagen Werner nicht anzusprechen. Er setzt sich auf einen Holzschemel und drückt die Hände gegen sein Gesicht.

Vor den Fenstern des Mutterhauses tanzen graue Kobolde und girren ein dünnes Gelächter in die Stube, in der Werner sitzt. Der Nebel bringt immer neue Bilder.

Werner tritt ans Fenster. Was war das? Hatte jemand gerufen? Er dreht sich um. Nichts. Da: jetzt wieder diese krächzenden Schreie. Er öffnet das Fenster. Die Nässe der Luft sickert in seinen Mund. Ein scheuer Ruf wird laut, Werner sieht einen schwarzen Vogel über die Giebel der Nachbarhäuser fliegen. Das mußte eine Krähe sein. Das Tier fliegt wie ein gut geworfener Stein aufwärts. Werner sieht noch für einige Sekunden den hart begrenzten Umriß des Vogels. Der Himmel ist heller geworden. Werners Hand greift nach draußen, er will dem Nebelspuk Einhalt gebieten. Er ist übermüdet. Ein Frösteln hält seinen Körper verkrampft an den Fensterrahmen gelehnt. Er möchte einmal, nur jetzt, ein Spielmann sein, der eine Welt zaubern kann, wie er sie wünscht.

Von der Straße sind Schritte zu hören. Werner beugt sich aus dem Fenster. Ein Mann läuft am Mutterhaus vorüber. Unter dem Arm trägt er eine größere Tasche. Ein Arbeiter vielleicht. Werner kann das Gesicht des Mannes nicht erkennen, nur die schlürfenden Schritte bleiben in seinem Sinn haften. Sie werden leiser, der Nebel schluckt die letzten Geräusche.

Gustav Werner will das Fenster verlassen, da tritt aus der Nacht ein sprühendes Licht. Nach und nach zerreißt vor der Helle der Dunst, zum letzten Mal bäumen sich die Nebelgesichter auf. Werner weiß nicht, was seine Hände tun. Sie schließen Frieden vor dem kommenden Licht.

Jemand betritt die Stube. Werner hört die Worte: Der Andreas Schuh ist wieder zu sich gekommen, Vater Werner, er verlangt nach Ihnen. Er möchte Sie sehen, Sie möchten zu ihm kommen.

Dann wird die Tür leise geschlossen. Langsam dreht Werner den Kopf zur Tür: Ich soll zu ihm kommen? Ich soll wieder zu jemandem kommen? Er verläßt die Stube.

Jetzt möchte er die Flure dieses Hauses Stück für Stück betrachten. Alles ist neu, ist seltsam neu. Das Treppensteigen bereitet ihm Freude. Ein alter Pfleger kommt ihm entgegen. Grüß Sie Gott, Vater Werner! Grüß dich Gott, Ludwig! Der Pfleger sieht ihm nach, bis er die Tür der Krankenstube öffnet.

Am Bett des Händlers sitzt eine ältere Frau. Werner sagt zu ihr: Gut, daß du da warst, Hanna. Die Frau verabschiedet sich. Werner ist mit dem Kranken allein. Er setzt sich zu ihm auf die Bettkante. Der Händler sieht wie ein Knabe aus.

Immer noch ohne Oben, lächelt er, wie schwer war ich wohl, großer Gepäckträger Gustav Werner? Das ist mir schon so oft passiert. Manchmal fiel ich im Wald um, und die Wildschweine schnupperten an mir herum, vielleicht war ich ihnen unangenehm. Werner, Vater Werner, mach weiter, dein Andreas redet heute alles durcheinander, aber mach weiter, mach weiter... weiter.

Werner nickt einmal und steht auf.

Schlaf jetzt, die Nacht war beinahe zuviel für uns, und das wollte ich dir noch sagen: es tagt bereits. Werner geht auf Zehenspitzen aus dem Zimmer. In seinem Arbeitsraum schreibt er einen Aufruf an die Bevölkerung:

Ich hatte zuviel gewollt und die Demut starb. Ich beuge mich mit meiner Schuld vor dem, der nicht verdirbt. Und das Werk, den Lazarus aus dem Elend zu holen, segne ER.

Nach vielen Sätzen schließt Werner das Schreiben. Noch einmal geht er zögernd zum Fenster. Da steht die Sonne, diese größte Kerze, die seinem Aufruf das Geleit gibt, der die Gläubiger und Verleumder auf ihrem Weg gegen ihn umkehren läßt.

Und der Morgen sieht einen betenden Mann.

Herberge

Der Schäfer stand vor der Tür seiner Kate, die Frau aber kniete vor ihm, griff nach seiner Jacke und rief ihn um Hilfe an. Langsam löste der Greis die verkrampften Hände von sich ab, bückte sich nach dem Schnürbündel, in dem das Kind lag. Er trug es in die Kate. Dann rief er die Frau herein. Er hob die rechte Hand und wies auf eine Truhe: Da drinnen sind Decken.

Dann öffnete er einen Schrank, er drückte beide Türen zur Seite: Hier hast du zu essen, es ist wenig, abends komme ich, ich bringe etwas mit. Ich sage Du zu dir, ich sage das zu jedem.

Er wollte die Kate verlassen. Die Frau blickte ihm jetzt anders als vorhin ins Gesicht, deshalb blieb der Schäfer.

Sie wissen nicht, wen Sie aufnehmen, sagte die Frau.

Der Schäfer hob eine Hand. Sie sah wie verdorrtes Wurzelwerk aus. Er machte eine Bewegung mit der Hand, als sei, was ihm erzählt werden könnte, so alt wie er selbst und ihm hinlänglich bekannt. Aber die Frau sagte zu ihm:

Das Kind hat jetzt eine Stube, das Kind kann ausruhen.

Und du kannst nicht ausruhen? fragte der Alte.

Ich hatte Angst um das Kind, sagte die Frau.

War dein Weg weit? fragte er.

Weit, und die Flucht dauert noch an.

Aber dein Gesicht ist heller geworden, sagte der Schäfer, als du um Obdach batest, war es schwarz und war voller Runzeln. So alt bist du noch nicht.

Die Frau schwieg.

Fühlst du dich hier nicht zu Hause, weshalb sprichst du von fortdauernder Flucht?

Ich bin müde und möchte nicht müde sein, sagte die Frau, ich habe keine Zeit zum Ausruhen.

Und wohin willst du mit deiner Müdigkeit?

Die Frau antwortete nicht. Sie setzte sich auf die Truhe, aber nur für wenige Sekunden. Sie hatte währenddessen das Kind angesehen. Es schlief noch nicht.

Der Schäfer stand vor dem geöffneten Schrank. Er sagte: Du wirst hungrig sein.

Ich habe den Hunger vergessen, antwortete sie.

Dann nimm das Brot und die Milch, damit das Kind satt werden kann.

Die Frau hob den Kopf.

Sie hat keine Runzeln mehr, dachte der Schäfer.

Sie aß das Brot und trank die Milch. Und danach hob sie das Kind an ihre Brust.

Ich werde jetzt gehen, sagte der Schäfer.

Weil ich das Kind stillen will? fragte die Frau.

Ich bin nicht dein Mann, sagte der Schäfer.

Aber Sie haben uns aufgenommen, antwortete sie.

Nach einer Weile fragte der Schäfer: Wo ist dein Mann?

Ich weiß es nicht, sagte sie, er ist noch nicht zurück.

Der Leib der Frau fror bei seiner Frage, daß dem säugenden Kind für eine Sekunde die Nahrung fehlte. Die Frau legte ihre rechte Hand auf den Kopf des Kindes.

Wohin ist dein Mann gegangen? fragte der Schäfer.

Sie sind alle mitgenommen worden in das andre Land, sagte sie, er hat das Kind noch gesehen.

Bleib jetzt hier, antwortete der Schäfer, ich werde eine Stube im Dorf für euch finden. So lange bleibt ihr.

Die Frau schüttelte den Kopf: Niemand im Dorf hat eine Stube, ich war überall, eh' ich zu Ihnen kam.

Und was sagten sie dir? fragte der Schäfer.

Sie sagten: Dort hinten wohnt der Schäfer, der macht das schon.

Weshalb kamst du nicht gleich zu mir? fragte der Schäfer.

Weil ich wissen wollte, ob die Flucht andauert oder nicht.

Der Schäfer ging zwei Schritte zur Truhe, dann blieb er dicht vor der Frau stehen. Er hatte weißes Haar.

Und was willst du tun? fragte er.
Die Mütter suchen, sagte sie.
Das Kind war an ihrer Brust eingeschlafen. Sie legte es auf das Bett und wickelte es in eine Decke.
Und was sollen die Mütter? fragte der Schäfer.
Beten, sagte sie, weil sie die Kinder gebären.
Beten – wofür? fragte der Schäfer.
Für alle Kinder. Für alle Mütter. Für alle Väter. Sonst überwuchern die Steine den Menschen und er erstickt.
Der Schäfer lief die zwei Schritte zum Schrank zurück. Er sah alt aus. Er legte den Kopf zur Seite. Dann sagte er: Ich werde eine Holzwand bauen, dann sind hier zwei Stuben, bleib hier mit dem Kind, das ist jetzt dein Haus, wenn du zurückkehrst von der Suche. Du wirst dann noch müder sein als jetzt.
Ich muß es tun, sagte sie. Ihre Stimme war verändert.
Sie stand auf von der Truhe und kniete vor dem Schäfer, dessen Hände zu spät kamen, um den Leib der Frau abzufangen. Er sah auf das Kind und hielt die Hände über dem Kopf der Frau erhoben. Sie erinnerten jetzt nicht an verdorrte Wurzeln.

Der Rattenköpfige

Diese Begebenheiten trugen sich in einem Gefangenenlager zu. Es soll darüber nicht zum Streit kommen, ob in einem des ersten oder zweiten Weltkrieges, oder unter welchem Kommando. Es geht nicht um die Festlegung der Schuldigen, sondern allein um den Dank an einen Mann, dessen Opfer über eine tödliche Hoffnungslosigkeit siegte, die das Resultat der Teufeleien des Krieges war. Letztlich gebe dieser Bericht einem barbarischen Zeitalter zu denken, daß Gott und sein Sohn Jesus Christus immer wieder die Hände reichen, und daß der Haß nicht allmächtig ist.

Der Rattenköpfige war ein Pfarrer, ein Krüppel, er hatte ein Bein verloren. Mit Hilfe zweier Krücken, die er nach seiner Lazarettzeit aus Weidenruten selbst verfertigt hatte, humpelte er durch unser Lager. Er war numeriert wie wir und verfügte über einen zerlumpten Drillichanzug, einen Trinkbecher und ein Notizbuch. Seinen sonstigen Besitz trug er in seinem Herzen. Er unterschied sich von uns durch seine sparsamen Worte und die seltene Fähigkeit, noch nach vielen Tagen ohne Nahrung wie ein Mensch zu handeln.

Daß sein Kopf mit dem einer Ratte verglichen wurde, lag daran, daß die Ratten in unserem Lager zu den Mitbewohnern unserer Unterkünfte zählten und eigentlich überall zu finden waren wie der humpelnde Pfarrer. Er hatte den Namen Ratte bekommen, manche sagten auch Rattenkopf oder Rattenaas zu ihm. Aber das änderte sich später.

Wir sahen im Grunde alle wie Ratten aus, wir hatten rötliche Augen, denn der Typhus ist für den Menschen, der in nassen Drecklöchern haust, wie der Tod. Die Lehmlöcher, ein Stück Zeltbahn als Dach darüber, machten den aufrecht schreitenden Menschen zum Tiermenschen, der eines Tages nur noch auf der Lauer nach Eßbarem liegt. Die entzündeten Augen, die wunde, ungewaschene Haut, die krächzenden Stimmen – das alles genügte, um den Ratten ähnlich zu werden.

Wir wurden auf den Pfarrer aufmerksam beim Austeilen des Trinkwassers. Die Soldaten, die uns bewachten, hatten Anweisung, nur an einer Stelle des Lagers das Wasser auszugeben. Die Nachricht, Wasser trinken zu können, trieb uns aus den Löchern, als sei ein viel gewaltigerer Rattenfänger erschienen als jener märchenhafte Flötenspieler von Hameln.

Zweitausend Mann mußten sich hintereinanderreihen, und die Sonne bohrte sich in die ausgetrocknete Haut, dörrte die Gehirne, drückte die letzten Tropfen Schweiß aus den Körpern und ließ die Zungen glühend werden wie Granatsplitter.

Die Wasserverteiler ließen sich Zeit. Es wurde an jeden Gefangenen ein viertel Liter ausgegeben. Das war kein Tropfen auf einen heißen Stein, sondern eine Methode, jeden Gefangenen in den Zustand des Tantalus zu versetzen.

Ungefähr zwanzig Meter vor der Trinkwasserstelle stand ein Sechzehnjähriger. Er hätte zu anderen Zeiten die Algebrarechnung gründlich studiert oder als Lehrling gearbeitet. Jetzt, nachdem er in den Krieg gezerrt worden war, stand er hier unter uns mit seinen Erinnerungen an das Frühere, an die Eltern, an das Zuhause oder an die letzte Geburtstagsfeier. Und dieser Junge mit dem Staunen im Gesicht, das darauf deuten ließ, wie ihn Krieg und Gefangenschaft getroffen hatten, fiel zwanzig Meter vor der Trinkwasserstelle als dürrer Stock zur Erde ohne jeden Laut. Der Aufprall war tonlos, als hätte jemand einen Stein in ein Federkissen geworfen. Der Junge öffnete seinen Mund, dessen Farbe sich von der des Gesichtes nicht unterschied. Etwas Wasser, bettelte er.

Was nutzte das schon, hier war keine Mutter, kein Vater,

die ihm das Wasser gereicht hätten, hier war die brodelnde Sonne, der dampfende Schlammboden, und auf dem Schlamm standen die durstigen Gefangenen, zweitausend Mann hintereinandergereiht wie Wachspuppen, einzeln abgefertigt mit einem viertel Liter Wasser.

Und aus den ausgewalzten Herzen der Gefangenen sprang das hyänenhafte Tier und biß sich in die Ohnmacht des Jungen, jeder hatte ein anderes Schimpfwort.

Der Bengel will bloß nicht warten.
Schwächling.
Wir müssen alle hier stehen.
Simulant.
Die Kerle haben keinen Zug in den Knochen.
Der Bengel spekuliert auf unser Wasser.
Der Junge hörte das alles nicht. Er sprach nur das Wort Wasser, als gurgle er mit der Flüssigkeit.

Von der Wasserausgabe kamen die Gefangenen und schlürften den viertel Liter Wasser wie ein Elixier in sich hinein. Wer sollte dem Jungen Wasser geben? Jeder wußte: Gebe ich ihm mein Wasser, so trinkt er es aus, und ich habe nichts. Stelle ich mich nochmal an, ist vielleicht nichts mehr da. Ach was, der kommt wieder zu sich.

Wie oft in der Konfirmandenstunde gehört, wie oft gelesen, wie oft die Predigten gehört, war nichts geblieben, wußte niemand mehr, wie er zu handeln hatte?

Soll ich meines Bruders Hüter sein?

Jetzt hieß es: Ich muß mein Wasser allein haben, sonst krepiere ich. Und nun sahen die Gefangenen den rattenköpfigen Pfarrer zum erstenmal, nun sahen sie den Humpelkörper. Er hatte sein Wasser bekommen. Er warf die Krücken fort, fiel auf das eine Bein und kroch über den Schlammboden, um beim Humpeln das Wasser nicht zu verschütten. Seinen rechten Arm hielt er ausgestreckt, in der Hand den Trinkbecher. Einen Augenblick lang, als er den Wasserbecher an den Mund des Jungen setzte, erstaunte die Zweitausenderreihe. Eine Sekunde lang besiegte der Engel den Teufel, eine Sekunde lang beteten wir alle, eine Sekunde lang schämten wir uns. Dann erscholl ein brüllendes Gelächter – der helfende Krüppel war zum Harlekin geworden, die Gefangenschaft hatte eine kuriose Einlage bekommen, es war egal, worüber man lachte, nur dieses Totenleben einmal unterbrechen können.

Der Pfarrer war wieder zu seinen Krücken zurückgekrochen und humpelte dann durch das Lager. Er hatte keinen viertel Liter Wasser getrunken, nicht einen einzigen Schluck.

Während der nächsten Wochen kam der Pfarrer allabendlich in unsere Zelte.

Verschwinde, du Ratte!

Elender Pfaffe!

Du bekommst wohl 'ne Sonderration für dein Gequatsche!

Er ging dann und kam immer wieder. Er sagte nicht viel, nur: Meine Brüder, wir sind noch nicht verloren.

Er war elend, aber anders als wir ihn mit unseren Schreien gemeint hatten. Sein Körper wurde schwächer, und das ständige Humpeln mit dem einen Bein und den schlechten Krücken zehrte an ihm. Er bekam eine Sonderration, aber das war eine Sonderration Liebe und Ausdauer, die er nicht von den Soldaten erhielt, die auf unseren Lagertürmen standen.

Ein Jahr lang sagte dieser Pfarrer nichts weiter als: Meine Brüder. Er tat es, während die Ratten unsere Brotkrümel fraßen, die Abortkübel um uns stanken, während die Posten Zigarettenstummel fortwarfen und sich zwanzig Gefangene um die Kippen schlugen, während die Homosexuellen den abgemagerten Jünglingen auflauerten, während der Stacheldraht, weil einige einen Ausbruch versucht hatten, verdreifacht wurde und der Typhus die Fiebernden umbrachte – während dieser Zeit, die ewig zu werden schien, sagte dieser Pfarrer, dieser wirkliche Seelsorger, ein ganzes Jahr lang, jeden Morgen und jeden Abend: Meine Brüder.

Und dann, kurz vor dem Weihnachtsfest, mußten wir wieder antreten, diesmal im großen Block. Der Lagerführer war einer von uns, er zeigte auf einen kahlköpfigen Menschen, den zwei Lagerpolizisten festhielten. Er schrie:

Das hier ist ein gemeiner Dieb. Er hat seinen Kameraden Brot gestohlen, um es heimlich zu fressen. Macht mit ihm, was ihr wollt!

Was war das nun, das ich nicht mehr vergesse? Waren das die alten römischen Tage, die Jahre des Hinschlachtens der Menschen in der Arena, waren das die heidnischen Massen, die zusahen, wie die Löwen die Christen zerrissen?!

Der Kahlköpfige stand vor uns, eine Bildsäule, ein zitternder Mensch, der nur die Angst fühlte, die Angst vor uns! Dann geschah es. Der Lagerführer hatte gebrüllt: Wegtreten! Es wälzte sich hin zu dem hilfesuchenden Kahlkopf, johlend und mit furchtbarer Begierde, zu schlagen. Der Schlammboden des Lagers wurde wie von einer flüchtenden Tierherde zertreten, Meter für Meter.

Plötzlich stand der einbeinige Pfarrer vor dem Kahlkopf. Er streckte seinen rechten Arm hoch und hielt seine geöffnete Hand den Fäusten entgegen. In seinem Rattenkopf standen zwei riesig blickende Augen, die jedes einzelne Auge der Anstürmenden zu erfassen schienen. Seine linke Hand hielt die Krücke, die rechte fiel zu Boden. Sein Gesicht wurde unermeßlich ernst, und er schrie mit einer Stimme, die niemand von ihm vorher gehört hatte, das alte biblische Wort:

Nur wer unter euch ohne Sünde ist, werfe den ersten Stein. Nur wer unter euch ohne Sünde ist, werfe den ersten Stein! Bleibt zurück! Bleibt zurück!

Eine Sekunde lang stockte alles, wieder eine Sekunde lang wie beim Austeilen des Wassers, ehe das Gelächter folgte. Dann wurden die Steine geworfen. Die hochgerichtete Hand des Pfarrers zuckte – ihn hatten die ersten Fäuste getroffen. Er brach zusammen und wurde überrannt. Hunderte stürzten sich auf den Kahlkopf und schlugen auf ihn ein, schlugen, schlugen, schlugen.

Die Posten kamen und entsicherten ihre Gewehre. Der Tumult erstarrte. Die Mündungen der Gewehre hatten jedoch zu spät Einhalt geboten. Die Posten schlugen mit den Kolben um sich, und in kürzester Zeit entstand ein freier Platz, auf den die Posten die beiden Mißhandelten schleppten und niederwarfen. Der Kahlkopf hatte ein blutverschmiertes Gesicht, er schrie entsetzlich wie ein Wahnsinniger. Der Pfarrer lag auf dem Schlammboden, die rechte Hand noch immer etwas hochgereckt, als hätte er noch unter den Füßen der rauschentstellten Menge zur Umkehr auffordern wollen. Einige Meter von ihm entfernt lagen die zerbrochenen Krücken. Der Kahlkopf wurde nach wenigen Minuten von den Posten in einer ausgebreiteten Decke fortgetragen.

Der Pfarrer bewegte sich nicht mehr, seine Augen waren groß geöffnet, kaum eine Starre war in seinem Gesicht zu finden.

Alle wußten, daß er tot war. Wir sahen ihn an, und der Schreck lähmte uns – wir sahen in seine Augen, und von Minute zu Minute verstummten auch die letzten tuschelnden Stimmen. Wir standen versteinert um ihn herum, wir sahen uns selbst auf dem Schlammboden liegen, wir hatten ihn Rattenkopf genannt, und nun sahen uns die toten Augen eines Märtyrers an, die unfaßbar lebendig wirkten, nun standen wir erschrocken unter dem Himmel, wie die Menschheit erschrocken vor ihren Richtern stehen wird nach ihrem ungeheuerlichen Treiben.

Eine zweite Decke flog über den Körper des Pfarrers. Der Mund dieses Menschen, der ›meine Brüder‹ gesagt hatte, blieb für immer verschlossen. Nun steckte er nicht mehr seinen Rattenkopf durch den Zeltschlitz, nun hätten wir also unsere Ruhe vor ihm gehabt.

Diese Ruhe blieb aus.

Das Opfer des Pfarrers gab uns eine Unruhe ins Herz,

die uns fühlen ließ, daß unser Herz noch schlug, obwohl wir gerichtet und getötet hatten.

Ganz langsam fanden wir zum Nebenmann, ganz langsam zum Leben.

Zuerst waren es einige, die von Zelt zu Zelt gingen, um Lieder und Choräle zu singen. Aber es wurden mehr, denn die Sänger wurden nicht angebrüllt.

Zum Weihnachtsfest war unter denen, die keine Gnade gekannt hatten, eine Gemeinde entstanden. Wir wußten endlich, daß Gott die Liebe ist, daß ER seinen Sohn zu unser aller Errettung auf die Erde geschickt hatte wie den rattenköpfigen Pfarrer in das Gefangenenlager. Und wir falteten unsere Hände und nachts heulten wir in unseren Drecklöchern wie kleine geprügelte Kinder, die ihren Vater verlassen hatten.

Der arme Wusch

Ich muß es hier erwähnen, daß ich am Rande eines Bauerndorfes wohne. Das Haus gehört mir nicht, aber eine Stube habe ich gemietet. Wenn ich die Tür öffne und einen Schritt nach draußen mache, stehe ich auf einer Wiese.

Ich gebe zu, daß es einige Monate dauerte, bis ich hier die Stille ertragen und schließlich schätzen lernte. Denn bevor ich dieses Dorfleben begann, wohnte ich in der Großstadt und war deshalb an allen möglichen Lärm und Umtrieb gewöhnt, daß ich die Gräser vor meiner Tür tatsächlich für stumm hielt. Sie sind aber in Wirklichkeit alle sehr lebendig, sie können singen und sogar lächeln.

Im Sommer sitzen die Grillen im Gras. Wenn ich mitternachts vor der Tür stehe, höre ich das Grillenlied des Friedens. Es steigt aus allen Wiesen auf, als ginge der Gesang dieser kleinen Tiere um die ganze Erde.

Es kommt vor, daß ich in solchen Nächten plötzlich die Menschen anderer Länder sehe: ich höre die Tamtam-Trommeln der Neger und verstehe die Gebärden der Negermütter. Mich erreicht das laute Gesumm eines japanischen Winddrachens, dessen Schnüre von kleinen gelben Händen gehalten werden. Und manchmal kommen Papierschiffchen an meiner Tür vorbei, die in den Gehsteigen aller Länder von hundert oder tausend Kindern aufgegeben werden, wenn der Regen auf die Erde fiel und an den Straßenkanten lange Bäche entstehen. Dann glaube ich, daß mich alle dort draußen hören, und ich bin den Grillen sehr dankbar.

Nur für ein paar Minuten wollte ich damals die Stube verlassen. Ich stand wieder vor der Wiese, aber es war noch nicht Nacht. Nur der Wald, der an einer Seite des Dorfes beginnt, sah schon wie ein dunkler Berg aus, ich konnte die einzelnen Baumstämme nicht mehr erkennen. Das war eine Dämmerung im Herbst, gleich mußten die Farben der Äcker und Wiesen ineinanderfinden.

Da sah ich über ein Stoppelfeld einen schnellen Schatten laufen, und als er mehrere hundert Meter entfernt war, erkannte ich einen Schäferhund. Das Tier kam auf mich zu, als gehöre es längst zu mir und ich hätte es soeben gerufen. Ich stand unbeweglich vor der Haustür. Je näher der Hund kam, desto langsamer lief er. Dann war er plötzlich sehr nah, daß ich sein Fell hätte berühren können. Und das hatte ich tun wollen. Als ich meine Hand ausstreckte, sprang er zurück, und mit wenigen Sätzen war er hinter der Hausecke verschwunden. Ich lief sofort hinterher, sah das Tier aber nirgends. Dann rief ich: Bitte, komm doch. Aber es half nicht.

Ich habe ihn erschreckt! rief ich laut.

Das Stehen vor der Tür gefiel mir nicht mehr, ich ging in die Stube und setzte mich an den Tisch. Der Tisch war leer, obgleich ein Federhalter, viel Papier und Bücher herumlagen.

Du hast ihn fortgeschickt, sagte einer in mir.

Nein, du wolltest ihn nur streicheln, sagte der andere.

Hört auf zu streiten, unterbrach ich beide, ich werde ihn suchen.

Da erhielt ich eine unerwartete Antwort auf meinen Entschluß. Denn als ich aufstand und mich zum Fenster umdrehte, schrie ich beinah vor Schreck: von draußen blickten die Augen des Schäferhundes in die Stube. Ich konnte mich vor Überraschung nicht von der Stelle bewegen, versuchte aber, mir das Gesicht des Tieres einzuprägen. Durch die Fensterscheibe prüfte mich dieses Gesicht, und es war so stark und gegenwärtig, daß ich kaum atmen konnte. Ich weiß nicht, wie lange das gegenseitige Ansehen dauerte, ich weiß nur, daß auf einmal meine beiden Streitenden zu singen begannen. Vielleicht hatte das der Hund sogar gehört. Er stellte nämlich die Ohren hoch, erhob sich und legte seine Vorderpfoten auf das Fensterbrett. So verharrte er sehr lange. Ich machte ganz winzige Schritte und konnte mich zentimeterweise der Glasscheibe nähern. Endlich war es gelungen, ich stand dicht am Fenster. Wir sahen und erkannten uns wie zwei Brüder, die durch ein Gefängnisgitter leise von der Freiheit sprechen.

Wo kommst du her? flüsterte ich.

Er verstand mich aber nicht. Die Glasscheibe forderte das stumme Gespräch. Ich dachte aber nicht näher darüber nach und sagte etwas lauter: Du wirst hungrig sein, bitte lauf jetzt nicht fort, wenn ich zur Tür gehe. Weißt du, ich öffne sie nur und zeige mich nicht. Du kannst dann langsam in die Stube kommen, wenn du Furcht hast.

Ich wollte es tun, wie ich es versprochen hatte. Ich ging zur Tür und drückte auf die Klinke. Das Schloß knarrte aber so entsetzlich laut, daß ich ungeduldig wurde und die Tür aufriß. Dann lief ich schnell in eine Ecke meiner Stube und wartete. Ich starrte solange auf die geöffnete Tür, bis ich auf dem Stuhl einschlief und erst erwachte, als sich ein Gewitter zusammenzog und der kalte Luftstrom die Stube ausfüllte.

Ich ging hinaus. Die Nacht war inzwischen in jedes Grasbüschel gekrochen. Über dem Wald zuckte schon das ferne Gewitter, es rumorte durch die Finsternis. Ich blieb draußen und lief um das Haus und danach fast bis zum Wald. Ich fand ihn nicht. Der Gewitterregen stürzte herab und trieb mich in die Stube.

Es war ungefähr eine Woche vergangen, und ich hatte während der letzten Nacht unentwegt geschrieben, als gegen Morgen mehrmals an meine Tür geklopft wurde. Zunächst dachte ich an den Hausbesitzer, aber beim Öffnen sah ich die Hinterpfoten des davonspringenden Hundes.

Weshalb verläßt du mich? rief ich sofort, du wolltest doch zu mir!

Er war wieder hinter der Hausecke verschwunden, mußte sich aber umgedreht haben, denn nun blickte sein Kopf hinter der Mauer hervor. Jetzt merkte ich, wie gut mich die Morgenluft nach der langen Arbeit erfrischte. Sie nahm den Rest meiner Müdigkeit. Ich sprach sehr langsam: Nun siehst du mich von dort an. Weshalb läufst du davon, wenn ich komme? Ich bin deinetwegen unter dem Gewitter draußen gewesen und habe oft in den letzten Nächten wachgelegen. Ich bereitete allerlei Mahlzeiten für dich, und du stehst dort an der Ecke und es scheint so, als wolltest du mit mir spielen. Begreife doch: ich habe nichts gegen ein Spiel mit dir, aber es muß so eins sein, das beide beglückt. Ich weiß ja nicht, ob du das verstehst: du quälst mich mit deinen plötzlichen Besuchen. Bitte, bleib hier – oder antworte wenigstens, wie oft du noch kommen willst.

Er antwortete tatsächlich und kam mir einen Schritt entgegen. Vielleicht genügt es, sagte er, vielleicht kann ich jetzt sogar bleiben.

Ich hörte vor Freude wieder meine beiden Streitenden in mir singen.

Du bleibst also? rief ich.

Es ist noch nicht entschieden. Du weißt nicht, weshalb ich zu dir komme.

Nun, ich denke mir, du könntest Gefallen an mir finden…

Er stand jetzt zwei Meter entfernt, und er hielt den Kopf schief. Ich schämte mich wegen meiner Worte.

Das gehört dazu, sagte er leise, aber ich komme noch aus anderen Gründen.

So sag sie doch, bat ich.

Er senkte den Kopf und lief etwas auf und ab. Dann blieb er in größerer Entfernung stehen. Von dort sagte er ruhig: Ich kann dir meine Gründe nicht sofort nennen. Nach und nach will ich es tun, das verspreche ich dir. Bitte, vertraue mir. Ich komme zu dir, weil ich glaube, daß du einen Fremdling nicht anders behandelst als dich selbst.

Seine Worte enthielten trotz ihrer Bestimmtheit einen trübseligen Klang.

Ich danke dir, antwortete ich. Dann streckte ich wie vor einer Woche die Hände nach ihm aus. Er wich zurück und versteckte sich hinter der Hausecke.

Was ist geschehen? rief ich, verzeih mir bitte! (Ich sehe noch sein ganz und gar ehrliches Gesicht und höre noch seine Stimme.)

Deine Augen kenne ich, sagte er und stand noch immer hinter der Ecke, daß nur sein Kopf zu sehen war, aber deine Hände sind mir unbekannt.

Du entsetzt dich vor ihnen?!

Beinah. Es ist vielleicht ein Irrtum.

Komm in meine Stube, dort sprechen wir weiter, sagte ich. Du wirst auch etwas essen wollen.

Sprich nicht vom Essen, wenn es um deine Hände geht.

Aber weshalb stören sie dich denn so?

Es ist bei allen Händen das gleiche: ich habe vor den Fäusten Angst.

Er senkte wieder den Kopf. Doch er kam dafür auf mich zu. Ich hatte bei seinen Worten meine Hände geöffnet und sie ihm entgegengehalten.

Weißt du nicht, daß die Augen und die Hände verwandt sind? fragte ich ihn, als er sich zu meinen Füßen niedergesetzt hatte.

Nein, ich weiß es nicht. Ich habe mehr Fäuste gesehen als Augen. Daran liegt es.

Du bist lange unterwegs gewesen, sagte ich.

Wir sind alle unterwegs, entgegnete er. Dann fragte er nach einer Pause: Hast du mehr Augen als Fäuste gesehen?

Ich konnte ihm nicht gleich antworten. Er sah es mir an. Er legte seinen Kopf auf meine Schuhe, und seine Augen waren kreisrund.

Du brauchst es mir nicht zu sagen, es könnte dich und die anderen Menschen herabsetzen, wenn du es zugibst...

Ich gebe es zu, antwortete ich, wir haben beide Furcht.

Er stand auf und sprang an mir empor. Wir sahen uns wie vor einer Woche an. Nur die Glasscheibe fehlte jetzt. Er ahnte, daß ich daran dachte.

Sind wir in diesem Augenblick beide frei? fragte er.

Ja, sagte ich, wir haben kein Mißtrauen in uns.

Gut, dann will ich dir meinen Namen sagen: sie nennen mich den... armen Wusch.

Ich war bei der Namensnennung zusammengefahren, weil die Bewohner des Dorfes stets diesen Namen erwähnten, wenn sie von einem Hund sprachen, der in der Umgebung sein Unwesen trieb und nachts die Menschen erschreckte. Sie sagten, er würde fürchterlich heulen, als wäre er ein vom bösen Geist besessenes Tier.

Und der Kopf dieses geheimnisvollen Hundes war jetzt nur einige Zentimeter von meiner Kehle entfernt. Nach den Schilderungen der Bauern verfügte dieses Tier über ein außerordentliches Gebiß. Der Name des Hundes war in einem Kreis mehrerer Männer an einem Abend in der Dorfgaststube entstanden. Einer hatte erzählt, wie er den flüchtenden Hund verfolgte. Der Mann hatte ungefähr diese Worte gebraucht: Und ich sage euch, als ich ihm den Knüppel über den Kopf schlagen wollte – wusch – fort war er! Ein anderer Mann hatte ironisch erwidert: Das kann ich mir denken. Du hättest ja auch dem armen Kerl keine Gnade gegönnt! Seit diesen Stunden hieß der umherstreunende Schäferhund ›Der arme Wusch‹.

Viele wurden aufgerufen, aber niemand meldete sich als Besitzer des Tieres. Auf seine Gefangennahme war ein größeres Stück Geld ausgeschrieben.

Die Vorderpfoten des armen Wusch lagen noch immer auf meiner Schulter.

Du weißt vielleicht, ergänzte er meine Gedanken, daß sie nicht auf mich schießen. Sie wollen mich lebendig haben. Sie wollen mir in den Hals sehen und mit Gummihandschuhen die Böswilligkeit aus meiner Kehle reißen.

Du könntest mich jetzt festhalten und die Nachbarn rufen. Der Gemeindevorsteher würde dir gern das Geld auszahlen.

An meine Nachbarn hatte ich überhaupt nicht gedacht. Aber wenn sie mich hier vor der Tür mit dem armen Wusch gesehen hätten, wären schon die Feldjäger gekommen. Ich sah mich um, ob uns vielleicht eine Uniform belausche, aber es war wohl noch zu früh.

Wir wollen in die Stube gehen, bevor sie wach werden und uns sehen, sagte ich schnell. Er folgte mir. In der Stube blieb er neben dem Stuhl stehen, auf dem ich in der Gewitternacht eingeschlafen war.

Leg dich bitte neben diesen Stuhl... sagte ich. Er kauerte sich hin.

Aber du setzt dich ja nicht auf den Stuhl?

Nein, sagte ich, du siehst, daß ich eine Decke auf den Fußboden lege. Ich werde mich auf die Decke setzen. Wir verstehen uns besser, wenn wir in gleicher Höhe sitzen.

Es ist gut, wenn man nicht immerfort den Kopf hochrekken muß, sagte er wie für sich.

Wie steht es mit deinem Hunger? fragte ich. Ich habe noch vom gestrigen Mittagessen ein paar Kartoffeln und etwas Suppe.

O ja, ich bin sehr hungrig.

Ich brachte ihm eine Schüssel, und er fraß sie ohne Unterbrechung leer. Dann legte er sich wieder neben den Stuhl. Er streckte sich aus. Mir fiel auf, daß er sich nicht bedankte. Aber ich dachte, es sei vielleicht seine Art, seinen Dank mit dem Ausstrecken anzudeuten.

Eine längere Weile sprachen wir nicht. Ich beobachtete etwas später, daß er den Kopf bewegte, um sich in der Stube umzusehen.

Willst du sie auswendig lernen? fragte ich.

Er schüttelte den Kopf.

Sie ist mir nicht fremd. Ich kannte sie schon, als ich dich zum erstenmal sah.

Und weshalb schaust du in jede Ecke?
Weil ich dich dann in den Ecken sehe.
Ich schwieg.
Nicht wahr, du bist verwundert, daß ich dich nicht angreife, sagte er plötzlich.
Ich verstehe dich nicht!
Erinnerst du dich an die Gespräche der Bauern? Erinnre dich: ich habe vor einem Monat einen Knaben erschreckt. Er mußte ins Bett und bekam Fieber. Er phantasierte nachts und schrie auf. Ich hatte am Waldrand gesessen und war ihm entgegengesprungen.
Du... wolltest ihn anfallen? rief ich.
Hm, das hättest du nicht fragen sollen. Du kennst mich eben noch nicht.
Er schloß die Augen wie in Müdigkeit.
Aber weshalb bist du auf das Kind losgegangen?
Ich bin nicht auf das Kind losgegangen. Ich bin ihm entgegengesprungen. Das Kind winkte mir. Aber eine Bauersfrau sah mich und schrie meinen Namen, und der Knabe wurde ganz weiß. Um ihn nicht vor Schreck zu töten, lief ich schnell davon. Sie schrien hinter mir her.
Ich stand auf vom Fußboden und ging ans Fenster.
Was... wolltest... du von dem Kind, fragte ich.
Spielen. Ich wollte mit ihm spielen, aber die Glasscheibe war dagegen. Der Knabe flüchtete vor mir, obgleich ich mit ihm spielen wollte. Und ich mußte flüchten, um seinen Schreck zu mildern – um mich vor den Schreienden zu schützen – obgleich ich wieder versucht hatte, mich ihnen zu nähern. Ich werde meinen Namen nicht los. Du kennst den Viehhof? Was gestempelt ist, kann geschlachtet werden.
Ich wagte es nicht, mich nach ihm umzusehen. Meine Fragen mußten ihn gequält haben. Aber ich sagte zu ihm – und es galt auch für mich: Ich werde mir Mühe geben, daß der Stempel gelöscht wird.

Sechs Wochen später fanden sich mehrere Bewohner des Dorfes vor meiner Tür ein und forderten die Herausgabe des armen Wusch.

Weshalb kommen so viele von Ihnen? fragte ich bestürzt.

Das können wir Ihnen erklären, schrie ein älterer Mann, weil Sie ja auf einen von uns nicht hören würden. Ihr Wirt hat Ihnen doch wiederholt gesagt, daß Sie den Hund bei der Behörde abgeben sollen.

Er gehört mir nicht, aber er gehört zu mir, antwortete ich erregt.

Er gehört denen, die ihn dorthin bringen, wo er seinen Zweck erfüllt!

Ein Tier ist kein Zweckding, ein Tier ist ein lebendiges Wesen! Ich sagte es schon: er gehört hierher! Was wollen Sie außerdem von mir?

Ich ließ die Leute in die Stube.

Hören Sie, begann wieder der Ältere, Sie wissen nichts von ihm. Der Hund ist gemeingefährlich. Wenn Sie ihn nicht der Öffentlichkeit übergeben, werden wir andere Wege gehen müssen!

Verzeihen Sie, unterbrach ich den Sprecher, was ist das: Öffentlichkeit?

Sie empörten sich über diese Frage und ließen sie unbeantwortet.

Und was nennen Sie in Ihrem Alter: andere Wege? Ich glaube, daß niemand von Ihnen imstande ist, etwas Nachteiliges über den Hund zu sagen.

Das Biest hat uns andauernd erschreckt und zum Narren gehalten! zeterte eine Frau.

Sie haben mich mit Ihren Drohungen besonders stark erschreckt, sagte ich. So etwas würde zum Beispiel dieser Hund niemals tun. Er bleckt wohl die Zähne und springt über Ihre Wege, aber er zeigt sich eindeutig. Worte wie ›Öffentlichkeit‹ und ›andere Wege‹ sind sehr undurchsichtig und viel gefährlicher, weil sie dem Hinterhalt dienen. Es liegt mir nicht daran, mit Ihnen zu streiten. Lassen Sie bitte das Tier bei mir.

Es wird Sie nicht mehr erzürnen. Ich denke, daß Sie mithelfen, einem Ausgestoßenen die Lebensrechte zu schaffen.

Ein hochgewachsener, muskulöser Mensch stellte sich vor mir auf. Er gestikulierte mit halbgeschlossenen Händen, aus denen zwei Fäuste wurden, als er mir ins Gesicht schrie: Das paßt uns nicht, sage ich Ihnen! Denken Sie, wir wollen unsere Kinder Ihretwegen ins Krankenhaus oder auf den Friedhof bringen? Mit dem Jungen, den das Biest erledigen wollte, ging's noch mal gut. Wer weiß, was beim nächsten Mal sein wird!

Es gibt kein nächstes Mal, sagte ich. Außerdem wollte der Hund mit dem Jungen spielen.

Wer sagt Ihnen denn das?! riefen einige.

Der Hund selbst hat es mir gesagt.

Es war heraus, ich konnte es nicht mehr zurücknehmen. In der Stube wurde es augenblicklich still. Sie sahen mich alle an.

Da sagte der eine in mir: Beste Gelegenheit, sie jetzt zur Tür hinauszuwerfen!

Nein, sagte der andere, sei geduldig und laß dich nicht in Grobheiten ein! Versuch' es, sie zu verstehen.

Ich begreife, daß Sie meine Antwort mißbilligen, sagte ich, aber es ändert nicht die Tatsache: der Hund wollte mit dem Kind spielen. Es liegt an Ihnen, daß Sie es glauben und dem Hund einen Namen geben, der ihn nicht an Ihr Mißtrauen erinnert.

Der Muskulöse hob seine rechte Faust und drohte dem armen Wusch, der in der Ecke lag und zugehört hatte: Dich kriegen wir schon!

Der Hund sprang auf. Seine Augen veränderten sich und das Weiße neben der Pupille trat nach vorn.

Da – er fängt schon wieder an! schrien alle.

Wirf sie raus! rief der eine in mir.

Still! sagte der andere.

In höchster Erregung ermahnte ich den Muskulösen: Bitte zeigen Sie dem Hund nicht die Faust!

Sehr richtig, lachten einige, aber wir werden Ihnen die Fäuste zeigen!

Und mit einer ausholenden Armbewegung gab der Muskulöse den anderen das Zeichen zum Gehen.

Abknallen sollte man das Vieh! rief der Ältere beim Verlassen der Stube.

Ich ging dem Älteren hinterher.

Das kann nicht Ihre Überzeugung sein, sagte ich zu ihm.

Gehen Sie mir aus dem Weg! sagte er.

Ich betrachtete sein graues Haar, und dann ging ich ihm aus dem Weg. Ich sah ihnen nach, wie sie über die Felder ins Dorf liefen. Ich hörte sie laut reden. Es war einer der Tage im Spätherbst, wenn die Sonnenstrahlen in jeder Furche liegen und an den schwarzen Bäumen ein vereinzeltes Blatt rot aufleuchtet, um sich dem Flug zur Erde zu überlassen, dem großen, kurzen Flug, den es sein Leben lang reifte.

Riesige Stahlträger halten die Kabel, die den elektrischen Strom über das Land leiten. In der Vorwinterszeit hocken dort oben neben den Trägern die krächzenden Krähen. Sie haben so vieles mit den Grillen gemeinsam.

Aber da gingen einige Menschen die ›anderen Wege‹, und sie hörten nicht darauf, was diese Vögel zwischen Himmel und Erde zu sagen hatten.

Und die Gefährten dieser Menschen, zu denen der Hausbesitzer zählte, der mir die Stube abvermietet hatte, zeigten sich bald als ›Öffentlichkeit‹, die ihrerseits gegen mein Verhalten mit Feldjägern und Kündigung der Stube vorging.

Wieviel Tage sind es noch? fragte mich der arme Wusch.

Übermorgen muß ich das Haus verlassen.

Bitte, bring mich zu ihnen, sagte er, sie geben sonst keine Ruhe.

Aber ich habe ihnen doch alles erklärt. Ich dachte, sie würden darüber nachdenken. Ich hätte ihnen nicht zugetraut, daß sie einen Polizisten schicken.

Du bist ein eigenartiger Mensch. Du brauchst sehr lange, bis du einsiehst, daß sie nicht anders können, als sich gegen deine Meinung aufzulehnen. Dieses Auflehnen hat nichts mit Böswilligkeit zu tun. Sie haben sich selbst noch nicht verstanden, das ist es. Davon geht ihre Hartnäckigkeit aus. Und wer sich sein Leben lang nicht verstand, sagt noch als Greis: Abknallen! Gib nach und bleib hier.

Das Nachgeben bedeutet in diesem Fall deinen Tod.

Oh, bevor sie das tun, gibt es noch viele Formalitäten. Sie werden erst ein Weilchen verhandeln, um festzustellen, wem ich gehören könnte. Sie sind sehr korrekt in diesen Dingen.

Verzeih mir..., unterbrach ich ihn plötzlich,... es ist das erstemal, seit wir uns kennen, daß mich diese Frage so unruhig macht: wem gehörtest du, bevor du in dieses Dorf kamst?

Damals gehörte ich schon zu dir. Meine Mutter wurde acht Wochen nach meiner Geburt von einem Auto überfahren. Sie hatte ihr Leben lang das Haus jener Leute bewacht, die mich dann dafür bestimmten, den leeren Platz auszufüllen. Ich bekam die Kette, und meine Sprünge waren begrenzt. Man begann einen Unterricht. Ich wurde zuerst erzogen, den Fremdling anzuknurren. Eines Nachts wurde mir die Kette abgenommen, meine Ausbilder hatten ihr Ziel erreicht: ich sollte den Fremdling anfallen und nach seiner Kehle schnappen. Du wirst sagen: Ein Fremdling darf sich nachts eben nicht dem Haus nähern, er ist auf jeden Fall verdächtig. Aber dieser Mann, den ich anfiel und schwer verletzte, war der Bruder des Hausherrn. Er kam unerwartet zu Besuch. Er kam nachts, weil sein Zug Verspätung hatte. In derselben Nacht wurde er ins Krankenhaus gebracht, und der Hausherr schlug in höchster Wut auf mich ein. Mit einem Spazierstock. Mit dem gleichen, der mir bei der Ausbildung vorgehalten wurde. Ich wurde von nun ab unsicher. Vor jeder kommenden Nacht fürchtete ich mich, und ich fühlte noch immer die Prügel, als klopfe der hölzerne Spazierstock meinen Herzschlag aus.

Dann kam eine alte Frau in der Morgendämmerung und steckte Zeitungen in den Briefkasten des Hauses. Sie ging auch noch um das Haus herum und legte eine Zeitung vor die Kellertür. Ich knurrte sie an, wagte es aber nicht, sie anzugreifen. Der Hausherr fand dann die Zeitungen. Ich weiß noch jede Einzelheit, wie er angelaufen kam und mir mit dem Papierbündel aufs Gesicht schlug. Das reicht jetzt, mein Freundchen, schrie er, dafür gebe ich dir nicht zu fressen, damit du solche Leute ans Haus läßt, die mir mein Geld mit Zeitungen stehlen wollen! Du hast nicht aufgepaßt, es reicht jetzt! Ich wußte, daß er einen Schrank mit Gewehren besaß. Trotzdem konnte ich nicht fortlaufen, weil ich ihn noch liebte. Das andere ging sehr schnell: er kam zurück, hob sein Gewehr und schoß. Der Schuß traf nicht.

Das Aufblitzen hatte sein Gesicht verdeckt. Ich lief davon, ehe er den zweiten Schuß abfeuern konnte. Ich war entkommen. Ich versuchte später, mich an sein Gesicht zu erinnern. Ich sah dann nur das gelbe Aufblitzen, das mich nachts in den Wäldern und im Dorf herumjaulen ließ. Es durchzuckte mich bis zu dem Tag, als ich durch die Glasscheibe in deine Stube sah. Dieser Augenblick beendete meine Verwahrlosung. Nun weißt du alles. Jetzt ist das Aufblitzen von deinem Gesicht verdeckt.

Ich ging zu ihm und setzte mich neben ihn.

Er lief am nächsten Tag aus der Stube und blieb einige Stunden fort. Ich hatte ihn gebeten, zu bleiben, aber er war auf einmal von einer Unruhe befallen, die mich unschlüssig machte. Es war keine Furcht, die ihn fort zog, eher wirkte dieser Aufbruch wie das Zeichen einer guten Ahnung. Als er über die Felder lief, hatte ich jedoch den Eindruck, ich würde ihn nie wiedersehen. Ich dachte: er wird sich ausliefern, um mich zu entlasten. Ich machte mir den Vorwurf, ihn fortgelassen zu haben. Dann rief ich mir sein Versprechen in Erinnerung, wonach er ganz gewiß wiederkommen wollte. Aber sein bestes Wollen wäre verhindert gewesen, wenn ihn die Feldjäger gefangen hätten.

Ich bereitete meinen Auszug vor. Jeder Handgriff machte mir Mühe, weil sich zu meinem Bedenken mit jeder vergangenen Stunde der Schmerz wegen meines Leichtsinns verstärkt einstellte.

Als er gegen Abend endlich zurückkehrte, fiel ich auf die Knie und drückte mein Gesicht in sein Fell.

Du brauchst nicht auszuziehen, sagte er gedehnt.

Was hast du getan? rief ich.

Es war gut, daß ich heute draußen war.

Er kauerte sich hin, seine Augen hatten den Glanz einer Heiterkeit, die sonst nur in den Mienen beschenkter Kinder zu finden ist.

Als ich zu dir kam, nannte ich dir einen meiner Gründe. Ich sagte dir, du könntest jemand sein, der den Fremdling wie sich selbst behandelt. Jetzt kann ich es dir sagen: du bist es. Aber ich verschwieg dir das andere. Ich wollte in dir suchen, ob ich die Hände der Menschen wieder ertragen könnte. Ich habe viel bei dir gefunden, und dieses ›Viel‹ hat mir geholfen, vorhin hinter das gesuchte Geheimnis zu kommen.

Er hob den Kopf und sprach nun stockend, als würgten ihn diese Worte: Als ich heute draußen war, fühlte ich etwas vor mir, das ich nicht kannte. Es hatte mich schon gerufen, als ich noch in der Stube war. Deshalb bat ich dich, mich gehen zu lassen. Ich weiß nicht, vielleicht hatte ich beim Laufen sogar die Augen geschlossen. Ich lief bis zur Stadt. Alles um mich her flackerte wie ein Feuer. Es blendete mich, und wieder schloß ich die Augen. Dann empfand ich plötzlich: hier ist das Geheimnis. Ich wagte nicht, mich zu regen. Ich fühlte es genau: der Lärm und das Flackern versuchten mich abzulenken. Und mit einem Mal gingen zwei Hände über meinen Kopf, ruhten aus, blieben schließlich auf mir liegen, und ich öffnete die Augen. Ein blinder Mann stand vor mir. Er bewegte seine Lippen. Ich war zur rechten Zeit gekommen: er hatte über den Fahrdamm gehen wollen. Er hielt sich an mir fest, als ich mit ihm durch den Lärm und das flackernde Feuer lief. Er sah mit meinen Augen.

Der Hund legte seinen Kopf auf meine Schuhe und richtete sich gleich wieder auf.

Ich bin gekommen, um mich zu verabschieden, sagte er. Laß mich frei und schick mich fort zu dem Blinden.

Er hielt den Kopf zur Tür: Wir wollen uns nicht mehr ansehen. Wir müssen uns ganz anders verabschieden. Bitte berühre auch nicht mein Fell – es trägt den Abdruck seiner tastenden Hände. Ich kann dich nur verlassen, wenn du mir hilfst, dein Gesicht zu vergessen. Du wirst mich schlagen und davonjagen müssen.

Sofort schloß ich die Tür auf. Ich griff nach einem Buch, hob es hoch und warf es mit großer Wucht auf die Erde, dazu schrie ich wie einer, dem die Kehle zugeschnürt wird: Viehzeug! Viehzeug! Viehzeug! Fort von hier! Komm nie wieder! Nie wieder! Nie wieder!

Er sprang hinaus. In diesem Augenblick sah ich in das zufriedene Gesicht des Hausbesitzers. Mein Geschrei hatte ihn herbeigeholt.

Na endlich, leierte er, also doch noch vernünftig geworden. Dann packen Sie man Ihre Koffer wieder aus.

Da geschah es, daß sich der Hund, entgegen seiner vorherigen Bitte, umdrehte und mich ansah.

Ich habe das gewollt, sagte er, verzeih mir, daß ich das mit dem Fortjagen erfand. Ich habe dir nie gedankt, jetzt danke ich dir. Sie werden dich nun in Ruhe lassen. Er hat ja deinen Schrei gehört, und morgen wissen es die anderen. Sie hätten dir nicht geglaubt, daß ich zu dem Blinden gehe.

Es war wieder eine Dämmerung. Die Farben der Felder und Äcker waren schon ineinander übergegangen. Über ein Stoppelfeld lief ein schneller Schatten, und als er mehrere hundert Meter entfernt war, stand ich immer noch unbeweglich vor der Haustür. Ich konnte nicht einmal meine Hände ausstrecken.

Der Lumpensammler

Der Schnee deckte alles zu, und der Lumpensammler war auf dem Kutschbock eingeschlafen. Er schlief schon seit einer halben Stunde, sein Schnurrbart wurde an den Spitzen auffällig weiß, als wäre der Mann plötzlich gealtert. Und wie die Bartspitzen von der eisigen Witterung verfärbt wurden, so geschah es auch mit den Händen des Lumpensammlers. Sie lagen übereinander in seinem Schoß, aus den blaugefrorenen Fingern wuchsen die Zügel hervor, die jetzt beim langsamen Dahinrollen des Wagens über dem Deichselbalken pendelten und den alten Mann mit dem Körper des Pferdes verbanden.

Als der Kopf des Lumpensammlers nach vorn gesunken war, hatte das Pferd ohne den gewohnten Zuruf ›Nun geht's, Baldi‹ angezogen, und nun lief es vor dem Wagen her, zog ihn mit merkwürdiger Sicherheit durch die weißen Straßen der Stadt, als verstünde es den Schlaf seines Herrn und sei von einem anderen dazu beauftragt, den Schlafenden nach Hause zu führen.

Die Hufe des Tieres drückten Löcher in die Schneedecke, und die Räder des Wagens zeichneten lange Streifen links und rechts neben diese Löcher, so daß jetzt beim heftigen Schneefall die Spuren gleich wieder undeutlich wurden und aussahen wie eine liegende Leiter, die mit jedem Schritt des Pferdes wuchs.

Die Häuser schienen unbewohnt, und die Fenster blieben fest verschlossen. Vielleicht lag es auch an den vielen Eisblumen, die selbst die Scheiben unkenntlich machten, daß die Fassaden der Stadt im reglosen Spalier dastanden und teilnahmslos manchmal einen Menschen durch eine klagende Tür entließen, um einen zweiten wie ein verirrtes Herbstinsekt mit der gleichen Öffnung zu verschlucken.

Der Lumpensammler sah nichts davon. Er sah einen Lichtkreis, der nicht zu den Laternen gehörte, die jetzt mit einem einzigen Aufglimmen überall in der Stadt die Minuten des Tages auszählten.

Und dieser Tag war einer der Festtage gewesen, die das alte Jahr mit dem neuen verbanden. Alle Autobesitzer saßen nun hinter den Eisblumenfenstern und klagenden Haustüren in ihren Wohnungen. Deshalb hatten die Straßen ihren Feiertag, und sie empfanden das leichte Fahrzeug des Lumpensammlers wie ein Geschenk. Aber vor allem konnten die Laternen wieder nach Monaten in ihr eigentliches Leben zurückfinden, ja vielleicht erfreute das sogar einige Fußgänger, wie die Kandelaber nun dieses Straßenmeer mit dem Glanz der Rettungsbojen bewachten.

Das Pferd zog den Wagen auch an den Laternen vorüber, und in einer menschenleeren Straße erhob sich die liegende Leiter. Der herabkommende Schnee bildete einen festen Halt für die aufsetzenden Hufe des Tieres, und die Räder des Wagens vertrauten dem dunkelblauen Raum, weil sich in seiner Ausdehnung ein flimmerndes Netz der Sternstraßen befand, die dem Lumpensammler und seinem Pferd eine gefahrlose Reise zusicherten.

Es ereignete sich also zu der Zeit, als die Menschen die Maschine und den Motor liebten und von den Maschinen und den Motoren keine Liebe zurückempfingen, daß eine Schneespur zur schräg stehenden Leiter wurde. Außerdem zog ein Pferd mit der alten Verläßlichkeit, die es auf der Erde bewiesen hatte, einen rollenden Wagen, auf dem ein alter Mann saß, diese schräg stehende Leiter hinauf, und so stieg ein ganzes Gespann über die Dächer der Stadt und höher und höher.

Dieser Vorfall hätte natürlich als unerhörte Neuigkeit viele starre Hebel in andere Richtungen gestellt, und man hätte die bisherige Ordnung angezweifelt. Aber es ist ja keinem Menschen aufgefallen, denn die Gegenden, wo so etwas unverhofft passieren kann, sind immer menschenleer.

Der Lumpensammler erwachte, als jemand zu ihm sagte: Lieber Freund, es hat wenig Sinn, hier zu schlafen.

Er öffnete noch nicht die Augen, sondern rief nur: Lauf, Baldi, wir sind ja bald da!

Ihr seid schon da, sprach wieder die gleiche Stimme. Hier beginnt die Stadt, meine Freunde.

Da hob der Greis die Augenlider und sah einen Mann neben dem Wagen stehen, der ihn anlächelte.

Du warst sehr müde, sagte der Mann. Jetzt wird es dir keine Mühe bereiten, wach zu bleiben.

Der Lumpensammler sprang hoch vom Kutschbock und blickte um sich. Zuerst runzelte er die Stirn, dann glättete sie sich. Er sah die Dächer einer unbekannten Stadt, sah Straßen und viele Gärten. Mit der linken Hand winkte er seinem Pferd, als hätte es sich selbst ausspannen können, um neben ihn zu treten.

Baldi, du bist zu weit gelaufen, sagte er, aber es lag kein Vorwurf in seiner Stimme.

Dein Pferd ist zwar weit gelaufen, aber nicht zu weit, entgegnete der Mann, der den Greis geweckt hatte. Und nach einer Pause sagte er: Wie gefällt es dir hier?

Hier war ich noch nicht. Wieviel Lumpensammler gibt es hier?

Die Stadt empfängt jeden als den ersten.

Hm, das ist wohl eine Stadt, die viel auf Sauberkeit hält?

Der Mann lächelte nur, und der Lumpensammler spürte keine Kälte mehr in seinen Fingern. Er nahm seine große Schelle in die rechte Hand und holte weit aus. Das dünne Metall und der kleine Klöppel gaben sonst einen bimmelnden Ton von sich, darum war der alte Mann erstaunt, zu sehen und zu hören, wie die Schelle wuchs und eine Glocke daraus wurde, die schließlich den Umfang seines Oberkörpers hatte und richtig läutete, ruhig, ohne den alten blechernen Anschlag.

Nun geht's, Baldi!

Langsam wie vorhin rollte der Wagen, aber er rollte der

Stadt entgegen. Der Lumpensammler machte die Augen schmal, weil eine Gestalt an der Seite seines Pferdes mitlief. He, was tust du da bei Baldi?! Steig doch auf, wenn du mitkommen willst!

Die Gestalt drehte sich um, und der Alte erkannte den lächelnden Mann.

Ich danke dir für die Einladung zum Mitfahren, nur kann ich auf diese Art das Pferd besser führen.

Das laß man schön sein! Baldi braucht niemand zu führen, Bruder!

Da erschrak der Lumpensammler über zweierlei: über seinen groben Zuruf und weil er den anderen plötzlich mit ›Bruder‹ angeredet hatte. Der Mann, der das Pferd führte, verbeugte sich vor dem verwirrten Greis, und im gleichen Augenblick klang die Glocke so beifällig, daß der Lumpensammler in seiner Bestürzung ebenfalls den Kopf neigte. Als er wieder aufsah und dabei die Schelle sinken ließ, befand er sich schon in einer langen Straße, die ihm deshalb sofort bekannt war, weil die Häuser hier einen ähnlichen Schein ausstrahlten wie das Gesicht des Mannes, der ihn begleitete. Aber bald merkte er, daß diese Häuser ganz anders beschaffen waren als alle Häuser, die er in seiner Erinnerung trug. Sie unterschieden sich auf den ersten Blick nicht besonders von den Wohnungen der armen Leute, und bei näherer Betrachtung wurde ihm bestätigt, daß es sein Altstadtviertel sein könnte, in dem er jahrelang die Lumpen, die zerrissenen Kartoffelsäcke und hunderterlei Kramzeug gegen ein paar Pfennige gesammelt hatte, um es dann mit seinem Aufschlag an einen Großhändler zu verkaufen. Aber trotzdem die Häuser so bekannt vor ihm standen, zeichnete sie etwas aus, das der Alte nicht verstand.

Baldi, murmelte er, was ist hier bloß passiert?

Hier werden die Türen nicht abgeschlossen, antwortete der Begleiter, und das Pferd wieherte. Es hob den Kopf zu seinem Herrn auf, der noch immer auf dem Kutschbock stand. Die Mähne des Tieres schimmerte im Licht der Häuser.

Der Lumpensammler wollte etwas erwidern, da wurde es in den Wohnungen lebendig. Er sah viele Frauen, Männer und Kinder auf seinen Wagen zukommen. Sie trugen zu zweit je einen Korb voller Lumpen. Er sprang vom Kutschbock herab und lief nach vorn zu seinem Pferd. Mit seinen klobigen Händen streichelte er zuerst die Stirn des Tieres, dann, als der Strom der Tragenden nicht abriß, schlug er wie ein Kind beide Hände aneinander und umarmte den Mann, der jetzt etwas entfernt stand und dem Alten zugesehen hatte.

He, Brüderchen, wenn ich diese Fuhre verkaufe, kann Baldi wochenlang Hafer fressen! Schau dir das an: alles saubere, schöne Flicken, alles leuchtende Fäden!

Aber gleich danach verstummte der Lumpensammler, und er sah sein Pferd an.

Das muß ich alles wieder abladen, flüsterte er. Ich hatte nie in meinem Leben so viel Geld, um eine ganze Fuhre sofort zu bezahlen.

Du brauchst hier kein Geld, sagte der Begleiter, das wurde dir geschenkt.

Der Schnurrbart des Alten zuckte, und seine Augen zuckten doppelt so sehr. Er preßte beide Hände an seinen Körper: Das kann doch nicht wahr sein!

Du mußt deinem Pferd danken, sagte der Lächelnde, es hat dich in dieser Nacht vor dem Erfrieren bewahrt.

Was sagst du da, Brüderchen? Wie war das – ich versuchte zwischen den Feiertagen ein paar Lumpen zu kaufen. Hm, die Leute rührten sich nicht. Sie hatten vielleicht zuviel gegessen, ja. Meine Kehle wurde heiser, denn ich mußte oft vom Wagen steigen und vor den Häusern die Schelle schlagen und laut rufen. Es machte niemand auf. Sie hatten keine Lust, bei der Kälte die Türen zu öffnen. Ich fuhr dann übers Land. Eine Bäuerin gab mir einen Schnaps. Der wärmte zuerst, dann muß ich aber eingeschlafen sein. Bei solcher Kälte ist das Einschlafen gefährlich. Du hast recht, Brüderchen, Baldi ist ein gutes Tier. Aber warum siehst du mich so an?

Der Mann hatte tatsächlich den Lumpensammler unentwegt angesehen, und nun sagte er zu ihm: Steig auf, lieber Freund, ich habe eine Straße für dich.

Der Alte folgte diesen Worten, und das Pferd zog an. Beim Rollen begann auf dem Kutschbock die Schelle zu läuten, und der Lumpensammler erblickte den Mann, der sich jetzt wie ein Engel erhob und plötzlich sehr große Hände bekam, daß eine Hand genügte, um darin das ganze Gespann aufzunehmen. Und so rollte der Wagen des Lumpensammlers über diese großen Hände, die sich im Wechsel aneinanderlegten.

Der Wagen war jetzt leer, dafür spürte der Alte etwas Neues, das ihn wie eine Pelzweste umgab. Und sooft sie Rast machten, konnte das Pferd den Kopf in eine Krippe stecken. Dann stand das Gespann nur auf einer Hand, und die andere schüttete Hafer in den Futterkasten.

Es war eine unendliche Brücke, die den Lumpensammler, das Pferd und den Wagen trug.

Wenn der heftige Schneefall alles verwandelt, wer will dann die schrägstehende Leiter ableugnen oder beweisen? Gewiß, wer das Geschehnis in der menschenleeren Straße nicht wertet, wird zunächst beipflichten, wenn erzählt wird:

Der Schnee deckte alles zu, und auf dem Kutschbock eines langsam rollenden Wagens saß ein Träumender, ein Mann in den Sechzigern, der für wenig Geld von armen Leuten Lumpen kaufte, um sie mit geringem Verdienst an einen Altwarenhändler abzugeben.

Er bevorzugte bei seinen täglichen Ausfahrten das Altstadtviertel. Er war dort aufgewachsen und hatte dort hinter den Särgen beider Eltern über das Leben und seine künftigen Jahre nachgedacht. Er hatte dann als Waisenkind gelernt, wie Papierblumen hergestellt werden, aber er konnte sie nicht leiden, weil sie ihn an die Grabkränze seiner Eltern erinnerten. Die Altstadt ließ ihn nicht fort, und nach der Schulzeit schickte sie ihn in die Lehre. Die Altstadt war beinah wie eine Mutter, denn in den engen Straßen wohnten Menschen, deren Kinder neben den Mülltonnen groß wurden, und diese Menschen verstanden ein Waisenkind besser als die grauen Häuser und Anstalten, in deren Mauern das Lachen der elternlosen Kinder erstickt.

Er sollte Tischler werden, aber seine Liebe gehörte den Tieren. Wenn die Gesellen mit Steinen nach den Katzen warfen, wurde sein Gesicht rot vor Angst. Er wohnte bei seinem Meister und stand noch früher auf, als es nötig war. Das tat er, um eine halbe Stunde lang die Amseln auf den Dächern zu beobachten oder von den Hunden, die nachts durch die Straßen liefen, das Geheimnis der Einsamkeit abzulesen. Im dritten Lehrjahr hatte er große Freude am Gespräch mit den Augen aller Tiere. Er wußte bald: sie sehen mich an, sie sagen ganz gewiß etwas, sie sagen sogar etwas von mir und sagen etwas über dieses Leben, aber sie sehen mich nur an. Jedes Tier wartet auf mich, es bittet, daß ich Frieden finde, damit es von seinem Unfrieden befreit werde.

Und dann war dieser graue Tag seines Lebens gekommen. Sein Meister hatte die Werkstatt geschlossen. Gesellen und Lehrlinge sollten die Stadt für einen Ausflug verlassen. Sie sangen miteinander und tranken Bier und tranken zuviel. Auf dem Rückweg geschah es: die johlende Gruppe sah einen Frosch über die Straße springen, und fast alle bückten sich, hoben Steine auf und warfen. Der Frosch erreichte nicht mehr die andere Straßenseite. Das Tier lag erschlagen auf der Landstraße. Da hatte dieser großäugige Lehrling plötzlich neben den anderen gestanden und hatte gesagt: Das war ein Mord! Und er wurde angeherrscht: Weshalb ein Mord? War das ein Mensch? Er hatte nur zurückgefragt: Warum habt ihr das getan? Aber sie waren schon über ihn hergefallen, weil sie keine Antwort gewußt hatten. Am nächsten Tag sah ihn niemand mehr in der Werkstatt.

Er kam erst nach Jahren wieder zurück. Er hatte in den Kohlenbergwerken gearbeitet und mit den blinden Grubenpferden Seite an Seite geschlafen, er hatte gespürt, daß die Köpfe dieser Tiere auch von den Sünden der Menschen geduckt wurden. Immer, wenn er ein Grubenpferd einen Kohlenwagen ziehen sah, meinte er, in dem Wagen säßen prassende Menschen, denen es gleich ist, ob für sie ein Mensch oder ein Pferd verkümmert und ausgemergelt auf der Strecke bleibt.

Er hatte Geld mitgebracht und bald nach seiner Rückkehr in der Altstadt einen Schuppen gemietet. Er hatte sich ein Pferd gekauft, einen hölzernen Wagen und eine Handschelle. Er wurde der Lumpensammler, als den ihn jeder kannte. Sein erstes Pferd war ihm bald gestorben, und er hatte ein zweites kaufen müssen, der Wagen mußte oft repariert werden, nur die Handschelle hielt über Jahrzehnte.

Und ein Mann in den Sechzigern, wie er einer war, schläft manchmal etwas länger als ein junger Mann.

An einem Tag zwischen Weihnachten und Neujahr war er also auf seinem Wagen eingeschlafen, denn eine Bäuerin hatte ihm einen doppelten Schnaps aus ihrer Stube gereicht. Nun war der Kopf nach vorn gesunken, und das Pferd Baldi zog diesen Träumenden, der seit seiner Jugend geträumt hatte und doch kein Faulenzer gewesen war, auch an den Laternen vorüber, die flackernd den Fahrdamm säumten. In einer menschenleeren Straße blieb das Pferd stehen, die Wagendeichsel knarrte. Auf der Mähne des Tieres lag der Glanz einer Straßenlaterne. Die Spuren von Pferd und Wagen blieben fest und unlösbar mit der Schneedecke verbunden, und schon nach Minuten war nichts mehr von ihnen zu sehen, der Schnee deckte alles zu.

Das Pferd hatte genau vor dem Schuppen gehalten. Als sich der Alte nicht bewegte, machte das Tier einen ruckartigen Schritt zurück. Aber der Alte murmelte, ohne die Augen zu öffnen: Lauf, Baldi, wir sind ja bald da.

Da rief jemand im Vorübergehen: Wach auf, alter Freund, du bist zu Hause!

Der Lumpensammler hob die Augenlider und sah sich um, konnte aber nur eine forteilende Gestalt erblicken.

Einer, der zur Arbeit muß, sagt er zu sich. Er muß mich gut kennen, sonst wüßte er nicht, daß hier mein Schuppen steht.

Der Alte kroch schwerfällig vom Kutschbock herab, lief mit halbgeschlossenen Augen zur Tür des Schuppens und kramte schließlich einen Schlüssel aus seinen Taschen, den er dann in das Schloß stieß. Noch immer wie ein Schlafender, zog er den rechten Torflügel auf. Das Holz gab dabei einen klagenden Ton, wie ihn zu dieser Zeit fast alle Türen gaben. Beim Öffnen brach ein morsches Brett aus der Tür. Wie ein fallender Baum klatschte es auf den Gehsteig.

Für denjenigen, der das erste Geschehnis in der menschenleeren Straße nicht wertet, wird dieser Bericht nun seltsam und zweifelhaft wirken, daß selbst der laute Aufschlag des abgebrochenen Brettes den Alten nicht beirren konnte, mit gleichgültigen Handbewegungen das Tor vollends zu öffnen und dem Pferd eine kaum hörbare Weisung zu erteilen, den Wagen in den Schuppen zu führen.

Als Tier und Wagen unter Dach waren, zog der Lumpensammler die Türflügel zurück. In der menschenleeren Straße bedeckte der Schnee das abgebrochene Brett.

Der Alte spannte das Pferd aus. Die Deichsel fiel zu Boden, als wäre sie aus den Händen eines Kindes gefallen. Sonst zündete er seine Stallaterne an, bevor er sich zum Schlafen niederlegte, sonst sprach er noch mit dem Pferd. Er löschte dann erst das Licht, wenn die eingekauften Lumpen sortiert waren und wenn er somit die Ausfahrt für den nächsten Tag vorbereitet hatte. In dieser Nacht griff der Alte nur einmal in die Manteltasche und gab dem Pferd ein Stück Zucker und ein paar Haferkörner. Dann lehnte er sich für einen Augenblick an den Pferdeleib, lief danach zwei oder drei Schritte im dunklen Raum auf und ab und setzte sich auf das Lager des Pferdes.

Er fiel langsam zur Seite und schlief sofort ein.

Dieser Vorfall, daß ein Mensch nicht mehr den nächsten Tag vorbereitete, hätte als Neuigkeit keine Wirkung gehabt, weil zu der Zeit, als die Menschen die Maschine und den Motor liebten und keine Liebe von den Maschinen und den Motoren zurückempfingen, solch eine Nachricht zur täglichen Gewohnheit geworden war.

Der Mensch hatte wenig Zeit für sich und seinen Nebenmann, er speiste und pflegte sehr sorgfältig tage- und nächtelang die großen und kleinen Maschinen, und er vergaß es auch nicht ein einziges Mal, den Motoren die nötige Obhut zu schenken, weil sie ja sonst nur eine kurze Lebensdauer haben.

Es kam ein Sturm auf, der sich wie ein Rachen über die Dächer breitete und allen Schnee ansaugen wollte. Was am Tage zur Erde getaumelt war, stieg ohnmächtig aufwärts und wirbelte an hundert Fensterscheiben vorbei, drang in jeden Türschlitz und wurde auch durch jenes klaffende Loch geschleudert, vor dem ein morsches Brett lag. In der Nähe des Schuppens glühte der Lichtkreis einer Laterne wie eine Fackel, die jemand in höchster Gefahr ständig auf- und abschwenkt. Wem dieser Hilferuf der Laterne galt, war nicht sofort zu erkennen, zunächst kam nur der gehetzte Schnee und flüchtete durch die Öffnung in den Schuppen, um weiterer Verfolgung zu entgehen.

Jetzt wurden die Huf- und Wagenspuren freigefegt. Sie zeichneten sich nur schwach auf der festen Schneedecke ab, aber das unruhige Licht der Laterne schien auch diese Spuren um Hilfe zu bitten. Sie richteten sich für einige Sekunden zitternd auf, als sei aus ihnen eine unendliche Leiter geworden. Nach einigen Atemzügen schlug der Sturm mit Peitschen auf die Verwandlung ein, und er heulte vor

Schadenfreude, als er das Glas am Kandelaber der Laterne zerbrach und der zuckenden Glühbirne den Lichthof nahm.

Er reihte seine letzten Kräfte auf eine klirrende Kette und ließ sie kreisen. Ihre Umdrehungen zerrissen die frostige Luft, daß ein Lärm in dieser Nacht die Stadt erfüllte, als fielen Eisplatten auf die Dächer.

Der Sturm kämpfte dann noch für einige Stunden mit seiner Erschöpfung, aber vor der Morgendämmerung schlich er kleinlaut davon.

Es war ihm entgangen, daß sich das Loch in der Schuppentür von innen geschlossen hatte, als draußen vom zerbrochenen Kandelaber die Glassplitter in den Schnee gefallen waren.

Und so erwachte der Lumpensammler, als jemand an seine Schulter faßte und zu ihm sagte: He, alter Freund, ich glaube, du hast genug geschlafen.

Es bereitete ihm große Mühe, die Augen zu öffnen. Als er es zur Hälfte tat, sah er in das besorgte Gesicht eines Mannes, der sich über ihn beugte.

Wach nur ganz auf, Alter, rief der Mann, und dem Lumpensammler kam die Stimme bekannt vor. Er richtete sich auf, spürte aber seinen eiskalten Körper und schlug die Hände aneinander.

Das hätte dir wenig geholfen, wenn du nicht dein Pferd gehabt hättest!

Dem Lumpensammler war die Stimme des anderen nicht unangenehm, doch hielt er ihn für eine Erscheinung, und er fand es müßig, sich mit einer Erscheinung zu unterhalten. Er klopfte sich den angewehten Schnee vom Mantel.

Plötzlich schnitt das leise Gewieher seines Pferdes derart in seine Abwesenheit, daß er die Augen aufriß und dann das hingekauerte Tier neben sich erkannte, mit Decken und alten Kartoffelsäcken bedeckt. Nur der Kopf des Pferdes lag frei. Und vor diesen Augen, die ihn fiebernd ansahen, verlor der Alte seine Müdigkeit. Er redete auf den anderen ein. Ohne gefragt zu werden, sprach er von sich und dem Pferd und von den letzten schlimmen Wochen, als er kaum ein paar Pfund Lumpen zusammenbekommen hatte. Und der Mann, der vielleicht auch deshalb in diesem Schuppen stand, um einem Menschen zuzuhören, wurde dem Lumpensammler von Minute zu Minute bekannter, bis der Alte die Hände ausstreckte und fast schrie: Ja, dich hab ich schon gesehn, dich hab ich schon gesehn!

Da lächelte der andere: Du hast ein gutes Gedächtnis. Ich kam gestern abend vorüber und hab' dir zugerufen, weil du sonst vom Kutschbock gefallen wärst.

Der Lumpensammler murmelte etwas, dann sagte er: Hm, ich dachte, ich hätte dich woanders gesehn.

Wer weiß, sagte der andere, jedenfalls kam ich vorhin wieder vorbei, und da sah ich ein Loch hier in der Tür. Er sprach jetzt sehr langsam: Und als ich mich bückte, bewegte sich etwas hinter dem Loch. Es war der Rücken deines Pferdes. Das Tier hatte sich vor die Öffnung gelegt, um die Kälte und den Schnee abzufangen. Es hat dich in dieser Nacht vor dem Erfrieren bewahrt.

Da verbeugte sich der Lumpensammler schwerfällig vor dem Mann, und er blickte dann verwirrt zu seinem Pferd hinüber. Er fühlte die Wiederholung einer Begebenheit. Er flüsterte: Baldi... Baldi.

Seine ganze Gestalt sah geduckt aus, mit seinen klobigen Händen suchte er die Stirn des Tieres. Sein Schnurrbart zuckte und seine Augen zuckten doppelt so sehr.

Nach einer Weile sagte er: Ich hatte gedacht, es sei alles aus. Niemand wollte bei der Kälte die Türen öffnen. Sie sind nicht schlecht, vielleicht hatten sie zuviel gegessen. Sie sind so verschieden und man kann in dem Augenblick, wenn sie nicht aufmachen, erledigt sein.

Dann sprach der andere zu ihm.

Spann deinen Wagen wieder an, wenn sich das Tier erholt hat. Bis dahin werde ich für Hafer sorgen. Für dich wird auch das Essen da sein. Ich kann dir kein Haus bauen, alter Mann, ich wohne selbst wie die Ratten. Aber du kannst zu mir kommen, wenn du nicht weiterweißt...

Und der Alte spürte plötzlich etwas Neues, das ihn wie eine Pelzweste umgab.

Du... kennst mich... doch... gar nicht, stotterte er.

Ich kenne dich, ich wohne in deiner Nähe, sagte der andere.

Der Alte empfand diese Worte, als fiele Hafer aus einer großen Hand in einen Futterkasten.

Dann ging der Mann.

Der Lumpensammler setzte sich neben sein Pferd. Er stand aber gleich danach wieder auf und kramte eine Säge und mehrere Holzlatten hervor. Während er an der schadhaften Tür hantierte und die Öffnung, vor der das Pferd in dieser Nacht gelegen hatte, zunagelte, dachte er an die Tischlergesellen, an den toten Frosch und an den Mann, der ihn geweckt hatte.

Als er wieder neben dem Pferd saß und dessen Augen so dicht vor sich sah, daß er sie mit seinen eigenen Augen hätte berühren können, war ihm, als wäre er über eine lange Brücke gegangen.

Die Wiederkehr des heiligen Franz

Einmal kommt der heilige Franz ganz gewiß wieder hierher. Dann sind die Vögel miteinander im Wettstreit, den schönsten Lobgesang zu finden für Gott den Herrn.

Selbst das Miauen der Katzen, auf deren Rücken dann die Mäuse sitzen, wandelt sich in Gegenwart des Heiligen in eine Art Geigenspiel, und die Menschen werden das Schimpfwort Katzenmusik aus ihrer Sprache streichen müssen. Niemand wird die Sperlinge wegen ihrer Gassenhauer gering einschätzen, und die Steine werden sich weigern, in Schleudern gelegt zu werden, weil kein Lehrer seinen Schülern von der Spatzenplage erzählen wird.

Auch den Menschen wird es zuwider sein, sich gegenseitig das Leben so schwer wie möglich zu machen, und die Hausbesitzer werden es lächerlich finden, mannshohe Hecken vor ihren Türen zu haben.

O doch: es wird ein Garten sein, und durch diesen Garten des Friedens geht dann der Heilige Franziskus. Das Lächeln selbst ist er dann, und die Sonne über der Erde ist endgültig seine Schwester. Viele Menschen wird er grüßen, auch die Bäume, die Gräser, die Bäche und vor allem seine glückseligen Tiere.

Einmal geschieht irgendwo auf einer Straße, die so sehr der umbrischen ähneln wird, die damals den sterbenden Franz singen hörte, etwas ganz Unerwartetes.

Die Kuh bemerkt zuerst, daß die Fliegen einsehen, wie lästig es ihr sein muß, immer mit dem Schwanz zu schlagen. Außerdem geben nun die Fliegen endlich das beharrliche Sitzen an den Augenlidern auf, was selbst ein so großes Tier wie eine Kuh auf die Dauer quält und traurig macht.

Aber noch traut sie nicht der unbekannten Friedfertigkeit, deshalb trottet sie langsam über die Weide und muht leise, als bitte sie ein höheres Wesen um Aufklärung wegen der plötzlichen Veränderung ringsumher. Dabei begegnet sie einem schwärmenden Bienenvolk, das mit vielfachem Gesumm an ihrem Kopf vorbeifliegt, ohne sie zu belästigen.

Die Kuh blickt staunend in die Richtung der fortsummenden Bienen und entdeckt mit ihren weitgeöffneten Augen, daß nicht nur die Bienen in eiliger Reise die Straße am Rande der Felder erreichen wollen, sondern ebenso einige Libellen und Schmetterlinge. Gänzlich unverständlich ist ihr das neue Verhalten der Enten, die eigentlich immer, zumal an solchen Tagen der Sonne, dem Wiesenteich treu blieben, nun aber mit unbeholfenen Schritten der Straße zueilen.

Und da die schwerfälligen Sinne einer Kuh solchen Rätseln nicht sofort gewachsen sind, nimmt sie sich vor, zunächst den Wiesenteich zu befragen, ob dies alles ein irreführender Traum sei.

Sie hat es nicht weit bis zum Wasser.

Unterwegs überhört sie mit Würde das Gespräch zweier Amseln, deren Flugrichtung verrät, daß sie sich zu dem allgemeinen Aufbruch bekennen. Dann steht sie schon vor dem kleinen Gewässer und nimmt einen gehörigen Kuhschluck davon. Während sich der zitternde Spiegel des Teiches beruhigt, schlüpft an ihrem linken Huf eine Wasserspitzmaus vorbei, in großer Beweglichkeit, woraus zu ersehen ist, wie stark die neue Zeit diese Jägerin verzaubert hat. Bisher war sie nur darauf aus, viele Stichlinge zu erbeuten. Die Libellen sind ebenfalls fort. Die Kuh braucht auch nicht mehr vor den Wasserratten in Furcht zu geraten, sie vermochten dem ungewohnten Drang nicht zu widerstehen. Nicht einmal die zärtliche Bachstelze ist geblieben. Und der Laubfrosch muß die rotbauchigen Unken so schön gefunden haben, um mit ihnen eine hüpfende Wanderung zu jener merkwürdigen Straße zu beginnen.

Jetzt blickt die Kuh, behaglich ein Fleckchen Wiese wiederkäuend, in den totenstillen, glatten Teich und wird gewahr, daß sie es selbst ist, was dort unter ihr so schläfrig das Maul hin- und herschiebt.

Dann muß wohl alles so sein, wie ich es sah, muht sie, ich träumte also nicht.

Ihre dumpfe Stimme schreckt ein paar Fische auf, und die Oberfläche des Teiches bekommt einige Falten, als sei das Wasser ärgerlich über ihre Ruhestörung. Weil sie aber keinen Spaß daran hat, ihre Umwelt zu mißbilligen, unterläßt sie deshalb das Blöken und denkt für sich: Sieh an, die Fische sind hiergeblieben – na, es dürfte ihnen auch schwerfallen so ohne Wasser…

Nun wird ihr diese Stille unheimlich, in der sich das dünne Gewisper der Glockenblume wie donnerndes Kirchengeläut anhört. Sie dreht ihren Kopf zur Seite und läßt den ganzen Körper die Richtung zur Straße einnehmen.

Es mag sein, muht sie jetzt beim Laufen, daß dort so etwas wie ein neuer Weideplatz entdeckt wurde, der allen Tieren Futter bietet.

Mehrere Male schaut sie sich um, ob ihre Wiese ohne sie vielleicht weinerlich werden könnte, aber davon ist nichts zu spüren. Vielmehr, je schneller ihre Beine sie der Straße zutragen, um so lichtgrüner strahlt die Wiese, als freue sich das Gras, einmal den Wiederkäuer woanders zu wissen.

Die Felder, über die sie jetzt trottet, kennt sie annähernd gut. Sie war wohl schon einmal hier. Die Feldraine zwischen dem beackerten Land gefielen ihr auch damals. Jedenfalls kostet sie hier und da eine Butterblume, doch sie stellt fest, daß diese Feldraine niemals über solche Früchte verfügen wie ihre geliebte Wiese.

Plötzlich wird ihr Nachsinnen unterbrochen. Sie bleibt stehen und sieht dem einträchtigen Gehüpfe des Frosches und der Unke zu, die ihr beide den Weg versperren. Denn diese Feldraine sind ja sehr schmal, und die Kuh kann den Hüpfenden schlecht ausweichen, weil sie etwas auf vernünftige Ordnung hält und die jungen Pflanzen des Ackers nicht zertreten möchte.

Da Frosch und Unke nur mit großen Mühen vorwärts kommen, die Kuh aber den gleichen Weg hat, senkt sie langsam ihren Kopf und lädt beide ein, auf ihre Stirn zu springen. Das tun die Lurche sehr gern, zwei Sprünge also, und neben dem linken Ohr der Kuh sitzt die Unke, neben dem rechten der Frosch. Der Weg ist frei.

Während der letzten Schritte über den Feldrain fällt der Kuh ein, wie außerordentlich diese Stunde ist, denn eine prächtige Möglichkeit dieser Art, zwei Lurche auf dem Kopf tragen zu können, wäre ihr bisher wegen der lästigen Fliegen dienlich gewesen. Nun, es ist eben seit der seltsamen Wanderfreudigkeit zur Straße vieles anders geworden. Früher wäre ihr nie der Gedanke gekommen, Wasserpanscher auf ihre Stirn oder ihren Kopf zu bitten.

Und bald ist die Straße erreicht.

Vor diesem Anblick, der sich hier der Kuh bietet, geraten die Lurche in ein freudiges Gezappel. Die beachtliche Höhe bedeutet ihnen nichts, mit einem Trompetenschrei springen sie vom Kopf der Kuh ins Gras.

Die Kuh hingegen – vielleicht vom Quaken des Frosches angesteckt, vielleicht vor Erstaunen über das großartige Schauspiel dort auf der Straße, vielleicht aber auch allein aus der Einfalt ihres Gemütes geboren – hebt den Kopf beinah steil zum Himmel und verschenkt einen schönen, selten so gelungenen Gruß: Muuuuuhhh.

Ach, wer dürfte den Tieren nun Unehrlichkeit nachsagen, weil sie alle so stumm an der Straße stehen und auf den Bäumen sitzen, den schlummernden Bruder Franz anäugend? Gewiß, ein einmütiger Gesang oder ein fröhliches Krakeel wären bessere Kundgebungen ihres gemeinsamen Empfindens, aber dieser Augenblick läßt sie schweigen. Zu schön ist ihr geliebter Bruder Franz in seinem Schlaf, zu wunderbar ist seine Wiederkehr.

Vielleicht träumt er jetzt von ihnen, und schon deshalb halten sie wenig davon, ihn mit Gebell, Geschnatter oder Gezwitscher zu wecken.

Aber der lange, aufmunternde Gruß der Kuh beendet die Andacht der Tiere. Entsetzt über die grobe Verletzung ihrer Gefühle, drehen sie die Köpfe herum und blicken mit sehr anklagenden Augen die dicht hinter ihnen stehende Kuh an.

Die Spatzen, denen die Schweigeminuten unerträglich waren, fliegen aus den Blätterhäusern der Bäume auf, und mit Fleiß schreien sie ihre scheinbare Empörung in das Blau.

Natürlich wissen die Krähen, daß die Spatzen erfreut sind, endlich wieder schilpen zu können, und sie verteilen diese Kenntnis an alle anwesenden Tiere. Die gelassenen Hähne schlagen mit den Flügeln, und das große Kikeriki gibt allen Vier- und Zweibeinern das gültige Zeichen, tönend, wie zum Beginn eines neuen Tages, die Stimmen zu erheben.

Die Kuh ist neben dem Pferd das größte Tier in dieser Versammlung. Ohne auf das vorherige Geschimpfe der Spatzen geachtet zu haben, beobachtet sie, über die Köpfe der kleinen Tiere hinweg, unentwegt den schlafenden Bruder Franz.

So unbekannt ist mir der Schlummernde gar nicht, murmelt sie, aber daß ihn auch die anderen so schätzen, demnach wird er so etwas wie ein Hirte sein. Eigenartig, was ihn für eine Musik umgibt –

Und sie rückt dem Pferd nahe, schlägt einmal mit dem Schwanz nach ihm aus, damit es den Blick zu ihr wende.

Nanu, macht das Pferd und sieht die Kuh an, was hat dich so ausgeputzt? An deiner Stirn muß ein Sonnenstrahl hängengeblieben sein.

Was du mir erzählst –, antwortet sie leise, besser wäre, du würdest mir sagen, ob du auch diese Musik hörst, die von dem Schlafenden kommen muß.

Das Pferd stellt die Ohren hoch und gleich darauf sagt es: Wer soll jetzt unterscheiden, was Musik oder Herzschlag ist. Ich denke, es ist das Atmen dieses Menschen.

Dieses Menschen? sagt die Kuh, wann versammelten wir uns um einen Menschen?

Ach, dann gab es eben noch keinen richtigen Menschen, oder dieser hier ist ein besonderer. Vielleicht hat er nur die Nase und die Ohren von ihnen übernommen und tut eigentlich etwas ganz anderes als die Menschen. Siehst du, er hat aus sich überhaupt nichts gemacht. Seine Kleidung ist mir angenehm. Er wird wahrscheinlich früher einmal ein Knecht gewesen sein.

Und das Pferd will die Unterhaltung beenden und wiehern, aber die Kuh spricht schon: Ja, nun versteh ich auch, was mir der Ochs einmal erzählte. Meist hat er bei seinen Reden aufgeschnitten, um sich bewundern zu lassen, aber wovon er damals sprach, das war doch eine ähnliche Sache wie jetzt.

Da legt das Pferd den Kopf an das rechte Ohr der Kuh, ein wenig neugierig ist es schon geworden.

Na, flüstert es, und was erzählte der Ochs?

Die Kuh wartet zunächst. Dann steht sie völlig verändert, und mit doppeltem Sonnenstrahl auf der Stirn, auffällig dicht neben dem Pferd.

Also der Ochs wußte von seinem Urahn zu berichten, daß dieser eine Geburt erlebt hätte –

Was ist daran so merkwürdig, schimpft das Pferd.

Was bist du für ein Gaul! Der Urahn des Ochsen stand nämlich neben dem Strohhaufen, auf dem ein Kind armer Eltern lag, weißt du, ein Kind, aus dem ein erwachsener Mensch wurde. Und Nase und Ohren hatte dieser Mensch auch von den Menschen übernommen, aber er hatte später anders gelebt als die Menschen…

Ah, du meinst den König?

Ja. Er soll gute Hände gehabt haben.

Hm, es mag sein, daß er viel Heu verteilt hat.

Die Kuh antwortet nicht mehr. Der Jubel ihrer Mitgeschöpfe ist nun tatsächlich himmelhoch gewachsen.

Was ist dir? fragt das Pferd.

Ach, wer soll hier vernünftig reden können, der Lärm wird unerträglich. Ich höre die Musik nicht mehr.

Sieh an, du beschwerst dich! Hast du nicht vorhin mit deiner durchdringenden Stimme die Stille für überflüssig erklärt?

Aber jetzt flüstert die Kuh: Sei still! Schau dir das an: wie die Blüten der Wiesenblumen...!

Der Heilige hat die Augen geöffnet.

Franziskus steht auf. Er hat das Gesicht eines jungen Mannes, der ein langes Gebet sprach. Dann lächelt er, und die Tiere geraten darüber in große Begeisterung. Sie rücken dem Heiligen derart nah, wobei die Vögel über seinem Kopf kreisen, daß er beide Hände heben muß, um nicht erdrückt zu werden. Vor der segnenden Gebärde bewahren schließlich alle eine angemessene Haltung. Sie bleiben stehen und bilden einen Kreis um ihn. Nur die Vögel brauchen mehrere Minuten, bevor sie ihre Flüge beenden. Endlich hocken die meisten wieder auf den Bäumen, andere sind findig und suchen sich ungewohnte Rastplätze. Eine graue Taube läßt sich auf dem Geweih eines Hirsches nieder, und die Schwalben drücken ihre dünnen Füße in das weiche Rückenfell der Schafe.

Nun ist es in der Runde annähernd lautlos.

Franziskus hebt ein zweites Mal die Hände, die Innenflächen haben das Leuchten der Sonne.

Vielleicht ein Bruder des Königs, wispert das Pferd.

Es muß sich anstrengen, die Füße nicht vor Freude zu bewegen, denn unter ihm sitzen die Lurche im Gras.

Deine Anteilnahme ist unnötig, sagt die Kuh, wenn du nicht erkennst, daß er vor allem unser Bruder ist.

Aber das Pferd läßt nur sein Fell zucken, wie es früher wichtig war, um die Bremsenfliegen zu verscheuchen.

Doch hat dieses Zwiegespräch nicht mehr den Unterton eines Streites, vielmehr klingt im Laufe der Zeit wirklich alles Unstimmige ab. Deshalb kann es die Kuh nicht ertragen, die Eindrücke für sich zu behalten.

Du hattest vorhin recht, mir ist sein Kleid auch angenehm. Es wird Leinwand sein.

Das Pferd lächelt, während sie spricht, und es geschieht zum erstenmal auf dieser Erde, daß ein Tier lächeln kann. Zwischen den Nüstern glänzt ein verwandeltes Licht, wie es auf der Stirn der Kuh erschienen war. Sagt das Pferd: Man könnte ihn für einen starken Weidenbaum halten. Sein Kleid hat ungefähr die Farbe dieser Bäume. Und der Knecht des Gutsherrn legt mir gegen Winter einige Decken über den Rücken. Weshalb soll sein Kleid nicht aus diesen Decken gemacht sein.

Im gleichen Augenblick fliegt ein Sperling auf den Rücken des Pferdes. Der Vogel legt die Flügel zusammen, um sich mit kurzen Sprüngen der Mähne zu nähern, ohne Absicht, das Pferd herauszufordern. Die neue Zeit muß demnach schon mehrere Schritte getan haben, daß selbst ein Sperling ohne Geschrei seine Mitteilungen weitergibt, denn sein Verhalten deutet an, eine bestimmte Nachricht oder Meinung dem Pferd ins Ohr sagen zu müssen.

Die Sperlinge gehörten früher nicht zu den Vögeln, die artistisch begabt waren, doch wirkt jetzt die Geschicklichkeit des Sperlings selbstverständlich, indem er auf dem hochgestellten Ohr des Pferdes turnt und nicht das Gleichgewicht verliert. Endlich steckt er den kleinen gefiederten Kopf in die Ohrmuschel des Pferdes, und seine Stimme bemüht sich um einen gemäßigten Tonfall. Die folgende Rede erklärt diesen Fleiß:

Es ist kein Vergnügen, Bruder Pferd, deine Unterhaltung mit der Schwester Kuh stören zu müssen. Du weißt, daß ich dich seit Jahren als meinen Gastgeber liebgewonnen habe, der mir viele Speisen bietet. Ich bin nach wie vor dein dankbarer Bruder und werde auch weiterhin auf allen Landstraßen dein Lob singen. Nimm es also nicht krumm, wenn ich dir hiermit ausrichte, daß die Schwatzerei mit der Kuh möglichst als abgeschlossen gelten mag, weil der Heilige sicherlich etwas wichtiges zu sagen hat und durch mich die Ruhe herstellen läßt.

Das Pferd denkt für sich: Das ist nun ganz gewiß eine neue Zeit, wenn schon die Sperlinge erwählt sind, zur Stille aufzurufen...

Und dann nickt es.

Auf der Straße löst sich Franziskus von der Stelle, an der ihn die Tiere fanden. Zurück bleibt ein Stück blühenden Grases, dessen Grün sich ständig verwandelt und auf und ab wogt in hundert Arten der grünen Grasfarbe. Es kann nicht gefunden werden, ob Franziskus von den Sonnenstrahlen des Sommers seine äußere Gestalt bekommen hat oder als sichtbares Zeichen der Friedenssehnsucht aller Geschöpfe wieder auf der Erde erschienen ist, um den Zweifelnden die Hoffnung zu bringen und mit den Gläubigen gemeinsam die erlösende Bürde der Demut zu tragen. Gewiß ist nur, daß er seine Brüder, die er vor Jahrhunderten verlassen mußte, wieder umarmen möchte.

Ich danke dir, mein Bruder Sperling, ruft jetzt Franziskus, daß du an die Geschwister Kuh und Pferd meinen Auftrag weitergegeben hast! Nun kann ich beim Stillschweigen auch die Blätter der Bäume und Sträucher, alle Gräser und Halme, Blumen und Wurzeln begrüßen, und jedes wird den Gruß in alle Richtungen schicken. Nun wird der Käfer zu berichten haben, und der Hirsch braucht nicht den Hinterhalt zu fürchten. Jeder Zweig ist euch, die ihr im Walde wohnt, zum Gewehrlauf geworden. Das leiseste Geräusch im Untergehölz läßt euch eine unbestimmte Flucht ergreifen, weil der Mensch mit seinen Jagdtieren, den abgerichteten Brüdern Hund und Pferd, hinter euch her sein könnte. Ach, meine Brüder, ein anderes Halali will ich euch singen! Meine Grashüpfer, Sperlinge, Pferde und

Katzen! Alle Grillen rufe ich und die Hühner und Hähne! Kommt, Tiere des Feldes, der Wiesen und der Städte, gemeinsam wollen wir diesen Sommer finden!

Franziskus geht zu den Tieren. Lange bringt er bei jedem zu. Neben den kleinen kniet er nieder, und zu den großen hebt er seine Hände auf. Die Zeit kann nicht gemessen werden, wie es bisher üblich war. Die Tiere verspüren keinen Hunger, Franziskus gibt ihnen die größere Nahrung.

Neben dem jubelnden Kreis steht die Kuh, sie ist abseits geblieben. Während Franziskus seine Arme nach ihr ausstreckt, hält sie den Kopf gesenkt.

Allein, meine Schwester? fragt der Heilige.

Verzeih mir, antwortet sie, aber ich mußte an die Fische denken, sie konnten nicht mitkommen...

Da kniet Franziskus nieder und streichelt das Fell über ihren Hufen. Er sagt:

Wir wollen alle zu den Fischen gehen.

Sie sind unterwegs. Die Wiesen können sich nicht an solche einmütigen Wanderer erinnern, selbst der Huflattich, der an den Wegen viele Menschen erlebt, muß eingestehen, daß die Gemeinschaft der Tiere alles Bekannte weit zurückstellt. Der Heilige bittet einige Male, die Wanderschaft zu den Fischen zu unterbrechen, da ihm erst jetzt viele Tiere begegnen, denen der Weg zur Straße doch zu weit war.

Während einer Rast sagt das Pferd zu seiner Freundin: Ich freue mich, mit dir bekannt geworden zu sein. Man wußte zu wenig voneinander. Allerdings: gewisse Belobigungen entgingen mir nicht, wenn die Bewohner des Gutes von deiner Milch sprachen. Aber in meinen Kreisen hielt man dich für träge, man hatte auch etwas gegen deine Art, zu verdauen. Nun spricht der ganze Zug von deinen Eigenschaften. Deine Aufmerksamkeit für die Fische bringt eine Wendung in unser Leben. Wir haben dir sehr zu danken.

Oh, es war nicht meine Absicht, daß dieser Gedanke so

verbreitet wird. Ich schätzte die Fische bis vor kurzem nicht besonders, also gehört mir nicht der Dank, sondern dem Heiligen. Ich glaube, es sind augenblicklich eigenartige Dinge in uns, mit denen wir wenig anzufangen wissen.

Das gebe ich zu. Ist es dir eigentlich aufgefallen, mit welcher Munterkeit die Eintagsfliege dem Zug voranfliegt? Ich fand sie vorhin im Gespräch mit dem Frosch. Der war seinerseits kühn genug, den Storch um eine Luftreise zu bitten. Und tatsächlich, sage ich dir, dieser hatte plötzlich einen behutsamen Schnabel und ließ sich nicht lange bitten. Ach, Schwester Kuh, bekannt ist, daß ein Pferd alles weiß, aber seit der Ankunft des Heiligen wurden viele meiner Kenntnisse widerlegt.

Hm ja, entgegnet die Kuh, ein Pferd weiß eben doch nicht alles, und es ist gut, daß endlich eine Zeit gekommen ist, die solche Eitelkeiten nicht wertet. Übrigens, dieser erste Tag dürfte bald vorüber sein, ich bin deshalb verwundert, daß die Eintagsfliege ihr Liebesspiel dieser Wanderschaft opfert. Aber es sieht wohl danach aus, als würde ihr jetzt ein längerer Aufenthalt gewährt. Sie kannte bisher ihr kurzes Leben lang kein Ausruhen, stets mußte sie sich um ihre Nachkommenschaft sorgen. Man darf erwarten, daß sie länger leben wird.

Seltsam ist das, sagt das Pferd, worüber unterhalten wir uns nur? Mit einem einzigen Schnaufer konnte ich früher hundert dieser Fliegen in alle Winde treiben, vom Größenunterschied zwischen ihnen und mir ganz zu schweigen. Es wird also auch zwischen Schwach und Stark keine Bedeutung mehr sein. Vielleicht verfolgst du, daß ich meine Füße gar nicht selbst lenke. Jede Sehne ist einer übergeordneten Kraft gehorsam. Früher ist mir so etwas nie aufgefallen. Seit Stunden versuche ich, den Käfern und Heuschrecken auszuweichen, um sie nicht zu zertreten, aber soeben entdecke ich, daß sich dies erübrigt, denn meine Hufe verletzen nicht einmal das Gras, obgleich es nachgibt und sich unter meinem Beschlag zusammenkrümmt.

Die Musik macht es, die um ihn ist, daß sich alles so unerwartet fügt.

Du meinst seinen Herzschlag?

Wie du willst. Aber was tut er jetzt? Er hat wohl etwas bekanntzugeben?

Franziskus ist auf eine kleine Anhöhe gestiegen und kann von dort alle Tiere übersehen. Abermals leuchten seine Hände, dann beginnt er: Hört mir zu! Es ist euch gewiß nicht entgangen, daß ich soeben mit der Schwester Ente sprach. Sie wies darauf hin, vor dem Besuch der Fische noch ein krankes Schaf zu besuchen, das hier in einem der nächsten Bauernhöfe auf uns wartet. Seht, meine Brüder, als der König geboren wurde, machten die Hirten mit ihren Schafen eine mühsame Reise. Und dann sahen sie den König, und der Meister hat allen Hirten und Schafen einen besonderen Frieden geschenkt, der auch ihre Gesichter verschönt hat. Die Hirten und die Schafe haben dann den anderen Menschen und Tieren vom König erzählt. Dabei geschah es oft, daß die Einfalt des Schafes für Dummheit gehalten wurde. Seht, deshalb werden uns die Brüder Fische diesen Umweg vergeben!

Nun schreien die Hähne und Hühner ihren Beifall. Jetzt einen Bauernhof wiederzusehen, mit dem unsichtbaren Kleid eines neuen Lebens, das sich irgendwo zwischen dem Brustgefieder wie eine Heilung nach schmerzhafter Krankheit verborgen hält, jetzt zurückzukehren und selbst als Flügeltier ahnen, was es mit der Rückkehr jenes jungen verhärmten Mannes auf sich hat, den der Bauer in seine Arme schloß – und wie dieser Mensch zurückkam, besudelt vom Draußen, reingewaschen von der verzeihenden Gebärde des Vaters, der auf seinem Hof ein Fest ansagt wegen des Heimgekehrten – mit diesem Menschen verbrüdert, der auch seinen Heiligen fand, den wissenden Vater, so mit dem erlösenden Begleiter Franziskus die alten Plätze gackernd und krähend besuchen zu können, das richtet den Kamm am zuckenden Kopf wie eine Hand auf und läßt das starre Auge leuchten, als hätte die Pupille bisher nur trübes Licht gekannt. Und ihre Schnäbel sammeln vereinzeltes Stroh.

Wie wird den Hühnern plötzlich, Bruder Pferd?

Ja, vielleicht deuten sie etwas an. Man tappt eben seit dieser Neuerung umher, und erst von Stunde zu Stunde verläßt uns das Alte. Es ist wie ein Bad nach langer Anstrengung.

Hm, aber wo liegt da der Sinn, Stroh aufzuheben und es im Schnabel zu tragen?

Mag sein, daß es Stroh ist –

Was soll es sonst sein?

Es könnte von der Sonne stammen. Du selbst trägst ja so etwas auf der Stirn.

Ah, sollte es nur eine andere Form haben, und in Wirklichkeit ist es nichts anderes als dieses Licht, das auch zwischen deinen Nüstern schwebt?

Ich glaube, sie versuchen den Sommer für das kranke Schaf zu sammeln.

Dann kann es doch überhaupt nur Stroh sein, um damit das Krankenlager bequemer zu machen.

So könnte es sein. Übrigens, ich gehe jetzt ein Stück allein, beim Bauernhof siehst du mich wieder.

Soso, du willst also auch etwas aufheben. Aber du willst mir nicht sagen, was du für das Schaf ausgesucht hast –!

Das ist manchmal so meine Art, Schwester Kuh, flüstert das Pferd, und es ist absonderlich, wenn ein Pferd in sich hineinlacht.

Sie haben sich alle auf den Besuch des kranken Schafes eingestellt. Wann konnte berichtet werden, daß sich die Gelassenheit des Hirsches in der Gesellschaft der unsteten Hasen wohlfühlt? Wohltuend ist das wechselvolle Bild der voranfliegenden Schwalben. Manchmal versucht ein Rabe, leise zu singen. Die kletternde Lerche erreicht eine einsame Wolke, sie hat dort oben viel zu erzählen. Dann teilt sich die Wolke. Was vorher allein unterwegs war, löst sich auf in drei, vier oder fünf gehorsame Boten, die sich als einzelne entfernen, denn die Nachricht der Lerche soll den Sternen nicht unbekannt bleiben.

Es ist den Mäusen gelungen, vor allen anderen Tieren den Bauernhof zu erreichen. Der Stall, in dem das kranke Schaf liegt, ist mit einem hohen Holztor verschlossen. Die Mäuse ruhen sich aus.

Ich kenne den Hof, sagt eine.

Ich hatte Eltern, antwortet eine zweite, und man erinnert sich selten an sie, aber wenn ich geschlossene Türen sehe, dann ist auch der Käfig nicht weit. Es war gleich nach meiner Geburt, als meine Eltern unter eine Tür krochen – sie hatten einen Augenblick lang nicht mit dem Käfig gerechnet... Seit der Heilige da ist, habe ich keine Furcht mehr. Ich vermute, die Käfige sind wertlos geworden.

Wer weiß – ich sage dir nur, daß sie immer hinter den Türen in der Dunkelheit stehen. Die Drähte des Käfigs sind dünn, man sieht sie nicht, wenn man von draußen kommt. In dieser Dunkelheit riecht man aber den Speck besser, nur schmeckt es einem nicht mehr so richtig, wenn plötzlich die Klappe zuschlägt.

Woher weißt du das mit der Klappe?

Ich habe selbst im Käfig gesessen. Der Ton der Klappe ist unvergeßlich.

Und du konntest die dünnen Drähte zerbeißen?

Sie sind zwar dünn, aber niemand von uns kann sie zerbeißen. Du überschätzt die Kraft unserer Zähne. Ich will dir etwas erzählen. Eine meiner Schwestern hatte einmal mit Mühsal einen Gang fertiggestellt. Am gleichen Tage hatte sie noch ein kleines Loch genagt, aber am nächsten Morgen waren das Loch und der Zugang mit Glassplittern verstopft. Sie war eingeschlossen. Verzweifelt lief sie hin und her. Dann warf sie sich in ihrer Angst gegen den verstopften Zugang. Sie nagte und nagte, bis ihre Nase zu bluten begann. Sie hatte ein zerschnittenes Gesicht, als ich sie fand. Damals lernte ich: die Menschen zerschlagen Flaschen, und mit den schärfsten Splittern verschließen sie die Zugänge. Sie sind sehr begabt im Bau von Käfigen. Aber trotzdem befreite mich damals ein Mensch...

Ein Mensch? fragt die Maus, die genau zuhörte, hatte er etwas vor mit dir?

Ein kleiner Mensch war es. Ein Kind. Ich weiß nicht, weshalb es mich freiließ.

In der Tür zum Schafstall steht der Bauer und fuchtelt mit den Armen. Franziskus geht ihm entgegen.

Ich grüße dich im Namen Gottes, alter Mann!

Der Bauer überhört den Gruß. Bist du ein Tierbändiger?

Ich nenne die Tiere meine Brüder.

Also ein Verrückter! Was willst du auf meinem Hof?!

So, daß Franziskus ihn nicht verstehen soll, spricht er zu sich: Der wird für einen Zirkus unterwegs sein!

Und dann wieder laut und in großer Aufregung: Was ist das für eine Arbeit, sämtliches Viehzeug zu zähmen?! Bei mir findest du kein Futter für tausend Mäuler!

Der Bauer will sich umdrehen und die Tür schließen, da fragt ihn jemand: Alter Mann, hast du nicht gehört, daß dich dieser Tierbändiger, wie du ihn nennst, in meinem Namen gegrüßt hat? Macht es dir große Freude, wieder die Tür abzuschließen? Wieder – und auf immer so dein kurzes Leben lang? Und ich dachte, es würde dein altes Herz erfreuen, so viele Gäste zu haben.

Franziskus hält die Hände aneinander. Nichts regt sich um ihn. Die Tiere sind scheinbar ohne Leben oder erfüllt von doppeltem Leben, wer will es sagen? – Und der Leib des Bauern steht in seiner abweisenden Haltung wie versteinert. Aber von den Sommerwiesen kommt plötzlich ein großer Atem, und in den Wäldern wird daraus ein einstimmiger Gesang. Es tönt wie Amen, was sich jetzt mit unbekannter Eile dem Bauernhof nähert, und es wirkt wie ein Frühlingssturm, der die morschen Türen an den

Wohnungen der Menschen aus den verfaulten Füllungen reißt.

Die Augen des alten Bauern werden handtellergroß, er hebt den Kopf. Der erschreckte Blick aus diesen Augen sticht senkrecht in den Himmel. Sein Herz und alles an ihm erwartet eine Antwort.

Da blökt das kranke Schaf, und die Tiere antworten mit ihren Stimmen. Entsetzt starrt der Bauer in die weitgeöffneten Mäuler.

Siehst du nun? sagt Franziskus zu ihm, daß die Tiere kein Futter von dir wollen? Das Schaf, das krank im Stall liegt, gibt dir die Antwort auf deine Fragen. Bauer, die Welt sehnt sich nach Frieden, öffne das Tor zum Stall, du zeigst sonst, daß du geringer bist als das geringste Tier!

Franziskus spricht nicht mehr. Sein Mund ist verschlossen. Lange sieht ihn der Bauer an. Nach einer Weile schiebt er den eisernen Riegel zur Seite. Blökend richtet sich das Schaf vom Lager auf. Sein Fell flackert.

Langsam werden die Augen des Bauern kleiner, und als sie die natürliche Größe zurückhaben, sind es die Augen eines verschämten Menschen, der mit gesenktem Kopf über seinen Hof trottet, als wäre er ein Bettler, dem soeben dieser große Besitz geschenkt wurde.

Die Tiere gehen, fliegen und kriechen jetzt in den Stall. Viele müssen draußen haltmachen, weil sonst die Stallwände zerbrechen. Gleich hinter der Tür sitzen die Mäuse auf einem zerbeulten, umgestürzten Käfig. Ihre winzigen Augen blicken zum Schaf hinüber.

Das Pferd neigt den Kopf und legt ein großes Büschel Schafgarbe auf das Krankenlager. Die Kuh bringt die gleiche Blume, und während sie die Vorderbeine beugt, sagt sie: Nicht wahr, Bruder Pferd, das hättest du nie vermutet? Ich bin dir nämlich nachgeschlichen. Als ich sah, daß du von der abgemähten Wiese die Schafgarbe mitnahmst, dachte ich mir: das Pferd ist ja ein allwissendes Tier und irrt sich auch nie bei der Auswahl von Geschenken, von solch einem Tier kann man etwas lernen. Das ist – manchmal so meine Art, Bruder Pferd...

So eine Kuh, flüstert das Pferd, so eine Kuh.

Längst haben die Hühner und Hähne das mitgebrachte Stroh auf das Lager verteilt.

Franziskus setzt sich neben das Schaf. Er nimmt es in seine Arme und wiegt es. Da geschieht es, daß die Tiere nach und nach den Stall verlassen. Franziskus bleibt allein mit dem kranken Schaf.

Nun wird keine Nacht mehr so schlimm sein, sagt der Heilige zu dem Tier, bevor dieser Sommertag zu Ende geht, wirst du wieder umherspringen. Und – trage dem Bauern nichts nach, er wurde zu wenig geliebt. Wenn du ihm morgen begegnest, dann lehne deinen Kopf an ihn.

Später geht Franziskus hinaus zu den wartenden Tieren. Der Bruder Kuckuck soll kommen! ruft er.

Sofort schwingt sich der Vogel in die Luft, und vor den Füßen des Heiligen beendet er den kurzen Flug.

Dich bitte ich, bei dem kranken Schaf zu bleiben. Gib uns Nachricht, wenn es gesund ist.

Der Heilige segnet den Kuckuck und die Tiere. Während er die Hände erhoben hält, springt der Bauer herbei, um nicht abseits zu bleiben.

Ich habe euch vor Jahrhunderten gepredigt, Brüder Fische, und aus eurer Freude erkenne ich, daß ihr mich nicht vergessen habt. Fünf aus eurer Familie nahm der große Sohn und speiste mit jedem eintausend Menschen. Aber neben eurer Freude erkenne ich auch Todestrauer!

Brüder Fische, das Wasser ist eure Wohnung – da haben euch die Menschen mit ihren Waffen das Meer vergiftet, tiefkrank oder leblos trieben eure ungezählten Brüder in die Netze der Fischer und an die Ufer der Meere. Seht, unsere Wanderung hierher war erfüllt von vielen Gedanken an euch: ihr mußtet an eurem alten Platz bleiben und konntet nicht miterleben, was an diesem Tag geschah. Alles, Brüder Fische, ist möglich, wenn der Meister gehört wird – wie auch fünf Fische fünftausend Menschen zur Nahrung genügten.

Franziskus unterbricht sich. Dann etwas erregter, lächelnd, fast singend: Hört ihr den Kuckuck, meine Brüder? Das Schaf ist gesund! Jauchzt, jauchzt, Tiere des Feldes, des Wassers, des Waldes und der Luft! Fliegt auf, springt, kriecht, schwimmt und lauft! Bellt, kräht, flötet, pfeift, brüllt und wiehert!

Kein Stück Erde soll diese Trübsal tragen, die euch die Augen so starr machte und die Zähne so scharf!

Jauchzt, meine Brüder! Das Schaf ist gesund! Der Kuckuck ruft euer ewiges Leben aus! Seht die Marienkäfer, sie sind jetzt alle gezeichnet mit sieben Punkten! Fische, geschändete Brüder, taucht in die Tiefe – sagt, daß dieser Sommer des Meisters den Frieden gebracht hat! Gute Schwester Sonne, Mutter des Lichts, kreise, kreise, lobsinge, Amen.

Er winkt den Tauben, und sie erfüllen mit ihren Flügen den Himmel und die Erde.

Brotzeit

Als die Verkäuferin beschäftigt war, in der Backstube ein Kuchenblech zu suchen, meldete das Glockenspiel über der Tür des Bäckerladens, daß ein Kunde gekommen sei.

Aufsässig ging das Fräulein nach vorn, und hinter dem Ladentisch stehend, sah es den bebrillten Greis fragend an, der da offensichtlich kleine Geldstücke in seinen Händen umdrehte.

»Nun, was darf es denn sein?« räusperte sie sich.

»Ja, es darf wohl höchstens eine Semmel sein«, sprach der Alte, und beide Irispunkte in seinen Augen pulsten ein wenig unruhig.

Die Verkäuferin zog den Mund schmal, dann bückte sie sich zur Brotkiste und legte eine Semmel auf den Ladentisch. Dabei erklärte sie sachlich: »Bitte, das macht sechs Pfennige.«

»Bitte«, murmelte der steinalte Brillenträger versöhnlich, »bitte – ich habe nur fünf Pfennige.«

»Soso«, machte das Fräulein, und sie prüfte den Alten mit jenem wohlbekannten Blick, dem abgetragene Kleidung und leidvolle Mundwinkel willkommen sind, sich großmütig zu zeigen gegen den, der als Bettler erkannt wurde.

Da bestätigte schon die Verkäuferin ihren spionierenden Aufwand: »Hm, wenn's denn gar nicht anders geht« – worauf der Alte wirklich traurig seinen Kopf von links nach rechts wackeln ließ und die fünf Pfennige auf den Ladentisch zählte. Dann spreizten sich die Finger seiner rechten Hand, und sie waren vor der Fechterposition der Verkäuferin nichtsnutzig genug, die Fünf-Pfennig-Semmel in der Jackentasche verschwinden zu lassen.

Der Alte beging schließlich den Irrtum, beim Öffnen der Ladentür die Verkäuferin mit »Auf Wiedersehen« zu grüßen. Den Gruß überhörte sie, dafür hörte sie das kleine Gebell eines ganz winzigen Hundes, der für eine Pfotenbreite in den Laden sprang.

»Hunden ist der Zutritt verboten!« rief sie laut.

Der Alte sah sie verwundert an: »O ich hatte das Schild an der Ladentür gesehen. Der Hund blieb ja auch draußen.«

Diese Tür wurde geschlossen.

Zu verfolgen, weshalb das Tier die Ladengrenze verletzt hatte, versäumte die Verkäuferin wegen der Sorge um das fehlende Kuchenblech.

Schon in der Nähe nämlich und beinah dem Geschäft gegenüber, stand eine Holzbank, die der Alte für eine Siesta inmitten des unabläßlichen Straßenlärms auswählte. Als er dort saß, begann er an seiner Brille zu hantieren, während auf seinem linken Knie die Vorderpfoten des ganz winziges Hundes ausruhten.

Handgreifliche Tatsachen, wie das Halten und Abfahren gewalttätiger Motorräder oder der Torkelgang eines betrunkenen Kutschers, konnten den Mann nicht beirren, dem wartenden Hund die Semmel zu zerkleinern.

Stückchenweise drückte der Alte das Brot zwischen die langsamen Finger, und das aufgesperrte winzige Maul des ganz winzigen Hundes schnappte danach.

Der Alte sah weder hoch noch zur Seite, seine Aufmerksamkeit überließ er ausschließlich dieser Fünf-Pfennig-Mahlzeit. Viel Geduld vergab er an diese Minuten, bis nicht mehr zu erkennen war, ob der Alte den Hund fütterte oder umgekehrt.

Als zwei Drittel der Semmel verfüttert waren, verteilte der Greis den größeren Rest an das Tier, er selbst aß die zwei letzten Stückchen. Danach zog er ein Taschentuch aus der Hose, säuberte sich den Mund wie nach ausgiebiger Kost.

Der Hund hielt noch eine Weile lang die Vorderpfoten gegen das Knie des Alten, später kauerte sich das Tier unter die Bank.

Weil diese Bank keine Rückenlehne hatte, stützte sich der Greis mit beiden Armen auf das Sitzholz, und in dieser Sicherheit verharrte er neben dem heftigen Betrieb der Autostraße.

Es kam vor, daß der Hund seine Pfoten nach ganz winzigen Semmelkrumen ausstreckte, aber das gab sich, als nichts mehr zu finden war.

Ein wenig unruhig pulsten manchmal beide Irispunkte in den Augen des Alten, wenn sein Blick in Richtung Bäkkerladen abwich. Aber auch das gab sich, als zum Abend die Jalousie des Geschäftes über das Schaufenster wischte, – außerdem waren in der Hauptstraße helle Laternen zu sehen, denen der Alte stückchenweise und langsam nachging, weil ein ganz winziger Hund, wie er einen an seiner Seite führte, nur ganz winzige Schritte machen kann.

Das Wunder im Hinterhof

Die Märzsonne wagte es endlich – sie stieg über die Fabrikmauer, beachtete nicht den blassen Verbotstafeltext: »Übersteigen der Mauer untersagt!«, verweilte gelassen auf dem scherbenbesetzen Sims nach Art großer Fakire, ließ die Glas- und Bierflaschensplitter diamanten brennen, sprang danach in den Hinterhof, und höflich als ein wahrhafter Gruß aus heitrem Himmel pochte sie aufleuchtend an die Fensterscheibe des Rentners Krümelnehmer.

Der rückte die Brille zurecht, schlurfte quer durch die Stube, stolperte über einen ausgefransten Teppich, bückte sich, um den Teppich glattzustreichen und lächelte schon, während er sich aufrichtete, lächelte über die plötzliche Gegenwart der Sonne, die jetzt großäugig in seine Rentnerstube blickte.

Er schob den Fensterriegel zur Seite, rieb sich die Hände und begann die Sonne zu duzen, indem er murmelte: »So so, du hast dich also wie ein Gauner in diesen Hinterhof geschlichen.«

Doch sofort reute ihn der Vergleich, und er lehnte sich weit zum Fenster hinaus, um noch einen Rest der Sonne zu erhaschen, die sich nun von seinem Fensterbrett löste. Krümelnehmer sah ihr nach, sah staunend, daß sie genau in die Mitte eines Spiegels glitt, der am Fenster seines Nachbarn angebracht war und nach der Sitte mißtrauischer Wohnungsinhaber »Spion« genannt wurde. Mit diesem Spiegel konnte Krümelnehmers Nachbar jede Person kontrollieren, die diesen Hinterhof betrat: schmutznasige Kinder, die nach ihren Spielgefährten riefen, zögernde Einzelhandelsvertreter, welche ihre Kollektionstaschen wie zerbrechliche Glasbehälter achtsam an sich gedrückt hielten, dann und wann einen Schornsteinfeger, der breitbeinig im Hof stehend die Säuberung der Kamine ankündigte – – – dieser Spiegel spionierte also, und der Rentner Krümelnehmer bemerkte in jetziger Minute, wie geduldig sich die Sonne in diesem Hinterhof verhielt, jeden Winkel mit Märzlicht bedachte und ihre äußerste Kraft zur Widerlegung des spionierenden Spiegels aufbrachte –

Während der Rentner Krümelnehmer die Lippen vorwölbte, während er die Nähe der Sonne weinselig schlürfte, ergab sich plötzlich eine Sekunde der Gerechtigkeit, eine sonderbare Eulenspiegelei, die es auf den spionierenden Spiegel abgesehen hatte.

Das Frühjahr selbst war es, das sich hier im Hinterhof eines Sperlings bediente, ihm das herausforderndste Zwitschern eingab und schließlich die unvergeßliche Weisung erteilte, sich auf den Spiegel zu setzen – – – zur ausgemachten Freude des Rentners Krümelnehmer.

Da also saß der Sperling auf dem Spiegelrand und wetzte ein paar Mal mißlaunig seinen Schnabel an der Eisenkante, als sei diese Einrichtung auch nach Meinung eines Sperlings der schroffe Gipfel einer traurigen Eigenschaft, die noch in Ewigkeit die Besucher des Hinterhofes belauern werde.

Und weil der Sperling wohl länger als eine Ewigkeit (oder nur die Hälfte dieser Zeit) hätte seinen Schnabel betätigen müssen, um auf diese Weise den spionierenden Spiegel zu beseitigen – weil außerdem das Leben eines Sperlings auf vierzig Jahre begrenzt ist, und der Sperling im Verlauf dieser vier Jahrzehnte den Spiegel niemals hätte schnabelwetzend zerstören können – weil vor allem der Sperling das streunende Leben des »Nicht-Säens« und »Nicht-Erntens-aber-doch-gesättigt-WERDENS« herbeisehnte – – – *deshalb* unterließ er nun, den Schnabel zu wetzen, hob nur ein wenig den Kopf und *den Schwanz*, letzteren *zwei-* oder *dreimal* und flog dann über die Fabrikmauer in das schallende Lachen des Frühjahrs.

Der Rentner Krümelnehmer, der alles verfolgt hatte, sah nun seinen Nachbarn das Fenster öffnen, hörte ihn hadern, hörte ihn abfällige Bemerkungen äußern wegen der zwei- oder dreimal vorhandenen Sperlingsschrift auf der Spiegelfläche – – – und abermals lehnte sich Krümelnehmer weit zum Fenster hinaus, bis er das störrische Gesicht des Nachbarn erblickte, der sich jetzt eilig um die Säuberung des Spiegels bemühte.

Aber nun geschah es schon – und Krümelnehmer erschrak leise – nun hatte der Nachbar ungeschickt den Putzlappen angesetzt, nun fiel der Spiegel aus der Fassung – und Krümelnehmer lachte leise und sagte zu seinem Nachbarn: »Ach, Herr Nachbar, gehn wir doch miteinander spazieren an diesem schönen Tag!« – und der Spiegel schlug wie ein sterbender Stern auf das Hinterhofpflaster, zersprang in hundertundzweiundachtzig Teile, und die Sonne spiegelte sich hundertundzweiundachtzigmal darin.

Wer aber die Zahl anzweifelt, der werfe seinen spionierenden Spiegel, sofern er noch einen besitzt, in den Hinterhof und zähle die Scherben – – – und wer die ganze Geschichte partout nicht glauben will, der traut dem Frühjahr gar nichts zu.

Nach Hause gehen

Der Fabrikarbeiter Kaspar fand eine abgebrochene Blüte, einen Kreis verkümmerter Blätter. Er hob sie auf, weil es ihm nicht gefiel, daß sie neben einem Geröllhaufen vertrocknen sollten. Er tat es, ohne darüber nachzudenken, ob sie jemand verloren oder der Wind hierher getrieben hatte. Nur der Gedanke an ein wenig Wasser mußte ihn zum Aufheben bewegt haben. Und dabei blieb es auch, als er die harte Chaussee entlanglief, seine Straße ohne Farbe, vor Jahren diese Straße, heute und morgen wieder.

Wie immer brannten die Fußsohlen, untrügliches Zeichen für den Feierabend. Aber von den schmerzenden Füßen wollte er heute nichts wissen, dazu verhalf ihm die Blüte. Eigentlich fühlte er sie nicht zwischen den rauhen Fingerspitzen, und er hob sie mitunter an seine verschnupfte Nase, aber das gab er bald auf, denn er roch nichts.

Na schön, dachte er, dann nicht.

Da fiel ihm plötzlich ein, die Blüte gegen die späte Sonne zu halten. Nun sah er den Glanz der Blütenblätter, und vor der Sonne wirkten sie gar nicht verkümmert.

Ja ja, grinste er, immerhin etwas. Sie muß von einer Glockenblume stammen.

Kaspar hatte die Chaussee bald hinter sich. Häuser standen links und rechts. Hier grüßte ihn jemand. Kaspar erschrak, lachte aber sofort einen Gruß zurück. Unmittelbar danach vernahm er ein unwirkliches Lachen, ein Gelächter. Er sah sich nicht um, ging aber schneller als zuvor.

Nach vierzig, fünfzig Schritten blieb er verstört stehen. Er fragte sich: Was ist geschehen? Warum schauen die Leute auf meine rechte Hand?

Das aufdringliche Lachen wiederholte sich. Diesmal

hatte es über ihm gestanden, war über ihn hinweggesprungen und hatte sich zwischen den Hausmauern verfangen.

Kaspar meinte: So muß das sein, wenn man etwas verbrochen hat und abgeführt wird.

Die Schritte bis zu seiner Haustür fielen ihm schwer. Die Beine waren plötzlich sehr träge, verhakten sich wohl am Gehsteig oder wurden festgehalten von undurchsichtigen Blicken und tonlosem Gekicher.

Endlich polterte er die Treppe zu seiner Wohnung hinauf. Oben stieß er den Schlüssel in die Tür, auffallend laut. Sofort zog er die Schublade aus dem Tisch.

Er kramte darin, bis er die Untertasse fand. Auf den Rand dieser Untertasse legte er die Blüte. Und als er Wasser in die Höhlung goß, brummte er: Sauf man, sauf!

Irgendwo in seiner Stube entdeckte er das Echo seiner Worte. Die Gewißheit, daß sie grob gesprochen waren, beruhigte ihn. Während er seine Tabakspfeife stopfte, tappte er um den Tisch, als wollte er die Blüte bewachen, die da in der Untertasse lag.

Dann ging er sehr leise zum Fenster und sah hinunter zur Straße. Und er sah die Leute, wie sie vor der Haustür auf und ab gingen, als würden sie das Haus umstellen, weil er einem verfolgten Flüchtling Exil gewährt hatte.

Die Sonderdarbietung

In der Cafestube stand er am Nebentisch. Er sprach sorgfältig, wurde jedoch abgewiesen. Als er an meinen Tisch trat, war ich genug ausgeruht, ihm zuzuhören.

Er sagte: »Es ist eine Sonderdarbietung, mein Herr.«

Das doppelte Grün seiner Iris war von seinen Augenlidern fast verdeckt. Er sah müde aus. Ich versuchte, ihn an mich zu erinnern, und ich bat ihn, sich an meinen Tisch zu setzen. Aber vielleicht fand er die Gebärden meiner Einladung hinderlich, vielleicht war unsere Bekanntschaft auch zu weitläufig gewesen – er blieb jedenfalls stehen und ergänzte nur: »Nämlich, Sie haben den Vorteil, da ich die Eintrittskarten selbst vertreibe, einen Platz um ein Drittel billiger zu erhalten.«

Im Ton seiner Worte ging das tändelnde Mädchen Nadja spazieren, mit dem er sonst unterwegs gewesen war. Seine Freunde sprachen dieser Verbindung den Erfolg seiner Lesungen zu.

Ich wollte ihm meinen Namen nennen, doch kaufte ich statt dessen die Eintrittskarte und rundete den Preis nach oben auf. Er lächelte nicht, wie ich es erwartet hatte, und ich verurteilte meine Anmaßung, um die Gunst eines Mannes wie Gregor mit Trinkgeldern gebuhlt zu haben. Im Weitergehen sagte er: »Ich wünsche guten Tag.« Er setzte die Fußspitzen vorsichtig, als spiele er den verjüngten Faust und spüre den lenkenden Blick des Mädchens Nadja vom Parkett her.

Gregor verbeugte sich am nächsten Tag im großen Vortragssaal. Es war nicht mehr dieselbe Begrüßung wie vor einem Jahr. Langsamer senkte sich die Stirn, wenig war von den Augen zu sehen. Er hielt die linke Hand gespreizt.

Er war nicht gut rasiert, ich konnte es von meinem Platz deutlich erkennen.

Seine Unsicherheit am Bühnentisch erinnerte mich an eine mißlungene Stellprobe. Sein Gebaren wirkte wie zum Examen der Achtzehnjährigen, die hinter das notierte Wissen einen Punkt setzen möchten: sie bemühen sich dann um den Vortrag eines bekannten Gedichtes.

Gregor begann. Nach dem Gesang der Seraphim vor Gottvater wußte ich, daß mich Gregors Selbstbinder irritierte. Die Krawatte hing in zwei Streifen herab. Einmal hatte ich dem Mädchen Nadja zugesehen, als sie diese Krawatte ausbesserte und bügelte. Gregor legte ehedem großen Wert auf seine Kleidung.

Bei der Szene, die den Giftbecher preist, sah ich mich flüchtig um. Bereits nach den ersten Sätzen hatte sich der Saal wesentlich geleert. Ich schätzte noch auf zwanzig Zuhörer.

Gregor sprach schlecht. Er stellte den verzweifelten Faust neben sich und schrie den Text in dessen Hülle. Selbst diese Hülle blieb unkenntlich. Hinter mir tummelte sich der Moloch unterdrückten Gelächters, und bei den einsetzenden Osterglocken, die Gregor mit aufgerissenen Augen erklingen ließ, ging abermals einer der Zuhörer. Der klappernde Holzsitz läutete in das Wort, daß die Träne quille und die Erde einen Auferstandenen habe, zum Lobe des anderen Auferstandenen, den der Chor der Engel den nahen Meister nennt.

Der Beifall verhielt sich wie ein erschreckter Vogel, der in unbestimmte Flucht verfällt. Das Klatschen der neunzehn Händepaare vernahm Gregor wohl gar nicht.

Er griff plump zum Textbuch. Einige Blätter torkelten über die Bühne, aber es war eher ein Stürzen. Gregor vermochte sie nicht abzufangen. Er bückte sich nach jedem Blatt, und die Krümmungen seines Körpers ließen das Bild zu, jemand ducke sich unter ein Joch.

Ich hatte ein unsinniges Gebet für ihn gesprochen und

ertappte gleich danach meinen Zorn über einen Nebenmann, der in sein Taschentuch prustete. Die anderen waren gegangen, und dieser immerwährende Zuschauer war der Belustigung halber geblieben. Böswillig bestand er auf Verbreitung eines Spinnennetzes.

Gregor führte die ersten Dialoge mit Mephisto. Er sprang in Auerbachs Keller, und nie sah ich anstelle des Weins intensiveres Feuer aus dem Tisch flackern. Da brüllte Gregor das Textwort Siebels und wollte Mephisto treffen, und er hatte plötzlich, was vordem bei seinen Lesungen nie geschehen war, ein Holzmesser als Requisit in der Hand: »Stoßt zu! Der Kerl ist vogelfrei!«

Die Szene war unerträglich. Ich hatte kaum hingesehen. Nun aber gehörten Gregors Augen dem suggestiven Mephisto, zugleich erstarrte sein Körper als gebannter Siebel, und in seinen räsonnierenden Mundwinkeln zuckte das Mienenspiel des angewiderten Faust.

Seltsam, hier begann der Vortrag gut zu werden. Ich sprang auf und beklatschte die Szene. Es bewirkte allerdings, daß Gregor aus einem Koffer, der unter dem Bühnentisch gestanden hatte, einen Überwurfmantel zog. Von nun ab fiel jedes Wort polternd auf die Bretter, nicht eines erreichte die Hörer.

Er spielte die Hexe in der abscheulichen Küche abscheulich. Seine wollüstige Grimasse entriß die Gestalt Gretchens einem Spiegel, den er mit seinen gespreizten Fingern ersetzte, und schließlich krakeelte er einen Walpurgistanz, den niemand aushielt, und ich war als einziger im Saal geblieben.

Ich hatte mich genau umgesehen: Nadja war nicht gekommen. Sie war am Vortage auch nicht bei ihm gewesen.

Die Sitze waren hochgeklappt, Gregor beachtete sie nicht. Er spielte zuende. Sein spärliches Haar war völlig in Unordnung geraten. Heiserkeit setzte ihm zu, als er den Triumph des Mephisto schrie: »Sie ist gerichtet!«

Den letzten Teil sprach er tatsächlich so, wovon die Engländer »by heart« sagen. Um ihn herum lagen die verstreuten Blätter des Textbuches und das Requisitenmesser. Er hob nichts auf. Beim Abtritt verbeugte er sich an der Tür: seine Gestalt im Überwurfmantel war mit den aufgeschüttelten Haaren den Umrissen Nadjas ähnlich.

Erst die nörgelnde Rede des Portiers veranlaßte mich, den Platz zu verlassen, den mir Gregor um ein Drittel billiger angeboten hatte.

Das Mittagessen

Der situierte sonderbare Herr sitzt nun schon ein Weilchen am weißgedeckten Tisch, und die Speisekarte in seinen Händen kennt er bald auswendig. Die Kartoffelsuppe ist gewiß recht preiswert, denkt er, aber was werden die Leute sagen, wenn ich mir eine Kartoffelsuppe bestelle. Arbeitsloser, werden sie sagen. Oder: Armer Knochen. Vielleicht auch: Junggeselle. Der Herr meint also: Obwohl ich sie gern esse – Kartoffelsuppe kommt nicht in Frage.

Als zweite Speise, die seine Auswahl anregt, zieht er ein Fischgericht in Betracht, ein Filet mit Zitronenscheiben. Da fällt ihm ein, daß ihn kürzlich beim Fischessen eine Gräte in die Zunge stach, daß er deshalb sogar etwas zu laut geflucht hatte – nein, nein, das Fischgericht, zwar gern genossen, wird abgelehnt.

Endlich will sich der situierte Herr für einen Nudeltopf entscheiden, nur will es dagegen die Stunde, daß ihm gegenüber eine Dame bereits mit Nudeln zu kämpfen hat. Der Herr empfindet, wie einem zumute ist, dessen Nudeln vom Löffel Kopfsprünge in den Teller machen und angelegentlich das Muster des Kleides bereichern.

Er legt die Speisekarte fort, will aufstehen und eine Verbeugung zum Ober machen – da fällt sein Blick auf einen kleinen Kachelofen, der halb versteckt – so etwa, wie man ein Nachtgeschirr tagsüber weit unter das Bett schiebt – in einer Ecke des Restaurants steht. Woran der Herr nun denkt, ist wirklich sonderbar. Er scheint fröhlich zu sein. Er setzt sich wieder und hebt wie ein bescheidener Schüler den rechten Zeigefinger.

»Bitte?« sagt der Ober. »Was wünschen... der Herr... zu speisen?«

»Den kleinen Kachelofen... «, antwortet der Herr sehr

fröhlich, »doch Sie vermuten wahrscheinlich, ich könnte ihn nicht verdauen... Zu Unrecht...«

»O nein«, stottert der Ober und denkt: Nur gut, daß wir Telephon haben, für den Fall, daß der Herr...

»Na sehen Sie«, sagt der lächelnde Gast, »dann bringen Sie bitte das Öfchen.« Es ist seltsam: der Ober glaubt plötzlich das Lächeln des sonderbaren Herrn zu verstehen, und er entgegnet ruhig: »Sehr gern, mein Herr, wünschen Sie den Ofen warm oder kalt?«

»Warm, bitte sehr«, sagt der Herr.

Der Ober verbeugt sich und geht nicht ans Telephon. Er beginnt den Ofen mit kleinen Scheiten zu heizen, und zeitweilig die Ofentür öffnend und prüfend das Feuer betrachtend, nickt er dem Herrn zu. Jetzt sind fünfzehn Minuten vergangen, nun bringen zwei Ober den warmen Ofen zum Tisch ihres Gastes. Der Tisch knarrt freilich, aber er hält das aufgetragene Gericht.

»Prächtig«, sagt der Herr. »Bitte, noch ein Besteck.«

»Sofort, mein Herr!« sagen beide Ober und bringen eine Zange, einen Schraubenzieher, ein kleines Stemmeisen mit gehärteter Schneide und einen mittleren Hammer.

Abermals dankt der Herr. Dann nimmt er den Ofen auseinander und verzehrt ihn nach Art und Sitte eines situierten sonderbaren Herrn. Er wird von allen Gästen mit Hochachtung bedacht, denn die außergewöhnliche Begabung, eine so erlesene Speise richtig zu handhaben, verdient öffentliches Lob. Der Herr hat gegessen, und auf dem Tisch bleiben lediglich ein paar schwer verdauliche Schrauben zurück.

Der erste Ober folgt dem Zeichen des Gastes und fragt: »Darf es vielleicht als Kompott eine Tischlampe sein? Oder gebeizte Fußbodenbretter mit vergoldeten Scheuerleisten?«

»Oh, ich danke Ihnen sehr«, sagt der Herr, »aber der Ofen genügt für heute. Er schmeckte vorzüglich. Gern hätte ich noch einige Kacheln...«

»Wir haben leider kein zweites Stück dieser Qualität im Hause«, sagt der Ober.

»Schon gut, dann zahle ich...«

Und dann zahlt der Herr zweihundertsiebzig Mark bar auf den Tisch, steht auf, verbeugt sich – und während er das Restaurant verläßt, sehen ihm die Gäste bewundernd nach, als sei er ein Minister, der sich erlaubt hat, beim Staatsbankett Kartoffelsuppe zu essen.

Mein Freund Pellmann

Sie kennen ihn noch nicht. Ich werde mir Mühe geben, das auszugleichen. Sie müssen wissen, daß er ein nichtsnutziges Element ist. Bevor er ein Element wurde, war er ein Mann mit Zylinder und Gehrock. Er war damals nicht glücklich.

Eines Tages verkaufte er sein Landhaus. Er verkaufte auch die Jasminsträucher und Kakteen, die dem Besitz angegliedert waren. Es gab vor dem Landhausportal die bekannte Königin der Nacht – Sie kennen die Kakteenblüte, die sich so wundervoll öffnet und nur eine Nacht lang lebt. Von diesen Kakteen schied mein Freund Pellmann mit Schmerz. Er war noch ein bißchen der Lyrik des Wohlstands verhaftet.

Nun geschah es, nun machte er sich unmöglich, nun verteilte er den Erlös seines Landhauses an die Armen der Vor- und Innenstadt. Jaja, da hatten sie ihn, wie es in solchen Fällen heißt, gefressen. Pellmann wurde das schwarze Schaf der Sippe. Sie sippte ihn in die Gosse, die er nicht fürchtete. Dort lebt er noch und hält sich brav, und ich habe ihn sehr lieb. Aber zur Sache – und vor allem zur Sache seiner Verhaftung.

Es gefiel nämlich weiland der Familie Pellmann, den Abtrünnigen zu jagen. Wir kennen das. Mit Geld läßt sich jedwedes Dienstpersonal finden, das den armseligen Beruf eines Häschers ausübt. In dieser Geschichte handelt es sich um gekauftes, uniformiertes Personal, um eine Art Privatsoldateska. Es waren Männer mit gutgeschnittenen Haaren und peinlich gepflegten Stiefeln. Sie stöberten alsbald recht und schlecht nach Pellmann, der in die landläufigste Gummizelle gebracht werden sollte.

Läßt sich der Gesuchte nicht fassen, nicht einkerkern,

bedient man sich einer Geisel. Ich weiß nicht, woher das Wort stammt, aber schon zu Zeiten des Homo heidelbergensis wurde gegeiselt, und bis auf den heutigen Tag sind die Annalen der Weltgeschichte voll der Klage über diese Tätigkeit.

Man ergriff einen Freund Pellmanns, der ein Kutscher war und Aboleit hieß. Aboleit wurde mit dem Verdacht belastet, einen Unterschlupf für Pellmann besorgt zu haben.

Der Kutscher nahm die Sache gelassen, lutschte seinen Priem zu Ende und spuckte ihn über die Köpfe der Polizisten in einen Karpfenteich. Dann erst hielt er seine Riesenfaust an die Brust und sagte großzügig: »Pellmann ist ein guter Mensch. Was hat er getan?«

»Sein Haus verkauft, Kutscher Aboleit, sein Palais ignoriert! Der Väter Palais!«

»Sein Palais?« murmelte Aboleit. »Gehörte es ihm oder nicht?«

»Es gehörte ihm...«

»Hat er jemand durch den Verkauf betrogen...?«

»Die Tradition betrogen! Man könnte sagen: Die Tradition verkauft!«

»Für uns verkauft...«, sagte Aboleit. »Was weiter...?«

»Die Familie besudelt mit hündischer Gesinnung!«

»Damit«, lächelte Aboleit, »ist seine Hilfe gemeint. Er hat uns beschenkt. Sie wissen, wir darben...«

Das Verhör blieb erfolglos. Die Uniformierten kamen überein, daß der Kutscher Aboleit keine rechte Geisel sei. Sie entließen ihn. Aboleit machte einen Kopfsprung in den Karpfenteich und tauchte nach seinem Priem. Schmatzend entstieg er dem Wässerchen und wurde bleich.

Pellmann stand vor ihm.

»Gehen Sie fort!« rief der triefende Kutscher. »Man ist hinter Ihnen her! Sie werden gesucht!«

»Ah«, sagte Pellmann, »sie haben dich verhört...«

»Vorsicht!« schrie Aboleit. »Sie kommen schon...!«

Pellmann tat keinen Schritt. Die Häscher riefen ihr Mordio, ihre Genugtuung, des Gesuchten ansichtig zu sein, in den heitren Tag und sahen die Sonne gar nicht. Drei Uniformierte fühlten sich zu schwach, Pellmann zu fangen – sie schrien nach Helfern: »Kommt, Männer, Leute, wir haben ihn – er kann nicht entweichen!«

Männer kamen und näherten sich dem reglosen Pellmann. Aber da war noch etwas zu klären: Wer sollte ihm die Fesseln anlegen? Jeder war süchtig nach der ausgesetzten Prämie. Das Los fiel endlich auf den Häscher Eduard Glauka.

Der Kutscher zupfte an Pellmanns Jacke: »Flüchten, jetzt flüchten!«, aber inzwischen waren die Männer heran, und der genannte Glauka warf die Fesseln um Pellmanns Gelenke.

Sie trugen ihn ächzend ins Dienstgebäude. Er sträubte sich nicht. Eduard Glauka empfing sofort die Prämie, und Pellmann sagte: »Glauka, nun hast du ein beachtliches Stück Geld, das gönne ich dir. Geh aber zu Missall und Puttan, beide Familien haben leere Kochtöpfe. Gib ihnen etwas...«

Wer kennt das nicht: Gelächter honorierter Polizisten – als würden hundert Pullen Sekt platzen. Glauka lachte schallender als die anderen und schlug dem Gefesselten die Banknoten ums Gesicht: »Die Gummizelle hat schöne federnde Matratzen an den Wänden!«

Mithin vollzog sich die Einlieferung ins Irrenhaus.

Es hätte wenig Sinn, nach bekannten Vorkommnissen solche Geschichten zu erzählen, wäre nicht in unserem Falle etwas Unerwartetes eingetreten. Denn zum Abend des gleichen Tages öffnete jemand die Zellentür, der keine Uniform trug und Pellmann zur Flucht aufforderte: Es war Eduard Glauka. Er sagte: »Ich habe nachgedacht. Gehen wir zu Missall und Puttan.«

Jetzt fahnden die Uniformierten auch nach Eduard Glauka, der ein Kumpan Pellmanns geworden ist. (Übrigens haben in jener Nacht die Königskakteen geblüht, und

Pellmann ist mit Eduard Glauka in den Garten seines ehemaligen Landhauses gegangen. Er hat hier erstmalig dem Gesetz zuwidergehandelt und drei Blüten von den Königinnen der Nacht gepflückt. Er soll zu Glauka gesagt haben: »Die schönste für dich. Diese hier geben wir Missall, diese Puttan. Ich glaube, eines Tages spielen wir nicht mehr Versteck. Komm jetzt...« Dann haben sie die Blüten unter ihre Jacken genommen und sind durch den Jasmin davongelaufen.)

Sehen Sie, so ein zuversichtlicher Mensch ist mein Freund Pellmann.

Kopfschütteln über Herrn Z.

Herr Z. ist in seiner Umgebung als Aufrührer bekannt. Er lächelt sehr oft, und seinen Nachbarn wird dieses Lächeln zum Ärgernis. Würde er ständig heulen und jammern, wäre es ebenfalls ein Ärgernis. Seine Nachbarn fordern von ihm ein ordentliches Gesicht, ein Gesicht, das normal ist, genormt. Das bringt Herr Z. leider nicht zuwege.

Man weiß kaum zu sagen, weshalb dieser Mann des öfteren zu lächeln pflegt. Viele meinen, das käme von seinem schiefen Kopf, den er wie ein Lauschender neigt. Herr Z. hat den meisten Leuten seiner Nachbarschaft gesagt, daß sein schiefer Kopf kein Geburtsfehler, sondern eine Kriegsverletzung sei.

»Soso«, hat man ihm geantwortet, »aha, ja ja, der Krieg...«

Die Leute haben sich dann doch empört, weil er ihnen entgegnete: »Wissen Sie, wie Sie das Wort Krieg aussprechen, so mit jaja und soso, das tut mir weh.«

Natürlich läßt sich niemand so etwas bieten und vor allem nicht von einem Kerl, der nichts besitzt und sich überhaupt unordentlich benimmt. Unordentlich, das ist: Herr Z. trägt auch sonntags die gleiche Kleidung wie alltags, und Onkel Otto von nebenan meint, ein anständiger Bürger im Staat solle den Sonntag mit weißer Hemdenbrust ehren.

Herr Z. steigt augenblicklich die Bodentreppe herab. Seine Stube liegt da, wo seit Jahrhunderten solche Stuben liegen: Über den Wohnungen der Vollmieter, in der unmittelbaren Nähe der Dachsparren. Jetzt schiebt er den Riegel an der Tür zum Treppenhaus zur Seite und steht gleich vor Frau Wullkes Wohnungstür. Herr Z. richtet sich auf wie ein

Diener im Chambre-Séparée, streicht die Haare ein wenig glatt und klopft.

Das war zu leise, lieber Herr Z., Frau Wullke hat einen Hörfehler. Er macht eine Faust und schlägt gegen die Tür. Endlich öffnet die Dame. Sie ist stolz, eine Bodenstube vermieten zu können, weil sie dann manchmal sagen kann: »Mein Untermieter tut das und jenes, mein Untermieter hat unlängst wieder eine ganze Nacht lang gehustet...« Aber sie ist nicht gehässig, wenn sie so spricht. Sie hat immer fettige Hände wegen der vielen Kartoffelpuffer, die sie so gern ißt.

»Na?« sagt sie, und Herr Z. hat beinah vergessen, weshalb er geklopft hat. Herr Z. stottert: »Könnte ich... ein paar... Scheiben Brot gepumpt haben?« Aber das war abermals zu leise. Frau Wullke grinst und ahnt wohl etwas. Herr Z. schreit ihr die Bitte ins Ohr, und sie weicht zurück in ihre Wohnung. Sie wischt die fettigen Finger an der Schürze ab, hebt die rechte Hand und winkt Herrn Z., einzutreten. Dann schließt sie, immer noch grinsend, die Tür.

»Sagen Sie mal«, spricht Frau Wullke mit ihrer etwas öligen Stimme, »weshalb fragen Sie an der Tür nach Brot? Das ganze Haus weiß jetzt, daß Sie kein Geld haben. Das ist doch nicht klug...«

Herr Z. steht erstaunt und antwortet: »Aber so ist es doch.«

»Jaja«, macht Frau Wullke, »aber das schadet Ihnen mehr, als Sie denken. Ein Mensch wie Sie muß auf seinen Ruf bedacht sein.«

»Ja«, sagt Herr Z. und hält den Kopf schief.

Frau Wullke schneidet drei Scheiben Brot und legt sie auf einen Teller. Aus dem unteren Küchenfach holt sie ein Stück Käse. Mit dem Käse in der Hand zeigt sie zum Fußboden: »Was die Leute unter mir sind, die dürften Sie nicht als Vermieter haben, die sprechen genug von ihnen. Man hat Sie da neulich mit einem Mädchen gesehen...«

Frau Wullke legt ihm das Käsebrot in die Hände, und

während sie schon am Gaskocher hantiert, sagt er: »Ja, mit Fräulein Quall.«

»Wie heißt die Dame?« murmelt Frau Wullke.

»Quall«, lächelt Herr Z., »aber sie ist eine Quelle, glauben Sie nur, sie hat eine Stimme wie ein Quell...«

Herr Z. kaut das Käsebrot und schaut zum Fenster. Draußen ist es ziemlich stürmisch, der Winter liegt in der Luft. Herr Z. kaut das Brot, und irgendwie wärmt ihn Frau Wullkes Wohnung.

»Ich komme auch wegen Fräulein Quall zu Ihnen«, sagt Herr Z.

»Aha, die Dame bekommt wohl ein Kind und jetzt wollen Sie bei mir einziehen, was?«

»Bitte«, beteuert Herr Z. hochroten Gesichts, »bitte, ich habe... ihr überhaupt noch nicht gesagt, daß ich sie lieb habe...«

»Das ist dazu nicht nötig!« sagt Frau Wullke und läßt Fett in der Pfanne aus.

»Ich komme, um Sie zu bitten, mir zwei Mark zu pumpen...«, flüstert Herr Z. »Nachher treffe ich mich mit Fräulein Quall im Stadtpark, und ich möchte ihr gern ein paar Blumen mitbringen...«

Frau Wullke hat das nicht gehört, sie ißt Kartoffelpuffer. Herr Z. ruft seinen Wunsch durch die Küche, und Frau Wullke fährt herum: »Auch noch Geld pumpen! Wann besorgen Sie sich endlich eine anständige Arbeit? Wann hören Sie endlich auf, die Leute anzulächeln, daß man denken muß, Sie wollen sie verspotten? Wann werden Sie endlich ein brauchbarer Mensch?!«

Herr Z. könnte jetzt viel erwidern, aber er steht auf und dankt für das Käsebrot und will zur Tür.

»Zum Donnerwetter«, schreit Frau Wullke, »hier haben Sie die zwei Mark! Kaufen Sie was Billiges für ihre Quelle! Auf Wiedersehen!«

Sie öffnet ihm die Tür, und er dienert ein bißchen. Schnell läuft er die Treppen hinab und eilt zum Stadtpark, denn das Rendezvouz ist auf drei Uhr nachmittags verabredet, und der Kirchturm beginnt schon zu brummen. Dann fallen drei Schläge in den Herbst. Herr Z. kauft einen Topf Geranien und bezahlt eine Mark und fünfzig Pfennige.

Im Stadtpark liegt das Laub auf den Wegen. Fräulein Quall kommt mit kleinen Schritten unter den kargen Bäumen entlang, und Herr Z. starrt sie an, weil sie so bemessen ihre Füße setzt und einen Schleier trägt. Sie nimmt nun den Schleier langsam zurück und sieht ihn an.

»Geranien«, sagt Herr Z. unbeholfen, »sind manchmal ganz schön... bitte sehr...«

Sie läßt ihre Augen ein wenig aufleuchten. Herr Z. hat indessen mit der Vision von der friedsamen Kuh zu kämpfen, und er kann diesen Satz nicht mehr zurückhalten: »Oh, mein Fräulein, Ihre Augen sind so still und gut wie Kuhaugen...« Und er sieht ihre zitternden Hände, sieht die Anordnung vieler Muttermale auf der weißen Haut und denkt an ein Sternbild: »Die Muttermale, Fräulein Quall, wie sie hier auf Ihrer Hand erscheinen, erinnern mich an die Gestirne des Großen Wagens, an die Systeme des Orion...«

Aber Fräulein Quall hat schon genug. Sie läßt den Blumentopf fallen, zieht ihren Schleier über die Augen, krümmt ihren rechten Zeigefinger und tippt unmißverständlich an ihre Stirn, Herr Z. neigt seinen Kopf und sieht sie nicht an, er sieht nur die Scherben des Blumentopfes.

»Auf Wiedersehen«, sagt Fräulein Quall zornig, »oder besser: Adieu! Wer hat hier Kuhaugen? Was reden Sie von Gestirnen – Ihnen gefallen wohl meine Muttermale nicht? Was kann ich dafür, wenn ich so geboren bin? Schauen Sie sich mal im Spiegel an, was alles bei Ihnen auszusetzen wäre! Und merken Sie sich eins, wenn Sie wieder mal einer Dame nachsteigen: Kämmen Sie sich die Haare, binden Sie sich eine Krawatte um, kaufen Sie einen vernünftigen Strauß Blumen und keine Geranie, die man einer Oma schenkt! Macht sich über meine Augen lustig! Gehen Sie bloß, ich will Sie nicht mehr sehen!«

Herr Z. lächelt nicht mehr. Die schönste Liebeserklärung, die er zu vergeben hatte, ist vergeben. Fräulein Quall tippelt durch das Laub zum Ausgang des Stadtparks. Herr Z. sieht einen Straßenkehrer herankommen, der einen Blechwagen schiebt. Der Mann will die Geranie auf seine Schippe nehmen, aber Herr Z. wehrt ab. Er nickt dem Mann zu und hebt die Blume auf.

In der Stadt kauft er von den übrig gebliebenen fünfzig Pfennigen einen neuen Blumentopf mit Blumenerde. Die Verkäuferin pflanzt die Geranie ein und sagt: »Sie haben doch vorhin erst den Topf gekauft.«

»Ja«, sagt Herr Z., »der Topf ist mir runtergefallen.«

Er verläßt den Laden und sieht nicht, daß die Verkäuferin den Kopf schüttelt. Dafür erblickt er in der Nähe seiner Behausung das Kind eines Nachbarn, ein Mädchen mit einem Pappkarton, den es als Verkaufstisch aufgebaut hat.

»Kann man was kaufen?« fragt Herr Z. und lächelt wieder. Hinter dem Pappkarton liegen kleine Steine.

»Brot«, sagt das Mädchen, »und Brötchen.« Es legt einen großen und einen kleinen Stein auf den Karton.

»Gut«, sagt Herr Z., »ich bezahle mit diesem Blumentopf, wenn du magst.«

»Au ja«, sagt das Mädchen, »hier hast du ein Brot und ein Brötchen – oder willst du zwei Brötchen?«

»Nein, nein«, antwortet Herr Z., »davon werde ich satt, das genügt mir.« Er stellt den Geranientopf neben den Pappkarton und steckt die Steine in seine Tasche.

Er geht an vielen Wohnungen vorbei, auch an der Wohnung Onkel Ottos. Der sieht ihn dort unten über die Straße laufen und andauernd etwas betrachten, was in seinen Händen liegt und nach Steinen aussieht.

»Hör mal, Emmy!« ruft Onkel Otto, »jetzt ist der Kerl von nebenan vollkommen verrückt geworden. Der lächelt da zwei Steine an, als hätte er das große Los gewonnen. Nee, nee, mir soll man nichts vormachen, der hat den schiefen

Kopf niemals von 'ner Kriegsverletzung, sowas sieht man doch, sowas hat der von Geburt an!«

Und während Herr Z. in die nächste Querstraße einbiegt, krümmt Onkel Otto, wie vorhin Fräulein Quall, den rechten Zeigefinger, als gelte es, einen Gewehrhahn zurückzuziehen, und tippt unmißverständlich an seine Stirn.

Der polnische Gruß

Morgens und abends kam ich an den Fluß. Es gab hier noch Bäume, deren Kronen nicht von Granaten zerfetzt waren. Es gab hier noch Wiesen, deren Gras nicht nach Schwefel roch. Ich war jedesmal glücklich, das Ufer zu sehen und die kleinen Wellen zu beobachten. Manchmal konnte ich sogar übermütig sein und die flinken Wanderschritte der Bachstelzen nachahmen. Dann war die Welt für ein paar Minuten wieder sehr freundlich.

Damals wurde unten am Fluß der Fährmann gefunden. Er lag mit dem Gesicht im Pfefferminzkraut und rührte sich nicht. Als ihn die Leute umdrehten, wußten sie, daß er nie wieder die Einwohner unserer Stadt übersetzen würde.

Der Fährmann wurde begraben, und seine Stelle blieb längere Zeit unbesetzt. Schließlich wurde ein Kriegsgefangener mit der Aufgabe betraut, die Fähre zu leiten. Es war der Pole Alexander, ein Mann aus Warschau, den die Armeen nach Deutschland geschleppt hatten.

Anfangs fürchteten sich die Frauen vor ihm und wollten sich nicht übersetzen lassen, aber es sprach sich herum, daß hier nichts zu befürchten sei, denn der neue Fährmann fände wohl Freude an seiner Arbeit und würde den flachen Kahn sicher führen. So wurden die Verleumdungen bald fadenscheinig und erwiesen sich als Gerücht.

Einmal fragte ich Alexander, um ihn zu erfreuen, ob er schon wisse, daß der Fluß zur Weichsel ströme und durch Polen käme. Er verneinte es, aber sein gegerbtes Gesicht war zugleich über und über mit Schmunzeln bedeckt. Er freute sich so sehr über diese Nachricht, daß er wie ein kleiner Junge in die Hände klatschte. Er zwinkerte mit seinen winzigen Augen und verriet mir, daß er künftig beim Übersetzen ein Stück Reisig ins Wasser werfen werde, damit es möglichst nach Polen treibe. Als ich seine Hoffnung ein bißchen anzweifelte, gab er mir zu verstehen, daß eins von den vielen Reisigstückchen ganz gewiß die Reise überstehen könnte.

Einige Wochen später fand ich ihn so unbegreiflich heiter, als sei der Krieg beendet und seine Heimreise angekündigt. Ich fragte ihn nach der Ursache seines fröhlichen Gebarens, das im Verhältnis zu den fürchterlichen Wirkungen des Krieges geradezu unheimlich anmutete. Er steuerte lächelnd den Kahn über den Fluß und warf sein Reisigstückchen in die Strömung, wie er es täglich getan hatte und antwortete nicht.

Am nächsten Tage saßen wir morgens allein in der Fähre, und er nannte mich ganz unvermittelt seinen Freund. Ich konnte ihn damals nicht begreifen, da ich immerhin dem Volke angehörte, dessen Militär ihn aus Warschau vertrieben hatte. Alexander wiederholte seine Äußerung noch zweimal, und ich gebe zu, daß ich beim letztenmal hinter seiner Vertraulichkeit eine Absicht vermutete, eine listenreiche Spekulation als oft zitierte polnische Eigenschaft. Er wußte nichts von meinen Gedanken, die meine Erziehung bloßstellten.

Es sollte nicht lange dauern, daß mir der Hintergrund seiner Heiterkeit erschreckend deutlich wurde. Ich erinnere mich noch genau des Abends, als unten am Fluß zwei Polizisten erschienen.

Sie warteten am Ufer, während Alexander von der gegenüberliegenden Seite langsam zurückruderte. Er hatte, wie ehedem der verstorbene Fährmann, abends eine Lampe an der rechten Außenseite des Kahns zu hängen. Nie werde ich sein Gesicht vergessen, als er die Polizisten stehen sah und auf sie zuruderte. Seine winzigen Augen waren gar nicht starr oder erschreckt, sondern eher mild und nach wie vor heiter, obgleich ihn das stumme Warten der Polizisten zu beunruhigen schien.

Als er am Ufer angelangt war, fragte er die Männer, ob er

sie übersetzen solle. Sie traten wortlos auf ihn zu und schlugen ihn. Ich eilte zum Fluß hinunter und versuchte, mein Entsetzen zu verbergen, weil die Sympathie zu einem Polen als Landesverrat ausgelegt worden wäre. Ich erkundigte mich nach dem Vergehen des Mannes und war um eine Rechtfertigung Alexanders bemüht, denn bisher sei mir nichts Nachteiliges über den Fährmann zu Ohren gekommen. Ich hatte aber schon zuviel gesagt und schwieg sofort.

Die Polizisten erklärten mir, daß es sich hier erstens um eine Polen handle (sie sagten Pollacken), und zweitens um einen gemeinen Spion, der seinen Posten als Fährmann dazu ausnutze, verschlüsselte Nachrichten per Flaschenpost abzusenden. Mehrere Bierflaschen seien gefunden worden, die jeweils einen Zettel mit polnischer Aufschrift enthielten.

Alexander stand zwischen den Polizisten und sah mich an. Ganz fern hinter seinen Pupillen mußte so etwas wie ein verschämtes Lächeln flackern, eine Bitte um Entschuldigung, die mich verwirrte, die ich nicht zu deuten verstand.

Die Polizisten legten Handschellen um Alexanders Armgelenke und stießen ihn die Böschung zur Stadt hinauf. Während er ohne Widerstand über den kleinen Hang stolperte, fügten sich in mir die Zusammenhänge, und ich wußte nun, daß er anstelle der Reisigstückchen neuerdings Flaschenpost-Grüße in den Fluß geworfen haben mußte. Augenblicklich wurde ich an den Tag erinnert, als ich ihm sagte, daß der Fluß auf die Weichsel treffe: das hatte nun in der Folge seinen naiven Entschluß angeregt, mit Hilfe leerer Bierflaschen geschriebene Grüße ins Wasser zu werfen, ganz in der kindlichen Hoffnung, sie würden irgendwo am Weichselufer von seinen Landsleuten gefunden werden. Jetzt verstand ich auch Alexanders eigenartige Verlegenheit, als er mich vorhin angesehen hatte.

Ich rief den Polizisten nach und versuchte sie anzuhalten, um Zeit zu gewinnen, die einfältige Handlung Alexanders, die gar nichts mit Spionage oder dergleichen zu tun habe, glaubhaft zu beweisen. Es war aber vergeblich, denn die Uniformierten schüttelten mich ab, was noch als eine Art Großzügigkeit anzusehen war: mit meiner Erregung hatte ich mich längst verdächtig gemacht.

Die Fähre wurde schon am nächsten Tage von einem kränkelnden Oberschüler übernommen, der vom Militärdienst befreit war. Ich hörte von ihm, daß die Bierflaschen nicht weit getrieben seien und daß auf jedem Zettel ein hinlänglich bekannter polnischer Gruß gestanden habe, der jedoch als Chiffre einer Spionsnachricht betrachtet werde.

Als die Verhaftung Alexanders in der Stadt bekannt wurde, häuften sich wieder die Verleumdungen, und die Zeitungen hatten genug Stoff, das alte Thema zu behandeln, jeder Pole sei minderwertig.

Man hatte mich bald zur Arbeit in eine andere Stadt versetzt, und ich hörte nichts mehr von Alexander.

Zwei Jahre danach war der Krieg beendet. Deutschland war niedergerungen. Der Oberschüler führte nicht mehr die Fähre. Man hatte einen ehemaligen Fischer eingestellt.

Eines Abends, kurz nach Kriegsende, kam ich wieder an den Fluß und wollte mich übersetzen lassen. Die Fähre mußte am anderen Ufer sein, denn ich konnte sie nicht sehen, weil das Wasser mit Oktobernebel bedeckt war. Ich wartete am Ufer, und nach einer Weile hörte ich Ruderschläge. Bald tauchte die Lampe aus dem Nebel, sie hing immer noch an der rechten Außenseite des Kahns. Dann kam das Boot schnell näher, aber der ehemalige Fischer ruderte nicht. Er saß an der Bootsspitze, und hinter ihm saß ein Mann, der ein gegerbtes Gesicht hatte. Der rudernde Mann blinzelte mit winzigen Augen zu mir herüber: es war Alexander.

Ich lief dem Boot entgegen, und das Wasser stürzte in meine Schuhe. Bis zu den Knien stieg die kalte Strömung, aber ich hatte die Fähre erreicht. Alexander faßte mich mit beiden Armen und hielt mich fest. Der Fährmann sagte indessen, daß Alexander schon seit einer guten Stunde mit dem Kahn hin- und hergefahren sei, und ich solle mir nicht den Tod holen und schnellstens ans Ufer laufen.

Alexander kam mit mir nach Hause. Er sagte, daß er nicht lange bleiben könne, er sei aus dem Zug gestiegen, um noch einmal zur Fähre zu gehen. Er reise in dieser Nacht schon weiter. Ich fragte ihn nicht nach dem Ziel seiner Reise, ich saß nur da und sah ihn an. Wir sprachen auch nicht über die Zeit nach seiner Verhaftung.

Vor Mitternacht gingen wir durch die Stadt. Am Bahnhof umarmte er mich und küßte mich auf die linke und rechte Wange, sprach einen polnischen Gruß und erwähnte noch, daß er eigentlich nie mehr in diese Stadt hatte kommen wollen, aber sein Gelübde sei schließlich welk geworden wie das Laub der Bäume.

Der General

Da war der Mund des Generals, der hatte viele Soldaten ins Gefecht geschickt, und da war die Hand des Generals, seine rechte Schreibhand, die hatte den Federhalter geführt und die Gefallenenliste unterschrieben, und schließlich war da noch die Brust des Generals, die war mit der Uniform bekleidet gewesen, alle Auszeichnungen des Landes fanden sich da, große und kleine, goldene Medaillen und farbige Blätter – und dann war plötzlich alles vorbei.

Der Mund des Generals, seine Hände und die Brust wurden verurteilt. Für den Mund gab es eine Zelle, für die Hände gab es eine Zelle, es gab auch eine Zelle für die Ordensbrust.

Der General sprach wenig – seine Hände schrieben keine Memoiren, seine Brust sehnte nicht die Dekorationen herbei.

Der Mond ging über die Erde und die Sonne ging über die Erde, und nach Jahren wurde das Tor des Gefängnisses aufgeschlossen. Die Sonne schien dem General ins Gesicht, und es ging die Straße entlang, langsam, und sein Mund öffnete sich langsam, denn er wollte etwas sagen, das sollte gewichtig sein.

Da waren es seine Augen, die erblickten einen Zeitungskiosk, und er las, las es viermal, und sein Mund wurde schmal, schuf einen Gedankenstrich. Aber die Sonne schien, und es war Frühling, und der General ging weiter, setzte vorsichtig die Füße, die so lange einen Kreis beschrieben hatten. Er wollte lernen, gerade Straßen zu gehen, wollte das lernen.

Da begegnete ihm jemand, der hatte noch Schultinte an den Fingern, und dessen Lippen waren ein wenig geöffnet, und zwischen den Lippen lebte der erste ganz kleine Kuß, den hatte ihm gestern ein Mädchen gegeben. Und an dessen Hemd zeigten sich neue Knöpfe, von seiner Mutter vorgestern angenäht, und den hochgekrempelten Ärmeln war abzulesen, wie schön gestärkt das Hemd war.

Und der General dachte an die Zeitungsschlagzeile, da begannen seine Hände zu zittern, sonst war das nie geschehen. Aber die Sonne nahm sich seiner Hände an und wärmte sie tief innen.

Es war ein Park in der Nähe, und eine Bank gab es dort, eine Frau saß da vor einer Blumenrabatte, und sie erschrak, als der General sich neben sie setzte. Auch das Kind, das sie stillte, erschrak, weil die Milch ausblieb. Doch der General sah auf die Brust der Frau, und er sah das Kind an, das an der Brust dieser Frau hing, und er hob beide Hände. Sein Mund tat sich auf, er sagte etwas, das die Frau nicht so richtig verstand, dann ging er.

Geraden Wegs ging er zurück zum Zeitungskiosk, und er zerriß die Zeitung mit der Schlagzeile. Und von dem Geld, das er mit Kleben der Tüten und Stricken der Fischernetze im Gefängnis verdient hatte, gab er dem Zeitungsverkäufer, der sollte nicht jammern.

Zu allen Kiosken ging er und gab alles Geld aus, um die Zeitungen mit den Schlagzeilen zu zerreißen, die seinen Mund eingepfercht hatten in die Spur eines Gedankenstrichs.

Doch bald wurden seine Taschen leer, und er stellte sich nun vor die Kioske und sprach zu den Leuten, und weil es immer noch Frühling war, blieben auch junge Männer mit aufgekrempelten Hemdsärmeln stehen, Frauen mit Kinderwagen.

Und er sprach, als der Sommer kam, und als der Herbst kam, ging er schon krumm, denn das tägliche Sprechen hatte ihn ausgedörrt. An den Türen hatte er gebettelt um Brot, auf den Bänken hatte er geschlafen, tags hatte er gesprochen vor den Kiosken.

Herbst kam mit Regen, und die Baumblätter trieben naß gegen die Zeitungskioske. Als die Bäume kahl standen, wurden die Zeitungsschlagzeilen fetter, und der General eiferte in den Sturm und warnte in den verregneten Straßen.

Was Wunder, daß seine Stimme nachließ – und als die Zeit da war, die er zweimal erlebt hatte, nach dem zweiten Mal erst richtig erlebt hatte, konnte seine Heiserkeit nur noch krächzen, wie eine hundertjährige Krähe kam er sich vor.

Da wurde es ruchbar, was er den halben Frühling und den ganzen Sommer über getan, da verurteilte man seinen Mund, als der Schnee fiel, wegen Aufwiegelei der Leute, da verurteilte man seine Hände wegen der krankhaften Vernichtung von Zeitungsschlagzeilen, da wurde seine krächzende Stimme verurteilt.

Bleibt noch zu berichten: als die Leute für das große Jahresfest das Ave übten, wurde er eingeliefert in einen wattierten Raum. Hier durfte er den Schneeflocken etwas zubrüllen, die in diesem kalten Winter schwer gegen blecherne Fenster taumelten.

Der fliegende Schiedsrichter

Der folgende Bericht macht uns mit zwei Familienvätern bekannt, deren Namen ich nicht vergessen werde. Der eine hieß Febald und war ein Tischler, der andere führte den merkwürdigen Namen Willilix und buk Brötchen. Wir bemerken schon, daß sich hier ein Ulk abzeichnet, denn der Name des einen spiegelte sich eindeutig in dem des anderen, und vielleicht liegt hier das Geheimnis ihrer gemeinsamen Einsicht, künftig jeden Streit zu vermeiden.

Damals, als ich von ihnen hörte, führten sie nämlich im großen Rathaus einen heftigen Streit gegeneinander. Es ging um Geld, aber der Anlaß soll uns unwichtig sein. Der Schiedsrichter saß auf seinem Amtsstuhl und waltete. Er prüfte einerseits die Klage des Tischlers Febald und wollte den Bäcker Willilix verurteilen, andererseits wog dessen Gegenklage auch beträchtlich, und der Schiedsrichter fühlte sich unwohl.

»Ich habe unter diesem Bäcker gelitten!« schrie Febald. »Ich fordere seine Bestrafung!«

»Oh«, schrie Willilix zurück, »die Sache ist anders: nur Gott weiß, wie sehr ich unter diesem Tischler gelitten habe. Seine Bestrafung wäre der verdiente Lohn!«

»So kommen wir nicht weiter«, sagte der Schiedsrichter. Der Streit fraß sich gründlich durch die Vormittagsstunden, und die drei Männer sahen nicht, daß an den Rathausfenstern ein wundervoller Tag spazierenging. Haben wir es aber, wie wir häufig sagen, mit einem wundervollen Tag zu tun, so dürfte ein wundervolles Ereignis nur folgerichtig sein, und wir wollen hören, welche Wendung der Streit nahm.

Der Turm des Rathauses war mit einer Wetterfahne geschmückt, der ein kunstreicher Schmied die Form einer alten Karavelle gegeben hatte. Auf den höchsten Segelmast setzte sich an diesem Tag, da Febald und Willilix einander zürnten, eine herumstreunende Amsel.

Von ihr ist zu berichten, daß sie zur Gattung der beliebten Singvögel zählt und ihren geistigen Platz in dem Frühlingslied hat, dessen Text darüber Auskunft gibt, daß alle Vögel schon da seien. Das Lexikon unterrichtet uns über ihre frühere Heimat, sie soll als scheuer Waldvogel am Herzen der Natur gelebt haben, weshalb ihre Assimilierung an das Leben der Menschen vielfaches Staunen erregen dürfte. Soviel und nicht mehr zur Monographie der Amsel.

Sie saß dort über dem Mastkorb der alten Karavelle und pfiff. Es war ein bescheidenes Konzert, vermutlich dem sonnenklaren Tag und allen Menschen gewidmet.

Ich kann nicht bezeugen, ob die Fenster des Rathauses geschlossen waren, aber der Tischler Febald hörte zuerst den Gesang der Amsel, und er sagte in kaum noch denkbarer Einfalt: »Willilix, hörst du die Amsel?« Der Bäcker lauschte nach draußen, dann sagte er: »Ja, natürlich... es ist eine Amsel...« Der Schiedsrichter entschied sich zu sagen: »Meine Herren, ich verstehe nicht, weshalb Sie so sprechen...«

Willilix und Febald verstanden es auch nicht. Es lag aber nur daran, daß es hier tatsächlich mit rechten Dingen zuging. Da sprach auch schon der Tischler: »Willilix, sie singt, glaube ich, wir sollten uns vertragen.« Und Willilix, der Bäcker, erlebte ebenfalls in dieser Stunde eine der schönsten Sternsekunden seines Lebens: er gab dem Tischler die Hand.

Der Schiedsrichter machte böse Miene, er dachte an sein Honorar und schimpfte drauflos: »So geht das nicht. Ich bin hier der Schiedsrichter und nicht die Amsel.«

Der Schiedsrichter dachte an so manches. Er bekam eine ehrliche Donnerwetterwut auf die Amsel, denn er sah, daß die beiden Männer sich soeben bei den Händen gefaßt hatten und nun den Saal verließen. »Sie benehmen sich ja wie die Kinder!« rief er den beiden nach und hatte ein wahres Wort gesprochen. Er lief zum Telefon und beauftragte die Städtische Feuerwehr, die Amsel zu verhaften.

Ich komme noch einmal auf die Eigenschaften der Amsel zu sprechen. Dieses Exemplar aus der Familie der Singdrosseln war unbestritten ein spöttisches. Es ließ die schwitzenden Feuerwehrleute bis zur Turmspitze vordringen, und als der Feuerwehrhauptmann, dem es zur Ehre gereichte, den Auftrag des Schiedsrichters in eigener Person zu erfüllen, die Hand an die Wetterfahne legte, erhob sich die Amsel und flog davon. Der Feuerwehrhauptmann schlug wütend nach der alten Karavelle, die aber unbeirrt blieb.

Was ist noch zu sagen? Die Amsel überflog viele Landesgrenzen, der Feuerwehrhauptmann wurde zum Oberhauptmann befördert, seine Frau freute sich über das erhöhte Haushaltsgeld, und außerdem war sie nun eine feine Oberhauptmannsfrau. Der Schiedsrichter wurde seiner Honorierung nicht verlustig, denn Febald und Willilix mußten zahlen. Sie lebten noch einige Jahrzehnte und zeugten viele Kinder. Eingedenk künftiger Amselgesänge haben sie ihnen rechtzeitig die Ohren gewaschen.

Begegnungen im Wartesaal

Die Tür zum Wartesaal dritter Klasse hatte eine angerostete Klinke. Der Rost sah trocken aus, fühlte sich an wie der Griff eines verwitterten Schwertes. Als ich die Tür öffnete, glaubte ich nach Jahren der erste zu sein, der diese Klinke in seiner Hand hielt.

Der Saal hatte zu dieser Stunde, kurz nach Mitternacht, nur eine erleuchtete Lampenkugel, und die Fliegen saßen reglos auf dem warmen Glasschirm, aber sie wurden etwas munter, als ich an der Lampe vorbeiging. Sie flogen mehrere Kreise um das Licht, surrten eintönig, und ich hätte jetzt lieber die fleißigen Grillen gehört, aber ich mußte hier warten, mein Zug sollte bald kommen, und ich wußte nicht mehr genau, ob es draußen schon Grillen zu hören gab.

In einer Ecke des Wartesaals saßen zwei Männer. Ihre Gesichter habe ich mir nicht einprägen können, weil die Ecke, in der sie saßen, dunkel, fast finster war. Ich wollte mich zu den Männern an den Tisch setzen, doch als ich auf sie zuging, stand eine Kellnerin neben mir. Ihre weiße Schürze auf dem schwarzen Kleid, grell wie eine Warntafel, und das Gesicht der Kellnerin, leise wie eine Papierampel beim Kinderfest, und der Mund, der dann sprach: »Was wünschen Sie?« versperrten den Weg zum Tisch der Männer.

Ich setzte mich unter die Lampenkugel. Der Tisch wirkte verfärbt, als sei auf der hölzernen Platte vor Stunden ein Glas Milch umgestürzt. Über mir saßen die Fliegen wieder reglos an der Lampe. Trotzdem war ein ähnliches Surren zu vernehmen wie von träge fliegenden Fliegen. Die beiden Männer sprachen wohl über mich.

Erst jetzt entdeckte ich die Uhr. Sie hing an einer der dunklen Wände. Die Zeiger waren zwei Spieße, ein kürzerer mit gewundenem Widerhaken, ein längerer mit einer sehr auffälligen Spitze – sie hätte einem Menschen, von sicherer Hand geworfen, das Herz durchbohren können.

Ich wollte herausfinden, wieviel Zeit mir noch blieb bis zur Abfahrt meines Zuges, aber die Kellnerin sah mich an und sagte: »Ihr Zug kommt bald. Was wünschen Sie bitte?«

Weil mich in diesem Wartesaal fror, wußte ich nicht ehrlich zu antworten, ich hätte sonst sagen müssen: »Ich wünschte eigentlich, daß Sie neben mir sitzen, und das wäre genug.« Die Kellnerin ließ mir Zeit, nachzudenken. Ich war ihr Gast unter der fliegenbesetzten Lampe, am milchigen Tisch, umgeben vom Geflüster zweier Männer. Und weil die Frau ohne Ungeduld vor mir stand, fand ich noch Zeit, zu überlegen, ob die Träume der schlafenden Fliegen schön seien oder ob sie gar nicht träumen. Dann war ich zu feige, der Frau meinen tatsächlichen Wunsch zu nennen, und ich log: »Bitte, bringen Sie mir ein Glas Bier.«

Sie brachte ein volles Glas. Ich trank, und als ich das Glas auf die Tischplatte setzte, wurde die Wartesaaltür aufgetan: ein Mann stand dort, in der Hand einen kleinen Koffer.

Ich dachte: der wird nicht weit reisen wollen. Ich sah ihn jetzt durch den Wartesaal kommen, vorbei an der Kellnerin, die mich ansah, hin zum Tisch der beiden Männer, die nun verstummten. Der Mann mit dem kleinen Koffer schrieb dort hilflose Zeichen in die dunkle Ecke, und sofort erschrak ich über das Gelächter der Männer, das den scheuen Kofferträger zu mir an den Tisch trieb.

Die Männer lachten lauter, und die Kellnerin sah mich nicht mehr an, sie sah den Fußboden an. Der Mann legte indessen seinen Koffer auf meinen Tisch, es war ein abgegriffener Koffer, wie ihn Kinder zum Aufbewahren ihres Spielzeuges besitzen. Er hob den Deckel, und seine Hände hielten beinahe gleichzeitig zwei kleine Stoffhunde, und er wußte die Hände so zu bewegen, als bellten die Hunde. Das waren also die Zeichen, mit denen er die Männer unfreiwillig belustigt hatte. Ihr Gelächter verwandelte sich jetzt in höhnisches Geschrei, und ich glaubte, weil die Wände des Wartesaals diesen Lärm hin- und herwarfen, in einem Haus von Eisen zu sitzen, Gefangener einer Versuchskammer. Der Mann, den ich nun als Händler erkannte, drehte sich schüchtern zu den Schreienden um und sagte verlegen: »Ich habe diese kleinen Tiere... in vielen langen Abendstunden gearbeitet.« Und er räusperte sich: »Aus Stoffresten und Hanfstückchen...«

Ich kaufte einen Stoffhund. Der Mann nahm den Koffer und ging zur Tür. Bei jedem Schritt erlebte ich ihn anders, und ich glaubte ihn wie einen guten Freund zu kennen, als er die Tür schloß.

Die Männer in der Ecke lachten nicht mehr. Der längere Zeiger der Wanduhr hatte während seines Kreisens jedem Zentimeter der dunklen Wand mit seiner Lanzenspitze gedroht, und nun, als der Zug ausgerufen wurde, von einer sehr entfernten Stimme, fühlte ich den Zeiger auf mich gerichtet.

Ich stand auf und verließ den milchigen Tisch. Ich gab der Kellnerin das Geld für das Bier, und sie sagte: »Jetzt ist es wohl soweit.«

Ich gab ihr den Stoffhund. Ich drückte ihr das Spielzeug wie ein Trinkgeld in die Hand, aber ich sah sie nicht an dabei, ich betrachtete das leere Bierglas, aus dem ich getrunken hatte nach ihrer Frage:

»Was wünschen Sie bitte?«

Draußen hielt der Zug. Ich stieg ein. Bevor die Lokomotive zu fauchen begann, lauschte ich, ob etwa eine Grille zu hören sei, aber die kühle Vorsommernacht hielt ihre Lieder noch zugedeckt.

Ratten werden verschenkt

Der Magistrat unserer Stadt, dessen aufrichtige Sorge um das Wohl seiner Bürger nicht genug gerühmt werden kann, hatte vor einigen Jahren beschlossen, in ganz besonderer Weise freigebig zu sein und die Einwohner auf breiter Ebene zu beschenken.

In meiner Eigenschaft als Kurier und verschworener Bürger hatte ich mir vorgenommen, über den Applaus meiner Nachbarn redlich Buch zu führen, um später einen vollen Bericht verfassen zu können, der auch außerhalb unserer Stadtgrenzen von der Großzügigkeit unserer Verwaltung und von der Dankbarkeit des Volkes zeugen sollte.

Wenn ich nun den Ertrag meiner Notizen, das folgende Schriftstück, der Öffentlichkeit übergebe, so möchte ich jedermann bitten, meine Aufzeichnungen als ein Weißbuch des unermüdlichen Fortschritts unserer Stadtbehörde entgegenzunehmen.

Es gelang mir, am Tage der Beschlußfassung im großen Sitzungssaal anwesend zu sein. Genau und gern erinnere ich mich jenes feierlichen Augenblicks, als der Oberbürgermeister im schlichten Kittel des Wahrheitssuchers auf dem Podium erschien und mit wiederholtem Neigen seiner gütigen Stirn die versammelten Amtmänner begrüßte. Nach der fröhlichen Zeremonie, sich gegenseitig zu beklatschen und einander die Bleistifte anzuspitzen, wurde auf das Zeichen des Oberbürgermeisters ein bronzenes Standbild der Göttin Fortuna enthüllt, mit der Geste des Schenkens in moderner Form. Diese Demonstration kam unerwartet und verfehlte nicht ihre Wirkung: niemand im Saal schämte sich des gezogenen Taschentuchs. Nach einer verlängerten Schweigeminute begab sich der Oberbürgermeister elegant auf das Füllhorn der Fortuna und legte den rechten Arm um die Schulter der Göttin.

Stadtbrüder, wieder einmal sind wir zusammengekommen, das Fest der Selbstlosigkeit zu feiern. Wir, Männer des Magistrats, wissen um unseren demütigen Dienst am Volk, denn in den Stunden der Anfechtung, wenn uns Hochmut und Eitelkeit plagen, meditieren wir die Formeln asketischer Pilger. Hört also, was in diesem Jahr als rechtes Geschenk an die Bürger verteilt werden soll.

Er setzte sich tief in das Füllhorn, ließ erregt die Beine baumeln und begann seinen Vortrag ohne Konzept.

Freunde! Wer an die Wünsche, Träume und Lebensgewohnheiten unserer Bürger das Ohr des hilfreichen Dieners legt, wer also mit unseren Ohren zu hören, mit unseren Augen zu sehen versteht, der wird meiner Behauptung beipflichten müssen, daß die Güte eines Geschenks allein von seiner vorbildlichen Nutzanwendung abhängig sein kann, von der Garantie für den Empfänger, das erhaltene Präsent über viele Jahre hin besitzen zu können. Deshalb habe ich die Reihe meiner Vorschläge zunächst einer sorgfältigen Prüfung unterzogen und dann auf den einzigen Satz reduziert: Diesmal schenken wir jedem Haushalt ein Rattenpärchen!

Die Amtmänner raunten beifällig. Ich bewunderte die einmütige Haltung dieser Männer, die ihre Disziplin aus der Menschenfreundlichkeit bezogen und nicht sofort auf den Kostenaufwand eines so trefflichen Vorschlags zu sprechen kamen. Hie und da vernahm ich zustimmende Äußerungen wie diese: Wahrhaftig, ein verblüffender Gedanke, Haustiere zu schenken! O ja, man hat sie, bei gründlicher Pflege, ein Leben lang! Keine Frage, meine Frau wird sich freuen.

Der Oberbürgermeister fuhr fort: Stadtbrüder – ich sehe Sie nicht abgeneigt, meinen Vorschlag zu akzeptieren! Lassen Sie mich daher gleich den Entwurf einer Durchführungsbestimmung vorlesen! Ich bitte um ihre Aufmerksamkeit...!

1. Dieser Entwurf betrifft eine Aktion größten Stils.

2. Im Rahmen ihrer alljährlichen Sonderbetreuung scheut die Stadtverwaltung in diesem Jahr weder Mühe noch Opfer, für jeden Haushalt ein Rattenpärchen anzukaufen.

3. Die Stadtverwaltung verpflichtet sich, nur erstklassig gesunde Tiere auszusuchen und dieselben kostenlos an die Einwohner der Stadt zu verteilen.

4. Die Stadt wird eine Schar bewährter Mediziner ansiedeln, die pro Woche einen Rattenappell anzuberaumen haben. Dadurch soll der Gesundheitszustand der Ratten kontrolliert und vor allem das Einschleichen ortsfremder Tiere vereitelt werden.

Es empfiehlt sich, jedes Tier unserer Stadt äußerlich zu kennzeichnen: etwa durch Anlegen einer gleichfarbigen Kordel.

5. Die Tiere sollen in geräumigen Holzverschlägen untergebracht werden, was einen Sammelauftrag an die Tischler der Stadt notwendig macht.

6. Der Magistrat hofft auf diesem Wege einen hinreichenden Beweis seiner Volksverbundenheit zu geben und verpflichtet sich, allen Einwohnern erquickliche Stunden zu bereiten.

Die Amtmänner trommelten mit den umgedrehten Bleistiften auf die Bänke. Aller Augen waren verehrungsvoll auf den Oberbürgermeister gerichtet. Vivat-Rufe erklangen erst zaghaft, dann bestimmter und bildeten schließlich einen einzigen Chor der Begeisterung.

Ich verließ den Platz und eilte nach vorn, wo der Oberbürgermeister aus der Hand eines Amtmannes gebündelte Rosen empfing. In wohlgesetzten Worten versicherte ich ihm meine Bereitschaft zur Verteilung der Ratten. Er dankte mir herzlich, tätschelte meine Wange und ließ sich alsdann von den Männern der Behörde auf die Schultern heben. Beim Auszug aus dem Gebäude verkündete das laute Absingen unserer Stadthymne den neuen Erfolg des Oberbürgermeisters.

Bald wurde die ganze Stadt vom Jubel der Amtmänner ergriffen. Emsige Hausfrauen, die sonst nur in Notfällen das Putzen und Scheuern ihrer Herde und Treppen vernachlässigten, gerieten außer sich: sie schleppten gefüllte Weinkrüge herbei und proklamierten das Rattenfest.

Die Krüge wurden mit vergnügten und übermütigen Ausrufen von Amtmann zu Amtmann gereicht. Ich hielt mich ein wenig abseits, um das improvisierte Fest nüchtern mitzuerleben.

Der Tag neigte sich im Rhythmus der geneigten Krüge. Als der Abend heran war, sah man überall pendelnde Lampions, die häufig den Weg zu den Grünanlagen der Stadt bevorzugten.

Gegen Mitternacht mußte ich einsehen, daß die Festlichkeit auch mich in einen Schelm verwandelt hatte: ich taumelte in eine Gruppe trinkender Hausfrauen, sie erfanden sofort ein lustiges Spiel, knüpften aus ihren Schürzen geschickt ein großes Tuch, warfen es über meinen Kopf und mich dabei zu Boden. Dann schnellten sie mich hoch, fingen mich auf und hatten ihren Spaß an meinem verschämten Gelächter. Als ich versprach, von ihrem Wein zu trinken, ließen sie mich wieder frei. So und ähnlich gaben sie ihrer Vorfreude auf das Rattengeschenk freien Lauf. Ich höre noch heute das Flüstern einer Hausfrau, die mit einem Amtmann in den Grünanlagen scherzte: Mein Rattenmännchen soll deinen Namen tragen...!

Das Treiben verlor sich nach Mitternacht. Am nächsten Morgen erwachte ich mit Kopfschmerzen. Aufdringlicher Lärm erfüllte mein Zimmer. Empört lief ich zum Fenster, öffnete die Läden, hielt meinen schmerzenden Kopf nach draußen und prallte zurück. Von der Straße sprang mich eine Sammlung lärmender Geräusche an, die ich allmählich als prasselndes Gehämmer zahlloser Werkzeuge erkannte: die Tischler der Stadt hatten mit dem Bau der Rattenverschläge begonnen.

Das besänftigte meinen Zorn, und nach einem hastigen

Frühstück lief ich zum Rathaus, um mein Versprechen einzulösen. Man empfing mich zuvorkommend und nannte mir meine ersten Aufgaben. Es handelte sich um das Bemalen der bereits gelieferten Rattenverschläge. Ich durfte also meine außerberuflichen Fähigkeiten als kunstgewerblicher Maler unter Beweis stellen.

Die Schwierigkeit dieser Aufgabe lag darin, stets ein neues Bild auf die Kisten zu malen. Ich wählte gebräuchliche Motive aus Wald, Flur, Haus, Hof und Garten. Ich malte Elfen, Mondbäume, Hirsche, Gießkannen, Auerhähne während und nach der Balz, Eulen, Zäune, Sonnenblumen und zarte Mädchen, die einer Schar hungriger Hühner Futter hinstreuten.

Am nächsten Tag half mir ein junger Bildschnitzer, der in die Deckel der Holzkisten tiefliegende Reliefs schnitt und dabei auf den Sagenschatz der Stadt zurückgriff. Wir ergänzten uns konkurrenzlos: nach drei Tagen waren sämtliche Rattenverschläge geschmückt, die Tischler wurden entlohnt, der Lärm verschwand aus den Straßen.

Bald darauf hatte der Magistrat zum Transport der Ratten aufgerufen. Alle Kuriere erhielten sachkundig ausgestattete Fahrzeuge und stapelten Kiste um Kiste auf die Ladeflächen.

Die Tiere in ihren Verschlägen verhielten sich nach Erwarten ruhig, man hörte nur leises Schnurren und Pfeifen. Am Morgen des vierten Tages rollten die Fahrzeuge mit der ersehnten Fracht über den Markt. Das übermütige Verhalten der Bürger war einer innigen Stimmung gewichen: an manchen Türen las ich einladende Aufschriften: *Willkommen im Quartier!*, als sollte eine Schwadron Soldaten empfangen werden.

Kaum zu sagen, wie glücklich die Empfänger waren, als sie ihr Geschenk entgegennahmen! Die einen lobten den soliden Bau der Holzkisten, andere würdigten die kunstvolle Bemalung oder die Arbeiten des Bildschnitzers – kurzum: es gab keinen Streit unter den Bürgern, alle konnten sich überzeugen, daß in jedem Verschlag der gleiche Inhalt zu finden war.

Im Verlauf einer Woche hatte der Magistrat, laut seiner Verpflichtung, ein halbes Hundert Mediziner im Stadtzentrum behelfsmäßig untergebracht. Die Ärzte trafen sofort ihre Vorbereitungen für den gewünschten Rattenappell. Durch ein Rundschreiben wurde jeder Rattenbesitzer verständigt, die Tiere zum Marktplatz zu bringen, wo sie mit einer schwarzen plombierten Kordelschnur als Ratten *unserer* Stadt gekennzeichnet werden sollten.

Pünktlich begann der erste Appell. Man einigte sich, in die Plomben der Kordelschnüre jeweils die Anfangsbuchstaben der beschenkten Familie einzuritzen, um Verwechslungen zu vermeiden. Als das geschehen war, wurden die Tiere wieder in ihre Verschläge gesetzt, und die Hausfrauen tauschten reihum ihre bisherigen Rattenerlebnisse aus. Um die Stunde der heiteren Berichterstattung zu verschönern, besuchte man ein hübsch gelegenes Gasthaus, dessen Wirt berühmt war, weit und breit den besten Kuchen zu backen. Der Wirt freute sich über den plötzlichen Besuch, er trug die feinsten Torten auf, sein Personal brachte die Holzverschläge hinaus in den Garten, damit die Ratten sich im Freien ergehen konnten.

Während der umfangreiche Kaffeetisch gedeckt wurde, kam eine dreiste Hausfrau auf den Gedanken, die Mediziner an die Tafel zu laden. Sie erntete geheimen und offenen Beifall. Ein Bote des Gasthauses wurde beauftragt, sofort den Wunsch der Hausfrauen zu übermitteln: in kurzer Zeit waren alle Gesellschaftsräume bis auf den letzten Platz besetzt.

Der findige Wirt engagierte sogleich aus der Nachbarschaft ein Musikertrio. Zwischen zwei Tänzen sprach man von der Bedeutung des ersten Rattenappells und ermüdete nicht, immer wieder über die Possierlichkeiten der Tiere zu plaudern.

Von der Musik angelockt, hüpften auch bald die Ratten

übers Parkett. Da sie nur mangelhafte Tänzer waren und vor allem die Tänze ihrer Gastgeber nicht beherrschten, geschah es hin und wieder, daß man auf ihre Schwänze trat und sie bisweilen empfindlich verletzte. In ihrer Not flüchteten sie auf die Tische und schauten von dort den Frauen und Männern zu, die ihnen im Vorbeitanzen lustige Kosenamen zuriefen. Der Wirt vertrieb den Ratten die Langeweile, er beköstigte sie mit Zuckerwasser und gehackten Nüssen. Danach wurden sie müde, rückten zum Schlafen aneinander und schnarchten sehr laut.

Die Hausfrauen erkannten die Situation und trugen die schlafenden Tiere in die Holzkisten. Anschließend wollten sie die Zeche begleichen, da schlugen die Türen des Gasthauses auf, die Männer der Hausfrauen, die inzwischen von der Arbeit heimgekehrt waren und statt einer dampfenden Speise leere Tische vorgefunden hatten, erschienen zornig auf dem Tanzparkett. Voller Argwohn traten sie in die unmittelbare Nähe der Mediziner, die sofort kleine abgesicherte Gruppen bildeten und die Jackenärmel hochschoben. Solche Gebärden waren den Männern der Hausfrauen in dieser Stunde gründlich zuwider, sie lachten nur im Tonfall rächender Freibeuter und machten zunächst aus mehreren Stühlen handliches Kleinholz. Dann riefen sie einmütig ihren Frauen zu: Bringt die Ratten in Sicherheit! – und schon sprangen sie zwischen die Mediziner. Wahrscheinlich wüteten die Männer nur deshalb so ausdauernd, weil sie wußten, daß es sich bei den Verprügelten um Ärzte handelte, die ihre Wunden gegenseitig heilen konnten. Das Gemenge dauerte nicht länger als eine knappe Dreiviertelstunde, und nach der Flucht der Ärzte tummelte man sich in einem verwaisten Möbelfriedhof. Der Zwischenfall wurde der Stadtverwaltung gemeldet: im Rahmen einer Sondersitzung kündigte sie den Medizinern das Wohnrecht. Der geschädigte Wirt, der mich über den bedauerlichen Ausgang des ersten und letzten Rattenappells verständigt hatte, erhielt am nächsten Tag eine ansehnliche Summe zur Instandsetzung seiner Räume.

Wieder einmal hatte der Magistrat einen guten Beschluß gefaßt: die Ausweisung der geschlagenen Mediziner wirkte beruhigend auf die Familienväter, sie verziehen ihren Frauen die heimliche Kaffeestunde.

Auch die Ratten fühlten sich wohler. Sie vermehrten sich in aller Stille und machten ihren Besitzern viel Freude. Überhaupt konnte man sagen, daß unsere Stadt allen Grund hatte, gemütlichen Zeiten entgegenzusehen, wäre nicht eines Tages ein Umstand eingetreten, der den makellosen Dienst unserer Behörde zu bedrohen schien.

Dazu muß erwähnt werden, daß die Einwohner sich ausnahmslos an die Anwesenheit der geschätzten Tiere gewöhnt hatten und es ihnen geradezu unmöglich geworden war, sich einen rattenlosen Zustand vorzustellen. Zerrüttete Familien fanden in der Tierpflege den Mittelpunkt ihrer Fürsorge, die Unterhaltungen im Verwandtenkreis erholten sich vom Stumpfsinn, und die Biertische in den Gasthäusern erdröhnten unter den Faustschlägen zufriedener Männer, die endlich wußten, wofür sie arbeiteten. Mit gegenseitiger Anteilnahme verfolgte man, wie die Ratten sich in den Räumen aller Häuser heimisch fühlten, und es geschah nicht selten, daß man mit gegenseitigen Spenden aufwartete, wenn mancherorts die Speisekammern leergefressen waren. Über allem stand die unbeugsame Verehrung der Bürger zum Magistrat. Deshalb verfiel man auch nicht in Trübsinn oder Aufsässigkeit, als sich herausstellte, daß die Ratten bereits im Giebel eines jeden Hauses Nester bauten und ihre Gefräßigkeit auf die Holzsparren der Dächer erstreckten. Immer wieder betonten die Familien, über die gesteigerte Lebensweise der Ratten entzückt zu sein und es gereiche jedem Haushalt zur Ehre, zugunsten der Gäste auf geräumiges Wohnen zu verzichten.

So begab es sich, daß die Einwohner für das Wohl der Ratten lebten, und sie empfanden den Stolz eines beneideten Siegers, als ein böswilliger Kurier der Nachbarstadt jenes Gerücht verbreitete, unser Oberbürgermeister stehe in gut bezahlter Beziehung zu einem mysteriösen Rattenverwalter. Die grenzenlose Treue der Bürger ging dieser Propaganda nicht auf den Leim, sie förderte nur den Entschluß, jedes Opfer in Kauf zu nehmen und den Ruf der Behörde zu verteidigen.

Weniger zur Vorbeugung einer schier unmöglichen Volkserhebung als zur Verkündung seiner unaufhörlichen Sorge um die Zukunft der beschenkten Familien, ließ der Oberbürgermeister eine Kirmes vorbereiten. In einer Rede wollte er die Beschuldigungen der benachbarten Kundschafter zurückweisen und die Einwohner über die weiteren Pläne des Magistrats verständigen.

Tagelang hämmerten die Tischler an einer dreistöckigen Tribüne. Schüler und Schülerinnen wurden beauftragt, bunte Girlanden für den Schmuck der Häuser zu sammeln. Als die Schausteller ihre Buden eröffnet hatten, waren die Bürger allesamt auf den Beinen – vor und hinter ihnen die Ratten, die in dichten Reihen wie zur Parade an der Tribüne vorbeizogen.

Unter dem Jubel der Bürger und Amtmänner teilte sich der lange schwarze Zug der Tiere: die erste Abteilung sprang auf die Tribüne, mischte sich unter die Männer des Magistrats, die zweite zog mit der fröhlichen Bürgerschar zum Jahrmarkt. Das Gewimmel ihrer Schwänze war der Prolog zum Fest.

Bevor die Menge sich in das eigentliche Fest begab, bevor sie die regennassen Gerüste erstieg, um hinter Pappwänden den Kraftmenschen und Todesfahrern Applaus zu spenden, winkte der Oberbürgermeister von der Tribüne herab und richtete das Wort an die Bürger:

Frauen und Männer! – ich will es kurz machen: mißgünstige Kundschafter, die unseren Fortschritt verleumden, haben ein schnödes Gerücht in Umlauf gebracht, das euch den Frohsinn streitig machen will! In jenen Kreisen spricht man von meiner angeblichen Beziehung zu einem Rattenverwalter, dem ich hörig und verschworen sei, weil ich von ihm für jede Ratte, die in diese Stadt geliefert wurde, hohe Geldbeträge empfinge! Ferner, sagte man dort, sei es mir gleichgültig, was aus dieser Stadt werde, wenn die Ratten alles zernagt haben. Stadtfreunde! – sagt selber: Was wissen jene Kundschafter von uns? Wissen sie denn, daß die Schäden, die durch die guten Tiere entstehen, unser Ansporn zum Bürgerfleiß sind? Wissen sie also, daß die Schäden unsere Schaffenslust wachhalten und ein Gleichnis darstellen, entstandene Schäden, wo immer sie auftauchen mögen, sofort zu beseitigen? – Sie wissen es nicht! Deshalb sei ihnen zugerufen: Wir weisen die jämmerliche Behauptung zurück! Die Ratten bürgen für ein arbeitsreiches Leben, die Ratten führen uns empor!

Der stürmische Tag bot ein Fest sondergleichen. Auf den Schultern aller Leute saßen die Ratten und gierten nach den Lebkuchen der Jahrmarktbuden. Lebkuchenherzen und Lebkuchenmänner wurden stoßweise unter die Tiere geworfen. Nach der ausgiebigen Mahlzeit stürmten die Nimmersatten über die Tribüne auf die Dächer, sprangen auf die Schornsteine und stellten sich, wie zum Auftakt eines Überfalls, für wenige Sekunden auf die Hinterbeine, um dann durch die Kamine in Böden, Wohnungen und Keller zu stürmen.

Voller Stolz, solche Artisten gefüttert zu haben, stimmten die Bürger unsere Stadthymne an: sie wechselten über in den erlösenden Klang eines Chorals, als neben dem Marktplatz die ersten Häuser zusammenfielen.

Die Ratten schlüpften unter den brechenden Balken hervor, rannten zum nächsten und übernächsten Haus und vollführten ein Schauspiel, das die Einwohner beseelte. Mehrere Familien stiegen singend in die Kabinen einer Mondrundfahrt, inbrünstiger singend sahen sie zu, wenn nach jeder Fahrt ein anderes Haus zusammenbrach.

Der Regen spülte Stein und Staub über den Markt. Ich betrachtete den Oberbürgermeister: seine Gesichtszüge hatten sich verklärt. Er genoß diesen Nachmittag als den Höhepunkt seines Lebens. Später sagte er zu mir:

Ich sehe schon, wir werden die Stadt verlassen. Wir wollen die Ratten nicht stören, sie mögen ihr Werk vollenden! Wir sind glücklich über die Liebe, die uns die Ratten bezeugen – wir geben ihnen alles: Heim, Hof und Fenster. Man soll alle brauchbaren Fahrzeuge für die Evakuierung herrichten! Es ist schön, Oberbürgermeister eines solchen Volkes zu sein! Bitte, bereiten Sie alles für die Umsiedlung vor...

Ich war gerührt über diesen Mann, dessen einsame Größe ich jetzt erst erkannte. Es war tiefste Verehrung, die mich bewog, seine Anweisung allgemein zu verbreiten. Durch Regen und zerbrochenes Gestein bahnte ich mir den Weg zu den Bürgern, die ihren fressenden Ratten zuwinkten und berauscht waren, wenn jene Tiere, die sie gepflegt hatten, sich über das eigene Haus hermachten und unersättlich zu Werke gingen. Die Botschaft des Oberbürgermeisters fand ungeteilte Zustimmung, die Familienväter spannten sich selbst vor die ländlichen Fahrzeuge, die mit den Resten der zernagten Gegenstände beladen waren. Sehr viele Einwohner, auch ich, mußten alles zurücklassen, weil die Ratten gerade dabei waren, das häusliche Gerät und die gesamte Einrichtung zu zerkleinern.

Das Unwetter schwemmte uns zur Stadt hinaus. Auf den Landstraßen und Waldwegen kam es zu feierlichen Zusammenkünften – ja, zur Gründung einer Sekte, die auf den Namen des Oberbürgermeisters vereidigt wurde. Es ist gut, sagte er feinsinnig, und sein verklärtes Gesicht wandte sich jedem zu, es ist gut, um euer Vertrauen zu wissen! Ich gelobe, nach wie vor euer Diener zu sein.

Dann fragte er leise: Hört ihr das Geräusch der fressenden Ratten?

Oh, wir hören es! jubelten die Bürger, und ich mit ihnen. Ihr hört es? lächelte er versonnen – nun, meine Lieben, ich biete euch ein neues Geschenk...! Wir bauen eine neue

Stadt, für jeden ein Heim...! Wollen wir weiterziehen? Wir bejahten seinen Vorschlag und zogen weiter. Bevor unsere Nahrung zusammenschrumpfte, fanden wir rechtzeitig einen Platz für den Bau kleiner Hütten. Es war mühsam, aber trotz der Winterszeit vergrößerte unsere Siedlung sich von Woche zu Woche. Die Amtmänner halfen uns mit ihrem Rat durch die Zeit der Fährnis, und als der erste Frühjahrswind unsere Dächer prüfte, war die neue Stadt fertig.

Niemand von uns bereut diesen Schritt, diese Handlung aus Treue gegenüber dem Magistrat. Mögen Kundschafter in Blindheit verharren – wir sind auf immer gesichert!

Schon für den kommenden Sommer ist eine neue Aktion des Schenkens angesagt, eine zweite Ankunft der Ratten: die Schüler und Schülerinnen basteln abends an den Girlanden, die Bronzegießer schaffen ein Standbild der Göttin Fortuna, und das verheißungsvolle Gehämmer in unseren Straßen spricht vom Bau neuer Bretterverschläge für die abermals zu bewirtenden Gäste, denen wir – das ist unser Gelöbnis! – auch in diesem Sommer alles opfern werden, wenn es beiträgt zur Unsterblichkeit unserer Verwaltung. Wer für diese Treue kein Lob findet, weiß immer noch nicht, wessen unser Magistrat, der sich die Zukunft erobert, fähig ist.

Der Mann von Kiuschiu

Der Mann von Kiuschiu, den die Kinder Känguruh nennen, weil sein Oberkörper schrittweise nach vorn klappt, weil seine Hüften spröde sind und schmerzen, der Mann kehrt wieder in das Dorf Tuson zurück. Er trägt wie immer einen Korb als viel zu großen Hut. Niemand vermag seine Augen zu grüßen, wie es hier Dorfsitte ist, die Hand an die Augen zu heben: Ich sehe dich, Nachbar, meine Augen sind beschenkt, da sie dich erblicken, Nachbar! – Alle sehen nur den Korb, die geflochtene Maske, die das Gesicht verhüllt, die Zeichen tödlicher Krankheit.

Seine Kleidung ist jedem bekannt: das altmodische Lendenhemd, die geflickte amerikanische Armeehose mit den Beuteltaschen über den Knien, die Lappen und Bastschnüre an den Füßen – der Mann mit dem Korb, so erinnern sich alle, hat noch nie anders ausgesehen. Die Nachbarn verharren reglos im Mondschatten der Bambushütten. Sie wissen: Er kommt aus der Stadt zurück, er bringt die Rohrflöte mit, die sein tägliches Brot eintreibt, bare Münze für stundenlanges Flötenspiel, das unter verschorften Fingern entsteht und manchmal irrtönig ausfällt, wenn den Händen das Instrument zu schwer wird, das doch so leicht ist wie ein junger Vogel.

Touristen besuchen diese Stadt: Männer, Frauen aus Europa und Amerika – sie photographieren das Ruinenfeld der Pagoden, das noch nicht aufgebaut worden ist, das man nicht aufbauen darf, weil es Lüge wäre und schlimme Verleumdung, weil die Heiligtümer zu Asche gemacht wurden, weil kein neues Standbild, kein moderner Trommelturm jemals verdecken sollen, was hinterrücks niedergemacht wurde. Die Touristen heben ihre Kameras vor dem Flötenspieler, der alle durch die Ritzen seines Korbes betrachtet. Sie wollen, wie sie sagen, das Bild des Jammers mit nach Hause nehmen; sie ducken sich verschämt, sie werfen Münzen zwischen seine Füße, sie meiden seine Nähe, und sie sagen: Wenn Sie den Bettler photographieren, den Mann mit der Flöte, dessen Gesicht so sehr von der Strahlenkrankheit entstellt sein muß, daß er einen Korb über sein Gesicht gestülpt hat, um uns den Anblick zu ersparen, dann treten Sie nicht zu nah an ihn heran – wer weiß, vielleicht steckt diese Krankheit an.

Der Bettler, den die Kinder Känguruh nennen, erspart den Reisenden aus aller Welt den Anblick seiner Wunden. Nur in Tuson kennt Kaga, eine Bäuerin, seine nässende Gesichtshaut, vom Haaransatz bis zu den Backenknochen mit Blasen bedeckt, sie kennt die Überbleibsel seiner flinken durstigen Augen, und sie befreit ihn von dem Namen Känguruh, der ihn an sein Hüftleiden erinnert, an die Stunde des Grauens – sie nennt ihn Matsuo, das ist sein richtiger Name.

Beim Eintritt in Kagas Hütte hat Matsuo sonst den Korb abgenommen, die rechte Hand an die Augen gehalten, um die Bäuerin zu grüßen: Meine Augen sind beschenkt, da sie dich erblicken, Kaga...

Sie wartet mit dem Reisnapf, und später hört sie seinen Satz: Mit den Heuschrecken zum Fuji wandern...

Sie stellt den Reisnapf auf die Hüttenkiste, sie hat den Satz vernommen, dessen Sinn kein Fremder deutet, den sie aber deutet, weil sie lange in Tuson wohnt, weil die alten Männer von Tuson, wenn sie sterben, sagen: Mit den Heuschrecken zum Fuji wandern... Setz dich, Matsuo, Väterchen. Die Schüler kommen bald, du hast ein Lied versprochen, das Lied vom Drachen Jainito. Matsuo sagt: Jainito ist tot. Ich will mich nicht mehr setzen, Kaga. Die Zeit ist kurz, ich will zum Fluß.

Er streckt die Hände aus, er findet den Reisnapf.

Du willst essen, ich komme schon, ich habe guten Reis gekocht. Der Mann winkt ab: Eine kleine blutige Schlange ist im Reis... Kaga sagt: Eine kleine blutige Schlange... Sie sagt nicht: der Dorfarzt sprach davon, du würdest überall ein Rinnsal Blut entdecken, dann steigt die Krankheit in die Augen, das Fieber wird beginnen, das zum Tode führt.

Matsuo nimmt den Korb vom Kopf. Sein Gesicht im Mondlicht, das durch Türspalt und Hüttenwand hereindringt, ist wurmstichiger Bambus. Er öffnet die Kiste und hält einen Spiegel vor die Augen. Kaga sieht, was Matsuo beim Betrachten seines Gesichtes sieht: die Hafenstadt, die Männer mit Tragbahren, die Fahnen des Entsetzens auf den zerbrochenen Häusern, die toten Kinder in den Tragtüchern toter Frauen, Japans sterbender Augenlidspalt, der den Haiku des Meisters Kito nicht mehr lesen kann: Eine kleine erfrorene Heuschrecke / machte mich heute / bitterlich weinen.

Kaga hört, was Matsuo beim Betrachten seines Gesichtes hört: den zersprungenen Gong der Gebete, das verwundete Geräusch der Trommeltürme, die Klage der Flüchtlinge, den Aufschrei und den Fluch.

Matsuo sieht das blutige Rinnsal im Spiegel, das untrügliche Zeichen, das den Wunsch nach Genesung zunichte macht. Er sieht es an der Hüttenwand und zwischen Kagas Augen, er wirft den Spiegel in die Kiste.

Jainito stirbt nicht, Väterchen, sagt Kaga ängstlich. Jainito lebt am Fluß in der Zypressenstadt – du darfst nicht gehen, Väterchen, die Schüler warten auf das Drachenlied...

Matsuo taumelt stumm: Jainito hat die Salamander beschützt, die im Gras liegen, wenn der Mond aufgeht. Plötzlich kommen die Jäger mit Fangnetzen, sie wollen sich die Salamander dienstbar machen, die sollen dem Mond die Wünsche der Jäger nennen, Wünsche aus Habgier und Gewalt. Jainito, der Drache, sieht die Jäger kommen, fliegt und nimmt sie in die Krallen, nimmt sie behutsam, ohne ihre Haut zu ritzen, trägt sie mit breiten Flügeln, breit wie die Insel Kiuschiu, hoch über den Fuji auf eine Wolke, die der Mond anleuchtet, setzt sie dort nieder, sagt ihnen: Betrachtet den Mond, um von der Habgier abzulassen!

Die Jäger reisen auf der Wolke um die Erde, der Mond ist über ihnen, und eines Tages spricht der Drache Jainito: Wollt ihr immer noch die Salamander verfolgen? Freundlicher Drache, sagen die Jäger, wir werden ihre Freunde sein – sie sollten den Mond günstig für uns stimmen, damit der Mond unsere Wünsche erfülle, Macht und maßlose Sucht, tödliche Träume – wir wissen endlich, was der Mond vermag. Das Lob des Mondes ist unser künftiges Leben. Jainito nimmt die Jäger behutsam, nimmt sie, ohne ihre Haut zu ritzen, trägt sie auf das Land, wo sie das Versprechen einlösen. Jainito hat gelebt, seine Drachenflügel waren breit wie die Insel Kiuschiu – ein furchtbarer Drache kam über Kiuschiu, der hat den Jainito getötet. Matsuo sagt: Bleib in der Hütte, Kaga...

Er verläßt die Bäuerin, schwankt unter dem Mond, der in dieser Nacht einen großen Hof hat, lauscht nach allen Seiten, bei jedem Schritt knickt sein Oberkörper ein, spricht gegen die Bäume. Am Fluß zittert das Rinnsal vor seinen Füßen im Gras, es züngelt über die Strömung – Matsuo hebt den Kopf, da springt es in den Mond und malt eine Fieberkurve auf das Gestirn. Matsuo verharrt in der letzten Betrachtung des Mondes, dann werden Stirn und Kinn zu schwer, er beugt sich über das Wasser. Fieber preßt die Stirn ins Schilf, trocknet den Gaumen aus; Matsuo will das Rinnsal abschütteln, schleudert den Kopf in die Halme, aber eine Kette läßt ihn nicht los, er drückt die Stirn in den Schlamm, gekrümmt im Kotau der Todgeweihten. Später sind die Nachbarn in seiner Nähe, Matsuo unterscheidet Kagas aufgehobene Hände, er stürzt in den Wald, der dicht genug ist, jeden Flüchtling auf immer zu verbergen. Die Nachbarn suchen vergeblich. Sie suchen vergeblich während der Nacht und während der nächsten Tage. Kaga läuft zum Dorfplatz und schlägt den Gong, der in Tuson die Trauernden zum Gebet ruft.

Ganz große Gäste im ganz großen Haus

Schon am Eingang zum Nachtlokal »Sintflut« wußte der galante livrierte Portier jenen hochgestellten Gästen, gnädigen Frauen und Herren des Villenviertels, gewisse Besitztümer unauffällig abzunehmen.

Er handelte dabei mit dem Ernst eines Mannes, der um die Erhabenheit seiner Aufgabe weiß. Er verabscheute das geringe Treiben eines Ganoven, der im Schutze der Nacht durch Wintergartentüren steigt, um abgestreifte Brillantringe von den Nachttischen in seine zerschlissene Jacke gleiten zu lassen.

Das Lokal »Sintflut« hatte sich im Laufe der Jahre zu einer anerkannten Anstalt emporgearbeitet, deren Abteilungen miteinander im Wettkampf standen, ihren Gästen das Drei- bis Zehnfache seriös von den Fingern und aus den Brieftaschen zu holen, was zum Beispiel solch ein proletarischer Nachtdieb aus den Schlafzimmern mitnimmt.

Die erste Abteilung stellte der Portier dar, beneidet vom Chef des Hauses um jene vortrefflich-einträgliche Stellung. Abends kam die große Stunde des Portiers, wenn die Wagen auf leisem Gummi heranschlichen und plötzlich ohne jeden Laut vor dem Eingang des Nachtlokals hielten. Jetzt war noch alles vorhanden, was begehrenswert schien. Der Livrierte öffnete die Türen, reichte den zierlichen Gestalten aus Seide, Parfum, Frisur und Schminke seinen kräftigen Arm und führte sie, der Tradition des Hauses gemäß, über den schmalen Gehsteig zum Tor der »Sintflut«.

O, diese Damen hielten sich so gern an seinem Arme fest, bis ihr abendlicher Vizegatte hinter dem Wagen hervortrat: schwarzer Anzug, breite Fliege, gestärkter Kragen, Lackschuhe, gepflegte Zahnreihen! – und der Portier erhielt ein angemessenes Trinkgeld für seine Liebenswürdigkeit, sich der betreffenden Dame so aufmerksam angenommen zu haben.

Gewiß und O ja! – er hatte sich immer der Damen aufmerksam angenommen, und die Herren waren viel zu verliebt, um sich den Abend in der »Sintflut« durch ein fehlendes Ringlein verleiden zu lassen. Schließlich kostet ein Reif zwischen vier- und achthundert Mark – was macht das schon: Papa, der alte Herr von der Industrie, soll seinem Söhnchen gegenüber nicht so geizig sein, und deshalb kann das Söhnchen meist zu seiner Dame sagen, an jeden ihrer Finger gehöre ein Diamant.

So war der Portier ein stiller Antrieb, daß solche Versprechungen eingelöst werden mußten. Von Mal zu Mal bestätigte sich der Portier, ein Mensch zu sein, der notwendig und unübertrefflich ist.

Einmal jedoch ereignete es sich, daß vor der »Sintflut« eine elegante Kutsche hielt, von vier Schimmeln hierher gezogen. Kümmerlich wirkten jetzt die zahllosen Autos, fast ein wenig ordinär.

Auf dem Kutschbock saßen zwei unbewegliche Herren, die man mit der Bezeichnung »Kutscher« für einen Beleidigungsprozeß hätte gewinnen können: graue englische Zylinderhüte, je eine strenge faltenlose Stirn, vier dünne Augenbrauen, zwei Habsburger-Nasen, zwei Schnurrbärte in Fliegenform, zwei bläulich-schwarze Wangen, dann kleinkarierte Anzüge, deren Hosen sich an den Waden verengten und von glänzenden Stiefeln gehalten wurden, endlich unten die vornehm angedeuteten Sporen – keine Widerrede! hier hatte sich ein großer Mensch mit ausgezeichnetem Personal eingefunden.

Der Portier stand versteinert. Er wagte nicht, den Verschlag der Kutsche zu öffnen. Märchenhaft öffnete der sich von selbst, und ein grauhaariger Mann sprang auf den Gehsteig: In der linken weißbehandschuhten Hand hielt er einen Zylinderhut, mit der rechten klappte er geschickt eine kleine Treppe herab – dann erschien, mehrere Sekunden im Türrahmen verharrend, die Dame...

Der Portier mußte vor dem Glanz dieser Frau die Augen abschirmen. Plötzlich stand der Chef der »Sintflut« auf den Eingangsstufen und blieb in einer Verbeugung versunken, die zu beschreiben der Eleganz des Chefs nur Hohn sprechen würde. Erwähnt sei allerdings, daß der anbetende Besitzer des Hauses vor Erregung beinah gestürzt wäre.

In diesem Augenblick erwies sich der Portier, der die zitternden Hände seines Chefs sehr aufmerksam beobachtet hatte, wieder einmal mehr als ein hilfreicher Angestellter des Hauses, denn er stützte das unruhige Oberhaupt der »Sintflut« – und konnte in dieser Sekunde endlich sich selbst den Wunsch erfüllen, jenen dunkelblauen Diamantring zu besitzen, der bislang die Grußhand seines Chefs geziert hatte.

»Oh«, lobte der verstörte Chef seinen Portier, »Sie sind sehr entgegenkommend...«

»Es war mein Wunsch«, sagte der Portier lächelnd, »Ihnen in diesen Minuten das Schwerste abzunehmen!«

Aber bevor noch der Chef diese Worte verstand, erschien schon vor seinem verwirrten Blick der ältere Herr, der die kleine Treppe der Kutsche heruntergeklappt hatte, und er deutete mit ausgestrecktem Arm auf ein Menschenpaar, das als Verkörperung der Weltmode und aller Kosmetik vor dem Eingang der »Sintflut« stand: »Seine Durchlaucht... Karl von Ypsilon und Comtess' Erika von Ypsilon...!«

»Welch' ungeheure Ehre!« schrie der Chef und betätigte seinen Körper wie ein Klappmesser. Er lief zur Glastür, öffnete sie eigenhändig und ließ das Paar ins Foyer seines Hauses. Dort stürzten zwei oder drei Garderobenfrauen aus den aufgehängten Mänteln – sie hatten den Taschen der Mäntel ein wenig Gesellschaft geleistet – und entkleideten das Paar bis auf das Notwendigste.

Wer soll von der ausgedehnten Folge des Menus, das

beide einnahmen, berichten? Es gab konfektgarnierte Truthähne, dreierlei Ragouts, eine gewaltige Eisbombe in Gestalt einer griechischen Göttin – der Comtess' Erika mundete besonders ein Stück Popo der Göttin – da wurden Süd-, West- und Ostweine in großen Bowlengläsern gereicht, man trug den Sekt der berühmtesten Kellereien herbei – und alle Gäste der »Sintflut« samt Personal waren eingeladen, auf Kosten seiner Durchlaucht zu speisen und zu trinken.

Gegen drei Uhr nachts war auch der Portier mit einer Flasche Sekt auf den Stufen des Eingangs eingeschlafen. Längst schlief der Chef, längst schliefen Bardamen, Toilettendamen, Blumendamen und solche von der Garderobe – nur nicht das adlige Paar.

Ach, es war eine schier unendliche Flut, die sich nun aus dem Lokal in die sündhafte Kutsche ergoß! Kaum reichte der Raum des Fahrzeuges für so viele Leuchter, Spieldosen, Silberfüchse, Colliers, Armbänder, Ledermäntel und Pelze jeglicher Preislage. Und als die »Sintflut« leer war und niemand bemerkt hatte, daß die Habsburger-Nasen auf dem Kutschbock unter kurzem Gelächter zuckten, daß die Münder der Herren Kutscher elegant schnalzten, rollte das verhängte Fahrzeug von dannen.

Einige Wochen später ging der Chef der »Sintflut« durch das Dörfchen Ypsilon, im Begriff, sich als Erntearbeiter zu verdingen. Der verarmte Mann näherte sich der Gemeindestube des Dorfes und kam vor ein Bekanntmachungsbrett zu stehen, wo er folgenden Text zu lesen bekam: »Endlich konnte ermittelt werden, daß jenes betrügerische adlige Paar... mit den bisher hier ansässigen Karl und Erika Y. identisch ist. Mit Hilfe einiger Masken und Komplizen hatten sie zuletzt einen Großdiebstahl...«

Der ruinierte Chef der »Sintflut« begann zu fluchen und unstandesgemäß zu toben, und er zerschlug mit der Faust die Glasscheibe des Bekanntmachungsbrettes und wurde daraufhin vom herbeigeeilten Landjäger in eine Scheune gesperrt.

Kürzlich aber sahen sich alle Mitglieder dieser vornehmen, freundlichen Runde wieder: der Chef, der Portier, die Garderobenfrauen, die beiden Kutscher, der ältere Herr und das Paar von Ypsilon – alle im gleichen Kostüm als ganz große Gäste in einem ganz großen Haus.

Man kam diesmal in gestreiften Anzügen.

Revolte eines Schläfers

Karl August Patenbrink, Vorsteher des Eichamtes seit dreißig Jahren, langweilt sich heute hinter seinem Schreibtisch. Vor ihm steht eine Bronze: Gott Hermes in der aufreizenden Haltung einer Ballerina vor dem Finale. Patenbrink schnippt mit seiner rechten Zeigefingerspitze gegen den Bauch des Gottes, und etwas später blickt er hinüber zur Tür seines Bürozimmers.

Hinter dieser Tür waltet der eifrige Assistent Meierhaus, ein zweiundfünfzigjähriger Junggeselle und seit fünfundzwanzig Jahren im Dienst der Behörde. Meierhaus bearbeitet heute das Aktenstück 82 83, das große Sommerprotokoll.

Der Vorsteher neigt den Kopf und lauscht. Ach ja, denkt er, dieser Meierhaus ist ein Mäuschen, ein lautloses Wiesel, ein verläßlicher Arbeiter, den die Pflicht fröhlich macht! Ich werde ihn sicher bald befördern.

Patenbrink unterläßt es nun, den Bauch des Hermes zu stupfen, denn einen Scherz will er sich machen und seine Langeweile vertreiben. Unmerklich will er die Tür zum Nebenzimmer öffnen, auf Zehenspitzen bis zum Rücken des schreibenden Meierhaus gelangen und sich dann ein bißchen räuspern, um den fleißigen Kollegen leichthin zu erschrecken, der gewiß sofort aufspringen und erröten wird.

Patenbrink drückt auf die Klinke. Ja, sie ist gut geölt, sie gibt nach und knarrt nicht – so, das ist gelungen, und nun ganz sachte über die Türschwelle! – aber, o fürchterlicher Augenblick, Patenbrink muß erbleichen, er greift hilfesuchend nach der Türklinke und greift sich an die Stirn und will sich den Anblick, der sich ihm ehrfurchtslos darbietet, aus den Augen reiben –: der Beamte Meierhaus schlummert und läßt die Arme baumeln!

Ungeheure Stunde! Ein Beamter des Eichamtes macht die Arbeit am Protokollbuch durch dieses Verhalten zu einer Nebensache und überläßt der Nachmittagssonne, auf das ernste Gesicht des Dienstbuches kleine nichtsnutzige Kreise zu zeichnen!

Patenbrink stellt sich sehr dicht neben den schlafenden Meierhaus, äugt mißmutig auf die schwarzen Ärmelschoner seines Kollegen und beginnt einen inneren Monolog über die Frage, welche Auffassung von Dienstpflicht wohl ein Mensch wie dieser Meierhaus habe, der, anstatt zu arbeiten, sich schlummernd ergeht und überdies noch eine faunische Mimik während des Schlafens zum besten gibt.

Der Vorsteher beugt sich über den Mund seines Kollegen, er riecht den sauren Atem und möchte augenblicklich lostoben: Meierhaus, zum Donnerwetter, Sie schmunzeln ja! Aber es ist so still in dem ziegelsteinroten Gebäude, es ist ein Sommernachmittag, und die Fliegen an der Fensterscheibe sind auch nicht zu vernehmen – Patenbrink richtet sich auf, steht ratlos und kämpft mit der Müdigkeit, aber rechtzeitig erblickt er noch das Schild an der Bürotür: Zum Vorsteher.

O ja, hüstelt er, o ja, das bin ich noch, das bin ich auf jeden Fall, das werde ich diesem Meierhaus beweisen! Seit dreißig Jahren hängt dieses Pappschild an meiner Bürotür, ich selber habe es aus Aktendeckel geschnitten und mit japanischer Tusche beschriftet, dieses Schild ist mein Schild gegen alle Schläfer!

Patenbrink fühlt sich verraten, sein Scherz wird heute nicht mehr gelingen, der schlafende Kollege dreht ihm eine unverhoffte Nase.

Ich werde ihn anfassen, denkt Patenbrink, ich werde ihn mir greifen bei einem der beiden Ärmelschoner, dann wird er einen ganz großen Schreck bekommen und wird eine Entschuldigung stammeln und von Kopfweh und Schlafkrankheit reden – ja, ich werde ihn mir greifen! Doch vorher blickt er noch in das Protokollbuch, das auf dem

Schreibtisch liegt. Er bemerkt, wie ihm die Kinnlade wegrutscht, daß ihm der Mund offensteht, und seine kugelrunden Augen starren in das geöffnete Buch: da sind zwar die langen Zahlenregister in die richtige Rubrik gesetzt, aber – mein Gott! – wie sehen die einzelnen Ziffern aus? Jede Zwei trägt einen Zylinderhut mit Blümchenschmuck, im Oval jeder Null lebt ein kleines albernes Gesicht, und die Sieben, die schöne Sieben, dieses Meisterstück der arabischen Ziffern! – unter jeder Sieben sitzt ein lungernder Zwerg! Es sind dieselben Zwerge, die draußen den Vorgarten des Eichamtes bevölkern, sie liegen auch hier pfeiferauchend und flötespielend mitten im Zahlenregister. Und alle gezeichneten Zwerge, alle Gesichter haben die Augen geschlossen und schlafen, schlafen.

Nur an einer einzigen Stelle – dort, wo das Datum hingehört – steht ein kleines, mit wenigen Strichen skizziertes Männlein, das ein wenig schmerzhaft in die Welt blickt und einer aufsteigenden Lerche nachsinnt. Zu Füßen des Männleins sind ein paar Worte geschrieben, dünn und verschnörkelt: Mein großer Mitmensch Patenbrink.

Der Vorsteher hat alle Mühe, richtig Atem zu holen. Genug, denkt er, genug und hinreichend für eine Entlassung! Die Ordnung ist in Gefahr, dieser schamlose Mensch schläft und hat das Protokollbuch verunreinigt, es wird höchste Zeit, daß ich ihn wecke und in seiner Gegenwart telefonisch die Landesbehörde über den Vorfall verständige – herrje, dieser Mensch schnarcht und schmunzelt und steckt mich mit seiner Schmunzelei an, ich gähne, ich muß mich beeilen und das Zimmer verlassen – was ist nur geschehn, ich gähne ein zweites und drittes Mal, ich werde ganz müde, ich setze mich auf den Drehstuhl und spüre noch, daß meine Stirn den Schreibtisch berührt, ich schlafe ja schon: O ihr kleinen Ziffern des Zahlenregisters, sagt mir, schlafe ich schon?

Der absonderliche Herr Krümelnehmer

1

Einmal im Jahr steigt Herr Krümelnehmer nachts auf eine Laterne und setzt sich auf die Querstange. Er wartet, bis jemand vorbeikommt. Dann grüßt er von oben und sagt: Guten Abend!

Die Leute suchen nun seine Stimme, drehen die Köpfe nach allen Seiten, aber sie finden den Herrn Krümelnehmer nicht. Er sagt dann abermals sehr deutlich »Guten Abend«, doch die Leute entdecken ihn auch jetzt nicht, denn der leuchtende Kandelaber hängt unter ihm, und die Querstange ist über dem Kandelaber.

Wenn Herr Krümelnehmer genug davon hat, steigt er herab und ruht sich aus. Denn es ist anstrengend, auf diese Weise nächtliche Passanten zu grüßen.

2

Neulich hat Herr Krümelnehmer dreißig Luftballons gekauft. Er lief die Hauptstraße entlang und verteilte die Ballons nur an solche Personen, die ihn durch ihr gleichmütiges Gebaren herausforderten. Bitteschön, sagte er, hier haben Sie einen blauen Ballon. Blau ist eine sehr schöne Farbe. Denken Sie an Vergißmeinnicht, an Kahnfahren auf dem See, an den Zustand der Betrunkenheit, an wolkenlosen Himmel.

Den letzten Luftballon überreichte er einem Preisboxer, der finsteren Gesichts des Weges kam.

Bitte, lieber Herr, sagte er, hätten Sie wohl die Güte, diesen grünen Ballon mit nach Hause zu nehmen? Grün ist eine sehr schöne Farbe. Denken Sie an freundliche Gräser, an singende Laubfrösche, an kleine grüne Spielzeugvögel.

Der Mann nahm den Ballon und lächelte. Er winkte Herrn Krümelnehmer mit beiden schweren Boxerhänden nach.

3

Herr Krümelnehmer wollte auf eine lange Reise gehen und sich in der Wüste eine Hütte bauen. Er plante, jenseits der Zivilisation ein neues Leben zu beginnen.

Am Vorabend seiner Abreise kaufte er sich drei Flaschen Wein, setzte sich auf den Fußboden seiner Wohnung und trank in vollen Zügen. Als die leeren Flaschen über den Fußboden rollten, schnappte er sich eine und setzte sie an den Mund und brachte dumpfe Pfeiftöne hervor. Die Töne erinnerten ihn manchmal an ein Nebelhorn, aber er gab sich alle Mühe, nicht an ein Nebelhorn erinnert zu werden, weil er dann auch an das Meer denken mußte – und der Gedanke an das Meer erlaubte auch die Vorstellung schaukelnder Boote, und beides, schaukelnde Boote und das Meer, waren ihm jetzt gründlich zuwider, denn sein Magen setzte ihm zu, ihm war übel.

Schwerfällig taumelte er zur Wasserleitung, und als ihm das Wasser in den Kragen lief, lächelte er: Ich bin ein Wüstenwanderer, ich habe eine Zisterne gefunden – warum sollte ich jetzt noch verreisen?

4

Gestern traf Herr Krümelnehmer den alten Zeitungsverkäufer.

Hallo, rief er, gibt's heute was Neues?

Der Mann drehte sich um und sagte: Und ob! Die neuen Personenwagen haben das große Rennen in Frankreich gewonnen!

Soso, sagte Herr Krümelnehmer und kaufte eine Zeitung. Er begann zu lesen, während der Zeitungsverkäufer schon weiterlief. Er las einen Bericht, der ihn sehr unruhig machte. Mit langen Schritten eilte er dem Zeitungsverkäufer hinterher und holte ihn schließlich ein. Hören Sie mal, sagte Herr Krümelnehmer und deutete auf die Zeitung, ein Mädchen ist ertrunken. Warum haben Sie mir nichts davon gesagt?

Verzeihen Sie, mein Herr, brummte der Zeitungsverkäufer, ich darf nur von den Neuigkeiten sprechen, die nicht jeden Tag passieren. Das Autorennen ist nur alle zwei Jahre.

Ja, sagte Herr Krümelnehmer verstört, ja, das stimmt. Und sie meinen, ein Mädchen ertrinkt jeden Tag...?

Oder ein Junge, mein Herr, oder ein Mann oder eine Frau. Guten Abend.

Guten Abend, sagte Herr Krümelnehmer. Er steckte die Zeitung in seine Manteltasche und lief quer über den Fahrdamm. In der Grünanlage fand er einen Springbrunnen, dessen Wasser angeleuchtet wurde und wie schäumende Limonade aussah. Herr Krümelnehmer lief weiter. Es wurde dunkel um ihn. Er verließ die Innenstadt.

5

Als Herr Krümelnehmer unlängst in sein Hotelzimmer kam, rief er den Hoteljungen.

Wie alt sind Sie? fragte er den Jungen.

Sechzehn Jahre, mein Herr, sagte der Junge. Sie können mich aber auch duzen, mein Herr.

Gut, sagte Herr Krümelnehmer, und du brauchst nicht »mein Herr« zu mir zu sagen.

Er ging ans Fenster und sah hinaus. Der Junge wartete an der Tür.

Ich habe dich gerufen, sagte Herr Krümelnehmer nach einer Weile, um dich zu fragen, wohin man gehen soll, wenn man diese Stadt kennenlernen will.

Gehen Sie ins Cabarett, sagte der Junge.

Schön, sagte Herr Krümelnehmer, ich werde also hierbleiben und selber Cabarett spielen.

Er gab dem Jungen ein Fünfmarkstück. Der Junge wurde verlegen und fragte: Bitte... soll... ich etwas besorgen oder irgendeine Bestellung aufgeben...?

Herr Krümelnehmer schüttelte den Kopf: Versuch einmal, dich zu freuen.

Aber... stotterte der Junge... aber worüber?

Nun ja, über das laute Pfeifen der Lokomotiven, über die roten und gelben Bahnhofslampen, über den Bierwagen, der da unten mit vielen Fässern um die Ecke biegt – nur ein einziges Mal, nur jetzt...

Herr Krümelnehmer blieb am Fenster stehen, bis der Junge das Zimmer verließ. Dann spielte er Cabarett. Er nahm ein Kopfkissen, warf es leicht gegen die Zimmerdecke, fing es auf und warf es wieder von sich. Dabei dachte er an große weiße Schwäne, die in der großen schwarzen Nacht auf den Morgen warten.

Kinderfest

Weil der Himmel nichts zu lachen hatte und die Tage nicht mehr auf den grünen Zweig gekommen waren, stellte sich Pellmann eines Sonntags in den Hinterhof und sprach zu den Mietern:
Nehmen Sie's bitte nicht krumm, wenn ich Sie jetzt im Namen Ihrer Töchter und Söhne herzlich einlade, sich alsbald zu maskieren und in den Hof herunterzukommen. Wir wollen ein Kinderfest feiern, die Wahl der Kostüme sei jedem selbst überlassen, doch wäre es vielleicht überaus spaßig, sich einander als Igel, Fledermaus und Sperling wiederzusehen. Ich bitte um Ihre Antwort.

Kinderfest hin – Kinderfest her! rief jemand vom Balkon herab, darüber bestimmen weder Söhne noch Töchter! Und glauben Sie denn, närrischer Mensch, ich könnte als Oberpostsekretär so mirnichts-dirnichts in das Gewand eines Igels schlüpfen?

Mirnichts-dirnichts auf gar keinen Fall, sagte Pellmann, sondern mit dem Bewußtsein eines Menschen, der eine Pappnase trägt.

Was heißt das? Wollen Sie etwa sagen, ich trüge eine Pappnase?

Nein, aber Ihr Sohn hat schon eine umgebunden und eröffnet das Kinderfest. Vielleicht kommen Sie selber als Fledermaus, dann beginnen wir gleich.

Der Oberpostsekretär zog seinem Sohn die Pappnase vom Gesicht, zerriß sie umständlich und warf die Schnipsel über den Balkon.

Mir gefallen Ihre Vorschläge nicht, empfehlen Sie uns andere Tiere, wenn es überhaupt Tiere sein müssen!

Gut, wie wäre es mit Gorillas, Meerkatzen, Orang Utans, Schimpansen und Gibbons?

Ausgeschlossen, das sind ja beleidigende Kostümvorschläge, lauter Affenkostüme, ausgeschlossen, daraus wird nichts, schießen Sie gefälligst in den Wind – ab durch die Mitte! Pellmann fing ein niedersegelndes Ahornblatt auf und winkte dem Oberpostsekretär: Der Herbst kommt zum Kinderfest! Besinnen wir uns! – jetzt vor dem Winter sollten die Tiernamen nicht mehr wie Schimpfworte klingen, jetzt vor dem Winter sollten wir nicht das Kinderfest vereiteln! Der Schnee wird wenig behaglich sein, und – O meine Lieben! – was geschieht mit euch Eltern, wenn eure betrogenen Kinder mit euch Schlitten fahren? Seid ihr denn blind, seht ihr denn nicht, wer sich hier unten im Hof versammelt und die Luftschaukel anstößt und zu den Musikanten hinauflacht, die auf den Schornsteinen sitzen und Singende Sägen aufs Dach geschleppt haben?

Du meine Güte – Anna! rief der Oberpostsekretär seine Frau herbei, schau dir das an, da unten schaukelt der Max, der Bengel hat sich aus dem Staub gemacht!

Staub ist das Stichwort, die Kinder machen sich aus dem Staub und warten auf ihre Eltern. Kommt, es ist Zeit!

Aber was nützen schon Pellmanns furiose Ansprachen? Gegen Abend war noch keiner der Eltern im Hof erschienen, die Musikanten wurden sehr traurig, später ganz und gar mutlos und rutschten schließlich erschöpft in die Schornsteine, um zu verschwinden auf Nimmerwiedersehn. Voller Entsetzen flehte Pellmann mit Hilfe der Kinder die Eltern an, wenigstens in letzter Minute das außerordentliche Fest zu begehen, aber als nun die Eltern sogar unter Absingen altbekannter Gassenhauer die Kinder heimzulocken suchten: – *Märchen, komm jetzt, der Papps schenkt dir einen Verbrennungsmotor! – Hildegard, wirst du wohl gleich kommen, du kannst dir ein steifes Kleid aussuchen, das dir noch besser steht als der Elfriede!* – da trugen die Kinder gemeinsam das Balkengerüst ihrer Schaukel auf kleinen Schultern hinaus in die Nacht und suchten und fanden einen neuen Platz dafür, wo sie aus Trauer über den plötzlichen Verlust der Musikanten schweigend zu schaukeln begannen, während Pellmann, wider Erwarten noch immer zu Verhandlungen bereit, drinnen im Hof zurückblieb, obwohl schon winterliche Zeichen in Fülle unterwegs waren und die Kinder aus dem Gerüst ihrer Schaukel die Schlitten zimmerten für jene unerläßliche Fahrt mit den Eltern.

Ein Wiedersehen in Berlin

Plötzlich beginnen die Glocken der Kanaldampfer vor Freude zu läuten, und die wildgewordenen Schornsteinfeger lassen ab von der Wildheit: Diwanowitsch, mein lieber krummer Hund Diwanowitsch ist wiedergekommen und empfängt mich am Kai mit einer Flasche Wodka.

Pellmann, ruft er, ich habe die Straßen Europas mit meinen Schuhen gemessen, aber in Deutschland wollten mich die Pfuscher abschieben ins Altersheim, und haben es schon geschafft, und haben mir Haferschleim in den staunenden Magen gepumpt, Schleim, Schleim, aber nun Branntwein, scharfes Zeug – komm, setz dich zu mir und trink!

Ich mache sofort einen Kopfstand und strecke die Beine hoch in die Dämmerung, so daß die Schornsteine ganz sachte neidisch werden und fürchterlich dicken Rauch ausstoßen. Das spornt meinen Ehrgeiz an, ich hüpfe auf Händen über das Geländer der Kanalbrücke und sehe die Kehrseite der Häuser und Bäume und herbeitrappelnden Marktpferde, und nicht nur die Häuser und Bäume und Marktpferde stehen auf dem Kopf, sondern auch mein krummer Hund Diwanowitsch und Frauen und Männer und Kinder. Ich fürchte mich etwas vor diesem Anblick, ich springe herunter vom Brückengeländer, und alles ist wieder am richtigen Platz. Schwarz rattert der Wagen des Altwarenhändlers die Kanalstraße entlang, das Pferdegeschirr klingelt Metalltänze in den Morgen: der Altwarenhändler hat einen Clownskarren an seinen Wagen gebunden, und ich werde zusehends traurig, denn der Clownskarren ist mir nicht unbekannt, ich glaube, er gehört meinem Freund Diwanowitsch.

Was ist los, frage ich ihn, willst du seßhaft werden?

Schlimme Zeit, murmelt er und wiegt sich verlegen, ich habe den Karren verkauft, ich bleibe am Kanal.

Er sieht mich aus zuckenden Augen wie ein müdes Männlein an, er läßt den Korken an der Flasche singen. Die Flasche ist unser einziges Kind, das läuft zwischen uns hin und her, gluck-tapptapp, her und hin. Drüben, zu beiden Seiten der Brücke, stellen die Grenzpolizisten ihre Zinngeschütze auf und lassen faule Erbsen in die Rohre kullern.

Wodka und Diwanowitsch! – beide sind so unvermutet über mich gekommen, daß ich nun, kurz vor Sonnenaufgang, erst langsam bemerke, wer da an Stelle der Sonne am Himmel erscheint, daß es schon wieder der weibliche Bösewicht der Alten Schulzen ist, die unsere Märchen verscheuchen will und einen riesigen Teppichklopfer durch die Luft sausen läßt.

Schau, schau, sagt Diwanowitsch, wenn mich nicht alles täuscht, ist das dieselbe Person, die mich auf immer ins Altersheim verfrachten wollte!

O ja, du hast sie wiedererkannt! Sie geistert hier um die Stadt und kumpelt mit den Grenzpolizisten, sie haut mit ihrem Teppichklopfer auf den Himmel ein und malt die verblichene Schrift der Sektorenschilder nach. Herrjeh – jetzt sticht sie mit ihren widerlichen Haarnadeln nach uns und möchte uns am liebsten ertränken, wenn wir nicht gleich ihre Allmacht preisen. Na warte, Alte Schulzen, einmal kriegen wir dich, dann vermasseln wir dir deine Ausflüge!

Das Kaleika der Alten hat die Fledermäuse aufgeschreckt, sie lösen sich ab von den Mauern und flattern allesamt hoch in die Haare der Kupplerin und zwingen sie zum Abtritt. Sie flüchtet krakeelend um das große Ruinenviertel, ihr schwirrendes Haar verfängt sich – Pellmann, schreit Diwanowitsch, steh' auf, wir kriegen das Weib! zu spät, zu spät, die Schulzen hat Spinnenfinger, sie macht sich los und meckert über die Havelgewässer davon.

Diwanowitsch hat mir auf die Beine geholfen, wir

schwanken am Kai. Die leere Flasche glitzert und tönt, wir drehen uns um, wir atmen ein und aus, wir fassen uns bei den Händen: Hinter den Kanalhäusern geht zaghaft die große Sonne Kamillenblüte auf und steht sogleich Modell für eine Kinderzeichnung.

Der Morgen hat seine Sonne. Wir verbeugen uns etwas zu linkisch, um noch von ihr beachtet zu werden. Wir setzen uns wieder ans Ufer und singen das alte Lied der Kanalpenner:

> *Der Kanal hat Dampfer und Ladekähne.*
> *Der Kanal hat Fischkähne auf seinem Rücken.*
> *Der Kanal hat eine Wasserleiche im Herzen.*
> *Das Herz ist das Schauhaus.*
> *Der Kanal hat einen Schuster geschluckt.*
> *Der Schuster macht Schuhe für einen großen Fisch.*

Morgens nach sieben Uhr

Diese Geschichte einer sonderbaren Vormittagsstunde widme ich meinen Freunden, die mich vor Jahren Alexander Kraschewski nannten. Wir bewohnten damals den großen Stadtpark. Am Morgen jenes Vormittags sah ich das ionische Kapitäl der Siegessäule durch den Nebel wachsen, der goldene Engel hielt den zerbrochenen Palmzweig über den Karpfenteich. Kohlmeisen kamen und sangen zuversichtlich.

Der Astronom hatte sein Fernrohr aufgebaut. Ein dürftiges Holzgestell, das die selbstgefertigten Räder und Papprohre trug. Ich half ihm neuerdings beim Auswechseln der Okulare. Ich hatte noch nie durch das Fernrohr gesehen.

Guten Morgen, Sie werden wieder beobachten?

Ah, lieber Freund, was für ein Tag! Man hat mir ein winziges Glas verkauft, eine rote Mattscheibe als Zubehör für die Optik. Gewiß, eine Kleinigkeit, aber die Sache war nicht billig.

Nun ja, wenn ich recht verstehe, so ein Rohr kostet viel Geld…

Das rote Glas hat mich zwei Zigarillos gekostet, gute Deckblätter aus Übersee, schneeweiße Asche.

Er drückte das Glas auf den Sucher und begann mit der Beobachtung. Er richtete das Fernrohr immer auf die Venus, es war auch heute im gleichen Winkel geneigt wie bisher.

Der Himmel ist sehr rot! sagte er. Viel zu rot! Oje, diese Farbe, Feuer der Letzten Tage. Der Frühnebel sieht aus wie der Rauch einer brennenden Stadt.

Er nahm die rote Scheibe vom Sucher und warf sie in den Karpfenteich. Sie zerschnitt den Wasserspiegel. Dann beugte er sich abermals über den Sucher. Ja, so gefällt sie mir besser, die Venus tanzt.

Man muß seinen Morgenstern immer wieder neu entdecken, sagte er mit erhobenem Zeigefinger.

Ja, antwortete ich, ja, gewiß. Bitte, darf ich heute durch das Rohr schauen?

Ach, wovon sprechen wir nur, rief er unruhig, haben Sie eigentlich schon gefrühstückt?

Nein, noch nicht.

Wie schön...! Verzeihen Sie, ich meine: Warten Sie bitte. Ich hatte doch... Hier, nehmen Sie die Pfefferkuchen, nicht mehr ganz frisch, aber bitte, nehmen Sie, es sind Mandeln drin.

Vom Jahrmarkt?

Ja, ein Geschenk.

Ich zerbiß die Mandeln, roch die Morgenstunde. Nebelfiguren, Drachen, Zauberer, Pferde im Takt der Hohen Schule, Nebelfiguren lösten sich vom Rasen. Neben mir stand der Mann, der die Rinnsteine nach Zigarrenstummeln absuchte und den Tabakrest genießerisch in den faltigen Nachmittagsmund steckte.

Sie bekommen einen Zigarillo, wenn Sie mich durch das Rohr schauen lassen!

Wie denn, Sie haben Zigarillos? Ich habe seit vorgestern nicht mehr geraucht. Gut, Sie sollen durchsehen. Wie wär's, rauchen wir gemeinsam?

Heute früh leider noch nicht. Vielleicht später. Ich will mich bemühen.

Na schön, warten Sie, ich richte das Rohr.

Am jenseitigen Ufer des Karpfenteichs versammelte der Parkwächter mehrere Männer um eine Holzkiste, die ihm als Podium für seine politischen Reden diente.

Ich blickte ins Okular. Da ich nicht sofort antwortete, rief der Astronom eindringlich: Sehen Sie die Venus? Sie müssen geduldig sein. Der Nebel stört noch!

O nein, der Nebel stört gar nicht, ich sehe gut, danke, wirklich gut.

Ich sah den Stern in gleicher Größe wie mit bloßem

Auge. Das Rohr war eine Attrappe, eine Hülle ohne vergrößerndes Okular. Die Linsen waren ungeschliffene Glasscheiben. Der Astronom hatte zwei Taschenspiegel eingebaut.

Ich könnte die Vergrößerung des Morgensterns nicht ertragen, sagte er kleinlaut, er ist jetzt schon so groß.

Der Parkwächter hatte inzwischen mit seiner ersten Ansprache begonnen: Drüben hinter der Grenze werdet ihr keinen Schornstein finden, und solltet ihr einen finden, so werdet ihr keinen Rauch aufsteigen sehen, denn sie haben da drüben kein Holz für ihre Herdfeuer! Sie haben da drüben weder Kessel noch Topf, sie haben Hunger und keine Feldfrüchte, weil eine Unzahl Steine die Äcker untätig macht!

Glauben Sie ihm nicht, sagte der Astronom, er gibt keine Ruhe, er fängt immer wieder von vorn an.

Sie sollten ihn nicht beachten. Leben Sie wohl. Ich gehe jetzt in die Stadt.

Schön, wie Sie meinen! Und sollten Sie Zigarillos bekommen, es müssen nicht unbedingt Deckblätter aus Übersee sein. Alles Gute!

Am Parkausgang traf ich das Mädchen Hilde, das ich Manon nannte.

Manon, hörst du mich nicht?

Alex, der Parkwächter beobachtet uns!

Und wenn ihr nach Kartoffeln fragen werdet, um euren Hunger zu stillen, so werden sie euch die Steine ihrer verdorbenen Äcker anbieten! Schaut dagegen unsere Felder an, wie die Pflugpferde und Kühe sich an ihnen erfreuen! Hier sind Futter und Stallungen reichlich vorhanden, drüben hängen die Köpfe der Tiere herab wie die Häupter der Mühseligen und Beladenen…!

Alex, geh nicht in die Stadt. Seine Männer wollen das Fernrohr fortschaffen.

Wer sagt das?

Der Astronom hat es gesagt.

Ich suchte in meinen Taschen und gab ihr einen Pfefferkuchen.
Vom Jahrmarkt. Mandeln für Hilde-Manon.
Ich will nichts essen. Bleib hier!
Komm, ich zeig dir ein Haus. Kinderzeichnungen im Kalk.
Große Giraffen jonglieren mit kleinen Bäumen.
Als wir vor der Hauswand standen, überraschte uns ein Zeitungsverkäufer.
Wollt ihr nach Palermo fahren? fragte er.
Nach Palermo?
Nanu, wißt ihr wirklich noch nichts von Palermo? Herzoperation gelungen! Der sizilianische Fischerjunge ist wieder gesund!
Er lachte übermütig, als habe ihm jemand gesagt, er könne kostenlos nach Palermo fahren. Wir verließen die Giraffen. Die Hauptstraße sah einladend aus. Die Jalousien wurden eingerollt, vorbei an den Gaslaternen schnüffelte ein kleiner grauer Hund, ein zappelndes Tier ohne Steuermarke. Manon hob ihn auf und trug ihn die Hauptstraße hinab, in der Nähe des Behördenbaus trappelten ballspielende Kinder über den Fahrdamm.
Ein ganz junger Hund! Dürfen wir mit ihm spielen?
Nein, sagte Manon, er ist gar nicht mehr jung. Laßt ihn nur!
Sie erfanden drei Namen für den Hund: Opa. Onkel Otto. Weihnachtsmann.
Ich beobachtete einen Jungen, der seinen Ball gegen die Mauer des Behördenbaus warf und auffing. Die Würfe wurden von Mal zu Mal unbesorgter, plötzlich sprang der Ball auf den Mauersims. Der Junge drehte sich zu seinen Gefährten um und rief: Der Ball ist weg, der Ball ist weg!
Vielleicht bekomme ich eine Leiter, sagte ich zu Manon, ich werde hier läuten.
Gut, ich warte bei der Straßenbahnhaltestelle.
Die hohe eiserne Tür wurde langsam geöffnet. Zuerst

sah ich die vergitterten Fenster des Hauptgebäudes, dann erschien ein Mann im Schatten der Ahornbäume, es war der Parkwächter.

Was haben Sie zu läuten? fragte er schroff.

Der Ball... haben Sie nicht den Ball gesehn? Ich komme wegen einer Leiter...

Sie kommen wie gerufen, Herr Kraschewski! Es macht sich gut, wenn Sie dabei sind. Der Astronom steht unter Anklage. Zweite Tür links!

Der Astronom sah mich nicht eintreten. Er starrte den Parkwächter an, der sich in die Mitte einer Schar stummer Beisitzer postierte.

Meine Geschworenen, rief er, einst war dieser Verrückte ein wohlhabender Mann mit Zylinder und Gehrock. Er besaß ein Landhaus, eine stattliche Anzahl Jasminsträucher, wertvolle Kakteen und Golfplätze, Wälder, fischreiche Seen und einen Lustpavillon für ländliche Feste! Voller Stolz blickte die hohe Behörde auf diesen Schmuck des Landes, Zins und Zinseszins wurden dem Angeklagten zuteil. Selbst die Männer der hohen Behörde zogen den Hut, wenn der Angeklagte in seiner Droschke vorbeifuhr! – Doch genug! Was nun folgt, ist niedere Tat und illegales Aufbegehren. Der Angeklagte machte sich unmöglich. Er verkaufte das Landhaus, die Jasminsträucher, Kakteen, die Golfplätze, fischreichen Seen und sogar den Lustpavillon. Indessen: er verteilte – ungeheure Impertinenz! – den Erlös an die Armen der Vorstadt und schlug durch diese seine Handlung der hohen Behörde gelächterfrech ins Gesicht! Er floh in die Gosse, wo er heute noch lebt.

Kraschewski, sagte der Parkwächter atemholend, um was für ein Fernrohr handelt es sich, das dieser Mann besitzt?

Um ein Fernrohr, das keinen Gegenstand vergrößert – weder Ihren Kopf noch Ihren Mund!

Was soll das heißen?

Das soll heißen: würde ich durch dieses Rohr Ihren

schreienden Mund betrachten, bliebe er trotzdem gleichgroß oder gleichklein.
Sie geben also zu, daß das Rohr eine Attrappe ist?
Ich gebe zu, daß Sie eine Attrappe sind.
Kraschewski!
Ferner gebe ich zu, daß ich bisher versäumt habe, Sie öffentlich auszulachen. Ich werde Sie per Gelächter absetzen.
Er bemühte sich, seine Unsicherheit zu verbergen.
Man wird Ihnen den Mund stopfen, Kraschewski! Der Astronom muß Ihre Suppe auslöffeln, Sie verschlechtern seine Lage...!
Die aufsteigende Sonne zeichnete die Kopfschatten der Beisitzer an die Saalwand. Der Parkwächter kämpfte gegen das Licht. Sein Kinn wurde hell angeleuchtet, er taumelte schräg an die Wand. Die Plätze links und rechts neben ihm waren schon leer, die Schatten der Beisitzer hatten sich verloren.
Kraschewski, der Astronom und seine Missetat...
Was hat er getan?
Sein Haus verkauft! Das Palais ignoriert! Der Väter Palais!
Gehörte es ihm oder nicht?
Es gehörte ihm, aber der Verkauf zeugt von hündischer Gesinnung. Die Familie ist besudelt, die Golfplätze sind verkauft, die Kakteen, die Jasminsträucher! – Lachen Sie nicht! – Schluß, die Verhandlung ist beendet! Meine Beisitzer sollen ihn abführen, meine Beisitzer sollen *auch Sie* abführen...!
Die Sonne hat Ihre Beisitzer schon abgeführt, sagte ich. Jetzt erlauben Sie, daß ich eine Leiter suche.
Er reckte sich noch einmal auf und schrie von fern: Kraschewski, wo ist der Astronom?!
Ja richtig, wo ist der Astronom. Warten Sie mal, ich bin schon am Fenster! Er spielt da unten mit den Kindern Ball...

Ballspielende Kinder im Anstaltshof? Ich muß wieder von vorn beginnen: *denn sie haben da drüben kein Holz für ihre Herdfeuer, schaut dagegen unsere Felder an, unsere Felder, unsere Herdfeuer, unsere Feuer...!*

Der Behördenhof war leer. Im Sand waren runde Zeichen des aufprallenden Balls zurückgeblieben. Das Tor zur Straße ließ sich leicht öffnen. Manon saß auf einer Bank neben der Straßenbahnhaltestelle. Sie zerbröckelte eine Semmel und fütterte den grauen Hund. Als ich hinter ihr stand, sagte sie:

Versteck dich nicht, Alex! Setz dich, du siehst, wir essen.

Und das Geld? Woher hast du das Geld für die Semmeln?

Ach so, das ist ein Vorschuß. Wir gehen jetzt einen Kanarienvogel suchen. Wenn wir ihn gefunden haben, bekommen wir fünf Mark. Fünfzig Pfennig Vorschuß habe ich schon.

Manon, von wem hast du das Geld?

Von der Witwe Wiedermann. Sie hat vorhin einen Zettel an das Anschlagbrett geheftet. Dreh dich mal um!

Kanarienvogel entflogen. Hört auf Augustus.
Für den ehrlichen Finder hohe Belohnung.
Witwe Wiedermann, Münstergraben 6.

Und wenn wir ihn nicht finden?

Dann geben wir die fünfzig Pfennig zurück. Aber wir finden ihn.

Hm, wieviel Geld hast du noch?

Nichts mehr. Ich dachte, der Astronom würde sich über einen Zigarillo freuen.

Ich sah sie an und versuchte eine Melodie auf den Text: *Vielleicht wartet Augustus in einer Baumkrone. Dann kaufe ich Mandeln für Hilde-Manon.* Ohne uns zu verständigen, gingen wir zum Park zurück.

Der Astronom sagte: Sieh an, Manon ist mitgekommen!

Guten Morgen, sagte sie, hier ist ein Zigarillo.

Was für ein Tag, liebe Manon!

Haben Sie ein neues Okular gekauft, fragte ich ihn.

Nein, aber eine Neuigkeit gibt es trotzdem. Darf ich gleich rauchen?

Ich reichte ihm Feuer.

Großartig, sehr gut! Ja, denkt euch: der Parkwächter hat sich vorhin zu sehr übernommen. Als er zum Schlußwort seiner Rede ansetzen wollte, hat er schrecklich gestikuliert und ist in den Karpfenteich gefallen. Ihr hättet ihn sehen sollen, er stand im Wasser und schlug vor Wut nach den Enten. Fürs erste sind wir ihn los.

Ich betastete das zerfressene Holzgesicht der Bank. Der Tag hatte neben uns Platz genommen. Zwischen der Bank und dem Ufer machte der graue Hund seinen Vormittagsspaziergang, kurze zappelnde Schritte eines neuen Gefährten.

Polizeistunde

Meiner Mutter

1

Freitag sah das Kirchenportal und den enthaupteten Christus. Er sah die Tauben aus dem Steingeflecht der Fensterrose stürzen: auch das Ghetto der Tauben war vernichtet. Er hörte den Gesang der Vorstadtkinder, das Lied von der zerbrochenen Brücke, die sie wieder flicken wollten mit Steinerlein und Beinerlein, und er sah den Hauptmann kommen, dessen Name unbekannt blieb.

Der Hauptmann befahl allen Männern, die beim Schaufeln der Schützengräben geholfen hatten, den Spaten mit dem Gewehr zu vertauschen. Freitag versuchte zu widersprechen, er sagte: Ich bin erst sechzehn! aber der Hauptmann winkte ab und ließ die letzte Rotte antreten: manche Männer weit über fünfzig. Sie waren als Überbleibsel ehemaliger Kompanien in den Bereich des Hauptmanns geraten. Freitag war der Jüngste unter ihnen.

Bald wurde ein Kommando befolgt: die zwanzig Männer schulterten ihre Waffen und verließen die Vorstadt. Die Straße war abschüssig. Ein Kinderwagen ohne Kind rollte an der Kolonne vorbei. Er schlug klappernd in eine türlose Telefonzelle.

2

Der Hauptmann hielt einen verschmutzten Tambourstab in der rechten Hand. Er stieß die Spitze mit der Troddel aus Kordelschnur in den Februarhimmel. Freitag hörte den Hauptmann singen:

Hieb und Stich und ein Lieb muß ein Landsknecht haben!

Das Lied übertrug sich auf die zwanzig Männer. Freitag ahmte eine Pauke nach, die den Marschtritt angibt. Er hatte seit drei Tagen nicht mehr geschlafen.

Äcker und Wiesen waren umgegraben. Überall die fremden Furchen der Bajonette und Tellerminen. Häuser und Höfe ohne Gebälk.

Die Männer sangen vom roten Hahn.

Nach einer Stunde blieb der Hauptmann stehen und warf den Tambourstab in den Straßengraben. Er nahm ein kurzes Gewehr vom Rücken und richtete es schußbereit auf die zwanzig Männer. Dabei erklärte er schläfrig, daß zwischen den Ruinen der Feind zu erwarten sei. Er sagte: Wenn die Patronen verschossen sind, haben wir noch die Gewehrkolben! Niemand verläßt seinen Platz ohne Erlaubnis, ansonsten wird das Standrecht Ordnung schaffen!

Freitag vernahm das Geräusch *Ordnung* und betrachtete widerwillig die Mündung des kurzen Gewehrs, das der Hauptmann in Hüfthöhe hielt. Übermüdung lenkte seinen Blick auf das stählerne Rohr: er glaubte sich den Zustand eines gefesselten Menschen vorstellen zu können, der in das Kettenband solcher Mündungen hineinstarren muß – dann wurde ihm deutlich, daß man sich sowas nicht vorstellen kann.

Der Hauptmann sagte: Ab in die Löcher!

Seine Drohungen fanden kein Echo. Die Männer liefen gleichmütig in ihre Schützenlöcher und Verstecke. Der Hauptmann stieg auf den Dachboden eines lädierten Hauses. Er schob das kurze Gewehr durch den Spalt des Giebelfensters. Er konnte die letzte Rotte gut überblicken.

3

Sunderweg, sagte ein Soldat zu Freitag, ich heiße Sunderweg.

Beide sollten das Grabenstück halten, dessen Ränder mit

versengten Grasbüscheln besetzt waren. Vermutlich hatten hier andere Soldaten ihre Gewehre abgefeuert. Niemand konnte Auskunft geben, wann in dieser Gegend ein Gefecht stattgefunden hatte.

Totes Gras, sagte Freitag.

Sunderweg hob die Schultern: Verbrannt. Eines Tages brennt alles.

Freitag verstand das nicht. Er war müde, legte den Kopf schief und beobachtete den Mann, der dicht neben ihm saß und Zigaretten drehte. Sunderweg mochte sechzig Jahre alt sein, ein Greis mit kranken Augen. An seiner Stirn war dünner Lehm getrocknet.

Willst du eine Zigarette? fragte er.

Freitag schlief schon und hörte die Frage verändert: Willst du, daß ich dich rette?

4

Der Klassenlehrer erschien und hielt einen Helm in den nervösen Händen. Freitag fragte sehr leise:

Herr Doktor, wie spät ist es?

Es hat schon geläutet. Die Geschichtsstunde beginnt. Unser heutiges Thema lautet *Tinte gegen Stahl*. Nun, Freitag, was meinst du dazu?

Der Lehrer nahm ein Tintenfaß, schlug es auf den Helm, und die Tinte lief bis zu den Rändern herunter. Er tauchte einen Federhalter in die Tinte und schrieb drei Sätze auf den Helm:

Die Luft ist auch gemacht, damit die Vögel fliegen können. Wenn Eisen und Stahl durch die Luft fliegen, stürzen die Vögel. Die Vögel sollen nicht stürzen.

Den letzten Satz schrieb er solange, bis der Helm sich auflöste. Freitag sah einen Rauchpilz. Er wußte, daß er wieder wach war: Sunderweg paffte ihm ins Gesicht.

Wie spät?

Gleich sechs. Nimm die Pferdedecke, wenn du weiterpennen willst!

Sunderweg zog eine zerlumpte Decke von seiner Montur. Freitag spürte den scharfen Urindunst in der Nase. Er war ein ängstliches Tier und kroch in die wärmende Decke. Eine Flut aufdringlicher Stimmen verfolgte seinen Schlaf.

5

Wenn er genau hinhörte, war es der Sturm, der in den Hinterhof kam. Freitag winkte dem Hinterhof zu, wo es Müllkästen gab, Reviere für Ratten. An den Hauswänden gab es eiserne Gerüste zum Klopfen der Teppiche, eingelassen in Mörtel und Gestein. Die Frauen zogen das verstaubte Geweb über das Eisen, sie kratzten und säuberten. Sie kratzten und säuberten und konnten nicht genug bekommen: *Wer hat den schönsten Teppich im ganzen Land?*

Wenn der Sturm in die Höfe kam, vibrierte das Teppichgerüst. Die Eisenstangen ließen einfache Summtöne hören, das Geräusch übertraf in den Nächten manchmal die Klagelieder der Katzen. Der Sturm warf auch den Modergeruch des Kanals in die Höfe: wer eine gute Nase hatte, konnte das Schmieröl riechen – die Oberfläche des träge fließenden Wassers war mit Schmieröl bedeckt.

Der Kanal hieß Landwehrkanal. Irgendeiner hatte sich hier verteidigt. Später signalisierten Dampfer und Ladekähne.

Als Freitag geboren wurde, brüllten ihre Hörner stundenlang. Das geschah nicht seinetwegen, sondern zum Zeichen, daß wieder gefangene Fische gebracht wurden. Wenn die Bordhunde jaulten, kamen die Leute ans Ufer und kauften. Eines Morgens zerschnitt Freitags Mutter die Fische und rief:

Nachher spielst du mit deiner Mutter Hoppereiter!

Sie hatte sagen wollen: Auf den Knien deiner Mutter sitzt

du gut. Der Vater war Maurer und ist vom Gerüst gefallen, wir beide sind allein. Hoppereiter, ich will dich behüten, daß du nicht in den Graben fällst, mein Schoß fängt dich auf! Freitag lehnte manchmal allein an der Fabrikmauer. Dann war der Schatten des Hinterhofes sein treuer Spielgefährte, auf den er nie zu warten brauchte.

In den großen Holzschuppen einer Speditionsfirma baute er sich Burgen aus Stroh. Es waren stolze Kastelle, aber die Mäuse hatten Einlaß. Er warf den Mäusen Brotkrümel hin, und einmal geschah ein Mord vor seinen Augen: die Katze mit dem aufgesperrten Maul konnte er nicht vergessen. Er lief nach Hause und hatte tagelang Fieber. Er hörte das Beißgeräusch. Die Mutter kochte ihm Tee und machte einen Wickel um sein linkes Bein. Sie sagte: Du hast eine schwache Natur, mein Junge. Paß auf, du fällst mir noch um! Du mußt nicht dort spielen, wo du dir Fieber holst! Man muß den Wickel ums linke Bein legen, dann wird das Herz ruhig.

6

Heute nacht geht's los. Die soll'n mit Messern bewaffnet sein. Du mußt jetzt wach bleiben und die Knarre entsichern!

Freitag saß am Grabenrand und strich ein Zündholz an. Sunderweg wollte rauchen. Freitag rauchte nicht, er war hungrig. Brechreiz würgte ihn.

In größeren Abständen erklärte ihm das Lehmgesicht, wie ein Gewehr zu handhaben sei. Es war stets eine vergebliche Lektion, weil er zu müde war und beim Zielen auf eine vereinbarte Stelle statt des einen Auges beide zumachte und nach vorn sank.

Schön, sagte Sunderweg. Hast du schon mal geschossen?

Nein, noch nicht.

Dann viel Spaß, mein Lieber...

Nach sieben Uhr trieb ein heraufkommender Wind großflockigen Schnee gegen die zwanzig Männer. Im Verlauf einer Stunde war die Landschaft vermummt. Sterbedecken im Vorfeld.

Die ersten dumpfen Geräusche krepierender Granaten wehten heran. Plötzlich stand der Hauptmann schräg am Grabenrand und forderte Freitag auf, mitzukommen. Freitag verabschiedete sich von Sunderweg und trat eine kurze Spur in den Schnee. Der Hauptmann ging neben ihm her und schlug die Handflächen aneinander. *Backe-Backe-Kuchen-Spiel auf verlornem Posten.* Der Hauptmann überreichte ihm eine zerknitterte Order.

Sie laufen zurück in die Stadt und machen einen Lastwagen ausfindig! Können Sie einen Lastwagen steuern?

Nein, ich kann das nicht.

Hm, dann fragen Sie eben gleich in der ersten besten Kaserne nach einem Chauffeur. Wenn Sie den Lastwagen und den Chauffeur gefunden haben, geben Sie Auftrag, im Depot an der gesprengten Hängebrücke Granatwerfer und Munition zu laden. Unverzüglich kommen Sie mit dem Lastwagen hierher!

Ja, sagte Freitag.

Sie meinen Jawoll! Sie sind der Jüngste von uns, ich erwarte korrekte Ausführung des Befehls! Die alten Säcke glauben nicht an den Sieg...

Der Hauptmann salutierte und ließ Freitag allein.

7

Das Waldhaus, zwei oder drei Kilometer vor der Stadt, war noch nicht eingeschneit. Die riesigen Tannenäste schützten das kleine Dach, sie hatten den Schnee aufgefangen.

Freitag nahm sich vor, die Bewohner um etwas Brot zu bitten. Er suchte ein Obdach für Minuten. Wenn er jetzt auf einem Stuhl säße und ein Stück Brot in seinen Händen hielte! Die Bauern würden ihn nach besten Mitteln bewirten, und vielleicht käme sogar ein Kurier mit der Botschaft: Du brauchst nicht mehr in die Stadt, du kannst hierbleiben für immer!

Er klopfte an die Holztür. Flüchtige Stimmen näherten sich und verstummten. Nach wiederholtem Klopfen öffnete eine alte Frau. Sie erschrak. Wahrscheinlich hielt sie Freitag für einen Soldaten des angekündigten Gegners.

Ich bin hungrig. Haben Sie was zu essen?

Die Tür wurde zugeschlagen. Abermals drang unverständliches Getuschel durch die Holzwand. Etwas später erschien ein ältlicher Mann, er ließ Freitag in den Vorraum.

Von wo kommst du? fragte er.

Von dort, sagte Freitag und zeigte in Richtung der Front.

Was machst du da?

Freitag antwortete nicht. Die Frage des Alten verwirrte ihn, außerdem konnte er durch die halbgeöffnete Dielentür in die große Stube blicken: auf einem breitbeinigen Tisch lag eine grobe Decke, auf dem Fenstersims stand ein Gefäß, ein sparsam bemalter Krug. Die alte Frau saß in einem abgenutzten Lehnstuhl. Neben ihr saß ein Mädchen, dessen Haar von einem Kopftuch umschlossen war. Das Kopftuch leuchtete gelb.

Freitag zog den Helm über die Stirn. Er hielt ihn in beiden Händen. Er roch den warmen Dunst des Hauses.

Wir haben noch etwas Milch, sagte der Mann. Geh hinein…!

Freitag tappte in die Stube und gab der alten Frau und dem Mädchen die Hand. Als er sich setzte, erschrak er über den harten Ton einer bäuerlichen Wanduhr, deren Perpendikel bei jedem Ausholen an das Gehäuse klopfte. Die alte Frau beugte sich vor:

Die Uhr muß nachgesehen werden. Kannst du sowas?

Nein…

Was hast du denn gelernt?

Nichts.

Der Mann brachte einen Porzellantopf mit Milch und drei Scheiben Brot. Auf dem Porzellantopf war ein kleiner Junge abgebildet, der eine zerrissene Jacke trug und Vögel fütterte. Freitag nahm das Brot und nickte verlegen. Das Mädchen und das Kopftuch blendeten ihn.

Er trank langsam. Bei jedem Schluck ließ er ein Stückchen Brot wie Mürbeteig auf der Zunge zergehen. Der angestaute Hunger wollte sich aber nicht füttern lassen: Freitag begann das Brot zu schlingen. Er stopfte es in den Mund und goß die Milch hinterher. Er vollführte vor den stummen Leuten eine wilde Mahlzeit. Er sah keinen an.

Im Schornstein polterte das Echo ferner Detonationen. Plötzlich wurde an die Tür gestoßen. Dumpfer Anprall, der in eiliges Schurren überwechselte.

Die Katze will rein, sagte das Mädchen.

Freitag hob den Kopf und lauschte den Worten nach.

Der Mann drückte auf die Klinke, das mauzende Tier sprang in die Stube, vorbei an Freitags Füßen. Es lag bald im Schoß der alten Frau und gab langgezogene Kehllaute von sich.

Das macht sie immer, wenn geschossen wird, jammerte die Alte, was haben die Tiere auch mit dem Krieg zu tun.

Ich denke, hier wird zum erstenmal geschossen, sagte Freitag.

Der Mann stieß seine Faust gegen die Wanduhr. Der Perpendikel schwang gleichmäßiger aus.

Du bist wohl neu in der Gegend?

Ja, seit heute.

Hast du nicht die Einschläge gesehn? Dreimal wurde gekämpft, dreimal umsonst. Beim vierten Angriff bleibt kein Auge trocken!

Freitag sagte: Wir sind einundzwanzig Mann da vorn.

Der Mann lachte meckernd: Sucht euch was, wo ihr abkratzen könnt!

Er ging zum Ofen und warf Holzkloben ins Feuer. Die alte Frau drohte ihm und krächzte weinerlich:

Was sagst du denn dem Jungen! Was sagst du denn dem Jungen!

Glühende Späne fielen durch das Ofenloch in die Stube. Der Mann zertrat die Späne, er gab der alten Frau keine Antwort.

Nach und nach entfernte sich das Pendelgeräusch der Wanduhr. Freitag wurde wieder sehr müde. Er betrachtete das Muster der Tischdecke, die gewebten Ornamente, das Rosengerank: er konnte nicht loskommen von den Linien und Durchbrüchen, das Rosenmuster zog seine Stirn auf die Tischkante, er wußte noch, daß ihn das Mädchen immerfort ansah, aber die Stirn lag so gut gebettet wie seit Wochen nicht mehr, und er schlief ein.

8

Kurz vor dem Erwachen, so schien es ihm später, sah er den Hauptmann in Überlebensgröße auf den Tisch der Bauernstube steigen und mit den Füßen nach ihm treten. Durch das Herz des Hauptmanns fuhr ein Lastwagen, beladen mit fürchterlich tickenden Wanduhren, und der Hauptmann schrie:

Stehn Sie auf! Sie haben ja Höllenmaschinen gebracht und keine Granatwerfer!

Freitag konnte nur antworten: Na ja, Höllenmaschinen.

Der Lastwagen explodierte. Freitag sprang auf, er fragte ängstlich:

Hab ich lange geschlafen?

Zu wenig, sagte der Mann.

Er legte eine geflickte Joppe und eine Hose auf den Tisch: Zieh dich um. Wir verbrennen die Uniform. Der Krieg ist morgen zu Ende.

Das Mädchen saß noch immer reglos am Tisch, die alte

Frau berührte mit klobigen Fingern das Katzenfell, der Mann stand neben Freitag und stützte sich auf die Tischkante. Seine Hände griffen in das Tuch der Joppe. Die berstenden Einschläge hetzten näher. Die Katze fauchte gegen die Fenster.

Freitag blickte zur Tür und zurück zu den drei Leuten. Mein Gott, wer hat da soeben an der Tür gelauscht? Der Hauptmann? Das Schlüsselloch unter der Türklinke erinnerte an die Mündung des kurzen Gewehrs. Freitag glaubte Schritte zu hören, er sagte: Da kommt jemand…!

Der Mann schüttelte den Kopf: Das ist der Wind, das ist nur der Wind…

Bitte, ich muß ja in die Stadt, sagte Freitag und ging zur Tür, ich muß in die Stadt…

Das Kopftuch des Mädchens hatte geleuchtet, aber nun war die helle Farbe verlöscht: die Augen des Mädchens schlossen sich langsam. Das Gesicht der alten Frau bekam bebende Lippen, und der Mann drückte die Arme noch auffälliger auf die Tischkante als vorhin.

Wenn du von hier weggehst, sagte er leise, wirst du nur noch frieren…

Freitag stülpte den Helm über den Kopf und spürte das harte Lederpolster an der Stirn.

Als er das Haus durch den Vorraum verließ, klirrten da drinnen die Fensterscheiben. Der Februarsturm war in die Stube geraten, der Perpendikel klopfte an das Gehäuse der schadhaften Wanduhr.

9

Der Sturm machte den Schnee messerscharf. Freitag hielt die Hände vor den Mund.

Links und rechts gab es kleine Tannenbäume, eingezäunte Schonungen. Die Bäumchen waren verwundet, manche von Einschlägen entwurzelt. Dazwischen bewegte sich etwas, hoppelte scheu aus dem Unterholz und kreuzte in flachen ausholenden Sprüngen die Straße.

Die Hasen bekommen keine Ruhe, phantasierte Freitag, die werden vom Jäger gejagt, die fressen kein Blut, die fressen nur Blätter.

Er hörte seine Mutter sprechen: Du hast eine schwache Natur, mein Junge! – er verbesserte den Satz: Du hast eine Hasennatur – paß auf, dich fressen die Jäger, du mußt dir die tiefsten Furchen aussuchen! *Häslein in der Grube.*

In der Straße zur Vorstadt stand noch immer der Kinderwagen in der Telefonzelle. Freitag fand eine Zelluloid-Klapper, einen farbigen Ball in hölzerner Gabel. Er schüttelte die Klapper vorsichtig und steckte sie in seine Hosentasche. Er ging schneller und erreichte die Schützengräben, an denen er geschaufelt hatte. Sie waren eingeschneit. Das Lied von der Brücke aus Steinerlein und Beinerlein war nirgendwo zu hören. Am Kirchenportal sammelte der enthauptete Christus in seinen vorgestreckten Händen den Schnee und den Hagel.

Endlich führte die Straße hinüber zur großen Stadt.

10

Hier, Kind der Hinterhöfe, gab es eine Schultüte. Du mußtest beim Fotografieren ein fröhliches Gesicht machen, deine Haare waren gescheitelt und mit einer Klemme festgesteckt.

Der Fotograf kroch unter sein schwarzes Tuch, tauchte auf und sagte: Schau, ein Vögelchen kommt aus dem Kasten! Schau genau hin! Der Fotograf kroch ein zweites und drittes Mal unter das schwarze Tuch, hob die rechte Hand und ließ etwas knacken. Er tauchte wieder auf und sagte schmunzelnd zu Frau Freitag: Frau Freitag, in drei Tagen sind die Bilder fertig! Und er beugte sich an dein Ohr: Immer schön lernen, mein Kleiner, damit du ein großer Mann wirst! Er nahm deine Nase zwischen Daumen und Zeigefinger und zog den gescheitelten Kinderkopf nach unten.

Mit dem A und dem B und dem C konnte niemand den Namen Freitag schreiben, doch ein Jahr später, zum Geburtstag der Mutter, trug jedes Etikett der Schulhefte den selbstgemalten Namenszug: man versuchte zwei Zeilen *Alles Gute zum Geburtstag – einen Kuß für Mama!* Links drei Buntstiftblumen, rechts eine Sonne mit Augen und Wimpern und ausgebreiteten Armen.

Dann wurde das Fest gefeiert. Die Mutter stellte Kuchen auf den Tisch, Pflaumenkuchen, der sich so gut schlucken ließ. Sie rückte das Bild des Vaters neben die Kaffeekanne.

Er trinkt mit uns, sagte sie.

Der Vater lächelte auf dem Foto, seine Augenbrauen waren zusammengewachsen. Ein Bär, der durch ein Gitter schaut. Freitag knabberte an den Fingernägeln, wenn er das Bild betrachtete. Die Fibel wurde fortgelegt und das große Lesebuch hervorgeholt. Wir haben gelesen, was sich einst zutrug hinter den sieben Bergen: *Und als Schneewittchen die Augen öffnete, stand ein Königssohn vor ihr. Nun war die Freude der Zwerge riesengroß –* (und Freitag lachte: Die riesengroße Zwergenfreude!) *– die Zwerge tanzten, führten einen Reigen auf und schwangen ihre Laternen – die böse Hexe aber sollte verurteilt sein. Glühende Pantoffeln wurden gebracht und über ihre Füße gestreift – sie mußte tanzen, bis sie tot zu Boden fiel.*

Tanzen, las Freitag und fragte kleinlaut: Warum?

Na ja, die Rache, sagte Frau Freitag. Du bist zehn Jahre alt und weißt das noch nicht? Hast du noch Aufgaben zu machen?

Ja, zehnmal schreiben *Ich darf nicht reden, bevor ich gefragt werde.*

Dann folgte das Heimatkundebuch. Man hörte etwas über die Geschichte der Großstadt. Vor siebenhundert Jahren hatten sich Fischer angesiedelt und ein Dorf gegründet. Später kamen die Raubritter, niemand war auf den Straßen seines Lebens sicher.

Draußen im Hof stand der Stamm einer kärglichen Kastanie. Der Baum hatte seinen Wipfel verloren: ein Bombensplitter war ihm ins Genick geschlagen. Freitag hatte einen Ast aufgehoben, aber die Leute hatten beschlossen: Wir verheizen den Baum, gib her das Ästchen!

Eine Zeile im Lesebuch lautete: *Die Raubritter liegen im Sand, sie richten keinen Schaden an.* Abends stand die Mutter hinter ihm und prüfte die Hefte. Er lauschte nach draußen.

Sind die Dampfer kaputt? fragte er.

Nein, im Krieg kommen keine Dampfer. Im Krieg kann der Kanal ausruhen.

11

In der Nähe des Kanals hörte er wieder die Witze des Milchhändlers: *Freitag, Freitag, alle Tage ist kein Freitag.*

Die Witze bekamen ein neues Thema, als der Milchhändler herausgefunden hatte, daß der Schuster Ros, mosaischen Glaubens, bisher durch das gespannte Netz gegangen war. Der Milchhändler hatte den Ros angezeigt, aber der wollte nicht zur Wache. Er lief zum Kanal und sprang kopfüber ins Wasser. Vorher hatte er den Laden abgeschlossen und ein Schild an die Türklinke gehängt: *Empfehle mich.*

Der Sprung war tödlich. Das Bettgestell im Schlick gab den Schuster nicht mehr frei. Damals wurden alte unbrauchbare Bettgestelle in den Kanal geworfen. Der Ros kam nicht wieder nach oben, er war mit dem Kopf in den Sprungfederboden geraten. Feuerwehrmänner zogen eine Ölhaut über den Toten. Er konnte keine Schuhe mehr besohlen.

Die Feuerwehrmänner sagten: Der Kanal frißt die Leute, der Kanal müßte zugeschüttet werden!

Nach drei Monaten war es soweit. Der Kanal wurde zugeschüttet: ganze Häuserreihen waren beim letzten Fliegerangriff in den Kanal gestürzt. Die Leute kamen zurück aus den Bunkern und sahen das Wasser durch zertrennte Hauswände sickern – Tische und Stühle kreisten im Strudel. Überall wippten glimmende Dachbalken. Teppiche schwappten gegen zerstörte Ufer. Auch die Klopfstangen lagen im Kanalbett, waren verbogen und konnten nicht mehr singen. Geruch verbrannter Menschen trieb die Überlebenden vor sich her. Nicht alle waren in die Bunker gelaufen, der Alarm war überraschend gekommen.

Die Feuerwehrmänner tranken und soffen den Schnaps, sie schleuderten die leeren Flaschen gegen die Kaimauern, sie johlten wie auf der Kegelbahn, schoben die Helme zurück und schleppten die Toten ans Ufer. Der Feuerwehrhauptmann in der blauen Uniform rief andauernd: Jugendliche dürfen nicht zusehen!

Freitag hatte unbemerkt in der ersten Reihe der Zuschauer gestanden. Abends, im dunklen Notquartier der Bunkerzelle, spürte er den kalten Wickel am linken Bein.

Der Bunker war das neue Obdach für die ehemaligen Bewohner der Kanalhäuser.

12

Die Zimbeln über der Tür zu Pentschows Laden spielten das Lieblingslied das Papierhändlers: *Morgen früh früh, wenn's Gott Gott will, wirst du wieder geweckt...*

Freitag atmete mühsam, als er den Laden betrat und den Helm vom Kopf zog wie früher die Mütze. Der bucklige Händler erschien hinter der Theke und richtete sein gelbliches Gesicht auf ihn. Freitag erinnerte sich an das Wort der Nachbarn, das dem krankhaften Kopfschütteln des Buckligen galt: Sein Liliputanerleben hat ihn durchgedreht.

Pentschow verkaufte seit dreißig Jahren Schulhefte,

Bleistifte, Zeichenpapier und Brausepulver. Er ließ sich vor jeder Versetzung die Zeugnisse zeigen und verteilte Bleistifte an die Favoriten und Brausepulver an die Sitzenbleiber. Über dem Ladentisch brannte eine maskierte Lampe. Das Licht fiel senkrecht auf einen hohen Stapel Schulhefte. Der Bucklige stieg auf eine Fußbank, die ihn größer machte. Er zündete einen Zigarrenrest an. Der Stummel hing zwischen seinen Lippen wie ein Ekzem.

Guten Abend, sagte Freitag.

Pentschow nickte und schob die Unterlippe vor. Das war eine Frage an Freitag, die er beantworten mußte.

Sie erkennen mich nicht, sagte er.

Das gelbliche Gesicht des Händlers verzerrte sich. Er drückte seinen Buckel gegen die aufgestapelten Hefte, der Stapel fiel um. Der Zwerg sprang von der Fußbank, er kniete hinter der Theke und pustete jedes Heft vom Staub frei. Er spitzte seinen Mund, er war von dieser Arbeit besessen und achtete nicht darauf, daß Freitag ihm half. Als er wieder auf der Fußbank stand und den Heftstapel abtastete, sagte er:

Willst du einen Radiergummi? Mein Talisman, dieser Radiergummi! Ich hab ihn immer bei mir. Du brauchst ihn nur leicht aufs Papier zu drücken, schon zaubert er die Striche fort, die dünnen, die dicken! Und wenn du ihn an einer Ecke anfeuchtest, geht's auch bei Tinte. Da, nimm ihn mit!

Freitag bedankte sich unbeholfen. Er zog die Zelluloid-Klapper aus der Tasche.

Sie lag in einem Kinderwagen.

Ah, wo ist das Kind?

Der Wagen war leer.

Leer, wiederholte Pentschow.

Er reckte sich über den Ladentisch und sprach erregt: Weißt du, wie mich der Milchhändler nennt? Weißt du, welchen Namen er für mich erfunden hat? Alter Quasimodo, nennt er mich! So darfst du mich nicht nennen! Oder gibst du etwa dem Milchhändler recht?

Das ist gemein, wenn man Sie so nennt...
Pentschow legte sich langsam zurück und griff nach der Kinderklapper. Er schüttelte sie mehrmals.
Wissen Sie was von meiner Mutter, Herr Pentschow...?
Schürr-schürr, machte die Klapper.
Der Bunker ist geräumt, Jungchen. Man hat ein Lazarett eingerichtet, überall werden Lazarette eingerichtet. Alle Leute wurden aufs Land geschickt. Man darf nicht Quasimodo zu mir sagen...
Das rasselnde Geräusch der Klapper erfüllte den Laden. Pentschow stieß mit dem zuckenden Kopf an den Lampenschirm, der beim Pendeln das Licht eilig über den Fußboden verteilte.
Nicht Qua... si... mo... do...!
Nein, Herr Pentschow...
Bäh, ich streck ihm die Zunge raus...!
Die Klapper fiel aus Pentschows Händen auf die Theke. Freitag nahm das Spielzeug, setzte den Helm auf, lief zur Tür, und die Zimbeln läuteten: ...*wenn's Gott Gott will, wirst du wieder du wieder*...
Durch die schlecht abgedunkelte Scheibe beobachtete er, wie der Papierhändler eine Tüte Brausepulver öffnete und sich den Inhalt nahezu andächtig in den Mund schüttete. Er stand in der Haltung eines Trinkers hinter dem Ladentisch und warf dann mit einer einzigen Armbewegung sämtliche Heftstapel zu Boden und hatte Schaum vor dem Mund.

13

Freitag fand nicht nur eine Kaserne, er fand auch einen Unteroffizier und mehrere Soldaten, die in der Nähe der Wachstube eine Kiste zunagelten. Er konnte nicht erkennen, was da eingenagelt wurde, denn die Soldaten waren wie schweigende Arbeiter einer Beerdigungsfirma dicht um die Kiste gruppiert.

Der Unteroffizier sagte fistelnd, als ihm Freitag die Order übergab: Geh zum Leutnant – da drüben im Quergebäude!

Der Kasernenhof war zugeweht. An den Mauern und Eskaladierwänden hatte der Sturm mannshohe Schneehügel aufgeworfen. Freitag hörte die Hammerschläge, das splitternde Holz. Der Widerhall trieb scharf über den Kasernenhof.

Im Quergebäude hatte man die Flurgänge gesäubert und die hölzernen Gewehrständer blankpoliert. Es roch nach süßlichem Bohnerwachs und großer Inventur. Eine Katze tappte den Gang hinunter und sprang am Ende des Flurs auf eine Fensterbank. Geh schlafen, dachte Freitag, im Winter sind die Fliegen tot.

Es war hier so leise, daß ihm der Aufprall seiner Stiefel noch nicht genügte, um die kränkelnde Stille zu vertreiben. Er begann laut zu pfeifen. Die Melodie paßte sich seinen Schritten an.

Bei der Treppe zum zweiten Stock rief jemand vorsichtige Kommandos. Freitag blieb stehen: dort am Treppenabsatz geschah etwas, dem man sich schweigend nähern mußte. Er sah Offiziere in weißen Kitteln, übermüdete Ärzte, die ihn nervös musterten. Er fragte nach dem Leutnant. Zimmer Achtzig! wurde ihm geantwortet.

Eine Treppe höher tauchten Soldaten mit Tragbahren auf. Die Luft wurde von Kampfer zerrieben. Mehrere Männer auf den Tragbahren hatten die Augen geöffnet, andere sprachen blind in die Tücher, mit denen sie bis zu den Hälsen bedeckt waren. Das ging alles an Freitag vorbei. Vor dem Zimmer Achtzig überprüfte er seine Uniform. Dann klopfte er, klinkte die Tür auf und trat ein. Am Schreibtisch saß ein Uniformierter im Leutnantsrang. Er hatte korrekt geschnittene Haare und mädchenhaft weiße Hände. Sie ruhten auf der Tischplatte, die ebenfalls sorgfältig geputzt war. Freitag postierte sich. Der Leutnant sah ihn nicht an.

Granatwerfer, Herr Leutnant... unser Hauptmann hat mich hierher geschickt...

Das Gesicht des Leutnants, im Schein einer verhängten Lampe, blieb unbeweglich.

Gibt es hier einen Chauffeur...?

Er mußte die Stimme dämpfen, der Raum mit dem wortlosen Offizier lähmte jeden Eifer.

Ich habe Auftrag, an der gesprengten Hängebrücke Granatwerfer und Munition zu laden... Keine Antwort. Zwischen diesen vier Wänden war alles aufgeräumt. Auf dem Feldbett lagen gefaltete Decken. Der Fußboden glänzte. Nirgendwo zeigte sich der Abdruck eines Schuhs. Vermutlich war der Leutnant am Schreibtisch sitzengeblieben, als der Raum gesäubert wurde. Wir erwarten heute nacht den Angriff...

Freitag sprach jetzt nicht weiter, denn der Offizier blickte ihn ruckartig an, die Lippen aufeinandergepreßt. Das Gesicht war unerträglich bleich und angespannt von einer tiefen Benommenheit.

Herr Leutnant... sagte Freitag.

Er taumelte. Die übermäßige Ordnung des Zimmers bedrängte ihn. So würde ein Pedant seinen Wohnraum hinterlassen, wenn er sich das Leben nimmt!

Zum zweiten Mal traf ihn der begrabene Blick vom Schreibtisch, und gleichzeitig überkam ihn das heißhungrige Verlangen, draußen durch den Schnee zu rennen, eine Straße ohne Ziel entlang, um ganz entsetzlich laut zu brüllen: Ich will leben! Ich will leben!

Er stürzte grußlos in den Kasernenflur, die Tür zum Zimmer Achtzig schlug zu. Tragbahrenträger kamen wieder die Treppe herauf, die ausgestreckten Soldaten sprachen und schrien nicht. Ein Sanitäter schleppte schwer an einer Kiste, deren Vorderseite mit einem blutroten Kreuz bedeckt war.

Im Kasernenhof traf Freitag den Unteroffizier und schilderte ihm das taubstumme Gebaren des Leutnants. Ohne den Bericht zu würdigen, erwiderte der Unteroffizier:

Hau ab, geh zurück! Das Depot an der Hängebrücke ist in die Luft geflogen. Es gibt keine Granatwerfer mehr!

Er nahm die Order aus Freitags Händen und kritzelte einen Vermerk auf das Papier.

Der Gefreite in der Wachstube gibt dir den Stempel!

Widerschein eines fernen Geschützfeuers zuckte über den Schneehimmel. Freitag lief in die Wachstube und gab dem Gefreiten die Order.

Das Gewitter geht los, sagte der Gefreite. Er drückte einen Stempel auf das Schriftstück.

Jetzt kann dich keiner aufhängen, grinste er.

Freitag lachte unsicher: Euer Leutnant ist verrückt geworden, was?

Verschwinde, du Wanze! sagte der Gefreite, verschwinde!

14

In den Gängen des Bunkers lagen Verwundete, und auf der einzigen Pritsche, die hier zu sehen war, saß eine greisenhafte Gestalt, eine häkelnde Frau. Auf Freitags Frage nach dem Verbleib seiner Mutter hob sie den Häkelhaken in Richtung eines Mannes, der den Titel Kreisleiter führte. Sein besonderes Kennzeichen waren ausholende Gebärden, mit denen er sich ständig gegen eine Gruppe unsichtbarer Personen zu wappnen schien. In seinen Händen lag jetzt eine Liste.

Freitag... Freitag?

Ja, Ida Freitag.

Frei... Frei... ah, Witwe Freitag! Hm, was willst du von ihr?

Ich bin ihr Sohn.

Ja und...?

Meine Mutter war hier untergebracht...

Ich weiß, aber die Insassen sind evakuiert. Sie sind außerhalb der Stadt und in Sicherheit.

Ist das weit von hier?

Vielleicht vierzig Kilometer...

Wie heißt der Ort?

Moment mal, da muß ich erst nachsehen... Ida Freitag... Freitag... Was soll eigentlich die Fragerei? Du kannst sie ja doch nicht besuchen, du bist doch Soldat, wie ich sehe...!

Und warum duzen Sie mich? schrie Freitag plötzlich, daß die Worte von den hellhörigen Bunkerwänden zurücktönten, Sie wissen schon, warum Sie mich duzen...!

Mein lieber Bursche, versetzte der Kreisleiter, wenn du hier toben willst, laß ich dich abführen! Hast du verstanden? Hier hat niemand zu toben!

Die häkelnde Frau wackelte mit dem Kopf.

Du bist doch im Einsatz, also mach, daß du wegkommst!

Mehrere Verwundete hoben sich langsam aus den Kissen und starrten Freitag an. Ihre klagenden Blicke trieben ihn hinaus in die abgedunkelte Straße, vorbei an den Trümmern des Schulgebäudes, wo er sich der letzten Unterrichtsstunde erinnerte.

15

Im Vorraum zur Aula waren die Gipsbüsten des großen Dichters und des großen Arztes von den Postamenten gestürzt. Sie lagen kinn- und nasenlos auf dem Kachelmosaik.

Zwei Etagen tiefer, in der Klasse 4b, gab es Unruhe wegen einer Eule. Ein Schüler stand vor der Schrägtafel und setzte den Vogel auf den Ständer. Die 4b bereitete den Streich vor, der heute die Stunde des Klassenlehrers sprengen sollte. Nicht alle waren beteiligt. Manche repetierten Geschichtszahlen.

Irgendwann zeigte sich der Klassenlehrer im Türrahmen. Die Schüler erkannten sofort, daß seine Brille gut geputzt war. Sie beäugten die gelben Hornränder und den geflickten Nasenbügel. Der Klassenlehrer liebkoste zwei Dinge stündlich: die Brille und sein spärliches Haar.

Setzen, sagte er leise.

Sie ließen sich fallen, und die Eule hinter der Tafel hob den Kopf. Ihre ausgefransten Ohren wurden spitz. Ihre Telleraugen blickten über den Tafelrand.

Der Klassenlehrer ging zum Katheder. Neben der rechten Bankreihe wartete er. Worauf wartete er? Immer dieses Hantieren an der Brille: er schob sie zurecht. Ein Buch fiel aus seinen Händen, jemand bückte sich.

Danke, sagte der Klassenlehrer.

Der Aufschlag des Buches hatte die Eule auf den Tafelrand gescheucht. Die Schüler schluckten das Gelächter. Träumte der Klassenlehrer oder hatte er wieder getrunken? Man wußte, daß er trank. Er blieb neben der rechten Bankreihe stehen und schaute sich um. Das Kichern verstummte. Er ging zum Katheder. Die Eule duckte sich.

Freitag, bring den Klassenspiegel!

Der Lehrer beobachtete ihn, wie er langwierig die Hefte und Bücher ordnete. Er hatte das Blatt neu zeichnen müssen. Unter seinen Schritten zum Katheder wippte der schadhafte Fußboden. Die Eule wurde unruhiger, ihre Flügel klatschten gegen die Tafel.

Es ist gut, Freitag, sagte der Klassenlehrer, du hast ein schönes Blatt gezeichnet. Das ist übersichtlich. Setz dich.

Er hielt die Hände gefaltet, richtete sich auf und sah zum erstenmal an diesem Tage offen in die Klasse.

Gleich danach erhob sich die Eule. Sie ruderte, schrill pfeifend, durch das Zimmer, sie trieb an die Fensterfront und streifte die gekalkten Wände.

Der Klassenlehrer schob den Stuhl zurück. Er stützte sich schwerfällig auf das Katheder, er wirkte fremd und verstört. Aus einer unbeherrschten fahrigen Armbewegung langte er plötzlich nach dem zugekorkten Tintenfaß und warf es über die Köpfe der Schüler zur jenseitigen Wand.

Tintenspritzer besudelten das Gefieder der Eule. Die Schüler sprangen aus den Bänken.

Offiziere sind angemeldet, sagte der Klassenlehrer, setzt euch!

Die Tinte lief in schmalen Rinnsalen bis zu den Fußbodenleisten herunter. Irgendeiner wollte die Eule fangen, vor seinen gespreizten Händen flog sie zum Fenster.

Der Spektakel war dem Direktor nicht entgangen. Er stürzte in das Klassenzimmer und verharrte für einen Augenblick unschlüssig neben der Schrägtafel. Dann rief er mit der zupackenden Stimme, die gefürchtet war, wenn er aushilfsweise Mathematik gab:

Bitte, Herr Kollege, was geschieht hier?

Der Klassenlehrer stützte sich wieder auf das Katheder. Er sagte: Es sollte wohl ein Scherz sein, Herr Direktor, man hat die Eule mitgebracht... ich habe das Tintenfaß geworfen... die Eule hat mich irritiert... ich bitte um Verzeihung.

Der Direktor gestikulierte: Sofort die Fenster öffnen! Der Unterricht ist für heute beendet. Nehmt eure Mappen und geht hinauf in die Aula!

Sie polterten nicht wie bisher. Schweigend verließen sie das Klassenzimmer. Freitag klinkte noch die Fensterriegel auf, die Eule wackelte wirren Flugs in das Geäst einer nahen Platane. Als er die Tür geschlossen hatte und draußen im Treppenhaus stand, hörte er die heftigen Schritte des Direktors.

Ihre Nervosität, Herr Kollege, ist mir völlig unverständlich. Besonders heute. Offen gesagt: ich bin sehr enttäuscht. Bitte, gehen wir in die Aula!

Oben war das Rednerpult mit jener Fahne verkleidet, die in vielen Exemplaren an den Wänden hing. Auf dem Podium warteten die Standartenträger, zwei Dutzend Schülerinnen und Schüler. Man sah den schwarzen Querstrich des Flügels und das Wunderkind der Schule, wie es die Finger befühlte und in der Luft einen Triller übte. Die 4b saß neben den Schülern der 4a. In die halblauten Vorbereitungen schwappte von draußen der Gesang einer Marschkolonne: das Lied von der Schiffsbesatzung, die mit der Pest an Bord vor Madagaskar lag.

Die Standarten hoben sich über die Gesichter der Schülerinnen und Schüler. Der Direktor betrat das Podium. An seiner Seite erschien jetzt der Musiklehrer und stellte sich in den Halbkreis einer Chorgruppe. Er gab den Einsatz und dirigierte das Loblied auf die verwegene Jagd.

Dann sprach der Direktor. Die Schüler fingen nur Bruchstücke auf, Scherben einer langen Rede: Liebe Jungen! Der Kampf vor den Toren der Heimat fordert von uns allen ein starkes Herz. Der Kampf richtet seinen Appell auch an euch, an seine jüngste Streitmacht! Ihr steht für die Väter, die schon vor Jahrhunderten hinauszogen! Denkt an den Heldensohn, der von seines Vaters Burg herabritt! Denkt an eure Mütter, an eure Geschwister! Aus den Physik- und Chemiesälen, aus den Lern- und Lehrstuben, von den Sportplätzen und Kampfbahnen komme euer Marschtritt über unsre Feinde!

Die Standarten berührten einander. Sie wurden geschwenkt. Ein Offizier lobte noch den Sandplatz der kurzfristigen Soldatenausbildung. Dann begann die Chorgruppe das anschwellende Lied, das jeden aufrief mitzusingen. Die Schüler standen und sangen. Auch der Klassenlehrer hatte sich erhoben. Er stand wie ein Schlafender.

Später drängten sie in kleinen Gruppen durch den Vorraum der Aula. Die Offiziere plauderten mit dem Direktor. Die Standartenträger sammelten sich zum Abmarsch.

Unbeachtet von allen, lief der Klassenlehrer den laut atmenden Flur entlang.

16

Der Mond des Vorfeldes zeichnete die Umrisse der Wolken auf den Schnee. Dazwischen sprühte krummes Feuer der gegnerischen Gewehre.

Die Granatwerfer sind in die Luft geflogen, sagte Freitag zu Sunderweg, der Hauptmann hat die Order zerrissen.

Sunderweg pfiff durch die Zähne. Er warf Freitag vier Patronenstreifen hin: Vierzig Schuß sind noch da, für jeden zwanzig. Steck uns 'ne Zigarette an!

Freitag bückte sich in den Graben und ließ ein Streichholz aufflammen. Sie rauchten hinter vorgehaltnen Händen.

Wie die ballern! sagte Sunderweg, die singen: Erst die Artillerie, dann die Infanterie! Das wirkt. Bist du noch müde?

Nein... gar... nicht...

Du stotterst ja! Wird das dein erstes Schlamassel?

Freitag nickte und sog gierig an der Zigarette. Sie sprachen ruckweise. Der siedende Lärm fiel über sie her, der jämmerliche Pfeifton und der Paukenschlag. Ihre Helme scheuerten gegen die Grabenwand. Die Schneedecke wurde aufgeschlitzt, Erdklumpen schlugen in Freitags Rücken. Er bäumte sich auf, griff nach Sunderweg und rutschte auf den Grabenboden.

Was denn? murmelte Sunderweg, was denn?

Freitag hatte Tieraugen: Der Rücken... tut mir weh!

Sunderweg streifte den Schnee von Freitags Uniform, fühlte den Körper ab: Quatsch, die haben dir bloß in den Rücken geboxt! Bloß Erde und Schnee. Bleib unten, ganz unten!

Er schob das Gewehr durch die weißen Grasbüschel. Freitag saß an die Grabenwand gepreßt.

17

Noch einmal möchte ich neben dem Mädchen sitzen. Dann müßte die Katze an der Tür scharren, und das Mädchen würde sagen: Die Katze will rein. Ich möchte mit dem Mädchen untergehakt um das Bauernhaus gehen und gar nichts sagen, nur gehen.

Jetzt hab ich Angst vor dem Mann, der mir die Joppe hingelegt hat. Der weiß ja nicht, daß ich gleich nach der Einberufung einen Truppentransport gesehen habe: Zigarettenstummel fielen auf den Schotter, die Mundharmonikas waren weithin zu hören, der Zug ratterte mit Gesang an verschneiten Bäumen vorbei. *Wir sehen die Bäume und sehen uns hängen.*

Was hast du denn gelernt? hat die alte Frau gefragt. Ich habe gelernt *Schnaps ist Schnaps, Pferdediebstahl.*

Freitag, wissen Sie, was Sie sind?

Nein...

Es heißt: Nein, *Herr Wachtmeister!* Wie heißt es?

Nein, Herr Wachtmeister.

Ein lahmer Teddy sind Sie! Was sind Sie?

Ein... lahmer Teddy...

Es heißt: Ein lahmer Teddy, *Herr Wachtmeister!* Scheinbar paßt Ihnen das nicht, wenn ich sage, daß Sie ein lahmer Teddy sind. Ich werde Ihnen sagen, warum Sie ein lahmer Teddy sind! Weil Ihr Kopf aus Sägemehl ist, weil Ihr Bauch aus Sägemehl ist – Ihr Bauch, den Sie schon seit fünf Minuten wie ein altes Waschweib rausstrecken! Nehmen Sie Haltung an, Freitag!

Der Wachtmeister steht am Kiefernwald und sagt zu uns:

Beachten Sie mal, was ich in der Hand halte: 'ne Trillerpfeife! Wenn ich jetzt Signal gebe, dann heißt ›Einmal pfeifen‹: Laufschritt, zweimal: Hinlegen! Dreimal: Aufstehn und weiterlaufen! Aufpassen, ich pfeife einmal!

Zuerst werden die Vögel wach und flüchten. Spechte und Lerchen steigen durchs Walddach. Der Waldweg spult sich unter unseren Füßen ab. Ich laufe in der Mitte. Der Wachtmeister legt die Hände um den Mund:

Immer im Kreis laufen! Zehnmal im Kreis, das sind zwei Kilometer!

Doppelpfiff.

Der Dompteur äugt auf seine Pferdchen, die sich hinwerfen sollen.

Machen Sie sich lang! Tiefer die Köpfe!

Pfiff, Doppelpfiff – Aufspringen. Weiterlaufen. Doppelpfiff!

Wir werfen uns auf den Weg. Meine Haare fallen mir in die Stirn. Der Wachtmeister verläßt seinen Platz, trampelt durchs Unterholz, zwanzig, dreißig Reisigstücke zerknicken. Die Sonne steht über der Lichtung.

Freitag, was haben Sie denn für'n Haarschnitt?

Stehn Sie auf!

Falln Sie um!

Auf! schreit der Wachtmeister. Sie haben Bleiknochen!

Nein, sage ich.

Nein nein nein nein – das weiß ich selber! Halten Sie den Mund! Sie haben zu reden, wenn Sie gefragt werden. Hinlegen!

Ich lasse mich fallen. *Ich darf nicht reden, bevor ich gefragt werde.*

Auf! Hauchen Sie mich nicht an, Freitag! Pusten Sie woanders lang! Sind Sie herzkrank?

Ich weiß nicht... mich hat das Laufen... schon immer angestrengt...

Ah, schon immer angestrengt. Sie haben schon wieder vergessen, mit *Herr Wachtmeister* zu antworten!

Ja... Herr Wachtmeister...

Halten Sie den Mund!

Mir wird schlecht...

Sie sollen den Mund halten!

Mir wird schlecht, Herr Wachtmeister...

Ich weiß, daß ich jetzt blaß werde, ich will davonlaufen,

ich übergebe mich schon, ich beschmutze die Uniform des Wachtmeisters.

Warten Sie, Freitag, das werde ich Ihnen gutschreiben! Ziehen Sie das Turnhemd aus, machen Sie meine Uniform sauber!

Ich wische mit dem Hemd über seinen Rock, über sein Koppelzeug. Das geschieht fieberhaft, ich habe das nicht gewollt, das war mein Magen, der hat sich umgedreht.

Nehmen Sie Gras, Freitag! Rupfen Sie Gras! Beeilen Sie sich!

Ich ziehe drei Stauden Gras aus dem Boden und klopfe die Erde ab. Ich säubere die Uniform des Wachtmeisters, seine Augen sind ganz nah. Zwischen seinen Brauen entdecke ich eine kleine Narbe, dort vertieft sich immer mehr eine Falte: Warten Sie, das werde ich Ihnen gutschreiben! Freitag – sehen Sie den Wassergraben?

(Was will er denn?) Jawoll, Herr Wachtmeister, ich sehe den Wassergraben.

Ihnen ist doch schlecht! Abmarschmarsch! Sie machen einen Kopfstand im Wasser. Sie singen im Wasser: Alle meine Entchen...!

Ich klatsche in den Graben und werde umgeworfen.

Auf, Freitag – warum singen Sie nicht?

Der Wachtmeister hat mich umgeworfen. Meine Haare triefen. Ich bin ein Frosch, ich werde aufgeblasen. Ich weiß nicht, ob ich ein Frosch bin. Ich weiß nicht, ob ich jetzt singe oder heule.

Alle meine Entchen kommt doch und helft mir *alle meine Entchen!*

Los, reihen Sie sich ein! Ganze Abteilung – Marsch! Singen: Es blies ein Jäger...! Drei, vier...!

Die Amseln und Lerchen singen hier nicht.

Links zwo drei vier, links zwo drei vier! Freitag, die Beine heben, die Arme leicht anwinkeln, den Kopf hoch! Links zwo drei vier! Dienst ist Dienst, meine Herren, Schnaps

Schnaps! Und alles was er blies, und alles was er blies...
Das wa-har verlorn! Heiwiederassassa, dierassassa...

Na also, Freitag, Sie marschieren schon besser! Wird schon werden!

Ich weiß nicht, was werden wird! – ich singe: Viel lieber wollt ich kein Jäger sein, Jä-he-ger sein...

Lied aus! Ganze Abteilung – halt! Beim Exerzieren verstehe ich keinen Spaß. Nach Dienstschluß können Sie mit mir Pferde stehlen. Wegtreten!

Man müßte ein Märchenpferd finden und über den Sandweg galoppieren – vorbei am entsetzten Wachtmeister. Man müßte durch die Luft über alle Grenzen reiten und nur noch Schnaps bei sich haben, himmlischen Schnaps.

Wenn mich die alte Frau noch einmal fragen sollte, was ich gelernt habe, werde ich antworten: Wegtreten. Ich habe gelernt wegzutreten.

18

Schrapnellgeschosse explodierten im Vorfeld. Schnee wirbelte auf. Kleine und große Erdbrocken polterten ins Grabenstück.

Sunderweg nahm das Gewehr und schoß. Er feuerte fünfmal über den Grabenrand und stellte das Gewehr beiseite:

Noch sieben mal fünf Schuß, dann is' Feierabend, dann sind vierzig Schuß hinüber!

Auf wen haben Sie gezielt? fragte Freitag.

Hab keine Angst...!

Kommen wir raus, Herr Sunderweg?

Was heißt das? Warum sagst du Sie zu mir? Zieh den Kopf ein. Ich bin kein Herr Sunderweg.

Freitag dachte: Wo ist der kleine Junge, der auf der Porzellantasse abgebildet war und Vögel fütterte? Ich möchte eine Mütze aufhaben, und wenn der alte Sunderweg vorbeikäme, würde ich die Mütze abnehmen und sagen: Guten Tag, Herr Sunderweg.

Die kurzen keifenden Einschläge verloren sich bald. Die nachfolgende Stille war erstickend. Freitag saß zusammengekauert.

Wie sehen die Bäume aus?

Wie sie im Krieg immer aussehen, sagte Sunderweg. Wie zerhackte Ruten. Warum willst du das wissen?

Nur so, hüstelte Freitag. Er fror. Er nahm eine Zigarette.

Hinter dem Graben winselte jemand. Es war ein stoßweises Weinen und Fluchen, das aus der Dunkelheit heranrückte. Freitag sah zwei vorgeneigte Männer, die einen dritten über den Schnee trugen. Der Leib hing schlaff. Die Hände schleiften durch den Schnee. Der Kopf rollte hin und her. Freitag steckte die Finger in den Mund und begann die Nägel zu kauen. Er riß die Hornhaut ab. Die Kuppen schmerzten.

Das war die Artillerie, sagte Sunderweg. Hoffentlich geht's nicht nochmal los! Du frißt ja die Finger an...

Und wenn's nochmal losgeht, und wenn's nochmal losgeht, dann geht das mit den Messern los, dann geht das mit den Messern los!

Glaubst du den Blödsinn?

Bitte, lieber Herr Sunderweg, wir wolln weg!

Hör auf mit deinem Herr Sunderweg!

Wir sagen dem Hauptmann, daß wir hier weg wollen...

Der knallt uns um!

Freitag ließ die Zigarette fallen und zertrat den Rest. Er bohrte den Stiefelabsatz wild in den Grabenboden, nahm eine Handvoll Schnee und rieb sich die Stirn ein. Er steckte etwas Schnee in den Mund.

Ich hab Durst. Nein nein... der Hauptmann darf nicht wissen, daß wir hier wegwolln!

Sunderweg schob einen Patronenstreifen in die Gewehrkammer:

Menschenskind, du bist ja krank...
Nein, ich bin nicht krank...
Klar doch, du phantasierst ja!
Ich phantasiere nicht, zum Donnerwetter! sagte Freitag ganz laut.

Hinter seinem Trommelfell dröhnte der Herzschlag. Er sah das Vorfeld aufbrechen, sah Uniformierte mit säbellangen Messern über den flüssigen, roten Schnee springen.

Leck mich am Arsch mit deinem Donnerwetter!

Sunderweg legte sich an die Grabenwand und sah Freitag nicht an: Sie haben die Schafe totgeschossen, mein Lieber, sie haben zweihundert Tiere umgebracht...

Was denn für Schafe? Was denn für Schafe?

Sie haben von drüben aus dem Wald geschossen und unsere haben das Feuer erwidert. Dabei haben sie die Schafe getroffen, als ich zwischen den Linien durchwollte. Die Schafe haben Mähmäh geschrien, kann ich dir sagen, so laut Mähmäh, daß ich weglaufen mußte. Ich rannte und dachte: Ein Schäfer läuft weg, soso, ein Schäfer läuft also weg, wenn seine Tiere verbluten – sieh mal an, dachte ich und rannte wie ein Wahnsinniger, sieh mal an, so weit sind wir gekommen, daß ein Schäfer wegrennt. Und dann haben mich die Feldpolizisten geschnappt.

Er drehte sich zu Freitag um: Du kannst mich ruhig ankotzen, wir gehn sowieso alle hops!

Freitag sah den gehetzten Sunderweg vor seiner getöteten Herde davonlaufen, er sah das graslose Land, die aufgewühlten Felder – er hörte das Mähmäh-Geschrei der sterbenden Tiere, er schaufelte gierig den Schnee und zerrieb ihn zwischen zittrigen Händen, er flößte sich den geschmolzenen Schnee in den Mund, schlürfte und kaute.

Sunderweg hatte ihm zugesehen. Er zerrte ihn aus dem Graben und lief an den Schützenlöchern vorbei. Freitag stolperte hinterher und wiederholte immer nur den einen Satz:

Nicht zum Hauptmann, nicht zum Hauptmann! Doch zum Hauptmann – der soll dich zurückschicken!

Im gegenüberliegenden Wald blitzten Gewehrsalven. Girlanden der Leuchtspurmunition fielen rotgelb in die zerfledderten Sträucher und Bäume. Trockne, beißende Einschläge ins Baumholz.

Der Hauptmann stand vor dem niedrigen Haus. Mehrere Soldaten schleppten Kisten an ihm vorbei. Er rief ihnen Befehle zu. Irgendwo gab es einen Lastwagen, der abgeladen wurde. Die Soldaten waren bewachte Freibeuter, die einen tödlichen Schatz vor sich hertrugen. Sie liefen in die Irre. Der Hauptmann steckte immer neue Ziele für sie ab. Er schickte sie unter die Bäume, die Kisten abzusetzen, er trieb sie in die Schützenlöcher und wieder zurück zum Auto.

Was machen Sie hier? rief er, als Sunderweg mit Freitag auftauchte. Bleiben Sie in Ihren Löchern, der Angriff geht los!

Sunderweg salutierte und zeigte auf Freitag: Der hat Fieber, der muß ins Lazarett, Herr Hauptmann!

Freitag sah die Mündung des kurzen Gewehrs, die blanke Öffnung und den Stab des Patronenstreifens zwischen Lauf und Kolben.

Aha, der soll ins Lazarett! Wahrscheinlich weil er keinen Lastwagen besorgt hat! Trotzdem haben wir einen aufgetrieben. Es gibt wieder Munition, meine Herren!

Die feuernden Batterien unterstützten von drüben den Infanterieangriff. Die Soldaten ließen ihre Kisten fallen und warfen sich in den Schnee. Der Hauptmann lag neben der Hauswand. Sunderweg breitete die Arme aus und deckte Freitag zu.

Sunderweg, wo haben Sie das Gewehr?!

Im Graben, Herr Hauptmann!

Los, dampfen Sie ab! Schießen Sie gefälligst! Der Fieberkerl bleibt hier zum Abladen!

Sunderweg ließ Freitag zurück. Er sprang unter die Bäume und verschwand. Der Hauptmann fuchtelte mit dem kurzen Gewehr:

Aufstehn! Alles aufstehn! Den Wagen abladen! Sechs Soldaten lösten sich aus dem Schnee, Freitag mit ihnen. Sie liefen gekrümmt an das Auto heran und hoben die Kisten auf ihre Schultern. Der Hauptmann sah jetzt, daß zwei Soldaten im Schnee liegengeblieben waren, er stieß sie an und schrie: Extraeinladungen für die Herrn?! und er beugte sich über sie und sagte dann irgendwas von einer schönen Scheiße.

Freitag trug die letzte Kiste, als der Hauptmann auf ihn zukam:

Sie werden den Graben halten, verstanden?

Jawoll, Herr Hauptmann!

Sie werden keinen Schritt zurückgehn!

Nein, Herr Hauptmann!

Sie werden solange schießen, bis Ihnen das Fieber sonstwo rausläuft!

Jawoll, Herr Hauptmann! Jawoll, Herr Hauptmann...!

Lauf, Freitag, lauf! Die Kiste drückt unmäßig, lauf, bieg nicht ab – der Hauptmann sieht alles, du trägst keinen Goldklumpen, du bist nicht der Hans im Glück, du trägst eine Patronenkiste!

Schürr-schürr, machte die Zelluloid-Klapper.

Er lief, und sein Herz begann zu randalieren, er hob die Hände vor die Augen, die Kiste prellte auf den Schnee, der Luftdruck krepierender Geschosse stieß ihn in den Graben, er fiel auf einen uniformierten Körper, der hier am Boden lag, wie vorhin die Soldaten am Boden gelegen hatten und nicht mehr aufstehen konnten.

Sunderweg.

Freitag wußte nicht, was seine Hände taten, er wußte nicht, daß sie den toten Sunderweg umdrehten, er hörte in sich hinein und hörte die Glocke eines Kirchturms läuten: der Glockenmantel riß mittendurch. Sunderwegs Uniform war genau an der Stelle zerfetzt, wo das Herz eines Menschen schlägt, aber da war kein roter Muskel, da war ein Auge zu sehen, ein großes aufgerichtetes Auge, das menschliche Herz ist ein Auge.

Freitag kniete auf dem Grabenboden. *Hoppereiter, ich will dich behüten, daß du nicht in den Graben fällst – mein Schoß fängt dich auf!* Er hörte das unermeßliche Schweigen, mit dem der Ermordete nach dem Täter ruft, er hörte den Tumult der zerbröckelnden Glocke, den geschändeten Klöppelschlag, er schrie, und die Vögel stürzten vom Himmel, abgeschossen von allen Gewehren der Welt, er sah das Mondlicht gerinnen, die Sterne, auf Krücken gestützt, traurig untertauchen am Waldrand, und sein maßloser Schrei, der im Schnee des Vorfeldes erfror, warf ihn hintenüber.

19

Nach Mitternacht war der Befehl des Hauptmanns ausgeführt. Der Angriff war zurückgewiesen. Die letzte Rotte bestand nur noch aus sechs Leuten.

Zweierlei Geräusche waren deutlich zu vernehmen: ein betuliches Schaben gleich in der Nähe der letzten Soldaten und weiter entfernt das Motorengeheul aufziehender Panzer.

Der Hauptmann entsicherte die Pistole. Er verließ den Graben und schlich an das schabende Geräusch heran. Nach wenigen Schritten erreichte er den sechzehnjährigen Freitag, der neben einem zugedeckten Soldaten im blutigen Schnee kniete und faustgroße Schneebälle formte. Freitag kratzte immer neuen Schnee zusammen, drückte ihn zwischen den Händen fest und baute einen Schneemann neben den Toten. Aus drei größeren Bällen hatte er einen Leib errichtet: er setzte einen kleineren als Kopf obendrauf. Der Kopf rollte ein paarmal herunter, es dauerte eine Weile, bis der Kopf anwuchs. Er nahm jetzt die anderen Schneebälle und gruppierte sie um den Schneemann. Er klatschte in die Hände.

Der Hauptmann kauerte sich an den Grabenrand. Er stieß den Pistolenlauf in Freitags Rücken. Freitag drehte ihm das Gesicht zu: es war furchtlos und hatte keine Augen für die Mündung.

Was ist los? fragte der Hauptmann. Was treiben Sie hier?

Freitag zeigte verschämt auf den Schneemann. Der Schäfer... Herr...

Was für'n Schäfer?

Sunderweg... Herr...

Er berührte zaghaft die Hand des Toten. Dann schob er die Schneebälle dicht an den Schneemann und sprach dabei von kleinen Schafen. Er schrie wehleidig, als der Hauptmann in den Graben stieg und die modellierte Gruppe zertrat.

Warum glotzen Sie so? Sie solln nicht so dämlich glotzen! Wenn Sie hier verrückt spielen, wenn Sie hier idiotisch werden, ich sage Ihnen, dann passiert was! Nehmen Sie die Decke von dem Mann!

Drüben wurde das leise Motorengeräusch gedrosselt. Die Stille, die sofort einsetzte, ließ den Hauptmann verstummen. Er gestikulierte, und Freitag deckte langsam den toten Sunderweg auf. Der Hauptmann sah das entstellte Gesicht. Herzschuß!

Die Vögel fallen runter, sagte Freitag sehr laut. Der Hauptmann schüttelte ihn: Halten Sie endlich Ihre Schnauze! Nehmen Sie die Decke und kommen Sie mit!

Er wollte Freitag über den Grabenrand drängen, zog ihn aber augenblicklich zurück und ließ sich fallen. Die Panzer hatten soeben das Feuer eröffnet und ihre Kettenräder brüllend in den Schnee des Vorfeldes gelenkt. Das Mondlicht zeigte die Umrisse der schnell näherrollenden Stahlkästen, ihre katzenhaft schmiegsamen Unterbauten, die sich den Unebenheiten des Bodens anpaßten, die ragenden Kanonentürme mit den wippenden Rohren. Die ersten Feuerstöße blitzten.

Abhaun! schrie der Hauptmann.

Er stieß den weinerlichen Freitag auf den Grabenrand und sprang hinterher.

Abhaun! schrie er zu den vier Soldaten hinüber, die nebenan ihre Bajonette aufgepflanzt hatten, abhaun, ihr Idioten – die schießen uns zusammen!

Freitag hatte noch unschlüssig am Grabenrand gestanden, jetzt warf er den Körper herum: die Panik der Schreie war ihm ins Blut geraten. Neben ihm liefen die vier Soldaten und der Hauptmann. Die Bajonette stachen vor und zurück. Er lief keuchend an dem zerschossenen Gehöft vorbei, schnallte das Lederzeug ab und warf den Helm von sich – er lachte, er jagte seinem eigenen Gelächter nach: nie gesprochene Worte eines unsinnigen Gebets. Die Geschosse höhnten voraus. Jemand pumpte Luft in seine Lungen. Die Füße klatschten auf den wässrigen Boden. Er spürte die Füße nicht mehr.

Das wird'n Kopfsalat! schrie ein Soldat hinter ihm, wird'n Kopfsalat!

Wettlauf, Stiefel und Schlamm. Der Speichel an Freitags Kinn. Warum renne ich so? *Mich hat das Laufen schon immer angestrengt!* Der Mond rannte mit ihm über die Landschaft, die Soldaten blieben zurück. Der Mond war sein Gefährte, der mit ihm die Flucht ergriff.

Die Geschosse tobten. Ich renne um die Erde, Stachel im Genick. Ein Blasebalg ist unter mir, der fegt mich über den Schnee. Der Mond – ich komme! Der Mond – ich komme! Der Mond – ich komme!

20

Am nächsten Morgen kletterte er von hinten auf einen Pferdewagen, der mit Kohl und Brot beladen war. Er warf zwei Kohlköpfe und ein Brot auf die Straße, sprang ab und klaubte unter dem Geschrei des Kutschers die Kohlköpfe vom Fahrdamm. Die Peitsche schlug naß um seine Schulter. Er rutschte aus und ließ das Brot zurück.

In seinem Versteck riß er die Blätter vom Strunk. Er

schmatzte. *Du hast eine Hasennatur – paß auf, dich fressen die Jäger.* Er trank Schneewasser. Der Magen brannte.

Gegen Nachmittag hörte er den schroffen Aufschlag der Polizeistiefel und sah die Uniformierten herankommen.

Stehn'se auf! sagte ein Polizist und zog die Pistole aus dem Futteral, stehn'se auf und machen'se keine Sperenzien!

Freitag hielt den Kopf schief. Ohne Widerstand fügte er sich der Verhaftung. Er ging in der Mitte. Links und rechts von ihm trugen die Beamten ihre weithin leuchtenden Uniformen. Sie trugen glatte Schirmmützen und spürten beim Schreiten den engen Sitz ihrer Gürtel.

Im Bahnhof sagten beide Polizisten fast gleichzeitig: Nehm'se Ihren Kopf hoch!

Der Wachhabende grinste und tippte mit dem Zeigefinger an die Stirn. Er kontrollierte Freitags Handschellen.

21

Der Zug arbeitete sich mühsam eine Steigung hinauf. Die Abteilbänke waren besetzt. Die Reisenden hockten stumm und stierten den Verhafteten an, der mit den Polizisten zwischen den Bänken stand.

Hat der was geklaut? fragte jemand.

Fahnenflucht, sagte der Wachhabende, und die Insassen des Abteils murmelten sich gewichtige Mitteilungen zu.

Freitag entdeckte das Emailleschild unter der Türklinke: *Offen – Zu.* Die Schriftzeichen prägten sich ein und gaben ihren Sinn preis: man brauchte nur die Klinke nach unten zu drücken, dann stand der Hebel auf *Offen.* Die Türe würde weit aufschlagen und dem Fahrtwind Widerstand bieten. Freitag hielt Zwiesprache mit der Wagentür.

Der holprige Rhythmus des steigenden Zuges machte ihn hellwach. Er überließ sich einer wohltuenden Anspannung, seine Sinne verwiesen ihn immer eindringlicher auf die schwarzen Buchstaben unter der Türklinke. Man müßte sich fallen lassen, vielleicht würde der Fahrtwind Flügel bekommen und den Stürzenden auffangen, nur einmal sollte der Wind ein Märchenwind sein! – man würde sich bei diesem Wind bedanken und ihm einen kleinen Tempel aus Reisig bauen, kein zerschossenes Haus zum Ein- und Ausgehen, man würde eine Papiermühle in den Wind halten und dem Sing-Sang der kreisenden Flügel zuhören! Nur über zweihundert Schritt müßte der Märchenwind andauern, das wäre eine lohnende Arbeit für ihn!

Der Zug hatte den höchsten Punkt der Steigung erreicht. Er rollte an einer Böschung entlang, unten stand hohes Gestrüpp. Freitag schlug die gefesselten Hände auf den Hebel, warf sich gegen die Tür und sprang über den fliehenden Schotter.

Der Fahrtwind riß die Flüche der Polizisten und das Geschrei der Reisenden die Böschung herab.

22

Da war etwas zerbrochen. Der Wind hatte den Stürzenden nicht aufgefangen: Gras wirbelte ihm ins Gesicht, drei sechs acht schmerzhafte Bodensaltos hinab in die Sträucher unten am Bahndamm, von oben die Schüsse, der fremde Hieb gegen die Schulter, da war etwas zerbrochen.

Der Schmerz trieb ihn ins Unterholz.

Er konnte nicht schreien, er fiel und stand auf, er ließ sich die Stirn peitschen, das Gesträuch gab ihn frei, der Schmerz hing an seiner Schulter, das Gewicht nahm zu, die Handschellen zogen ihn vorwärts.

Oben hielt der Zug. Man hatte die Notbremse gezogen. Revolver feuerten ins Gestrüpp. Jetzt werden sie kommen und den Flüchtling jagen!

Freitag stolperte über die Mündung eines Abflußrohres.

Der Schmerz verklebte schon seine Augen, aber er sah das offene Rohr.

Er kroch hinein in den stinkenden Tunnel. Schlamm durchnäßte seine Jacke, die angewinkelten Ellbogen glitschten über fetten abgelagerten Sand. Er rückte tief in das Rohr, er war eine Kröte im Schlamm, ein Märchen hatte sich zugetragen und ihn in eine Kröte verwandelt. Die Finsternis roch heimatlich.

Draußen begann die Treibjagd. Die Beamten verloren ihre Mützen, das Gestrüpp machte ihre Stiefel schartig. Sie suchten die Sträucher ab, durchstöberten das Gelände und kehrten um mit leergeschossenen Revolvern.

23

Seine Stirn hatte ein Kissen gefunden. Er sprach gegen den kalten Beton: Ich laufe ans Meer, ein Sägefisch wird kommen und die Handschellen lösen! Womöglich kommt gleich eine Ratte, die fressen ja Eisen an!

Das Blut sickerte durch die Jacke, er sprach sein Gelöbnis: Ratten und Sägefische sollen meine Gefährten sein, Molche und Spinnen. Hier riecht es gut – was hat so ähnlich gerochen? Der Hinterhof. Der Kanal. Der Müllkastenmond.

Schneesturm fegte ins Rohr. Freitag schob sich langsam an die vordere Öffnung.

24

Die rote Spur im Schnee wurde breiter, als er im Bereich des Musikpavillons die Nachricht vom Waffenstillstand vernahm. Er lag im Gebüsch vor dem hölzernen Zaun einer Laubenkolonie und las den frisch gepinselten Aufruf:

Platzkonzert!
Die Gartenkapelle feiert das Kriegsende!

Betrunkne Laubenbesitzer johlten an Freitag vorbei. Sie erschienen Arm in Arm mit lachenden Musikanten. Schellenbäume, Baßtrompeten, Posaunen, Hörner und Schalmeien blitzten unter dem Schneehimmel. Im Pavillon wurden Feuerstellen errichtet, offene Becken für glühenden Koks.

Freitags Augen waren halb geschlossen. Drüben im Pavillon stand der Dirigent auf Zehenspitzen. Er hatte beide Arme hoch in die Wolken gestreckt, ein Gefangener, der die Revolver nicht sieht, die auf seinen Rücken gerichtet werden. Er gab den Einsatz zur ersten Probe und ließ die Arme aus den Wolken zur Erde fallen. Schüsse ertönten, Schüsse oder Schußtöne, Marschklänge, die an Freitags Schulter zerrten und sich gewaltsam zwischen seine Zähne schoben.

Sein Schrei war viel zu leise, um das marschierende Geräusch abzufangen: *Ich weiß ja nicht was Liebe ist – du aber du aber du!* – der Schrei war viel eher ein Wort an die Zelluloid-Klapper, die er nun mit gefesselten Händen aus der Hosentasche zog und gegen die Platzmusik schüttelte.

Die feuernden Trompeten durften plündern, sie hatten ein neues Feldlager bezogen. Das Gelächter des Pavillons ermordete Freitags Wort an die Kinderklapper. Er sah die Schneeflocken ins Gebüsch taumeln, sie deckten seinen Körper zu. Abgeschossene Vögel legten sich auf seine Hände. Die Klapper fiel in den Schnee und blieb aufgerichtet stecken.

Der Sturm nahm das letzte Wort des Toten hinüber in die eingeäscherte Stadt. Es tappte mondsüchtig über den Stahlträger eines Schuttberges und verfing sich im leergebrannten Keller der Kanalwohnung. Es blieb auf immer verschwiegen.

25

Kein Kindergesang: *Zeigt her eure Füßchen zeigt her eure Schuh!* – denn die Stiefelschritte von der Tür sind schon mitten in der Kneipe: *Zeigt her euren Ausweis zeigt her euren Paß!* – die gestiefelten Männer machen halt:

Polizeistunde! Hallo Wirt, wo haben jetzt die Stühle zu stehn?

Jetzt? fragt der Wirt und krümmt sich zur Theke, jetzt auf den Tischen...

Na also – aber sie stehn noch unten! Warum?

Ein Kind, ich meine: ein Junge...

Stotterei, was ist los?!

Herrje – Sie wissen, wir hatten im Pavillon ein Platzkonzert, wir haben getrunken, die Musiker sind vorhin erst gegangen...

Schon gut – was weiter?

...ein paar sind wiedergekommen, die haben den toten Jungen gebracht. Bitte gehen Sie ins Nebenzimmer, da liegt er...

Kennen Sie ihn?

Nein, kenne ihn nicht. Er hat Handschellen um...

Soso, Handschellen. Haben Sie schon das Schauhaus verständigt?

Richtig, das Schauhaus! Nein, noch nicht...

Funktioniert Ihr Telefon?

Ja, bitte, hier ist das Telefon! Nicht wahr, das werden Sie mir doch nicht ankreiden... da vergißt man schon mal die Polizeistunde... das werden Sie mir doch nicht ankreiden, das eine Mal...

Vor der Ankunft

Weil es in der Stadt ruchbar wurde, daß die Frau einen Unterschlupf gesucht hatte, erschienen jetzt die Wächter und trieben sie hinaus auf das Feld.

Die Zeit des Hörnerblasens hatte den Herbst niedergemacht, die Frau lief den Feldweg entlang, sie hörte den Rundgesang der geschulten Treiber vom Waldrand: »Hier ist das Schießen frei...!«

Die Wächter ließen ab von ihr, sie kehrten zurück in die Stadt, die Frau duckte sich, ihr Leib berührte beinahe den Boden, sie wäre gestürzt, aber der Gedanke an das Kind war stark genug, den Sturz abzufangen, sie richtete sich auf. Die Treiber verstummten, nach einer lähmenden Weile schrie einer von ihnen: »Komm her!« Die Frau gehorchte nicht. Die Stimme des Rottenführers, der geschrien hatte, wurde sofort heiser, als er zum zweiten Male den Befehl auf sie abfeuerte, näherzukommen. »Von wo kommst du?« fragte er. – »Von dort«, sagte sie und nannte die Stadt. Er betrachtete sie nachlässig. »Sie haben dich fortgeschickt – weshalb?« – »Ich suche die Kammer...« – »Die Kammer«, sagte der Rottenführer, »wofür?« – »Für die Geburt.« – »Erwartest du einen Sohn oder ein Mädchen?«

»Ja«, riefen die Gefährten des Rottenführers, »erwartest du einen Sohn oder ein Mädchen?«

Ihre gewinkelten Arme, in denen die Gewehre hingen, verrieten die Absicht, das Verhör gründlich zu führen. »Also – wen bringst du?« fragten sie und richteten die Läufe ihrer Gewehre auf den Leib der Frau. »Die Verheißung nennt einen Sohn«, sagte die Frau.

Der Rottenführer steckte die linke Hand in den Patronengürtel und befühlte mit dem Zeigefinger die Spitzen der Geschosse. Er lachte gezwungen. »Die Verheißung – wir dulden deine Sprache nicht! Ferner dulden wir nicht, daß du uns mit so furchtlosen Augen ansiehst wie jetzt. Es ist an der Zeit, daß man uns fürchtet!« – »Ich fürchte um euch«, sagte die Frau. – »Gut«, sagte der Rottenführer, »du spottest. Wir haben das Land gepachtet, wir herrschen hier, wir haben die Macht, dich fortzujagen. Wenn du nicht wie ein Hase überall flüchten willst, antworte auf folgende Fragen. Erstens: Sollen wir dir eine Kammer besorgen?«

»Ich habe vergeblich gesucht«, sagte die Frau, »die Bedingungen der Wächter, die ihr eingesetzt habt, sind schuld daran, daß ich hier bin.«

»Zweitens«, sagte der Rottenführer, »willst du, daß wir erlegtes Wild vor die Tür deiner Kammer bringen, damit du genug hast, wenn dich hungert? Willst du, daß wir einen Posten vor die Tür deiner Kammer stellen, der dich bewacht?«

Die Frau antwortete nicht, der Rottenführer sagte belustigt: »Du bist eine Fremde. Wer unser Angebot ablehnt, verendet im Niemandsland. Auch wir haben Bedingungen, sie ähneln denen der Stadt. Hör zu: Dein Sohn wird geboren, er besucht unsere Schulen, dein Sohn erlangt die Meisterschaft, die sein Leben bewahrt – die Kunst des günstigen Handelns. Er wird reich und unbescholten seinen Besitz vermehren. Pures Gold und Waffenkenntnis werden ihn schützen. Dein Sohn sei unser Sohn, ein Schritt auf dem Weg in unsere Zukunft. Du kennst das Angebot, du kennst die Bedingungen. Entscheide dich!«

Die Treiber drängten sich nah an den Rottenführer, gemeinsam drängten sie sich an die Frau, die keine Antwort gab, sondern, ohne sich umzusehen, die Gruppe der Vorgebeugten verließ.

»Bleib stehn!« rief der Rottenführer. Er lief hinter ihr her: »Denk an die Kammer, denk an die Speise, denk an den Posten, der dich bewachen wird! Du weißt, daß ein einziger Wink meiner Hand genügt, und meine Leute jagen dich fort ins Niemandsland!«

Sie sah ihn an, sie sagte: »Der Sohn wird zu euch kommen, ich verspreche es.«

Sie sah ihn nicht an, sie hörte ihn rufen: »Wer vom Niemandsland kommt, ist vogelfrei! Hüte dich und kehre rechtzeitig um!«

Sie vernahm das Geschrei der Treiber hinter sich, sie begann zu laufen, sie legte die Hände um ihren Leib. Es war ein dauerndes Stolpern, Vornüberbeugen und Aufrichten, sie spürte die Schläge, sie schrie – und die Rotte blieb erst zurück, als sie die Grenze erreichte, das Obdach der Hasen, das sich den Treibern entzieht.

Heute abend

Jetzt wird sich die Tür auftun, und das Schloß wird ein wenig knarren, denn ich habe es lange nicht mehr geölt. Der Halbkreis des Türflügels wird die Ankunft desjenigen vorbereiten, den ich erwarte.

Ich erwarte ihn, weil er sich in den Gräsern angekündigt hat, als ich gestern müde am Feldweg gesessen und in die Stadt gesehen habe. Meine Aktentasche hat neben mir gelegen, sie ist prall gewesen. Ich konnte gestern kein Paket Seifenpulver verkaufen. Ich wollte eine Zigarette rauchen und das ständige Geräusch der Ablehnung vergessen, wenn die Leute in ihren Türrahmen stehen und sagen: »Wir haben genug Seifenpulver.«

Die Zigarette wurde angeraucht, und der Feldweg ist mir wegen des beizenden Dunstes, der zwischen die Gräser kroch und sich dort wie ein kleines Steppenfeuer ausmachte, nicht böse gewesen. Von der Stadt her vernahm ich die bekannten Lautsprecher, die brüllenden Schienenstränge, das Bläffen alter und neuer Autos. Ich hörte alles sehr leise, gefiltert durch das ausgedehnte Tuch der Entfernung, und was hier am Feldweg wuchs und am Wiesenboden umherkrabbelte, Käfer und Heuschrecken, bildete wohltätig einen Schirm über die Sorge, an diesem Tage noch keinen Pfennig verdient zu haben.

In dieser Stunde glaubte ich tatsächlich, das ferne Blöken einer Kuh zu verstehen, aber ich wußte nicht, ob diese Kuh auf der Weide graste oder zur Schlachtbank getrieben wurde.

Als die Zigarette halb aufgeraucht war, kündigte sich derjenige, den ich nun erwarte, in den hochgestellten Halmen an. Ich kann bei bestem Willen nicht seine Gestalt beschreiben, ich weiß nur, daß er für die Dauer eines Atemholens ganz deutlich als menschenfreundliche Begrüßung vor mir auftauchte, wie ich einer ähnlichen während meiner Seifenpulver-Reisen nirgends begegnet bin. Ich wollte ihn ansprechen, doch als ich ausatmete, war er fort. Er hinterließ lediglich eine Markierung in meinem Bewußtsein, daß er morgen wiederkommen werde.

Nachmittags habe ich acht Pakete Seifenpulver verkauft, das ist ein Verdienst von einer Mark und sechzig Pfennigen. Mit großer Ausdauer versuchte ich den Leuten beizubringen, welche Vorzüge mein Waschmittel besitzt, welche Gegenstände damit zu reinigen wären, mit welcher Zeitersparnis zu rechnen sei und daß die Herstellung des Präparates nur zu ihrem Nutzen geschehe, Dinge zu erhalten, die ihnen lieb und wert sind.

Es blieb beim Absatz von acht Paketen.

Ich wollte die Vertretung gestern abend zurückgeben, doch der Bezirksvertreter hat gesagt:»»Junge Leute müssen erst einmal Augen und Ohren offenhalten, dann kommt schon der Erfolg.«

Da habe ich dem Bezirksvertreter das Erlebnis vom Feldweg erzählt. Ich habe nichts ausgelassen, aber er hat mich räuspernd angesehen und gesagt: »Was soll denn da im Gras gewesen sein? Bestenfalls waren Sie nicht ausgeschlafen. Wissen Sie – ich gebe Ihnen noch Schuhcreme auf den Weg, damit läßt sich leichter was verdienen. Und dann trinken Sie ab und zu einen starken Kaffee, das vertreibt solche Geschichten!«

Ich habe die Vertretung also nicht zurückgegeben, sondern die Schuhcreme in meine Kollektion aufgenommen und heute früh sogar, nach dem Hinweis des Bezirksvertreters, eine Tasse starken Kaffee getrunken. Doch im gleichen Restaurant saß mir ein alter Musiker gegenüber, der eine Brühe schlürfte und so dicke Augenbrauen hatte wie manche Masken zur Fastnacht. Und als der Mann aufstand und sich das Fett der Brühe mit dem Handrücken von den Lippen wischte, als er sich an einen entfernten Tisch setzte, um dort mit den Fingern über eine Zither zu streichen, als er einen querrenden Triller aufflattern ließ – kündigte sich abermals derjenige im Gesicht des Musikers an, den ich erwarte.

Weil ich mich trotz des starken Kaffees zweitmalig »solcher Geschichte« ausgesetzt fühlte, bin ich aufgesprungen und auf den Musiker zugegangen, um ihn sogleich ohne Einleitung zu fragen, was da soeben in seinem Gesicht gewesen sei. Der Mann schüttelte nur den Kopf. Ich bin vorhin bei meinem Bezirksvertreter gewesen, habe die Schuhcreme abgeliefert und die verkauften Seifenpulver-Pakete verrechnen lassen. Er bot Widerstand und wollte mir ab heute einen dritten Artikel zum Verkauf anbieten, Zahnpastatuben. Etwas später mußte er die vorläufige Abrechnung ausstellen, da ich alles an Seifenpulver, Schuhcreme und Zahnpasta von mir schob.

Beim Aufzählen meiner angesammelten Provision sagte er: »Was soll denn da in dem Gesicht des Musikers gewesen sein? Bestenfalls waren Sie nicht ausgeschlafen.«

Ich nahm das Geld und antwortete: »Der Kaffee ist stark gewesen, aber er hat nicht gewirkt.«

»Wovon wollen Sie leben, wenn das Geld ausgegeben ist?« fragte der Bezirksvertreter, »was wollen Sie dann tun?«

Ich konnte ihm nichts antworten, was ihn überzeugt hätte. Als er mir die Hand gab, sagte ich nur: »Vielleicht komme ich morgen wieder.« Jetzt ist es Abend. In meiner Hosentasche befindet sich das ausgezahlte Geld. Es ist der größere Betrag des einbehaltenen Firmen-Fixums, und er beläuft sich auf zweihundertzwölf Mark und siebzehn Pfennig.

Ich weiß genau, daß ich morgen nicht zum Bezirksvertreter gehen werde. Ich vermute, daß sich bis morgen noch einiges ereignen kann, obgleich ich kein Fünkchen wirklicher Ahnung besitze, was sich bereits in der nächsten Minute zutragen wird, vielleicht beim nächsten Atemholen schon.

Wahrscheinlich atme ich seit der Begegnung am Feldweg vorsichtiger oder hastiger, intensiver oder oberflächlicher, und seit ich in das Gesicht des Zitherspielers gesehen habe, merke ich überhaupt erst, daß an jedem Atemholen auch das Herz beteiligt ist.

Ich glaube, richtig gehandelt zu haben, als ich mir das Fixum auszahlen ließ. Immerhin kann ich damit die Miete begleichen und bei einiger Einteilung vier Wochen lang essen.

Ob ich falsch gehandelt habe, wird sich gewiß noch heute abend herausstellen, und ob derjenige, den ich erwarte, jetzt in meine Stube kommen und der Halbkreis des Türflügels seine Ankunft vorbereiten wird, ebenfalls.

Die Kartenspieler

Die Vormittagssonne kam über hingestürzte Hauswände, über mißhandelte Fassaden der Vorstadt, sie hing im dichtgespannten Netzwerk der Eisenbahnanlage. Das war die Endstation mit abgebröckelten Schornsteinen, niedrigen Blechhütten, Hunden und Katzen. Das war der Platz, den zwei Männer jeden Morgen aufsuchten, beobachtet von argwöhnischen Polizisten und wiederholt aufgefordert, sich auszuweisen. Auf die Frage, was sie in dieser Gegend wollten, sagten sie nur, man solle sie künftig nicht mehr belästigen, denn sie führten nichts Böses im Schilde. Schließlich werde man auf seine alten Tage irgendeiner Lieblingsbeschäftigung nachgehen dürfen, und ihre sei es nun mal, unter den Bäumen der Endstation Karten zu spielen. Nun ja, wurde erwidert, dagegen sei nichts einzuwenden, doch sollten sie ehrlich bekennen, ob sie etwa ein verbotenes Kartenspiel liebten, was ja für betagte Leute, wie sie es seien, kaum schicklich und wenig von Nutzen wäre, da solche Spiele zumeist einen hohen Geldeinsatz forderten, den sie vermutlich doch nicht aufbringen könnten.

Gewiß, sagten die Alten, genauso und nicht anders verhielte es sich: Sie hätten keinerlei Absicht, sich gegenseitig das Hemd vom Leibe zu spielen. Damit verabschiedeten sie sich und nahmen es auch gern in Kauf, daß man ihnen auch weiterhin nachspürte.

Eines Tages begegneten sie einem besonders mißtrauischen Polizisten. Er suchte und fand mehrere Nebenwege, ihnen unauffällig nachzuschleichen, er verbarg sich, unweit von ihnen, hinter einer Platane, wo er seinen Diensteifer bereuen sollte, als vor seinen spionierenden Blicken ein dürftig gekleidetes, etwa fünfjähriges Mädchen erschien. Das Mädchen begrüßte die alten Männer und zog aus seiner geflickten Schürze ein Bündel abgegriffener Spielkarten und ein Stückchen Holzkohle. Die Karten wurden sorgfältig gemischt. Dann hielten die beiden Alten und das Mädchen einander die Karten hin, und jeder mußte nach den Regeln des geheimen Spiels eine Karte ziehen. Wenn das Bild der gezogenen Karte mit dem Zeichen der eigenen Reihe übereinstimmte, durfte man beide Blätter ablegen. Hätte der Polizist, der von seinem Versteck aus das betuliche Treiben der Kartenspieler verfolgte, bisher noch nicht erraten, was hier unter den Bäumen der Endstation gespielt wurde, so wäre ihm sicher ein Licht aufgegangen, als das Mädchen nach der Holzkohle griff und einem der alten Männer, der offensichtlich verloren hatte, einen schwarzen Strich auf die Stirn zeichnete, der jedesmal das Kinderkartenspiel, den Schwarzen Peter, beendet.

Die Alten nahmen das Mädchen in die Mitte und brachten es vor die Tür seiner Behausung. Der Polizist bemerkte noch, daß beide Männer je einen schwarzen Strich auf der Stirn trugen, während sie dem Mädchen ein flaches Päckchen in der Größe einer Schokoladentafel schenkten und sich verabschiedeten.

Da er von ihnen entdeckt wurde, mußte er sich die Frage gefallen lassen, ob er nun ein für alle Mal herausgefunden habe, daß dieser Platz lediglich der Treffpunkt zugunsten eines Kindes sei. Das Mädchen wohne oder hause hier ohne Nachbarschaft anderer Kinder mit seinen Eltern in einer Blechhütte, und nachdrücklich wäre auch ihm, dem Polizisten, und seiner Dienststelle zu empfehlen, den Ursachen solcher Verhältnisse rechtzeitig auf die Spur zu kommen. Folglich dürfe er getrost noch aufdringlicher ihre schwarzen Striche betrachten, denn sie würden von nun an mit geschwärzter Stirn herumlaufen, sichtbar kundzutun, daß noch etwas zu bereinigen sei.

Herrn Eules Kreuzberger Kneipentraum

Guten Morgen! schreit das Menschentier;
Und mancher Schuft trinkt jetzt noch Bier.
Paul Scheerbart

Lothar und Lopi Klünner,
Berlins 1. Trinker-Leihanstalt,
in dankbarer Kundschaft.

1

Plötzlich begannen die Glocken der Kanaldampfer vor Freude zu läuten, und kopfüber sprang ich herab vom Pferdewagen des Altwarenhändlers mitten hinein in die Kreuzberger Nacht.

Meine Wodkaflasche am Hals, stand ich nun kerzengerade da: genau wie eine dieser alten scheppernden Standuhren, mit denen der Pferdewagen davongerollt war. Und hörte mich neunmal *Bimm-Bamm* schlagen. Und hörte den Funkwagen kommen. Die Polizei hört auf staatlich anerkannte Bauchredner, ich hör auf den Namen Max Eule.

Also war ich zurückgekehrt. Mit Sirene und Flackerlicht saust ein Mannschaftswagen an mir vorbei.

Prost! So wird man empfangen mit Krach und muß sich verstecken! Dabei hat die Behörde mich längst ins Poesiealbum geklebt. Ich bin verantwortlicher Redakteur von »Auerhahns Deutschem Gelehrtenkalender«, ferner »Bezirksbeauftragter für das Wegwedeln von Saatkrähen aus Laubenkolonien«. Pure Güte meinen Vorgesetzten gegenüber läßt mich auch hier, in diesem Kanalviertel, ein bißchen Ausschau halten nach neuen Mitarbeitern, nach behenden Leuten, die Spaß haben sollen am Wegwedeln von Saatkrähen und (statt des simplen In-die-Hände-Klatschens oder der veralteten Schürzenwedelei) womöglich auf andere, rationellere Methoden kommen, ganz im Sinne des Fortschritts.

Man sieht, die Polizei kann sich meine besonderen Kenntnisse getrost hinter den Kragenspiegel stecken.

2

Mein Auftrag wurde von ernsthaften Köpfen erdacht, ich muß mich ihrer würdig erweisen. Dies vor allem in meiner Eigenschaft als Redakteur besagten Kalenders, der dem Bildungsstreben zu Recht und Wohlstand verhelfen will.

Es gilt, Beiträge aller Art zu sammeln, seitenlange Artikel genau so wie einzelne Ausrufe.

Ich freu mich auf diese Nacht und schaukle erst mal die Straße des Trinkers hinunter – sprungbereit, meiner Flasche unter die Arme zu greifen, sobald sie umzufallen droht.

3

Da wirft mir von rechts ein rotes Schulgebäude seinen neuesten Traum vor die Füße. Ich heb ihn auf bis zur nächsten Laterne, hier les ich: »Mir, dem roten Schulgebäude, träumte ein Traum, jetzt weiß ich nicht, ob meine Katheder lachen oder weinen. Nämlich: vorhin sah ich einen Lehrer in einer Schule, die nur von fleißigen Ameisen besucht wird. Infolge ihres unvorstellbaren Fleißes, verlernte der

Lehrer das Schreiben sämtlicher Ziffern – bis auf die 1, die er als einzige Note unter die Schularbeiten der Ameisen setzen mußte, auf immer und ohne Pause.«

Hab Dank, Schulgebäude! sagte ich, dein Traum spornt mich an, ich mache sofort einen Kopfstand!

Darüber wurde das Schulgebäude ganz sachte neidisch, sein Giebel forderte den Ameisentraum zurück, den ich so gern im Kalender veröffentlicht hätte unter der Rubrik »Neue Berufsberatung«.

4

Noch ein wenig hilflos, ob ich das Eigentum des Schulgebäudes behalten sollte oder nicht, nahm ich zunächst einen Schluck aus der Wodkaflasche und hatte mich bereits zur Rückgabe entschlossen, als sich der ungeduldige Giebel auf sein Eingangstor besinnt: krachend läßt er unten zwei riesige Flügeltüren sperrangelweit aufspringen, und vom finstren Schulhof her drängt ein hart anschlagendes Glockengebimmel zur Straße hin – geradewegs auf mich zu!

Trotz Dunkelheit erkenne ich einen wütenden Pedell, er schwingt in der rechten, vorgestreckten Hand eine Bimmel von beachtlicher Größe, sagen wir: eine ausgewachsene Mülltonne, und da ich befürchten muß, der Kerl wird mir das Ding über den Kopf stülpen, bediene ich mich schnell meiner Wodkaflasche als Reitpferd, das heißt: ich werfe sie in Fluchtrichtung von mir, springe ihr nach, fange sie, werfe, springe nach, fange sie und verliere bei diesem Ritt zwar den Traum des Schulgebäudes, kann aber den Pedell und sein gräßliches Geläut abhängen – ja, ich vermute sogar, mein Kunststück *Die Wodkaflasche als Nothelfer* hat ihn verstummen lassen.

5

Bei der Kottbusser Brücke stützte ich mich aufs Geländer und hörte nach einem Weilchen nur noch den leisen, leichten Schlag des Wassers an der Kaimauer. Langsam erholte ich mich vom Auftritt des wild gewordenen Hausmeisters. (Sicher gehörte er nicht zur Sektion der sprichwörtlich wild gewordenen Schornsteinfeger, die irgendwann von der Wildheit ablassen, Füllhörner durch die Kamine schicken und den Kindern gut sind.)

Immerhin, ich wußte nun, Personen wie ihn könnte ich kaum im Gelehrtenkalender auftreten lassen. Und damit verbeugte ich mich dankbar vor meiner Wodkaflasche. (Leider war sie nur noch viertelvoll.)

6

Zwischen Fassaden sitzend (tief in Polstern eines abgestellten Sessels), den Kopf mit zerzauster Mähne zurückgelegt und ziemlich dicken Bauchs seinen Zuhörern, seinen Bierflaschen zugewandt, ruft der Kanalpoet herüber: Siehst du das Pferd, das mit seinen Hufen Nüsse knackt? Siehst du den Mann, der ein Kopfkissen gegen die Zimmerdecke wirft? Gut, du siehst. Wisse aber, mein Lausebengel: Der Sonntag in seiner lautlosen Kutsche verbietet dir, mit dem Wagenführer zu spucken! Die Nacht wird ins Bierglas gefüllt, du mußt sie trinken, du bist auserwählt! Und deshalb: Hut ab vor der Windmühle auf meinem Schreibtisch! (Er macht eine Handbewegung und zeigt auf das Kellerfenster der Familie Pedulke.)

7

Ein Kind, ein Junge. Der Junge holt die Schere von nebenan, batsch, fälltse ihm aus der Hand, böse Besucher kommen, schreit die Pedulke, wie liegt denn die Schere da, hebse auf, geh weg vont Fensta, solln denn die Mieskes wieda rumerzähln, det du im Nachthemde rumloofst, die Tischdecke wird zerschnitten, die Pedulke zerschneidet das Tischtuch, nich schade drum, jibtn Hemde für mein Mann, sie legt Brot auf den Tisch, der Junge zerbeißt das Rindenstück, wat machste denn da, schreit die Pedulke, hörste denn nich, sagt der Junge, ick singe.

8

Los, Max Eule, klettre auf den steinernen Eckpfeiler der Kanalbrücke! Nimm ein Schluckchen Wodka und warte! Nimm wieder ein Schluckchen und warte gefälligst solange, bis die Nachtkneipe vom Görlitzer Bahnhof hinter den abgewetzten Fassaden auftaucht: das große Zappenduster mit Funzeln drin. Fürchte dich nicht vor ihrem Anblick, vor den verregneten Gesichtern am Bierglas, ihrer Musik tag-aus, nacht-ein: den unaufhörlich rollenden Fässern einer verrückten Brauerei.

9

Fritze Raczek sitzt gleich am Eingang. Sein alter Stammplatz. Raczek, der Mann aus der Aquavit-Flasche, zieht die Mundwinkel hoch.

Men-schens-kinder, sagt Fritze, nehme noch'n Bierchen!

(Schön. Endlich ein Beitrag! Ein schlechter Redakteur, der für Fritzes Bestellung keinen Platz freihält! Ich werd sie

mit vollem Namen bringen, zumal sie die unbedingte Meinung der Redaktion wiedergibt.)

Fritze sagt: Aujust nimmt auch'n Bierchen.

Aujust Schuppan nimmt auch'n Bierchen. Hat sich eben zu Fritze gesetzt und winkt nach Lene.

Wieviel wollta denn? fragt Lene.

Ne Brust voll, sagt Fritze.

Eierkopp, sagt Lene. Erst mal dreie?

Und drei Flöhe – los!

Wat heißt *los*?

Drei Flöhe! sagt Aujust.

Lasse doch, sagt Fritze.

Lasse ja.

(Flöhe. Flügellose Insekten mit saugenden Mundwerkzeugen und Springbeinen. Parasitisch an Mensch und Tier. Dreistöckige Flöhe aus Lenes Literflasche springen aufs Tablett. Feiner hopp ins Glas, alter hopp, feiner alter klarer Aquavit ins Glas!)

Nu habta euch wieda jefunden, wat?

Prost, Lene! (Kurzes Zeigefingergeklopf auf der Tischkante. Prost! Gläserabsetzen. Geschüttel. Schmecken, die Tierchen. Ersaufen im Bier. Denken nich dran. Wolln mal sehn! Fritze will mal sehn. Aujust will kieken. Lene unterstützt uns. Wer sind wir'n? Wissenschaftler. Mal sehn, wat uns juckt. Wat für Tierchen uns jucken.)

Aujust, wat haste?

Her mit de Dreistöckigen! ruft Aujust. Er greift nach Lene, singt: Komm in meine süße unrasierte Liebeslaube!

Jeh weg mit deine Pfoten! (Zeigefingergeklopf auf der Tischkante. Prost. Geschüttel.)

Prost, sage ich. Ich brauch n paar Wegwedler...

Wat? Ich bin Bezirksbeauftragter, sage ich.

Eule, sagt Aujust, wo warste so lange? Siehst ja janz besoffen aus.

Wegwedler, sage ich, die Saatkrähen, die Laubenkolonien, huschhusch, geht weg, ihr Krähen...!

Meinste mir etwa? sagt Aujust. Her mit de Dreistöckigen!

(Draußen in der Laubenkolonie: Laubenpieper links, Laubenpieper rechts. Grünweiß flattert das Fähnchen am Vorstandsmast. Der Laubenpieper mit grünweißer Mütze wirft sich ins Mohrrübenbeet und schläft seine Fahne aus.)

Aujust, sagt Fritze, sauf doch nich wien Pferd!

Schreib das mal auf, sage ich, brauch ich ganz dringend.

Her mit de Dreistöckigen! sagt Aujust.

Olle Krähe, sagt Fritze.

Huschwegweg! macht Lene. (Zeigefingergeklopf. Kotzbesaufen. Geschüttel.)

Lene serviert die Sachen, und dann ruft einer: Wir werden meistbietend gehandelt!

10

Ich wollts mir aufschreiben, aber da sah ich den Fritze Raczek durch die Görlitzer Kneipe über die Tische hinschweben. Aufrecht, ein bißchen torkelnd, schwebte Fritze Raczek trällernd um die Zapfhähne, hüpfte hoch, stieß mit dem Kopf an die Decke, sagte: Verzeihung!, griff nach Aujust Schuppans Hand, zog ihn mit, und Aujust gab der Lene einen Rippentriller, und Lene sagte zu mir: Kommste mit, wir wolln ins oberste Stockwerk...

Wolken spiel'n, sagte Fritze.

Und'n bißchen regnen, sagte Aujust, der sich im Spiegel betrachten wollte, den ihm die Eule auf meiner Schulter hinhielt, aber Lene stieß ihn weg:

Hau ab! Ick bin die schönste Kellnerin von Kreuzberg!

Wir nahmen uns zu viert ganz artig bei den Händen und flogen samt Zigarettenqualm zu irgendeinem offenen Fenster hinaus auf die Straße.

11

Die Nacht griff uns ordinär unter die Kleider, wir wurden aber entschädigt durch ein wirklich buntes Bild: aus allen Vorstadtstraßen erhoben sich die Sterne wie gasgefüllte Luftballons. Ein angeleuchtetes Flugzeug, ein Doppeldekker mit wackelndem Leitwerk, zog ein kilometerlanges, glühbirnenbestücktes Transparent hinter sich her, ein wahres Meisterwerk elektrischer Illumination, das in gut lesbarer Schrift die Forderung über den Himmel trug:
Her mit die Dreistöckigen!

12

Aujust Schuppan war glücklich. Er liebäugelte mit dem Transparent, fand er doch seinen urheberrechtlich geschützten Ausruf über die ganze Stadt hingebreitet. (Für eine Veröffentlichung in »Auerhahns Deutschem Gelehrtenkalender« kam der Ausruf leider nicht mehr in Frage, da ich nur Erstdrucke bringe.)

Aujust wurde in die Mitte genommen und beglückwünscht. Dabei gerieten wir zusehends in die Nähe des Transparents. Fritze erwischte das Schlußstück, und in friedlicher Eintracht, quasi zur Bekräftigung der gleißenden Parole, entstand durch Lene, Fritze, Aujust und mich eine hübsche Fortsetzung der leuchtenden Buchstabenkette.

13

Zu gern wollte ich wissen, wer den Doppeldecker steuerte. Meine Eule nahm den Spiegel in die Fänge, zog eine unbemerkte Schleife um die Nase des Flugzeugs und hielt mir, auf meiner Schulter landend, den Spiegel vors Gesicht: im

Pilotensitz räkelte sich, allem Anschein nach guter Dinge, der Altwarenhändler, von dessen Pferdewagen ich abgesprungen war. Er blickte auf eine flache Westminster-Uhr, die ihm als Armaturenbrett diente.

14

Da erreichte uns von der Stadt her das Geschrei aller verfügbaren Überfallkommandos. Aus dem Lärm so vieler Kehlen war herauszuhören, daß uns zumindest Gefängnis drohe, wenn wir noch länger auf so infame Weise für die allgemeine Sauferei unterwegs wären.

Mein Altwarenhändler muß von der Sache Wind bekommen haben, er neigte den Doppeldecker sofort und gut gelungen nach links, beschrieb einen recht ausgedehnten Halbkreis und brachte die Tragflächen wieder ins Waagrechte.

Immer noch Hand an Hand und fest in Fritzes Griff, verließen wir fliegend das Kreuzberger Viertel.

15

(Gesucht wird ein *Verkehrspolizist* mit guter Aufstiegsmöglichkeit. Nach zwanzigjähriger Dienstzeit darf er von der Siegessäule herab selbständig Schneebälle feuern auf beliebige Ziele nach Herzenslust. *Polizisten leben abwechslungsreich!*

Gesucht wird ein *Brüllender Polizist*, Anfangsgehalt DM Fünfhundertsechzig. Kann brüllen, was er will, nur täglich einmal ist keinmal. Bewerber erwünscht, die ihrem Arbeitsgebiet neue Aspekte vermitteln. Bei Eignung kann ihnen die Leitung einer Arbeitsgruppe übertragen werden.

Gesucht wird ein *Kriminalbeamter*, flott und gewandt. Den Reverenzen sind beizufügen die üblichen Fotos aller zehn Finger. Ferner: ein eigenhändig verfaßter Aufsatz über ein berufsnahes Thema, z. B. »Was steckt hinter dem Buchtitel *Deutschland – ein Wintermärchen?*«)

16

Unter uns verebbte das Drohgeschrei der uniformierten Ordnungsmeister. Wir überquerten bereits den Alexanderplatz, kamen sehr schnell nach Weißensee und Pankow. (Hier begegnete mir, aus einer alten Duftwolke herübergrüßend, der gute Geist Onkel Pelles: eine seiner Kasperlepuppen, die jeden Sonntag im Treptower Eierhäus'chen den Kindern zugespielt hatten, gab meiner Eule ein blitzschnelles Interview.)

Kurz vor Heinersdorf nahm der Doppeldecker den zweiten Halbkreis. Von weitem sahen wir einen gewaltigen Freiballon aufsteigen. Kaum hatten wir ihn entdeckt (er stand über Kreuzberg), erhob sich unter uns, etwa zwischen Pankow und Alexanderplatz, vielleicht aus der Prenzlauer Allee, dieselbe lautstarke Empörung wegen unserer mitgeführten Parole:

Her mit die Dreistöckigen!

Und nun, direkt vor uns Fliegenden (bis jetzt hatten wir alles schweigend und großäugig betrachtet), schoß ein zweiter, will sagen: diesseitiger Freiballon in die Höhe, besetzt mit hohen Häuptern aus Stadt und Staat, man vernahm allerlei von Schimpf und der dazugehörigen Schande.

Ich verwahrte ein paar Gesichter in meinem Spiegel, drängte durch Eulennachricht den Piloten des Doppeldeckers zum Umkehren und bekam gleich darauf mit meinen Gefährten die zweite Abreibung: im Freiballon über Kreuzberg (hohe Häupter mit hohen Stirnen um sich herum)

stand ein ferner Gast dieses Stadtteils, gestikulierte und rief im Bumerangstil:

Schandeschimpfschande!

(Solche Einigkeit machte uns schwach.)

Kommt, sagte Fritze achselzuckend, jetzt wirds öde, wir stürzen mal'n bißchen ab!

Aujust sagte gähnend: Am besten, gleich mit'n Kopp ins Bierglas und drin pennen.

Lene hielt ihre Röcke aufgespannt, sie kam unten als letzte an. Sie landete, wie jeder von uns, auf einer Laterne am Kanalufer zwischen Kottbusser- und Admiralbrücke, die Beine über die Querstangen gelegt. (Bevor wir einschliefen, nahmen wir uns gegenseitig das Versprechen ab, dem Kränzchen der Stillen im Lande geruhsame Tage zu spenden.)

17

Die Laterne, auf der ich saß, hatte schon viele Schläfer beherbergt. Das verrieten ihre leicht durchgebogenen Querstangen und der abgenutzte Laternenpfahl unterhalb des Kandelabers, wo man sich während der Nachtruhe festzuhalten pflegt, um nicht runterzufallen.

Meine Eule hatte mich geweckt mit der Stimme einer Schwarzwälder Kuckucksuhr. Sie ruft siebenmal *Kuckuck* und sagt (die Gattin eines Präsidenten nachahmend): Wach auf, wach auf! Da draußen steht eine Abordnung der Alten Deutschen und will dich mit einem Ständchen umbringen!

(Jedesmal bekomme ich einen Schreck, überlege rasch, ob ich nun vors Haus treten muß, beide Arme in Abwehr erhoben, immer denselben Satz auf den Lippen: Schon gut, schon gut, liebe Landsleute – auch mir gefällt das Ännchen von Tharau!)

18

Auf der Laterne zu meiner Linken saß Fritze Raczek. Die Laternen waren ungefähr zwanzig Meter voneinander entfernt. Raczek schlief noch. Man erkannte sofort den geübten Laternenschläfer. Fritze hatte nur den linken Arm um den Pfahl gelegt, den rechten ließ er Trinkbewegungen machen, eine Flasche greifen und Gläser füllen. Als meine Eule ihn weckte, rief er:
Proost, ihr alten Ratten!

19

Jetzt wurde Lene wach, die links auf der nächsten Laterne übernachtet hatte. Lene rief:
Ich will frühstücken!
Das kam so durchdringend, daß Aujust erschreckt auffuhr und von der Laterne rechts neben mir wütend auf Lene einschimpfte, sie sei eine verfressene, die Pferde scheu machende Fledermaus.
(Sie warfen sich allerlei zu. Ich saß in der Mitte. Langsam entstand ein merkwürdiger Singsang aus Schimpfworten und Suff. Ich hörte plötzlich einen ganz und gar veränderten Wortwechsel, den ich auf der Stelle mitschrieb für die Lyrik-Beilage des Gelehrtenkalenders:
Wir... Hunde Promenadenmischung...
latschen durch die Beene der Polizisten...
...rin inne Kneipe...
saufen....
...Flöhe...
feinen...
...alten...
klaren... Aquavit...!
Und wer jibt uns det Jeld...?
Die Pfandleihe... der jute Onkel...

...nimmt uns den Wintermantel im Winter...
...mir is kalt!
Na denn latschen wa eben...
...runta zum Schleppkahn...
da schlafen wa eben...
...bimm-bamm...
in ner jroßen Dampferglocke...!
Und die Fische...
...kieken uns zu!
Wat gloobt ihr'n, wat son Fisch sieht...?
Der sieht mit seine Augen...
...dir...
sieht mir...
...der sieht...
Hier zerbrach mein Bleistift! Durch dieses Mißgeschick bleiben dem Kalender wertvolle Zeilen vorenthalten. Es ging nämlich noch ein gewisses Weilchen so weiter, und erst Lenes Ausruf, sie brauche unbedingt einen Heimbügler, schnitt der morgendlichen Litanei den Faden ab.)

Dagegen wurde ihr Wunsch nach einem Frühstück jetzt auch von Fritze und Aujust unterstützt. Wir ließen uns am Laternenpfahl auf den Gehsteig runter.

20

Fritze empfahl als Ort für das Frühstück den Fahrdamm hinter der Kottbusser Brücke. Er meinte, an dieser Stelle seien die Autofahrer besonders dankbar, wenn hungrige Menschen ihren Frühstückstisch mitten auf die Kreuzung stellen. Das ersetze jeden Verkehrsunterricht, man lerne vor allem das leise und höfliche Fahren, denn der frühstückende Mensch schätze die ausgeglichene Umgebung.

Selbst Fahrlehrer der Polizei wären kürzlich auf die Notwendigkeit solcher Frühstückstische eingegangen und hätten ihr seltenes Erscheinen aufrichtig beklagt. Schuld an mangelnden Frühstückstischen sei allein das alte Vorurteil, es gehöre sich nicht, auf der Straße zu essen.

Wir brauchten einen Tisch und vier Stühle. Fritze und Aujust verschwanden in einer zoologischen Handlung und kamen sehr bald mit Tisch und Stühlen zurück. Ihnen folgte ein junger Eisbär als Spielgefährte für meine Eule. Während wir das geliehene Mobiliar zurechtrückten, hielt Fritze ein Loblied auf den Inhaber der zoologischen Handlung:

Janz anständiger Mann! Fährt selber Auto und macht nachher ne Probefahrt um unsren Frühstückstisch. Für deine Eule hat er was zum Fressen mitjejeben. Hier!

Er zog eine Dose Katzenfutter aus der Jackentasche: *Försters guter Maus-Ersatz*. Meine Eule nahm keine Notiz davon, sie hatte sich schon auf den Kopf des Eisbären begeben. Beide waren es, die einen Polizisten anlockten. Als er von Aujust hörte: Hörn'se mal, wir wolln hier frühstükken – na, Sie wissen ja, wat det heißt...!

...salutierte er höflich und machte uns darauf aufmerksam, wir sollten ihn gebührenpflichtig verwarnen, wenn er unsere Bereitschaft, die Verkehrsdisziplin zu fördern, durch irgendein unnötiges Handzeichen verletzen würde. Zur Bekräftigung seines Wohlwollens überreichte er uns eine Visitenkarte mit Dienstnummer. Lediglich für den Fall, die Visitenkarte ginge uns verloren, werde er sich nun mit einer Schiefertafel, wie er sagte, bewaffnen, von der wir bei Bedarf die Kreideziffern seiner Dienstnummer ablesen könnten.

Tatsächlich stellte er sich mit hoch erhobener, beschrifteter Tafel an den Straßenrand.

21

Lene hatte für das Frühstück gesorgt. Eine Bäckerei spendierte Napfkuchen, lieh ein ganzes, für vier Personen bestimmtes Kaffeeservice und schickte einen Lehrling mit frisch aufgebrühtem Kaffee zur Kreuzung hinüber. Wir setzten uns, Lene schnitt den Kuchen an, Fritze goß Kaffee ein.

Da kamen die ersten Autos. Sie rollten dicht an uns heran, Touristen fotografierten den Eisbären samt Eule, wir verteilten Autogramme und ließen den einen und anderen mal abbeißen vom Napfkuchen. Unser Mut, so hieß es, sei ohne Beispiel, unser Sinn fürs Gemeinwohl nachahmenswert, unsere Selbstlosigkeit ein Zeichen für jene, die nur von verrohten Sitten sprechen.

Der Inhaber der zoologischen Handlung fuhr zehn Ehrenrunden um den Tisch. Im Hintersitz seines Autos hatte er ein Gibbonäffchen untergebracht, das den Passanten und Motorisierten neue Namen zurief. Zum Beispiel *Pfeifenkopf* und *Idiotenkaiser*.

Mitten im schönsten Frühstück erschien ein Angestellter der Drogerie. Er schenkte uns selbstgebrannten Wacholderschnaps in die Kaffeetassen. So begann der feierliche Teil der Morgentafel. Von allen Seiten wurde mit uns angestoßen, die Autofahrer zogen handliche Pullen, am Straßenrand stellte sich die Jugend für ein Tänz'chen auf – kurz, die geglückte Stunde hätte Schule machen können.

22

Heranmarschiert in Richtung Kottbusser Brücke kam ein fader, abgestandener Sonntagnachmittag, dumpf und hinterhältig im Gleichschritt, ausgestattet mit Transparenten aus zehn Geboten täglicher Vorzimmerluft: Staat und Stadt, dieses Land, wie es heißt, hüben und drüben, Pappa,

Mamma, Onkel, Urahne, Muhme und Dackel, lobpreiset Otto den Öden, den einzigen Kaiser, von dem wir ernste Zeiten erhoffen, Härte vor allem, Sieg über Schwächen, Muskeln im Hirn, Musik soll sein, aber zuchtvoll und Blasmusik, die Söhne beim Ehrgeiz, unser Feldgrau im Herzen, Apfelsinen im Schlafrock, im Tornister die eigene Schlägerkartei, lobpreiset Otto, den dumpfen Monarchen, seine Ordnung, die Eierhandgranate im ehrlichen Klarsichtbeutel, und wer nicht kaufen will, soll auch nicht essen!

23

Leere Straßen, verschlossene Ladengeschäfte. Wir standen auf der Kreuzung, die Frühstückstafel war unauffindbar, ebenso der junge Eisbär. Allein der freundliche Polizist stand noch am Straßenrand, wischte mit der Hand über die Schiefertafel, löschte die Dienstnummer. Je näher der Aufmarsch kam, desto eifriger rückte er seine Uniform zurecht, prüfte den Sitz seiner Mütze und schlug nervös die Hacken zusammen.

Wir merkten schon, das Atmen fiel schwer, die Straßen waren vollgestopft mit Dämmerung. Jetzt blieb nur noch die Kottbusser Brücke.

Und da wir uns als Bürger dieser Stadt fühlten, ließen wir uns einladen von der gelben Tafel am Brückengeländer, von dem Hinweis auf die dort hängenden Rettungsringe: *Dem Schutze der Bürger empfohlen!*

In Eile studierten wir das kurzgefaßte Einmaleins der Wiederbelebung, hoben dann die Rettungsringe (es waren leider nur zwei) vom Haken, und sprangen paarweise, Lene und Aujust an einem, Fritze, die Eule und ich am andren, ziemlich verdattert in den Landwehrkanal. Bevor das Wasser über uns zusammenschlug, konnte mein Spiegel noch das Bild einfangen, wie der leere Nachmittag ans Geländer drängt und hinter uns herglotzt.

24

Das Leben im Wasser scheint den Fischen lieb zu sein. Fisch und Wasser gehen füreinander auf. Wer als Fisch auf die Welt kommt, braucht nie mehr zu baden.

Mit Aphorismen vertrieben wir uns die Zeit im Kanalwasser. Wir waren entkommen, hatten gutes Recht auf Kurzweil, nur keine Lust, vorzeitig aufzutauchen.

Meine Eule fühlte sich anfangs sehr irritiert von der Verwandlung in einen gefiederten Fisch. Ich wußte, sie hatte sich in den jungen Eisbären verliebt. Trotzdem war sie tapfer und erheiterte uns mit ihrer Gestalt als zweibeiniger Karpfen.

Aujust und Fritze waren verdrießlich. Sie hatten gleich zuviel Wasser getrunken, in der Annahme, auch unter Fischen gäbs Alkoholiker, und ein Kanal habe gewisse Strömungen aufzuweisen, die einer Wacholderpulle gleichkämen.

Fritze Raczek schwamm dicht an der Kaimauer.

Hier könnte man'ne Theke bauen, sagte er. Meint ihr nich, det sich die Krebse freun...?

Klar, sagte Aujust, wenn'se besoffen sind, loofen'se vorwärts.

(Hier entstand eine kurze Pause.)

Später sagte Aujust: Schwimmt sich janz schön so...!

Wo sind wa denn jetzt? rief Lene.

Ick gloobe, Hallesches Tor. Riecht so nach Pfandleihe, nach de städtische...

Au ja, det is die städtische! sagte Fritze. Da müßten wa ufftauchen und die Rettungsringe vasetzen! – Weeßte, wat uns da erwartet...?

Nee, sagte Aujust.

Na janz bestimmt eena, der uns det nich gloobt, det wa keene Fische sind. Kann mir denken, wat der sagt...

Wat denn?

Erzähln'se mir keene Märchen, sagt der bestimmt.

25

Hinter dem Halleschen Tor, bei der Möckernbrücke, drehten wir um und schwammen die Strecke zurück. Nach etlichen Runden waren wir (bis in die geliehenen Kiemen hinein) so voller Fischlaune, daß wir mit den Krebsen Witze austauschten. Ein junger Krebs hielt sich verschämt die Scheren vors Gesicht, als Lene ihn fragte, ob er sich denn vor jedem, also auch vor ihr, zurückziehen würde. (Wir mußten Lene überreden, mit uns weiterzuschwimmen.)

26

Während der letzten Runde leuchteten vereinzelte Flecken über uns auf. Das Licht der Straßenlaternen. Zeit für uns, den Badeort zu verlassen. Jetzt wurde er für die Nacht hergerichtet, wir hätten uns da sicher verloren.

Es gelang bei der Potsdamer Brücke. Mir ging der Gedanke durch den Fischkopf, auf welch plausible Weise ich wohl in »Auerhahns Deutschem Gelehrtenkalender« über diesen Kanalaufenthalt berichten müsse, griff mir deshalb, da mein Bleistift zerbrochen war, an die Stirn, und spürte (als fielen mir Schuppen von den Augen), daß ich soeben eine Steintreppe hinaufgestiegen war und mich mit Lene, Fritze, Aujust und der Eule auf dem Weg in die nächste Kneipe befand.

27

Der Wirt, ein fünfschrötiger Eisbein-Esser, runzelte bei unserem Auftritt Stirn und Glatze. Er gab uns zwar je einen dreistöckigen Aquavit, warf uns dann aber einen gewaltigen Scheuerlappen vor die Füße, zwecks Trockenlegung des Fußbodens, den wir mit einer stattlichen Pfütze verse-

hen hatten. Wir bückten uns, wischten auf, trugen den Lappen zur Toilette, bemühten uns auch, ihn gut auszuwringen, und eilten zurück zur Theke.

Währenddessen hatten wir aus unseren Kleidern überall kleine Flüsse in das Lokal entlassen. Kurzerhand wurden wir von kräftigen Fäusten gepackt, über harte Schultern geworfen, durch ein Treppenhaus (es waren gut fünf Stockwerke) hinauf zum Trockenboden gebracht, dort mit Wäscheleinen festgebunden und uns selbst überlassen. Ritter von Nachtwinds Gnaden, saßen wir längere Zeit im Dunkeln.

28

Irgendwann rappelte eine Tür. Der Kegel einer Taschenlampe strich über uns weg und erlosch. Dann sagte jemand, er sei der Gerichtsvollzieher und verlange von uns das Geld für vier dreistöckige Aquavit. Fritze sagte sofort:

Nur keene Aufregung, lieber Herr! Det war'n ja nur zwee Vierstöckige...

Stimmt ja nich, sagte Aujust, ick hab eenmal zwee Dreistöckige jetrunken...

Wie kannste sowat sagen, rief Lene, wo ick nur zwee Doppelte jetrunken habe! Außerdem, sowat seh ick, war'n die Dreifachen janich uff Dreistöckige einjejossen...

Der Gerichtsvollzieher schaltete seine Taschenlampe an und rappelte wieder an der Tür. Beim Hinausgehen sagte er, er habe den Beruf eines Gerichtsvollziehers von Herzen satt, denn wer als erwachsener Mensch hätte schon Freude am Multiplizieren schlechtgebrannter Schnäpse. Er wünschte uns eine gute Nacht.

29

Meine Eule verbrachte die gute Nacht mit der redlichen Arbeit, unsere Fesseln zu lösen. Lene raffte die Wäscheleine zusammen, fand einen alten Spazierstock, benutzte ihn als Häkelhaken und überraschte uns gegen Morgen mit einer Strickleiter, wie sie Rapunzel hätte nicht besser knüpfen können.

Nun war es leicht, der Gefangenschaft zu entfliehn. Die Strickleiter, von Fritze an der Dachluke befestigt, machte den Ausstieg bequem. Es war noch ziemlich früh, als wir über die Laufbretter der Schornsteinfeger von Dach zu Dach kreuz und quer liefen, um Haus und Häuserblock der vergangenen Nacht weit hinter uns zu lassen.

Von hier oben hatten wir großartigen Ausblick auf die Kanalgegend. Wir setzten uns: jeder auf einen Schornstein.

30

Der Morgen war so unvermutet schön über uns gekommen, daß wir nun, kurz vor Sonnenaufgang, ganz verblüfft waren, was da anstelle der Sonne am Himmel erschien. Natürlich wars der weibliche Bösewicht der Alten Schulzen, die einen ungeheuren Teppichklopfer durch die Luft sausen ließ. (Sie geistert hier um die Stadt, will unserer Gefährten habhaft werden, nährt Gerüchte und sehnt sich in den Beamtenstand.)

Aujust sagte: Det is dieselbe Person, die mir ins Arbeitshaus abschieben wollte!

Mensch, rief Fritze, wie die mit ihr'n Teppichklopfer varrückt spielt! Immer andre Verkleidungen! Die mußte mal freitachs hör'n, da donnert'se überall durch die Höfe. Merkste, die will uns vascheuchen, hetzt'n Funkwagen uff uns!

Die sticht ja mit Haarnadeln! rief Lene.

Sei stille! Eenmal vermasseln wir dem Weib ihre Ausflüje!

31

Das Kaleika der Alten Schulzen, ihre knallenden Schläge gegen den Frühhimmel, hatte die Fledermäuse aufgeschreckt. Sie lösten sich ab von den Deckengewölben der Ruinenkeller, flatterten allesamt hoch in die Haare der Kupplerin und zwangen sie zum Abtritt. Sie flüchtete krakeelend um das Ruinenviertel und meckerte über die Havelgewässer davon.

Hinter den Kanalhäusern ging zaghaft die große Sonne Kamillenblüte auf. Wir klatschten Beifall. (Auch den Säufer erfreut die Wiederkehr der richtigen Sonne.)

32

Da wir hier oben keine Musikinstrumente auftreiben konnten, sangen wir recht und schlecht ein paar Strophen verschiedener Lieder, wie sie uns gerade einfielen. Es kam vor, daß unten Fenster geöffnet und eingewickelte Groschen zu uns aufs Dach geworfen wurden, genauer: die Groschen landeten wohlgezielt in unsren aufgehaltenen Mützen. Etwas Essen und die nächsten Doppelstöckigen waren bald gesichert.

Und daß die Groschen diesmal nicht nach unten fielen, sondern in gesteigerter Freundlichkeit aufs Dach gesegelt kamen, ließ uns noch geraume Zeit in schöner Höhe verweilen.

33

Auf einem der nächsten Dächer trafen wir einen alten Mann, der sich offenbar als Maurer an Schornsteinköpfen betätigte. Er blickte argwöhnisch und fragte:

Wat macht ihr'n hier oben?

Fritze antwortete: Wir sind vom Verein der Vogelfreunde.

Hm. Habt ihr schon mal jehört, wie hier nachts der Wind uff de Schornsteine pfeift?

Nee, sagte Fritze, nachts jehn wa nicht uff de Dächer.

Jut, sagte der Alte, ick bin'n Maurermeister aus'de Mottenkiste. Wenn der Wind zu doll bläst, fliejen meine Haare weg, einzeln...

Wie wärs mit'ner Perücke? meinte Fritze.

Verkohl mir nich, du Dachs! Sei du mal so varrückt und leb andauernd weita! Und renn hin und her mit'ner Maurerkelle. Hab damals dem Rat Krespel det dämliche Haus jebaut, die vier Wände ohne Fensta. Hinterher ließa die Fenstalöcher rinnschlag'n. Der Hoffmann hat'ne Jeschichte über den Kerl jeschrieben, ick komm ooch drin vor, janz am Rande...

Und Sie arbeiten jeden Tag? fragte Aujust.

Kommt euch seltsam vor, wat? Nee, arbeeten nich mehr, ausbessern, überall ausbessern. Liecht in unserer Familie, hatten alle son Tick. Komm eben nich zur Ruhe, muß heute noch Stücka zwanzich Schornsteinköpfe ausbessern, denn jehts inne Ruinen...

Er sah an uns vorbei, sah etwas Bestimmtes, was wir nicht sahen, grüßte mit der Maurerkelle und sprach zu sich selber weiter: ...da sind keene Treppen, da muß ick Treppen baun, da is keen Dach, da setzt sich der Rejen uff'n Stuhl, Stuhl is nich, ham schlecht jearbeetet, na wennick die krieje, na ick sare euch...

(Meine Eule hatte ihn schon im Spiegel. Ich konnte ihn nicht mehr verlieren.)

34

Der Alte hatte uns nachdenklich gemacht, wir senkten die Köpfe wie Trauergäste und entschlossen uns, mit dem liederlichen Lebenswandel auf der Stelle aufzuhören. Lene sagte:
 Los, wir jehn saubermachen!
 Wo denn? sagte Aujust.
 Fritze unterstützte ihn: Uns will keena ham...
 Hör doch uff, oller Miesmacher!
 Na wer läßt uns denn ran, wenn wa saubermachen woll'n, hm?
 Mir fällt wat ein, sagte Lene, kommt mit, wir jehn erst mal runta vont Dach!
 Unsere Strickleiter wurde durch die nächste Dachluke geworfen, ich stieg als letzter ab. Hinter mir löste sich die ehemalige Wäscheleine im dunstigen Licht des Dachbodens auf.

35

Unten, vor der Haustür, sammelte Lene alle Groschen ein, die uns vorhin zugeworfen wurden. Sie ging damit in eine Seifenhandlung. Fritze hatte ihr vorsorglich nur einen Teil seiner Einnahmen gegeben. Er kaufte Leberwurst und Scheibenbrot. Die Leberwurst schmeckte nach Seife, wir aßen nur das Brot. Lene erschien jetzt mit vier kleinen Handfegern und ebenso kleinen Schaufeln.
 Det Jeld hat jrade jereicht, sagte sie fröhlich, schön, wa?
 Ja, sagte Aujust mißmutig, ausjesprochen schön...
 Wat macht ihr'n für Jesichter...? Ich denke, wir wolln wat tun...?
 Lene war nicht abzubringen, sie bückte sich zum Rinnstein und begann zu fegen. Der Straßenstaub wirbelte auf, Lene fegte um so heftiger. Als sie vom Staub ganz eingehüllt war, kamen wir uns sehr schäbig vor und folgten ihr.

Fritze und Aujust fegten ein bißchen um die Laternen herum, ich fegte entgegenkommenden Passanten die Mäntel ab, strich hie und da über Fensterkonsolen der Parterrewohnungen, fegte Fritzes Jacke vom Staub frei, während Aujust mich wiederum säubern mußte, da sich der Staub nicht einig werden konnte, wohin.

Eine Gruppe städtischer Straßenkehrer wurde von Lene derart zugewirbelt, daß die Männer sich fürchteten und im dichtesten Nebel wähnten. Einer rief: Halloooh, wo seid ihr?!, ein andrer: Hilfe, das Weib hat meinen Besen geklaut!, und ein dritter rief nach der Polizei.

(Gesucht wird ein *Reviervorsteher*, ein vielseitiger Mann, erfahren im Umgang mit Frostschäden en gros, mit der Eintreibung von Kaltmieten aller Art, und selbst bei weichem Flockenfall bestens bewährt. Keine Memme also, sondern mit fester Hand am Charlottenburger Koppelschloß.

Gesucht wird ein *Berittener Polizist*, demonstrantensicher, sattelscharfer Attackensetzer, biegsamer Linkshänder für ausholende, treffgenaue Punktschläge nach Links, furchtloser Galoppstrecker über empörte Hürden hinweg: Befehlsbacken-Beamter und Blei im Blick aus einem einzigen Guß.)

Tatsächlich war alles so gründlich staubverhangen, als hätten hier fleißige Bühnenarbeiter die Szene eines Problemfilms vorbereitet, der die Menschen im dunstigen Alleingang zeigt. Fritze und Aujust streiften mich zwar, wichen mir aber aus, und erst Lenes entfernter Zuruf:

Wo bleibt ihr denn...?!

... brachte uns wieder ins Gleichgewicht. Nach Art der Hasen, rannten wir zick-zack durch die Staubwolke und erwischten endlich eine Stelle, wo klare Luft zu atmen war.

36

In der klaren Luft stand ein altes, bald zugrunde gehendes Pissoir, eins jener letzten Rotunden namens »Café Achteck«. Lene schrubbte mit dem gestohlenen Besen des Straßenfegers an den rostigen Wänden herum. Ihr Eifer wurde sogleich belohnt, das Pissoir schrie aus Leibeskräften: Hab Dank, vielleicht kann ich dir auch einmal behilflich sein, Hab Dank!

Irgend jemand sagte verärgert: Ja, gehört sich denn das?

37

(Nein, es gehört sich nicht, jeder gehört an den richtigen Platz, der sibirische Reiter gehört schon gar nicht in den Vorstand der Beethovengesellschaft, richtig ist, er gehört schön nach Sibirien, das schön ist am richtigen Platz, dort nur, wo er sein täglich Brot als sibirischer Reiter verdient, nirgendwo sonst können er und sein Roß umhertollen nach Herzenslust, genau so wie der Vorstand der Beethovengesellschaft täglich sein schönes Brot verdient und hingehört, ebenso richtig ist es, daß Beethoven an jenem Landesvater grußlos vorbeischritt, genau so gehört es sich nicht, schon gar nicht, wenn jemand behauptet, der Meister hätte zur selben Minute, richtig vorausschauend, den Roten Oktober im Auge gehabt, nein, er hat nur gezeigt am richtigen Platz, wer hier der Vorstand ist und was der andere dort täglich verdient, oder gehört es sich etwa, Verwirrung zu pflanzen in einfältige Seelen, erinnern wir uns, die Sennerin gehört schön in die Berge, das Tal ist für sie nur selten der richtige Platz, dort, was soll sie auch dort, wo sie nicht leben kann nach Herzenslust von Zitherspiel und Gletscherluft, nein, sie gehört in die Nähe unweit der Gipfel, und selbst im Oktober braucht sie wegen der Beethovensonate nirgendwann hinabzusteigen ins Tal, hier oben, hier kann sie ihren Tran-

sistor anstellen zur selben Minute und hinhören auf das, was den andern auch immer zur selben Minute beim Hinhören dort unten umhertollen möge im roten Blut, genau so wie jede Hausfrau ihr Staubtuch ausschüttelt, richtig ausschüttelt zum Fenster hinaus auf die Straße oder zum Fenster hinaus in den Hof und richtig vorausschauend dorthin zurückkehrt, wo der tägliche Staub sich vor ihren Augen behauptet, ebenso gehört es sich nicht, schon gar nicht, wenn die Hausfrau sich auf den Teppich kniet, den Staub mit dem Munde ansaugt, den Staub im Munde zum Fenster trägt und hier am Fenster den Staub durch beherztes Aushauchen zum Fenster hinaus auf die Straße oder zum Fenster hinaus in den Hof befördert, besser gesagt, das wäre der Gipfel, denn ganz allein ihr, niemandem sonst gehört ja das Staubtuch, und niemals verdient sie, daß jemand grußlos an ihr vorbeischreitet und den Kopf schüttelt ihrer Vergeßlichkeit wegen, nein, richtiger ist, wir schauen beherzt zum Fenster hinaus und geraten nicht in Verwirrung, weil uns der sibirische Reiter da unten den Hof macht, denn genau so wie Reiter und Roß täglich verdienen über Berg und Tal, genau so müssen auch wir, besser gesagt, gehörig die Gletscherluft meistern am richtigen Platz.)

38

Hinter der Rotunde (man konnte nicht sagen, daß der Staub wie weggeblasen war) erschien ein älterer Herr im schwarzen, etwas zu eng sitzenden Anzug und bat uns, ihm zu folgen.

Nach wenigen Schritten sahen wir uns einer Hundertschaft feierlich gekleideter Frauen, Mädchen und Männer gegenüber. Aus allen Gesichtern sprach offene Zuneigung. Ein vornehmer, nicht allzu lauter Applaus wehte uns an, ein leichter Windzug wie von aufflatternden Tauben. Die

Frauen und Mädchen waren in Trachten gekleidet. Sie trugen seltsam hochgetürmte Hauben aus Stroh, Kornblumen und Feldfrüchten. Es gab Kopfbedeckungen mit Ackersalat, Kartoffeln und Runkelrüben.

Wahrscheinlich war dieser Putz schwierig zu befestigen, denn die Frauen und Mädchen standen alle ein wenig verkrampft nebeneinander, so daß man den Eindruck hatte, sie hielten den ländlichen Schmuck in Balance.

39

Der ältere Herr stellte sich in Positur, seitwärts freilich, damit wir von überall gut zu sehen waren. Er begann in gemessenen Sätzen: Nun habe die Reisegesellschaft endlich ihr Ziel erreicht, hier nun, dicht und hart, quer und breit, hier und direkt, wo sich die Geister anschicken, hier, hart verliefe die Grenze, wo sich also die Geister ihrer Hemisphäre bemächtigen, ihrer triftigen, ihrer Gründe inne werden, ihrer wachen, ihrer Pflicht, ihrer einzig streitbaren entäußern, hier sei es gesagt, daß jene, daß *wir* dort (er zeigte auf Lene, Fritze, Aujust und mich), daß *wir* jene Beispiele seien, vier von vielen nur! vier nur! und doch stellvertretende *vier*, schlichte, maßvolle *vier*, ausgestattet auch in dieser Stunde mit den Attributen, was Fleiß, Tag- und Nachtschicht, Bewußtsein vermittelt, ohne Absicht auf heischendes Prädikat und letztlich, gerade hart und hier, der uns allerorten gut gesonnene Punkt unter dem historischen Fragezeichen, das die Antwort gibt.

40

Der ältere Herr schwieg. Die Gesichter uns gegenüber lächelten still wie durchleuchtetes Porzellan. Niemand hüstelte. Keiner bewegte irgendein Gliedmaß. Man stand. Nichts geschah. Man stand. Nichts geschah.

Und dann geschah es wolkenbruchschön in letzter Minute: meine Eule flog mit durchdringendem Pfiff auf die Ansammlung zu, sie stoppte kurz über den Köpfen, griff nach einer kartoffelgeschmückten Haube, trug sie in ihren Fängen zu uns herüber und drückte sie paßrecht auf Lenes Kopf.

Der Schrei aller soeben noch Andächtigen, der sich ausnahm, als riefen tausend geschulte Sängerinnen *Huuuuuch!* ließ einen Vorhang herabsausen und aufprallen wie Paukenschlag.

41

(Vor der Bahnhofsruine hält ein Nachtwagen der Straßenbahn. Der einzige Fahrgast, der aussteigt, kommt auf mich zu, sagt: Nante, meen Name! – geht vorbei an mir, spricht in die Nacht:... sonst lassick mir imma sachte runtarieseln vom Himmel, mal bin ick Schnee, mal Rejen, nu bin ick runtajekomm mit Kopp und Beene, ick stell hier Schadenersatz für meene Straßenecken, die habta zaakloppt, beklaut habta mir, eure vaschissne Pulletik hat noch wat jutzumachen an mir, jeht jetzt in euch, Knochenköppe, ick sitz in meene himmlische Bude sitzick mitn nasset Jesicht sitzick, jetz aba klau ick mir eure dusslijen Klamotten, jetz bau ick mir lauta Ecken hin zum Stehn, vastehta!

Er hebt sich gegen den Nachthimmel, bricht ein riesiges Stück Mauerwerk quer aus der Stadt heraus und lädt es auf seinen Rücken. Er sagt noch: Arschriesen, an mir habta nich jedacht, dachtick mir! und geht über in Dunkelheit und Gelächter.)

42

In der Görlitzer Kneipe war der Lene ein Tablett mit Schnäpsen runtergefallen. Fritze und Aujust schlugen mir auf die Schulter: meinem Schlaf nach zu urteilen, könnte ich ein Walroß ersetzen. Lene brachte einen dreistöckigen Aquavit. Ich erwähnte den Gerichtsvollzieher, sie wußte von nichts. Das war mein Zeichen.
  Ich sagte zu Lene: Du, Lenchen, ich geh mal vor die Tür.
  Trink mal erst...! Bist ja dran. Fritze kann dir ja bejleiten.
  Fritze sagte: Is dir nich jut, Eule?
  Mal'n bißchen frische Luft...
  Wir gingen zur Tür. Draußen fragte er mich:
  Oder willste abhaun, hm?
  Bloß für'n Moment.
  Naja, sagte Fritze, hast ja schönet Wetta. Kiek mal, der Mond kommt schon raus...!

43

Der Platz am Görlitzer Bahnhof war menschenleer. Ich lief am Kanal entlang zur Kottbusser Brücke. Unterwegs nahm ich mir die eidesstattliche Versicherung ab, meinen Posten als »Bezirksbeauftragter für das Wegwedeln von Saatkrähen« niederzulegen und die Arbeit am Deutschen Gelehrtenkalender voranzutreiben, denn nichts geht über exaktes Wissen.
  Beim Anblick der Laternen, auf denen wir übernachtet hatten, dachte ich flüchtig an die Gründung eines »Komitees zur Erforschung, inwieweit die Beteuerung, man kenne sich wie die eigene Westentasche, an Mogelei grenzt«. Diesen Gedanken verwarf ich mit Hilfe des bekannten Ausspruchs *Du sollst dich nicht verzetteln, sondern folgerichtig auf dein Ziel losgehn.*

Folgerichtig war also, daß ich mich an der Kottbusser Brücke zwölfmal *Bimm-bamm* schlagen hörte. Ich stand wieder kerzengrad in der Kreuzberger Nacht.

Der Pferdewagen des Altwarenhändlers kam schellenbesetzt die Kottbusser Straße herauf, kam näher, hielt an, ich sprang auf die Ladefläche, setzte mich, saß schon, während der Altwarenhändler die Zügel lockerte, mit der Zunge schnalzte und nach kurzer Fahrt sein Pferd galoppieren ließ, daß die Standuhren wild durcheinanderschepperten und die Glocken der Kanaldampfer plötzlich mitklangen, betrunken vor Freude.

Bekenntnisse eines älteren Spazierstockmachers

Willi Heepe, Doktor der
Medizin und Spazierstockmacherei,
seiner Frau, seinen Kindern.

1

Ich wiederhole also: Der Spazierstock ist eine Erfindung sondergleichen. Und trotzdem wird Schindluder getrieben mit dieser Erfindung. Sie ist das Opfer einer dickköpfigen Dämlichkeit durch die Jahrhunderte hin. Oder aber, wie ich vermute, das Opfer einer hinterhältigen Verschleierung. Denn seit Bestehen des Spazierstocks besteht auch die einseitige Würdigung des Spazierstocks. Ich werde das erläutern anhand eines Beispiels.

2

Schneeberg ist ein Dorf mit wenigen Einwohnern. Ich wohne hier landschaftlich gut gelegen, die Fenster zeigen mir die Teufelskanzel. Das ist ein gewaltiger Klotz aus Stein, der oben auf dem höchsten Punkt des schneeberger Höhenzugs zurückgelassen wurde vom Teufel, als er mit seiner Großmutter irgendwann unterwegs war in dieser Gegend. In einer schwachen Stunde soll die Großmutter ihren Enkel herausgefordert haben. Wahrscheinlich hat sie gesagt: »Gut, dann nimm dieses Stückchen Felsen meinetwegen auf deine Schulter und werde glücklich damit!« Die alte Frau konnte ziemlich laut lachen. Sie lachte hinter ihrem Enkel hinterher, als er loszog mit dem Stein auf der Schulter. Bereits nach hundertzweiundsechzig Jahren wurde der Teufel müde und mißmutig und ließ den Klotz von seiner Schulter fallen. Kaum lag der Stein auf dem höchsten Punkt des schneeberger Höhenzugs, da schoß dem Teufel das Glück in die Hörner. Er begann zu tanzen und zu trampeln. Er schuf mit seinen Tänzen und mit seiner Trampelei das schöne schneeberger Tal. Er hatte eine randvolle Blase und schuf mit seinem Strahl ein scharfkantiges Bett für den schneeberger Fluß namens Steinwälzer. Die Steinwälzer fließt an Schneeberg vorbei, fließt in die Kammern und Tröge der Spazierstockmacher, fließt, gereinigt, in die Bierleitungen der schneeberger Gaststube *Zum Frohen Satan*, das heißt: zwecks Reinigung der Bierleitungen alle zwei Monate einmal. Doch die Einwohner von Schneeberg saufen nicht grundlos, sie sind in der Welt berühmt, ihre Spazierstöcke unübertroffen. Ein Spazierstockmacher, der in Schneeberg in die Lehre geht und auslernt, trägt seine Lehrzeit bei sich und kann die Uhr danach stellen. Und trotzdem kann ich den schneeberger Spazierstockmachern einen Vorwurf nicht ersparen. Ich werde das erklären anhand meines Beispiels.

3

Irgendeiner aus unserer Familie kam während der Dreißigerjahre des vorigen Jahrhunderts nach Schneeberg. Sicher ein begabter Mann. Ich will nichts behaupten, denke mir jedoch, dieser Mann muß einen Handwerksberuf gehabt haben, Maurer vielleicht. Beim Spazierengehen hat er sich ganz gewiß umgesehen in den Buschwaldungen rund um Schneeberg. Er hat die Esche, die Birke, die Eiche und andere Hölzer entdeckt. Er hat sich an die Stirn gefaßt und einen neuen Beruf in Schneeberg angesiedelt. Mein begabter Vorfahre ist der erste schneeberger Spazierstockmacher. Es gibt hier einen Bürgermeister, der das anzweifelt. Leider hat dieser Bürgermeister keine Ahnung von der Stockmacherei, er hat etwas übrig für Umzüge in Trachten, er läßt sich ganz gern nieder auf einer Tribüne, er winkt mit beiden Händen, nein, er hat böse Manieren, er klatscht in die Hände, es knallt wie ein Schuß. Jetzt, im Herbst, geht es wieder los mit der Knallerei. Da verkleiden sich die Schneeberger und bauen eine Tribüne für den Bürgermeister. Einmal, vor Jahren, sagte ich zu ihm: »Was knallen und klatschen Sie so? Soll das eine Begrüßung sein? Es gibt viele Arten für einen Gruß, das merken Sie sich! Es gibt ein Land, dessen Bewohner nehmen den Fuß oder die Hand desjenigen, den sie ehren wollen, und reiben sich das Gesicht damit. Es gibt ein Land, Herr Bürgermeister, dort stemmen die Bewohner ihre Nase mit Nachdruck an das Gesicht desjenigen, den sie grüßen. Es gibt ein Land, da legt man auf den Kopf desjenigen, den man ehren möchte, Blätter. Es gibt ein Land, dessen Bewohner sich einen Schuh ausziehen, wenn sie einen anderen Bewohner grüßen wollen. Treffen sich diese Leute zu Hause, so zieht jeder die Strümpfe aus, legt seine Hände an die Wangen und verneigt sich sehr tief. Später drücken sie sich gegenseitig dreimal den Mittelfinger.« Der Bürgermeister atmete damals immer schneller, dann unterbrach er mich und sagte: »Sie sind eine Ratte, ich hoffe das sehr!« Der Bürgermeister hob den Kopf, und zwar einen roten. Denn er hielt plötzlich die Luft an vor Wut über die Belehrung, die ihm zuteil geworden war. Sanft stieß ich mit der Krückenwölbung meines Spazierstocks gegen seinen Bauch. Das war eine Befreiung für den Bürgermeister, die Luft konnte entweichen. Er sagte dann nichts mehr. Was kann einer auch sagen, der sich nichts sagen läßt. Treffen wir uns zufällig auf der Straße, so schaut jeder von uns beiden irgendeiner Schwalbe nach. Oder unsere Blicke suchen den nächsten Wegweiser, als wüßten wir keinen genauen Weg für unsere Beine. Die ganze Sache ist lächerlich, auch ich bin ein schneeberger Spazierstock in der Hand meiner Herkunft. Manchmal bleibe ich stehen vor diesen runden Lehmöfen, die allmählich verwittern und zerfallen. Heutzutage arbeitet der Spazierstockmacher mit zentralgeheizten Öfen. Ich bin ein alter Lehmofen, in dem ein kleines Feuer arbeitet. Je älter ich werde, desto öfter sage ich: »Dein Vorfahre, der damals nach Schneeberg kam, war ein Maurer. Er hat den ersten Lehmofen gebaut!« Das Ausrufezeichen verwende ich nur selten, an dieser Stelle darf es nicht fehlen. Weiter unten, wenn ich auf ein bestimmtes Beispiel zu sprechen komme, wird das Ausrufezeichen ein paarmal wiederkehren.

4

In meinem Fensterrahmen erscheint abends nicht nur der umwölkte Steinklotz der Teufelskanzel, ich sehe auch, kurz vor Dunkelwerden, den ersten Spazierstockmacher beim Bau des Lehmofens. Der Mann hat einen Pferdekopf, er sagt andauernd »Hü« zu sich selber, er treibt sich an, er wiehert und schnaubt, er stößt Dampf aus beiden Nasenlöchern über die Backsteine weg, er fügt aus den Backsteinen die Sohle des Ofens, den Unterbau. Er hat es eilig jeden Abend, er muß mit seiner Arbeit fertig sein, bevor es finster wird. Deshalb frißt er hastig und malmend einen Trog leer und säuft sich satt an flüssigem, verdünntem Korn. Jetzt hat er die Sohle des Ofens fertig, jetzt baut er ein Gerüst für das Lehmgewölbe. Den Lehm gräbt er aus dem schneeberger Erdboden aus, er bückt sich, er furzt, die Mahlzeit hat ihm geschmeckt, er zerstampft den klobigen, fetten Lehm, er mengt Wasser, sehr oft sein eignes, unter den Lehm, er macht ihn schmiegsam, er fühlt sich wohl in der Pampe, mit seinen Händen trägt er den Lehm aufs Ofengerüst. Wenn das Gewölbe fertig ist, verwischt er mit Lehmwasser die Abdrücke seiner Finger. So sind die Abende vergangen, und eines Abends hat der Lehm abgebunden, das Gerüst kann zerhackt werden, der Pferdekopf wiehert sich ein Lied zurecht, das Gewölbe ist fertig, das erste Feuer aus

Reisig brennt den Ofen trocken und auf ein Richtfest zu. Hier werden die Rohstücke liegen, die Ofenwärme löst die Stockrinde ab oder erleichtert dem Spazierstockmacher die Arbeit des Abschälens der Rinde. Da steht er tagsüber vor zwei Holzpflöcken, legt den Rohling zwischen die Pflöcke, biegt ihn gerade, steckt ihn zurück in den Ofen, der Stock ist geschält und kerzengerade und wird wie ein kochender Zauberstab an einem Ende eingespannt in die eiserne Winde, der Mann mit dem Pferdekopf zieht die halbrunde Krücke ins Maß, er hat mehr als fünfzig Stöcke gebündelt, er fletscht sein Gebiß, er sägt mit einer Handsäge das Bündel auf eine bestimmte Länge, jetzt hilft ihm jemand beim Wegtragen des Bündels, an den Beiztrögen im Bretterschuppen lassen sie die Bündel fallen wie der Teufel den Stein, die Stöcke können sich ausruhen in der Flüssigkeit, sie bekommen ihre Farbe fürs Leben, dann lernen sie noch die Raspel kennen und verabschieden sich von ihren Astbuckeln, nehmen spitze oder flache Eisenkappen entgegen, da gibts keine Widerrede, und kurz vor Dunkelwerden sehe ich den ersten Spazierstockmacher Schneeberg verlassen, auf dem Rücken schauen die getauften Knüppel aus dem Sack, dieses eine Mal werden sie getragen, dann sollen sie tragen. Doch mit diesem Satz beginnt die einseitige Würdigung des Spazierstocks, von der ich anfangs sprach. Ich werde das erläutern an folgendem Beispiel.

5

Der Sohn des jetzigen Bürgermeisters hatte im Gemeindehaus davon gesprochen. Die Zeitungen, die von außerhalb nach Schneeberg gelangten, waren voll großer Buchstaben, auch in den Zeitungen war davon die Rede. In der schneeberger Gaststube *Zum Frohen Satan* wurden davon die Biergläser voll. Wir wollten etwas wissen davon, aber davon konnte keiner was wissen. Trotzdem sprach der Sohn des Bürgermeisters so laut und mutwillig davon, daß selbst die Schneeberger Spazierstockmacher ihre Lehmöfen ausglimmen ließen und sich wochenlang von solchen Leuten ernährten, die, einen Helm auf dem Kopf, lange Papiere anlegten mit den Namen der Schneeberger, die noch immer nichts davon wußten. Da wurde damals auch eine Tribüne gebaut, da gabs noch ein bißchen Arbeit für die arbeitslosen Spazierstockmacher, die schon bekannt waren für ihre Arbeit bis in die Nachbarländer. Die Schneeberger wußten davon, taten aber ihren Verstand rasch unter einen Helm, rannten und stolzierten eigenartig in Gruppen vor der Tribüne umher, begannen sich zu bekleiden mit Lederzeug, breite Gürtel, an der Seite baumelt eine Art Hirschfänger, der Sohn des Bürgermeisters bekommt auf einmal Besuch, lauter Männer in Trachten, sie sprechen davon und haben davon nicht nur gehört, vielleicht wird jetzt geklatscht, es klingt wie ein Schuß, die schneeberger Männer verlassen das Dorf, Blumen sind dabei, eine Pauke, freiwilliger Verzicht auf die Arbeit am Lehmofen, ein kleines Feuer geht aus. Ich nahm einen gut gelungenen Spazierstock und spazierte in entgegengesetzter Richtung durch Schneeberg. »Du«, sagte einer in der Nähe des Gemeindehauses, »was machst du?« »Ich sage mir«, sagte ich zu ihm, »du solltest etwas besser hinsehen.« »Was heißt das?« sagte er, »was machst du? Willst du nichts davon wissen?« »Das heißt«, sagte ich, »du weißt was davon? Na, dann erzähl mal!« Der Sohn des jetzigen Bürgermeisters kam herunter von der Tribüne, sie waren alle sehr gestrafft rausgezogen aus Schneeberg, jetzt fragte auch er, indem er mich ansah, aber nicht von vorn gradewegs, nein, vom rechten Auge aus an der Nase vorbei, er fragte: »Was stehst du herum?« »Ich geh schon«, sagte ich und ging einen Schritt. »Halt!« riefen beide, »wo willst du hin? Wer sich eintragen will, muß hier lang, hier ist die Dienststube!« »Sind doch alle längst verschwunden hinter der Teufelskanzel«, sagte ich, »werden bald wiederkommen, oder weißt du was davon, Bürgermeister?« Da schauten sich beide an, jeder machte eine Faust, hob sie in Stirnhöhe und drehte die Faust vor der Stirn im Kreis herum, als wollten sie sich schwindlig machen mit dieser kreisenden Faust. »Du weißt«, sagte der Sohn des Bürgermeisters, »du hast einen Trililiih! Was weiß ich davon, ob sie bald zurückkommen, wo sie doch eben erst fort sind, du Trililiiih!« »Ja«, sagte ich, »ich dachte, du weißt was davon, weil du doch gesprochen hast davon, als du oben auf der Tribüne warst. Du bist doch ein Bürgermeister, der davon weiß, daß hier Spazierstöcke gemacht werden. Du hast nicht davon gesprochen, wovon du was weißt! Du hast vergessen zu sagen, was du von einem Spazierstock weißt. Oder weißt du nichts davon? Dann hättest du einen anderen sprechen lassen können und müssen und auch meinetwegen so einen Trililiiih, so einen wie mich, das hättest du nicht falsch gemacht.« Der Sohn des Bürgermeisters und sein Begleiter drehten wieder ihre Fäuste vor der Stirn, nur schneller. Soweit der erste Teil meines Beispiels. Es hat eine Fortsetzung.

6

Die Schneeberger, von denen niemand genau wußte, wo sie jetzt waren und was sie dort taten, sollen für die Sache, hinter der sie von Schneeberg aus weggewandert waren, allgemeine Zuneigung empfunden haben. Vereinzelte Briefe sind abgefaßt im vollen Ton der Begeisterung. Andere, die etwas später eintrafen, enthielten durchweg die Klage wegen fehlender Lebensmittel. »Der Spazierstock«, sagte ich damals und bekam wieder kreisende Fäuste zu sehen, »der Spazierstock ist ein Lebensmittel, wenn man *ihn* und nicht etwas anderes handhabt!« Dieses Ausrufezeichen darf hier nicht fehlen, weil ich tatsächlich damals sehr laut wurde und eher schrie als rief. Als die bedenklichen

Zeichen in Schneeberg eintrafen, bezeichnete man meine Äußerungen als bedenklich. Ich Pferd aus dem Stall der Spazierstockmacher, ich sollte endlich, wie es hieß, die Schnauze halten, was ich auch tat. Ich hielt sie jahrelang schnüffelnd in Brandnähe des Lehmofens, bündelte und stapelte die Stöcke aus Esche, Birke, Eiche und anderen Hölzern. Ich hielt sie beim Spazieren durch den schneeberger Buschwald in Richtung Teufelskanzel. Allmählich hatte ich auch keinen Zorn mehr auf die Kinder, die manchmal neben mir herrannten und »Trililiiih!« riefen. Anfangs zuckten mir die Hände, ich wollte auf die Kinder losgehen mit hoch erhobenem Spazierstock, dann erschrak ich irgendwann und spürte augenblicklich die warme, anschmiegsame Innenwölbung des Stockgriffs. Sofort hörte ich genauer hin auf den Spott der Kinder, der plötzlich wie Vogelruf klang. Immerhin, die Anzahl der kreisenden Fäuste verringerte sich ebenso wie die Anzahl der zurückkehrenden Schneeberger. Und die meisten sprachen nicht viel, sie brauchten Krückstöcke in Mengen. Ein Glück, daß ich auf meinen Vorrat zurückgreifen konnte. Der humpelnde Sohn des jetzigen Bürgermeisters wählte einen Stock aus Esche, dessen Krückengriff ich sehr lange mit Schmirgelpapier geglättet hatte. Dieses Beispiel bedarf noch eines kurzen Nachworts.

7

Das Gebiet der Schutzwaffen, die den ganzen Körper oder einzelne Teile des Körpers vor den Einwirkungen gegnerischer Schuß-, Stoß- und Hiebwaffen sichern sollen, dieses Gebiet ist sehr groß und zunächst unübersichtlich. Es gab mannshohe, dicke Holzschilde, es gab ganze Stahlrüstungen für Mann und Roß, es gab Kopfbedeckungen aus metallnen Schuppenbändern, es gab Rüstungen mit aufgenieteten Stahlfedern, um die aufprallenden Kugeln abzufangen, es gab Lederpolster und ausgestopften Drillich. Ich bin kein alberner Mensch, muß aber bei dieser Aufzählung lachen. Ich lache wie eine Ziege, die den Wolf reingelegt hat. Ich sehe von meinem Fenster aus die Teufelskanzel, ich wünsche den Schneebergern eine genau so kluge Großmutter wie der Teufel sie besaß oder besitzt. Denn ich beschreibe hier das gelbliche Papier mit meiner Schrift, während draußen an einer Tribüne gehämmert wird. Hin und wieder habe ich den Eindruck, ich bekäme urplötzlich einen Klaps oder Trililiiih. Ich sehe in gewissen Momenten den ersten Spazierstockmacher zu mir ins Zimmer schauen. Die Sache hat sich also umgekehrt mittlerweile. Früher sah ich ihn hastig arbeiten und sah ihm bei der hastigen Arbeit zu. Jetzt schaut er zu mir ins Zimmer und gluckst vor Freude über den alten Kerl, der eine Abhandlung für die heranwachsende Jugend fertigstellen möchte und nicht einmal weiß, wo er beginnen soll und was darin enthalten sein muß. Die Aufzählung von vorhin, die Aufzählung der Schutzwaffen, könnte am Anfang stehen. Ich müßte sie natürlich vervollständigen, jaja, auf den neuesten Stand bringen. Schon diese Abteilung ist uferlos. Und dann folgen die verschiedenen Beispiele für das, was ich sagen möchte, Beispiele für das, wogegen ich etwas sagen möchte. Und natürlich darf eine größere Geschichte der Spazierstockmacherei nicht fehlen. Denn aus dieser Sicht begründe ich vieles. Ich kann nur über das sprechen, was ich kenne. Trotzdem kann ein Beispiel, selbst wenn es im Zwielicht daherkommt, dienlich sein. Was ich kenne, das ist der Spazierstock. Was mir gegenübersteht, heißt dickköpfige Dämlichkeit oder hinterhältige Verschleierung. Bekomme ich aber einen Trililiih, so wird die Sache kompliziert. Deshalb werde ich an den Schluß der Aufzählung aller Schutzwaffen den Satz stellen: Das Spazieren ist eine Angelegenheit, die uns weiterbringt. Der zweite Satz wird lauten: Der Spazierstock ist eine Erfindung sondergleichen. Der dritte Satz: Und trotzdem wird Schindluder getrieben mit dieser Erfindung.

Dann folgen die Beispiele.

Erzählungen aus dem Nachlaß

Das kleine Mädchen Marion

Und wieder kam das Mädchen Marion vom Wald zurück. Es hatte den Herbst gesehen und einen armen Schmetterling, dessen Flügel hauchdünn waren. Es hatte der Stimme der Blume zugehört, auf deren letztes Blütenblatt der erschöpfte Schmetterling getaumelt war.

»Keine Furcht«, hatte die Blume geflüstert, »die Sonne scheint noch ein paar Wochen lang, bevor die Wolken kommen. Ruh' dich aus bei mir, vielleicht macht dir mein einziges Blütenblatt, das ich noch habe, etwas Freude.«

Und dem Schmetterling machte die große Liebe der Blume das Herz wieder leicht. Vorsichtig berührte er mit seinen Fühlern das letzte Blütenblatt, und es war, als streichelte er die Augen, den Mund und überhaupt das ganze Gesicht der Blume. Dann erhob sich der Schmetterling und fühlte sich nicht mehr so schwach wie vorher. Sein Taumelflug hatte sich erholt und trug ihn bis zu den Spitzen der hohen Tannen. Als er sich von der Blume löste, wisperte er etwas: »Wenn ich länger bei dir bliebe, könnte es geschehen, daß ich mit meinen Fühlern dein letztes Blatt zu heftig berühre. Dann würde es abfallen, aber ich möchte nicht den Herbst um seine Arbeit bringen. Ich danke dir, kleine Schwester.«

Und die Blume sah ihn dann nicht mehr. Er hatte sich beeilt davonzufliegen, weit fort, weil ihm der Abschied nur unter Mühe gelungen war.

Das verwunderte Mädchen Marion hatte noch nie die Schmetterlinge im Herbst beobachtet, und vor allem war es noch nie solch einer Blume begegnet. Aber das Verhalten der Blume und des Schmetterlings war auch dem Wald aufgefallen. Obwohl schon überall der Herbst angekommen war, lächelten die Gräser, und die Disteln vergaßen ihre

Stacheln. Dann bemerkte das Mädchen Marion beim Verlassen des Waldes, wie sich die alten Bäume großäugig ansahen, ebenfalls voller Verwunderung über Blume und Schmetterling.

Ganz still ging das Mädchen Marion zur Stadt. Schon in der Nähe der ersten großen Häuser traf es einen Mann, der mit langsamen Schritten immerfort im Kreis ging.

Er ist wohl auch so müde, wie der Schmetterling müde war, dachte das Mädchen.

Der Mann erschrak, als das Mädchen ihn grüßte.

»Entschuldige«, sagte er, »daß ich so schreckhaft bin. Aber vor einem Kind braucht man ja keine Furcht zu haben.«

»Hast du viel Furcht?« fragte das Mädchen. »Wer tut dir etwas?«

»Das ist nicht so leicht zu beantworten«, sagte er und lief noch immer im Kreis. »Ich habe eigentlich vor den Erwachsenen Furcht.«

»Und nun suchst du hier vor der Stadt eine Blume?« fragte das Mädchen.

»Weshalb eine Blume?« rief er und blieb stehen. »Eine Wohnung suche ich, ein Dach, verstehst du das?«

»Ich verstehe dich«, sagte das Mädchen Marion, »du bist ein Händler und willst ein Haus kaufen.« Aber es sprach nicht mehr weiter, denn der Mann lief wieder seinen Kreis ab, diesmal jedoch noch schwerfälliger als vorhin.

Dabei schüttelte er den Kopf. »Kein Händler, kein Händler«, murmelte er und setzte einen Fuß vor den anderen.

Das Mädchen dachte, wenn ich jetzt eine Blume wäre und er ein Schmetterling, wäre alles einfacher. Und es fragte plötzlich: »Bist du schon ein wenig ruhiger geworden, seitdem ich hier bin?«

Da blieb der Mann wieder stehen und lächelte das Mädchen lange an. Und er nickte ein paar Mal. »Ja, hm, hm, jetzt ist mir schon ein bißchen leichter zumut.« Als er wieder weiterlaufen wollte, erzählte ihm das Mädchen Marion die Geschichte von der Blume und dem Schmetterling.

Und danach sah es so aus, als hätte der Mann keine Lust mehr, im Kreis zu laufen. Er setzte sich an den Rand des Weges und sah zum Wald hinüber. Er sagte nichts.

Und deshalb fragte das Mädchen: »Weshalb läufst du nicht mehr umher?«

»Ich weiß jetzt, daß es sinnlos ist, im Kreis zu laufen. Man muß einen Ausblick haben, ein richtiges Ziel, dann hat man einen Weg und kann gehen und kommt voran.«

»Du hattest vorher kein Ziel?«

»Doch. Ich wollte mich an den Menschen rächen, weil sie mich ständig umherschickten. Niemand wollte mich aufnehmen. Ich sagte dir schon, ich suche ein Dach. Ich will dir das erklären. Ich schlafe nachts auf den Wiesen, aber jetzt wird es halt kalt im Herbst. Und ich wollte den Menschen Böses antun, weil sie mir Böses antaten. Aber das ist falsch. Und so lief ich andauernd im Kreis. Jetzt ist es vorbei.«

Das Mädchen Marion setzte sich neben ihn an den Rand des Weges. »So plötzlich ist das vorbei?« fragte es.

»Ja«, lächelte er, »die Blume hat das getan. Sie hätte ihr letztes Blütenblatt für den Schmetterling geopfert. Es gibt für die Menschen kaum einen besseren Lehrer als solch eine Blume.«

Und der Mann stand auf und ging den Weg geradeaus zum Wald.

»Die kommenden Nächte sind doch kalt!« rief das Mädchen. »Geh doch nicht fort!«

Aber er antwortete nicht, sondern drehte sich nur einmal um und winkte wie jemand, der sich von einem anderen auf eine kurze Zeit verabschiedet.

Sofort lief das Mädchen Marion zur Stadt, und als es zu Hause war, begann schon die Nacht. Nach Anweisung der Mutter mußte es sogleich zu Bett, und es ließ alles mit sich geschehen, als wäre nichts vorgefallen.

Die Mutter schloß die Tür. Jetzt suchte das Mädchen Papier und Leim in seiner Spielzeugschachtel und eine

Schere. Über eine Stunde lang schnitt es Papier und wischte mit dem Leimpinsel darüber, dann hielt es in seinen beiden Händen ein kleines Papierhaus. Es lief zur Tür und wollte die Mutter rufen, ihm die Tür zu öffnen, weil es ja beide Hände brauchte zum Halten des Hauses. Aber bevor es noch den Mund auftat, öffnete sich die Tür von selbst, und das Mädchen Marion verließ erstaunt seine Stube, lief über den Flur und durch das ganze Haus, und alle Türen öffneten sich vor dem Mädchen. Wie eine leuchtende Schale trug es das Papierhaus durch die nächtliche Stadt hinaus über die Felder bis zum Wald. Obgleich das Mädchen nur mit einem Hemd bekleidet war, fror es nicht.

Der Himmel wußte von alledem und verließ das Mädchen auch nicht in der Dunkelheit des Waldes. Er schickte die Sterne zu den Baumspitzen hinab, und der Wald wurde silbern, und alles Unterholz und Gras wurde silbern.

Nach einer Weile bückte sich das Mädchen und stellte das Papierhaus auf den Waldboden. Dann rief es: »Hier ist dein Haus. Komm hierher, du brauchst nicht zu frieren!«

Als es so rief, nahm ein langer Zweig die Stimme des Mädchens und gab sie dem nächsten Zweig. Mit weit ausholenden Armen reichten alle Zweige des Waldes den Ruf des Mädchens weiter, und schließlich kam er auch bei den Sternen an. Und ein besonders hell strahlender Stern legte des Mädchens Worte mitten in sein Licht, das gerade zu der höchsten Stube des Himmels hinaufwollte. So erreichten sie auch den Himmel.

Und weil der Mann, den es gerufen hatte, nicht kam, lief es traurig zur Stadt zurück. Bevor es sich schlafen legte, sah es noch zum Fenster hinaus und wunderte sich über den Wald, der jetzt so unwirklich leuchtete, als verwandle sich etwas in seinem Innern.

Am nächsten Tag kam der Herbst mit den ersten Regenschauern, und das Mädchen Marion wußte, daß nun die Blume ihr letztes Blütenblatt verlieren wird. Außerdem dachte es an den Schmetterling und an den obdachlosen Mann. Und es ging zum Wald.

An der Stelle, wo die Blume gestanden hatte, fand das Mädchen ein hölzernes Haus. Das Haus war ihm sehr bekannt. Es klopfte an die Tür des Hauses, und der Mann, der gestern noch im Kreis gelaufen war, öffnete und sprach: »Ich suchte eine Wohnung und fand keine. Jetzt habe ich ein ganzes Haus. Willst du bei mir bleiben?«

Doch das Mädchen deutete wortlos mit der rechten Hand nach oben.

Da sagte der Mann: »Ja, ja, du hast recht, es muß vom Himmel gekommen sein. Er wird das gespürt haben, daß mich mein Zorn verließ. Nun hat er mir das Haus geschenkt. Willst du bei mir bleiben?«

Das Mädchen war sehr verwundert, und es konnte nichts erwidern. Es hatte, als es die Hand hob, sagen wollen: »Siehst du, die Wolken ziehen sich zusammen. Der Herbst ist da.«

Aber es sagte nichts mehr zu dem lächelnden Mann, sondern lief der Stadt zu, ganz langsam. Und wieder kam das Mädchen Marion vom Wald zurück. Ganz deutlich hörte es, wie der Sturm die Baumkronen packte.

Vor der Schranke

Am Bahnübergang das rote Signal, die Mütze des Bahnwärters ist gut zu sehen, sie wippt auf und ab, der Mann hat in diesen Tagen viel zu tun, vor den Feiertagen werden Sonderzüge eingesetzt. Der Bahnwärter muß beim Herunterkurbeln der Schranke immer tief Atem holen. Jetzt senkt sich die Schranke herab, ein Zug soll die Strecke passieren, soll – aber an diesem Abend kommt er unpünktlich, die Schranke bleibt lange unten und wird zum Schlagbaum.

Zuerst hält ein Auto. Der Besitzer des Wagens hat die Kleinstadt besucht, er ist als reisender Geschäftsmann für eine Schokoladenfirma unterwegs. Er hat in der Kleinstadt bei allen Süßwarenläden vorgesprochen und auf die günstigen Verkaufszeiten des bevorstehenden Festes hingewiesen. Er hat einige lohnende Abschlüsse erzielt und möchte jetzt nach Hause, aber die Schranke bleibt heute länger als sonst unten. Der Mann steigt aus seinem Auto, zündet eine Zigarette an und läuft auf und ab.

Nach einem Weilchen geht er zu dem Bahnwärter und erkundigt sich, weshalb der Zug so ungewohnt auf sich warten läßt. O der Zug käme schon, wird ihm geantwortet, die Lokomotive habe ausnahmsweise in der Nähe des kleinen Bahnhofs zu rangieren, leider dürfe die Schranke nicht geöffnet werden.

Der Autobesitzer läßt den Bahnwärter stehen und geht zu seinem Fahrzeug zurück. Wir sehen, daß der Mann ziemlich ungehalten ist, er hat eine Unmutsfalte über der Nase.

Inzwischen ist ein Motorrad gekommen. Ein junges Paar war zum Besuch seiner Eltern in der entfernten Großstadt und ist nun müde und will nach Hause, aber diese Schranke da versperrt den Weg.

Der Autobesitzer sagt zu dem jungen Mann: »Stellen Sie getrost Ihren Motor ab, das dauert hier noch ziemlich lange!« Er hat diese Worte wie einen Fluch hervorgebracht, denn längst sind die günstigen Abschlüsse vergessen – und die Schranke ist immerhin ein beachtliches Ärgernis.

Der junge Mann steigt vom Motorrad, er sieht müde aus, und das Mädchen auf dem Sozius scheint einzuschlafen. Etwas später steigt auch das Mädchen vom Motorrad, und das junge Paar ergeht sich in Verwünschungen der Bahnhofsvorschrift.

Dann unterhalten sich die drei Menschen, die nur infolge der herabgelassenen Schranke an diesem Ort zusammentreffen, über die Leistungen ihrer Fahrzeuge.

Ein paar Minuten sind darüber vergangen, nun kommt ein wackliges Licht die Chaussee entlang, die Lampe eines Fahrrades, auf dem ein Fabrikarbeiter sitzt, der soeben seine Schicht beendet hat und nach Hause will. Ihn scheint die Sache mit der Schranke nicht zu empören, er kommt hier täglich vorbei und hat schon ähnliches erlebt. Er sieht jetzt die Wartenden und ruft ihnen zu: »Kommt der Zug wieder mal nicht?«

Der Autobesitzer nickt beifällig, und der junge Mann stiert das Schrankengitter an – das Mädchen aber glaubt den Zug zu hören. Eine Lokomotive und ein leerer Personenwagen tauchen auf. Der Dampf der Maschine wälzt sich über die Gleise und deckt das Bahnwärterhäuschen zu. Der Bahnhof ist für diesen Augenblick gar nicht zu sehen. Dann fährt die Lokomotive in die Dunkelheit.

Während der Radfahrer ausgiebig den Motor des Motorrades lobt, läuft der Autobesitzer zum Bahnwärter und ruft: »Jetzt machen Sie doch wohl hoffentlich den Übergang frei?!«

Aber der Bahnwärter schüttelt den Kopf, er ist eher verlegen als schadenfroh, und er antwortet: »Nein, ich darf das nicht, denn die Lokomotive kommt gleich wieder zurück.«

Der Autobesitzer zündet eine zweite Zigarette an. Wir

können seine Ungeduld verstehen – solche Vorschriften haben etwas Diktatorisches an sich.

Das Mädchen kommt dem Autobesitzer entgegen und fragt, ob die Sperre nun geöffnet werde, aber die Antwort ist betrüblich, man wird also noch warten müssen.

Die vier Menschen laufen hin und her, jeder einzeln. Bald rollt die Lokomotive wieder vorüber, das Kesselgeräusch tönt wie bullerndes Geheul eines Wolfes. Und die vier Menschen vor der Schranke schauen auf ihre Armbanduhren. Seit sechs Minuten warten sie schon.

Langsam nähert sich ein Kuhgespann der Schranke. Auf dem Kutschbock sitzt ein Bauer, er hat die letzten Ackergeräte vom Feld geholt, denn morgen kann es schon schneien. Der Wagen rumpelt heran, und die Köpfe der Kühe zeigen den Rhythmus der langsamen Fahrt. Der Bauer springt vom Wagen und brummt ein unverständliches Wort, das die Kühe zum Anhalten bringt. Der Bauer grüßt den Bahnwärter, und der Rotbemützte erklärt jetzt dem Bauern nur deshalb die Dienstvorschrift so gründlich, damit es die anderen hören.

Plötzlich sagt jemand: »Guten Abend...« Ein Fußgänger ist in den Kreis der Wartenden getreten, ein Mann, der weder von der Arbeit kommt noch nach Hause will. Vermutlich möchte er nach Hause, aber er gehört wohl zu denen, die nicht über Haus und Hof, Stube oder Kammer verfügen. Der Mann setzt sich in den Straßengraben.

Der Fabrikarbeiter fragt nun den Fußgänger: »Geht's zur Arbeit?« »Nein«, sagt der Mann, »ich habe keine Arbeit.«

Da sind alle ziemlich verwundert, sie betrachten den Fußgänger noch ein bißchen, dann laufen sie wieder auf und ab. Der Bauer überprüft die Karbidlampe an der Rückwand des Ackerwagens und tut so, als habe er die Antwort des Fußgängers überhört.

Nun poltert die Lokomotive abermals vorbei, der leere Personenwagen ist abgehängt worden, die Maschine fährt dem nächsten Bahnhof entgegen.

Der Bahnwärter dreht die Schrankenkurbel, er holt tief Atem, und die Schranke reckt sich scheppernd hoch. Sie zeigt starr nach oben. Dort gibt es einen Himmel voller Sterne.

Der Autobesitzer sieht zur Armbanduhr und sagt zu dem Fußgänger: »Na also... zwölf Minuten, genau zwölf Minuten. Verflixte Warterei...!« Und er öffnet die Tür seines Autos, zwängt sich zwischen die Schokoladen-Kartons und schlägt die Tür zu. Der Motor springt an, die Scheinwerfer und das Rücklicht leuchten auf. Das Auto entfernt sich sehr schnell.

Das Mädchen redet auf den jungen Mann ein: »Mach schon! Es hat lange genug gedauert. Mutti wird sich sorgen!«

»Unsinn!« schreit der junge Mann beim Anlassen des Motors. »Wegen zwölf Minuten Verspätung doch nicht!« Und so fährt auch das junge Paar nach Hause. Das rote Auge über dem Nummernschild sieht von fern wie das Licht eines Glühwürmchens aus.

»Gut Nacht!« sagt der Fabrikarbeiter zum Fußgänger und radelt eilig davon.

»Ja, gute Nacht...«, sagte der Fußgänger. Er steht noch nicht auf, er hockt da noch im Straßengraben, als sei das Warten seine Arbeit.

Der Bauer beachtet den Fußgänger gar nicht, er pfeift nur einmal, und die Kühe trotten schon, die Karbidlampe beginnt zu pendeln, der Bauer steigt auf den Kutschbock, das Gespann entfernt sich.

Jetzt steht der Fußgänger auf. Er betrachtet den Platz vor der Schranke so gründlich, als müsse er sich vergewissern, daß alle nach Hause gefahren sind. Dann überquert er die Bahnanlage und geht die Chaussee weiter. Er kann die Karbidlampe gut erkennen, die zwischen den Hinterrädern des Ackerwagens hängt. Sie schlägt hin und her, sie schlägt einen Takt zu den Schritten des Fußgängers, aber plötzlich wird sie ganz ruhig wie eine einzelne Leuchtboje auf glatter See.

Das Gespann hat seine Fahrt unterbrochen. Der Bauer wartet. Der Fußgänger kommt dem Wagen näher, er geht schon an der Karbidlampe vorbei, er macht noch zwei, drei Schritte – da spricht ihn der Bauer an. Es ist nur ein kurzer Satz, und die Stimme verrät, daß ihr das Sprechen Mühe bereitet.

»Hier ist noch Platz...«, sagt der Bauer. Er rückt auf dem Kutschbock schwerfällig zur Seite.

Wir sehen den Fußgänger zögern, aber im nächsten Augenblick steigt er auf den Wagen. Die Kühe ziehen an. Unter ihren Hufen spult sich die Chaussee ab. Wir wissen nicht, wie lang sie ist und für welche Strecke die Einladung des Bauern gilt. Die Männer sitzen wie zwei Verwandte auf dem Kutschbock, die nach Hause wollen oder durch die gemeinsame Fahrt schon zu Hause sind.

Jetzt entfernt sich der Wagen. Über der Chaussee pendelt wieder die Karbidlampe, und über dem Wald, der zu beiden Seiten der Chaussee aufragt, signalisieren die Sterne.

Untergang eines Tyrannen

In der Nebelstunde jenes Novembermorgens, als der Tyrann von Kultamor, König Tuttus, den Trommelschritt gekaufter Soldaten für einen Angriffskrieg gegen das Nachbarland Diamos in Bewegung brachte, als er die Feldzeichen seiner Macht – das Visier unter den Sternen, die Lanze auf der Weltkugel – in das Sattelzeug seines Pferdes steckte und an die Spitze des Heerzuges ritt, saß ihm der Schlachtruf in der Kehle, der zwiefache Lästerschrei, der die Menschen in Panik versetzte und das Vieh von den Feldern trieb.

Schon den Ausritt empfand er als halbes Scharmützel. Den Hauptleuten seiner Armee befahl er das Standrecht über strauchelndes Fußvolk, denn er wollte die Schlacht am Tage austragen und duldete keine Rast auf der Heerstraße nach Diamos.

Niemand verweilte länger in seiner Nähe als nötig. Wenn die Marschälle heranritten und ihre Pferde in Trab hielten, wenn sie dem König berichteten, welche List für das Gefecht empfehlenswert sei, sprachen sie in gerafften Sätzen, und nach seiner Einwilligung oder Absage wendeten sie schleunigst die Pferde, um aus den Augen dieses unergründlichen Menschen zu kommen, den sie haßten, weil er ihnen den Rang streitig machte.

Tuttus wußte um seine Feinde im eigenen Land. Er traute keinem Beamten, die Geschäfte wurden in besonderen Häusern geregelt, und das Heer bekam den Drill seiner Anordnungen über zehn Hauptleute zu spüren, denen er im Burghof Audienz gewährte, wenn seine Leibwache, ausgesuchte Schwertkämpfer und Totschläger, reichlich mit Gold und Branntwein versorgt war.

Die unmäßig bezahlte Wache wurde von Tuttus nahezu

täglich vergrößert, sie bildete im Laufe der Zeit eine lückenlose Mauer um ihn, doch er kannte den Ehrgeiz seiner Untergebenen, ihre Gier nach gleichen Erfolgen, und weil er besessen war von einer steten Angst vor geheimen Gegnern, boten ihm nur solche Stunden wie diese, da er zum Krieg gegen Diamos aufgerufen hatte, die sichre Gewähr, vor Attentätern geschützt zu sein. Jetzt waren seine Vasallen voller Bewunderung für ihn – es verlangte sie ebenso nach Beute und Macht, sie wußten: wenn sie mit ihm ritten, fiel ihnen der größere Teil zu, den sie sonst auf eigene Faust eroberten.

Gegen Mittag krochen Unwetterwolken heran, peitschende Schauer. Die Soldaten rückten aneinander, beugten sich gegen den Sturm, und die Offiziere, erzürnt über den gräßlichen Ritt, benutzten die runden Rücken ihrer Mannschaften als willkommene Prügelflächen.

Tuttus ritt nahe beim Tross. Er saß stocksteif im Sattel und ließ den Regen um sein Gesicht schlagen. Vorbei am Rand seiner Kapuze beobachtete er die Berittnen, die ihre Pferde dicht an den Marschblock drängten, der sich immer mehr zusammenzog und wie ein riesiger Tausendfüßler die Felder zermalmte. Die anfeuernden Schreie der Hauptleute hingen über dem Heerzug. Tuttus hob unwillig die Hand, und die Soldaten grölten Rundgesänge in den Sturm.

Es gab einen einzigen Mann, der das unerbittlich vorgelegte Tempo des Königs mit der Anteilnahme eines nimmermüden Gauklers zu beantworten wußte: es war der dicke Truchsess Wilhelm von Z., königlicher Leibkoch und Kind der Steppe, früh auf den Rücken der Pferde gebunden und vom Vater solange ans Herdfeuer geprügelt, bis eine wohlschmeckende Mahlzeit zustande kam. Wilhelm von Z. war als einziger privilegiert, frei und nach eignem Ermessen zu handeln, soweit es zur Unterhaltung des Königs beitrug. Er hatte dem König immer den reinsten Wein eingeschenkt, er hatte sich oft über die Heerzüge lustig gemacht, ja, er nannte den Herrscher manchmal sogar »Eure Herrlichkeit, die niemals herrlich war«, aber er war dessen Diener geblieben und hatte den flüchtigen Gedanken, sich von der Seite des Königs loszusagen, noch immer verworfen. Da er nur in Gestalt des geduldeten Gauklers umhersprang, wußte niemand zu sagen, ob er den Kultamorener haßte oder ihm aufrichtig ergeben war.

Wilhelm von Z. trieb sein Pferd an die Seite des Königs.

Was wollt Ihr von Diamos? schrie er mit verstellter Stimme.

Tuttus fuhr herum, die Augen vom Regen wundgewaschen.

Meinem Leibkoch beibringen, was Kampf bedeutet! Außerdem Perlen, Sklaven, Waffen. Was fragst du?

Eure Herrlichkeit haben sich einen schlechten Tag für den Ritt nach Diamos ausgesucht, der Ritt wird Euch anstrengen – und was nützt eine Anstrengung, wenn noch alles vorhanden ist: Perlen, um neue Frauen zu erobern – Sklaven, um neue Festungen zu bauen – Waffen, um neue Länder zu unterwerfen...

Mein Leibkoch wettert wie ein Magister! rief Tuttus ärgerlich. Zeig dich bei den Köchen und Viehhändlern!

Wilhelm von Z. schmunzelte.

Euer Koch, Majestät, rückt Euch diesmal auf den Leib. Ihr solltet Eure Augen auf ein Ereignis richten, das Anlaß gibt, den geplanten Überfall zu widerrufen!

Tuttus blickte nach vorn. Eine Weile ritten sie schweigend. Dann fragte er, ohne den Truchsess anzusehen: Was heißt das? Was willst du sagen?

Ich erinnere an die Gemahlin Eurer Majestät, an diese Stunden, die sie durchzustehen hat – sie erwartet ein Kind...

Tuttus war angewidert, er schüttelte sich: Frauensache! Mach keine Memme aus mir, die mit gefalteten Händen rastet und auf den ersten Kindsschrei harrt.

Ich sprach nicht von Andacht, ich sprach von den Augen

Eurer Majestät. Angenommen, man empfinge uns bei der Rückkehr von Diamos mit der Botschaft über die glückliche Geburt eines Kindes – mit welchen Augen wollen Euer Majestät das Kindlein betrachten? Mit den Augen des Mörders von Diamos?

Wilhelm von Z. duckte sich. Tuttus hatte die Peitsche gezogen.

Gibt dir dein fetter Bauch soviel Mut, dein Leben zu riskieren? Du sollst keine Frechheiten servieren, sondern Kapaunen!

Gewiß, lächelte der Truchsess, Kapaunen schmecken lieblicher als die Wahrheit. Trotzdem wage ich zu hoffen, daß Eure Herrlichkeit, die niemals herrlich war, nun endlich angesichts des Kindes den Schwur leisten wird, wenigstens annähernd herrlich zu werden – das heißt, ich hoffe es um Euer selbst willen...

Geh mir aus den Augen! Deine Zunge wird gepfeffert, wenn ich sie den Wölfen zum Fraß vorwerfe.

O Majestät, dann habt Ihr keinen Leibkoch mehr, der Euch ehrlich bewirtet – oder Ihr habt einen, aber das wäre nur soviel, wie wenn Ihr Euch selbst das Messer an die Kehle setzt. An Wölfen mangelt es nicht...

Tuttus blickte den Koch ruckartig an, er riß die Zügel zurück, das Pferd bäumte sich auf und blieb stehen.

Erkläre dich! Was willst du?

Beide Reiter ließen das Fußvolk und den Tross vorbeistampfen, dann verneigte sich Wilhelm von Z. vor dem lauernden Blick des Tyrannen: Ich werde mich erklären, Majestät. Was sagt Ihr wohl zu einem Manne, der als Leibkoch die Speise seines Herrschers bis auf den heutigen Tag schmackhaft und sehr bekömmlich bereitet, obwohl es ein Leichtes wäre, die Zutaten gelb oder grün oder anders giftig zu färben – zumal derselbe Mann den Lohn für solche Untreue kennt: beträchtliche Summen! – ganz zu schweigen vom Lob aller Gefangenen! Handelt nun dieser Mann aus einem Gelübde, das ihm die Mittel zum Töten versagt, oder bewohnt ihn die Hoffnung, der Herrscher werde über die Gewaltlosigkeit seines Dieners zur Umkehr gelangen?

Die Gestalt des Tyrannen wirkte versteinert. Wilhelm von Z. wehrte den Regen nicht ab, das verbissene Schweigen des Königs machte ihn fiebern. Sie standen jetzt beide allein auf der Heerstraße, das Unwetter verdoppelte sich, die Armee war kaum noch zu sehen, sie schien über die aufgeweichten Felder davonzuschwimmen.

Seit wann, fragte Tuttus kaum hörbar, seit wann bietet man dir Gold, meine Speise zu färben?

Seit Jahren, sagte Wilhelm von Z.

Es wurde ihm unerträglich, den Augen des Tyrannen standzuhalten, die ihn noch nie so abwesend angesehen hatten.

Und wann, fragte jetzt eine Stimme, die sich im Sturm verlor, wann hättest du nicht so wie bisher gehandelt?

Wilhelm von Z. taumelte. Der Atem des anderen war zu nah gekommen.

Wann also? drängte Tuttus, wann?!

Bei der nächsten Mahlzeit, flüsterte der Truchsess wie zu sich selbst, es wäre nicht das Gold gewesen, die Ohnmacht wäre losgebrochen, die Ermüdung nach allen Jahren des Gaukelspiels – jetzt, da Euer Kind zwischen Kerkern geboren wird...

Wilhelm von Z. spürte den Peitschenhieb wie einen Schnitt rings um den Leib, er sah noch die zuckenden Beine des Königs, die dem Pferd die Sporen gaben, dann mußte er sich erbrechen.

Etwas später errichtete die Armee ein Feldlager am Waldrand, große Zelte mit Feuern davor, an denen die nassen Monturen getrocknet wurden.

Die Soldaten der Feldwache tranken bis tief in die Nacht. Schon bei der ersten Ablösung gab es langwierige Auseinandersetzungen, weil die Zuteilung an Branntwein und Fleisch, die dem Wachpersonal zustand, genügenden Anreiz bot, so lange wie möglich auf Wache zu bleiben. Deshalb versuchten jene, die in den Genuß der Zuteilung kamen, durch allerlei Begründungen ihren Platz zu halten, und sie brachten das Gerücht in Umlauf, der Feind käme in dieser Nacht von Diamos heranmarschiert und es wäre der ganzen Armee von Nutzen, die Wache nicht immerfort abzulösen, da ein Posten ja seine Zeit brauche, in fremder Landschaft das Verdächtige vom Harmlosen zu unterscheiden. Um den Widerspruch der Vorgesetzten zu entkräften, behauptete jede Wache, sie habe entweder eine ganze Schar oder einzelne Kundschafter des Feindes entdeckt. Etliche verschossen ihre Bolzen auf Baumstümpfe und wechselndes Wild, und sie brüllten vor Genugtuung, als plötzlich ein Reiter in Richtung Kultamor am Lager vorbeigaloppierte und gleich darauf, von ihren Schüssen durchbohrt, in den Schlamm fiel.

Aufgeschreckt vom Tumult der Feldwachen, entstand eine Panik im Lager, die sich bei der Nachricht, der König sei soeben erschossen worden, auch auf die Hauptleute erstreckte. Sie ließen sofort das ganze Heer auf Diamos abmarschieren, von dessen Truppen sie sich in Kürze umstellt glaubten.

Es dauerte zwar noch ein Weilchen, bis sich herumgesprochen hatte, daß der König von den eigenen Waffen durchbohrt worden war, dann aber fielen die Söldner und der verlorene Haufe gegen die Reiter des Königs und deren Dienstknechte aus: das Gemetzel unter der Armee des Tyrannen wälzte sich vor bis an die Tore von Diamos, wo die Soldaten des Nachbarlandes, inzwischen über die Auflösung des feindlichen Heeres unterrichtet, der furchtbaren Schlacht ein Ende bereiteten und die noch lebenden, wundgeschlagenen Männer des Kultamoreners über ein Leichenfeld entließen.

Über dasselbe Feld ritt der Leibkoch Wilhelm von Z., eingesunken und stumm. Das Pferd ging im Schritt, es strauchelte manchmal vor den hingestreckten Leibern, die auf der Heerstraße lagen und vom Regen überspült wurden.

Erst gegen Morgen ließ das Unwetter nach, erst gegen Morgen des neuen Tages gab Wilhelm von Z. einen vollen Bericht über den Untergang des Tyrannen, der in der letzten Nacht hatte zurückreiten wollen ins Schloß, um bei der Geburt seines Kindes anwesend zu sein, – erst dann, als der Truchsess im Haus seines ehemaligen Herrschers den kleinen Kindsschrei vernahm, sprach er die wenigen Worte:

Meine Königin, lassen Sie die Kerker öffnen! – es ist in dieser frühen Stunde spät genug…

Es war ein schwacher zustimmender Gruß, der ihn endlich erreichte – er wandte sich ab und stand noch lange gebeugt über die Wiege des Kindes.

Himmel und Erde

Der Vater stand seitlich im Türrahmen. Sein Buckel war gut zu erkennen. Er trug die alte Jacke, weil er draußen gewesen war. Der Wald hatte sich gelichtet. An den Zweigen gab es nur noch verfärbte Blätter. Die anderen lagen längst unten. Der Vater war in den Wald gelaufen und hatte die Veränderung gesehen.

Er betrat jetzt die Küche. Seine Frau sagte: »Du kommst rechtzeitig, wir werden gleich essen.«

»Wo sind die Kinder?« fragte der Mann.

»Paul ist noch in der Schule. Er hat Prüfung.«

»Und Katrin? Wo ist Katrin?«

»Sie spielt«, sagte die Frau. »Hast du etwas gefunden?«

Sie nahm den Deckel vom Kochtopf und stach mit dem Schälmesser in die Kartoffeln. Wasserdampf breitete sich in der Küche aus. Der Vater bemerkte, daß der Dampf nach Erde roch.

»Ich habe Tannenzapfen gesehen«, sagte er. »Sie liegen zwischen den Blättern. Manchmal muß man ein Blatt hochheben, um sie zu finden.«

Die Frau sah ihn verstört an. Ihr Blick wechselte aber sofort zum Kochtopf hinüber. Sie schlug ein Handtuch um den Topf und hob ihn von der glühenden Herdplatte. Sie goß das Kartoffelwasser in das Spülbecken. Der Vater sah, wie der Dampf über das Gesicht seiner Frau wischte.

»Du hast also nichts gefunden?« fragte sie beim Dämpfen der Kartoffeln. »Keine Rehspuren?«

»Nicht nur Rehspuren«, antwortete der Mann, »auch Hasenspuren. Es gibt jetzt genug Hasen, sie sind unvorsichtig. Sie haben Hunger und suchen nach Futter.«

Der Vater ging zum Tisch, auf den die Frau vier tiefe Teller stellte.

Er legte einen Tannenzapfen auf den Tisch.

»Ich habe dir einen Tannenzapfen mitgebracht«, sagte er. »Zuerst wollte ich ihn liegen lassen, dann habe ich ihn aufgehoben. Er lag auf einer Hasenspur.«

Die Frau konnte nicht antworten, weil die neunjährige Katrin in die Küche kam. Das Kind trug eine Puppe, aus deren Bauch Sägemehl fiel. Die Eltern erschraken wegen der Tränen des Kindes.

»Wir werden sie wieder gesund machen«, sagte der Vater.

Die Frau verteilte die Kartoffeln in die Teller. Als sie die Gabeln neben die Teller legte, schob sie den Tannenzapfen beiseite.

»Wird es denn lange dauern?« fragte Katrin.

»O nein«, sagte der Vater, »du kannst nach dem Essen deine Freundin holen und mit ihr ›Himmel und Erde‹ spielen. Inzwischen mache ich die Puppe gesund.«

Das Mädchen lief zur Tür und rief: »Ich möchte sie gleich holen. Sie soll Kartoffeln mitessen.«

Am Herd hantierte die Mutter mit leeren Töpfen. Der Vater sagte: »Gut, hol deine Freundin. Sie soll mitessen.«

Das Kind sprang hinaus. Der Vater ging zur Stubentür. Während er auf die Klinke drückte, sagte er zu der Frau: »Wo ist der Nähkorb? Ich will die Puppe flicken, bis Katrin zurück ist.«

»Er steht ja immer auf dem Fensterbrett«, antwortete die Frau. »Er hat noch nie woanders gestanden.«

Als der Mann die Stubentür öffnete, griff die Frau nach seinem Jackenärmel. Sie sagte heftig: »Du siehst, daß wir nur noch Kartoffeln haben. Jetzt soll auch noch Katrins Freundin mitessen!«

Der Vater hielt die Puppe ungeschickt. Aus dem Schlitz fiel Sägemehl auf den Küchenfußboden. Er sagte: »Ich wollte Katrins Wunsch nicht ablehnen.«

»Mein Gott«, sagte die Frau, »halt doch die Puppe richtig – du verstreust ja alles! Ich komme aus der Arbeit nicht mehr heraus!« Sie sprach schneller: »Du hast doch die

Schlingen ausgelegt. Hat sich denn wirklich nichts gefangen? Du sagst selber, daß genug Rehe und Hasen da sind. Was soll denn werden, wenn du nichts mitbringst?«

Er hielt die Puppe vorsichtiger, daß kein Sägemehl mehr herausfallen konnte. Er sagte: »Ich habe viele Nagespuren gesehen, viel mehr als sonst. Gewiß, ich habe gestern die Schlingen ausgelegt, aber sie waren leer. Es waren fünf Schlingen und jede war leer. Nun habe ich die Schlingen entfernt. Ich werde Holz sammeln und das Holz verkaufen.«

Er ging in die Stube und nahm den Nähkasten vom Fensterbrett. Er kam dabei seitlich am Fenster vorbei. Die Frau sah den Buckel und die glänzende Stelle seiner Jacke auf dem Buckel. Nach einer Weile bückte sie sich und nahm mit einem Scheuertuch das Sägemehl vom Fußboden auf.

Vor der Tür wurde gelacht. Katrin kam mit ihrer Freundin. Sie hatten Paul getroffen. Als die Kinder in der Küche standen, sagte die Mutter: »Jetzt sind die Kartoffeln kalt. Setzt euch und fangt an!«

Sie holte noch einen fünften Teller für Katrins Freundin. Dann ließ sie etwas Fett in der Pfanne aus und goß jedem ein Teil über die Kartoffeln.

»So kalt sind sie gar nicht!« sagte Paul.

Katrins Freundin wollte nicht zugreifen. Paul nahm ihren Teller und füllte ihn. »So«, sagte er, »halt dich ran!«

»Was macht die Prüfung?« fragte die Mutter beim Auswischen der Pfanne.

»Wir hatten Rechnen«, sagte Paul, »Bruchrechnen. Ich glaube, ich habe alles richtig. Für morgen müssen wir einen Aufsatz schreiben. Über den Herbst. Weißt du was, Mutter?«

»Iß jetzt!« sagte die Frau.

»Guck mal, Mutter«, sagte der Junge, »wie schnell Katrin ißt!«

»Ich will Kaiser werden!« rief Katrin.

Die Stubentür ging auf, und der Vater setzte sich an den Tisch.

»Nach dem Essen bekommst du die Puppe«, sagte er zu Katrin, »sie ist wieder heil.«

Katrin begann mit den Füßen zu zappeln, und der Vater drückte unter dem Tisch seine Hand auf ihre Knie. Sie hielt nun die Füße still. Jetzt setzte sich die Mutter an den Tisch. Auf ihren Kartoffeln war kein Fett. Der Vater nahm seinen Teller, auf dem Fett war, und er vertauschte ihn mit dem Teller seiner Frau.

Durch das Küchenfenster war der Horizont zu sehen. Auch ein Stück des gelichteten Waldes war zu sehen.

»Wir müssen einen Aufsatz über den Herbst schreiben«, sagte Paul.

»Hast du dich umgesehen?« fragte der Vater.

Paul hörte auf zu kauen.

»Ich meine, ob dir etwas aufgefallen ist?« fragte der Vater.

»Na ja, die Bäume sind kahl...«, sagte Paul.

»Wir haben einen Ausflug gemacht!« rief Katrins Freundin.

»Wir haben Blätter gesammelt und werden sie pressen.«

Paul stützte sich auf und sagte: »Es gibt Kastanien. Sie fallen von den Bäumen und gehen kaputt.«

»Kaputt ist kein schönes Wort«, sagte der Vater.

»Aber sie gehen doch kaputt«, sagte Paul.

»Sie sind reif und zerplatzen durch den Aufprall. Schau mal zum Fenster...«

Die Kinder unterbrachen das Essen und sahen auf. Der Vater sagte: »Paul kann sich bestimmt erinnern, daß hier immer der Schäfer über die Wiesen kam. Es sieht jetzt aus, als treibe der Schäfer seine Tiere vor der kommenden Kälte nach Hause.«

Katrin und ihre Freundin aßen weiter. Auch der Vater beugte sich über den Teller. Seine Frau zerdrückte die Kartoffeln. Paul sah zum Fenster hinaus.

»Kaiser!« rief Katrin plötzlich. »Ich bin Kaiser!« Sie warf die Füße von unten gegen die Tischplatte, daß die Teller zitterten. Sie sagte zu ihrer Freundin: »Und du bist auch gleich fertig – du bist König!« Katrin schob ihren leeren Teller von sich.

Die Mutter sah sie an, bis sie die Füße still hielt. Katrin sagte zu ihr: »Du bist gleich Edelmann! Vater... Vater ist Bauer – und Paul... Paul ist Bettler!«

Es wurde nicht mehr gesprochen. Als alle mit dem Essen fertig waren, gab der Vater seiner Tochter die Puppe. »Jetzt kann sie ›Himmel und Erde‹ mitspielen«, sagte er.

Paul hatte seinen Teller als letzter abgegessen. Er blieb am Fenster sitzen und sah hinaus. Der Vater stand auf und sagte: »Schreib deinen Aufsatz. Ich hole jetzt Holz vom Wald. Nachher sehe ich mir dein Heft an. Ich werde vom Waldrand herüberwinken.«

Die Frau stellte die Teller in die Abwaschwanne. Katrin lief mit ihrer Freundin vor die Tür. Draußen auf den Steinfliesen zog Katrin einen Kreidestrich für das Spiel ›Himmel und Erde‹. Der Vater sah der Frau zu, wie sie sich das Kopftuch umband.

Er sagte: »Willst du mitkommen?«

Sie nickte und kramte aus der Küchenecke einen alten Kartoffelsack. Sie rollte ihn zusammen und ging zur Tür.

Der Mann und die Frau liefen zum Wald. Der Mann lief dicht neben seiner Frau. Am Waldrand bückte er sich nach den morschen Ästen. Sein Buckel ragte neben seiner Frau. Dann bückte auch sie sich und sammelte das Holz in den Kartoffelsack. Etwas später richtete sich der Vater auf. »Paul ist Kaiser«, sagte er, »ich glaube, er hat die Schafe gesehen.«

Die Frau blieb gebückt, und der Vater winkte vom Waldrand.

Nachwort

»Herr Fuchs leidet ein wenig an den Folgen einer gewissen Selbststilisierung zum Original, und ein wenig daran, daß Originale unzeitgemäß sind, was nicht gegen diese, sondern gegen die Zeit spricht, die in jeder Hinsicht Konfektion bevorzugt.« So verteidigte Günter Kunert in einer Glosse von 1970 den Freund und Schriftsteller Günter Bruno Fuchs (1928–1977) gegen seine Verächter, wohl auch gegen manche seiner Liebhaber. Ähnliche Äußerungen gab es häufiger, vor allem seit seinem Tod war immer wieder einmal zu lesen, Fuchs sei mehr als ein verkrachter Lokaldichter mit Kreuzberger Kneipenträumen gewesen, mehr als ein versoffener Berliner Bohemien mit künstlerischen Ambitionen. Die Verteidigung war in jeder Hinsicht gerechtfertigt, mußte aber wirkungslos verhallen, solange das Werk von Fuchs verstreut und ungelesen blieb. Ihre Wiederholung macht allenfalls deutlich, wie oft Fuchs bloß als Meister der kleinen Form seine Fürsprecher fand, die seine größere Prosa zu verteidigen noch vergaßen. Als Erzähler, gar als Romancier, ist Fuchs für eine breitere Öffentlichkeit kaum existent. Es ist an der Zeit, eine versäumte Lektüre nachzuholen.

Man wird ihn sogar gegen sich selbst verteidigen müssen. Aus falscher Scham hat er in seiner Biographie frühe Passagen gekürzt, deren Kenntnis seinen schriftstellerischen Werdegang erst verständlich macht, in seinem Werkverzeichnis einzelne Titel verschwiegen. Er hat manche Schrift aus der Zeit vor 1956, dem Erscheinungsjahr seines ersten Gedichtbandes, im Rückblick verleugnet, insbesondere die Legenden und Erzählungen mit christlichen Motiven. Zu Anfang hatte Fuchs teil am Schicksal aller neueren religiösen Dichtung in Deutschland, am Schicksal von Reinhold Schneider oder Gertrud von Le Fort, um nur zwei zu nennen. *Der Morgen* (1954) und *Die Wiederkehr des heiligen Franz* (1954), seine ersten literarischen Bücher, wenn man von den Erzählungen für Kinder und dem Essay über Wolfgang Borchert einmal absieht, erschienen zwischen christlichen Traktaten in konfessionsgebundenen Verlagen mit einem entsprechenden Leserkreis. Das Echo der Literaturkritik glich dem betretenen Schweigen, von dem die abgeklärten Debatten unserer aufgeklärten Intelligenz immer dann unterbrochen werden, wenn jemand Begriffe wie Barmherzigkeit oder Demut einwirft. Es scheint, als hätte Fuchs dieses Gefühl von Peinlichkeit nachträglich selbst empfunden. Zumindest hat er solche Schriften später nicht mehr nachdrucken lassen, einige nie wieder erwähnt.

Der frühe Fuchs besitzt gewiß nicht das Format eines Reinhold Schneider, aber es lohnt sich, auch mit Verspätung, Fuchs in seinen erzählerischen Anfängen aufmerksam wahrzunehmen. So mag die Legende *Der Lumpensammler* (1954) wie ein anachronistisches Rührstück wirken, in dem ein Unschuldiger durch kreatürliche Liebe und menschliche Güte vor dem Tode bewahrt wird. Doch bei näherem Hinsehen eröffnen sich frappierende Aspekte. Der Lumpensammler, seit Baudelaire ein herausragender Bürger der Städte und ein Bruder des Dichters, erscheint als der Ärmste der Armen und ist zugleich ein Stellvertreter der Warenwelt, die ihn verächtlich ausschließt, während er nur davon lebt, daß er ihren Auswurf, ihren eigenen Regeln gemäß, in ihren Kreislauf zurückführt. Bei Fuchs ist er Außenseiter aus Abscheu vor einer Gesellschaft, die sich über die Natur erhaben glaubt, Besitzer eines Pferdewagens aus Widerwillen gegen Motorisierung und Technik. Im Traum zeigt sich, am Rande des Todes wie an der Schwelle zum Reich Gottes, die andere Seite seiner Existenz. Auch er träumt, im Wachzustand kaum eingestanden, den Traum, den alle träumen, den Traum von der Überflußgesellschaft, die ihm gut erhaltene Ware schenkt, der Wegwerfgesellschaft, zeitgemäß ausgedrückt: den Traum vom Wirtschaftswunder. Wegen seiner gelebten Güte scheint er der Erlösung würdig, doch seine Wünsche werden nicht erfüllt. Seine Retter sind nicht die Warenbesitzer, sondern sein Pferd als kreatürlicher Bruder und ein brüderlicher Armer als Ebenbild Gottes im Elend, nicht im Überfluß.

Wäre die Legende auch frei von ästhetischen Schwächen, für diese Form von christlichem Engagement konnte es kein größeres Publikum geben. Für die Mentalität des deutschen Wiederaufbaus zu kritisch gegenüber materiellem Wohlstand, für die junge Literatur zu ungebrochen religiös, fand Fuchs außerhalb kirchlicher Kreise mit seiner Prosa zunächst kaum Resonanz.

Dem heutigen Leser des Frühwerks erschließt sich, welch zentrale Themen und Motive überdauerten. Ein humanes Engagement, fern aller parteipolitischen Standpunkte, zugunsten der Deklassierten, der Lumpensammler und Kanalpenner, zugunsten der Verfolgten, der Juden und Zigeuner, wie zugunsten der Schwachen, der Kinder und Alten, kennzeichnet das gesamte Werk. Die Sprache der Tiere, die bei Fuchs, um eine bekannte Formel aufzugreifen, meist doch die besseren Menschen sind, prägt schon die ersten Erzählungen für Kinder, insbesondere *Das Abenteuer der Taube* (1953), und noch Schriften der späten Jahre.

Als der Erfolg ausblieb, muß Fuchs enttäuscht gewesen sein. Mit kleinen Satiren für den *Simplicissimus* und den Rundfunk ging er bald andere Wege. Es scheint fast, als hätte er, ein Schriftsteller ohne Abitur, ehemaliger Gelegenheitsarbeiter auf dem Bau und in der Zeche, seine durchaus ehrenwerten schriftstellerischen Anfänge später wie einen dauerhaften Makel verborgen, wie den Makel, in der literarischen Öffentlichkeit nicht den stilgerechten Ton angeschlagen zu haben. *Die Wiederkehr des heiligen Franz* wird er erst 1970 wieder in einer gedruckten Bibliographie anführen, das Buch *Der Morgen* überhaupt nicht mehr. So ist das Erscheinen von *Ratten werden verschenkt* (1958) das zweite Debüt als Erzähler, mit satirischer Prosa in einem literarischen Verlag, in der Eremiten-Presse bei VauO Stomps. Obwohl zu diesem Zeitpunkt auch schon zwei schmale Gedichtbände vorlagen, könnte der Erzähler gemeint gewesen sein, als Hans Werner Richter im Oktober 1958 eine Einladung zur Tagung der Gruppe 47 in Großholzleute an Fuchs adressierte. Aber Fuchs blieb der Rolle eines Außenseiters im Literaturbetrieb, in die er anfangs geraten war, aus unbekannten Gründen treu. Er ist der Einladung nicht gefolgt, hat seine Rolle weitergespielt und endgültig besiegelt, indem er sich 1967 in Hans Dollingers Anthologie *Außerdem* kommentarlos zu den deutschen Autoren außerhalb der Gruppe 47 stellen ließ.

Im Stil von *Ratten werden verschenkt* herrschen Merkmale vor, die, erprobt seit 1956 in kleinen Erzählungen wie *Lächerliche Geschichte* oder *Der General*, den Erzähler Fuchs fortan charakterisieren. Aus ironischer Distanz werden die Aufzeichnungen eines biederen Chronisten präsentiert, eines Stadtschreibers im schlimmsten Sinne, der mit einem Weißbuch des unermüdlichen

Fortschritts, einem eifrigen Lob auf den Magistrat seiner Stadt vor die Öffentlichkeit tritt. Behördendeutsch und die hochtrabenden Phrasen der Politiker, Demagogie und Verblendung, Führerkult und Untertanengeist gibt Fuchs dem Gelächter preis, indem er sie einfach vorführt. Das Ergebnis ist ein groteske Satire auf eine Wohlstandsgesellschaft, deren Bürger alles haben, doch in Stumpfsinn und Leere dahinleben. Einen Lebensinhalt, der freilich die Grundlagen ihres Lebens zerstört, schenkt ihnen die Verwaltung durch sogenannten Fortschritt. In Gestalt geschenkter Ratten dem Volk aufgeschwatzt, erntet er noch allgemeine Verehrung, während er es schon in den Untergang treibt. Für die Unsterblichkeit der Verwaltung soll bereitwillig alles geopfert werden, lautet der abschließende Vorsatz ihrer hörigen Bürger – und auch die Befürchtung des Satirikers. Die Erzählung erlaubt Gedanken an den Nationalsozialismus und die Wiederbewaffnung Deutschlands, ohne völlig darin aufzugehen. Obrigkeit und Untertänigkeit im allgemeinen, ihre konzertierten Schildbürgerstreiche, bilden das Thema, das mit den Mitteln einer Parabel dargestellt wird. Die Sprache der Macht und ihrer Handlanger wird bei Fuchs immer wieder satirischen Spott ernten, insofern ist *Ratten werden verschenkt* der Prototyp seiner späteren Prosa, die den öffentlichen Sprachgebrauch im vollen Prunk seiner Lächerlichkeit abbildet; es ist zugleich das erste Buch des Erzählers Fuchs, das er in jedem Werkverzeichnis anführen wird.

Welch bitterer Ernst hinter der scheinbar so vergnüglichen Satire steckt, zeigt sein nächstes Buch, die Erzählung *Polizeistunde* (1959), in unmißverständlicher Deutlichkeit. Trotz des späteren Erscheinungsdatums geht es auf frühere Ursprünge zurück als die ersten Satiren. Damit ist nicht bloß angesprochen, daß die erste Fassung unter dem Titel *Ballade vom letzten Landstreicher* bereits im Herbst 1956 nahezu abgeschlossen vorlag, gemeint ist auch die Weiterführung des christlichen wie des pazifistischen Engagements, das in den frühen Schriften beherrschend, in den satirischen Skizzen aber schon gebrochen war. Ein Exposé zur Erstfassung, als nachgelassenes Manuskript erhalten, spricht den politischen Impuls, der in der Endfassung gleichermaßen am Werk ist, klar aus:

Das *Protokoll in sieben Heften* erzählt Karl Freitags Geschichte. Die chiffrierten Handlungsplätze werden vom Leser als vergangenes und gegenwärtiges Deutschland erkannt.

Freitag steht zunächst für den jungen heranwachsenden Menschen unter der Hitlerdiktatur: der Staat forciert den Krieg und schreckt nicht davor zurück, den vierzehnjährigen Schüler in den Dienst der Fliegerabwehr zu befehlen. (...) Freitag wird diesen Krieg im Augenblick der ersten Begegnung mit einem toten Soldaten namens Sunderweg so direkt erleben, daß er noch in der gleichen Nacht einer Geistesstörung verfällt. (...) aber diese psychische Kapitulation erscheint überhöht, wenn z. B. der Lazarettarzt im Gespräch mit seinem Sanitäter sagt: ›Hören Sie, ich weiß nicht, was Sie davon halten, aber seit ich diesen Freitag kenne, empfinde ich die sogenannten Schwächlinge tatsächlich als Helden. (...) Ich phantasiere hier nicht unter vier Augen – eines Tages wird man das der studentischen Jugend sagen müssen: wenn die Beteiligten schon den allerersten Toten einer Schlacht richtig gesehen hätten, wäre die Fortführung der Kriege unmöglich gewesen.‹ Das Gespräch des Lazarettarztes mit dem Sanitäter ist das innewohnende Manifest der BALLADE.

Freitag wird nach dem Kriegsende als geheilt entlassen und findet in die ›Landeshauptstadt‹ zurück. (...) Von den Behörden, die sich konstituieren, wird Freitag in ein Heim eingewiesen. Er flieht, weil die Straßen über ihn bestimmen, die Ruinenviertel, die neue Depressionen auslösen. (...) Sein Tod wird zum Gleichnis der verratenen Generation. (1956)

In der schließlich veröffentlichten Fassung stirbt Freitag als Fahnenflüchtiger bei Kriegsende. Als hätte Fuchs, vielleicht aus Resignation, der Satire inzwischen die treffendere Kritik am wiederbewaffneten Deutschland zugetraut, konzentriert er seine Erzählung auf den Krieg. Der Schwächling wird zum Deserteur, sein Tod bleibt das Gleichnis der verratenen Generation. *Polizeistunde* verdankt sich dem Entschluß, das letzte Wort des Toten doch nicht dem Schweigen zu überlassen, wie am Ende des vorletzten Abschnitts zum Schein, sondern in die Geschichte einzuschreiben wie die Zeichen an der Wand. Die Erzählung bildet gleichsam ein Denkmal für den unbekannten Deserteur. Sie ist Höhepunkt und Abschluß des Frühwerks; mit ihrem pazifistischen Ernst gehört sie ohne Zweifel auch zur wichtigsten Prosa jener deutschen Nachkriegsliteratur, die ihren Namen wirklich verdient.

Die Gegenwart erscheint danach in einer Prosa, deren satirische Herkunft erkennbar bleibt, die sich jedoch weit über die Grenzen der Satire hinaus entwickelt. Skurril wurde seine spätere Prosa genannt, spintisierend und verspielt, kauzig und kunstvoll. Der Begriff »Fuchsiade« drängt sich auf für diese Texte, deren Hauptfiguren gutmütige Sonderlinge sind, genügsam im sozialen Abseits und lieber untergehend als aufsteigend, in deren Welt die Tiere, Besen und Häuser reden, deren Sprache eine Mischung ist aus geradezu altmeisterlichen Wendungen, Alltagssprache, Jargon und Dialekt. Mag sich Fuchs seit Ende der fünfziger Jahre, nicht nur als Person, sondern auch als Erzähler, vom Lyriker ganz zu schweigen, selbst zum Original stilisiert haben, er hätte seinen Namen, der ihm während dieser Zeit mit zunehmender Häufigkeit zur Identifikation diente, nicht zu Recht getragen, hätte er nicht zugleich listige und bissige Angriffe unternommen.

Krümelnehmer (1963), der erste Roman, bestehend aus 34 Kapiteln aus dem Leben des Tierstimmen-Imitators Ewald Krümelnehmer, ist als Sammlung autobiographischer Skizzen des Titelhelden ausgegeben. Er ist ein verschrobener Verweigerer, gezeichnet von 24 ergebnislosen Jahren als Kontrollassistent der Wasserwerke, fast nur noch an Tierstimmen interessiert, linkisch und einsam, allergisch gegen die ordentliche Welt und eines Tages nicht mehr imstande, sich der Arbeitswelt einzufügen. Im Rückblick erzählt, sind die Kapitel aus seinem Leben, das sich durch Krümel erhalten mußte, gleichsam Krümel vom Brot der frühen, der fünfziger Jahre, lesbar als subjektive Kapitel aus der deutschen Geschichte. Die anscheinend verwitwete Zimmerwirtin, die ihren Untermieter mit ihrer Fürsorglichkeit einspinnt, ist kein so zeitloses Phänomen, wie es zunächst aussehen mag, der Bürovorsteher mit seiner Philosophie der Leistungsgesellschaft und der Laubengärtner mit seiner Philosophie des Gartenzwergs, sie alle sind Repräsentanten der Zeit. Der Insektenpuder aus Übersee, die Institution des Lehrerseminars, der Geröllhaufen in der Stadt, bei aufmerksamer Lektüre fügen sich die Einzelheiten zusammen. Krümelnehmer verweigert sich inmitten des Wiederaufbaus, des Wirtschaftswunders, der Freßwelle, der Technisierung, der fünfziger Jahre. Sein klappriges Fahrrad entspricht seiner Überzeugung, nicht bloß seinem Geldbeutel. Als überlebter Romantiker wartet er auf Pferdewagen, während in Tankstellen

Autoreifen ausgewuchtet werden, hilft er einem Leierkastenmann, der sich als Dieb entpuppt, hört er den näherkommenden Marschrhythmus genagelter Stiefel und glaubt einen Augenblick lang an eine Halluzination.

Bei aller romantischen Abkehr von der Gegenwart ist er doch ihr Bürger, durch seine Überlebensstrategie ähnelt er dem Lumpensammler. In die Arbeitswelt, die ihn verächtlich ausgeschlossen hat, kehrt er nur als wandelnde Litfaßsäule für ein Werbeinstitut vorübergehend noch einmal zurück. Er ist längst gewohnt, sich in der Stadt herumzutreiben, hat die Absteigequartiere, die Besäufnisse und die erste Betrügerei hinter sich, ehe er die Möglichkeit wahrnimmt, den Müßiggang wieder in die Arbeitswelt, die nutzlose Zeit wieder in den vollen Stundenplan der Warengesellschaft einzufügen, wie der Lumpensammler ihren Auswurf verwertet. Statt als Eckensteher und Gaffer, die banalste Form des Flaneurs, zu enden, läßt er sich selbst begaffen, ohne sein Gesicht preiszugeben, freilich nur so lange, bis er unter dem Gewicht der Pappsäule zusammenbricht. Irgendwann nach dem Scheitern dieses äußersten Versuchs, aus dem Nichtstun doch noch Kapital zu schlagen, landet er zufällig am Klingelbrett eines Mietshauses und unterhält sich mit einer Phantomstimme aus der Sprechanlage wie Lotte, fünfzehn Jahre danach, in dem Theaterstück *Groß und klein* von Botho Strauß.

Nicht nur die Zeit, auch ein Ort läßt sich erkennen. Der Leierkastenmann, die Laubenkolonien, die Pferdewagen, der Dialekt, kein Zweifel, das ist Berlin. Aber bei Fuchs ist es keine Weltstadt wie in den rhetorischen Phantasmen der Zeit, bei ihm ist es eine provinzielle Nußschale der Kleinkariertheit und des Größenwahns, in der gleichwohl alle Großstädte der Welt eingeschlossen sind. Schon *Ratten werden verschenkt* zeigt ein Städtchen, das im feierlichen Zusammenwirken von Dummheit und Korruption untergeht, dessen Bürger nichts dazulernen und dessen übelster Wohltäter seinen Stolz darin sieht, Oberbürgermeister eines solchen Volkes zu sein, als stünde dieses Städtchen für einen Stadtstaat, für eine ganze Nation. In *Krümelnehmer* folgt ihm Willibald Rock, ausdrücklich als regierender Bademeister verhöhnt, mit seiner im dritten Stockwerk geschmetterten Hymne vom Aufstieg des roten Adlers über den Sumpf, die Krümelnehmers Freund Baginski im Parterre so wirklichkeitsfremd anmutet, und mit seiner

Schnüffelgewalt, vor der man sich unten in acht nimmt. Kein Zweifel, das ist brisant, am Ende ist Krümelnehmer das Lachen vergangen, Baginski macht ihm zu allem Überfluß deutlich, daß die Zwischeneiszeit, in der sie leben, zu Ende geht. Die Mauer ist, wohlverstanden, bereits gebaut; Fuchs trauert um das untergegangene Berlin. Er schreibt in jener Stadt, in der Lokalpatrioten, die wehmütig auf die zwanziger Jahre, die verlorene Modernität der Metropole zurückblicken, an die Stelle von Intellektuellen getreten sind, aber seine Stadt war immer schon anders. Ihm fehlt kein Umschlagplatz für kulturelle Novitäten, ihm fehlen die redlichen Leierkastenmänner, die Kutscher, vor allem die Pferdewagen und die stundenlangen Fahrten darauf. Mit diesen romantischen Wünschen, bloß noch im Gewand des Originals zu äußern, ist Fuchs immun gegen das Tamtam der Politiker und der Stadtplanung, der Künstler und Literaten, ein wacher Beobachter, voller Sarkasmus, selbstbewußt auf verlorenem Posten, immun gegen die Gegenwart und insgeheim dem Lumpensammler treu. Von intellektuellen Lokalpatrioten unterscheidet er sich, weil er, aus Liebe zu einem imaginären Berlin, nicht um die vermeintlich unterbundene, sondern wegen der durchgesetzten Modernität trauert, um eine Welt, die überall untergegangen ist; von lokalpatriotischen Hinterhofpoeten unterscheidet er, der sich im Titel eines Gedichtbandes als Hofpoet präsentiert, sich ohnehin, denn er war eben kein Dilettant.

So scheint erklärbar, woher die distanzierte Schärfe kommt, mit der in den Fuchsiaden die Gegenwart wahrgenommen wird. Ähnliches gilt für den Stil, der Alltagssprache in sich aufnimmt, aber gegenüber sprachlichem Alltag auf Abstand hält. Es genügt, zum Beispiel, den Anfang von *Krümelnehmer* genau zu lesen, um zu ermessen, wie kunstvoll die Prosa von Fuchs bei all ihrer Leichtigkeit doch ist. »Es war auf einmal«, beginnt er und versetzt mit einem einzigen Wort die Welt des Märchens in die Welt der Erfahrung, wo sich »der leibhaftige Mißmut« krähend vom »Hahn der Bremer Stadtmusikanten« verabschiedet, bevor er sich, dem Boden der Realität schon etwas näher, mit den Hunden unterhält, was von Reflexionen überlagert wird, die nicht mit »dachte ich«, sondern dem gewählten »dachte ich mir« gekennzeichnet sind. In diesem Stil, sicherlich nicht ohne ihn weiterzuentwickeln, erzählt Fuchs auch seine folgende Prosa, während die Szenerie sich mit der Zeit wandelt. Der Bezug auf deutsche Geschichte bleibt erhalten; Deutschland verändert sich, der Fortschritt nimmt seinen Lauf.

Im *Bericht eines Bremer Stadtmusikanten* (1968) bilden die sechziger Jahre den Hintergrund, vor dem sich der Bauarbeiter Alexander Kraschewski, als Hauptfigur und Erzähler des Romans der Nachfolger Krümelnehmers, und sein Polier wie sprachbegabte Esel aus dem Märchen verstehen. Der Straßenbau blüht, die Republik wird planiert, die Gemeinden Raxingen, Waxingen und Daxingen sind wohlhabend, aufgeräumt, gepflegt bis zur Ununterscheidbarkeit, unser Dorf soll schöner werden, ihre Bürger sind gesittet, bis in die Freizeit selbständig und zielbewußt, Phrasen auf zwei Beinen, der Wahlredner kennt die Funktionstüchtigkeit deutscher Wertarbeit, insbesondere in der Rüstungsindustrie, wir sind wieder wer. Die Bauarbeiter haben wiederaufgebaut und weitergebaut, die Häuser sind poliert, drei- bis vierstöckige Irrtümer, die Straßen werden gekehrt, die Überbleibsel von Natur versetzen die Bürgerin in Hysterie, werden mit Wahlplakaten zugekleistert, in Rabatten sortiert, durch Phantombilder ersetzt, menschliche Esel sind fast schon die letzten Tiere. Kraschewski, zum Erzähler bestimmt, redet zuviel, verläßt die Arbeitswelt vor seiner Entlassung, reist sehenden Auges durch das Land, scheitert beim wiederholten Versuch, als Insasse des Ledigenheims die Gunst der Bürgerin zu erlangen, geht durch Daxingen als Sandwichmann für die Menschlichkeit, mit christlichen Worten, weder zum Wahlkampf noch zur Werbung zu gebrauchen, als Verantwortlicher für eine satirische Posse verfolgt, am Ende im Räuberhaus, ohne schützendes Dach, verzweifelt, lachend und fröhlich, im Traum mit seiner Arbeitskolonne vereint.

Die Revolution findet nicht statt; drei Jahre später probt *Der Bahnwärter Sandomir* (1971), bei dem sich kaum entscheiden läßt, ob er sich an Kinder oder an erwachsene Leser wendet, den Aufstand. Rebelliert wird gegen die Autorität der Schule, einer Paukanstalt, in der ewiger Winter herrscht und die Mißachtung der Natur gelehrt wird. Sandomir meldet seinen Sohn vom Unterricht ab, um ihn anders zu erziehen; anschließend gewinnt er den Kampf mit dem gekränkten Rektor nach Punkten. Durch die selbstlose Hilfsbereitschaft seines Ratgebers, eines Froschs, und des Auskunftgebers vom Gericht, der im Privatleben wie ausgewechselt ist, wird auch die Suche des aufmüpfigen Bahnwärters nach dem treffenden Wort, das zwei Spitzbuben vom Militär vertreiben könnte, mit durchschlagendem Erfolg abgeschlossen. Die Vertreter der Ordnung, Rektor und Soldaten, sind lächerliche Figuren, die mit sprachlichen Mitteln ihrer Autorität enthoben werden. Es ist die Zeit der antiautoritären Bewegung und der wachsenden Anzahl von Kriegsdienstverweigerern. Aber es ist auch die Zeit der Literatur, deren Tod schon ausgerufen war. Wie in *Polizeistunde* wird das entscheidende Wort dem Leser nicht mitgeteilt; für ihn ist es vielmehr der Lesebuchroman selbst, der ihn in die Schule des Lebens, der Furchtlosigkeit und des freien Denkens, versetzt. Lange hatte Fuchs sich ferngehalten von Literaten, die nichts als Literaten sind, jetzt hält er sich fern von Literaten, die keine Literaten mehr sein wollen. Er dreht der literarischen Öffentlichkeit, die ihn sträflich übersah und nun den Geist aufgibt, den Rücken zu.

Mit seinem letzten Roman kehrt Fuchs zurück zu jenem Publikum, an das sich seine ersten Bücher wandten, zu den Kindern. Er bewahrt sein humanes Engagement für die kleinen Leute im doppelten Sinn, und für die Menschlichkeit der Tiere, seinen Hohn auf Militär und Bürokratie; er sucht Leser, die das erste Lesebuch hinter sich, die Welt des Romans noch vor sich haben, aufgeweckt und unverbildet. Sie wären seine Verbündeten, alle Kinder sind potentielle Revolteure. Dennoch ist *Der Bahnwärter Sandomir* nicht nur ein Kinderbuch, sondern ebensowohl ein Buch für eine literarische Öffentlichkeit, die sich auf ihre eigenen Möglichkeiten des geschichtsmächtigen Wortes besonnen hat. Bei Fuchs hätte sie lesen können, wie Sandomir, statt ewig auf Tauwetter zu warten, brieflich an den Rektor appelliert: »Beweisen Sie Mut! Sagen Sie unmißverständlich: Die Schüler laufen uns davon! Die Eltern unserer Schüler sind Pflaumen und kümmern sich nicht um unseren Schnee, um unsere Eisblumen, um unsere Eiszapfen! Aber der Aufruhr hat begonnen! Bahnwärter Sandomirs Sohn bleibt unserer Schule fern. Damit beginnt etwas, was gestern unmöglich war. Damit beginnt etwas, was Sie, meine Frauen und Herren Kollegen, verschuldet haben! Und ich bislang übersehen habe! Schluß damit!«

Wilfried Ihrig

Anmerkungen

Im ersten Band der Werke von Günter Bruno Fuchs sind seine Romane und Erzählungen gesammelt. Von den frühen Erzählungen für Kinder ist nur *Das Abenteuer der Taube* aufgenommen, das sich thematisch und stilistisch von den typischen Jungenbüchern *Chap, der Enkel des Waldläufers* (Stuttgart 1952) und *Die Jungen vom Teufelsmoor* (Stuttgart 1956) abhebt. Auch auf den Druck eines unveröffentlichten Manuskripts für ein Kinderbuch mit dem Titel *Der Zaubergeselle*, das Fuchs um 1953 niedergeschrieben hat, wurde verzichtet, weil es offenbar nicht als literarisches Werk konzipiert war.

Bei den kleineren Erzählungen ist eine Abgrenzung gegen die Kurzprosa, die Fuchs im Verlauf seiner Entwicklung zunehmend bevorzugt und die im zweiten Band dieser Ausgabe enthalten sein wird, manchmal schwierig, bei einigen Texten kaum noch stichhaltig zu begründen. Um aus der Not eine Tugend zu machen, ist die Grenze so gezogen, daß alle unverkennbaren Erzählungen und wenigstens die gesamte Prosa aus dem Umkreis der Romane, also etwa die Texte um Pellmann, in diesen Band aufgenommen sind, während isoliert stehende Texte im Zweifelsfall im zweiten Band erscheinen werden. Mag sich über die eine oder andere Einzelentscheidung auch streiten lassen, erscheint diese Lösung durch ihre Übersichtlichkeit doch zumindest pragmatisch gerechtfertigt.

Die Texte sind – innerhalb der drei Abteilungen – weitgehend chronologisch geordnet. Zur Einordnung dient meist das Datum des Erstdrucks, bei bisher ungedruckten Texten die Ursendung im Funk oder die Entstehungszeit. Einzelne Erzählungen, die nachträglich stärker überarbeitet wurden, sind nach dem Erscheinungsdatum der Endfassung plaziert.

In jedem Fall wurden alle erreichbaren Fassungen miteinander verglichen und jeweils die mutmaßliche Endfassung für die Werkausgabe ermittelt. Weitere Fassungen wurden generell ausgespart, auch wenn sie in einzelnen Fällen als selbständige Erzählungen veröffentlicht vorliegen. Über die Existenz wichtiger Varianten informieren die Anmerkungen; leicht abweichende Fassungen sind in der Regel nur erwähnt, wo es sich um den Erstdruck handelt.

Alle Vignetten und Textzeichnungen von Fuchs, die in die Originalausgaben der Romane und einzelner Erzählungen aufgenommen waren, sind wiedergegeben.

Der Herausgeber dankt Anja und Jutta Fuchs, Willy Leygraf, Inka Frahm und dem Südwestfunk, Landesstudio Tübingen, die unveröffentlichte Manuskripte von Günter Bruno Fuchs für diesen Band in überaus freundlicher Weise zur Verfügung gestellt haben.

KRÜMELNEHMER

Erstausgabe: Günter Bruno Fuchs, *Krümelnehmer oder 34 Kapitel aus dem Leben des Tierstimmen-Imitators Ewald K.* München 1963.

Krümelnehmer, zuerst Pellmann genannt, taucht erstmals 1956 in der Prosa von Fuchs auf. Aus kurzen Erzählungen erwuchs der Plan für einen Roman, der zeitweise *Ich war einmal ein König* (1959/60), zeitweise *Piesepampel* (1961/62) heißen sollte. Von der Lesung einzelner Abschnitte im Rundfunk abgesehen, wurde eine erste Fassung als Hörspiel ausgearbeitet (*Ich war einmal ein König*. Ursendung: HR, 23.5.1960, Regie: Theodor Steiner), ein Auszug einer Rohfassung vorabgedruckt (*Pellmann am Kanal. Aus einem unveröffentlichten Roman*. In: *Das Schönste*, Juli 1962, S. 47–49) und Kapitel 11 der Endfassung selbständig veröffentlicht (*Traumhochzeit*. In: *Akzente*, 1963, S. 171–174. – Auch in: *Ungewisser Tatbestand. 16 Autoren variieren ein Thema*. Hg. v. Helmut Lamprecht. München 1964, S. 53–57).

BERICHT EINES BREMER STADTMUSIKANTEN

Erstausgabe: Günter Bruno Fuchs, *Bericht eines Bremer Stadtmusikanten. Roman*. München 1968.

Alexander Kraschewski spielt seit 1958 eine wichtige Rolle in der Prosa von Fuchs. Die Erzählung *Morgens nach sieben Uhr* ging dem Plan für den Roman voraus, als Vorstufen der Endfassung wurden *Kraschewski verläßt das Altersheim* (In: *Tuchfühlung. Neue deutsche Prosa*. Hg. v. Peter Jokostra. Hamburg 1965, S. 270–279; Ursendung als Funkerzählung: SDR, 11.10.1964, Regie: Cläre Schimmel), *Von der Frechheit bestimmter Bürger* (In: *DU – Atlantis*, 1966, S. 899) und *Bei Raxingen* (In: *Akzente*, 1967, S. 387–397) vorab veröffentlicht.

Die satirische Anekdote am Ende des 16. Kapitels erschien bereits als *Lächerliche Geschichte* (In: *Simplicissimus*, 15.9.1956, S. 582). Das Schattenspiel im 21. Kapitel geht zurück auf *Baumpfleger lassen bitten*, ursprünglich als *Kapitel aus dem Roman »Die Säuferstadt«* veröffentlicht (In: *Akzente*, 1962, S. 268–276), später als selbständige Erzählung (In: *Eulengelächter*. Berlin-Grunewald 1965, S. 112–121), aber wegen der weitgehenden Identität mit dem Schattenspiel nicht in den vorliegenden Band aufgenommen. Die eigenständige Konzeption eines Romans über die Säuferstadt Agan, zeitweise auch als Hörspiel vorgesehen, hat Fuchs zugunsten der Geschichte um Kraschewski aufgegeben.

Der Bahnwärter Sandomir

Erstausgabe: Günter Bruno Fuchs, *Der Bahnwärter Sandomir. Seine Abenteuer an der offenen oder geschlossenen Bahnschranke. Lesebuchroman mit Kapitelzeichnungen des Autors*. München 1971.

Auch der Roman um den Bahnwärter Sandomir hat eine längere Vorgeschichte. Sie reicht zurück bis zu der Erzählung *Sandomir und Ti* (In: *Akzente*, 1960, S. 232–239), die größtenteils in die Buchfassung eingearbeitet und deshalb hier nicht aufgenommen wurde. Kapitel 4 wurde unter dem Titel *Auf der Suche nach einem Haus und nach einem Wort* (In: *Akzente*, 1971, S. 347–355) vorabgedruckt. Außerdem existiert eine Hörspielfassung (*Der Bahnwärter Sandomir*. Produktion: SDR/RIAS/WDR, Ursendung: 3.12.1972, Regie: Otto Düben).

Das Abenteuer der Taube

Erstausgabe: Günter Bruno Fuchs, *Das Abenteuer der Taube. Eine sonderbare Reisegeschichte*. Stuttgart 1953 (Immergrün 387).

DER MORGEN
Erstdruck: Günter Bruno Fuchs, *Der Morgen. Ein Zyklus*, Metzingen/Württ. 1954, S. 7−25.
Vorangestellt war die Notiz:

Mit nebenstehender Novelle versucht der Autor zu zeigen:
  Einige der schwersten Stunden des schwäbischen Philanthropen Gustav Werner, dem in Gestalt eines einfachen Menschen der Engel Gottes begegnet. In Münsingen 1809 geboren, gestorben 1887 in Reutlingen, war Gustav Werner ein Mann, der den christlichen Glauben wahrhaft zu leben versuchte.
  Sein hohes Ziel: Anstalten und Siedlungen zu gründen, den Leidenden und Armen als Obdach und Werkstätte. Eine Fabrik sollte geschaffen werden, die den Menschen nicht unterdrückt. An eine große arbeitsame Familie dachte er, worüber die Lehre Christi Aufsicht hält. In Reutlingen und vielen Schwarzwaldstiftungen wird heute seine Arbeit fortgesetzt, viele seiner Wünsche wurden Wirklichkeit. Wie es ihm gelang? Sein Glaube hieß: Mir ist geholfen worden. Seine Liebe: Helfen. Seine Hoffnung: Denen geholfen wurde, sie werden anderen helfen. Seine Treue: Immer helfen. Aber seine Fröhlichkeit hieß: Ich diene.
  Asylbruder unter seinen Pfleglingen wollte er sein Leben lang sein: Franziskus, dem Gott überall begegnet. (S. 6)

HERBERGE/DER RATTENKÖPFIGE
Erstdruck: Günter Bruno Fuchs, *Der Morgen*. Metzingen 1954. S. 35−39 / S. 47−57.

DER ARME WUSCH/DER LUMPENSAMMLER/DIE WIEDERKEHR DES HEILIGEN FRANZ
Erstausgabe: Günter Bruno Fuchs, *Die Wiederkehr des heiligen Franz. Drei Legenden*. Stuttgart 1954.
Die Buchausgabe war gewidmet: »Dem Samariter der Tiere Karl Ferdinand Finus« (S. 3).

BROTZEIT
Ursendung: SWF, Landesstudio Tübingen, 26.10.1954. − Erstdruck.

Das Wunder im Hinterhof
Ursendung: SWF, Landesstudio Tübingen, 15.3.1955. – Erstdruck.

Nach Hause gehen
Ursendung: SWF, Landesstudio Tübingen, 3.7.1956. – Erstdruck.

Die Sonderdarbietung
Ursendung: SWF, Landesstudio Tübingen, 10.7.1956. – Erstdruck.

Das Mittagessen
Erstdruck: *Simplicissimus*, 8.9.1956, S. 562.

Mein Freund Pellmann
Erstdruck: *Die andere Zeitung*, 4.10.1956. – Der Druck erfolgt nach der offenbar ungekürzten Veröffentlichung in: *Simplicissimus*, 27.10.1956, S. 682.

Kopfschütteln über Herrn Z.
Erstdruck: *Die andere Zeitung*, 29.11.1956. – Eine leicht abweichende Fassung erschien zwar etwas später (*Die Liebeserklärung des Herrn Z.* in: *Simplicissimus*, 12.1.1957, S. 22–23), doch wirkt in diesem Fall der Erstdruck bereits verbessert.

Der polnische Gruss
Erstdruck: *Rund um die Welt*, Westdeutsche Ausgabe, Stuttgart, Dezember 1956, S. 49–51.

Der General
Erstdruck: *Simplicissimus*, 29.12.1956, S. 830. – Druck nach der erweiterten Fassung in: *Rund um die Welt*, Westdeutsche Ausgabe, Februar 1957, S. 23–24.

Der fliegende Schiedsrichter
Erstdruck: *Simplicissimus*, 9.3.1957, S. 146.

BEGEGNUNGEN IM WARTESAAL
Erstdruck: *Simplicissimus*, 15.6.1957, S. 378.

RATTEN WERDEN VERSCHENKT
Erstausgabe: Günter Bruno Fuchs, *Ratten werden verschenkt. Erzählung.* Stierstadt 1958. – Druck nach der verbesserten Fassung in: Günter Bruno Fuchs, *Polizeistunde.* Baden-Baden 1967, S. 96–111.
Die Erzählung wurde auch zum Hörspiel ausgearbeitet (*Ratten werden verschenkt.* Produktion: WDR/RIAS/SDR, Ursendung: 22.8.1973, Regie: Raoul Wolfgang Schnell).

DER MANN VON KIUSCHIU
Erstdruck: *Panorama*, Februar/März 1958, S. 12. – Druck nach der verbesserten Fassung in: *Simplicissimus*, 12.7.1958, S. 438–439.

GANZ GROSSE GÄSTE IM GANZ GROSSEN HAUS
Erstdruck: *Simplicissimus*, 3.8.1957, S. 490–491, unter dem Titel *Ganz große Gäste.* – Druck nach einem Rundfunkmanuskript (Ursendung: SWF, Landesstudio Tübingen, 22.7.1958), das gegenüber dem Erstdruck korrigiert und verbessert ist.

REVOLTE EINES SCHLÄFERS
Ursendung: SWF, Landesstudio Tübingen, 22.7.1958. – Erstdruck.

DER ABSONDERLICHE HERR KRÜMELNEHMER
Erstdruck: *Simplicissimus*, 2.8.1958, S. 488–489, unter dem Titel *Herr Krümelnehmer.* – Druck nach einem Rundfunkmanuskript (Ursendung: SWF, Landesstudio Tübingen, 22.7.1958), das gegenüber dem Erstdruck bereits verbessert ist.

KINDERFEST
Erstdruck: *Geist und Zeit*, 1958, Nr. 5, S. 82–84. – Druck nach der verbesserten Fassung in: G.B. Fuchs, *Brevier eines Degenschluckers.* München 1960, S. 57–58.

Ein Wiedersehen in Berlin
Erstdruck: *Geist und Zeit*, 1958, Nr. 5, S. 85–87.

Morgens nach sieben Uhr
Erstdruck: *Geist und Zeit*, 1958, Nr. 1, S. 86–101. – Druck nach der leicht überarbeiteten Fassung in: G. B. Fuchs, *Polizeistunde*. Baden-Baden 1967, S. 82–91.

Polizeistunde
Erstausgabe: Günter Bruno Fuchs, *Polizeistunde. Erzählung*. München 1959. – Druck nach der korrigierten Fassung in: *Das Lesebuch des Günter Bruno Fuchs*. München 1970, S. 27–71. Eine erste Fassung unter dem Titel *Ballade vom letzten Landstreicher* war 1956 fast abgeschlossen. Ein Teil der späteren Fassung erschien in noch vorläufiger Gestalt als *Vorfeld* (In: *Akzente*, 1959, S. 243–253).

Vor der Ankunft
Erstdruck: *Simplicissimus*, 14.2.1959, S. 100–101.

Heute abend
Erstdruck: *Colloquium. Eine deutsche Studentenzeitschrift*, Berlin, August 1959, S. 8–9. – Eine frühere Fassung wurde bereits 1955 als Erzählung ausgestrahlt (Ursendung: SWF, Landesstudio Tübingen, 20.12.1955).

Die Kartenspieler
Erstdruck: *Simplicissimus*, 30.6.1962, S. 413. – Eine frühere Fassung wurde bereits 1957 als Erzählung ausgestrahlt (Ursendung: SWF, Landesstudio Tübingen, 16.5.1957).

Herrn Eules Kreuzberger Kneipentraum
Erstausgabe: Günter Bruno Fuchs, *Herrn Eules Kreuzberger Kneipentraum*. Mit Federzeichnungen des Verfassers. München 1966. Eine Kurzfassung erschien unter dem gleichen Titel (In: *Atlas – zusammengestellt von deutschen Autoren*. Berlin 1965, S. 97–106). Als Funkerzählung wurde eine umfangreiche Fassung ausgestrahlt, bei der Günter Bruno Fuchs den Pennbruder Aujust spricht (*Kreuzberger Kneipentraum in einer Februarnacht*. Ursendung: Deutschlandfunk, 27.2.1965, Regie: Dieter Hasselblatt).

BEKENNTNISSE EINES ÄLTEREN SPAZIERSTOCKMACHERS
Erstdruck: Günter Bruno Fuchs, *Neue Fibelgeschichten*. Berlin 1971 (LCB-Editionen 27), S. 7–19.

DAS KLEINE MÄDCHEN MARION
Erstdruck: Günter Bruno Fuchs/Winand Victor, *Bis zur Türklinke reiche ich schon*. Bremen 1985, S. 10–20.
Dem Erstdruck folgt die Widmung: »Frau Liselotte Victor: verspätet zum Geburtstag. Zugleich ihrer kleinen, blonden Tochter Marion. / GBF/6.2.1954/Reutlingen«. Die Erzählung war für ein Märchenbuch vorgesehen, für das Fuchs aber nur noch die Einleitung fertiggestellt hat, die dem Erstdruck voransteht:

Der singende Flötenvogel
Ich rufe euch: Kommt herbei, kommt und bringt eure Puppen mit, vergeßt nicht die kranken, oder denen ein Bein fehlt, bringt eure Bären und Hunde, bringt die Pferde, und, wenn es euch lieb ist, bringt auch die Wagen. Bringt das Schaf, das den Kopf gesenkt hält und frißt, bringt jenes, das dem Hirten folgt: bringt auch den Hirten.
   Kommt. Ich schwinge eine Flöte in meiner linken Hand, und viele Lieder werdet ihr hören. Kommt. Mit meiner rechten Hand wink' ich euch zu. Ich habe zwei Hände, und zehn Finger tanzen daran. Der eine Finger ist groß, der andere ist kleiner, und zwei von meinen zehn Fingern sind ganz klein. Aber gemeinsam sind sie ein Reigen. Sie umspringen die Flöte, und die Flöte beginnt, erst leise, zu summen. Dann aber singt sie. Singt, als wäre ein Vogel aus ihr geworden, ein glücklich flatternder Vogel. Und der singende Flötenvogel fliegt mitten durch eure Herzen. (S. 8)

VOR DER SCHRANKE
Erstdruck. – Die Erzählung wurde 1955 für den SWF verfaßt, doch offenbar nie produziert.

UNTERGANG EINES TYRANNEN / HIMMEL UND ERDE
Erstdrucke nach Manuskripten, die Mitte der 50er Jahre geschrieben sein dürften.

Inhaltsverzeichnis

Krümelnehmer 7

Bericht eines Bremer Stadtmusikanten 97
Vorrede nach Feierabend 99
Erster Teil
Erstes Kapitel. Mit dem Besen über die sehr lange Straße . 103
Zweites Kapitel. Rückkehr zu den Kollegen aus Furcht
  vor der ersten Ortschaft 106
Drittes Kapitel. Traktat über das Gehen ohne und
  mit Besen sowie Teilstücke verschiedener
  Biographien 110
Viertes Kapitel. Ein Abenteuer in Raxingen 115
Fünftes Kapitel. Beschreibung des Müllkastens mit
  anschließender Erquickung des Wanderers 120
Sechstes Kapitel. Die Geschichte von der
  Bestechung nachts einem Freunde erzählt 123
Siebtes Kapitel. Morgendliches Zwiegespräch
  zu Waxingen zwischen Wahlvertreter
  und Wanderer 124
Achtes Kapitel. Glückliches Waxingen 129
Neuntes Kapitel. Wahlrede des Wahlvertreters
  probehalber gesprochen in einen geöffneten
  Kleiderschrank 135
Zehntes Kapitel. Ein Brief des ehemaligen
  Schulmeisters und jetzigen Wachmannes
  R. Rinkefeil 141
Zweiter Teil
Elftes Kapitel. Von den Frechheiten bestimmter Bürger ... 145
Zwölftes Kapitel. Erster Versuch die Gunst der
  Bürgerin zu erlangen 148
Dreizehntes Kapitel. Alltägliches 152
Vierzehntes Kapitel. Tadel Verlockung und Angebot 155

Fünfzehntes Kapitel. Traum während der Wahlwochen
mit einer Aufforderung zur Nachfolgerschaft
an anderer Stelle 159
Sechzehntes Kapitel. Erfahrungen des Heimleiters 166
Siebzehntes Kapitel. Eines Abends im Ledigenheim 172
Achtzehntes Kapitel. Rautenbach ein Mann der Stunde
(An alle Daxinger Haushalte) 175
Neunzehntes Kapitel. Zweiter Versuch die Gunst
der Bürgerin zu erlangen 179
Zwanzigstes Kapitel. Zwei Begegnungen draußen
bei der Mühle 183
Dritter Teil
Einundzwanzigstes Kapitel. Ein Wort an die
Kollegen vom Asphalt-Teer- und Straßenbau 189

DER BAHNWÄHRTER SANDOMIR 223

Ein Haus ist weggelaufen 227
Ein dienstfreier Tag 236
Ein Wort wird gesucht 245
Ein Haus wird gesucht 254
Eine Verhandlung 263
Eine goldene Eisenbahn 272
Ein Versuch mit der Bahnschranke 281
Ein Aufruhr 291
Ein Kampfplatz 300
Eine Belagerung 309
Ein Angriff 318

ERZÄHLUNGEN

Das Abenteuer der Taube 335
Der Morgen 350
Herberge 361
Der Rattenköpfige 364
Der arme Wusch 371
Der Lumpensammler 386
Die Wiederkehr des heiligen Franz 399
Brotzeit 417
Das Wunder im Hinterhof 420

Nach Hause gehen 423
Die Sonderdarbietung 425
Das Mittagessen 429
Mein Freund Pellmann 432
Kopfschütteln über Herrn Z. 436
Der polnische Gruß 442
Der General 447
Der fliegende Schiedsrichter 450
Begegnungen im Wartesaal 453
Ratten werden verschenkt 456
Der Mann von Kiuschiu 468
Ganz große Gäste im ganz großen Haus 472
Revolte eines Schläfers 477
Der absonderliche Herr Krümelnehmer 480
Kinderfest 484
Ein Wiedersehen in Berlin 487
Morgens nach sieben Uhr 490
Polizeistunde 498
Vor der Ankunft 538
Heute abend 541
Die Kartenspieler 545
Herrn Eules Kreuzberger Kneipentraum 547
Bekenntnisse eines älteren Spazierstockmachers 583

Erzählungen aus dem Nachlass

Das kleine Mädchen Marion 595
Vor der Schranke 600
Untergang eines Tyrannen 605
Himmel und Erde 612

Anhang

Nachwort 619
Anmerkungen 629